KB264972

기도와 영적 싸움

크리스챤신서 78

기도와 영적 싸움

찰스 스펄전

김귀탁 옮김

크리스챤 다이제스트

차례

제3권 인생의 폭풍우 속에서 평화를 누리는 비결

제4권 찬양의 실천

제5권 사탄, 패배당한 원수

제1권

기도의 능력

The Power in Prayer

1

보장된 성공

내가 또 너희에게 이르노니 구하라 그러면 너희에게 주실 것이요
찾으라 그러면 찾아낼 것이요 문을 두드리라 그러면 너희에게 열
릴 것이니 구하는 이마다 받을 것이요 찾는 이는 찾아낼 것이요
두드리는 이에게는 열릴 것이니라 — 누가복음 11:9-10

고난 당할 때 초자연적 존재에게 도움을 요청하는 것은 인간의 마음의
본능입니다. 저는 여기서 거듭나지 아니한 인간의 마음도 참된 영적 기도
를 드릴 수 있다거나 살아계신 하나님을 믿는 참된 믿음을 구사할 수 있
다고 말하는 것이 결코 아닙니다. 다만 제가 말하는 것은 어둠 속에 있는
어린아이가 겁에 질려 누구든 자기를 도와주기를 본능적으로 갈구하며 울
부짖는 것처럼, 깊은 고뇌 속에 있는 영혼은 거의 항상 어떤 초자연적 존
재에게 도움을 갈망하게 된다는 것입니다. 모든 일이 순조로울 때 기도를
무시하는 사람들이 있는 것처럼 고난의 때에 기도할 준비가 되어 있는 사
람도 있는 법입니다. 아마 사실은 유신론자가 정시기도 시간에 드리는 기
도의 감정보다 무신론자가 죽음의 공포 속에 있을 때 느끼는 기도의 감정
이 훨씬 더 절실할 것입니다.

「수다쟁이」(*Tattler*)라는 책에서 애디슨(Addison)은 항해하는 배 위에
서 큰 소리로 자신의 무신론을 자랑하던 한 사람에 대해 언급합니다. 배가

당장 뒤집힐 것 같은 폭풍이 일자 그는 무릎을 꿇고 함께 승선한 목사에게 자신이 무신론자였음을 고백했습니다. 과거에 그 말을 들어본 적이 없는 다른 선원들은 그의 그런 모습을 보고 그것이 어떤 이상한 괴물이라고 생각했습니다. 그러나 그것이 사람이고, 그의 입을 통해 그가 그때까지 하나님이 존재한다는 사실을 믿어본 적이 없었다는 것을 알자 깜짝 놀랐습니다. 고참 선원들 가운데 하나가 그를 바닷속으로 던져 넣는 것이 좋겠다고 선장에게 말했지만, 그것은 너무 잔인한 일이었습니다. 왜냐하면 이 불쌍한 영혼은 이미 무신론자로서 충분히 불행한 삶을 살았기 때문입니다. 결국 죽음의 공포 속에서 그의 무신론은 사라졌고, 그는 하나님께 자비를 구했습니다.

이와 유사한 사건들은 자주 일어납니다. 참으로 사람들이 그토록 자랑하는 무신론은 그것을 통해 얻기를 바라는 것과는 완전히 동떨어진 결과를 가져올 때가 많습니다. 요나와 함께 배를 탔던 사람들처럼, 위급한 상황 속에 빠지면 "각각 자기의 신"(욘 1:5)을 부르는 것은 모든 사람들에게 해당된다고 말할 수 있습니다. 새들이 그 둥지를, 사슴이 그 은신처를 찾는 것처럼 사람들은 고난 속에 있을 때 도움 받기 위해 초월적 존재를 찾는 법입니다.

사람은 본능적으로 낙원에 계시는 하나님을 찾도록 되어 있습니다. 슬프게도 그 동산으로부터 쫓겨난 신세가 되기는 했지만, 사람은 그의 기억 속에서 과거의 자신의 위치에 대한 그림자와 자신의 힘의 원천에 대한 기억들을 결코 떨쳐버리지 못합니다. 그러므로 여러분은 사람이 있는 곳이라면 어디서든 고난당할 때 초자연적 도움을 구하는 사람들을 만나게 될 것입니다.

저는 이 본능의 진실성을 믿습니다. 저는 사람은 기도를 만족시켜 줄 것이 존재하기 때문에 기도한다고 생각합니다. 창조주이신 하나님이 그의 피조물에게 목마름의 욕구를 주신다면, 그것은 그 목마름을 해갈시킬 물이 존재하기 때문입니다. 그분이 배고픔을 주신다면, 그 배고픔을 채워줄 음식이 존재합니다. 마찬가지로 그분이 사람들에게 기도할 마음을 주신다면,

그것은 기도가 그에 상응하는 축복을 갖고 있기 때문입니다.

우리는 기도가 하나님이 정하신 법이라는 사실 속에서 기도의 효력을 기대할 충분한 이유가 있음을 발견합니다. 하나님의 말씀 속에서 우리는 기도하라는 명령을 자주 접합니다. 하나님의 계명은 결코 무익한 것이 아닙니다. 한없이 지혜로우신 하나님이 아무 소용도 없고 그저 어린아이의 장난에 불과한 계명을 나를 위해 정하셨다고 믿을 수 있을까요? 단순히 기도가 바람에게 속삭이고 나무들에게 말하는 것 정도의 효과밖에는 없는데도, 하나님이 나에게 기도하라고 말씀하실까요? 만일 기도에 응답이 없다면, 기도하는 것은 터무니없이 어리석은 짓이고, 그렇게 되면 하나님은 가장 어리석은 일을 저지른 당사자가 되어 버립니다. 그러니 그것을 주장하는 것은 하나님을 모욕하는 것이 되겠지요.

기도가 하나님과 아무 상관이 없고 전혀 응답받지 못한다는 것이 한 번이라도 증명된 적이 있다면, 기도하는 것은 얼마나 어리석은 일일까요? 만일 기도하는 사람에게 기도가 아무 효력이 없다는 것이 참으로 사실이라면, 기도는 바보나 미친 사람들이 하는 것이지 제정신을 가진 사람들이 할 일은 아닐 것입니다.

하지만 저는 여기서 그 문제에 관해 논의할 생각은 없습니다. 아니, 오히려 저는 그리스도를 따르는 여러분들에게, 아니, 최소한 제 자신에게라도, 모든 논쟁을 종식시키는 성경 본문을 소개하고자 합니다. 기도에 관하여 자신의 제자들을 혼란스럽게 만드는 난점들이 많이 일어났음을 주님은 익히 알고 계셨고, 그래서 주님은 확고한 말씀을 주심으로써 이에 대한 모든 반론들에 종지부를 찍게 하셨습니다. "내가 너희에게 이르노니"(I say unto you)라고 시작되는 말씀을 읽어 보십시오. 여기서 "내(나)"는 여러분의 선생, 여러분의 주인, 여러분의 주님, 여러분의 구주, 여러분의 하나님이십니다. "내가 또 너희에게 이르노니 구하라 그러면 너희에게 주실 것이요 찾으라 그러면 찾아낼 것이요 문을 두드리라 그러면 너희에게 열릴 것이니 구하는 이마다 받을 것이요 찾는 이는 찾아낼 것이요 두드리는 이에게는 열릴 것이니라."

이 본문 속에서 주님은 무엇보다 첫 번째로 "내가 너희에게 이르노니"라고 말씀하십니다. 이것은 주님이 자기 자신의 권위를 강력하게 천명하심으로써 모든 난점들을 만족시키는 말씀입니다. 두 번째로 그분은 우리에게 "구하라 그러면 너희에게 주실 것이요"와 같은 약속들을 주십니다. 세 번째로 그분은 "구하는 이마다 받을 것이요"라고 말씀하심으로서 그것이 논란의 여지가 전혀 없는 명백한 사실임을 우리에게 상기시키십니다. 하지만 바로 여기에 우리 그리스도인들이 기도에 관해 빠지는 세 가지 치명적인 의심이 내포되어 있습니다.

그분의 권위

첫 번째로 주님은 "내가 너희에게 이르노니"라고 말씀하심으로써 스스로의 권위를 우리에게 내세우십니다. 그리스도를 따르는 자의 첫 번째 표지는 그가 그의 주님을 믿는다는 것입니다. 만일 우리가 주님이 명백히 말씀하는 내용들에 대해 추호라도 의심이 있다면, 우리는 그분을 결코 따르지 못할 것입니다. 비록 어떤 교훈이 수많은 난점들로 둘러싸여 있다고 하더라도, 참된 그리스도인이라면 주 예수가 말씀하셨다는 그것만으로 그 교훈에 대한 모든 의심에서 벗어나야 합니다.

우리 주님의 말씀은 우리가 왈가왈부하는 모든 논쟁을 종식시킵니다. "내가 너희에게 이르노니" 이 말씀은 곧 우리의 최종적인 논거가 됩니다. 여러분은 예수 안에 있을 때 가장 지혜로운 자가 될 것입니다. 왜냐하면 그분은 하나님에 의해 우리에게 지혜가 되시는 분이기 때문입니다(고전 1:30). 그분은 오류를 범할 수 없습니다. 그분은 거짓을 말할 수 없습니다. 따라서 그분이 "내가 너희에게 이르노니"라고 말씀하시면, 그것으로 모든 논쟁은 끝납니다.

그러나 우리에게는 이에 관한 주님의 말씀을 더욱 신뢰하게 만드는 몇 가지 이유가 있습니다. 주 예수님의 모든 말씀에 능력이 있지만, 우리 앞에서 하시는 말씀은 더 특별한 능력이 있습니다. 자연법칙은 절대 불변의 법칙으로서 그것은 우리가 기도하든 안하든 진행되어야 하고 또 진행되기 때문에 기도가 응답되는 것은 불가능하다고 기도를 반대하는 의견이 있습니다. 그러나 그렇다고 해서 자연법칙이 그 법칙으로부터 벗어날 때도 있다는 것을 우리가 꼭 증명할 필요는 없다고 생각합니다.

하나님은 얼마든지 이적을 행하실 수도 있고, 또 오래 전에 행하셨던 일들을 똑같이 반복하실 수도 있습니다. 그러나 하나님이 자기 종들의 기도에 응답해 주기 위해서 꼭 이적을 행해야만 한다는 것은 기독교 신앙의 한 부분이 아닙니다. 사람이 어떤 약속을 지키기 위해 자신의 모든 행위들을 무시해야 할 때, 말하자면, 그때까지의 자신의 모든 행동법칙을 멈추어야 한다면, 그것은 그가 단순히 사람에 불과하다는 것과 그의 지혜와 능력은 한계가 있다는 것을 증명합니다. 그러나 하나님은 참으로 엔진을 역회전시키거나 바퀴로부터 단 하나의 이(cog)를 움직이지 않고서도, 그의 백성들이 그분 앞에 나아올 때 그들의 소원을 이루어 주시는 분이십니다.

주님은 자신이 정하신 법들을 전혀 변경시키지 않고서도 얼마든지 이적과 같은 일들을 행하실 수 있는 전능자이십니다. 옛날에 그분은 기도에 응답하시기 위해, 말하자면, 우주의 운행법칙을 멈추셨습니다(여호수아서 10:12-13을 보십시오). 하지만 지금도 동일한 신적 영광을 가지고, 믿음의 기도에 응답하시기 위해 자연법칙을 전혀 변경시키지 않고서도 얼마든지 사건들을 규율하십니다.

그러나 이것이 우리가 받는 유일한, 아니 핵심적인 위로가 아닙니다. 여기서 우리가 받는 핵심적인 위로는 문제에 대해 가장 권능 있는 말씀을 주시는 분의 음성을 우리가 듣는다는데 있습니다. 그분은 "내가 또 너희에게 이르노니 구하라 그러면 너희에게 주실 것이요"라고 말씀합니다. 자연법칙을 파기하든 파기하지 않든, "구하라 그러면 너희에게 주실 것이요 찾으라 그러면 찾아낼 것이요"라고 그분은 말씀합니다. 세상에 누가 과연 이렇게 말씀하신단 말입니까? 만물을 지으신 분 곧 "지은 것이 그가 없이는 된 것이 없는"(요 1:3) 오직 그분이 그렇게 말씀하셨습니다. 영원하신 말씀 곧 태초에 하나님과 함께 계시고(요 1:2), 하늘을 세우고 땅의 기초를 놓으신 분이 이렇게 말씀하실 수 없겠습니까?

그분은 자연법칙과 자연의 불변적 구조들이 어떠한지 잘 아십니다. 그런 분이 "구하라 그러면 너희에게 주실 것이요"라고 말한다면, 그것은 자연법칙이 어떻든 간에 확실히 그렇게 될 것입니다.

나아가 우리 주님은 만물의 유지자이십니다. 모든 자연법칙은 오직 그분의 권능을 통해서 조종되고 그분의 힘에 의해서 유지되기 때문에, 그분은 세상 속에 있는 모든 세력들의 작용에 대해 틀림없이 정통하십니다. 그러므로 그분이 "구하라 그러면 너희에게 주실 것이요"라고 말씀하신다면, 그분은 아무것도 모르고 그렇게 말씀하시는 것이 아니라 그 말씀의 의미를 분명히 알고 계시면서 그렇게 말씀하시는 것입니다. 그러기에 주님의 말씀대로 이루어지는 것을 방해할 세력은 전혀 없다는 것을 우리는 확신할 수 있습니다. 창조주이자 유지자이시기 때문에 "내가 너희에게 이르노니"라는 말씀은 모든 논쟁들을 영원히 멈추게 합니다.

그리고 참으로 아주 오랜 옛날부터 있어온 기도에 대한 해묵은 반론이 또 하나 있는데, 그것은 지금도 굉장한 힘을 갖고 있습니다. 그것은 진리 안에 있는 사람들보다는 무신론자들에 의해 제기된 반론으로 내용은 다음과 같습니다: "하나님의 작정들은 만사를 고정시키고, 이 작정들은 절대로 변경될 수 없는 것들이기 때문에, 기도에 응답이란 있을 수 없다." 여기서 저는 하나님의 작정들이 모든 사건들을 고정시킨다는 말을 부정할 마음은 없습니다. 확실히 하나님이 하늘 위에서와 땅 아래에서 일어나는 모든 일들을 미리 알고 계시고(예지), 또 미리 정하셨다는 것(예정)을 우리는 확신합니다. 저는 강변에 있는 갈대들을 미리 알고 계시는 것과 왕의 신분을 미리 알고 계시는 것 사이에 차이가 없고, 키질하는 사람의 손에서 겨가 날리는 것과 별들의 운행을 조종하는 것 사이에 차이가 없다는 것을 확실히 믿습니다.

하나님의 예정은 크고 작은 모든 일들을 다 포함합니다. 그것은 만사에 미칩니다. 그런데도 문제는 '왜 기도하느냐?' 하는 것입니다. 이에 대해 우리는 만족할 만한 답변을 갖고 있습니다. 즉 우리의 기도는 예정 속에 포함되어 있다는 것이고, 하나님은 그의 백성들의 기도를 다른 예정된 일들과 똑같이 정하셨다는 것입니다. 따라서 기도할 때, 우리는 이미 정해진 일들의 범주 안에서 응답을 받습니다. 내가 기도해야 한다는 것, 그것은 하나님이 정해 놓으신 것입니다 — 그래서 나는 기도합니다. 그리고 이때 내가 응답받을 것도 정해진 사실입니다 — 그래서 응답이 내게 주어집니다.

그러나 우리는 지금까지 언급한 것보다 더 나은 답변을 갖고 있습니다. 주 예수 그리스도는 한 걸음 더 나아가 우리에게 "내 사랑하는 형제들아, 하나님이 정하신 법 때문에 너희가 혼란스러워 할 필요가 없다. 그 안에는 너희의 기도와 모순되는 것이 조금도 없기 때문이다 '내가 너희에게 이르노니 구하라 그러면 너희에게 주실 것이요'"라고 말씀하십니다.

그런데 이것을 말씀하시는 분이 누구십니까? 그야 당연히 그분은 태초부터 아버지와 함께 계시던 바로 그분이십니다. "그가 태초에 하나님과 함께 계셨고"(요 1:2) 그분은 아버지의 뜻을 알고 계시고, 아버지의 마음도 알고 계십니다. 왜냐하면 그분은 다른 곳에서 "아버지께서 친히 너희를 사랑하심이라"(요 16:27)고 말씀하셨기 때문입니다. 따라서 그분은 아버지의 뜻과 마음을 가장 잘 알고 계시기 때문에 친히 눈으로 본 것과 같은 절대적인 확실성을 가지고 이 진리와 모순되는 아버지의 영원하신 목적은 절대로 없다는 것과 구하는 자는 받고 찾는 자는 찾아낼 것이라는 것을 우리에게 말씀하실 수 있습니다. 그분은 하나님의 뜻을 처음부터 끝까지 다 이해하고 계시는 분입니다. 그분은 두루마리를 취해서 일곱 인을 떼시고(계 5:5), 천국의 계명을 선포하신 분이 아닙니까? 그분은 여러분이 꿇은 무릎과 흘리는 눈물과 그리고 여러분이 구하는 축복을 내려 주시기 위해 하늘의 창문을 열어 놓으신 아버지와 모순되는 것은 아무것도 없다고 말씀하십니다.

더구나 기도에 응답하겠다고 약속하신 주님은 곧 하나님 자신입니다. 천국의 목적은 그분 자신의 목적입니다. 여기서 그 목적을 정하신 분이 기도의 능력을 방해하는 것은 아무것도 없다고 보증을 하십니다. "내가 너희에게 이르노니." 그분을 믿는 사람은 모든 의심이 바람 속으로 흩어지고, 그분이 기도를 들으시는 분임을 압니다.

그러나 때때로 우리의 마음속에서는 또 다른 어려움이 일어나게 됩니다. 그 어려움이란 우리 자신에 대한 우리 스스로의 판단과 하나님에 대한 우리의 판단과 관련되어 있습니다. 우리는 하나님이 아주 위대하신 분임을 알고 있고, 그분의 엄위하신 임재 앞에서 두려움을 느낍니다. 우리는 우리 자신이 참으로 하찮고 아주 죄악된 존재라는 것을 알고 있습니다. 이같이 미천한 존재가 세계를 움직이는 팔을 움직이는 능력을 갖고 있다는 것은 믿을 수 없는 일처럼 생각됩니다. 그리고 그 두려움이 종종 우리의 기도를 방해한다고 해도 저는 놀라지 않습니다. 그러나 예수님은 아주 사랑스럽게 응답하십니다. 그분은 "내가 너희에게 이르노니 구하라 그러면 너희에게 주실 것이요"라고 말씀하십니다.

그러면 여러분에게 다시 한 번 묻겠습니다. "내가 너희에게 이르노니"라고 말씀하시는 분이 누구시라구요? 그야 당연히 그분은 하나님의 위대하심과 인간의 연약함을 모두 알고 계시는 분입니다. 그분은 하나님이시고, 따라서 그분은 탁월한 권능을 갖고 계시기 때문에 그분이 "내가 너희에게 이르노니 구하라 그러면 너희에게 주실 것이요"라고 말씀하시는 것을 저는 확실히 믿습니다. 그러나 그분은 또한 우리 자신과 같은 사람이시고, 그래서 그분은 "너희의 연약함을 두려워 말라. 왜냐하면 나는 너희의 뼈의 뼈요, 너희의 살의 살이기 때문에 하나님이 사람의 기도를 들으시는 것을 너희에게 보장하겠다"고 말씀하십니다.

다시 말해 비록 죄에 대한 두려움이 우리를 괴롭히고, 슬픔이 우리를 억누른다고 해도, 예수 그리스도는 "내가 너희에게 이르노니"라고 말씀하실 때, 그분의 인격과 그분의 경험에서 오는 권위를 우리에게 부여하신다는 것을 상기시켜 드리고 싶습니다. 예수님은 기도하셨습니다. 그분만큼 많이 기도한 사람은 없었습니다.

그분은 밤에도 기도하셨고, 낮에도 종일토록 중보의 기도를 하신 적이 있습니다. 그렇게 하시면서 우리에게 "내가 너희에게 이르노니 구하라 그러면 너희에게 주실 것이요"라고 말씀하십니다. 밤이 새도록 무릎 꿇고 기도하셨던 산꼭대기에서 신선한 공기를 마시며 내려오면서 제자들에게 "나의 제자들아, 구하라 그러면 너희에게 주실 것이다. 왜냐하면 내가 기도해 보니 나에게 그런 역사가 나타났기 때문이다." 이렇게 말씀하시는 주님의 모습을 저는 상상해 봅니다.

그분은 "그의 경건하심으로 말미암아 들으심을 얻으셨고"(히 5:7), 그리하여 그분은 "내가 너희에게 이르노니 … 두드리라 그러면 너희에게 열릴 것이니"라고 우리에게 말씀하십니다. 또 주님이 최후의 순간까지 우리의 모든 슬픔을 다 당하시고 "친히 나무에 달려 그 몸으로 우리 죄를 담당하신"(벧전 2:24) 후 첫새벽 햇빛을 받아 그 얼굴이 환한 모습으로 십자가로부터 이와 같이 말씀하시는 것을 듣습니다.

그분은 "나의 하나님 나의 하나님 어찌하여 나를 버리셨나이까"(마 27:46)라고 부르짖었습니다. 그러나 지금은 응답을 받아 "다 이루었다"(요 19:30)고 당당하게 선포하십니다. 그렇게 하셨기 때문에 그분은 또한 "구하라 그러면 [우리]에게 주실 것이요"라고 명령하시는 것입니다. 예수님은 기도의 능력을 몸소 보여 주셨습니다. 또한 우리 주 예수님이 그토록 적극적으로 말씀하신 것 이상으로 지금 우리에게는 그분을 믿을 만한 훨씬 더 중요한 이유가 있음을 기억하십시오.

그분은 휘장 안에 들어가 계시고, 하나님 곧 아버지의 보좌 우편에 앉아 계십니다(히브리서 6:19-20; 10:12을 보십시오). 그 음성은 헤진 옷을 입은 가난한 사람으로부터 힘없이 우리에게 다가오는 것이 아니라 허리에 금테를 두른 대제사장으로부터 들려오는 것입니다. "내가 너희에게 이르노니 구하라 그러면 너희에게 주실 것이요"라고 말씀하시는 분은 지금 하나님 보좌 우편에 앉아 계시는 분이십니다.

여러분은 그분의 이름을 믿으시지요? 그렇다면 여러분이 그 이름으로 진지하게 간구하는 기도가 어떻게 실패로 끝날 수가 있겠습니까? 여러분이 예수님의 이름으로 간구할 때(요 15:16; 16:23), 그 기도는 그분의 권능으로 채워질 것입니다. 만일 여러분의 기도가 거부된다면, 그리스도 역시 거부되는 것이며, 그때는 여러분도 그것을 믿을 수 없게 될 것입니다.

여러분이 그분을 신뢰한다면, 그분의 이름으로 하는 기도는 반드시 승리하고 또 승리할 수밖에 없다는 사실을 믿으시기 바랍니다.

우리가 이 점에 관해 더 이상 말하지 않아도 저는 성령이 여러분의 마음속에 그에 대한 감동을 주시리라 확신합니다.

그분의 약속

두 번째로 우리는 주님이 우리에게 주시는 약속을 기억해야 합니다. 그 약속은 다양한 기도의 종류에 적용된다는 것을 주목하기 바랍니다. "내가 너희에게 이르노니 구하라 그러면 너희에게 주실 것이요 찾으라 그러면 찾아낼 것이요 문을 두드리라 그러면 너희에게 열릴 것이니." 본문은 모든 형식의 참된 기도는 하나님이 들으신다는 것, 그것은 예수 그리스도를 통해 아버지께서 들으시게 된다는 것, 그리고 거기에는 약속된 축복이 있다는 것을 보여 줍니다. 어떤 사람들은 입술로 소리 내어 기도를 합니다. 그들은 큰 소리로 간구합니다.

우리는 매일 기도할 때 입술로 기도할 필요가 있습니다. 왜냐하면 구하면 들으신다는 약속이 있기 때문입니다. 그러나 입술로 기도하는 것을 무시하지 않으면서, 훨씬 더 활력적인 기도를 드리는 사람들도 있습니다. 삶의 겸손과 근면이라는 수단을 사용하여 그들은 그들에게 필요한 축복을 구합니다. 그들의 마음은 간절함, 노력, 감정 그리고 수고를 통해 하나님께 말합니다. 그것들은 그들의 삶을 통해 쉬지 않고 찾는 기도가 되기 때문에 확실히 찾아낼 것입니다. 또 진지하게 말을 통해 구하는 기도와 삶을 통해 찾는 기도를 결합함으로써 기도하는 또 다른 사람들이 있습니다. 이것은 두드리는 것을 의미하는데, 이것은 가장 큰 소리로 구하는 기도의 형식이고, 가장 열렬하게 찾는 기도의 형식입니다.

따라서 기도는 말로 하는 구함에서 시작되어 간절히 추구하는 찾음으로 그리고 그 다음에는 긴급 요청인 두드리는 것으로 나아갑니다. 이상과 같은 기도의 각 단계들은 거기에 해당되는 약속들이 따로 있습니다. 구하는 자는 받을 것입니다. 그러나 찾는 자는 더 앞으로 나아갑니다. 그는 찾아내 누리고, 붙잡고, 자기가 받은 것을 알게 됩니다. 그런데 두드리는 자는 더 앞으로 나아갑니다. 그는 이해할 것이고, 그에게는 엄청난 것이 열릴 것입니다. 그는 축복을 받고 그것을 누릴 뿐만 아니라 그것을 깨닫기까지 합니다. 그는 "능히 모든 성도와 함께 지식에 넘치는 것을 … 알 것"(엡 3:18)입니다.

그러나 저는 여러분이 이 모든 것 위에 다음과 같은 사실을 알기를 원합니다. 그것은 여러분이 어떤 형식으로 기도하든 그 기도는 반드시 성공할 것이라는 것입니다. 단지 구하기만 해도 여러분은 받을 것입니다. 여러분이 찾는다면 찾아낼 것입니다. 두드린다면 열릴 것입니다. 각각의 경우 "여러분의 믿음대로 될 것"(마 9:29)입니다. 우리에게 주어진 약속들은 일괄적인 약속이 아닙니다. 구하고 찾고 두드리는 자는 각기 얻을 것입니다. 약속들은 개별적으로 주어집니다. 구하는 자는 받을 것입니다. 찾는 자는 찾아낼 것입니다. 두드리는 자에게는 열릴 것입니다. 우리가 축복을 받을 때는 이 세 가지가 하나를 이루었을 때가 아닙니다. 우리가 이 세 가지의 기도를 한꺼번에 했다면, 당연히 약속된 응답도 한꺼번에 올 것입니다. 그러나 만일 우리가 이 세 가지 형식들 가운데 어느 하나만을 했다고 해도, 우리는 우리 영혼이 구하는 것을 얻게 될 것입니다.

이 세 가지 기도의 방법은 우리에게 다양하게 은총을 가져다줍니다. 이 구절을 주석하면서 우리 신앙의 선배들은 지적하기를 믿음이 구하고, 소망이 찾고, 사랑이 두드린다고 했는데, 이것은 음미해볼 가치가 충분히 있는 해석입니다. 하나님이 주실 것을 믿기 때문에 믿음이 구합니다. 소망은 구한 것을 기대하고, 그래서 축복을 찾아갑니다. 그리고 사랑은 더욱 가까이 나아가게 합니다. 사랑은 하나님으로부터 거절당하지 않고 그분의 집으로 들어가 그분과 함께 식탁에서 나누기를 원합니다. 그러므로 사랑은 그분의 문이 열릴 때까지 두드리는 것입니다.

우리는 우리에게 다가오는 다양한 고통의 순간에 이 세 가지 기도의 방식을 적절하게 써먹어야 합니다. 나는 자비의 문 앞에서 가난한 거지입니다. 거기서 나는 구하고 그러면 받습니다. 그러나 전에 나에게 크게 응답하셨던 그분을 찾을 수 없을 만큼 길을 잃어버린 존재라고 생각해 보십시오. 글쎄요, 그러면 나는 반드시 찾게 될 것이라는 확신을 가지고 찾을 것입니다. 그리고 이 세 단계의 마지막 단계에 도달하면 나는 가난하고 길을 잃은 데다 사람들로부터 배척당하는 문둥병자처럼 하나님으로부터 완전히 떨어져 있음을 느낄 만큼 더러운 존재라면, 나는 두드리고, 그러면 문이 나에게 열릴 것입니다.

이 다양한 기도의 방식들은 각기 굉장히 단순합니다. 만일 어떤 사람이 "나는 구할 수 없다"고 말한다면, 저는 "당신은 아직 그 말을 이해하지 못하는군요"라고 말해 줄 것입니다. 분명히 말하지만 누구나 구할 수 있습니다. 작은 어린아이도 구할 수 있습니다. 아직 말을 못하는 갓난아기도 구할 수 있습니다. 그는 자기가 원하는 것을 구하기 위해 말을 사용할 필요가 없습니다. 우리들 가운데 어느 누구도 구할 능력이 없는 사람은 없습니다. 기도는 공상이 아닙니다. 저는 하나님이 공상적인 기도를 싫어하신다고 생각합니다. 우리가 기도할 때 기도는 단순할수록 좋습니다. 우리의 마음을 표현하는 가장 명백하고, 가장 겸손한 언어가 최고의 기도의 언어입니다.

그 다음 말은 찾으라는 말입니다. 분명히 말하지만 찾는 데에도 어려움은 없습니다. 찾아내는(find) 데에는 어려움이 있을 수 있지만 찾는(seek) 데에는 어려움이 없습니다. 잃은 드라크마를 찾은 여인의 비유에서 여인이 드라크마를 잃어버렸을 때, 그녀는 등불을 켜고 그것을 찾았습니다(눅 15:8-9). 저는 그녀가 대학을 나왔다거나 박사의 자격을 갖고 있다거나 고도의 지성을 소유한 자로서 대학 강단에 설 능력이 있는 여성이라고 보지 않습니다. 그녀는 그런 자격이 없어도 찾을 수 있었습니다. 그렇게 하기를 원하는 마음만 있으면 남자든 여자든 어린아이든 누구든 찾을 수 있습니다. 찾으라는 약속은 특별히 어떤 철학적인 추구의 방법이 있어야 가능하도록 주어진 것이 아니라 다만 "찾는 이가 찾아낼 것입니다."

그 다음에는 두드리는 것입니다. 그런데 이것도 그리 큰 어려운 일은 아닙니다. 우리는 어렸을 때, 종종 이웃집이 귀찮아 할 정도로 문을 두드린 경험이 있습니다. 그때 두드리는 자는 아무리 키가 작아도 문을 노크하는 방법과 수단을 갖고 있었습니다. 돌멩이를 딛거나 발뒤꿈치를 들고서 문을 두드렸습니다. 문을 두드리는데 필요한 것이라면 무엇이든 사용했고, 수단이 없어서 두드리지 못하는 경우는 없었습니다. 그러므로 그리스도 자신이 다음과 같이 우리에게 말씀하신 것처럼 생각하면 되겠습니다: "너희는 기도할 때 특별히 학문, 훈련, 재능 또는 재주가 필요 없다. 구하고 찾고 두드리라 — 그것이 전부다. 그리고 약속은 이렇게 기도하는 누구에게든 주어진 것이다."

여러분은 그 약속을 믿습니까? 그 약속을 주시는 분은 바로 그리스도이십니다. 그분의 입술에서 나오는 말씀은 절대로 거짓이 없습니다. 오, 그분을 의심하지 마십시오. 만일 여러분이 기도했다면 계속 기도하십시오. 또 전에 기도한 적이 없다면 오늘부터 시작하도록 하나님이 여러분을 도와주실 것입니다.

그분의 증거

마지막 세 번째로 예수님은 우리의 기도가 응답된다는 것을 친히 증거하신다는 것입니다. 그래서 그분은 이 약속을 주신 후 결과적으로 "내가 너희에게 그것을 말했기 때문에, 그리고 그것이 지금도 그러하고, 또 지금까지 항상 그래왔기 때문에, 이 약속은 반드시 성취될 것이라고 확신해도 된다"는 말씀을 덧붙이십니다. 어떤 사람이 해가 내일 아침에 동쪽에서 뜰 것이라고 말할 때, 우리는 그것이 항상 그렇게 떴기 때문에 그 사실을 믿습니다. 우리 주님은 다음과 같이 논란의 여지가 없는 확실한 사실을 우리에게 말씀하십니다: "모든 시대에 걸쳐 참된 기도가 응답되지 않은 적이 없었다." 그리고 이 사실을 말씀하신 분이 그것을 알고 계셨다는 것을 기억하십시오. 만일 여러분이 어떤 사실에 대해 말한다면, 여러분은 "예, 내가 눈으로 보니, 그게 사실이더군요"라고 말할 것입니다. 그러나 그리스도의 관찰하시는 눈은 한계가 없습니다. 참된 기도가 그분에게 알려지지 않는 경우는 한 번도 없었습니다. 지존자 곧 성부 하나님이 받아들일 수 있는 기도라면, 그리스도의 상처 때문에 반드시 그분에게 오도록 되어 있습니다. 그러므로 주 예수 그리스도는 인간적 지식을 통해 말씀하실 수 있고, 그분의 선언은, 기도는 반드시 성공한다는 것입니다. "구하는 이마다 받을 것이요 찾는 이는 찾아낼 것이요."

그런데 여기서 우리는 일반적인 상식에 의해 제기된 한계와 성경에 의해 주어진 한계를 받아들여야 합니다. 누구든 경솔하게 또는 악한 마음으로 구하는 자도 없고, 자기가 구하는 것을 하나님이 알고 있는지 짐짓 물어보는 자도 없습니다. 그렇다고 거듭나지 않은 영혼들이 아주 어리석고 무익하고 또는 무분별하게 구하는 것에 대해서까지 하나님이 응답하시는 것은 아닙니다. 절대로 그렇게 하시지 않습니다. 우리의 상식은 이같이 극단적인 기도를 인정하지 않습니다. 또 성경도 마찬가지입니다. "너희가 얻지 못함은 구하지 아니하기 때문이요 … 구하여도 받지 못함은 … 잘못 구하기 때문이라"(약 4:2-3). 응답이 없는 잘못된 기도가 있습니다. 그러나 이런 것들이 우리 주님의 진술 곧 "구하는 이마다 받을 것이요"라는 말씀에 어떤 제한을 가하는 것은 결코 아닙니다.

하지만 거듭나지 아니한 자와 악한 자들도 하나님께 기도할 때, 자주 응답을 받는다는 사실을 기억해야 합니다. 때때로 고통 속에 있을 때 그들은 하나님을 부르고, 그러면 그분은 그들에게 응답하십니다. 어떤 사람은 저에게 "당신이 정말 그렇게 말했습니까?" 하고 묻습니다. 그러면 저는 "아니요, 내가 그렇게 말한 것이 아니라 성경이 그렇게 말씀하고 있습니다"라고 말해 줍니다. 아합의 기도는 응답받았습니다. 그때 하나님께서 이렇게 말씀하셨습니다:

> 아합이 내 앞에서 겸비함을 네가 보느냐 그가 내 앞에서 겸비하므로 내가 재앙을 저의 시대에는 내리지 아니하고 그 아들의 시대에야 그의 집에 재앙을 내리리라(왕상 21:29).

마찬가지로 하나님은 자신이 보시기에 참으로 악했던 왕인 예후의 아들

여호아하스의 기도도 들어주셨습니다(왕하 13:1-4을 참조하십시오). 이스라엘 백성들이 그 죄악으로 말미암아 그 대적들에게 멸망을 당했을 때, 그들은 하나님께 구원해 달라고 간절히 부르짖었고, 그 결과 그들은 응답받았습니다. 그러나 하나님은 그들이 단지 입으로 그에게 아첨했다고 말씀하셨습니다(시 78:34-36).

이것이 여러분을 놀라게 합니까? 하나님은 허탄한 패역자들이 부르짖을 때 그들의 기도를 듣지 않으십니까? 여러분은 하나님이 자신의 형상으로 지으신 사람의 요구를 듣지 않으실 것이라고 생각하십니까? 여러분은 그것을 의심하십니까? 아닙니다. 니느웨를 생각해 봅시다(욘 3:1-10을 보십시오). 니느웨 사람들이 부르짖은 기도가 영적 기도였을까요? 니느웨에 하나님의 교회가 있었다는 말을 들어보셨습니까? 저는 들어보지 못했습니다. 아니 저는 니느웨 사람들이 회심의 은총을 받았다고 믿지 않습니다. 그러나 그들은 그들이 위험 속에 있다고 선포하는 요나의 설교를 통해 위대하신 하나님을 깨닫게 되었습니다. 그들은 금식을 선포하고 스스로를 겸비케 했고, 하나님은 그들의 기도를 들으셨으며, 그로 인해 니느웨는 상당 기간 보존을 받았습니다.

질병이나 고통 속에 있는 많은 경우에 하나님은 완악한 자들과 사악한 자들의 기도를 들어주셨습니다. 여러분은 하나님이 선한 자가 아닌 다른 자들에게는 아무것도 베푸시지 않는 분이라고 생각하십니까? 여러분은 시내산 기슭에 거하며 공로의 율법에 따라 판단 받아도 합격할 만큼 거룩하게 산 적이 있었습니까? 여러분이 기도를 시작했을 때 그만한 자격이 있었습니까? 정말 선하고 의로운 사람이었습니까? 하나님은 여러분에게 원수를 사랑하라고 명령하시지 않았습니까?(마 5:44을 보십시오) 하나님이 자신이 실천하지도 않을 것을 여러분에게 명령하신 적이 있습니까? 그분은 "비를 의로운 자와 불의한 자에게 내려주신다"(마 5:45)고 말씀하셨고, 또 실제로 그렇게 하시지 않습니까? 그분은 자신을 저주하는 사람들에게 일상적인 축복을 베푸시고, 자기를 악의적으로 이용하는 사람들에게 선을 행하시지 않습니까? 이것은 하나님의 은혜의 영광 중의 하나입니다. 사람에게 선한 것이 하나도 없더라도 그의 마음속에서 일어나는 기도의 외침이 있다면 주님은 은혜를 베푸시고 그를 고통으로부터 구원해 주십니다. 그렇다면 만일 하나님이 극히 부끄러운 모습으로 자기를 찾는 사람들에게까지 그 기도를 들으시고 그들의 부르짖음에 응답하여 구원을 베푸신다면, 그분의 눈앞에서 겸손하게 그분과의 화목을 구하는 마음으로 기도할 때, 어찌 그 기도를 들어주시지 않겠습니까?

그러나 참되고 영적인 기도에 관해 더욱 충분한 요점에 이르기 위해서는 "구하는 이마다 받을 것이요"라는 말씀에 아무런 제한이 없다는 것을 지적해야 합니다. 진실하게 하나님으로부터 영적 축복을 구하는 사람이 그 축복을 받지 못한 경우는 결단코 없었습니다. 세리는 멀리 서서 감히 눈을 들어 하늘을 쳐다보지도 못하고 가슴을 치며 말도 제대로 못했지만, 하나님은 그를 긍휼히 여기셨습니다(누가복음 18:13-14을 참조하십시오). 므낫세는 토굴감옥에 갇혀 있었습니다. 그는 여호와를 경외하는 백성들을 잔인하게 학대했습니다. 그에게는 하나님의 선대를 받을 만한 것이 아무것도 없었습니다. 그러나 하나님은 토굴감옥에서 부르짖는 그의 기도를 들으셨고, 그에게 영혼의 자유를 허락하셨습니다(역대하 33:1-13을 참조십시오). 요나는 자신의 죄 때문에 고래 뱃속에 들어갔고, 그는 기껏해야 성질 급한 하나님의 종에 불과했습니다. 그러나 그는 그 지옥의 뱃속에서 부르짖었고, 하나님은 그의 기도를 들어주셨습니다(요나서 1:17~2:2을 참조하십시오).

"구하는 이마다 받을 것이요 찾는 이는 찾아낼 것이요 두드리는 이에게는 열릴 것이니라." 누구나 해당됩니다. 만일 이것이 사실이라는 증거를 찾고자 한다면, 우리는 성도들 속에서 쉽게 찾을 수 있습니다. 저는 그리스도의 모든 제자에게 하나님이 그의 기도를 들으신다는 증거를 갖게 해달라고 기도합니다. 지옥에 떨어질 자들이 하나님께 "나는 하나님을 구했지만 하나님은 나를 거부했습니다"라고 감히 말할 수 있는 사람은 없다고 저는 믿습니다.

마지막 날 심판대 앞에서 "나는 자비의 문을 두드렸지만 하나님은 그

문을 결코 여시지 않았습니다"라고 말할 수 있는 영혼은 결코 발견할 수 없을 것입니다. 하나님이 앉아 계신 대보좌 앞에 서서 "오 그리스도여, 나는 당신으로 말미암아 구원 받기 원했지만 당신은 결코 나를 구원하시지 않았습니다. 당신의 손에 나를 맡겼지만, 당신은 나를 거절했습니다. 나는 회개하며 당신의 자비를 구했지만 당신은 결코 자비를 베푸시지 않았습니다" 하고 주장할 수 있는 영혼은 결코 없을 것입니다. "구하는 이마다 받을 것입니다." 지금까지도 그렇습니다. 그리스도께서 재림하실 때까지 그럴 것입니다. 만일 그것이 의심된다면 그것을 한 번 시험해 보십시오. 시험을 해 보았다면, 한 번 더 시험해 보십시오.

여러분이 누더기를 입고 있습니까? 그러나 그것도 문제는 아닙니다 ― "구하는 이마다 받을 것이요." 여러분이 죄를 범했습니까? 그것도 별것 아닙니다 ― "찾으라 그러면 찾아낼 것이요." 여러분은 자신이 하나님과 완전히 단절되어 있다고 느끼십니까? 그러나 그것도 문제는 아닙니다 ― "문을 두드리라 그러면 너희에게 열릴 것이니라."

거기에 선별은 없습니까? 물론 있습니다. 그러나 그렇다고 해서 그것에 아무런 제한이 없다고 하는 진리 ― 누구나 기도하면 응답받는다는 것 ― 를 바꾸지는 못합니다. "구하는 이마다 받을 것이요." 얼마나 은혜로운 본문입니까!

주님은 이렇게 말씀하셨을 때, 자신의 삶을 증거로 직접 제시하실 수 있었습니다. 어쨌든 우리는 지금 그것을 성경의 기록으로부터 인용할 수 있고, 응답하시지 않는 그리스도에게 구하는 사람은 아무도 없다는 것을 보여 줄 수 있습니다. 수로보니게 여인은 처음에는 주님이 개라고 부를 정도로 거절을 당했지만, 용기를 내어 "개들도 제 주인의 상에서 떨어지는 부스러기를 먹나이다"(마 15:27)라고 말했을 때, 그녀는 곧 "구하는 이마다 받을 것이요"라는 사실을 발견했습니다. 또한 무리들 틈에서 예수님 뒤에 다가와 그분의 옷을 만진 여인은 구하는 자가 아니라 찾는 자였고, 그 결과 그녀는 찾아냈습니다(마태복음 9:20-22을 참조하십시오).

제가 이렇게 말하면, "나는 오랫동안 구원을 위해 하나님께 부르짖었습니다. 나는 구했고, 찾았고, 두드렸지만, 아직 구원을 받지 못했습니다"라고 말하는 사람의 탄식소리가 들려오리라고 생각합니다. 그러나 사랑하는 형제들이여, 만일 제가 여러분과 하나님 가운데 진실하신 능력자가 누구냐고 질문을 받는다면, 저는 저를 진실로 도와줄 분을 알고 있고, 저는 여러분에게 여러분 자신을 믿기 전에 하나님을 믿으라고 충고할 것입니다. 하나님은 여러분의 기도를 들으실 것입니다. 그러나 여러분은 기도하기 전에 확인해야 할 한 가지 사실이 있다는 것을 알고 있습니까? 그것이 무엇일까요? 당연히 "기도하는 자가 구원받을 것이라는 것"은 복음이 아니라는 사실입니다. 그것은 복음이 아닙니다. 저는 그가 구원받게 될 것이라고 믿지만, 그렇게 설교하는 것은 복음이 아닙니다. "너희는 온 천하에 다니며 만민에게 복음을 전파하라 믿고 세례를 받는 사람은 구원을 얻을 것이요"(막 16:15-16). 그렇습니다. 이것이 바로 복음입니다.

그런데 여러분은 하나님께 구원해 달라고 기도했습니다. 여러분은 믿고 세례를 받지 않고 구원받기를 기대합니까? 확실히 말해 우리는 하나님께 그분 자신의 말씀을 공허하게 만들도록 기도하는 뻔뻔함은 없어야 할 것입니다. 그분은 여러분에게 "내가 말하는 대로 해라. 내 아들을 믿으라. 그를 믿는 자는 영생을 얻을 것이다"(요한복음 3:16을 보십시오). 이렇게 말씀하시지 않습니까? 여러분에게 한 번 묻겠습니다. 예수 그리스도를 믿습니까? 여러분은 그분을 신뢰합니까? "오, 저는 그분을 믿습니다. 저는 그분을 전적으로 신뢰합니다"라고 말하겠지요. 성도여, 그렇다면 이제는 더 이상 구원을 위해 기도하지 마십시오. 여러분은 이미 구원을 소유하고 있습니다. 여러분은 구원받았습니다. 만일 여러분이 예수님을 온 마음을 다해 신뢰한다면, 여러분의 죄는 사함 받고 구원받은 것입니다. 그러므로 이제부터는 주님에게 나아갈 때 구원을 위한 기도 대신 찬양이 있는 기도를 드리시되, 그분의 이름을 찬송하고 찬미하십시오.

"그러나 내가 구원받았음을 어떻게 압니까?"라고 물을 것입니다. 하나님은 "믿고 세례를 받는 사람은 구원받을 것"이라고 말씀하십니다. 여러분은 믿었습니까? 그리고 세례를 받았습니까? 그렇게 했다면 여러분은 구원받은 것입니다. "내가 그것을 어떻게 압니까?" 이에 대한 최고의 증거를 든다면 그것은 하나님이 여러분이 그렇다고 말씀하시는 것 바로 그것입니다. 이것 외에 어떤 증거를 원하십니까? "나는 그것을 느끼기를 원합니다." 느낌? 좋지요. 그러나 여러분의 감정이 하나님의 증거보다 더 중요합니까? 여러분이 그분의 확실한 증거의 말씀보다 어떤 표적이나 징조를 더 구한다면 그것은 하나님을 거짓말쟁이로 만드는 것이 아니겠습니까? 저는 감히 말하지만 지금 내가 오직 내 온 마음과 뜻과 힘을 다해 그리스도를 의지한다는 것 외에 내 자신이 구원받았음을 신뢰하도록 해 주는 어떤 증거도 갖고 있지 않습니다. 저에게는 다른 증거는 없습니다. 만일 여러분이 그에 대한 증거를 갖고 있다면, 그것은 지금 여러분이 그것을 찾기를 원한다는 것, 그것이 전부입니다. 여러분의 마음속에 있는 하나님의 은혜의 다른 증거들은 곧 주어질 것이고, 여러분 주변에서 자주 일어날 것이고, 여러분이 믿는다고 고백하는 교훈으로 가득 찰 것입니다. 그러나 지금 여러분이 첫 번째로 할 일은 예수님을 믿는 것입니다.

"나는 믿음을 구했습니다"라고 말하는 사람도 있을 것입니다. 글쎄요, 그 말이 무슨 뜻입니까? 예수 그리스도를 믿는다는 것은 하나님의 선물이지만, 그것은 또한 여러분 자신의 행위가 필요합니다. 여러분은 하나님이 여러분 대신 믿으신다고 생각하십니까? 아니면 성령이 여러분을 대신해서 믿으신다고 생각하십니까? 성령이 무엇을 믿겠습니까? 여러분이 믿어야 합니다. 그렇지 아니하면 믿음을 잃게 됩니다. 그분은 거짓말을 못하십니다. 여러분은 그분을 못믿겠습니까? 그분은 우리의 믿음의 대상이 될 충분한 자격이 있습니다. 그분을 믿으십시오. 그러면 여러분은 구원을 받으실 것입니다. 아울러 여러분의 기도도 응답될 것입니다.

저는 다른 사람들이 "나는 내가 구원받았다는 사실을 확신합니다. 그러나 나는 다른 사람들의 구원을 위해 기도하는 내 기도에 하나님이 응답해 주시기를 바랍니다"라고 말하는 것을 듣습니다. 사랑하는 형제들이여, 이런 기도는 반드시 응답받을 것입니다. "구하는 이마다 받을 것이요 찾는 이는 찾아낼 것이요 두드리는 이에게는 열릴 것이니라." "그러나 나는 아무개의 구원을 위해 오랫동안 기도를 많이 해왔습니다." 그 기도는 응답받을 것입니다. 만약에 그렇지 못하다면, 언젠가 그 기도가 왜 응답받지 못했는지 이유를 알게 되고, 그 기도가 응답되지 않은 사실에 대해 만족하실 때가 올 것입니다.

소망을 가지고 기도하십시오. 많은 사람이 다른 사람들을 위해 한 기도의 응답을 자기가 죽은 후에 받았습니다. 오랫동안 자신의 자녀들의 구원을 위해 기도해온 한 아버지가 있었습니다. 그런데 자녀들은 회심하지 않고 지극히 세속적인 삶을 살았습니다. 아버지는 죽게 되었습니다. 그는 임종 직전에 침대 옆으로 자녀들을 불렀습니다. 그리고 자녀들이 회심하는 모습을 보는 것으로 그리스도에 대한 증거를 갖기를 원했습니다. 그러나 불행하게도 그의 영혼은 깊은 고뇌 속에 빠져들었고, 자신의 기도가 응답받지 못한 것에 대해 그리스도와의 관계까지 의심을 하게 되었습니다. 그는 어둠의 나락 속에 떨어져 버린 하나님의 자녀 가운데 하나였습니다. 무엇보다도 이것이 그에게는 가장 큰 두려움이었고, 그의 사랑하는 자녀들은 아버지로부터 이 고통을 보고, 종교에 대해 우울한 생각을 갖게 되었습니다. 결국 그 선한 아버지는 죽었고, 자녀들은 장례식을 치르게 되었습니다. 그리고 그가 죽은 바로 그날 하나님은 그 아버지의 기도를 들어주셨습니다.

장례를 치르고 장지에서 돌아오자 형제들은 서로 말했습니다. "형제들아, 아버지가 정말 불행하게 돌아가셨다." "형제들아, 우리 아버지처럼 좋은 사람이 그렇게 돌아가시는 것을 보고 난 정말 겁이 난다."

이윽고 장남이 말했습니다. "아, 우리 아버지처럼 경건한 사람에게도 죽는 것이 그토록 두려운 일이라면, 신앙이 없는 우리가 죽을 때에는 얼마나 더 두렵게 될까?" 이 생각이 그들 형제를 사로잡았고, 그들은 결국 십자가 앞으로 나아와 선한 아버지의 기도는 참으로 희한한 방법으로 그가 죽은 뒤에야 응답되었습니다. "천지는 없어질"(마 24:35) 것이지만 하나님은 영원히 살아계시고, 하나님이 살아계시는 한 기도는 응답될 것입니다. 하나님이 자신의 말씀에 대해 진실하신 한, 기도는 결코 헛되지 않을 것입니

다. 주께서 여러분에게 계속 기도하는 자가 되도록 은혜 베푸시기를 기원
합니다. 아멘.

다. 주께서 여러분에게 계속 기도하는 자가 되도록 은혜 베푸시기를 기원
합니다. 아멘.

2

까마귀의 기도

들짐승과 우는 까마귀 새끼에게 먹을 것을 주시는도다 ― 시편 147:9

저는 이번 설교를 한 편의 글을 인용하는 것으로 시작하고자 합니다. 저는 여기서 까마귀에 관한 한 주석가의 기록을 여러분에게 소개합니다. 제가 이 글을 선택한 이유는 그것이 하나님이 우리를 보호하시는 것에 대해 더 큰 신뢰를 갖도록 돕는다고 확신하기 때문입니다.

자연학자들은, 까마귀는 새끼들에게 털이 다 나서 훨훨 날아다닐 수 있게 되면 둥지 밖으로 새끼들을 밀어내 둥지 밖에서 새끼들 스스로 살아가도록 한다고 말한다. 그런데 이 새끼들은 둥지로부터 처음 날 때 스스로 먹이를 어떻게 구해야 할지 그 수단에 대해 전혀 모른다. 그때 하나님은 그 새끼들에게 먹이를 공급해 주신다.

믿을 만한 전문가들에 의하면 까마귀는 이 점에서 깜짝 놀랄 만큼 엄격하고 가혹하다고 한다. 왜냐하면 새끼들이 스스로 먹이를 구할 수 있을 때까지 절대로 그들에게 먹이를 가져다주지 않기 때문이다. 또 어떤 학자들은, 어미 까마귀는 새끼들이 자랐던 지역에 머물지 못하도록 다른 지역으로 쫓아낸다고 주장한다. 사실이 그렇다면, 새끼들은 어디로 가야 할지 방황하지 않을 수 없다.

우리는 "필요가 게으른 아내를 부지런하게 한다"는 속담을 알고 있다. 우리는 "우리의 어린 자녀들도 똑같다"고 말할 수 있다. 어떤 부모들은 자기 자녀들을 대할 때, 마치 까마귀가 새끼들을 둥지로부터 몰아내는 것처럼, 자녀들이 자립하고, 생활력을 갖출 때까지 집 밖으로 내모는 것이 관습처럼 되어 있다.

그런데 하나님은 본문에서 까마귀 새끼들이 먹을 것이 없어서 밖으로 내쫓기고 이리저리 방황하는 위기 속에 있을 때, 누가 그들에게 먹을 것을 공급하는지에 대해 말씀하신다. 까마귀가 아니고 하나님이시다. 어미 까마귀뿐만 아니라 새끼들에게, 둥지 안에 있을 때뿐 아니라 둥지 밖에서 먹을 것을 찾아 이리저리 헤맬 때에도, 먹을 것을 제공한 자는 까마귀가 아니다.

솔로몬은 게으른 자를 개미에게 보냈고, 자기 자신은 오소리, 사냥개, 거미로부터 교훈을 받았습니다. 우리도 하나님이 지으신 모든 피조물들을 통해 교훈을 받아야 합니다. 이제 우리는 학교에서 배우는 것처럼 까마귀 둥지로 가서 배워야 하겠습니다.

우리의 사랑하는 주님은 딱 한 번 까마귀로부터 아주 강력한 논증을 이끌어 내셨는데, 그것은 삶 속에서 부질없는 고뇌에 시달리는 하나님의 종들에게 위로와 힘을 주기 위해 주어졌습니다. 주님이 이끌어낸 논증은 다음과 같습니다:

까마귀를 생각하라 심지도 아니하고 거두지도 아니하며 골방도 없고 창고도 없으되 하나님이 기르시나니 너희는 새보다 얼마나 더 귀하냐(눅 12:24).

주님의 논리를 따라서 저는 여기서 다음과 같이 논증을 해봅니다: 까마귀가 우는 모습을 생각해 보라. 사납고, 모호하고, 쉰 소리로 까마귀들은 자기가 원하는 것을 표현하고, 그러면 우리의 하늘 아버지는 그것들의 기도에 응답하시며, 그것들에게 먹을 것을 제공하신다. 너희도 까마귀들과 똑같이 기도하기 시작하고 그분의 호의를 구한다. 너희는 그것들보다 얼마나 더 귀하냐? 하나님은 까마귀들도 돌보시는데, 어찌 너희를 돌보시지 않겠는가? 그분은 아직 털이 나지 않은 까마귀들이 그 둥지에서 배고프다고 소리를 지를 때 그 부르짖는 소리를 들으시는가? 그렇다면 그것들의 부르짖음에 응답하여 먹을 것을 제공하시는 하나님이 예수 그리스도를 통하여 자신의 얼굴과 자비를 구하는 연약하고 두려워하는 자녀들인 너희에게 어찌 응답하시지 않겠는가?

이번 설교의 가장 큰 관심사는 오직 이 한 가지 사상을 피력하는데 있습니다. 성령의 인도 아래, 저는 자비를 위해 기도했지만 아직 그것을 받지 못한 사람들, 어쩌면 오랫동안 무릎 꿇고 간절하고 처절하게 부르짖으며 기도해왔음에도 불구하고 여전히 평강을 누리지 못하고 있는 사람들에게 뭔가 도움이 되었으면 하는 심정으로 이 설교를 전합니다. 그들의 죄는 여전히 그들의 목을 연자맷돌처럼 짓누르고 있습니다. 그들은 죽음의 그림자가 드리워진 계곡에 앉아있습니다. 그들에게는 빛이 전혀 없습니다. 그리고 그들은 손을 비틀며 이렇게 탄식합니다: "하나님 당신은 은혜 베푸시는 걸 잊으셨나요? 갈급한 영혼의 간구에 귀를 막으셨나이까? 비천한 죄인의 부르짖음을 염두에 두지 아니하시나이까? 고백자의 눈물이 땅에 떨어져도 당신은 더 이상 긍휼을 보이시지 않는군요?"

사탄 역시 여러분에게 이렇게 말합니다. "사랑하는 친구여, 하나님은 결코 너의 간구를 들어 주지 않고, 네가 죽을 때까지 부르짖도록 하시며, 너의 인생은 한숨과 눈물로 얼룩지고, 결국엔 불못 속에 던져질 것이다."

저는 여러분에게 조금이라도 위로와 용기를 주기 원합니다. 저는 여러분이 십자가 앞에 나와 그것을 붙잡고 간절히 부르짖기를 바라고, 여러분의 영혼이 갈망하는 축복을 찾아낼 때까지 그 십자가의 그늘에서 떠나지 말 것을 권면합니다. 만일 성령 하나님이 저를 도와주신다면, 저는 여러분이 에스더 여왕처럼 "나도 왕에게 나아가리니 … 죽으면 죽으리이다"(에

4:16)라고 스스로 다짐하기를 원합니다. 나아가 "당신이 내게 축복하지 아니하면 가게 하지 아니하겠나이다"(창 32:26)라는 야곱의 맹세가 여러분의 것이 되기를 바랍니다.

너희는 새보다 얼마나 더 귀하냐

그 다음으로 우리가 여기서 다루어야 할 문제가 하나 있습니다: 그것은 하나님은 하찮은 까마귀 새끼들의 기도도 들으시는데 어찌하여 여러분의 기도를 듣지 아니하시겠느냐는 것입니다. 첫째로, 제 기억으로 볼 때 그분은 어떤 의미에서 여러분이 단순히 울어대는 까마귀보다 훨씬 더 귀한 존재이기 때문에 여러분의 기도에 응답하신다고 생각합니다. 까마귀는 보잘것없고 불결한 새에 불과하기 때문에 당장 죽는다고 해도 그것을 슬퍼할 피조물은 없습니다. 만일 수천 마리의 까마귀가 내일 목이 비틀려 죽는다고 해도, 그것을 애절하게 슬퍼하고 고통스러워할 피조물이 우주 안에는 없다고 저는 생각합니다. 단순히 보잘것없는 새가 죽었을 뿐이고, 그것이 전부입니다.

그러나 여러분은 불멸의 영혼을 소유한 존재입니다. 까마귀는 숨이 끊어지면 그것으로 소멸됩니다. 더 이상 까마귀는 없습니다. 그러나 여러분은 지금 죽는다고 해도 그 존재가 끝나는 것이 아닙니다. 오히려 여러분은 생명의 바다로 던져져 영원한 삶을 시작하게 됩니다. 여러분의 불멸의 영혼이 사라지기 전에 태초부터 존재해온 땅의 산들이 먼저 없어지는 것을 여러분은 보게 될 것입니다. 달은 그 희미한 빛이 사라질 것이고, 태양의 그 강렬한 불꽃도 영원한 어둠 속으로 사라질 것입니다. 그러나 여러분의 영은 그 영원한 과정 — 하나님이 여러분의 간구를 들어주시지 않는다면 영원한 불행의 과정 — 을 따라 계속 존재할 것입니다.

오, 그 진리는 헤아릴 수 없다.
이 죽음의 존재에 불멸성이 입혀졌네!

> 마음의 충동은 결코 기도를 멈추지 않고,
> 하나님이 일깨우실 때 그것은 영원히 고동치리라
> 하나님 자신이 영원한 것처럼 영원하리라!
> 천사들보다 낮지 않으면 땅보다 못하리라:
> 영광 속에 상승하지 않으면 수치 속에 떨어지리라 ―
> 인류는 저항할 수 없는 숙명으로 운명지어졌네.

하나님은 있다가 없는 곧 한 순간 여기 있다 그 순간이 지나면 존재조차 없어지는 보잘것없는 새의 기도는 들어주시면서 그 영속성이 그분 자신과 동등한 불멸의 영혼을 소유한 여러분의 기도는 들어주시지 않는다고 생각하십니까? 만일 그분이 사라져버릴 까마귀의 기도를 들으신다면, 영원히 사라지지 않을 사람의 기도 역시 들어주실 것이라는 점을 여러분이 명심하기를 저는 바랍니다.

더욱이 저는 까마귀들이 하나님의 형상으로 지음 받았다는 말을 들어본 적이 없습니다. 하지만 비록 지금은 이처럼 오염되고 변질되고 타락했지만, 태초에 하나님은 우리 사람들에 대해 "우리의 형상을 따라 우리가 사람을 만들자"(창 1:26)고 말씀하신 것도 기억합니다. 사람에게는 동물과 같은 하등 피조물들 속에서는 결코 발견될 수 없는 어떤 특징 곧 아담의 가장 미천한 후손들 속에서도 발견할 수 있는 가장 고귀한 특징이 있습니다. 땅의 어떤 짐승들 속에서도 발견되지 않는 존엄성이 사람에게는 있습니다. 베헤못(욥 40:15)과 리워야단(욥 41:1)은 사람의 발 아래 복종하게 됩니다. 독수리는 사람의 영혼이 높이 날아오르는 것보다 더 높이 날지 못할 것입니다. 사자는 사람의 영이 갈망하는 진수성찬을 먹고 자랄 수 없습니다. 하나님은 까마귀와 같은 낮고 천한 피조물의 기도는 들으시고 그분 자신의 형상으로 지음 받은 종족에 속하는 존재들인 여러분의 기도는 듣지 않으실 것이라고 생각합니까? 오, 항상 의로우신 그분에 대해 제발 그렇게 가혹하고 어리석은 생각은 하지 마십시오.

저는 여러분에게 "자연 자체는 사람은 공중의 새보다 훨씬 더 각별한 보살핌을 받아야 할 존재라는 것을 가르쳐 주지 않는가?"라고 묻고 싶습니다. 까마귀 새끼들의 울음소리를 들어 보십시오. 그러면 아마 여러분은 그것들이 어떻게 자라는지를 알고 있다면 그 새들이 그것들에게 먹을 것을 공급해 줄 만한 충분한 사랑을 느낄 수 있을 것입니다. 그러나 여러분 가운데 누구도 새들을 도울 수는 없습니다. 그러나 맹수의 공격을 받아 고통을 겪고 있는 죽어가는 새끼를 구하기 위해 사랑의 날개로 품어 주는 어미 새는 믿을 수 있습니다. 만일 적막한 밤에 거리에서 아무도 돌보지 않는 상태에서 병으로 죽어가는 한 사람의 애처로운 울음소리를 들었다면, 여러분은 그를 일으켜 세우고 도와주지 않겠습니까? 저는 여러분이 까마귀를 도울 수 있는 사람이라면 얼마든지 그렇게 하리라고 확신합니다. 여러분이 까마귀를 조금이라도 불쌍히 여긴다면, 사람에 대해서는 참으로 더 그런 마음을 가질 것입니다. 그렇다면 여러분은 전지하신 하나님이 둥지에서 날지 못하는 새끼들을 돌보실 때, 여러분 역시 그렇게 돌보실 것이라는 생각이 들지 않습니까? 여러분의 마음은 "그렇다"라고 대답하겠지요. 그러므로 그것에 대한 올바른 추론을 해 봄으로써 여러분의 마음의 불신앙을 내려놓으십시오.

그러나 저는 여러분이 다음과 같이 말하는 것을 듣습니다: "아, 하지만 까마귀는 사람만큼 죄악된 존재가 아니지요. 그것이 부정한 새이기는 하지만 내가 도덕적으로 부패한 것만큼 더러운 존재는 아닙니다. 까마귀는 안식일을 범할 수 없고, 욕설을 할 수 없고, 간음죄를 범할 수 없습니다. 까마귀는 술주정꾼이 될 수도 없습니다. 까마귀는 내가 오염된 그런 악들로 더럽혀질 수 없습니다."

형제들이여, 저는 여러분이 얼마나 소망 없는 존재인가를 잘 알고 있습니다. 그러나 저는 그것이 사실이라고 생각하지 않습니다. 지금 즉시 잠깐만 그것에 대해 생각해 보십시오. 이것이 무엇을 증명합니까? 물론 여러분은 죄를 범할 수 있는 피조물이고, 그 결과 여러분은 까마귀와는 다른 지성적 영입니다. 여러분은 영적 세계에서 활동하는 피조물입니다. 여러분은 까마귀는 속할 수 없는 영들의 세계에 속해 있습니다. 까마귀는 영이 없기 때문에 죄를 범할 수 없습니다. 그러나 여러분은 지성적 행위자로서, 여러분의 영이 그 고상한 부분에 속해 있습니다.

오, 여러분은 그것을 생각만 해도, 그것이 하나님의 자비의 귀를 울리는 까마귀의 울음소리와는 차원이 다르고, 그러기에 여러분의 기도가 지존자에게 무시당하고 경시당하는 일은 절대 없으리라는 것을 알게 될 것입니다.

> 하찮은 날개를 가진 벌레도,
> 한여름 햇빛을 따라 날아다니고
> 봄의 미풍은 반나절 만에
> 생명을 깨우는 흐름,
> 가장 작은 티끌, 가장 부드러운 머리카락,
> 모두가 우리 하늘 아버지의 사랑을 느끼네.

사실이 그렇다면 확실히 그분은 겸손한 자의 부르짖음을 존중하고, 그들의 기도를 절대로 거절하지 않을 것입니다.

저는 이 시점에서 까마귀에 대한 하나님의 다루심이 죄인에게 얼마나 용기를 주는지 말하지 않고서는 그냥 넘어갈 수 없습니다. 옛날 한 작가는 다음과 같이 썼습니다:

> 그분은 새들 중에 높은 위치에 속하고 대장 노릇을 하는 매나 송골매를 언급하지 않는다. 또 사람들을 아주 즐겁게 하는 부드러운 목소리의 나이팅게일이나 비슷한 고운 목소리를 가진 예쁜 새들도 언급하지 않는다. 그분은 밉고 불결한 새, 곧 죽은 고기를 먹어치울 때 외에는 사람에게 좋은 평가를 받지 못하고 불쾌하게 생각되는, 쉰 소리 내는 까마귀를 선택하신다.
>
> 그렇다면 그토록 불결한 모습, 그토록 불쾌한 목소리를 가진 피조물, 대부분의 사람들에게는 아주 불쾌하고 또 어떤 사람들에게는 아주

불길한 피조물인 까마귀에게 먹을 것을 제공하시는 하나님의 섭리와 사랑이 얼마나 놀라운지 보라.

여름날 양식을 모아놓는 개미의 준비 속에도 하나님의 위대하신 섭리가 들어있다. 그러나 양식을 준비하는 것 자체를 잊어버리거나 또는 자신을 위해 양식을 준비하는데 게으른 까마귀를 위해 하나님께서 예비하시고 준비하신다는 것은 더 위대하신 섭리이다. 우리는 주님이 까마귀들에 관해 그것들은 스스로 대비하지 않으면 망할 것이라고 말씀하시는 것을 생각할 것이다. 그러나 아니다. 주 하나님은 자신의 손으로 행하시는 어떤 활동도 무시하지 않는다. 까마귀도 하나님으로부터 그 존재를 보장받는다. 그러므로 까마귀는 그분으로 말미암아 먹을 것을 제공받는다. 순결하고 무해한 비둘기뿐만 아니라 불결한 까마귀도 하나님으로부터 먹을 것을 얻는다. 이것은 우리 안에 아름다운 것이 없어도, 우리가 추하고 까마귀처럼 불결한 죄인이라고 할지라도 우리의 부르짖음이 하늘에 상달되는데 아무 문제가 되지 않는다는 것을 분명히 보여 준다. 예수님의 보혈이 우리의 무가치함을 제거하고, 우리의 더러움도 완전히 깨끗하게 하실 것이다. 그러므로 오직 주 예수를 믿으라. 그리하면 우리는 평강을 얻을 것이다.

더 나은 부르짖음

그 다음으로 여러분의 부르짖음과 까마귀의 울음 사이에는 커다란 차이가 있다는 것입니다. 까마귀 새끼들이 울부짖을 때, 저는 그것들이 자기들이 무엇을 원하는지 거의 모르고 있다고 봅니다. 그것들은 먹을 것을 위해 울부짖도록 하는 자연적 본능이 있습니다. 하지만 그 울음은 본질상 그것들의 필요를 표현하는 것이 아닙니다. 여러분은 그것들이 먹을 것을 원했지만 그것을 표현할 수 있는 언어는 없다는 것을 곧 알 것입니다. 그것들은 단 한마디도 말로 표현한 능력이 없습니다. 그것은 단지 끊임없이 깍깍거리며 갈망하는 울부짖음이고, 그것이 전부입니다.

그러나 여러분은 여러분이 무엇을 원하는지 알고 있고, 단지 몇마디 말일지라도, 여러분의 마음은 자기의 고통(잠 14:10)과 비참한 불행을 알고 있습니다. 여러분의 한숨과 탄식은 분명한 의미를 갖고 있고, 여러분의 오성은 여러분의 곤궁한 마음의 오른편에 있습니다. 여러분은 여러분이 평화와 용서를 원하는 것을 압니다. 여러분은 자신이 예수님, 그분의 보배 피, 그분의 완전한 의가 필요하다는 것을 압니다.

만일 하나님이 까마귀와 같은 미물의 이상하고, 무의미하고, 애매한 울부짖음을 들으신다면, 그분이 또한 가난하고, 곤궁하고, 죄책감을 느끼는 영혼이 그분께 "하나님이여 불쌍히 여기소서 나는 죄인이로소이다"(눅 18:13)라고 부르짖는 합리적이고 의미 있는 기도도 들으실 것이라는 생각이 안듭니까? 확실히 여러분의 이성은 여러분에게 그것을 말해 주리라!

더더욱 까마귀 새끼들은 변론을 사용할 줄 모릅니다. 왜냐하면 그것들은 오성이 없기 때문입니다. 그것들은 여러분이 다음과 같이 말할 수 있는 대로 말할 수 없습니다.

> 나의 하나님과 씨름하기 위해
> 내가 취하는 변론을 그분은 아시네.
> 나는 그분의 자비를 구하고
> 구주의 보혈을 간청하네.

까마귀 새끼들은 하나의 변론 즉 그것들의 비참한 필요를 갖고 있고, 그 울부짖는 힘은 그 이상도 이하도 아닙니다. 그리고 이것조차도 그것들은 논리정연하게 표현하거나 말로 묘사할 수 없습니다. 그러나 여러분은 자유자재로 구사할 수 있는 수많은 변론을 갖고 있고, 또 그 변론들이 은혜의 보좌 앞에 도달하도록 그것들을 질서 있게 세우고, 정리할 만한 오성을 소유하고 있습니다. 확실히 까마귀의 불분명한 욕구에 대한 단순한 외침이 하나님을 설복시킨다면, 여러분이 그분 앞에서 자신의 입장을 변론하고, 여러분의 입술로 하는 변론을 가지고 그분께 나아간다면, 참으로 더 크게 여러분은 지존자를 설복시킬 수 있을 것입니다.

절망하는 여러분들이여, 오셔서 여러분의 주님을 시험해 보십시오! 저는 여러분이 지금이라도 제발 여러분의 슬픈 소곡이 은혜의 귀에 들리도록 노래 부르기를 애원합니다. 그 터질 것 같은 마음을 여십시오. 그리고 하소연하는 말들이 여러분의 능력 밖이라면, 눈물로 호소하십시오.

그러나 까마귀가, 종종 기도로 하나님을 구하는 어떤 죄인들보다 더 많은 이점이 있지 않을까 저는 두렵습니다. 말하자면 그것은 다음과 같은 경우입니다: 까마귀 새끼들은 어떤 사람들이 자기들의 영혼에 관해 갖는 것보다 훨씬 더 진지한 태도를 먹을 것에 관해 갖는다는 것입니다. 그러나 이것이 여러분을 실망시켜서는 안되고, 오히려 여러분으로 하여금 지금까지 가졌던 것보다 더 진지한 자세를 취하도록 해야 할 것입니다. 까마귀들은 먹을 것을 원할 때 그것이 주어질 때까지 울부짖는 것을 멈추지 않습니다. 배고픈 새끼 까마귀들은 입이 먹을 것으로 채워질 때까지 조용히 있지 않습니다. 마찬가지로 죄인들도 하나님의 자비로 그 마음이 채워질 때까지 열렬히 기도하는 것을 멈추지 않습니다.

저는 여러분들이 아주 열렬하게 기도하기를 원합니다. "천국은 침노를 당하나니 침노하는 자는 빼앗느니라"(마 11:12). 옛날 한 청교도는 "기도는 천국 문 앞에서 그 문을 열어 제치는 대포다"라고 말했습니다. 여러분이 그것을 얻으려면 폭풍으로 도시를 취해야 합니다. 여러분은 깃털 침대를 타고 천국까지 날아오를 수는 없습니다. 여러분은 순례여행을 떠나야 합니다. 여러분이 잠에 빠져있는 동안에는 영광의 땅에 나아가지 못합니다. 공상적인 게으름뱅이는 지옥에서 잠이 깨어야 합니다. 만일 하나님이 여러분의 영혼이 구원의 필요성을 느끼게 하신다면, 깨어있고 살아있을 때 부르짖으십시오. 열심을 갖고 그렇게 하십시오. 큰 소리로 부르짖으십시오. 아낄 필요가 없습니다. 그러면 여러분은 비록 그분이 까마귀의 울부짖음처럼 여러분의 부르짖음을 들으신다고 해도, 그분이 여러분의 소리를 들으신다는 것은 참으로 더 확실한 일이 될 것입니다.

더 고상한 간청

여러분의 기도의 주제는 먹을 것을 구하는 까마귀의 울부짖음보다 하나님의 귀에 더 적합하다는 것을 명심하십시오. 까마귀 새끼들이 울부짖는 이유는 오직 먹을 것 때문입니다. 작은 고깃덩어리를 그것들에게 주어 보십시오. 그러면 그 울부짖음은 끝납니다. 여러분의 부르짖음은 하나님의 귀를 더욱 즐겁게 할 것입니다. 왜냐하면 여러분은 그의 사랑하는 아들의 피를 통해 용서를 구하는 기도를 하기 때문입니다. 자연적 선물보다는 영적 선물을 주는 것이 훨씬 더 고귀합니다. 은혜의 물줄기는 위에 있는 샘으로부터 흘러나옵니다. 저는 그분이 너무 은혜롭기 때문에 까마귀 새끼들의 입속에 먹을 것을 떨어뜨리신다고 해서 명예가 떨어진다고 보지 않습니다. 그러나 그분이 사람의 아들들에게 평화와 용서와 화해를 베푸시는 사역은 그보다 훨씬 더 큰 위엄이 있습니다. 영원한 사랑은 세계의 기초가 서기 전부터 은혜의 방법으로 주어졌고, 무한한 지혜는 하나님의 계획을 수행하기 위해 무한한 능력으로 사용됩니다. 확실히 주님은 사람의 아들들을 구원하는데 큰 기쁨을 갖고 계시는 것이 틀림없습니다.

만일 하나님이 땅의 짐승들에게 주시기를 기뻐하신다면, 그분이 그분 자신의 자녀들에게 주시는 것은 더 즐거워하신다고 생각되지 않습니까? 저는 여러분이 기르는 소에게 단순히 꼴을 주거나 닭장 문에서 닭들에게 간신히 먹이를 뿌려 주는 것보다 여러분 자신의 자녀들을 가르치는데 더 큰 마음을 쓴다고 저는 생각합니다. 왜냐하면 자녀를 양육하는 것이 가축을 기르는 것보다 여러분의 힘을 더욱 절실하게 요청하고, 여러분의 내적 자아를 드러내는 일로서, 훨씬 더 고귀한 일이기 때문입니다. 저는 여기에 추측의 여지가 없다고 봅니다. 성경에는 "주께서는 인애를 기뻐하시므로"(미 7:18)라고 기록되어 있습니다. 하나님은 자기의 능력을 사용하실 때, 슬퍼하시지 않습니다. 왜냐하면 그분은 행복하신 하나님이기 때문입니다. 그러나 만일 다른 순간보다 어떤 순간에 더 큰 행복을 느끼는 일이 무한하신 하나님께 일어난다면, 그 순간은 바로 그분이 예수님의 보배 피를 통해 죄인들을 용서하실 때일 것입니다.

아, 죄인들이여, 여러분이 하나님께 부르짖을 때, 여러분은 그분께 그분이 가장 사랑하는 것을 할 수 있도록 기회를 드리는 것입니다. 왜냐하면 그분은 용서하는 것, 자기의 에브라임을 가슴에 품는 것, 집 나갔다 돌아온 방탕한 아들에게 "이 내 아들은 죽었다가 다시 살아났으며 내가 잃었다가 다시 얻었노라"(눅 15:24)고 말씀하시는 것을 즐거워하시기 때문입니다. 이것은 살진 송아지를 기르거나 일천의 들판에서 가축을 기르는 것보다 아버지의 마음에 더 흡족한 일입니다.

사랑하는 형제들이여, 여러분은 까마귀들에게 단순한 음식 선물을 주시는 것보다 훨씬 더 하나님을 영화롭게 할 어떤 일을 구하는 것이므로, 저는 거기에 저의 논쟁의 망치로 여러분의 불신앙을 산산조각 내는 아주 강력한 타격이 있다고 생각합니다. 참된 보혜사가 되시는 성령 하나님이 여러분 속에 강력하게 역사하시기를! 확실히 까마귀에게 먹을 것을 주시는 하나님은 구하는 죄인들에게 평화와 용서를 거부하지 않으십니다. 그분을 시험하십시오! 이 순간에 그분을 시험하십시오! 아니 절대로 도망가지 마십시오! 지금 그분을 시험하십시오.

하나님의 보증

우리는 전체 주제가 아주 풍요롭게 되는 한 지점에서 결코 멈추어서는 안되겠습니다. 여러분에게 위로를 주는 또 다른 원천이 있는데, 그것은 곧 까마귀는 어디에서도 울부짖도록 명령받은 적이 없다는 것입니다. 까마귀들은 울부짖을 때, 그들의 간청이 하나님의 입술을 통해 특별한 위로가 있을 것이라고 결코 보증 받지 못했다는 것입니다. 하지만 여러분은 기도를 통해 하나님의 보좌에 접근하도록 하나님이 선포하신 특별한 권고로부터 유래된 보증을 갖고 있습니다. 만일 어떤 부자가 초대받지 못한 사람들도 들어오도록 자기 집의 대문을 열었다면, 확실히 그는 초대받은 사람들에 대해서는 더 큰 환대를 베풀었을 것입니다. 까마귀들은 초대받지 못한 손님들이지만 그렇다고 해서 빈손으로 쫓겨나지 않습니다. 여러분은 초대받은 손님으로서 나아옵니다. 그런데 어떻게 여러분이 거부당할 수 있겠습니까?

여러분은 자신이 초대받지 않았다고 생각하십니까? 그렇다면 다음 말씀들을 참조하십시오: "누구든지 주의 이름을 부르는 자는 구원을 받으리라"(행 2:21), "환난 날에 나를 부르라 내가 너를 건지리니 네가 나를 영화롭게 하리로다"(시 50:15), "너희는 온 천하에 다니며 만민에게 복음을 전파하라 믿고 세례를 받는 사람은 구원을 얻을 것이요 믿지 않는 사람은 정죄를 받으리라"(막 16:15-16), "주 예수를 믿으라 그리하면 너와 네 집이 구원을받으리라"(행 16:31), "너희가 회개하여 각각 예수 그리스도의 이름으로 세례를 받고 죄 사함을 받으라"(행 2:38).

이 말씀들은 특성상 어떤 제한이 없이 주어진 권면들입니다. 그것들은 자유롭게 여러분을 초대합니다. 아니, 그것들은 여러분에게 어서 오라고 애원합니다. 오, 이렇게 초대해 놓고 하나님이 여러분을 퇴짜 놓는다고 생각할 수 있습니까? 창문은 열려 있고, 까마귀는 날아 들어갑니다. 은혜의 하나님은 그것을 쫓아내지 않습니다. 문은 열려 있고, 약속은 여러분에게 오라고 초대합니다. 그분이 여러분을 거절할 것이라고 생각하지 마십시오. 아니, 오히려 그분은 여러분을 은혜롭게 맞아들이고, 여러분을 자유롭게 사랑하시며, 그때 여러분은 "(주님께) 입술의 열매를 드리리이다"(호 14:2)라고 말할 것임을 믿으십시오. 어쨌든 그분께 나아가십시오! 지금이라도 그분을 시험해 보십시오!

은혜의 사역

다시 말해 또 다른 변론 곧 한층 강력한 변론이 또 있습니다. 까마귀 새끼의 울부짖음은 단지 피조물의 자연적 울부짖음에 불과합니다. 하지만 여러분의 부르짖음은, 그것이 진실하다면, 여러분의 마음속에 주어진 은혜의 사역의 결과입니다. 까마귀가 하늘을 향해 울부짖을 때, 울부짖는 것은 단순히 까마귀 자신일 뿐입니다. 그러나 여러분이 "하나님이여 불쌍히 여기소서 나는 죄인이로소이다"(눅 18:13)라고 부르짖을 때, 여러분 안에서 부르짖는 것은 성령 하나님이십니다. 하나님이 여러분에게 신령과 진정으로 더 깊은 교통과 소통을 갖도록 하시는 원천에 대해 부르짖도록 주신 것은 새 마음입니다.

우리는, 그것을 진실로 생각한다면, 우리 자녀들에게 "그들의 기도를 드리도록" 가르칠 수 있지만, 우리는 그들에게 기도하는 법을 가르칠 수는 없습니다. 여러분은 기도책을 만들 수 있지만, 책 속에 기도의 열매를 적을 수는 없습니다. 왜냐하면 그것은 책에 적어둘 수 없는 영적 문제이기 때문입니다. 어쩌면 여러분들 가운데 어떤 이들은 가족들에게 기도문을 읽어 줄 수 있을지도 모릅니다. 저는 그런 습관이 나쁘다고 보지는 않습니다만, 그것에 관해 다른 결과가 있을 수 있습니다. 여러분은 70년 동안 기도문을 읽어 줄 수 있지만, 한 번도 참된 기도를 드리지 못한 것이 될 수도 있습니다. 왜냐하면 기도는 단순한 말과는 확실히 다른 일이기 때문입니다.

참된 기도는 마음을 하나님과 나누는 것입니다. 이때 마음은 성령 하나님이 돛에 바람을 불게 해서 배가 천국으로 더 빨리 나아갈 수 있을 때까지 하늘의 항구와 영적 거래 속에 들어가는 것이 아닙니다. "네가 거듭나야 하겠다"(요 3:7). 만일 여러분의 마음속에 어떤 참된 기도가 있다면, 여러분이 그 비밀을 알지 못한다 해도, 성령 하나님이 그 안에 계시는 것입니다.

그런데 만일 그분이 그분 자신의 것이 아닌 다른 존재들의 부르짖음을 들으신다면, 자신에게 속한 사람들의 기도는 얼마나 더 잘 들어주실까요! 여러분은 여러분의 부르짖음이 본능적인 것인지 아니면 영적인 것인지 잘 몰라 혼란을 겪었을지도 모르겠습니다. 이것은 아주 중요한 문제로 보이지만, 아니 의심할 여지 없이 중요한 문제입니다. 그러나 여러분의 부르짖음이 어떠하든 상관없이 그것은 여전히 주님을 구하는 것입니다. 물론 여러분은 본능적인 부르짖음은 하나님이 들으시지 않는다고 생각할 수 있습니다. 그러나 그것이 사실인지 증명해 보십시오.

언젠가 극단적으로 칼빈주의를 견지하는 교회에서 예배를 드릴 때 저는 이 주제에 관해 잠시 말한 것이 기억납니다. 그때 저는 그들에게 기도하는 사람이 되라고 설교했습니다. 참된 회개를 하기 전이었지만 저는 일반은총을 위해 기도했고, 하나님이 내 기도를 들어주셨다고 말했습니다.

이것은 그 교회 주일학교의 신실한 아이들에게는 납득되지 않는 얘기였습니다. 그 후 그들은 제 주변에 몰려들어 공공연하게 질문하는데, 그러나 그것은 사실상 그들의 본성과 습관에 따라 나를 골탕 먹이려고 하는 말에 불과했습니다. "그들이 벌들처럼 나를 에워쌌으나"(시 118:12) 그렇습니다. 벌들처럼 그들은 나를 에워쌌습니다! 하나님이 거듭나지 않는 사람들의 기도를 들으신다고 말하는 것은 아르미니우스주의자들이 말하는 것보다 더 잘못된 말이었기 때문에, 극단적인 칼빈주의자인 그들에게는 도저히 용납할 수 없는 얘기였습니다. "어떻게 하나님이 불신자의 기도를 들어주신다고 할 수 있느냐구요?" 그리고 제가 잠시 숨을 멈추고 있는 동안 빨간 외투를 입은 한 노인이 다른 사람들을 밀치고 제 옆으로 오더니, 그들을 향해 "이스라엘의 어머니"(삿 5:7)처럼, 아주 강력한 어조로 이렇게 말했습니다: "너희는 왜 하나님이 직접 하신 말씀을 망각하고 그런 질문을 하지? 어떻게 하나님이 불신자의 기도를 들으시지 않는다고 말하는가? 아니 까마귀 새끼들이 그분에게 울부짖을 때 그것들의 기도를 들어주시지 않았니? 그런데 그 기도가 영적 기도였다고 생각하니?" 그러자 즉각 그토록 도전적인 아이들이 그 말에 복종하고 잠잠해졌습니다. 더 이상 도전은 없었습니다. 왜냐하면 그들의 과거의 삶을 돌아보고 자신들의 실수를 인정했기 때문입니다.

형제들이여, 확실히 이것은 여러분에게 용기와 위로를 줄 것입니다. 여러분의 기도가 본능적인지 아니면 영적인지, 또 그것이 하나님의 영을 통해 나온 것인지 아니면 그렇지 않은지의 문제가 여러분을 혼란스럽게 한다고 해서, 저는 지금 그 문제에 대한 해답을 여러분에게 제시하고 싶지는 않습니다. 만일 기도가 여러분의 진실한 마음으로부터 나온다면, 여러분은 믿을 수 없을지 모르지만, 저는 그것이 하나님이 들으시는 기도라는 것을 믿습니다. 하나님은 까마귀들의 울부짖음도 들으시고, 그러기에 여러분들의 기도도 들으신다고 확신합니다. 나아가 저는 여러분의 마음속에서 의심이 일어나지 않기를 바라지만, 여러분 안에서 여러분이 기도하도록 이끄시는 하나님의 영의 은밀한 역사가 있기 때문에 — 여러분은 그것을 인정할 수 없을지도 모르지만 — 하나님이 여러분의 기도를 들으신다고 생각합니다.

막강한 기도 동반자

그러나 저는 그 점을 더 강력하게 논증할 수 있는 주장을 갖고 있습니다. 까마귀 새끼들은 울부짖을 때, 홀로 울부짖습니다. 그러나 여러분은 기도할 때, 여러분과 함께 기도하는 막강한 기도 동반자가 옆에 있습니다. 죄인이 "하나님이여 불쌍히 여기소서 나는 죄인이로소이다"(눅 18:13)라고 부르짖는 기도를 들어 보십시오. 들어 보십시오! 여러분은 그의 기도에서 그것을 능가하는 다른 기도를 들어 본 적이 있습니까? 없었을 것입니다. 여러분은 귀가 둔하고 막혀 있기 때문에 듣지 못합니다. 그러나 하나님은 들으십니다. 그러나 기도가 드려지는 그 순간 그의 기도보다 훨씬 더 크고 부드러운 음성으로 훨씬 더 강력하게 "아버지여, 나의 보배피로 말미암아 그를 용서하소서!" 하는 간구가 하늘에 상달됩니다. 죄인의 속삭임에 동반된 그 기도의 메아리는 천둥소리보다 더 웅장합니다. 참으로 어떤 죄인도 그 순간 기도하시는 그리스도의 기도가 없이는 절대로 기도하지 못합니다. 여러분은 기도하시는 그분을 보거나 그분의 기도소리를 들을 수는 없지만, 예수님은 자신의 영혼이 먼저 자극받지 않고서는 절대로 여러분의 영혼의 심연 속에 자극하시지 않습니다. 오, 죄인들이여! 여러분의 기도는 하나님 앞에 오면, 그것이 여러분에게서 나올 때와는 전혀 다른 기도가 됩니다.

때때로 가난한 사람들이 취직을 부탁하기 위해 우리에게 옵니다. 그들은 탄원서를 가지고 와서 그것을 받아달라고 우리에게 요구합니다. 그런데 그것은 아주 난필이기 때문에 우리는 간신히 그들의 의도를 파악할 수 있습니다. 그러나 그것만으로도 우리가 그들의 의도를 알아내기에는 충분합니다. 무엇보다 먼저 우리는 그들의 탄원서를 다시 정서해서 그와 똑같은 좋은 복사본을 만듭니다. 그런 다음 거기에 그들을 돕기 바란다는 말을 적고 그 밑에 우리의 이름으로 서명을 합니다. 만일 우리가 어떤 영향력을 갖고 있다면, 물론 그들은 그들이 탄원서 맨 밑에 적혀진 이름의 힘으로 말미암아 그들의 소원을 이룹니다.

이것이 바로 주 예수 그리스도께서 우리의 연약한 기도들에 대해 하시는 일입니다. 그분은 그것들의 완전한 복사본을 만드시고, 거기에 자기 자신의 속죄의 피로 도장을 찍고, 그 밑에 자신의 이름을 적습니다. 그렇게 해서 그것들은 하나님의 보좌로 올라갑니다. 그것이 여러분의 기도입니다. 그러나 오, 그것은 또한 그분의 기도이기도 합니다. 그것이 여러분의 기도가 그것을 능가하는 그분의 기도가 되는 진실입니다.

그렇다면 이것은 참으로 강력한 논증입니다: 만일 까마귀들이 오로지 홀로 울부짖는데도 구원받는다면, 단지 그들의 힘없이 지저귀는 소리가 그것들의 소원을 이루도록 한다면, 가난하고 두려워 떠는 죄인의 애처로운 간구는 얼마나 더 잘 구원 받을까요! 왜냐하면 죄인은 "예수님 때문에"라고 말할 수 있고, "주 예수 그리스도가 그것을 받을 자격이 있습니다. 오 주여, 그분으로 말미암아 저에게 그것이 주어졌나이다"라는 복된 고백 하나로 그분의 모든 변론들을 자기 것으로 삼을 수 있기 때문입니다.

저는 오랫동안 부르짖었지만 결코 응답받지 못했다고 염려하는 사람들을 위해 이번 설교를 준비했습니다. 저는 그들이 더 이상 오래 기다릴 필요 없이 곧 은혜로운 평강의 응답을 받으리라고 확신합니다. 그리고 만일 그들이 즉각 마음의 소원들을 이루지 못한다고 해도, 은혜의 날이 임할 때까지 인내할 용기를 얻기를 바랍니다. 여러분은 까마귀들이 갖고 있지 못한 약속을 갖고 있고, 만일 우리에게 그것을 더 깊이 곰곰 생각해볼 여유가 있다면, 그것은 또 다른 변론을 여러분에게 제공합니다. 하오니 간구에 대한 약속을 갖고 있는 두려워하는 자들이여, 결코 두려워하지 말고 속히 은혜의 보좌로 나아가십시오!

죄인들을 위한 격려

이 설교를 마감하면서 마지막으로 여러분에게 부탁하는 것은 비록 여러분이 응답받지 못한 기도를 드렸다고 할지라도, 계속 기도하라는 것입니다. "일곱 번까지 다시 가라"(왕상 18:22). 예수 그리스도 안에 있는 하나님의 자비가 여러분의 유일한 소망임을 잊지 마십시오. 물에 빠진 사람이 자기 손에 잡히는 유일한 밧줄을 붙잡는 것처럼 그것을 붙잡으십시오. 만일 여러분이 주님의 보배 피로 말미암아 자비를 구하는데 실패한다면, 여러분이 그 길에서 멸망당한 최초의 사람이 될 것입니다. 계속 부르짖으십시오. 끝까지 부르짖으십시오. 그러나 아침에 해가 동쪽에서 뜰 것을 믿는 믿음처럼 믿으십시오.

존 라일랜드(John Ryland)의 아내 베티(Betty)는 오랜 세월 그리스도인으로서 살았지만, 임종 직전 마음속에는 큰 고민거리가 있었습니다.

그녀의 남편은 색다르지만 지혜롭게 그녀에게 "사랑하는 베티, 무엇이 당신을 괴롭히오?"

"오, 존, 저는 지금 죽어가고 있고 아무 소망이 없어요!"

"하지만 사랑하는 아내여, 당신은 지금 어디로 가고 있지요?"

"지옥으로 갈 것 같아요." 이것이 그녀의 대답이었습니다.

그러자 자신의 깊은 슬픔을 숨기고 평상시와 같이 유머러스하게 못을 머리에 박는 강한 충격을 주겠다는 의도로 그녀가 의심할 틈을 주지 않고 "당신이 지옥에 간다면 거기서 무엇을 하고 싶소, 베티?" 하고 물었습니다. 이에 이 착한 여인은 대답할 수가 없었습니다. 그러자 그는 계속해서 이렇게 물었습니다: "거기에 있을 때 당신은 기도하고 있을 거라고 생각하지 않소?"

"오, 존, 맞아요. 나는 어디서든 기도했었죠. 거기서도 기도할 수밖에 없을 거예요!"

"그래요, 여보. 그러면 지옥의 사자들이 '베티 라일랜드가 여기서 기도하고 있다. 밖에 내던져 버려라. 여기서 기도하는 자는 누구든 용납할 수 없어. 당장 내다 버려라!' 그렇게 말할 거야, 여보!"라고 그는 말해 주었습니다.

이 우스운 얘기는 그녀의 영혼에 빛을 던져 주었습니다. 그녀는 진정으로 그리스도를 구하는 영혼의 마음의 불합리를 즉각 깨달았고, 그래서 그녀는 그것을 그분 앞에서 영원히 폐기처분했습니다.

영혼들이여, 계속 부르짖으십시오. 계속 부르짖으십시오! 어린 아기는 우는 동안은 살아있습니다. 그리고 여러분도 은혜의 보좌에 나아가 있는 동안은 소망이 있습니다. 그러나 기도할 때 또한 들으십시오. 그리고 그때 듣는 것을 믿으십시오. 왜냐하면 그것은 평강이 주어지리라는 믿음으로 말미암기 때문입니다.

여러분은 무엇을 구하십니까? 여러분 중에 어떤 이들은 빛나는 환상을 보기를 기대하겠지요. 하지만 저는 여러분이 그것으로 결코 만족할 수 없으리라 봅니다. 왜냐하면 그것은 별로 중요한 것이 아니기 때문입니다. 세상에서 일어난 모든 환상들은 이적의 날들과 병행하기 때문에 결국은 아주 단순한 꿈일 뿐이고, 꿈이란 공허한 것에 불과합니다. 사람들은 지나칠 정도로 탐식을 하지만, 그것도 헛된 것입니다. 그것은 소화불량을 일으키거나 두뇌의 활동을 둔화시키고, 그것이 전부입니다. 만일 그것이 여러분이 회심에 대해 갖고 있는 증거의 전부라면, 여러분은 그것을 충분히 의심할만 합니다. 저는 여러분이 그것으로 만족하지 않도록 기도합니다. 그것은 여러분의 영원한 소망들을 세우는 데는 아무 소용없는 잡동사니입니다.

어쩌면 여러분은 아주 특별한 감정 ― 단순한 전기적 충격과 같은 것이 아니라 아주 희한하고 특수한 체험 ― 을 맛보는 것을 기대할지 모릅니다. 저를 믿고 여러분은 그렇게 독특한 감정을 체험하려고 애쓰지 마십시오. 어떤 사람들이 회심과 관련해서 말하는 특수한 감정들은 그들에게 유익할 수도 있고 유익하지 않을 수도 있습니다. 하지만 저는 그것들이 실제로는 회심에 필수적이냐 하는 것과는 아무 상관이 없다고 확신합니다.

이제 저는 여러분에게 두 가지 질문을 드리겠습니다. 여러분은 여러분 스스로를 죄인이라고 생각합니까? 물론 "예"라고 대답하겠지요. 그러나 여러분은 죄라는 말의 의미를 어떻게 생각하나요? 하나님의 법을 어긴 자라는 의미에서 또는 하나님의 다스림에 반항한 쓸모없는 범죄자라는 의미에서 그렇게 생각합니까? 어쨌든 여러분은 여러분의 마음속에 하나님의 모든 계명을 어긴 것과 그래서 마땅히 그에 따른 형벌을 받아야 된다는 점에서 그렇게 생각합니까? 그러면 여러분은 "예, 나는 그렇다고 믿고 있을 뿐만 아니라 그것을 느끼고 있습니다. 그것은 날마다 나를 내리누르는 무거운 짐입니다"라고 대답하겠지요. 그런데 여러분은 그 이상의 사실, 곧 주 예수 그리스도께서 여러분의 이 모든 죄를 제거하셨다는 것을 믿습니까? "예, 나는 그것도 믿습니다." 그러면 여러분은 그분이 여러분을 구원하신다는 것을 믿을 수 있습니까? 여러분은 구원받기 원합니다. 여러분은 스스로 구원할 수는 없습니다. 여러분은 그분이 여러분을 구원하신다는 것을 믿을 수 있습니까? "예, 나는 이미 그것도 믿고 있습니다"라고 말하겠지요. 그런데 사랑하는 형제들이여, 만일 여러분이 진실로 예수님을 믿는다면, 여러분이 구원받는다는 것은 확실합니다. 왜냐하면 여러분은 우리들 가운데 누구든지 지속적으로 구원에 대한 유일한 증거를 갖고 있기 때문입니다. 그 이후에는 거룩과 성령의 은혜들과 같은 다른 증거들이 있습니다. 하지만 살아있는 사람들에게 지속적인 최고의 유일한 증거는 바로 이것입니다:

> 내 손 안에 아무것도 쥔 것 없고,
> 오직 당신의 십자가만 붙잡고 있네.

여러분은 다음과 같은 시구를 기억하고 있지요?

> 나는 연약한 죄인으로 아무것도 아니지만,
> 예수 그리스도는 나의 전부가 되시네.

저는 여러분이 어떤 면에서는 즉각 이 이상의 경험을 더 많이 갖기를 바랍니다. 그러나 저는 여러분이 여러분의 증거의 근거와 여러분의 소망의 이유에 관해서는 한 치도 더 나아가지 않기를 바랍니다. 거기서 즉시 멈추십시오. 만일 지금 여러분이 여러분 안이나 밖에서 예수 그리스도에 대한 모든 것으로부터 눈을 돌리고, 오직 그분의 갈보리 고난과 그분의 전체 속죄 사역을 하나님 앞에 나아갈 수 있는 근거로서 신뢰한다면, 여러분은 구원받습니다. 여러분은 그 이상 다른 것이 필요 없습니다. 여러분은 "사망에서 생명으로 옮겨졌습니다"(요 5:24). "그를 믿는 자는 심판을 받지 아니하는 것이요"(요 3:18). "아들을 믿는 자에게는 영생이 있고"(요 3:36).

만일 제가 교회당 통로에서 천사를 만났는데, 그가 저에게 "스펄전, 나는 하늘로부터 네가 용서받았음을 말해 주러 왔노라"고 말한다면, 저는 그에게 "저는 당신이 그렇게 말하지 않아도 이미 용서받았음을 알고 있습니다. 저는 당신이 갖고 있는 것보다 더 큰 권위에 따라 그것을 알고 있습니다"라고 말해 줄 것입니다. 만일 그가 그것이 무엇인지 내게 말해 달라고 요구한다면, 저는 이렇게 대답할 것입니다: "제게는 하나님의 말씀이 어떤 천사의 말보다 더 우선입니다. 그리고 하나님은 '그를 믿는 자는 심판을 받지 아니할 것'이라고 말씀하셨습니다. 저는 그분을 믿고, 그러므로 저는 심판받지 않을 것이며, 어떤 천사가 내게 그것을 말해 주지 않아도 저는 그것을 압니다."

고난 속에 있는 여러분들이여, 천사와 징조와 증거와 표적들을 기대하지 마십시오. 만일 여러분이 예수께서 이루신 사역을 믿는다면, 여러분은 이미 여러분의 구원에 관한 세계 최고의 증거를 갖고 있는 것입니다. 여러분은 그에 대한 하나님의 말씀을 갖고 있습니다. 여러분은 여러분의 아버지의 말씀을 받아들일 수 있습니다. 여러분은 여러분의 어머니의 말씀을 인정할 수 있습니다. 그런데 왜 하나님의 말씀은 받아들일 수 없습니까? 오, 우리가 하나님을 불신한다는 것은 얼마나 나쁜 마음일까요! 아마 여러분은 그런 적이 없다고 말할 것입니다. 그러나 여러분이 그리스도를 믿지 않는다면, 하나님을 의심하는 것입니다. 왜냐하면 "하나님을 믿지 아니하는 자는 하나님을 거짓말하는 자로 만들기"(요일 5:10) 때문입니다. 만일 여러분이 그리스도를 믿지 않는다면 여러분은 결과적으로 하나님이 거짓말쟁이라고 말하는 것입니다. 여러분은 그렇게 말하기를 원하지 않습니다.
그렇지요?

오, 하나님의 신실하심을 믿으십시오! 하나님의 영이 여러분에게 아버지
의 자비, 아들의 피의 권세, 성령의 의지가 죄인들을 하나님께로 이끈다는
것을 믿도록 역사하시기를 바랍니다. 사랑하는 나의 형제들이여, 오십시오.
오셔서 여러분에게 필요한 모든 것을 예수 안에서 보도록 은혜로 말미암
아 인도받을 수 있도록 함께 기도합시다.

> 기도는 피조물의 힘, 그의 진정한 생명이자 존재다.
> 기도는 자비의 문을 열 수 있는 황금열쇠다.
> 기도는 그렇게 말하면 말하는 그대로 되는 마법의 소리다.
> 기도는 전능자의 근육을 움직이게 하는 가느다란 힘줄이다.
> 그런즉 기도하라. 오, 피조물이여,
> 그대의 소원은 참으로 많고 크다.
> 그대의 마음, 그대의 양심, 그리고 그대의 존재, 그대의 필요가
> 그대에게 기도하라고 명령한다.
> 기도는 모든 염려의 치료제, 모든 고통의 만병통치약이다.
> 또한 의심의 파괴자, 파멸의 구조자, 모든 고뇌의 해독제이다.

3

기도의 호소와 변론

내가 어찌하면 하나님을 발견하고 그의 처소에 나아가랴 어찌하
면 그 앞에서 내가 호소하며 변론할 말을 내 입에 채우고 ― 욥기
23:3-4

욥은 극한 상황 속에서 주님을 향해 부르짖었습니다. 고민하는 하나님의
자녀의 간절한 소원은 한 번 더 그의 아버지의 얼굴을 뵙는 것입니다. 그
의 첫 번째 기도 제목은 "오, 지금 제 온 몸을 고통스럽게 하는 질병을 고
쳐 주옵소서"가 아닙니다. 그렇다고 "오, 무덤으로부터 제 아들들이 다시
살아나고, 약탈자의 손으로부터 소유물을 다시 되찾는 것을 보기 원합니
다"도 아닙니다. 그러나 첫 번째 가장 간절한 기도는 "오, 나의 하나님이신
당신을 발견할 수 있는 처소를 알기 원합니다. 오, 저는 그 처소에 나아가
기를 바랍니다"입니다. 하나님의 자녀들은 폭풍이 몰아닥치면 가정으로 돌
아갑니다.

여호와의 날개 아래 모든 문제들의 피난처를 구하는 것이 은혜 받은 영
혼들의 천부적인 본능입니다. "하나님을 피난처로 삼은 사람"은 참된 신자
의 귀감으로 인정받을 것입니다. 위선자는 하나님으로 말미암아 자신이 고
통 받고 있다고 느낄 때, 그 고통을 원망합니다. 그리고 노예처럼, 자신을
채찍질하는 주인으로부터 도망을 칩니다. 진정한 천국의 후사는 그렇게 하

지 않습니다. 그는 자신을 채찍질하는 손에 입맞춤을 합니다. 그는 자신에게 진노하시는 하나님의 팔에 들려있는 막대기로부터 피난처를 구합니다.

여러분은 하나님과 교제를 바라는 욕구는 다른 모든 위로의 원천들이 사라질 때 더 강해진다는 것을 알게 될 것입니다. 욥은 처음에 멀리서 그의 친구들을 보았을 때, 그들의 친절한 충고와 온정 어린 태도에 자신의 격렬한 슬픔이 줄어들 것이라는 소망을 가졌습니다. 그러나 그들에 대해 욥이 "너희는 다 재난을 주는 위로자들"(욥 16:2)이라고 신랄하게 말하기까지는 그리 오래 걸리지 않았습니다. 그들은 그의 상처에 소금을 뿌렸고, 그의 슬픔의 화염에 기름을 끼얹었습니다. 또한 그들은 그의 불행의 고뇌에 비난의 화살을 쏘아댔습니다. 한때 그들은 그가 미소를 회복하도록 비추는 태양이 되기를 소원했습니다. 그러나 지금 그들은 그의 명성에 가장 비열하고 파렴치한 방해의 그림자를 드리우고 있었습니다.

가난한 사람에게는 비어있는 포도주잔이 그를 조롱하고, 그의 베개가 가시털로 그를 찌를 때 얼마나 슬플까요! 마치 여행자가 그의 비어있는 물병에서 눈을 돌려 우물을 향해 쏜살같이 달려가는 것처럼, 욥은 그의 슬픈 친구들에게서 등을 돌려 하늘의 보좌를 바라보았습니다. 그는 세속적인 희망들을 포기하고 "내가 어찌하면(나의 하나님)을 발견할꼬"하고 부르짖었습니다.

사랑하는 형제들이여, 세상 모든 것들의 공허함을 깨달을 때만큼 창조주의 소중함을 우리에게 가르쳐 주는 것도 없습니다. 여러분이 "무릇 사람을 믿으며 육신으로 그의 힘을 삼는 사람은 저주를 받을 것"(렘 17:5)이라는 구절 때문에 가슴이 뜨끔했을 때, 또한 "무릇 여호와를 의지하며 여호와를 의뢰하는 그 사람은 복을 받을 것"(렘 17:7)이라는 신적 보증의 감동적인 말씀을 발견하게 될 것입니다. 여러분이 꿀은 없고 다만 날카로운 침만 수두룩한 지상의 꿀벌떼들의 신랄한 조롱으로부터 등을 돌리면, 꿀과 송이꿀보다 더 달콤한(시 19:10) 주님의 신실한 말씀을 그분 안에서 기뻐하게 될 것입니다.

비록 선한 사람이 고통 중에 하나님을 서둘러 찾는다고 할지라도, 비록 그가 그의 친구들의 무정함 때문에 하나님을 향해 더 빨리 달린다 할지라도, 때때로 은혜가 넘치는 영혼은 하나님의 은혜로운 보좌 앞에 서지 못할 때도 있다는 것을 더욱 주목해야 합니다. 이것은 슬픔 중 가장 큰 슬픔입니다. 이 설교의 본문은 욥의 깊은 탄식소리 가운데 하나로서, 자녀들과 재산을 잃어버린 것 때문에 그에게 찾아온 것보다 훨씬 더 깊은 슬픔입니다: "내가 어찌하면 하나님을 발견할꼬!" 모든 상실 중 최악의 상실은 하나님의 미소를 잃어버린 상실입니다. 그는 지금 "나의 하나님, 나의 하나님 어찌하여 나를 버리셨나이까?"(마 27:46) 하는 그의 구속자의 쓰라린 부르짖음을 미리 맛보았습니다. 하나님의 임재는 그의 백성들을 은밀하게 도우시는 것에 관한 한, 어떤 면에서 그의 백성들과 항상 함께 하시는 것입니다. 그러나 그분의 임재로 그들이 항상 즐거운 것은 아닙니다. 여러분은 하나님의 사랑받는 자들입니다만, 여러분의 영혼 속에 그 사랑에 대한 의식이 전혀 없을 수도 있습니다. 여러분은 예수 그리스도 자신이 느끼셨던 그런 마음이 들 수도 있습니다. 잠깐 동안 그분이 여러분을 포기하고, 잠시 얼굴을 여러분에게서 가릴 수 있습니다(사 54:7-8).

그러나 사랑하는 형제들이여, 이런 때에 신실한 영혼의 욕구는 훨씬 더 강렬하게 멀어진 하나님의 빛을 사모하게 됩니다. 은혜를 아는 영혼은 하나님을 찾기 위해 갑절의 열심을 가지고 간구합니다. 그 영혼은 그 탄식, 그 탄원, 그 흐느낌 그리고 그 한숨소리를 더욱 빈번하게 그리고 더욱 열렬하게 하늘로 올려 보냅니다. "내가 어찌하면 하나님을 발견할까!" 그 거리나 수고는 아무 문제가 되지 않습니다. 만일 그 영혼이 자기가 가야 할 길만 알고 있다면, 그 거리를 곧 뛰어넘을 것입니다. 제게는 그것이 욥이 본문의 말씀을 통해 토로한 심정과 같은 것으로 보입니다.

우리는 계속해서 이 점을 살펴보아야 하겠습니다. 이 설교의 목적이 그렇게 하도록 이끌기 때문입니다. 하나님 앞에 서기를 갈망하는 욥의 의도는 그분에게 기도하기 위해서임이 틀림없습니다. 물론 그 전에도 그는 기도했습니다. 하지만 그는 하나님 앞에서 기도하기를 소원했습니다. 그는 자기의 간구를 들으시고 도와주실 그분 앞에서 기도하기를 바랐습니다. 그는 공평하신 심판자의 보좌 앞에서, 전지하신 하나님 바로 그분의 얼굴 앞에서 자신의 상황을 호소하기를 열망했습니다. 그는 그의 친구들이 불의하게 판단하는 지상의 법정으로부터 왕의 대법정 — 하늘의 최고법정 — 으로 그 호소처를 옮겼습니다. 그때 그는 "그 앞에서 내가 호소하며 변론할 말을 내 입에 채우고"라고 말합니다.

이 구절을 보면, 우리는 욥이 얼마나 간절히 하나님과 변론하고 교제하기를 바랐는지 알 수 있습니다. 그는 말하자면 그의 기도의 비밀들을 내밀하게 털어놓고, 기도의 본질을 보여 줍니다. 우리는 여기서 기도의 본질을 보아야 하겠습니다. 우리는 기도의 본질과 신비를 보게 됩니다. 우리는 여기서 효력 있는 기도의 비결과 본질에 대해 배우게 됩니다. 만일 우리가 욥에게 배우고 욥의 주님에게 교훈을 받을 수 있다면, 우리는 여기서 하나님과의 교제에 대한 중요한 비결을 얻을 수 있습니다.

본문에는 기도에 필수적인 두 가지 비결이 나타나 있습니다: 하나는 우리의 처지를 호소하는 것, 다른 하나는 변론할 말을 내 입에 채우는 것. 우리는 이 두 가지 사실에 관해 살펴볼 것입니다. 만일 우리가 그 교훈을 제대로 배우기만 한다면, 우리는 큰 축복을 받게 될 것입니다.

우리의 처지를 호소하는 것

첫째로, 우리의 간구를 하나님 앞에서 호소하는 것이 필수적입니다. 기도는 아주 쉬운 일이라는 잘못된 개념이 있습니다. 아무 관심이나 수고가 없어도 어떻게든 해낼 수 있는 일종의 평범한 작업이라는 것입니다. 어떤 사람들은 여러분이 단순히 책장으로부터 책을 잡기만 하면 수많은 책 속의 그 고상한 내용이 우리의 것이 되는데, 우리가 기도하는 것은 바로 그 책을 잡는 것과 같다고 생각합니다. 또 어떤 사람들은 책을 사용하는 것은 미신적이기 때문에 우리는 마치 돼지떼나 개떼처럼, 우리 마음속에 충동적으로 생각나는 말 곧 즉흥적인 말을 반복하도록 해야 한다고 주장합니다. 그들은 우리가 무엇을 말하는지 모른 채 무의식적으로 말들을 토해냈을 때, 그것이 바로 기도한 것이라고 생각합니다.

그런데 이러한 방식의 기도는 옛날 그 어떤 성도들도 하지 않았던 방식입니다. 그들은 오늘날 많은 사람들이 생각하는 것보다 기도에 관해 훨씬 더 진지하게 생각했던 사람들로 간주됩니다. 옛날 성도들도, 욥과 같이, 하나님 앞에서 자기들의 입장을 호소하는데 익숙해져 있었습니다. 예를 들면 법정을 찾아가는 청원자는 자신의 입장을 앞뒤 생각 없이 즉흥적으로 진술하기 위해 찾아가지 않습니다. 확실히 그렇게 하지 않습니다. 그는 자기의 청원을 잘 준비해서 법원 사무실로 들어갑니다. 나아가 그는 그가 호소하는 실력자 앞에서 어떻게 행동해야 하는지 잘 알고 있습니다. 위기와 고난이 닥치면 우리는, 비둘기가 그 깃털이 헝클어질지라도 바위 틈 사이로 쳐들어가 박히는 것처럼, 하나님께 날아가 그 품에 기대야 합니다. 그러나 평상적인 상황 속에서 우리는, 어린아이가 아침에 일어나면 세수도 안하고 그의 아버지에게 나아가는 것처럼, 헝클어진 영혼으로 나아가서는 안됩니다.

구약시대의 제사장을 보십시오. 그는 희생제물을 준비해 제단으로 들어가지만, 아무렇게나 행동하지 않고, 눈에 뜨이는 첫 번째 도끼로 제물을 조심스럽게 자릅니다. 그리고 그는 놋항아리에 자신의 발을 담그고 깨끗하게 씻습니다. 이어서 제의를 입고, 필요한 제구들을 갖춥니다. 그 다음에 율법에 따라 적절하게 나누어진 희생제물을 가지고 제단으로 나아갑니다. 그는 규정에 따라 조심스럽게 행동합니다. 그는 사발 속에 있는 피를 취해 그것을 제단 아래 적당한 장소에 뿌립니다. 절대로 아무렇게나 뿌리지 않습니다. 이어서 그는 제단 밖으로 보통 불꽃이 아니라 은은한 불빛이 새어나오도록 촛불을 밝힙니다.

오늘날 이 의식은 완전히 폐기되었지만, 그것은 똑같은 진리를 우리들에게 가르쳐 주고 있습니다. 그것은 우리의 영적 희생제물은 아주 경건하게 드려져야 한다는 것입니다. 하나님은 우리의 기도가 단순히 침대에서 일어나 무릎을 꿇을 때 처음 마음속에 생각나는 것을 말하는 것을 금하십니다. 아니 이와는 반대로 우리는 거룩한 두려움과 경건한 외경심을 가지고 주님을 기다릴 수 있어야 합니다.

하나님이 다윗을 축복하셨을 때 그가 어떻게 기도했는지를 잘 보십시오. 그는 그것을 이해하고 하나님 앞에 나아갔습니다. 그는 먼발치 바깥에 서 있지 않고, 가까이 주님 앞에 나아가 앉았습니다(간혹 기도할 때 앉는 것에 대해 그것이 나쁜 자세라고 말하는 사람들이 있지만, 결코 그렇지는 않습니다.). 여호와 앞에 조용히 그리고 묵묵히 앉아 그는 기도를 시작했으나 하나님의 선하심이 생각날 때까지는 기도하지 않았습니다. 그렇게 하여 그는 참된 기도의 정신에 도달했습니다. 성령의 도우심을 통해 그는 비로소 입술을 열었습니다. 오, 우리는 이런 기도의 방식을 따라 간구한 적이 얼마나 있을까요!

아브라함도 한 실례로 말씀드릴 수 있습니다. 그는 아침 일찍이 일어났습니다 — 이것은 그가 기꺼이 그리했다는 것을 보여 줍니다. 그는 3일 동안 여행을 했습니다 — 이것은 그의 열심을 보여 줍니다. 그는 그의 종들을 산 아래 있도록 했습니다 — 이것은 그의 은밀함을 보여 줍니다. 또 그는 나무와 불을 가지고 왔습니다 — 이것은 그의 준비의 철저함을 보여 줍니다. 그리고 마지막으로 그는 순서에 따라 제단을 만들고 나무를 올려 놓은 다음에 칼을 들었습니다 — 이것은 예배에 대한 그의 간절한 조심성을 보여 줍니다.

다윗은 그것을 이렇게 고백했습니다: "여호와여, 아침에 주께서 나의 소리를 들으시리니 아침에 내가 주께 기도하고 바라리이다"(시 5:3). 이 성경 구절은 그가 마치 전쟁하는 군사들처럼 자신의 생각을 정교하게 배열하거나 그의 기도를 마치 화살처럼 분명한 목적을 가지고 했다는 것을 의미합니다. 그는 단순히 화살을 가지고 있지 않고 활시위에 놓고 곧장 어디를 향해 쏘았습니다. 그는 화살을 잡은 후 그것을 활시위에 놓고 신중하게 목표를 정했습니다. 그리고 그는 그 목표 지점을 보았습니다 — 뚫어지게 보았습니다. 그는 그의 눈을 그곳에 고정시키고 기도를 드렸습니다. 그런 다음에 온 힘을 다해 화살을 당겨 그것이 날아가도록 했습니다. 그런데 화살이 그의 손을 떠났을 때, 그가 뭐라고 말했습니까? "(내가) 바라리이다."

그는 화살이 날아가는 지점을 보기를, 그래서 그것이 그 지점에 정확하게 박히는지 보기를 바랐습니다. 그것은 그가 자신의 기도가 응답되기를 간절히 바랐다는 것을 의미합니다. 그는 기도해 놓고 아무 감각이나 생각이 없는 많은 사람들처럼 하지 않았습니다. 다윗은 자신이 가지고 있는 모든 영적 능력의 필요를 그분 앞에서 사용했다고 알고 있었습니다. 그는 기도의 효력을 믿고 틀림없이 성공하리라는 확신을 가지고 자신의 온 힘을 다해 능숙한 솜씨로 그 일을 수행했습니다.

우리는 조심스럽게 준비를 하고 조심스럽게 기도해야 합니다. 준비를 잘할수록 기도도 그만큼 더 효력 있게 됩니다. 기도하면서 염려하고, 기도실에서 아무 생각이 없는 것은 하나님을 모독하는 것입니다.

만일 어떤 사람이 기도할 때 어떤 호소를 해야 하는지 묻는다면, 저는 많은 사람들이 주장하는 기도의 내용 곧 찬양, 고백, 간구, 중보 그리고 송영의 순서로 하는 기도를 추천하지 않을 것입니다. 이 순서가 신적 권위를 가지고 있다고 생각하지 않습니다. 제가 여기서 주장하는 것은 기도에 단순히 기계적인 순서는 없다는 것입니다. 왜냐하면 우리의 기도는 어떤 형식으로 하든 똑같이 받아들여지고, 똑같이 적절하기 때문입니다. 구약과 신약 성경 속에는 갖가지 형식의 기도의 사례들이 나옵니다.

제게는 기도의 참된 순서가 단순한 배열 이상의 어떤 것으로 이루어져 있다고 생각됩니다. 우리가 처음에는 지금 좋은 방법으로 기도하고 있다고 느끼는 것이 아주 당연합니다. 우리는 볼 수 없지만, 실제로 살아계신 하나님께 우리 자신의 간구를 호소합니다. 우리는 우리의 감각으로는 그분을 만질 수도 없고, 들을 수도 없고, 그분을 파악할 수도 없습니다. 그러나 그럼에도 불구하고 그분은 우리 자신과 닮은 혈과 육을 가진 친구와 대화를 나누는 것처럼 참으로 함께 하십니다. 하나님의 임재의 실재성을 느낄 때, 하나님의 은혜를 통해 우리의 마음은 겸손한 상태 속에 들어가게 됩니다. 우리는 "나는 티끌이나 재와 같사오나 감히 주께 아뢰나이다"(창 18:27)라고 고백한 아브라함처럼 느끼게 됩니다. 결국 우리는 같은 말을 반복하는 아이들처럼, 단순히 기계적으로 되풀이하는 것으로 우리의 기도를 하나님께 드리지 않습니다. 또한 우리는 학생들을 가르치는 랍비들처럼, 또는 길을 가는 사람을 위협해서 돈을 요구하는 강도처럼 그렇게 기도하는 것도 아닙니다. 아닙니다. 우리는 뻔뻔스러운 간청자들이지만, 낮아져야 합니다. 구주의 피를 통해 주어지는 은혜를 구하기 위해서는 겸손해야 합니다.

저는 하나님의 임재 앞에 있다고 느끼고 그분 앞에서 제가 취할 수 있는 적당한 위치를 찾았을 때, 그 다음 할 일은 제가 그분께 구할 권리는 아무것도 없고, 오직 은혜의 선물로서 주시는 대로 받는 것 외에는 없다는 것을 인정하는 일이 될 것입니다. 하나님이 저에게 은혜를 베푸시는 통로를 주도하고 계심을 기억해야 합니다. 그분은 자신의 사랑하는 아들로 말미암아 저에게 은혜를 베푸실 것입니다. 그때 저는 위대하신 대속주의 후원을 받아야 합니다. 저는 지금 말하는 자가 내가 아니라 그리스도께서 나와 함께 말씀하신다는 것을 느껴야 합니다. 간청하는 동안 저는 그분의 상처, 그분의 생애, 그분의 죽음, 그분의 피, 그분 자신을 내세웁니다. 이것이 참된 기도의 순서입니다.

그 다음 사실은 제가 무엇을 구해야 하는지에 대해 살펴보아야 합니다. 간구의 내용이 분명하게 드려지는 기도가 가장 좋은 기도입니다. 기도를 드릴 때 변죽만 울려서 말하는 것은 좋지 않고, 직접 요점으로 들어가는 것이 좋습니다. 저는 아브라함이 "이스마엘이나 하나님 앞에 살기를 원하나이다"(창 17:18)라고 한 기도를 좋아합니다. 이 기도는 단지 몇마디 말에 불과하지만 위해서 기도하는 사람의 이름이 나오고 원하는 축복이 구체적으로 드러나 있습니다: "이스마엘이나 하나님 앞에 살기를 원하나이다." 많은 사람들이 다음과 같이 우회적인 표현법을 사용하여 기도합니다: "오, 우리의 사랑하는 자손들이 당신의 은혜를 받기를 원합니다 … " 그러나 이스마엘이면 이스마엘이라고 말하십시오. 주님 앞에서 분명하게 그것을 밝히십시오.

어떤 사람들은 심지어 목사를 위해서 기도할 때에도 이런 간접적인 표현을 쓰지 않고는 기도할 수 없습니다. 그들은 구체적으로 지시되지 않는 교회 지도자나 교회 사람들이라는 말을 사용해서 기도합니다. 왜 우리는 우리가 생각하고 있는 의미나 우리가 말하는 의미를 분명히 하지 않고 기도할까요? 분명한 호소의 내용은 우리 마음의 뜻을 더욱 확실하게 하나님께 전달하도록 해 줄 것입니다.

사랑하는 형제들이여, 기도회에서 상상할 수 있는 모든 좋은 일들을 다 구하는 것은 필수적이지 않습니다. 여러분이 구할 수 있고, 구했고, 구해야 하고 또는 앞으로 구할 것까지 모든 간구의 항목을 반복해서 기도하는 것도 필수적이지 않습니다. 지금 여러분에게 필요한 것을 구하십시오. 일반적으로 현재의 필요를 구하는 것이 좋습니다. 여러분의 일용할 양식 — 지금 현재 필요한 것 — 그것을 구하십시오. 그것을 명확하게 구하십시오. 여러분의 분명한 표현들을 무시하지 않으시는 하나님 앞에 있음을 명심하십시오. 그분 앞에서 여러분의 웅변과 연설은 별로 가치가 없습니다. 여러분은 주님 앞에 있습니다. 여러분의 말들은 적을지 모르지만 여러분의 마음은 열렬해야 합니다.

여러분은 예수 그리스도로 말미암아 원하는 것을 구할 때 완벽한 호소가 될 필요는 없습니다. 그러나 여러분은 여러분이 원하는 축복이 구하기에 적당한 제목인지를 살펴보고 기도해야 합니다. 어떤 기도자들은 단지 생각만 나도 그것을 기도에서 제외시켰습니다. 그러나 약간의 생각은 기도할 때 좋습니다. 우리가 원하는 것들에 대해 미리 생각해 보고 기도해야 합니다. 더욱이 우리는 우리 마음의 심층 속에 그리스도적 동기가 아니라 하나님의 영광을 가리고 단지 우리 자신의 편의와 이익만 취하는 이기적 동기를 가질 수 있습니다. 그때 비록 우리가 우리에게 유익이 되는 것들을 구할 수 있다고 해도, 어떻게든 하나님의 영광을 가리는 우리의 유익은 기도해도 허락될 수 없습니다. 응답받을 수 있는 기도에는 하나님의 뜻에 대한 복종이라는 거룩한 소금을 쳐야 합니다.

저는 마틴 루터의 다음과 같은 말을 좋아합니다: "주여, 저는 이 순간 당신에게 저의 뜻을 구하겠습니다." 무슨 뜻인지 여러분은 이해가 잘 안될 것입니다. 여러분은 이런 표현을 좋아합니까? 저는 그 다음 말을 보고 좋아하게 되었습니다. "저는 저의 뜻을 구합니다. 왜냐하면 제 뜻이 당신의 뜻이라는 것을 알고 있기 때문입니다." 루터는 참으로 멋진 기도를 드렸습니다. 다만 마지막 말에서 그것이 악한 마음에서 나온 것이 아니라면 말입니다.

우리가 구하는 것이 하나님의 영광을 위한 것이라고 확신할 때, 우리가 기도의 능력을 갖고 있다면, 우리는 "당신이 내게 축복하지 아니하면 가게 하지 아니하겠나이다"(창 32:26)라고 말할 수 있습니다. 우리는 하나님께 가까이 나아가 대할 수 있고, 천사와 씨름한 야곱처럼 씨름할 수 있고, 축복하시지 않으면 절대로 보내지 않는 천사보다 그 강림이 더 빠른 천사를 보내달라고 구할 수 있습니다. 그러나 우리는 우리가 구하는 것을 분명히 하는 것보다 그것이 진실로 주님의 영광을 위해 구하는 것인지의 여부를 먼저 분명히 해야 할 것입니다.

이제 이 세 가지를 종합해 보겠습니다: 1) 깊은 영성. 이것은 우리의 기도를 보이지 않는 하나님과의 진정한 대화로 이끕니다. 2) 구체적인 분명성. 이것은 우리가 깊은 열정을 가지고 원하는 바를 구하고, 필요한 사실을 믿고, 그리하여 기도를 통해 얻을 수 있다면, 그것을 얻어내기 위해 굳게 결심하는 기도의 실체입니다. 3) 완전한 복종. 이것은 구하는 것을 주님의 뜻에 계속 맡기는 것입니다. 이 세 가지를 결합시켜 보십시오. 그러면 여러분은 주님 앞에서 여러분이 호소하는 것이 무엇을 의미하는지에 대해 명확한 개념을 갖게 될 것입니다.

그러나 기도 자체는 오직 성령만이 우리에게 가르칠 수 있는 기술입니다. 그분이 모든 기도의 수여자이십니다. 기도를 위해 기도하십시오. 여러분이 기도할 수 있을 때까지 기도하십시오. 기도하도록 도와달라고 기도하십시오. 여러분이 기도할 수 없다고 해서 기도를 포기해서는 안됩니다. 여러분이 가장 많이 기도해야 할 때는 기도할 수 없다고 느낄 때입니다. 때때로 여러분이 기도해도 아무 위로를 받지 못할 때, 바로 그때가 깨어지고 내던져진 여러분의 심령이 지존자와 진실로 씨름하고 고투를 벌여야 할 때입니다.

입을 변론으로 채움

기도의 두 번째 요소는 입을 변론으로 채우는 것입니다. 이것은 입을 단순한 말이나 좋은 언사 또는 그럴듯한 표현으로 채우는 것이 아니라 변론으로 채우는 것입니다. 고대의 성도들은 기도의 변론가들로 알려져 있습니다. 우리가 자비의 문에 도착했을 때, 강력한 변론은 그 문이 열리게 하는 노커(두드리는 자)의 노크들입니다.

"왜 하필이면 변론이 사용되어야 합니까?"라고 물을 수도 있습니다. 그 대답은 하나님이 응답하시는데 늑장을 부리시기 때문도 아니고, 우리가 하나님의 목적을 바꿀 수 있기 때문도 아니고, 우리 자신에 관해 또는 구해진 은혜에 관해 그 상황을 하나님이 아셔야 하기 때문도 아니라는 것입니다. 변론이 사용되어야 하는 것은 그분 때문이 아니라 바로 우리 자신의 이익을 위해서입니다. 그분은 우리에게 자신과 변론하기를 요구하시고, 이것이 우리로 하여금 은혜의 가치를 느끼도록 하기 때문에 "너희는 확실한 증거를 보이라"(사 41:21)고 말씀하십니다. 사람이 어떤 일에 대해 변론을 시도한다면, 그것은 그가 구하는 것이 그만큼 중요하기 때문입니다.

제가 지금까지 기도회에서 들었던 최고의 기도는 변론으로 가득 찬 기도였습니다. 때때로 제 영혼은 위축될 때가 있는데, 말하자면 하나님 앞에 나아온 친구들이 하나님의 은혜를 받을 때 느꼈던 충만한 감정에 대해 말하면서 그런 체험을 꼭 가져야 한다고 말할 때, 그런 체험이 없는 저는 기가 죽습니다. 그들은 그런 이유로 그런 감정을 갖게 해달라고 하나님께 간청하는데, 그런 열정에 빠질 때까지 한 번, 두 번, 세 번, 아니 계속해서 하나님과 씨름했습니다.

내 형제들이여, 하나님 때문이 아니라 우리 자신 때문에 기도가 얼마나 필요할까요! 만일 우리가 기도해야 한다고 느끼지 않는다면, 저는 우리가 심지어는 그리스도인으로서 살 수 있는지 의심이 갑니다. 만일 하나님의 은혜가 우리에게 구하지 않아도 주어진다면, 그것을 구해서 얻어야 할 것보다 그 유익이 반도 안 될 것입니다. 지금 우리는 이중의 축복 곧 이미 확보하고 있는 축복과 기도를 통해 얻는 축복을 갖고 있습니다.

기도의 참된 행위는 그 자체로 축복입니다. 기도는, 말하자면, 시원하게 소용돌이치는 물 속에서 목욕함으로써 한여름 태양의 뜨거운 열로부터 피하는 것입니다. 기도는 독수리 날개를 타고 구름 위로 올라가 하나님이 거하시는 아름다운 천국에 들어가는 것입니다. 기도는 하나님의 보고 속으로 들어가 무진장의 보물을 취하는 것입니다. 기도는 우리의 손으로 하늘을 붙잡는 것, 우리의 영혼 속에 하나님을 품는 것, 그리고 우리의 몸이 성령의 전이라는 것을 느끼는 것입니다.

응답이 없다고 해도 기도는 그 자체로 축복입니다. 사랑하는 형제들이여, 기도는 여러분의 짐을 던져버리는 것입니다. 그것은 여러분의 누더기를 벗겨버리는 것입니다. 그것은 여러분의 모든 질고를 떨쳐버리는 것입니다. 그것은 영적 생명으로 충만한 것입니다. 그것은 가장 성숙한 그리스도인의 상태에 도달하는 것입니다. 하나님이 기도를 통해 자신과 변론하는 거룩한 기술을 자주 사용하도록 우리에게 허락하시기를 바랍니다.

변론의 내용들

이 주제에 관한 가장 흥미로운 부분이 이제 남아 있습니다. 그것은 하나님과 성공적으로 대화를 나누는데 사용된 몇 가지 변론의 간단한 내용과 항목들입니다.

하나님의 속성

우리는 기도할 때 여호와 그분의 속성을 따라 구하는 것이 좋습니다. 아브라함은 하나님의 공의를 주장할 때 그렇게 했습니다. 소돔을 위해 아브라함은 이렇게 기도하기 시작했습니다:

그 성 중에 의인 오십 명이 있을지라도 주께서 그곳을 멸하시고 그

오십 의인을 위하여 용서하지 아니하시리이까 주께서 이같이 하사 의인을 악인과 함께 죽이심은 부당하오며 의인과 악인을 같이 하심도 부당하니이다. 세상을 심판하시는 이가 정의를 행하실 것이 아니니이까(창 18:24-25).

여기서 싸움이 시작되었습니다. 아브라함은 주님의 왼손을 붙잡고 소돔과 고모라가 유황불로 멸망당하는 것을 필사적으로 저지하기 위해 강력한 변론을 펼쳤습니다. 그러나 그에 대한 답변이 주어졌습니다. 이것이 그 성읍을 구출하지 못하리라는 것을 그에게 넌지시 비추었습니다. 그런데 여러분은 절박한 압박감을 갖고 의인이 얼마나 되는지를 조금씩 줄여가며 대화가 반복되는 것을 아십니다. 드디어 그는 더 이상 공의를 주장할 수 없게 되었을 때, 다시 말해 그 성읍에 의인이 단지 10명밖에 없어도 보존 받도록 해달라고 구했을 때, 하나님의 은혜의 오른손을 붙들었습니다 — 그리고 그것은 그에게 놀라운 힘을 주었습니다.

마찬가지로 저와 여러분도 언제든 하나님께 공의, 자비, 신실하심, 지혜, 오래 참으심 그리고 사랑을 주장할 수 있습니다. 그리고 우리는 지존자의 모든 속성을 들어가며 천국의 문을 열 수 있는 위대한 싸움을 그분께 걸 수 있습니다.

하나님의 약속

기도의 씨름에서 우리가 사용하는 또 다른 강력한 무기는 하나님의 약속입니다. 야곱은 얍복강 건너편에서 그의 형 에서가 무장한 가솔들을 거느리고 오고 있었을 때, 그는 하나님께 에서가 자기 가족들을 해치지 않도록 해달라고 간구했습니다. 그가 그렇게 간구한 첫 번째 근거는 "주께서 말씀하시기를 내가 반드시 네게 은혜를 베푸실 것이라"(창 32:12)는 약속의 말씀이었습니다. 오, 그 탄원의 힘이 얼마나 클까요! 그는 "주께서 말씀하셨다"고 하는 그분의 말씀을 하나님께 내세웠습니다. 그 속성은 붙잡고 늘어지도록 되어 있는 찬란한 제단 뿐입니다. 그러나 약속은 그 안에 그 속성 이상의 또 다른 것을 포함하고 있고, 아주 강력한 버팀목입니다. "주께서 말씀하시기를."

다윗이 어떻게 그렇게 하는지 기억하십시오. 나단 선지자가 하나님의 약속을 말하자 다윗은 그의 기도 마지막 부분에서 "말씀하신 대로 행하시라"(삼하 7:25)고 했습니다. "말씀하신 대로 행하사" 이 말씀은 모든 진실한 사람이 내세울 수 있는 정당한 변론입니다. "하나님은 사람이 아니시니 거짓말을 하지 않으시고 인생이 아니시니 후회가 없으시도다 어찌 그 말씀하신 바를 행하지 않으시며 하신 말씀을 실행하지 않으시랴"(민 23:19). "사람은 다 거짓되되 오직 하나님은 참되시다"(롬 3:4). 그분이 진실하지 않습니까? 그분이 자신의 말씀을 지키시지 않습니까? 그분의 입술로부터 나오는 모든 말씀이 견고히 서서 성취되지 않습니까?

솔로몬은 성전봉헌식에서 이와 똑같은 탄원을 드렸습니다. 그는 하나님이 자기 아버지 다윗과 하신 말씀을 기억하도록 촉구하면서 그 자리를 축복해 달라고 간구했습니다(왕상 8:25-26).

어떤 사람이 약속을 하면, 거기엔 그의 신용이 달려있습니다. 그는 거기에 서명을 합니다. 기한이 되면 약속을 이행해야 합니다. 그렇지 아니하면 그는 신용을 잃어버립니다. 하나님은 자신이 사인한 어음을 부도내실 것이라고 절대로 말할 수 없습니다. 지존자의 신용은 한 번도 의심받은 적이 없었고, 또 앞으로도 그럴 것입니다. 그분은 일 초도 어김없이 정확하신 분입니다. 그분은 자신의 시간보다 앞서간 적도 없고, 뒤처진 적도 없으십니다. 여러분은 성경 전체를 찾아볼 수 있고, 그것을 하나님의 백성들의 경험과 비교해 볼 수 있습니다. 그러면 그 둘은 정확하게 일치될 것입니다. 많은 고대의 족장들은 말년의 여호수아가 "여호와께서 이스라엘 족속에게 말씀하신 선한 말씀이 하나도 남음이 없이 다 응하였더라"(수 21:45)고 말한 것처럼 말했습니다.

나의 형제들이여, 여러분이 하나님의 약속을 소유하고 있다면, 여러분은 그 안에 '만일'이라는 말을 넣어 간구할 필요가 없습니다. 여러분은 확신을 갖고 간구할 수 있습니다. 여러분이 지금 간구하고 있는 은혜에 대해 여러분이 하나님의 엄숙한 언약의 말씀을 소유하고 있다면, 그분의 뜻에 복종하려고 조심할 필요가 거의 없을 것입니다. 그 뜻은 약속 안에 있기 때문입니다. 그러므로 무조건 그것을 간구하십시오. 그렇다고 그분이 그것을 성취하실 때 그분을 의지해서는 안됩니다. 그분은 그것을 성취할 뜻이 있습니다. 그렇지 아니하면 그것을 주시지도 아니했을 것입니다.

하나님의 위대하신 이름

언급되어야 할 세 번째 변론은 모세에 의해 사용된 하나님의 위대하신 이름입니다. 언젠가 그는 이 근거에 따라 강력하게 하나님과 변론을 한 적이 있었습니다. "여호와여 어찌하여 그 큰 이름으로 그렇게 하시나이까? 애굽 사람들이 이르기를 '여호와가 이 백성에게 주기로 맹세한 땅에 인도할 능력이 없었으므로 광야에서 죽였다' 하리이다"(출애굽기 32:12과 민수기 14:13-16을 참조하십시오).

하나님의 이름이 그의 백성들의 역사와 아주 긴밀하게 연결되어 있음을 보여 주는 몇 가지 경우가 있습니다. 때때로 하나님의 약속을 신뢰하는 신자는 어떤 행동의 과정을 취하도록 인도를 받을 것입니다. 그런데 만일 주님이 자신의 약속에 대해 신실하지 않다면, 그것은 신자를 속이는 것일 뿐만 아니라 그것을 바라보는 악한 세상 사람들이 "아! 아! 너희 하나님이 어디 있느냐?" 하고 조롱할 것입니다.

우리가 존경하는 브리스톨의 뮬러 씨의 경우를 보겠습니다. 최근 몇 년 동안 그는 하나님이 기도를 들으신다고 선언하고, 그 확신 속에서 고아원을 계속 지어왔습니다. 그런데 저는 만일 그가 일천 또는 이천 명이나 되는 아이들을 돌보기 위한 필요성 때문에 그렇게 한 것이라면, 그는 "여호와여, 그 큰 이름을 위해 무엇을 하시겠나이까?" 하는 탄원을 당연히 써먹었을 것이라고 확신할 수 있습니다.

그렇다면 아주 심각한 고민 속에 있는 여러분이 그 약속을 받았다면,

"주여, 당신은 여섯 가지 환난에서 너를 구원하시며 일곱 가지 환난이라도 그 재앙이 네게 미치지 않게 하실 것"(욥기 5:19을 참조하십시오)이라고 말씀하셨습니다. 저는 제 친구와 이웃들에게 제가 당신을 믿는다고 말했습니다. 그런데 만일 당신이 지금 저를 구원하시지 않는다면, 당신의 이름이 어디에 있습니까? "오 하나님, 당신의 명예가 땅에 떨어지지 아니하도록, 일어나 이 일을 행하옵소서"라고 간청할 수 있습니다.

하나님의 백성들의 슬픔

우리는 또한 그분의 백성들의 슬픔을 변론으로 내세울 수 있습니다. 이것은 자주 나타납니다. 예레미야는 이 수법의 대가였습니다. 그는 다음과 같이 간구했습니다:

전에는 존귀한 자들의 몸이 눈보다 깨끗하고 젖보다 희며 산호들보다 붉어 그들의 윤택함이 갈아서 빛낸 청옥 같더니 이제는 그들의 얼굴이 숯보다 검고 그들의 가죽이 뼈들에 붙어 막대기 같이 말랐으니(애 4:7-8).

순금에 비할 만큼 보배로운 시온의 아들들이 어찌 그리 토기장이가 만든 질항아리 같이 여김이 되었는고(애 4:2).

그는 이방족속의 포위공격 때문에 주어진 이스라엘 백성들의 모든 슬픔과 고통에 관해 말합니다. 그는 그의 고통 받는 시온의 아들들을 바라보며 여호와께 부르짖고, 곧 그의 이 간절한 외침이 들릴 것입니다.

자신의 자녀의 외침만큼 아버지의 마음을 울리는 소리는 없습니다. 그렇습니다. 아주 강력한 힘을 가지고 있는 소리가 있다면 그것은 신음소리입니다. 어린아이가 병에 걸려 너무 아프면 극도의 고통을 표현하고, 연약함을 호소하는 신음소리를 낼 때 들리는 그 소리 말입니다. 그 신음소리를 누가 거절할 수 있겠습니까? 아, 그렇다면 하나님의 백성인 이스라엘이 신음소리 외에는 그 우는 소리가 들리지 않을 정도로 아주 힘들 때 그분 앞에 나오면, 여호와의 구원의 때도 오게 되어 있고, 그분은 자기가 얼마나 자기 백성들을 사랑하시는지를 확실히 보여 줄 것입니다.

사랑하는 형제들이여, 여러분이 이스라엘 백성들과 똑같은 조건 속에 있을 때는 언제나 신음소리로 간청할 수 있습니다. 여러분이 교회가 크게 흔들릴 때를 보면, 여러분은 하나님이 그의 백성들의 남은 자들을 왜 돌이키시고 구원하셔야 하는지에 관해 그 탄식을 하나의 변론으로 사용할 수 있습니다.

과거

형제들이여, 하나님과 함께 했던 과거를 변론으로 삼는 것도 좋습니다. 아, 여러분은 체험 있는 하나님의 백성들로서, 이것을 어떻게 해야 하는지 알고 있을 것입니다. 그것에 관한 한 실례가 다윗의 경우입니다. "나의 구원의 하나님이시여, 나를 버리지 마시고 떠나지 마소서"(시 27:9). 그는 젊었을 때부터 줄곧 하나님께 그분의 자비를 간청했습니다. 그는 태어났을 때부터 자신을 그의 하나님께 맡긴다고 말했고, 또한 "하나님이여 내가 늙어 백발이 될 때에도 나를 버리지 마실"(시 71:18) 것을 간청했습니다. 모세 역시 여호와께 "애굽인 중에서 주의 능력으로 이 백성을 인도하여 내시지 아니했습니까?"(민수기 14:13을 참조하십시오)라고 여쭈었습니다. 그는 마치 "여호와여, 당신의 사역을 끝마치지 않은 채 남겨두지 마십시오. 당신이 시작하셨으니 마쳐 주셔야 합니다. 당신이 먼저 전쟁을 시작하셨습니다. 하오니 여호와여, 그 전쟁을 끝내 주십시오. 당신이 완전한 승리를 거두실 때까지 어서 계속하십시오"라고 말하는 것처럼 했습니다.

우리는 고난 속에 있을 때 얼마나 자주 다음과 같이 부르짖습니까? "주여, 당신은 이런저런 심각한 시험 속에서 어떤 도움이 불가능한 것처럼 보일 때에도 저를 도와주셨습니다. 당신은 지금까지 한 번도 저를 포기하신

적이 없었습니다. 저는 당신의 이름 속에 저의 '에벤에셀'(삼상 7:12)을 세웠습니다. 만일 당신이 저를 그냥 버려두시고자 하신다면, 어찌하여 이런 일들을 저에게 보여 주셨나요? 당신은 수치를 당하게 하시려고 당신의 종을 이곳으로 인도하셨나요?"

형제들이여, 우리는 변함이 없으신 하나님에 대해 말하고 있습니다. 그분은 자신의 목적을 바꾸시거나 자신의 계획을 결코 훼방 받으실 수 없기 때문에 과거에 행하신 것을 그대로 미래에도 행하실 것입니다. 그래서 과거는 그분으로부터 축복을 받아내는 아주 강력한 변론의 한 수단이 됩니다.

유일하신 참 하나님

여호와의 참된 존재와 참된 신성이 선지자 엘리야에게 승리의 간구가 되었던 경우가 딱 한 번 있었습니다. 그 당당한 간구에 관해 말한다면, 그는 그의 대적들에게 그들의 신이 불로 응답할 수 있는지를 보자고 제안했을 때, 여러분은 그날 그 선지자의 마음속에 일어났을 흥분을 아마 상상할 수 없을 것입니다. 그는 그들을 크게 조롱하여 이르되, "큰 소리로 부르라 그는 신인즉 묵상하고 있는지 혹은 그가 잠깐 나갔는지 혹은 그가 길을 행하는지 혹은 그가 잠이 들어서 깨워야 할 것인지"(왕상 18:27) 하고 말했습니다. 그리고 그들이 칼로 스스로를 찌르고 제단 위에서 미친 듯이 떠들었을 때, 오, 하나님의 사람이 그들의 무모한 수고와 열렬했지만 아무 소용없는 부르짖음을 조롱하는 비웃음을 보십시오!

그러나 만일 그가 파괴된 하나님의 제단을 수축하고 나무를 벌이고 송아지의 각을 떠서 나무 위에 놓았을 때, 그에게 신앙의 힘이 없었더라면, 그의 마음이 얼마나 떨렸을지 생각해 보십시오. 그가 "통에 물을 채우라. 그리고 너희는 내가 불을 감추고 있다고 생각하지 말라. 번제물 위에 물을 부으라" 하고 외치는 소리를 들으십시오. 그들이 그렇게 했을 때, 그가 그들에게 "다시 그리하라"고 하자 그들은 다시 그렇게 했습니다. 또 그는

"세 번째로 그리하라"고 말했습니다. 그리고 그것이 물로 가득 차 두루 흐를 때, 그는 일어서서 여호와께 이렇게 외쳤습니다: "여호와여 주께서 이스라엘 중에서 하나님이신 것을 오늘 알게 하소서"(36절).

여기서는 모든 것이 시험에 두어졌습니다. 여호와 자신의 존재는 말하자면 지금 이 담대한 선지자에 의해 사람들의 눈앞에서 위기에 처하게 되었습니다. 그러나 선지자는 얼마나 크게 외쳤을까요! 불을 내려서 번제물과 나무와 돌, 심지어는 도랑에 흐르는 물까지 삼켜버리라고 외쳤습니다. 이에 여호와 하나님은 그의 종의 기도를 들어주셨습니다.

때때로 우리도 똑같이 그럴 수 있고, 그분에게 "오, 당신의 신성을 위하여, 당신의 존재를 위하여, 참으로 당신이 하나님이시라면, 지금 당신의 백성들을 돕기 위해 그 능력을 보여 주소서"라고 외칠 수 있습니다.

예수의 고난

마지막으로 기독교의 중요한 변론 가운데 하나는 예수 그리스도의 고난, 공로 그리고 중보입니다. 형제들이여, 저는 우리가 그리스도의 이름으로 하나님께 변론하는 것을 허락받을 때, 우리의 기도에 따라 우리에게 주어지는 결과를 이해하지 못할까 염려됩니다. 저는 언젠가 이런 생각이 들었습니다. 그때 그것은 저에게는 어느 정도 새로운 것이었지만, 지금은 그렇지 않다고 생각합니다. 우리가 하나님께 그리스도의 이름으로 간구하며 우리의 기도를 들어달라고 할 때, 그것은 통상 "오 주여, 제가 아니라 당신의 사랑하는 아들이 이것을 받으실 자격이 있으십니다. 그분이 세우신 공로를 보시고 저에게 이것을 주십시오"라고 말하는 것입니다. 그러나 만일 우리가 그것을 알고 있다면, 우리는 더 앞으로 나아갈 수 있습니다. 도시의 공공시설을 지키고 있는 여러분이 저에게 "선생님, 저의 사무실에 들러 제 이름을 사용하며 그들에게 이것을 당신에게 주어야 한다"고 말한다면, 저는 그 안에 들어가 여러분의 이름을 사용하고, 나의 간청을 정의의 문제와 당위성의 문제로 받아들였을 것입니다.

이것은 사실상 예수 그리스도가 우리에게 말하는 진리입니다. "만일 너희에게 하나님으로부터 어떤 것 곧 아버지가 나에게 속하도록 하신 모든 것이 필요하다면, 가서 내 이름을 써먹으라." 여러분이 어떤 사람에게 여러분 자신의 이름이 서명되어 있는 수표를 주었는데, 그 수표에는 그가 원하는 대로 쓰도록 공란이 남겨져 있다고 상정해 봅시다. 그것은 예수님이 "내 이름으로 무엇이든지 내게 구하면 내가 행하리라"(요 14:14)고 말씀하실 때 하신 바와 아주 똑같습니다. 만일 제가 그 밑에 믿을 만한 이름이 적혀 있는 수표를 갖고 있다면, 저는 틀림없이 그것을 가지고 은행으로 가서 돈을 인출하겠습니다. 그런 것처럼 여러분이 그리스도 — 하나님의 참된 공의가 그분에게 채무자가 되고, 그분의 공로가 지존자에 대해 권리를 갖고 계신 — 의 이름을 갖고 있다면, 공포와 두려움에 숨죽이며 말할 필요가 없습니다. 오, 흔들리지 말고 믿음이 비틀거리지 않도록 하십시오! 여러분이 그리스도의 이름으로 간구할 때, 여러분은 지옥문을 부수고 천군천사들이 복종하는 권세를 간구하고, 하나님은 그 신적 변론의 거룩한 권세를 느끼실 것입니다.

형제들이여, 만일 여러분이 때때로 그리스도의 슬픔과 탄식에 대해 기도할 때 깊이 생각했다면, 더 잘 알 것입니다. 하나님 앞에 그분의 상처를 가지고 가십시오. 그분의 외침을 하나님께 말씀드리십시오. 겟세마네 동산에서의 예수님의 탄식을 다시 부르짖으십시오. 그리고 싸늘한 갈보리에서 흘리신 그분의 피를 다시 말씀하십시오. 슬픔과 부르짖음과 탄식을 가지고 하나님께 간청하십시오. 그러면 여러분은 절대로 거절당하지 아니할 것입니다. 이상의 변론들은 여러분을 크게 도울 것입니다.

찬양으로 가득 찬 입

만일 성령이 우리에게 우리의 주장을 어떻게 정리하고, 어떻게 우리의 입을 변론으로 채울지 가르쳐 주신다면, 그 결과는 우리의 입이 찬양으로 가득 채우게 될 것이라는 것입니다. 자신의 입술에 기도의 변론을 채우는 사람은 그의 입술이 곧 기도 응답에 축복이 가득할 것입니다.

사랑하는 형제들이여, 여러분은 여러분의 입술을 지금 당장 채우겠습니까? 무엇으로? 불평으로 가득히? 여러분의 입속에서 쓰레기들을 치워달라고 주님께 기도하십시오. 왜냐하면 그것은 조금도 여러분에게 도움이 되지 않고, 언젠가 여러분의 간장을 쓰리게 할 것이기 때문입니다.

오, 여러분의 입속을 기도로, 오직 그것으로, 오직 기도의 변론으로 가득 채우십시오. 그러면 다른 것들은 들어 찰 여지가 없을 것입니다. 그 다음이 복된 입술을 가지고 나아오십시오. 그러면 여러분은 곧 하나님께 구한 것은 무엇이든 받을 것입니다. "또 여호와를 기뻐하라 그가 네 마음의 소원을 네게 이루어 주시리로다"(시 37:4).

"네 입을 크게 열라 내가 채우리라"(시 81:10)는 본문의 해석은 동양적 관습 속에서 더 잘 이해될 수 있다고 말하데, 그것이 사실인지는 잘 모르겠습니다. 옛날에 바사 왕이 자기를 위해 여러 번에 걸쳐 막대한 공을 세운 가신에게 그의 입을 열라고 명령했다고 전해집니다. 그가 그렇게 하자 왕은 진주, 다이아몬드, 루비, 에메랄드 등을 그의 입 속에 더 이상 다물 수 없도록 가득 넣어 준 다음에 떠나라고 명령했습니다. 이것은 때때로 동양의 궁정에서 특별한 충신에 대해 행해졌던 관습으로 알려져 있습니다.

그것이 확실히 본문의 해석에 부합한지는 모르겠지만, 하나의 예증은 될 만합니다. 하나님이 "변론하는 너의 입을 열라" 그러면 그분은 형언할 수 없을 정도로 가치 있는 보석, 곧 헤아릴 수 없는 자비로 그 입을 채우실 것입니다. 그분이 이와 같은 것들로 채우실 때, 누가 입을 크게 열지 않겠습니까?

확실히 여러분 가운데 아주 단순한 마음을 가진 사람이 그것을 받을 만한 지혜로운 사람입니다. 오, 우리가 하나님께 변론할 때 우리의 입을 크게 벌립시다. 우리의 필요는 크기 때문에 우리의 구함도 크고, 그 공급도 클 것입니다. "너희가 우리 (하나님) 안에서 좁아진 것이 아니라 오직 너희 심정에서 좁아진 것이니라"(고후 6:12). 단순히 말을 하는데서가 아니라 기도의 변론으로 사용될 때, 주님이 여러분의 입을 기도와 크신 능력으로 크게 벌려 주시기를 바랍니다.

　제가 지금까지 그리스도인에게 말한 것은 회심하지 않은 불신자에게는 더 크게 적용될 수 있습니다. 하나님께서 여러분에게 그것의 무한한 힘을 보도록, 기도를 통해 주 예수 그리스도에게 날아가도록, 그리고 그분 안에서 영생을 발견하도록 허락하기를 소원합니다.

4

변론

나는 가난하고 궁핍하오니 하나님이여 속히 내게 임하소서 주는
나의 도움이시요 나를 건지시는 이시오니 여호와여 지체하지 마
소서 ― 시편 70:5

과거에 젊은 화가들은 대화가 밑에서 수학하는데 심혈을 기울였습니다.
그들은 대화가의 문하에 들어가 수학하면 훨씬 쉽게 탁월한 수준에 도달
할 것이라고 생각했습니다. 사람들은 직업이나 전공에서 최고의 수준에 있
는 사람들에게 자기 자녀들을 보내 제자가 되도록 하는데 커다란 대가를
지불했습니다.

그렇다면 우리가 기도의 신령한 비결이나 비법을 배우려고 한다면, 그
분야의 위대한 대가들의 작품을 연구하는 것이 좋을 것입니다. 저는 시편
기자인 다윗 이상으로 기도를 잘 알고 있는 사람은 없다고 생각합니다. 그
의 시편들은 모든 시대의 성도들의 언어가 될 정도로 그는 기도의 방법에
대해 너무나 잘 알고 있었던 사람이었습니다. 우리가 그의 영혼을 접하거
나 그의 기도의 방법을 따른다면, 가장 강력한 방법으로 하나님께 간구하
는 비결을 배울 수 있을 정도로 그는 기도에 정통한 사람이었습니다. 물론
가장 위대한 중보자는 다윗의 자손이자 다윗의 주님이신 주님을 첫 번째
로 여러분 앞에 두어야겠지요. 그러나 그분 다음으로 여러분이 본받아야

할 가장 위대한 본보기 가운데 하나는 바로 다윗이 될 것입니다.

그래서 저는 이번 설교의 본문을 영적 문제를 해결하는 가장 적절한 기도의 본문 가운데 하나로 간주하고 그것을 자세히 다루어 보고자 합니다. 우리는 이 본문을 깊게 연구하여 우리도 이와 똑같은 방법으로 기도하도록 항상 하나님이 우리를 도우시기를 소원합니다.

우리는 본문에서 성공적인 변론을 드리는 영혼의 네 가지 상태를 발견하게 됩니다. 첫 번째로, 우리는 고백하는 영혼의 상태를 보게 됩니다. 왜냐하면 그는 "나는 가난하고 궁핍하오니"라고 말하고 있기 때문입니다. 두 번째로, 우리는 변론하는 영혼의 상태를 보게 됩니다. 왜냐하면 그가 자신의 가난한 상태에 관해 고백한 다음에 "하나님이여 속히 내게 임하소서"라고 기도하기 때문입니다. 세 번째로, 우리는 절박한 마음을 가진 영혼의 상태를 보게 됩니다. 왜냐하면 그는 "속히 임하소서"라고 부르짖을 뿐 아니라 똑같은 의미로 "지체하지 마소서"라고 기도하기 때문입니다. 그리고 마지막 네 번째로, 우리는 하나님을 충분히 이해하고 있는 영혼의 상태를 봅니다. 왜냐하면 그는 "주는 나의 도움이시요 나를 건지시는 이시오니"라고 말하고 있기 때문입니다. 그는 축복을 주시기 전에는 결코 보내드릴 수 없는 야곱과 같은 심정으로 그의 하나님을 두 손으로 움켜잡았습니다.

고백하는 영혼

무엇보다 먼저 우리는 이 기도의 본문 속에서 고백하는 영혼을 보아야 합니다. 레슬링 선수가 경기에 들어가기 전에 몸에 걸칠 수 있는 최소한의 운동복 외에 다른 옷은 모두 벗는 것처럼 하나님께 간구하는 사람도 고백하는 일에서 똑같이 행합니다. 기도의 전쟁터에 나선 군사는 고백과 회개와 믿음을 통해 모든 죄의 짐을 내려놓기 전에는 결코 승리를 바랄 수 없습니다(히브리서 12:1을 참조하십시오).

그렇습니다. 죄인이 처음 구주를 찾을 때 절대적으로 필수적인 것이 바로 고백이라는 것을 우리는 항상 기억해야 합니다. 기도자로서 여러분이 주님 앞에서 부정과 불법을 저지른 것을 인정하기 전에는 고뇌에 찬 여러분의 마음속에 평강이 임하는 것은 불가능합니다. 여러분은 심지어 예수를 믿는 일까지 여러분 스스로 원하는 대로 할 수 있지만, 여러분이 기꺼이 여러분의 범죄에 대해 충분히 고백하고 하나님 앞에 여러분의 마음을 솔직하게 내놓지 못한다면, 하나님이 택자에게 허락하신 믿음이 여러분 속에 있다고 볼 수는 없습니다.

일반적으로 우리는 그것이 필수적이라고 인정하지 않는 사람들에 대해 동조적이지 않습니다. 의사는 자신이 병에 걸렸다고 생각하지 않는 자에게 약을 주지 않는 법입니다. 복음서에 보면 소경은 자신이 눈이 눈멀었다는 것을 인정하고 길가에 앉아 구걸을 하고 있었습니다. 만약 그가 자신이 눈이 멀었는지에 대해 어떤 의심을 갖고 있었다면, 주님은 그의 곁을 그냥 지나치고 말았을 것입니다. 주님은 자신의 눈먼 상태를 고백하는 사람들의 눈은 뜨게 하시지만, 그렇지 못한 다른 사람들에 대해서 그분은 "너희가 본다고 하니 너희 죄가 그대로 있느니라"(요 9:41)고 말씀하십니다. 그분은 자기에게 나아오는 사람들에게 그들의 필요를 공개적으로 자백하도록 하시기 위해 "네게 무엇을 하여 주기를 원하느냐?"(막 10:51)고 물으십니다. 그것은 우리 모두에게도 그대로 적용되어야 합니다. 우리 역시 고백을 해야 합니다. 아니면 축복을 받을 수 없습니다.

저는 그리스도의 보배 피를 통해 하나님과의 평화와 구원에 이르기를 원하는 여러분들에게 특별히 다음과 같이 말하고 싶습니다: 여러분은 하나님 앞에서 아주 솔직하게, 아주 진실하게, 아주 분명하게 여러분의 고백을 드려야 합니다. 확실히 여러분은 조금도 숨기는 것이 있어서는 안됩니다. 그 이유는 여러분이 숨길 수 있는 것이 조금도 없기 때문입니다. 그분은 여러분의 죄를 이미 알고 계십니다. 하지만 그분은 여러분이 그것을 알고 있기를 바랍니다. 그러므로 그분은 여러분이 그것을 고백하기를 원하십니다. 하나님 앞에 나아가 은밀한 가운데 여러분의 죄를 상세하게 고백하십시오. 조금도 변명하지 마십시오. 시편기자처럼 그저 다음과 같이 말하십시오:

내가 주께만 범죄하여 주의 목전에서 악을 행하였사오니 주께서 말씀하실 때에 의로우시다 하고 주께서 심판하실 때에 순전하시다 하리이다(시 51:4).

죄의 사악함을 인정하십시오. 여러분이 그것을 느낄 수 있도록 하나님께 구하십시오. 그것을 사소한 것으로 취급해서는 안됩니다. 그것은 절대로 사소한 것이 아니니까요. 죄인을 죄의 영향으로부터 구원하기 위해 그리스도 자신이 죽으셔야 했습니다. 여러분은 죄로부터 구원받지 못하는 한, 영원히 죽어야 합니다. 그러므로 죄를 가볍게 여기지 마십시오. 하나님이 아주 엄하게 나오시지 않는 한 그것을 알아채지 못하는 어떤 가벼운 실수인 것처럼 그것을 고백해서는 안됩니다. 아니 오히려 하나님이 죄를 보시는 눈으로, 곧 선한 것은 조금도 없는 범죄로, 그와 같은 것은 절대로 있을 수 없는 반역으로 그것을 보시기 바랍니다. 그것을 배반으로, 배은망덕으로, 극히 추하고 천한 일로 보십시오.

만일 죄인이 자신의 죄를 고백하지 않고 죄를 포기하지 않는데도 하늘의 왕이 죄인을 용서해 주실 것이라고 기대해서는 안됩니다. 가장 인자한 아버지라도 자기 아들이 잘못을 저질렀을 때 겸비하기를 기대하기 마련이고, 아들이 눈물을 흘리며 "아버지, 제가 잘못했습니다" 하고 고백할 때까지 그에게서 불쾌함을 거두지 아니할 것입니다.

여러분은 하나님이 여러분에게 자신을 낮추기를 감히 기대하십니까? 만일 여러분 자신이 그분에게 무릎을 꿇지 않는 것에 대해 그분이 불평하지 않으신다면 그렇게 되는 것이 아니겠습니까? 여러분에게는 그분이 여러분의 잘못을 무시하고 여러분의 범죄에 대해 눈을 감아 주시는 분이십니까? 그분은 자비로우신 분이지만, 또한 거룩하신 분입니다. 그분은 기꺼이 용서하는 분이지만, 또한 죄를 그냥 넘기시는 분이 아닙니다. 만일 여러분의 죄에 집착하거나 여러분이 주제넘게 "나는 죄를 범하지 않았다"고 말한다면, 그분은 여러분을 절대로 용서하지 않으실 것입니다. 그러므로 구하는 자여 서두르십시오. 여러분의 입술로 "'저는 가난하고 궁핍합니다.' 저는 죄인입니다. 저는 방황하고 있습니다. 저에게 긍휼을 베풀어 주소서"라고 말하면서 지체 없이 은혜의 보좌 앞으로 나아오기를 저는 간구합니다. 이런 인식이 함께할 때 여러분은 비로소 제대로 기도를 시작하게 되고, 예수님을 통해 그 기도는 응답받게 될 것입니다.

사랑하는 형제들이여, 하나님의 교회에 대해서도 똑같은 원리가 적용됩니다. 만일 여러분이 여러분의 교회에서 이 문제에 성공적인 간구를 드리도록 성령의 권능이 임하는 기도를 드린다면, 여러분은 누구나 할 것 없이 본문에 나오는 "나는 가난하고 궁핍하오니"와 같은 고백을 하는 것이 필수적입니다. 우리는 이 기도에 대해 아무 능력이 없음을 인정해야 합니다. 구원은 주님에게 속한 것이고, 우리는 단 한 영혼도 구원할 수 없습니다. 하나님의 영은 그리스도 안에서 활동하고, 우리는 교회의 대주재이신 주님의 영을 구해야 합니다. 우리는 당연히 성령을 지배할 수 없고, 나아가 우리는 그분을 떠나서는 아무것도 할 수 없습니다. 그분은 임의로 부는 바람과 같습니다(요 3:8). 우리는 이것을 깊이 느끼고 진지하게 인정해야 합니다. 하나님 앞에서 그분의 교회는 축복을 받고, 그분은 그 축복이 전적으로 그분으로부터 온다는 사실을 알려 주실 것입니다. "이는 힘으로 되지 아니하며 능력으로 되지 아니하고 오직 나의 영으로 되느니라"(슥 4:6).

기드온의 경우는 아주 특별했습니다. 그것은 두 가지 교훈적인 표징과 함께 시작되었습니다(사사기 6:36-40을 참조하십시오.). 저는 우리의 하늘 아버지는 그분이 기드온에게 가르치신 것과 똑같은 교훈을 우리 모두에게도 가르치신다고 생각합니다. 우리가 그 교훈을 깨닫게 되면, 그분은 그분 자신의 뜻을 위해 우리를 도구로 사용하실 것입니다. 여러분이 잘 아시는 것처럼 기드온은 양털 한 뭉치를 타작마당 위에 두었습니다. 아침이 되자 주변 땅은 마르고 오직 양털 위에만 이슬이 있었습니다. 하나님이 양털을 흠뻑 이슬로 적시도록 하셨습니다. 그리고 그 수분은 주변 땅이 모두 말라 있었기 때문에 그렇게 될 만한 합당한 조건이 아니었습니다.

하나님이 은혜의 이슬을 우리 각자에게 내려주셔서 우리가 그 천국의 수분으로 적셔진다면, 그것은 우리가 하나님이 흔히 축복하시는 사명의 타작마당 위에 있기 때문도 아니고 또는 주님이 은혜로 초청하시는 교회 안에 있기 때문도 아닙니다. 오히려 성령의 임하심은 주님의 주권적 은혜의 열매이고, 그분의 무한하신 사랑의 선물이지 사람에게 속한 의지 또는 사람에 의해 만들어진 열매가 아닙니다.

그러나 그때 이적은 반대가 되었습니다. 하지만 토머스 풀러(Thomas Fuller)가 말한 것처럼, "하나님의 이적은 그 반대로도 행해질 수 있고, 이렇게 하든 저렇게 하든 다 영광스러운 것으로 보일 것입니다." 다음 날 밤에는 양털이 말랐고, 주변 땅은 젖었습니다. 하지만 회의론자들은 이렇게 말할 수도 있었을 것입니다: "예, 그러나 양털은 자연적으로 수분을 흡수하는 것입니다. 만일 공기 중에 약간이라도 습기가 있었다면, 그것은 털로 흡수되었을 것입니다." 그러나 보십시오. 이 경우에는 이슬이 있었을 것으로 기대되는 곳에는 없었습니다. 그 주변 땅에는 이슬이 있었는데 말입니다. 습기는 돌 위에도 있었습니다. 그러나 양털은 말라 있었습니다.

마찬가지로 하나님은 우리 안에 그것을 받아들일 만한 어떤 자연적인 상황이 있기 때문에 우리에게 은혜를 베푸시는 분이 아님을 우리에게 분명히 하십니다. 심지어는 그분이 그것을 받아들이도록 준비된 마음을 주신 경우에도, 그분은 자신의 은혜와 성령이 활동상 자유롭고, 작용상 주권적임을 이해하도록 우리에게 역사하십니다. 그분은 사람이 정한 어떤 법칙에 따라 역사하도록 제한을 받으시는 분이 아닙니다. 만일 양털이 젖었다면, 그분이 그것을 젖게 만드신 것입니다. 그러나 그것은 그것이 양털이기 때문이 아니라 그분이 그렇게 되도록 선택하셨기 때문입니다. 그분은 처음부터 끝까지 자신의 모든 은혜에 대해 모든 영광을 받으실 분입니다.

그렇다면 나의 형제들이여, 오셔서 이 진리에 대한 사도들이 되십시오. 온갖 좋은 은사와 온전한 선물이 다 위로부터 빛들의 아버지로부터 내려온다는 사실(약 1:17)을 명심하십시오. "우리는 그가 만드신 바라"(엡 2:10). 그분이 우리 안에서 우리의 모든 일들을 하셔야 합니다. 은혜는 우리의 조건이나 상태에 의해 좌우되는 것이 아닙니다: "바람이 임의로 불매"(요 3:8). 주님이 역사하실 때, 사람은 결코 그것을 방해할 수 없습니다. 그러나 만일 그분이 역사하시지 않는다면, 아무리 강하고 열렬한 의지로 노력한다고 할지라도 헛것입니다(시 127:1).

그리스도께서 수천 명을 먹이시기 전에 제자들로 하여금 무리들이 먹어야 할 음식을 헤아려 보도록 하신 것은 굉장히 중요한 의미가 있습니다. 그것은 제자들로 하여금 아이가 가져온 음식이 얼마나 적은지를 보도록 하였습니다. 왜냐하면 무리들이 음식을 제공받았을 때, 제자들은 바구니가 그들을 먹였다거나 음식을 갖고 있던 아이가 무리들을 먹였다고 말할 수 없었기 때문입니다. 하나님은 우리가 가지고 있는 보리떡이 거의 없다는 것과 우리가 가지고 있는 물고기가 아주 적다는 것을 우리로 하여금 느끼도록 하실 것입니다. 그리고 그분은 우리에게 "그러나 그것이 이 많은 사람에게 얼마나 되겠사옵니까?"(요 6:9)라고 묻도록 하실 것입니다.

구주께서 제자들에게 배의 오른편에 그물을 던지라고 말씀하시고, 그들이 물고기로 가득 찬 그물을 뭍으로 끌어올렸을 때, 그분은 그들이 밤이 맞도록 수고를 하였으되 아무것도 얻은 것이 없었다고 고백할 때에야 비로소 이적을 행하셨습니다. 그들은 많은 고기를 잡은 것이 주님께 의존하고 있고, 그것은 그들의 그물도 아니고 그물을 끌어올리는 방법에 있었던 것도 아니고 또는 배를 다루는 그들의 기술이나 솜씨에 있는 것이 아니라 완전히 그리고 전적으로 그들의 주님으로부터 왔다는 사실을 이렇게 배웠던 것입니다. 우리도 이렇게 해야 합니다. 그리고 그것은 빠르면 빠를수록 좋습니다.

바로 직전의 과거 유대인들이 매년 유월절을 지킬 때, 그들이 어떻게 했는가를 보십시오. 누룩을 넣지 않은 떡 곧 무교병을 가져오고, 유월절 어린양을 먹어야 했습니다. 그러나 그들이 묵은 누룩을 제거할 때까지는 무교병도, 유월절 어린양도 없었습니다. 만일 여러분이 오래된 어떤 인간적인 힘과 자기 신뢰를 가지고 있다면, 만일 여러분이 여러분 자신에게 속하는 어떤 것을 갖고 있다면, 그리하여 묵은 누룩을 그대로 갖고 있다면, 그러면 그것부터 제거해야 합니다. 영적 유월절이 지켜질 수 있는 하늘 양식들이 채워지기 위해서는 먼저 찬장이 비워져 있어야 합니다.

저는 하나님이 우리로 하여금 깨끗이 비우도록 하실 때 그분께 감사를 드립니다. 저는 그분이 우리로 하여금 교회로서 우리 영혼의 빈곤함을 느끼도록 하실 때 그분의 이름을 찬양합니다. 왜냐하면 그때 비로소 축복이 확실하게 임할 것이기 때문입니다.

이것을 우리에게 보여 주는 또 하나의 다른 실례가 있습니다. 어쩌면 이것이 더 분명한 실례가 아닌가 싶습니다. 갈멜 산에서 바알 선지자들과 함께 있는 엘리야를 보십시오. 이스라엘 백성들의 선택을 결정하도록 준비된 그 시험은 바로 이것이었습니다: "불로 응답하는 신 그가 하나님이니라"(왕상 18:24). 바알의 선지자들은 하늘로부터 불이 내려오기를 기원했지만 허사였습니다. 엘리야는 불이 그의 번제물 위에 임할 것을 확신했습니다. 그러나 그는 거짓 선지자들과 변덕스러운 백성들이 자기가 불을 임하게 하리라고 생각지 못하는 것을 단호하게 거부했습니다. 그는 그 문제에 관해 인간적인 계략, 또는 묘책이 없다는 것을 분명히 하기로 결심했습니다. 불은 여호와, 오직 여호와로부터만 임하게 되어 있었습니다. 선지자의 단호한 명령을 상기해 보십시오.

> 또 나무를 벌이고 송아지의 각을 떠서 나무 위에 놓고 이르되 통 넷에 물을 채워다가 번제물과 나무 위에 부으라 하고, 또 이르되 다시 그리하라 하여 다시 그리하니, 또 이르되 세 번째로 그리하라 하여 세 번째로 그리하니 물이 제단으로 두루 흐르고 도랑에도 물이 가득 찼더라(왕상 18:33-35).

숨겨져 있던 불이 거기엔 있을 수 없었습니다. 만일 교묘하게 계산된 시간을 따라 불을 일으킬 만한 어떤 가연성 물질이나 화학물질이 주변에 있었다면, 그것들은 모두 축축해져서 사용할 수 없게 되었을 것입니다.

누구도 사람의 힘으로는 번제물을 태울 수 없다고 생각될 때, 엘리야 선지자는 그의 눈을 들어 하늘을 보고 간구하기 시작했습니다. 그리고 그 결과 여호와의 불이 내려와 제물을 불태웠습니다. 그것은 제물과 나무를 다

태워버렸을 뿐만 아니라 제단의 돌과 흙을 태우고 심지어는 도랑의 물까지도 핥아버렸습니다. 그때 모든 백성들이 그것을 목격하고 엎드려 "여호와 그는 하나님이시로다. 여호와 그는 하나님이시로다" 하고 말했습니다.

주님은 우리를 크게 축복하고자 하실 때, 우리에게 한 번, 두 번, 또는 세 번이라도 물을 쏟아 붓는 시험을 행하실 수도 있습니다. 그분은 그것이 설교자 때문도 아니고, 그것이 조직의 힘 때문도 아니고, 그것이 사람으로 말미암아 일어난 것이 아니라 오직 알파와 오메가이신 "모든 일을 그의 뜻의 결정대로 일하시는"(엡 1:11) 하나님으로 말미암아 일어난 일임을 알게 될 때까지 우리를 낙심시키고, 우리를 슬프게 하며, 우리를 시험하고 우리를 낮추실 수 있습니다.

따라서 저는 성공적인 기도가 시작되는 가장 좋은 출발점은 우리가 가난하고 궁핍하다고 고백할 때임을 여러분에게 말씀드리는 것입니다.

변론하는 영혼

두 번째로 영혼이 자기 공로와 자기 만족의 모든 짐을 벗어버리면, 기도는 그 다음 단계로 나아가고, 그 단계는 우리 앞에 간청하는 영혼으로 있게 된다는 것입니다. "나는 가난하고 궁핍하오니 하나님이여 속히 내게 임하소서 주는 나의 도움이시요 나를 건지시는 이시오니 여호와여 지체하지 마소서." 생각이 깊은 성도라면 이 한 구절 속에서 네 개의 간구를 발견하게 될 것입니다.

이 주제에 관해 저는 우리가 기도할 때 간구를 사용하는 것은 신앙의 습관이라는 점을 말하고 싶습니다. 단순히 생각 없이 기도하는 사람들은 기도하는 것이 아니라 단순히 말하는 자(sayer)로서, 하나님과 변론하는 것을 망각해버린 사람입니다. 그러나 참으로 기도하는 사람들은 기도의 이유와 강력한 변론을 제시하고, 하나님과 그 문제에 대해 씨름하는 사람들입니다. 레슬링을 장난삼아 하는 사람들은 여기저기 아무데나 붙잡고 싸우지만, 실제로 경기를 하는 선수는 가장 적절하게 제압하는 방법 — 잡고 넘기는 것과 같은 방법들 — 을 잘 알고 있습니다. 그들은 순서와 규칙에 따라 경기를 합니다. 믿음의 싸움의 기술은 하나님과 변론하는 것이고, 단호하게 "이런 이유들 때문에 이렇게 이렇게 해 주셔야 합니다" 하고 말하는 것입니다.

호세아 선지자는 얍복 강가에서의 야곱에 대해 말하면서 "거기에서 우리에게 말씀하셨다"(호 12:4)고 했습니다. 그런데 야곱이 사용한 두 가지 변론은 하나님의 명령과 하나님의 약속이었습니다. 첫째로 그는 "주께서 전에 내게 명하시기를 네 고향, 네 족속에게로 돌아가라고 하셨나이다"(창 32:9)라고 말했습니다. 이것은 그가 다음과 같이 말하는 것과 같습니다: "여호와여, 저는 지금 어려움 속에 있습니다. 하지만 저는 당신께 순종해서 여기까지 왔습니다. 당신이 저에게 그렇게 하라고 말씀하셨기 때문입니다. 사자처럼 으르렁거리며 저를 만나러 오는 내 형 에서에게 가라고 당신이 명하셨사오니, 여호와여, 당신은 결단코 저를 위험 속에 빠뜨리고 그 안에 저를 버려두시는 신실치 못한 분일 수가 없습니다." 이것은 정당한 변론이고, 이 변론은 하나님을 설복시킬 것입니다.

나아가 야곱은 또한 하나님의 약속을 언급했습니다: "주께서 말씀하시기를 내가 반드시 네게 은혜를 베풀리라 하셨나이다"(창 32:12). 사람들 중에는 자신을 반대하는 자에게 하나님의 말씀을 가지고 대항하는데 이 변론의 방법을 교묘하게 사용하는 사람들이 있습니다. 여러분이 다른 권위들을 인용해서 그에게 말한다고 해도, 그것은 소용없습니다. 그는 "나는 그 권위를 인정하지 않아요"라고 말할 것이 뻔합니다. 그러나 여러분이 그 자신에 반대하는 사람을 인용해서 말하면, 그는 꼼짝 못하고 말문을 닫을 것입니다. 여러분이 그에게 사람과의 약속을 상기시킨다면, 그는 스스로에게 자기는 믿을 수 없고 변덕스러운 사람이라고 자처하거나 또는 만일 그가 한결같이 자기의 말에 진실하게 행한다면, 여러분은 그를 이기고, 여러분은 여러분의 뜻을 관철시킬 수 있을 것입니다.

오, 형제들이여. 그렇다면 우리도 하나님의 명령, 약속 그리고 다른 그 어떤 것을 가지고 간구하기를 배우는 것이 우리에게 도움이 될 것입니다.

그러나 우리는 항상 변론할 어떤 것을 소유하고 있어야 합니다. 여러분은 여러분이 변론하지 않는 한, 기도했다고 생각하지 마십시오. 왜냐하면 변론은 기도의 진수이기 때문입니다.

변론하는 사람은 특별히 그가 천국의 보고를 열기 위해 예수님의 피를 주장한다고 해도, 하나님을 설복시키는 비결을 잘 알고 있는 사람입니다. 열쇠들마다 거기에 맞는 자물쇠들이 있지만, 만능열쇠는 죄인들을 구원하시기 위해 죽으셨지만 다시 사셔서 천국에서 항상 살아계시는 그분의 피와 이름입니다.

믿음의 변론들은 많이 있고, 이것은 우리가 구하기에 충분합니다. 왜냐하면 믿음은 그들 모두를 다양한 입장과 필요 속에 두기 때문입니다. 믿음은 하나님과의 모든 은혜로운 관계를 담대하게 주장하도록 합니다. 믿음을 통해 우리는 하나님께 담대하게 변론하게 됩니다. 믿음은 그분에게 "당신은 창조주가 아니십니까? 당신은 당신 자신의 손의 역사를 포기하시겠습니까? 당신은 구속주가 아니십니까? 당신은 당신의 종을 구원하셨습니다. 당신은 그를 버려두시겠습니까?"라고 말할 것입니다. 믿음은 보통 하나님의 아버지되심을 주장하기를 즐겨합니다. 이것이야말로 일반적으로 중심 변론 가운데 하나입니다. 그것을 변론으로 내세울 때 그것은 반드시 승리합니다.

"당신은 아버지이시고, 당신이 우리를 죽이시려고 할 때에도 그것은 우리를 연단하기 위함이지요? 아버지여, 주시지 않을 작정이십니까? 아버지여, 당신은 사랑과 자비의 마음이 없으십니까? 아버지여, 당신은 당신의 자녀들이 당신에게 구하는 것을 거부할 수 있습니까?" 저는 비록 하나님이 위대하신 왕이고 한없이 영광스러운 분이라고 할지라도, 그분의 엄위하심을 느끼고 기도할 때마다 별로 위축되지 않고, 짧지만 달콤한 응답을 통해, 제가 그분의 자녀라는 사실을 상기하게 되는 것을 발견합니다. 그리고 어떤 아버지든지 간에 자녀는 항상 자기 아버지에 대해서는 격의가 없게 마련입니다. 그렇습니다. 믿음은 하나님이 그의 택하신 자녀들에게 세우신 모든 관계들을 주장할 수 있게 합니다.

믿음은 또한 하나님의 약속을 가지고 천국을 왕래합니다. 여러분이 은행에 갔는데, 어떤 사람이 은행에 들어와 용지를 집어 들더니 그것을 탁자 위에 집었다 놓았다 하기만 하고 더 이상 다른 행동을 하지 않는다고 상상해 보십시오. 만일 그가 하루에도 여러 번씩 그렇게 행동한다면, 저는 그가 단지 은행원의 시간을 허비하게 만들고 다른 업무를 방해했기 때문에 은행 측에서 경비원에게 그 사람을 쫓아내라는 지시가 곧 내려질 것이라고 생각합니다. 진지한 목적으로 은행에 오는 사람들은 그들의 통장을 제시하고, 돈을 지불받을 때까지 기다립니다.

그는 실제 업무를 다 본 다음에 떠나지 그러지 않고서는 떠나지 않습니다. 그들은 서류에 내용을 기재하고, 서명이 예쁘게 잘 되었는지에 대해 말하거나 서류의 정확성에 대해 토론하지 않습니다. 그들은 제출한 서류의 내용에 해당되는 돈을 원합니다. 그들은 그것 없이는 만족하지 않습니다. 이들은 항상 은행에서 환영하는 사람들로서 시간을 낭비하는 사람들이 아닙니다. 그런데 아, 참으로 많은 사람들이 기도할 때 시간을 허비합니다. 그것은 더 나은 것이 없습니다. 저는 그들이 기도할 때 장난한다고 생각합니다. 그들은 하나님이 응답해 주실 것을 기대하지 않습니다. 그래서 그들은 주님을 조롱하는 단순한 게으름뱅이들에 지나지 않습니다. 진정으로 기도하는 사람은 자신이 말하는 것을 소망하며 하나님을 높입니다. 주님은 장난으로 약속하시지 않습니다. 예수님은 자신의 피로 말씀을 입증하실 때 장난으로 하지 않았습니다. 우리도 냉담하고 별 기대 없는 마음으로 기도함으로써 기도를 우롱해서는 안되겠습니다.

성령이 진지하시니까 우리도 진지해야 합니다. 우리는 축복을 위해 나아가되, 그것을 얻기까지 만족해서는 안되겠습니다. 그것은 마치 사냥꾼이 사냥감을 찾아 많은 시간을 들이며 돌아다니지만, 그것을 잡아 취하기까지는 만족하지 못하는 것과 같습니다.

더구나 믿음은 하나님의 행동을 촉구합니다. 믿음은 과거를 돌아보도록 하고, 이렇게 말합니다: "주님, 당신은 과거에 이렇게 저렇게 구원하셨습니다. 그런데 당신은 지금은 그렇게 아니하실 것입니까?" 나아가 그것은 그

생명을 전체적으로 취하고, 이렇게 변론합니다:

> 과거에 그토록 많은 자비를 베푸시더니
> 이제 당신은 저를 망하게 하시겠나이까?

"당신은 결국 수치를 당하게 하시려고 지금까지 저를 인도해오셨습니까?" 믿음은 과거에 행하신 하나님의 자비를 분명히 하고, 현재에도 그렇게 하셔야 할 이유가 있다고 변론하게 합니다. 그러나 여러분의 시간은 비록 내가 믿음의 변론들을 일천 가지나 제시한다고 해도 소용없이 허비되고 말 것입니다.

그러나 때때로 믿음의 변론들은 오늘 본문에서처럼 아주 단순합니다. "나는 가난하고 궁핍하오니 하나님이여 속히 내게 임하소서"라고 변론하는 것은 교만한 인간 본성의 법에 의거한 것이 결코 아닙니다. 그것은 다윗의 또 다른 기도 곧 "여호와여 나의 죄악이 크오니 주의 이름으로 말미암아 사하소서"(시 25:11)라고 고백하는 것과 같습니다. 이같이 주장하는 것은 사람의 방법이 아닙니다. 사람들은 "주여, 저는 다른 사람들처럼 죄가 없사오니 저에게 자비를 베푸소서"라고 말합니다. 그러나 믿음은 참된 빛 속에서 사실을 이해하게 하고, 그 변론들을 진리에 근거하도록 합니다: "주여, 내 죄가 크고 당신은 위대하시니 당신의 위대한 자비를 저에게도 허락하옵소서."

여러분은 수로보니게 여인에 관한 이야기를 아실 것입니다. 그 이야기는 지혜로운 믿음이 무엇인가를 추론하는데 중요한 한 근거를 보여 줍니다(마태복음 15:22-28을 참조하십시오.). 그녀는 자신의 딸 때문에 예수님께 나아왔습니다. 그때 주님은 그녀에게 한마디도 대답하지 않으셨습니다. 여러분은 그녀의 마음이 어떠했으리라고 생각하십니까?

그녀는 속으로 "그래도 좋습니다. 왜냐하면 그분은 저를 거부한 것은 아니니까요. 그분은 아무 말씀도 아니 하셨기 때문에 최소한 저를 거절한 것은 아니었습니다"라고 말했을 것입니다. 그리하여 그녀는 용기를 내어 자신의 입장을 다시 천명하기 시작했습니다. 곧 그리스도는 그녀에게 비꼬는 듯한 말씀을 하셨고, 그런데도 그녀의 담대한 마음은 "나는 결국 그분으로부터 대답을 들었습니다. 나는 곧 그분의 행동을 보게 될 것입니다"라고 외쳤습니다. 그것은 또한 그녀에게 큰 힘을 주었습니다.

이어서 그분이 그녀를 개라고 부르셨을 때, 그녀는 이렇게 변론했습니다: "하지만 개도 가족의 일원입니다. 개도 집 주인과 조금은 관계가 있습니다. 비록 식탁에 앉아 함께 식사는 못해도, 그 밑에 떨어지는 부스러기를 먹습니다. 마찬가지로 저는 지금 비록 개와 같은 처지지만 위대한 주님이신 당신과 함께 있습니다. 저는 당신께 큰 자비를 구하옵니다. 그것이 당신에게는 부스러기에 지나지 않지만 제게는 너무나 큰 것입니다. 하오니 그것을 허락하소서. 당신께 애원합니다."

그녀는 결국 자기의 요청을 이루지 못했습니까? 아닙니다. 그것은 절대로 실패할 수 없었습니다. 믿음이 뜻이라면 그것은 반드시 길을 발견합니다. 그리고 모든 것을 다 무릅쓰고 승리할 것입니다.

믿음의 변론들은 단순하지만, 그것들은 항상 정당하다는 것을 저는 덧붙이고자 합니다. 결국 우리가 가난하고 궁핍하다고 주장하는 것은 아주 유효한 변론입니다. 그것은 하나님의 은혜를 이끌어내는 중심 근거가 아니겠습니까? 필요는 사람에게서나 하나님에게서나 자비를 이끌어내는 최고의 변론입니다. 우리의 필요야말로 우리가 하나님께 주장할 수 있는 최고의 변론이 아니겠습니까?

만일 어떤 환자에게 요청만 하면 신속하게 달려오는 의사가 있다면, 우리는 그에게 "선생님, 이 병은 보통 병이 아닙니다. 그는 지금 생사의 기로에 있습니다. 어서 그에게 가 주십시오. 빨리 좀 가 주십시오"라고 말할 것입니다.

만일 소방관들이 불난 집에 신속하게 달려와 불을 꺼주기를 바란다면, 우리는 그들에게 "어서 서두르십시오. 큰 불이 났습니다"라고 말할 것입니다. 아니 오히려 우리는 그것은 오래된 집으로 불에 쉽게 타는 재료들로 되어 있고, 집 안에는 석유와 화약이 있다는 소문도 있다고 말할 것입니다.

게다가 마당은 거의 나무로 채워져 있고, 나무로 지은 집들이 가까이 있으며, 오래지 않아 마을의 절반이 불바다 속에 휩싸일 것입니다. 우리는 최악의 화재사건을 겪게 될 것이라고 말할 것입니다. 오, 지혜가 하나님과 변론하는 자리에서도 똑같이 발휘되기를, 모든 곳에서 아니 특별히 우리의 필요 속에서 변론들이 지혜롭게 펼쳐지기를!

지금부터 2세기 전에는 구걸하는 장사법이 그 최악의 경우를 제외하면 가장 쉬운 장사법이었다고 전해집니다. 저는 오늘날에도 그것이 최고의 방법이라고는 생각하지 않지만 하나님께 구걸하는 방법은 좋은 방법으로, 의심할 여지 없이 세상에서 가장 많은 이득을 남기는 방법입니다.

거지들이 사람들에게 구걸할 때 보통 손을 많이 비비는 데, 그것은 아주 주목할 만합니다. 그가 이미 많은 신세를 지고 있는 사람에게 갔다고 생각해 보십시오. 그러면 그 힘없이 가난한 자는 "저는 안심하고 그를 다시 찾아갈 수 있습니다. 그는 저를 알고 있고 항상 친절했거든요"라고 말할 것입니다. 만일 그가 전에 한 번도 찾아가 구해본 적이 없는 사람을 찾아갔다면, 그는 "저는 전에는 그에게 구걸한 적이 없습니다. 그러므로 그는 나를 위해 할 수 있는 모든 것을 했다고 말할 수 없습니다. 나는 담대하게 그에게 구할 것입니다"라고 말합니다.

만일 그가 그의 친척 가운데 한 사람을 찾아갔다면, 그때 그는 "당신은 나를 이 고난 속에서 꼭 도와주어야 합니다. 당신은 남이 아니니까요"라고 말합니다. 그리고 만일 그가 전혀 낯선 사람을 찾아갔다면 그는 이렇게 말합니다: "저는 내 자신의 혈육보다 더 극진한 사랑을 전혀 모르는 사람에게서 받은 적이 종종 있었습니다. 저를 도와주십시오. 간절히 요청합니다." 만일 그가 부자들을 찾아갔다면, 그는 그들이 베푸는 것을 절대로 잊지 않겠다고 간청합니다. 또 그가 가난한 사람들을 찾아가 구한다면, 그는 그들이 궁핍이 얼마나 비참한 것인지 알 것이라고 말하면서 곤란한 상황에 빠져있는 자기를 도와달라고 주장합니다.

오, 우리가 주님 앞에 있을 때, 우리의 입술을 변론으로 가득 채우기 위해 얼마나 기민하게 움직여야 할까요! 우리가 어떻게 멍청하게 앉아 있고,

영적 무감각 속에 있을 수 있을까요! 하나님이 우리가 영원하신 하나님과 변론할 비결을 배울 수 있도록 허락하시기를 바랍니다. 그럼으로써 우리는 예수 그리스도의 공로를 통해 그분과의 변론을 승리로 이끌게 될 것입니다.

절박한 영혼

저는 세 번째 요점 곧 우리 영혼 속에 있는 절박함에 대해서는 간단하게 설명하고자 합니다: "하나님이여 속히 내게 임하소서 … 여호와여 지체하지 마소서" 우리가 아직 구원받지 못했다고 한다면 구원에 대한 우리의 필요성은 절박한 것이기 때문에 당연히 우리는 하나님에 대해 절박한 마음을 가져야 할 것입니다. 우리는 세상에서 계속적인 위험에 직면합니다. 그 위험의 정도는 아주 가공할 만합니다. 오, 죄인들이여. 한 시간 안으로, 아니 일 분 안으로, 여러분에게 소망이 전혀 없는 상황이 벌어진다고 생각해 보십시오. 그러므로 여러분은 "하나님이여 속히 내게 임하소서. 나를 구원하소서. 오, 여호와여 저를 구원하기를 지체하지 마소서"라고 부르짖어야 합니다. 여러분이 처해 있는 상황은 질질 끌어도 될 만한 상황이 절대로 아닙니다. 여러분은 꾸물거릴 시간이 없습니다.

기억하십시오. 만일 여러분이 실제로 궁핍 의식을 느끼고 있고, 여러분 안에서 성령이 역사한다면, 여러분은 시급한 마음을 갖게 될 것이고, 또 당연히 가져야 합니다. 일반적인 죄인은 기다리는 것으로 만족할 수 있지만, 절박한 마음을 가진 죄인은 지금 당장 자비를 구할 수밖에 없습니다. 죽어 있는 죄인은 조용히 있지만, 살아있는 죄인은 죄 사함 받아 그의 영혼이 안착할 때까지는 평안할 수 없습니다. 만일 여러분이 절박한 마음을 갖고 있다면 저는 그것 때문에 감사할 것이고, 그것은 여러분 안에 영적 생명이 있기 때문에 가능하다고 믿습니다. 여러분이 더 이상 구주 없이는 못산다면, 구주는 여러분에게 다가와 여러분을 자신의 품에 안을 것이며, 그때 여러분은 기쁨을 맛보게 될 것입니다.

성도들이여, 똑같은 진리가 이미 성도가 된 여러분에게도 적용됩니다. 하나님이 여러분을 축복하기 위해 시급히 오신다면, 그때는 여러분이 그 궁핍함을 아주 깊이 그리고 아주 절실하게 느낄 때 오실 것입니다. 오, 우리가 가져야 할 교회의 궁핍함은 얼마나 클까요! 만일 우리가 성령의 획기적인 역사를 힘입지 않는다면, 우리는 무정하고, 불경건하고 세속적으로 변질될 것입니다. 대화가 없어질 것입니다. 형제들에 대한 관심이 사라질 것입니다. 기초가 무너지고 분열이 일어날 것입니다. 온갖 죄악이 만연할 것입니다. 사탄은 즐거워하고, 그리스도는 불명예를 뒤집어쓰게 될 것입니다. 우리의 궁핍함은 시급합니다. 우리가 궁핍함을 시급한 것으로 느낀다면 우리는 그것을 축복으로 가득 채우는 결과를 얻게 될 것입니다.

형제, 자매들이여, 저는 제가 하나님이 그의 은혜의 이슬을 교회에 내려 주시기를 간구하도록 제 영혼 속에 절박한 마음을 일으키는 영을 역사하시기를 바랍니다. 저는 이 문제에 대해 소극적이고 싶지 않습니다. 왜냐하면 저는 기도면허증을 갖고 있는 사람이니까요. 구걸은 거리에서는 금지되지만, 주님 앞에서 저는 허가받은 거지입니다.

성경은 "항상 기도하고 낙심하지 말라"(눅 18:1)고 말씀합니다. 여러분은 여러분 손에 여권이 쥐어져 있을 때 자신 있게 외국 땅에 들어갈 것입니다. 그런 것처럼 하나님도 자기 백성들에게 그들이 담대하게 은혜의 보좌 안으로 들어갈 수 있는 자격증을 주셨습니다. 그분은 여러분을 초대하셨습니다. 그분은 여러분에게 용기를 주셨습니다. 그분은 여러분에게 자기에게 나아오라고 말씀하셨습니다. 그리고 그분은 "너희가 기도할 때에 무엇이든지 믿고 구하는 것은 다 받으리라"(마 21:22)고 약속하셨습니다. 나아가십시오. 그것도 시급하게 나아가십시오, 끊임없이 나아가십시오. 그리고 나아가되, "나는 가난하고 궁핍하오니 … 여호와여 지체하지 마옵소서"라는 간구를 가지고 나아가십시오. 그리하면 축복은 반드시 임할 것입니다. 그것은 절대로 지체하지 않을 것입니다. 우리가 그것을 보고 그것 때문에 하나님께 영광을 돌리는 성도들이 되기를 바랍니다.

하나님을 붙잡는 영혼

자세히 말씀드려야 할 곳에서, 실제로는 간단하게 말씀드린 것이 좀 죄송스럽지만, 저는 여기서 마지막 네 번째 요점으로 넘어가야 되겠습니다. 여기서는 기도의 비법과 비결에 관한 또 다른 내용 — 하나님을 붙잡는 영혼 — 을 다루고자 합니다. 고백했습니다. 변론했습니다. 그리고 절박한 마음으로 구했습니다. 그리고 이제 마지막 네 번째 요점에 이르게 되었습니다. 그것은 한편으로는 "주는 나의 도움이시요", 다른 한편으로는 "주는 나의 … 건지시는 이시오니"라고 약속의 사자를 붙잡는 것입니다. 오, "나의"라는 말은 얼마나 복되고 얼마나 힘이 되는 말인지요! 성경의 달콤함은 소유대명사에 있습니다. 시편기자가 그랬던 것처럼 그 말을 사용하도록 가르침을 받는 사람은 영원하신 하나님과 대결하여 승리하게 될 것입니다.

그런즉 죄인들이여, 저는 여러분이 복 주시는 그리스도의 하나님께 "주는 나의 도움이시요 나의 건지시는 이시라"고 말할 수 있기를 위해 기도합니다. 어쩌면 여러분은 더 이상 붙잡을 수 없다고 실망할지 모르겠습니다. 그러나 가난한 영혼으로서 여러분은 다른 의지처를 소유하고 있습니까? 만일 그렇다면, 여러분은 똑같은 손으로 두 명의 돕는 자를 동시에 붙들 수는 없습니다. 여러분은 "오, 아닙니다, 어디에도 도움 받을 곳이 없습니다. 저는 그리스도 외에는 소망이 없습니다"라고 말해야 합니다. 그렇습니다. 가난한 영혼으로서 여러분의 손은 비어있기 때문에 그 비어있는 손은 의당 여러분의 주님을 붙드는데 사용되어야 합니다. 그분을 붙잡으십시오! 그리고 이렇게 그분에게 아뢰십시오: "주여, 저 역시 야곱처럼 가난하고 연약하오니 당신만 붙드옵니다. 저는 스스로 도울 수가 없습니다. 저는 당신만 붙드옵니다. 당신이 내게 축복하지 아니하면 가게 하지 아니하겠나이다"(창 32:26).

"아, 그것은 너무나 뻔뻔스러운 일입니다"라고 누군가 말할지 모르겠습니다. 그러나 주님은 가난한 죄인들의 거룩한 뻔뻔스러움을 기뻐하십니다. 그분은 여러분이 생각하는 것 이상으로 여러분을 뻔뻔한 자로 만드셨습니다. 십자가에 못 박히신 구주를 감히 믿지 못하는 것은 불경스러운 수치입니다. 그분은 여러분과 같은 죄인을 구원하시기 위해 일부러 십자가에 달려 죽으셨습니다. 그러므로 그분으로 하여금 여러분과 함께 자기 길을 가도록 그분을 의지하십시오.

그리고 어떤 사람은 "하지만 저는 그러기에는 너무나 무가치한 존재입니다"라고 말할 것입니다. 그분은 무가치한 자들을 구원하시기 위해 찾아오셨습니다. 그분은 자기 의로 구원받기 바라는 자들을 구원하시는 구원자가 아니십니다. 그분은 죄인들의 구원자이십니다. "죄인의 친구"(마 11:19)가 그분의 이름입니다. 무가치한 자들이여, 그분을 붙드십시오!

혹 어떤 사람은 "오, 하지만 저는 그럴 권리가 없습니다"라고 말하겠지요. 글쎄요. 여러분은 그럴 권리가 없기 때문에 여러분의 필요가 여러분의 요구가 될 수 있습니다. 그것이 여러분에게 요청되는 요구의 전부입니다.

또 저는 어떤 사람이 "제가 은혜를 요청하기에는 너무 늦었습니다"라고 말하는 것을 듣습니다. 그러나 그것은 그렇지가 않습니다. 그것은 불가능합니다. 여러분이 살아서 자비를 바라는 한, 그것을 구하기에 너무 늦은 때란 없습니다. 떡 세 덩이를 원했던 사람의 비유를 주목해 보십시오(누가복음 11:5-8을 참조하십시오.). 제가 그 부분을 읽을 때 헷갈린 적이 있음을 여러분에게 말씀드립니다. 그는 한밤중에 그의 친구를 찾아갔습니다. 나중이 있을 수 없었습니다. 만일 한밤중이 아니었다면, 그 다음날 아침 일찍 찾아갔을 것이고, 그래서 그것은 조금도 지체되지 않았을 것입니다. 때는 한밤중이었고, 그때는 조금도 지체될 수 없었습니다. 마찬가지로 만일 여러분의 영혼이 한밤중이라면, 그래도 정신을 차리십시오. 예수님은 때를 가리지 않는 구주이십니다. 그분의 많은 종들이 "만삭되지 못하여 난"(고전 15:8) 자들이었습니다.

어떤 시간이든 예수님의 이름을 부르기에 좋은 시간입니다. 그러므로 사탄이 여러분에게 이미 늦었다는 생각을 갖도록 유혹하지 않도록 하십시오. 지금 — 즉시 — 예수님께 나아가십시오. 그리고 담대한 믿음으로 제단 뿔을 붙드십시오. "죄인들을 위한 희생제물이신 당신은 저를 위한 희생제물이십니다. 타락한 죄인을 위한 중보자이신 당신은 저를 위한 중보자이십니다. 배반자에게 은사를 나누어 주시는 당신은 저의 배반에도 불구하고, 저에게 그 은사를 나누어 주십니다. '우리가 아직 연약할 때에 기약대로 그리스도께서 경건하지 않은 자를 위하여 죽으셨도다'(롬 5:6). 바로 제가 그런 사람입니다. 주여, 당신의 십자가의 죽으심의 권세로 제 영혼을 구원하신 것을 제 안에서 보게 하소서."

오, 구원받고, 그래서 그리스도를 사랑하는 형제들이여, 저는 여러분이 하나님의 성도들로서, 제가 전하는 말씀의 마지막 네 번째 주제를 실천함으로써 기도를 통해 하나님을 꼭 붙드시기를 바랍니다. "주는 나의 도움이시요 나를 건지시는 이시오니." 교회로서 우리는 하나님의 힘에 전적으로 의지해야 하고, 그분을 벗어나서는 아무것도 할 수 없습니다. 그러나 우리는 그분을 벗어나 살기를 바라지 않습니다. 우리는 그분을 견고하게 붙잡을 것입니다. "주는 나의 도움이시요 나를 건지시는 이시오니"

옛날에, 아테네에 한 소년이 살았습니다. 그는 아테네의 모든 사람들을 자기가 지배하고 있다고 자랑하곤 했습니다. 사람들이 어떻게 그러냐고 묻자 그는 이렇게 대답했습니다: "왜냐구요? 저는 저의 어머니를 지배하고 있고, 어머니는 아버지를 지배하고 있는데, 아버지는 이 도시를 지배하고 있기 때문이지요."

어떻게 기도의 대가가 되는지를 알고 있는 사람은 그리스도의 마음을 지배할 것입니다. 그리고 그리스도는 그의 백성들을 위해 모든 것을 해 주실 수 있고, 또 그렇게 하실 것입니다. 왜냐하면 아버지께서 "그분의 손에 모든 것을 맡기셨기"(요 13:3) 때문입니다. 어떻게 기도하는지를 안다면, 여러분은 전능자 곧 하나님을 영화롭게 하는 모든 일에서 전능한 사람이 될 수 있습니다. 말씀이 뭐라고 말합니까? "내 힘을 의지하고"(사 27:5). 기도는 세계를 움직이시는 분의 손을 움직이게 합니다. 오, 이런 식으로 은혜는 전능자의 사랑을 지배합니다.

우리는 "나는 당신을 가게 하지 아니하겠나이다"(창 32:26)라고 말하면서 붙잡고 세게 끌어당기며 씨름할 정도로 더 강력한 기도를 드리기를 바랍니다. 얍복 강가에서의 야곱의 모습은 우리가 본으로 삼기에 충분할 것입니다. 언약의 사자는 앞에 있고, 야곱은 그분으로부터 축복을 원했습니다. 그는 그분을 지체시킨 것처럼 보이지만, 야곱에게는 지체가 없습니다. 그때 여호와의 사자는 야곱을 피하려고 애를 쓰고, 그는 사자를 붙잡고 늘어지며 씨름합니다. 비록 사자는 그를 피하려고 했지만, 야곱이 자기를 붙잡지 못하도록 애쓰지는 않았습니다. 드디어 사자는 그의 힘의 근원이 되는 관절을 쳐서 상처를 내고 그와의 싸움을 끝냅니다. 야곱은 사자의 넓적다리를 놓고, 그의 다리를 풀지만, 그는 사자로 하여금 가게 하지 않았습니다. 가난한 사람의 힘은 붙들었던 것을 놓으면서 쇠진하지만, 연약함 속에서도 그는 여전히 강합니다. 그는 그 이상한 사람을 향해 팔을 휘두르고, 죽을 힘을 다하여 그를 붙잡습니다.

그런데 상대방이 "날이 새려하니 나로 가게 하라"(창 32:26)고 말합니다. 보십시오. 그는 야곱을 떨쳐내지 않았습니다. 다만 "나로 가게 하라"고 말했습니다. 사자는 야곱의 힘을 느슨하게 하기 위해 아무런 힘을 쓰지 않았습니다. 그는 그것을 야곱의 자발적인 뜻에 맡깁니다.

씩씩한 야곱은 "아니, 나는 그렇게 못하겠습니다. 나는 결단코 내 기도에 대해 응답을 받아야만 합니다. '내게 축복하지 아니하면 가게 하지 아니하겠나이다'"(26절)라고 부르짖습니다.

그런데 교회가 기도하기 시작하면, 그것은 먼저 주님이 앞서 가시기 위해 행하신다는 것이고(누가복음 24:28을 참조하십시오.), 그러기에 우리는 결코 응답받지 못할 것을 두려워할 필요가 없다는 것을 알아야 하겠습니다. 사랑하는 형제들이여, 붙드십시오. 그 어떤 것에도 불구하고, "견실하여 흔들리지 마십시오"(고전 15:58). 물론 대성공을 기대한 곳에 실망이 있을 수 있습니다. 우리는 우리의 길을 가로막는 악재들을 만나게 됩니다. 어떤 사람들은 침체에 빠지고, 어떤 사람들은 죄를 범할 것입니다. 타락한 자들과 회개하지 않는 완악한 영혼들이 충만할 것입니다. 그러나 우리는 그렇다고 그 길을 피해서는 안됩니다. 그럴수록 더욱 열심을 내야 합니다.

그리고 우리 자신이 고통스럽고 의기소침한 상태에 빠지는 일이 너무 자주 일어나고, 우리가 지금처럼 연약해진 것을 느끼지 못한다고 해도, 형제들이여, 걱정하지 마십시오. 그래도 계속 붙잡으십시오. 왜냐하면 힘이 빠질 때 승리가 가깝기 때문입니다. 종전보다 더 강하게 손에 힘을 주고 붙잡으십시오. "당신이 내게 축복하지 아니하면 가게 하지 아니하겠나이다" 이것이 우리의 결심이 되도록 합시다. 기억하십시오. 축복이 오는 것이 더딜수록 도착했을 때 그것은 더 풍성할 것입니다. 한 번의 기도로 손쉽게 얻어진 것은 종종 보잘것없는 이등급 축복일 뿐입니다. 그러나 많은 시간 필사적인 분투와 강력한 씨름을 통해 얻어진 것은 충분하고도 보배로운 축복일 것입니다.

끈질기게 붙잡고 늘어지는 자녀들은 언제든 그 기대가 반드시 충족될 것입니다. 우리의 희생이 요구되는 축복은 우리의 기도를 가장 가치 있는 기도로 만들 것입니다. 그러므로 오직 인내하며 간구합시다. 그러면 우리는 우리 자신과 교회와 세계를 위해 예비된 그 풍성하고도 포괄적인 축복을 얻게 될 것이니까요. 저는 여러분 모두가 이 같은 열정적 기도에 대해 도전받기를 진실로 소원합니다. 그러나 저는 참된 모든 간구의 위대한 주체가 되시는 분 곧 성령께 그것을 맡기고자 합니다. 그분이 우리 안에서 예수님을 위해 강력하게 활동하실 줄 믿으며. 아멘.

5

은혜의 보좌

은혜의 보좌 ― 히브리서 4:16

이 말은 "그러므로 우리는 긍휼하심을 받고 때를 따라 돕는 은혜를 얻기 위하여 은혜의 보좌 앞에 담대히 나아갈 것이니라"(히 4:16)는 은혜로 가득 찬 구절 속에 들어있는 말씀 중의 하나입니다. 이 말은 금덩어리 속에 끼어있는 보석입니다. 참된 기도를 통해 우리의 영혼은 하나님의 영의 인도를 따라 하나님의 보좌 앞에 나아가게 됩니다. 그것은 말로만 하는 얘기가 아닙니다. 그것은 단순히 그렇게 되기를 바라는 감정으로 끝나는 것도 아닙니다. 그것은 하나님께 소원을 제출하는 것으로, 우리의 본성이 주 우리 하나님을 향해 영적으로 나아가는 것입니다. 기도는 단순한 정신의 운동도 아니고, 말의 행위도 아닙니다. 그것은 그 이상의 것입니다. 그것은 하늘과 땅의 창조주와의 영적 교제입니다.

하나님은 영이시기 때문에 육안으로는 보이지 아니하고, 단지 속사람에 의해서 감지되는 분입니다. 우리가 거듭나는 순간 성령에 의해 태어난 우리의 영은 성령을 인식하고, 그분과 교제하고, 그 간구들을 그분 앞에 내놓으며, 그분으로부터 평강의 응답을 받습니다. 그것은 처음부터 끝까지 영적 작업입니다. 그 목표는 사람에게 있지 않고, 하나님 자신에게 도달하는 것입니다.

이런 기도를 드리기 위해서는 성령의 역사가 필수적입니다. 만일 기도가 입술로만 드려지는 것이 되어버리면, 우리는 기도하기 위해 콧구멍으로 숨만 들이켜면 됩니다. 만일 기도가 단지 욕망의 표출로만 끝난다면, 심지어는 불신자들에 의해서도 훌륭한 기도가 드려질 수 있다고 쉽게 느껴지게 될 것입니다. 그러나 기도가 우리의 영이 성령과 더불어 갖는 영적 열망이 되고 영적 교제가 될 때, 비로소 성령께서 기도를 통해 모든 것을 좌우하게 됩니다. 그분은 우리의 연약함을 도우시고, 우리에게 생명과 능력을 주시는 분입니다. 성령이 없다면 참된 기도도 결코 없습니다. 하나님께 드려진 기도가 그 이름과 형식을 갖추고 있다고 해도, 그것이 기도의 내적 생명과 상관이 없다면 아무 소용이 없을 것입니다.

나아가 응답받는 기도가 되기 위해서는 주 예수 그리스도의 중보가 본질적이라는 것을 본문의 문맥은 분명히 합니다. 하나님의 영이 없이는 참된 기도가 될 수 없는 것처럼, 하나님의 아들 없이는 효력 있는 기도가 될 수 없습니다. 대제사장이신 그분은 우리를 위해 성전의 휘장 안으로 들어가셔야 했습니다. 그때까지 우리는 살아계신 하나님께 나아가는 길이 차단되어 있었습니다. 성경의 가르침을 무시하고 우리 구주 없이 기도하는 사람은 하나님을 모독하는 것입니다. 누구든 자신의 자연적 욕망을 그리스도의 보배 피를 뿌리지 않고 하나님 앞에 내놓는다면, 그는 실수하는 것입니다. 이때 그는 개의 머리를 베어 바치거나 부정한 짐승을 희생 제물로 바치는 것 못지않게 하나님이 받아들일 수 없는 희생제물을 바친 것입니다. 성령을 통해 우리 안에 역사되고, 그리스도를 통해 우리에게 제공된 기도는 그 어떤 다른 방법으로도 가질 수 없는 효력을 지존자 앞에서 발휘합니다.

본문을 설교하는 데에 저는 다음 두 가지를 주제로 삼고자 합니다: 첫째는 보좌가 있다는 것. 둘째는 은혜가 있다는 것. 그런데 우리는 이 두 가지를 하나로 묶어서 살펴보아야 하고, 그래서 우리는 "보좌 위의 은혜"를 조명하게 될 것입니다. 그리고 이것을 순서를 바꾸어 말한다면, 우리는 "은혜를 드러냄으로써 자신을 계시하는 주권"을 조명하게 될 것입니다.

보좌

본문은 보좌를 "은혜의 보좌"라고 말씀합니다. 우리는 기도할 때 하나님을 우리 아버지로서 바라보아야 합니다. 그것이 우리에게는 가장 중요한 사실입니다. 그러나 우리는 그분을 우리가 생각하는 그런 아버지상으로 생각해서는 안됩니다. 주님은 "우리 아버지"라는 그 은혜로운 말 앞에 "하늘에 계신"이라는 말씀을 함께 사용하셨습니다(마 6:9). 주님은 우리 아버지가 우리가 생각하는 것과는 비교할 수 없이 무한히 위대하신 분임을 깨닫기를 원하셨습니다. 그분은 "거룩히 여김을 받으시오며 나라가 임하시오며"(마 6:9-10)라고 말씀하셨는데, 그것은 우리 아버지가 왕으로 간주되어야 하실 분이기 때문이었습니다. 우리는 기도할 때 우리 아버지 발 앞에 나아갈 뿐만 아니라 우주의 대주재의 보좌 앞으로 또한 나아가는 것입니다. 속죄소는 보좌입니다. 우리는 이것을 절대로 잊어서는 안되겠습니다.

겸손한 마음

만일 기도가 항상 우리로 하여금 천국의 궁정으로 들어가는 입구로 생각되어야 한다면, 그래서 우리가 절대 주권자 앞에 서 있는 신하들처럼 행동해야 한다면, 올바른 기도의 방법을 알아두면 우리로서는 손해 볼 것이 없습니다. 기도할 때 우리가 보좌 앞에 나아간다면, 우리는 무엇보다 먼저 겸손한 마음을 갖고 나아가는 것이 마땅합니다. 왕에게 나아가는 신하는 당연히 왕에게 존경과 경의를 표해야 합니다. 왕을 왕으로 인정하지 않는 오만, 주권자의 뜻에 반하는 반감을, 현명한 사람이라면 보좌 앞에 나아갈 때는 절대로 드러내지 않는 법입니다. 교만은 멀리 출장 보내야 합니다. 반역은 구석에 처박아 두어야 합니다. 오직 낮아진 마음만을 가지고 위엄의 왕복을 입고 보좌에 좌정하신 왕 앞에 나아가야 합니다.

우리의 경우에는, 우리가 앞에 나아갈 왕은 만군의 유일하신 주권자요 만왕의 왕이요 만주의 주이십니다. 세상의 임금들은 그분의 절대 권력의 그림자들에 불과합니다. 그들은 스스로 신적 권력을 가진 왕으로 자처하지만, 그들이 소유하고 있는 신적 권력이 도대체 무엇입니까? 상식은 그들의 주장을 비웃습니다. 오직 주님만이 신적 권력을 갖고 있고, 그분에게만 나라가 속해 있습니다. 그분은 "복되시고 유일하신 주권자"(딤전 6:15)입니다. 세상 임금들은 단지 이름만 그렇게 부르는 왕들로서 사람들의 뜻에 따라서 또는 하나님의 섭리에 따라 일어서고 스러지는 그런 존재들입니다. 그러나 그분은 유일하신 주님이시고, 세상의 임금들의 임금이 되십니다.

> 그분은 불안한 보좌 위에 앉아 계시지 않고,
> 빌려온 것이 아니니 두고 떠나실 일도 없네.

저는 이런 분 앞에서 여러분이 무릎을 꿇고 엎드리기를 바랍니다. 그분은 너무 위대하시기 때문에, 그분 앞에서 여러분의 입을 다물고 계셔야 합니다. 그분은 가장 강하신 만왕의 왕이시기 때문입니다. 그분의 보좌는 온 세계를 좌우합니다. 하늘도 그분에게 기꺼이 복종하고, 지옥도 그분의 진노하심에 두려워 떨고, 땅도 그분에게 의도적이든 아니든 충성을 다하도록 되어 있습니다. 그분의 권능은 창조할 수도 있고 파괴할 수도 있습니다. 창조하거나 파괴하는 것 둘 다 그분에게는 너무 쉬운 일입니다. 저는 여러분이 "소멸하는 불"(신 4:24)이신 전능하신 하나님께 가까이 나아갈 때, 신발을 벗고 가장 겸손한 자세로 그분을 경배하기를 바랍니다.

게다가 그분은 가장 거룩하신 만왕의 왕이십니다. 그분의 보좌는 지극히 흰 보좌로 수정처럼 흠이 없고 깨끗합니다. "하늘이라도 그가 보시기에 부정하고"(욥 15:15) "그의 천사라도 미련합니다(욥 4:18). 그리고 여러분은 죄를 범한 피조물이기 때문에 더더욱 겸손한 마음으로 그분께 나아가야 합니다. 친밀함은 가질 수 있지만, 그것 때문에 하나님을 모독해서는 안 됩니다. 담대함은 가질 수 있지만, 그것 때문에 건방진 모습이 되어서는 안 됩니다. 더더욱 여러분은 땅 위에 거하고 그분은 하늘에 계십니다. 또한 여러분은 "하루살이 앞에서라도 무너질"(욥 4:19) 피조물로서 흙 속의 구더

기와 같고, 그분은 영원하십니다. "산이 생기기 전 … 주는 하나님이시니이다"(시 90:2). 모든 피조물은 다시 사라질 것이지만, 그분은 영원토록 변함이 없으십니다. 형제들이여, 저는 이처럼 영원하신 지존자 앞에 우리가 무릎을 꿇지 못할까 염려됩니다. 그러나 지금부터라도 우리는 올바른 태도를 취할 수 있도록 성령의 도우심을 구해야 합니다. 그렇게 되면 우리의 모든 기도는 하늘에 계신 무한하신 지존자 앞에 겸손하게 나아갈 수 있게 될 것입니다.

벅찬 즐거움

두 번째로 우리는 보좌에 벅찬 즐거움을 가지고 나아가야 합니다. 만일 제가 그분의 궁정에 자주 출입하는 사람들 중 한 사람으로 설 만큼 하나님의 은혜를 힘입은 사람이라는 것을 안다면, 그것을 정말 기뻐하지 않겠습니까? 저는 그분의 감옥에 갇혀 있어야 될 사람이었지만 지금 그분의 보좌 앞에 있습니다. 저는 영원히 그분 앞에서 추방되어야 할 사람이었지만, 지금은 그분에게 나아가도록, 심지어는 그분이 거하시는 궁정 안까지, 아니 그분의 가장 은밀한 가운데 들으시는 비밀의 방까지 들어가도록 허락되었습니다. 그러니 제가 얼마나 감사해야 할까요? 감사가 넘쳐 즐거움으로 승화되지 않겠습니까? 그러니 기도가 허락되었을 때, 그 위대한 은혜의 수혜자가 된 것이 영광스럽게 느껴지지 않겠습니까?

그런데 왜 여러분은 기도자로서 은혜의 보좌 앞에 서 있을 때, 그토록 슬픈 안색을 보이십니까? 만일 여러분이 죄악을 정죄받기 위해 율법의 보좌 앞에 있다면, 당연히 슬퍼해야 할 것입니다. 그러나 지금 여러분은 사랑의 옷을 입으신 왕 앞에 나아가도록 은혜를 입었습니다. 여러분의 얼굴은 주체할 수 없는 즐거움으로 빛나야 합니다. 만일 여러분이 짊어진 슬픔의 짐들이 너무 무겁다면, 그것들을 그분에게 다 말씀드리십시오. 그러면 그분은 여러분을 위로해 주실 것입니다. 만일 여러분이 범한 죄들이 너무 많다면, 그것들을 자백하십시오. 그러면 그것들을 용서해 주실 것입니다. 오,

지존자의 궁정 안에 있는 성도들이여, 열렬히 감사하고 찬양과 함께 기도를 드리십시오.

완전한 복종

그곳은 보좌입니다. 그러므로 세 번째로, 우리가 그곳으로 나아갈 때에는 반드시 완전한 복종이 함께 동반되어야 합니다. 우리는 하나님이 무엇을 해야 하실지에 대해 가르쳐 달라고 기도하지 않습니다. 또한 우리는 하나님의 역사의 과정을 우리에게 알려 달라고 기도해서도 안됩니다. 다만 우리는 항상 "하지만 우리는 무지하고 실수가 많기 때문에 — 우리는 여전히 육체 속에 있고, 따라서 육체의 정욕을 따라 움직일 수밖에 없기 때문에 — 우리가 원하는 대로가 아니라 당신이 원하는 대로 하기를 원합니다"라고 하나님께 기도해야 합니다.

누가 보좌에 대해 명령할 수 있겠습니까? 아무리 하나님이 가장 아끼시는 자녀라고 해도 한 순간이라도 왕의 자리를 차지할 수 있으리라고 상상해서는 안됩니다. 다만 그는 모든 것의 주인으로서 모든 권리를 갖고 계시는 그분 앞에 무조건 고개를 숙여야 합니다. 그는 자신의 욕구를 진지하게, 열정적으로, 끊임없이 구하고 또 반복해서 간구한다고 할지라도, 그것은 언제나 다음과 같은 필수적인 조건에 따라 해야 합니다: "나의 주님, 당신의 뜻이 이루어지기를 원합니다. 만일 제가 당신의 뜻에 일치하지 않는 어떤 것을 구한다면, 저의 가장 깊은 마음의 뜻은 당신이 당신의 종을 거부한다고 해도 좋다는 것이옵니다. 만일 제가 당신 보시기에 선한 것을 구하지 못한다면 당신이 저를 거부하는 것이 제 기도의 참된 응답으로 알겠습니다." 만일 우리가 이것을 항상 잊지 않고 기억한다면, 보좌 앞에서 우리의 어떤 요구를 관철시키기 위해서는 덜 기도하게 되리라고 저는 생각합니다. 왜냐하면 "나는 지금 나 자신의 편의, 나 자신의 안일, 나 자신의 이득만을 구하기 위해 여기 있고, 어쩌면 그것이 하나님을 욕되게 하는 기도를 드리고 있는 것이 될 수 있다. 그러므로 나는 하나님의 뜻에 철저하게 복종하기를 구하는 기도를 드려야겠다"고 느낄 것이기 때문입니다.

큰 기대

사랑하는 형제들이여, 네 번째로, 만일 그것이 보좌라면, 우리는 그곳에 큰 기대를 가지고 나아가야 합니다. 우리가 부르는 찬송가가 그것을 잘 표현합니다:

> 왕으로 오신 주님이여
> 큰 간구를 드리옵니다.

우리는 기도할 때, 말하자면, 단지 하나님이 가난한 자에게 자선을 베푸시는 하나님의 구제원에 나아가는 것도 아니고, 남은 찌꺼기를 받기 위해 자비의 집 뒷문으로 구걸하러 가는 것도 아닙니다. 그러나 그것은 우리가 받을 만한 것 이상입니다. 우리는 그만한 가치가 없습니다. 주님의 식탁에서 떨어지는 빵 부스러기를 먹는 것은 우리가 주장할 수 있는 것 이상입니다. 그러나 기도할 때 우리는 위대하신 왕의 화려한 영빈관 귀빈석에 앉아 있는 것입니다. 기도할 때 우리는 천사들이 얼굴을 가리고 공손히 인사하는 자리에 서 있습니다. 거기서, 아니 거기서도, 그룹들과 스랍들이 우리의 기도가 올라가는 똑같은 보좌 앞에서 찬송하고 있습니다. 그런데 우리가 시시한 기도제목이나 좁고 위축된 믿음을 가지고 그곳에 나아가야 하겠습니까? 아니지요. 동전 몇 푼 던져 주는 그런 왕으로 만들면 안됩니다. 그분은 황금덩어리를 나누어 주시는 분입니다. 그분은 가난한 사람들이 빵조각이나 남은 고깃덩어리를 바랄 때 쫓아 보내는 무정한 분이 아닙니다. 그분은 진수성찬과 최고급 포도주로 잔칫상을 준비하시는 분입니다.

알렉산더 황제의 휘하에 있는 한 병사가 자기가 원하는 것을 구했을 때, 그는 자신이 세운 공로에 따라 충분히 주어지지 못하자, 그 요구가 너무 과중했기 때문에 물품담당자는 그 지불을 거절했고, 그래서 그는 왕에게 그 사실을 보고했습니다. 알렉산더 대왕은 왕권으로 이렇게 대답했습니다: "알렉산더 대왕이 얼마나 위대한지 그는 알고 있고, 그래서 그는 왕에게 구했다. 그가 청구하는 것을 주도록 하라." 하나님의 생각이 여러분의 생각이고, 그분의 길이 여러분의 길과 같다고 상상하지 않도록 주의하십시오 (사 55:8).

하나님 앞에 시시한 청원이나 편협한 소원들을 가지고 와서 "주여, 이것 좀 해 주십시오"라고 말하지 마십시오. 하늘이 땅보다 높음 같이 그분의 길은 여러분의 길보다 높고 그분의 생각은 여러분의 생각보다 높습니다 (사 55:9). 그러므로 하나님 수준에 따라 구하십시오. 위대한 일을 구하십시오. 여러분은 위대하신 보좌 앞에 있습니다. 오, 우리는 은혜의 보좌 앞에 나아올 때 항상 이것을 느꼈습니다. 왜냐하면 그때에도 그분은 "우리가 구하거나 생각하는 모든 것에 더 넘치도록"(엡 3:20) 능히 주실 것이기 때문입니다.

흔들리지 않는 신뢰

그리고 사랑하는 형제들이여, 다섯 번째로, 저는 은혜의 보좌 앞에 나아가는 의로운 심령은 흔들리지 않는 신뢰의 사람이어야 한다고 덧붙이는 바입니다. 누가 그 왕을 의심할 수 있겠습니까? 누가 그 임금을 감히 비난할 수 있겠습니까? 세상의 모든 사람들의 마음속에서 신뢰가 사라진다고 해도, 왕들의 마음속에서 그것이 사라져서는 안된다고 말할 수 있습니다. 만일 왕이 거짓말한다면 부끄러워해야 합니다. 거리에서 빌어먹는 거지도 약속을 어기면 욕을 먹는데, 하물며 왕의 말 한마디는 얼마나 믿을 만해야 하겠습니까?

오, 만일 우리가 하늘과 땅의 왕의 보좌 앞에서 불신하는 마음을 갖고 있다면 부끄러워 해야 합니다. 그 무한하신 영광의 하나님이 은혜의 보좌에 앉아 우리 앞에 계시는데, 그 앞에서 우리의 마음이 어떻게 감히 그분을 못믿겠다고 말하겠습니까? 확실히 어린아이는 충성스런 신하가 그의 섬기는 왕을 믿는 것처럼 자신의 아버지를 믿습니다. 그러므로 보좌 앞에 서는 동요나 의심이 전혀 없어야 합니다. 은혜의 보좌 앞에서는 흔들리지 않는 믿음을 견지해야 합니다.

깊이 있는 진실성

이제 마지막으로 저는 한 가지만 더 지적하고자 합니다: 만일 기도가 하나님의 보좌 앞에 나아가는 것이라면, 가장 깊은 진실성을 항상 견지함으로써 만사를 진실하게 행하는 심령이 되어야 한다는 것입니다. 만일 여러분이 왕을 무시할 만큼 불충하다면, 최소한 여러분 스스로를 위해서라도 그분의 면전에서 그리고 그분이 보좌에 계실 때 그분을 모욕해서는 안됩니다. 만일 어디서든 여러분이 진실한 마음 없이 경건한 말을 반복한다면, 그것이 여호와의 궁정에서 그렇게 되지 않도록 조심하십시오. 만일 제가 대표기도를 하도록 요청받는다면, 저는 동료 기도자들의 귀를 즐겁게 하기 위해 기도하지 않고, 하나님과 말씀을 나누고 그분과 거래하는 사무를 보고 있음을 염두에 두겠습니다. 그리고 개인기도를 할 때에는 아침에 침대에서 일어나면 무릎을 꿇고 기도하든지 아니면 밤에 조용한 시간에 매일 기도를 드리든지 간에 나의 진정한 영혼이 지존자에게 말씀드리는 한, 선한 행실을 자랑하기보다는 죄를 고백하겠습니다. 여러분은 하늘의 왕이 여러분이 시시한 혀로 분별없는 마음으로 하는 말들을 들으시기를 기뻐하신다고 생각합니까? 그렇지 않다는 사실을 아셔야 합니다. "하나님은 영이시니 예배하는 자가 영과 진리로 예배할지니라"(요 4:24).

사랑하는 형제들이여, 지금까지 제가 전한 말씀을 요약하면 다음과 같습니다: 기도는 결코 사소한 일이 아니라는 것. 기도는 귀하고 고상한 행위입니다. 기도는 고귀하고 놀라운 특권입니다. 고대 페르시아의 황제 밑에 있던 극소수의 귀족들은 언제든 왕에게 나아오는 것이 허용되었고, 이것은 사람으로서 가질 수 있는 최고의 특권으로 생각되었습니다. 하나님의 백성인 저와 여러분은 우리가 원할 때는 언제든 천국 보좌 앞에 나아갈 수 있는 허가증, 곧 여권을 갖고 있고, 우리는 담대히 나아갈 용기를 갖습니다. 그러나 우리는 하늘과 땅의 궁정의 문지기가 되어 우리를 지으시고 생명을 보존하시는 분을 예배하는 것은 결코 가벼운 일이 아님을 잊어서는 안 됩니다. 참으로 기도할 때 우리는 찬란한 영광 속에서 "무릎을 꿇어라"하고 말씀하시는 음성을 들어야 합니다. 지금도 하늘에 계신 우리 아버지의 얼굴을 대면하는 모든 심령들로부터 우리는 다음과 같은 목소리를 듣습니다:

> 오라 우리가 굽혀 경배하며 우리를 지으신 여호와 앞에 무릎을 꿇자 그는 우리의 하나님이시요 우리는 그의 기르시는 백성이며 그의 손이 돌보시는 양이기 때문이라(시 95:6-7).

또한 그 음성은 이렇게 천명합니다: "아름답고 거룩한 것으로 여호와께 경배할지어다 온 땅이여 그 앞에서 떨지어다"(대상 16:29-30).

은혜

보좌라는 말의 선명도와 그 광휘로 사람의 시야가 얼어붙지 않도록, 본문은 지금 우리에게 부드럽고 온화한 은혜라는 유쾌한 단어의 광채를 함께 보여 주고 있습니다. 우리는 율법의 보좌가 아니라 은혜의 보좌로 부르심을 받습니다. 과거 시내 산 바위는 하나님이 바란 산에서 일만 성도들 가운데 강림하셨을 때 율법의 보좌였습니다(신 33:2). 누가 그 보좌 가까이 다가가기를 바랐겠습니까? 이스라엘조차도 바라지 않았습니다. 산 주위에는 경계가 쳐졌는데, 심지어는 짐승이 산으로 접근하기만 해도 돌이 날아오고 창이 던져졌습니다. 오, 스스로 율법에 순종할 수 있다고 생각하고, 그것을 통해 구원받을 수 있다고 자신하는 자기의(自己義)의 사람은 모세가 본 불꽃 앞에서 두려워하고 떨며 절망합니다. 지금 우리는 그 보좌 앞에 나아가지 않습니다. 왜냐하면 예수님을 통해 상황이 크게 변했기 때문입니다. 그리스도의 보배 피가 뿌려진 양심에 대해서는 신적 보좌에서 나오는 진노가 없습니다.

> 전에는 불타는 진노의 자리였고,
> 고통의 불꽃이 폭발했었네.
> 그러나 우리 하나님이 소멸하는 불로 나타나시고,
> 질투하시는 하나님이 그분의 이름이 되었네.

그리고 하나님의 축복받은 형제들이여, 저는 지금 궁극적 공의의 보좌에 관해 말씀드리는 것이 아닙니다. 우리 모두 그 앞에 서기 전, 믿음을 가진 우리 성도들은 그것이 공의의 보좌일 뿐만 아니라 은혜의 보좌라는 사실도 발견할 것입니다. 왜냐하면 그 보좌에 앉으신 분은 믿음으로 의롭게 된 사람에 대해서는 정죄의 선고를 하지 않으실 것이기 때문입니다. 그것은 은혜를 나누어 주기 위해 세워진 보좌, 곧 그 위에서 들려오는 말씀은 오직 은혜의 말씀인 보좌입니다. 거기서 선포된 명령들은 은혜의 목적으로 주어지는 말씀들입니다. 그 황금계단 아래로 흩어지는 선물들은 은혜의 선물들입니다. 그 보좌에 앉으신 분은 은혜 자체이십니다. 그것은 우리가 기도할 때 접근이 가능한 "은혜의 보좌"입니다. 우리는 기도를 시작하는 사람들 — 진실로 기도하는 우리 모든 사람들 — 에게 위로와 용기를 주기 위해 이것을 한 번 더 생각해볼 필요가 있습니다.

간과되는 실수

만일 기도할 때 은혜의 보좌 앞에 나아간다면, 우리 기도의 많은 실수들이 그냥 넘어가게 될 것입니다. 사랑하는 형제들이여, 기도를 시작할 때 여러분은 마치 기도하지 않은 것처럼 느낄 것입니다. 여러분의 심령의 신음 소리는 무릎 꿇고 기도했으나 일어날 때 그 기도가 아무것도 아닌 것처럼 생각될 것입니다. 우리가 하는 기도가 얼마나 흠 있고 희미하고 얼룩진 기도일까요! 그러나 염려하지 마십시오. 하나님이 여러분의 기도에 문제가 있다는 것을 아시더라도 여러분은 율법의 보좌 앞으로 나아가는 것이 아닙니다. 그분은 그것을 문제 삼지 않으십니다. 여러분의 실수 많은 말, 여러분의 급한 숨소리, 여러분의 더듬는 말 등은 은혜의 보좌 앞에 나아가는 데 아무 지장이 없습니다.

우리 가운데 누가 하나님 앞에서 최고의 기도를 드렸는데, 하나님이 그것을 보시는 것처럼 그가 그것을 보았다면, 그것에 대해 크게 통탄할 수밖에 없음은 의심의 여지가 없습니다. 지금까지 하나님께 드려진 그 어떤 기도보다 더 진실하게 드려진 최고의 기도 속에도 여전히 죄는 들어있습니다. 그러나 다시 말씀드리지만 그것은 율법의 보좌가 아니고, 그러기에 우리의 불충분하고, 무기력한 간구에도 소망이 있습니다. 은혜로우신 우리의 왕은 사람들 사이에서 세상 임금들이 보여 주는 것과 같은 품위 있는 에티켓을 그의 궁정에서는 지키지 않습니다. 그곳에서는 간구자의 사소한 실수나 오점도 결코 문제가 되지 않습니다. 오, 그렇습니다. 자신의 자녀들의 실수 많은 간구를 그분은 절대로 엄히 다스리지 않습니다. 하늘 궁전의 시종장관인 우리 주 예수 그리스도는 아버지께 그것을 내놓기 전 모든 기도를 유심히 살펴 흠 없는 내용으로 바꾸고 교정하심으로써 기도를 자신의 완전성으로 완전하게 만드시고 자신의 공로로 그 효력이 나타나도록 하십니다. 하나님은 우리의 기도를 그리스도를 통해 제시된 대로 받으시고, 우리의 기도 자체가 갖고 있는 그 모든 결함을 무조건 용납하십니다.

이것은 기도할 때 스스로 부족하고 두서없고 세련되지 못하다고 느끼는 우리에게 얼마나 큰 용기를 줄까요! 비록 여러분이 때로 오랫동안 하나님께 기도하지 못한다고 해도, 비록 여러분이 하나님께 간구하는 일이 왠지 무의미하게 느낀다고 해도, 결코 포기하지 마십시오. 그래도 계속 나아오십시오. 예, 그럴수록 더욱 자주 나오셔야 합니다. 왜냐하면 여러분이 나아가는 그곳은 냉혹한 비판의 보좌가 아니고 은혜의 보좌이기 때문입니다.

그리고 나아가 그곳이 은혜의 보좌인 한, 간구자 자신의 죄과(罪過)들이 기도의 성공을 방해하지는 못할 것입니다. 오, 우리는 얼마나 죄과가 많을까요! 보좌 앞에 나아올 때 우리는 얼마나 부적절한지요 — 안팎으로 온갖 죄로 오염되어 있는 우리가 아닙니까! 아, 그러나 그곳이 은혜의 보좌가 아니라면 성도인 여러분에게조차도 저는 "기도하라"고 말할 수 없었을 것입니다.

그렇다면 죄인인 여러분들에게는 기도에 관해 더더욱 말할 수 없겠지요. 그러나 저는 지금 스스로 가장 악한 죄인이라고 생각하는 모든 사람들에게 이렇게 말하고 싶습니다: 주님께 부르짖고, "너희는 여호와를 만날 만한 때에 찾으라"(사 55:6). 은혜의 보좌는 여러분에게 가장 적절한 장소이므로 나아가 무릎을 꿇으십시오. 연약한 믿음이라도 구주에게 나아가십시오. 그분이, 바로 그분이 은혜의 보좌이시니까요. 하나님이 사람의 그 악한 죄악들을 은혜로 사하실 수 있는 것은 바로 그분 안에서입니다. 하나님의 축복을 받은 형제들이여, 기도의 결함이나 기도자의 실수 때문에 우리의 간구가 상하고 애통하는 심령을 기뻐하시는 하나님으로부터 무시당하는 일은 없음을 기억하십시오.

이해된 소원

만일 그것이 은혜의 보좌라면, 간구자의 소원은 이해될 것입니다. 만일 제가 제 소원을 구하는 말들을 해석할 수 없다고 해도, 하나님은 그 은혜를 가지고 말 속에 들어있는 제 마음의 소원을 이해할 것입니다. 그분은 그의 성도들의 뜻 곧 그들의 탄식소리의 의미를 파악하십니다. 은혜가 없는 보좌였다면 우리의 간구를 이해하기 위해 그토록 수고하지 않으실 것입니다. 그러나 하나님은 무한히 은혜로우신 분으로서 간절한 소원으로 가득 찬 우리의 영혼 속에 뛰어드시고, 거기서 우리 혀가 다 말할 수 없는 것을 파악하실 것입니다.

여러분은 자녀가 부모에게 뭔가를 말하고자 할 때 보신 적이 있지요? 부모는 어린 자녀가 서툰 단어와 말로 도와달라고 말할 때 그 의미를 누구보다 잘 압니다. 가령 어린 자녀가 자기가 해야 할 말을 절반 정도 잊어

먹었다고 해도 아버지는 그 말의 뜻을 이미 간파하고 있음을 여러분은 잘 아실 것입니다. 마찬가지로 항상 축복을 베푸시는 성령은 은혜의 보좌로부터 우리가 할 말을 가르쳐 주심으로써 도와주십니다. 아니 우리 마음속에 있는 소원들을 아예 기록하셔서 우리를 도우십니다. 우리는 성경에서 하나님이 죄인들의 입술에 말씀을 두신다는 기록들을 발견합니다: "너희는 말씀을 취하라 그리고 여호와께로 돌아와서 '저희를 은혜로 받아주시고 자유롭게 사랑하소서'라고 말하라"고 말씀하십니다(호세아 14:2을 참조하십시오.).

그분은 자신의 은혜를 통해 여러분의 영혼 속에 소원을 두시고 그것을 표현하도록 하실 것입니다. 그분은 여러분의 소원이 여러분이 구하는 것들이 되도록 가르쳐 주실 것입니다. 그분은 여러분이 미처 알지 못할 때에도 여러분의 필요가 무엇인지 가르쳐 주실 것입니다. 그분은 여러분에게 자신의 약속들을 제시하심으로써 그것들을 간구할 수 있도록 하십니다. 실제로 그분은 여러분의 구원에 대해 그런 것처럼 기도에 대해서도 알파와 오메가가 되십니다. 구원이 처음부터 끝까지 은혜로 이루어지는 것처럼 죄인이 은혜의 보좌로 나아가는 것 역시 처음부터 끝까지 은혜로 이루어진다는 것입니다. 이것이 얼마나 우리에게 큰 위로가 될까요! 사랑하는 형제들이여, 우리가 "은혜의 보좌"라는 이 보배로운 말의 감동스러운 의미를 알았다면, 얼마든지 이 보좌에 담대하게 가까이 나아갈 수 있지 않겠습니까?

충족되는 필요

만일 그곳이 은혜의 보좌라면, 그곳에 나아오는 사람들의 모든 필요는 충족될 것입니다. 이 보좌에 앉으신 왕은 "너희는 나에게 선물을 가져와야 한다. 너희는 내게 희생제물을 바쳐라"고 말씀하시지 않습니다. 그곳은 공물을 받는 보좌가 아닙니다. 그곳은 은혜를 베푸는 곳입니다. 가난하면 가난한 대로 나아가십시오. 아담의 타락으로 말미암아 그리고 여러분 자신의 범죄로 말미암아 거지처럼 무가치한 존재 그대로 나아가십시오. 이곳은 그

수하들의 징세를 통해 유지하는 엄위의 보좌가 아니라 선한 일이 홍수 같이 흘러나오는, 샘처럼 은혜가 쏟아져 나와 스스로를 영화롭게 하는 보좌입니다. 그러니 지금이라도 나아가십시오. 그러면 자유롭게 주어지는 포도주와 젖을 받을 것입니다. "너희는 와서 사먹되 돈 없이 값없이 와서 포도주와 젖을 사라"(사 55:1). 다시 말하지만 기도자의 모든 필요는 그곳이 은혜의 보좌이기 때문에 충족될 것입니다.

"은혜의 보좌" 이 말은 제 마음속에 고동처럼 메아리치고 있습니다. 만일 제가 기도를 통해 하나님의 보좌에 나아간다면, 내 안에 비록 천 가지 결함들이 있으나 소망이 있다는 것, 그것이 제게는 가장 즐거운 생각입니다. 저는 항상 제가 하는 다른 일들보다 기도가 부족하다는 것을 느낍니다. 많은 성도들 앞에서 합당한 헌신의 모습을 보여 주기 위해 대표기도를 하는 것은 쉬운 일이 아닙니다. 우리는 때때로 설교를 잘해서 칭찬받는 사람들을 보는데, 만일 어떤 사람이 기도를 잘할 수 있다면 그것 역시 그와 똑같은 은사로서 그 안에는 특별한 은혜가 있습니다.

그러나 형제들이여, 우리가 기도할 때 지식적으로 결함이 있을 수 있음을 인정하기 바랍니다. 그러나 그곳은 은혜의 보좌이기 때문에 우리 아버지는 이런 일들에 대해 필요를 갖고 있음을 아십니다. 믿음이 부족하다는 것도 기억하십시오. 그러나 그분은 우리의 약한 믿음을 보시고, 그것이 아무리 작다고 해도 결코 거부하지 않습니다. 그분은 어떤 경우든 우리 믿음의 수준에 따라서가 아니라 신앙의 성실성과 진실함에 따라 베푸시는 은혜의 양을 재시는 분입니다. 우리의 마음속에 중대한 결함이 있고, 기도의 열정이나 겸손함에 부족함이 있다고 해도, 더더욱 우리가 이것들을 뉘우치지 못하는 상태에 있어도, 은혜는 이 모든 것을 간과하고 용납하실 것입니다. 나아가 그 자비로우신 손길은 우리의 필요를 따라 우리를 충분히 부요하게 하는데 부족함이 없을 것입니다. 확실히 이것은 기도하지 않는 많은 사람들을 기도하도록 이끌고, 이것은 기도를 신성한 업무로 생각하는 우리에게 담대한 마음을 가지고 은혜의 보좌로 더욱 가까이 나아가도록 할 것입니다.

보좌에 앉으신 은혜

그런데 본문을 전체적으로 주시해 보면, 우리를 보좌에 앉으신 은혜의 개념으로 인도합니다. 그곳은 보좌인데, 누가 그곳에 앉아 계십니까? 그것은 인격화된 은혜로서, 여기서 위엄이 시작됩니다. 진실로 오늘날 은혜는 보좌 위에 앉아계십니다. 예수 그리스도의 복음 안에는 은혜가 가장 두드러진 하나님의 속성입니다.

그것이 어떻게 그렇게 높은 자리에 앉게 되었을까요? 그것은 아마 은혜가 정복을 통해 얻은 보좌를 가지고 있기 때문일 것입니다. 은혜는 사랑의 축복의 형태로 이 땅에까지 내려오셨고, 그곳에서 죄와 맞닥뜨렸습니다. 오랫동안 치열한 전쟁이 벌어졌고, 은혜는 죄를 발 아래 짓밟고 승리하셨습니다. 은혜는 결국 죄를 결박해서 그것을 그 어깨에 메었습니다. 그리고 죄의 짐 아래 있는 모든 것과 함께 은혜는 죄를 십자가에 매달아 그것을 못 박고, 죽이고, 영원히 사망 속에 두셨습니다. 이런 이유로 은혜는 인간의 죄를 정복하고, 인간의 죄책의 형벌을 담당하고, 그 모든 원수들을 물리쳤기 때문에 이 시간 보좌 위에 앉아 계십니다.

또한 은혜는 그곳에 공의를 세우셨기 때문에 보좌 위에 앉아 계십니다. 하나님의 은혜 속에는 불의가 없습니다. 하나님은 죄인을 지옥에 던지실 때만큼 신자를 용서하실 때에도 의로우신 분입니다. 저는 회개하지 않고 죽고, 여호와의 임재 앞에서 쫓겨남을 당하는 영혼들에게 주어지는 거부 속에 있는 공의와 마찬가지로 하나님이 그리스도를 믿는 영혼을 받아들이시는 용납 속에도 크고 순전한 공의가 들어있다고 확신합니다. 그리스도의 희생으로 하나님은 "자기도 의로우시며 또한 예수 믿는 자를 의롭게"(롬 3:26) 하실 수 있었습니다. 대속이라는 말을 알고, 그 올바른 의미를 포착하고 있는 사람은 신자에게는 절대로 형벌의 공의가 적용되지 않고, 예수 그리스도가 모든 신자의 죄값을 지불하셨다는 것을 알게 될 것입니다. 만약 하나님이 그리스도가 위해서 대신 고난당하고, 그분의 의가 제공되며, 그것이 전가된 사람들을 구원하시지 않는다면, 그분은 불의한 분이 될 것입니다. 은혜는 정복을 통해 보좌 위에 있고, 공의를 통해 그 위에 앉아 계십니다.

사랑하는 형제들이여, 그리스도는 자신의 사역을 완수하고 하늘로 올라가셨기 때문에 은혜는 지금도 보좌 위에 계십니다. 은혜는 권능을 갖고 보좌에 앉아 계십니다. 우리는 그 보좌에 관해 말할 때, 그것은 그분이 무한한 능력을 갖고 계신다는 것을 말하는 것입니다. 은혜는 하나님의 발등상 위에 앉아 계시는 것이 아닙니다. 은혜는 하나님의 법정에 서 계시는 것도 아닙니다. 은혜는 보좌 위에 앉아 계십니다. 그것은 다스리는 권세를 갖고 있습니다. 그것은 지금도 왕이십니다. 지금은 은혜의 분배의 때요 은혜의 해입니다. 은혜는 의를 통해 영생을 지배합니다. 우리는 다스리시는 은혜의 시대에 살고 있습니다. 예수님은 사람의 아들들을 위해 "항상 살아 계셔서 그들을 위하여 간구하시기 때문에" 사람의 아들들 곧 "자기를 힘입어 하나님께 나아가는 자들을 온전히 구원하실 수 있습니다"(히 7:25).

죄인들이여, 만일 여러분이 순례하는 여행자로서 그 길에서 은혜를 만나려고 한다면, 그것의 친구가 되어 그 능력을 구하기를 바랍니다. 만일 여러분이 손에 보물을 들고 장사하는 상인으로서 은혜를 만나기 원한다면, 그것으로 그의 우정을 사기를 권면합니다. 그것은 궁핍의 때에 여러분을 부요하게 할 것입니다. 만일 여러분이 지극히 높아진 천국의 귀족들로서 은혜를 만나기를 원한다면, 그 지위를 얻도록 노력하기를 바랍니다. 그러나 오, 은혜가 보좌 위에 앉아있을 때 즉시 그 앞에 나아가도록 권고합니다. 그것은 우리가 나아갈 수 없을 만큼 높지 않습니다. 그것은 우리가 나아갈 수 없을 만큼 크지 않습니다. 그 이유는 하나님을 은혜의 별칭인 "사랑이시라"(요일 4:8)고 부르고 있기 때문입니다. 오, 오십시오. 오셔서 그 앞에 무릎을 꿇으십시오. 오셔서 하나님의 무한하신 자비와 은혜를 찬미하십시오. 의심하지 마십시오. 멈추지 마십시오. 지체하지 마십시오. 은혜는 지배자이십니다. 은혜는 하나님이십니다. 하나님은 사랑이십니다. "무지개가 있어 보좌에 둘렸는데 그 모양이 녹보석 같더라"(계 4:3). 여기서 녹보석은 그분의 인자와 사랑으로 이루어져 있습니다. 오, 이것을 믿을 수 있는 영혼들은 얼마나 행복할까요! 그리고 그것을 믿고 있는 사람들은 즉시 나아와 그 능력을 맛보게 됨으로써 은혜를 영화롭게 할 수 있을 것입니다.

은혜의 영광

마지막으로, 정확하게 읽는다면, 본문은 그 안에 영광으로 충만한 주권 — 은혜의 영광 — 을 포함하고 있습니다. 속죄소는 보좌입니다. 은혜가 있지만 그곳은 여전히 보좌입니다. 은혜는 주권을 제거하지 않습니다. 아니 주권의 속성이 굉장히 크고 강하게 나타나 있습니다. 그 빛은 지극히 귀한 (계 21:11) 보석 같고 벽옥 같으며, 또한 에스겔 선지자가 그렇게 부른 것처럼, "두려운 수정"(겔 1:22)과 같습니다. 그래서 만군의 주이신 왕께서 "내가 긍휼히 여길 자를 긍휼히 여기고 불쌍히 여길 자를 불쌍히 여기리라"(롬 9:15)고 말씀하십니다.

> 이 사람아 네가 누구이기에 감히 하나님께 반문하느냐? 지음을 받은 물건이 지은 자에게 어찌 나를 이같이 만들었느냐 말하겠느냐? 토기장이가 진흙 한 덩이로 하나는 귀히 쓸 그릇을, 하나는 천히 쓸 그릇을 만들 권한이 없느냐?(롬 9:20-21)

그러나 여러분 가운데 누구든 그분의 주권에 대한 생각으로 말미암아 풀이 죽지 않도록 하기 위해서 저는 본문으로 여러분을 초대하는 바입니다. 그것은 보좌입니다 — 주권이 있습니다. 그러나 기도하는 법을 알고 있는 모든 영혼들에게 곧 믿음으로 예수님께 나아오는 모든 영혼들에게, 참된 속죄소, 신적 주권은 어둡고 두려운 장면은 전혀 없고 다만 사랑으로 충만합니다. 그것은 은혜의 보좌입니다. 이 사실로부터 저는 성도에 대한, 간구자에 대한, 그리스도 안에서 하나님께 나아오는 사람에 대한 하나님의 주권은 항상 순전한 은혜 속에서 행사된다는 것을 발견하게 됩니다. 여러분들에게, 기도로 하나님께 나아오는 여러분들에게 주권은 항상 다음과 같

이 진행됩니다: "나는 죄인에게 자비를 베풀 것이다. 하지만 그는 그것을 받을 자격이 없다. 그 안에는 그럴 만한 공로가 없다. 그러나 나는 무엇이든 내 자신의 뜻대로 할 수 있기 때문에 그를 축복할 것이다. 나는 그를 내 자녀로 삼고 그를 용납할 것이다. 그는 내가 그를 나의 보배로 만들 때까지 내 것이 될 것이다."

그러나 여기서 거론해야 할 사실이 몇 가지 있습니다. 저는 이 주제를 다룰 생각입니다. 은혜의 보좌의 자리에서 주권은 사랑의 예속 아래 놓여 있습니다. 하나님은 자신의 뜻대로 모든 것을 행하십니다. 그러나 속죄소에서 그분은 예속 — 자신이 만드신 예속 — 아래 있습니다. 왜냐하면 그분은 그리스도와의 언약관계 속에 있고, 따라서 그의 택한 백성들과도 그 관계 속에 들어가 있기 때문입니다. 비록 하나님이 주권을 지금도 갖고 계시고, 또 앞으로도 항상 갖고 계실 것이지만, 그분은 자신의 언약을 깨뜨리지 않을 것이고 자신의 입술을 통해 하신 말씀을 절대로 바꾸지 아니하실 것입니다. 그분은 자신이 친히 세우신 언약에 대해 결코 속일 수 없습니다. 제가 그리스도 안에서 하나님께, 속죄소 위에 계시는 하나님께 나아갈 때, 저는 어떤 주권적 행위를 통해 하나님이 자신의 언약을 파기하실 것이라고 상상할 필요가 없습니다. 그런 일은 절대로 일어날 수 없습니다. 그것은 불가능합니다.

더구나 은혜의 보좌 위에 계신 하나님은 또한 자신의 약속들에 의해 예속을 받으십니다. 언약은 그 안에 은혜로운, 특별히 위대하고 보배로운 많은 약속들을 포함하고 있습니다. "구하라 그리하면 너희에게 주실 것이요 찾으라 그리하면 찾아낼 것이요 문을 두드리라 그리하면 너희에게 열릴 것이니"(마 7:7). 하나님이 이 말씀이나 이 말씀의 결과에 대한 말씀을 하시기 전까지는 기도를 듣거나 듣지 않으시는 것은 그분 자신의 선택의 문제였습니다. 그러나 지금은 그렇지 않습니다. 왜냐하면 지금은, 만일 예수 그리스도를 통해 참된 기도가 드려진다면, 그 기도를 들으시는 것이 그분의 진리에 속하기 때문에 그분은 그렇게 하실 수밖에 없기 때문입니다. 사람은 누구나 약속하기 전에는 완전히 자유로울 수 있지만, 약속을 하는 순간부터 그는 그것을 깰 자유가 없습니다. 그런 것처럼 영원하신 하나님도 자신의 약속을 깨뜨리는 것을 원하시지 않습니다. 그분은 그것을 지키는 것을 기뻐하십니다. 그분은 자신의 모든 약속은 예수 그리스도 안에서 "예"와 "아멘"이 된다고 선언하셨습니다(고후 1:20). 다행스럽게도 우리는 그 크고 두려운 주권을 쥐고 계신 하나님에 관해 다음과 같은 결론에 이르게 됩니다: "그분은 자기를 찾는 영혼들에게 신실하기 위해 언약적 약속의 예속 아래 계신다. 그분의 보좌는 그의 백성들에게는 은혜의 보좌가 되심이 틀림없다."

이 모든 것에 대한 가장 은혜로운 결론은 모든 언약적 약속은 그의 사랑하는 아들이신 그리스도의 보혈로 보증되고 인증되었고, 영원하신 하나님은 그 피를 결코 무시하지 못하신다는 것입니다. 어떤 임금이 어떤 도시에 자치권을 허용했을 때, 그는 그 전까지는 그 지역에 대해 절대적인 권리를 가질 수 있습니다. 그의 허락이 없이는 아무것도 할 수 없습니다. 그러나 그 도시가 자치권을 갖게 되었을 때, 그 권리를 임금에게 탄원할 수 있게 됩니다.

그런 것처럼 하나님도 그의 백성들에게 말로 다할 수 없는 축복권 곧 다윗에게 허락한 확실한 은혜를 주셨습니다. 자치권의 타당성은 왕의 서명과 보증에 크게 의존합니다. 형제들이여, 그러니 언약의 은혜에 대한 권리가 얼마나 확실합니까! 그 서명은 하나님 자신의 자필서명이고, 그 보증은 독생자의 보혈입니다. 언약은 보혈, 곧 그의 사랑하는 아들의 피로 비준됩니다. 우리가 "만사에 구비하고 견고하게 하신" 보혈로 보증된 언약을 내세울 때, 하나님께 헛된 간청을 하는 것이 결코 아닙니다. "천지는 없어질지언정"(마 24:35), 예수님의 보혈의 능력은 하나님에 대해 결코 실패할 수 없습니다. 그것은 우리가 침묵할 때 말씀하고, 우리가 패배당할 때에 승리를 주십니다. 그것은 "아벨의 피보다 더 나은 것"(히 12:24)을 외치고, 그 외침은 하나님께 들릴 것입니다. 우리는 담대하게 나아가야 합니다. 왜냐하면 우리는 마음속에 약속을 갖고 있기 때문입니다. 하나님의 주권 때문에 불안감을 느낄 때, 우리는 이렇게 노래합시다:

> 복음이 나의 영혼을 지탱시키고
> 신실하고 불변하시는 하나님은
> 내 소망의 근거를
> 언약과 약속과 보혈 속에 두시네.

성령 하나님이 이 시간부터 "은혜의 보좌"라는 말을 올바로 사용하도록 우리를 인도해 주시기를 바랍니다. 아멘.

6

묵도

내가 곧 하늘의 하나님께 묵도하고 — 느헤미야 2:4

우리가 성경에서 보는 것처럼, 느헤미야는 예루살렘 성읍의 상태에 관해 물었고, 그는 그 결과를 듣고 쓰라린 슬픔 속에 빠졌습니다. 그는 이렇게 말했습니다: "내 조상들의 묘실이 있는 성읍이 이제까지 황폐하고 성문이 불탔사오니 내가 어찌 얼굴에 수심이 없사오리이까"(느 2:3). 그는 성읍이 황폐한 땅 — 한때는 터가 높고 아름다워 온 세계가 즐거워했던 도시(시 48:2) — 으로 변해버린 것을 도저히 참을 수가 없었습니다.

그는 그 문제를 자기 마음속에 담아두고 다른 사람들에게 한마디 말하지 않았고, 또한 이스라엘 백성들에게 애국심을 고취시키기 위해 그럴듯한 계획을 세우지도 아니했습니다. 다만 그에게는 자신이 홀로 감당해야 할 일이 일어났을 뿐이었습니다.

이것이 바로 실천력이 강한 사람들이 어떤 일을 시작할 때 가는 길입니다. 실천력이 없는 사람들은 해야 할 일에 대해 계획을 세우고, 정리를 하고, 생각을 많이 합니다. 그러나 진실로 시온을 사랑하는 그는 다음과 같이 스스로에게 질문해 보았습니다: "느헤미야, 너는 무엇을 할 수 있니? 네 스스로 할 수 있는 일이 뭐니? 오라. 네가 해야 할 일이 있다. 네가 그 일을 해야 할 사람이다. 최소한 네가 해야 할 몫이 있다. 너는 무엇을 할 수 있니?"

그 후부터 그는 기도 시간을 따로 갖기로 결심했습니다. 거의 넉 달 동안 그것은 그의 마음에서 떠나지 않았습니다. 밤낮을 가리지 않고 마치 그 이름이 그의 눈동자 위에 그려진 것처럼, 그의 마음속에도 예루살렘이란 이름이 새겨져 있었습니다.

그는 오직 예루살렘만 생각했습니다. 그는 밤에는 예루살렘에 관한 꿈을 꾸었습니다. 그리고 일어나면 "황폐한 예루살렘"이 가장 먼저 떠올랐습니다. 잠자리에 들기 전 그의 저녁기도는 예루살렘의 허물어진 성벽에 관한 것이었습니다. 여러분도 아시다시피, 실천력이 있는 사람은 강한 사람입니다. 그의 온 마음이 한 가지 열정에 사로잡히면, 그 열정은 분명히 현실로 나타날 것입니다. 그것을 믿으십시오. 그의 마음의 소원은 특히 그가 하나님 앞에서 기도할 때 완전히 현실로 나타날 것입니다. 이에 대해 어떤 일이 일어났습니다. 오래지 않아 느헤미야에게는 좋은 기회가 주어졌습니다.

하나님의 사람들은 하나님을 섬기기 원하지만 좋은 기회가 주어지지 않는다면, 묵묵히 기도하면서 기다립니다. 그러면 한줄기 광선처럼 그의 길에 기회가 찾아들 것입니다. 진실하고 용기 있는 사람이 주님을 섬기고자 할 때, 어디서든 또는 언제든 적절한 기회를 얻지 못해 방황하는 경우는 결코 없었습니다.

부지런한 모든 일꾼은 그분의 포도원에서 자기에게 할당된 일의 몫이 주어지게 마련입니다. 여러분도 오래 기다려야 할지 모릅니다. 주인이 여러분을 고용하지 않기 때문에 시장에서 할 일 없이 서 있는 것처럼 보일 때도 있을 것입니다. 그러나 거기서 불타는 마음과 열렬한 목적의식을 지니고 기도하면서 기다리십시오. 그러면 틀림없이 기회가 올 것입니다. 시간은 그것을 활용할 줄 아는 사람을 기다리고 있습니다.

하나님은 느헤미야에게 기회를 주셨습니다. 드디어 그 기회는 왔고, 진실로 그것은 그가 전혀 기대하지 않을 때 왔습니다. 그때는 그가 큰 슬픔 속에 빠져 있을 때였습니다. 이 문제는 자신이 무척 불행하다고 느끼게 할 정도로 느헤미야의 마음을 근심스럽게 했습니다. 다른 사람들이 그것을 보았는지 모르지만, 느헤미야가 섬겼던 왕(아닥사스다)은 그가 포도주잔을 들고 궁정에 들어왔을 때, 그의 얼굴에 수심이 있는 것을 알아차렸습니다. 왕은 그에게 물었습니다: "네가 병이 없거늘 어찌하여 얼굴에 수심이 있느냐? 이는 필연 네 마음에 근심이 있음이로다"(느 2:2).

그때 느헤미야는 자신의 기도가 자기에게 기회를 제공하고 있다는 것을 거의 깨닫지 못했습니다. 기도의 결과가 그의 얼굴에 나타난 것이었습니다. 그의 금식이 그의 얼굴에 흔적을 남겨 놓았습니다. 정작 본인은 그것을 깨닫지 못했지만, 느헤미야는 왕 앞에 나아왔을 때 스스로 기회를 예비하게 되었습니다.

그러나 여러분도 보다시피, 기회가 왔을 때 그는 떨고 있었습니다. 왜냐하면 "내가 크게 두려워하여"(2절)라고 말하고 있기 때문입니다. 그런 까닭에 왕은 그가 무엇을 원하는지를 물었습니다.

그 질문 속에서 그는 왕이 자기를 도와줄 의사가 있음을 확신하게 된 것으로 보입니다. 그리고 여기서 우리는 그가 왕에게 즉각 대답하지 않고 (대답은 즉각 주어지지 않았습니다), 사실과 관계되는 일련의 행동을 하게 되는 것에 대해 좀 놀라게 됩니다. 그는 여태까지 기도하고 금식한 사람이었음에도 불구하고, 본문에는 "내가 곧 하늘의 하나님께 묵도했다"는 짧은 삽입구가 들어 있습니다.

저는 이 삽입구를 다루고자 합니다. 이 짧은 기도(묵도)를 자세히 살펴볼 것입니다. 이 묵도 속에서 저는 세 가지 사상을 발견하는데, 이것들을 하나씩 설명하겠습니다. 그것들은 다음과 같습니다: 첫째는 그런 상황에서도 느헤미야가 기도했다는 사실, 둘째는 그의 기도의 방법, 그리고 셋째는 그가 사용한 탁월한 기도의 본질.

느헤미야가 기도했다는 사실

느헤미야가 기도했다는 사실은 주목할 만한 일입니다. 그는 그의 지배자인 왕에게 질문을 받았습니다. 이때 여러분이 상상할 수 있는 적절한 반응은 그가 그 질문에 즉각 대답하는 것일 것입니다. 그런데 그는 그렇게 하지 않았습니다. 그는 대답하기 전에 "하늘의 하나님께 묵도"했습니다. 저는 왕이 그가 잠시 기도하는 것을 알아챘다고는 보지 않습니다.

어쩌면 그 간격은 그가 알아채기에는 너무 짧았을지도 모릅니다. 하지만 하나님이 알아채기에는 충분한 시간이었고, 느헤미야로서는 왕에게 어떻게 대답해야 할지 하나님의 인도를 구하고 그 응답을 받기에는 충분한 시간이었습니다. 여러분은 하나님의 사람이 질문과 대답 사이에 하나님께 기도할 시간을 갖는다는 게 놀랍지 않습니까? 하지만 느헤미야는 그 시간을 가졌습니다.

마음이 극히 불안한 상태에 있었음에도 불구하고, 그 순간 그가 기도했다는 것에 대해 우리는 더 놀라게 됩니다. 왜냐하면 2절에 따르면 그는 "크게 두려워하고 있었기" 때문입니다. 우리는 당황하거나 낙담할 때 기도하는 것을 잊기 쉽습니다. 여러분은, 아니 최소한 여러분들 가운데 어떤 분들은, 그것을 여러분이 헌신을 다하지 못한 것에 대한 그럴듯한 핑계거리로 삼지 않습니까? 그러나 느헤미야는 불안 속에 있었을 때 그것은 기도를 생략할 이유가 아니라 오히려 기도를 해야 할 이유라고 느꼈던 것입니다. 그래서 그는 하나님과 습관적으로 교제하고 있었기 때문에, 딜레마에 빠져있는 자신을 보자마자 비둘기가 자신을 숨기기 위해 바위의 갈라진 틈으로 날아드는 것처럼 하나님의 품으로 날아들었습니다.

그의 기도는 자신의 목적에 대해 애타는 소원을 담고 있었기 때문에, 이것은 굉장히 주목할 만한 경우였습니다. 왕은 그에게 그가 무엇을 원하는지 물었습니다. 그때 그의 온 마음은 예루살렘 성벽을 수축하는데 쏠려 있었습니다. 여러분은 그가 왕에게 곧장 "오 왕이여, 만세수를 하옵소서. 저는 예루살렘 성벽을 수축하기를 간절히 원하옵니다. 할 수 있으면 제게 도움을 베푸소서" 하고 아뢰지 않은 것이 놀랍지 않습니까? 그러나 그는 그렇게 하지 않았습니다. 그는 자신이 원하는 목적을 관철시키는데 온 마음을 집중하고 있었기 때문에 "하늘의 하나님께 묵도"하기 전까지는 도움의 손을 내밀지 않았습니다.

저는 그를 칭찬하고 싶습니다. 저 역시 그를 닮고 싶습니다. 저는 모든 그리스도인의 마음속에 느헤미야를 그렇게 성급하지 않도록 이끈 거룩한 신중함이 들어있기를 바랍니다. 기도와 준비는 사람의 길을 절대로 방해하지 않습니다. 확실히 우리 마음의 소원이 더 강해질수록 우리는 그것을 붙잡기 위해 안달을 합니다. 그러나 우리가 진정하고 멈추어 서서 우리 마음을 하늘로 향하게 하고 하늘의 하나님께 기도한다면, 수풀 속에 숨어있는 새를 우리 손으로 붙잡는 것은 훨씬 더 쉬워질 것입니다.

느헤미야는 그 똑같은 문제를 놓고 지난 3, 4개월 동안 이미 기도하고 있었기 때문에 그때 그토록 신중하게 또 기도했다는 것은 더욱 놀라운 일입니다. 우리 가운데 어떤 이들은 이렇게 말할 것입니다: "그것은 지금까지 내가 기도했던 것입니다. 지금 제가 해야 할 일은 그것을 취하고, 그것을 사용하는 것입니다. 왜 또 기도합니까? 하늘의 하나님께 밤낮으로 눈물 흘리며 부르짖고, 골방에 앉아 금식하며 부르짖고, 고민을 아뢰었더니 결국 확실한 응답을 받았습니다. 하나님이 내게 주신 응답을 취하고 그 안에서 즐거워하는 것 외에 할 일이 무엇입니까?"

그러나 아닙니다. 여러분은 언제든 많이 기도한 사람은 더 많이 기도해야 하는 사람이라는 것을 깨닫게 될 것입니다. "무릇 있는 자는 받아 풍족하게 되고"(마 25:29). 만일 여러분이 기도의 감미로운 맛을 알고 있다면, 더 자주 기도하게 될 것입니다. 만일 여러분이 은혜의 보좌에 익숙하다면, 즉각 그곳을 방문할 것입니다.

> 기도의 힘을 아는 사람은
> 얼마나 자주 그곳에 있기를 바랄까요?

따라서 느헤미야는 항상 기도했음에도 불구하고 또 다른 간구를 주께 드렸던 것입니다. "내가 곧 하늘의 하나님께 묵도하고."

그런데 여기서 상기할 가치 있는 사실이 한 가지 더 있습니다. 그것은 그는 궁정 곧 하나님을 모르는 이방인 왕의 궁정에 있었고, 그때 그는 왕에게 포도주잔을 올리는 행동을 하고 있었다는 것입니다. 그는 눈부신 조명과 금과 은으로 장식된 호화찬란한 장소에서, 그 나라의 왕족과 귀족들이 함께 참석하고 있는 국가적 연회에서 자신의 사명을 수행하고 있었다고 저는 생각합니다. 또는 비록 그것이 왕과 왕비만이 참석하는 사적 연회였다고 할지라도 사람들은 그 막중한 책임을 감당하는데 크게 신경 써야 하기 때문에 그 경우 그들은 기도를 잊기 쉬웠을 것입니다. 그러나 이 신실한 하나님의 백성 느헤미야는 왕의 발 아래 서서 금잔을 바치는 그런 시간, 그런 자리에서도 하늘의 하나님께 먼저 기도할 때까지 왕의 질문에 대답하는 것을 미루었습니다.

묵도의 방법

느헤미야가 이런 기도를 드렸다는 사실 속에서 우리는 그의 기도의 방법을 특별히 주목하지 않을 수 없습니다. 아주 간단히 말하면, 그것은 우리가 묵도라고 부르는 것, 말하자면 창을 던지자마자 끝나는 찰나의 기도였습니다. 그것은 자비의 문을 두드리며 — 똑, 똑, 똑 — 서 있는 기도의 형태가 아니라 무수한 노크를 한 번에 집중시키는 그런 기도였습니다. 그것은 시작하자마자 끝나는 말하자면 단숨에 이루어지는 기도였습니다. 저는 이 묵도를 가장 좋은 기도의 방법들 가운데 하나로서 여러분에게 추천하고자 합니다.

그 기도 시간이 얼마나 짧은지 주목해 보기 바랍니다. 그것은 왕의 질문과 느헤미야의 대답 중간에 도입되어 — 끼워져, 삽입되어 — 있습니다. 앞에서 말한 것처럼 그것은 거의 찰나로서, 감지할 수 있는 시간이 거의 없다고 생각합니다. 왕은 느헤미야가 멈추거나 주저하는 것을 거의 느끼지 못했습니다. 왜냐하면 그는 조금도 지체하거나 동요하지 않았고, 고민하는 문제로 불안한 상태에 있었지만, 그의 기도는 참으로 빠른 속도로 섬광처럼 드려졌기 때문입니다.

강한 흥분 상태에 빠졌을 때, 찰나적으로 마음이 제기능을 발휘하는 것은 참으로 놀라운 일입니다. 물에 빠진 사람들은, 구조되거나 회복되면, 물에 빠져있는 동안 자기들이 살아온 인생 전체의 파노라마가 그들 앞에 순식간에 스쳐간다고 말합니다. 이처럼 마음은 짧은 시간에 굉장히 큰 기능을 발휘할 수 있습니다. 그렇게 그의 기도도 눈으로 윙크하는 것처럼 순식간에 드려졌습니다. 그것은 직관적으로 드려졌고, 그렇게 드려진 기도는 하나님의 마음을 움직인 기도로 입증되었습니다.

그것은 참으로 주목할 만한 형식의 기도였습니다. 제가 그의 기도를 그렇게 생각하는 이유는 느헤미야가 자기가 그렇게 기도했다는 것을 잊지 않고 있었기 때문입니다.

저는 수백, 수천 번의 기도를 드렸지만, 그때 저를 자극시킨 사건이나 저를 흥분시킨 감정들이 자세히 생각나지는 않습니다. 그러나 제 인생 속에서 결코 잊을 수 없는 한두 개의 기도는 있습니다. 저는 그것들을 일기장에 적어두지 못했지만, 그 기도하는 시간이 너무 특별했고, 참으로 깊이 기도에 침잠했으며, 또 그 응답이 아주 특별했기 때문에, 그때 기도하던 순간을 잊지 못합니다. 지금 느헤미야는 그 기도를 자신의 기억으로부터 결코, 결코 지우지 못했고, 이 사실이 역사에 기록되었을 때, 그는 이렇게 기록했습니다: "내가 곧 하늘의 하나님께 묵도하고."

최고의 기도 방법

그런데 사랑하는 형제들이여, 세 번째로 저는 여러분에게 이 탁월한 기도의 방법을 추천합니다. 저는 지금 이 설교를 주로 하나님의 자녀들, 곧 하나님을 믿는 믿음을 가지고 있는 자들에게 전하고 있습니다. 저는 여러분이 가끔 — 아니, 항상 — 이 묵도의 방법을 사용하도록 권면합니다. 그리고 또한 하늘의 하나님께 묵도하는 방법 외에는 다른 형식으로 기도하지 못하는 사람들을 위해 하나님께 기도합니다.

짧지만 애절한 간구, 예를 들면 성전에서 세리가 했던 것과 같은 기도가 여러분으로부터 나오기를 바랍니다: "하나님이여 불쌍히 여기소서 나는 죄인이로소이다"(눅 18:13).

묵도는 정시기도를 드리는 모든 그리스도인들에게도 의무이자 특권입니다. 저는 최소한 아침과 저녁에 정규적으로 기도 시간을 갖지 않으면 경건의 능력을 유지하지 못하는 사람을 이해할 수 없습니다. 다니엘은 하루에 세 번씩 기도했고, 다윗은 "내가 하루 일곱 번씩 주를 찬양하나이다"(시 119:164)라고 말했습니다. 여러분이 어떤 시간을 정해 놓고, "이 시간은 하나님께 속한 시간이다. 이 시간에 나는 하나님과 교제할 것이고, 비록 친구를 만날 약속이 있다고 해도 이 시간만큼은 정확하게 지킬 것이다"라고 말하는 것은 여러분의 마음과 여러분의 기억과 여러분의 언행일치의 삶을 위해서는 좋습니다.

토머스 에브니 경(Sir Thomas Abney)은 런던 시장이 되자 빈번하게 개최되는 연회 때문에 조금 골치가 아팠습니다. 왜냐하면 그는 항상 정해진 시간에 가족들과 함께 기도했기 때문입니다. 가족기도회를 지키기 위해 연회 장소를 어떻게 빠져나올 것인가가 그에게는 문제였습니다. 그는 옆에 있는 사람에게 중요한 사람과 만나야 될 특별한 약속이 있기 때문에 가봐야 한다고 말하고 자리를 비우곤 했습니다. 그렇게 그는 가족기도회를 지켰고, 기도회를 마친 다음에 그는 다시 자기 자리로 돌아왔습니다. 자신의 기도 습관을 지키는데 그만큼 지혜로운 사람은 없었습니다.

로웨(Rowe) 부인은 기도할 시간이 되면, 비록 사도 바울이 설교하고 있었다고 해도 자기는 기도시간을 포기하지 않았을 것이라고 말하곤 했습니다. 아니, 그녀는 만일 12명의 사도가 함께 거기 모여 있어 다른 시간에는 절대로 그들의 설교를 들을 수 없는 상황이었다고 해도, 그 시간이 정해진 기도시간이라면, 절대로 기도실에서 나오지 않았을 것이라고 말했습니다.

그러나 지금, 저는 습관적인 기도의 중요성을 인정하면서, 동시에 또 다른 기도법 즉 느헤미야가 그 실례를 보여 주는 것처럼 짧고 간단하고 빠르고 언제든 할 수 있는 묵도의 가치도 여러분에게 강조하고자 합니다. 그리고 저는 그것이 여러분의 약속을 방해하지도 않고 시간을 빼앗지도 않기 때문에 이 방법을 적극 추천하는 바입니다. 여러분은 가게에서 물건을 사거나 카운터에서 계산을 하는 사이에 "주여, 저를 도우소서" 하고 기도할 수 있습니다. 여러분은 하늘에 대고 숨을 쉬면서 "주여, 저를 지켜 주소서" 하고 기도할 수 있습니다. 시간이 필요하지 않습니다.

묵도는 업무로 시간이 쪼들리는 사람들에게 굉장히 큰 이점이 있습니다. 왜냐하면 그것은 업무를 조금도 방해받지 않고도 할 수 있는 기도이기 때문입니다. 이 기도는 특별한 장소가 필요하지 않습니다. 여러분은 여러분이 서 있는 자리에서, 택시 안에서, 거리를 걸어가다, 제재소에서 목재를 자르는 동안에 얼마든지 기도할 수가 있습니다. 제단, 교회 말하자면 거룩한 자리가 필요치 않고, 여러분이 있는 곳은 어디에서든 이 찰나의 기도는 하나님의 귀에 들리고, 축복을 가져다줄 것입니다.

이 기도는 어디서나, 어떤 상황에서나 드려질 수 있습니다. 땅에서나 바다에서, 병들었을 때나 건강할 때, 손해가 있을 때나 이득이 있을 때, 큰 역경 속에 있을 때나 회복 속에 있을 때 등 어떤 상황에서든 하나님께 짧고 빠른 문장으로 자신의 영혼을 표현하는 사람이 될 수 있습니다. 이 기도의 이점은 여러분이 자주 또는 언제든 기도할 수 있다는 것입니다. 기도의 습관을 들이는 것도 중요하지만, 그것보다 기도의 정신이 더 필수적입니다. 이런 묵도의 어머니는 기도의 영입니다. 기도의 영은 부유한 어머니이기 때문에 저는 묵도를 좋아합니다. 이 기도를 통해 우리는 하루에 많은 시간을 주 우리 하나님과 대화할 수 있습니다.

이런 기도는 모든 환경 속에서 드려질 수 있습니다. 저는 언젠가 저를 크게 칭찬하던 한 가난한 사람이 생각납니다. 그는 병원에 입원하고 있었고, 제가 그를 만나러 갔을 때, 그는 "나는 몇 년 동안 당신에 관해 들었습니다. 지금 제가 바라보는 것은 무엇이든 당신이 말한 어떤 것 또는 다른 것을 상기시키는 것처럼 보입니다. 처음 그것을 들었을 때처럼 아주 새롭게 다가옵니다."

그렇습니다. 그런데 묵도를 알고 있는 사람은 주변의 모든 환경이 그 거룩한 기도에 도움이 된다는 것을 발견합니다. 그것이 아름다운 풍경입니까? 그러면 "나의 눈을 즐겁게 하고 나의 마음을 기쁘게 하기 위해 온 세계를 각종 아름다운 모양과 색채의 보물들로 수놓으신 하나님께 복이 있도다!"라고 하십시오.

여러분이 우울한 어둠 속에 있고 그 날이 안개가 자욱한 날입니까? 그러면 "오 주여, 나의 어둠을 빛으로 밝혀 주십시오"라고 말하십시오. 여러분이 사람들과 함께 있습니까? 그러면 여러분은 이렇게 기도하면 좋을 것입니다: "여호와여, 내 입술의 문을 지키소서"(시 141:3). 아주 외롭습니까? 그러면 "아버지, 저를 홀로 두지 마시고, 저와 함께 하옵소서"라고 기도하십시오. 옷을 입고 있을 때, 아침식사를 할 때, 자동차를 타고 갈 때, 거리를 따라 걷고 있을 때, 장부를 들여다볼 때, 창문을 닫을 때 등등 모든 순간에 만약 여러분이 그렇게 할 마음의 준비만 되어있다면, 제가 지금 설명하는 그런 형태의 기도를 드릴 수가 있습니다.

이 기도는 참으로 영적이기 때문에 추천할 만합니다. 말이 많은 기도 (wordy prayer)는 말만 남는 기도(windy prayer)가 될 가능성이 많습니다. 전혀 추천할 가치가 없는 기도 안내서들이 많습니다. 프랑스어를 할 줄 모르고 프랑스를 여행하는 사람에게 프랑스 회화 책은 얼마나 큰 도움이 되겠습니까?

그것은 기도 안내서가 우리 하늘 아버지께 그가 구하는 축복이나 유익을 구하는 법을 모르는 연약한 영혼에게 큰 도움이 되는 것과 같습니다. 입문서, 안내서 정말 좋지요! 그러나 여러분의 마음으로 기도하고 손으로 기도하지 마십시오. 아니면 만일 여러분이 기도할 때 손을 높이 든다면, 그것이 다른 사람의 손이 아니라 여러분 자신의 손이 되게 하십시오. 영혼으로부터 흘러나오는 기도 — 강한 감정의 폭발, 열렬한 욕구, 생동력 있는 믿음 — 가 참된 영적 기도입니다.

이러한 종류의 기도는 불손한 동기로 사람의 만족을 위해 드려지는 기도에 흔히 있는 막연한 감정이 전혀 없습니다. 누구도 우리 영혼의 은밀한 묵도가 우리 자신을 만족시키기 위해 드려지는 것이라고 말할 수 없습니다. 왜냐하면 누구도 우리가 기도하고 있는지 전혀 모르기 때문입니다. 그러므로 저는 이런 기도를 여러분에게 추천하고, 여러분이 그런 기도를 많이 드리기를 바랍니다.

시간을 정해 놓고 기도하는 사람들 중에는 위선자들이 있습니다. 저는 천사들이 하나님의 보좌 앞에서 행하는 것처럼 규칙적으로 자기들의 헌신을 보여 주지만, 사실은 가식에 불과한 외식자들이 있다는 것을 의심하지 않습니다. 그러나 그들의 거짓된 기도 속에는 생명도 없고, 영도 없고, 응답도 없습니다. 반면에 묵도하는 — 마음으로 하나님과 대화를 나누는 — 사람은 결코 위선자가 아닙니다. 그의 기도 속에는 진실이 있고, 힘이 있고, 생명이 있습니다. 만일 제가 굴뚝으로부터 불꽃이 일어나는 것을 본다면, 굴뚝 내부 어딘가에 불이 있다는 것을 압니다. 묵도는 예수 그리스도에 대한 불타는 사랑의 연료들로 가득 찬 영혼으로부터 피어오르는 불꽃과 같습니다.

사랑하는 형제들이여, 짧은 묵도는 우리에게 굉장히 유익합니다. 가끔 그것은 우리를 절제시킵니다. 거친 기질의 사람들은, 만일 기도가 거의 없다면, 그 입술로부터 성질 급한 표현들이 나오는데, 그러나 항상 묵도를 드리게 되면, 절제하고 거친 말들을 거의 안할 것입니다. 현명한 아내는 남편에게 잔소리하기 전에 물이 든 컵을 들고 5분 동안 그것을 마시라는 충고를 받아들였습니다. 그러나 그것은 나쁜 처방은 아니지만, 만일 그녀가 그같이 이상한 행동을 하는 대신에, 즉시 하나님께 짧게 묵도를 드린다면, 확실히 그것이 더 효과적이고, 훨씬 더 성경적이라고 저는 생각합니다. 저는 그것을 성질이 급하고 흥분하기 쉬운 사람들 곧 성내는 데는 빠르고 모욕이나 무례를 용서하는 데는 느린 모든 사람들에게 유효한 처방으로 추천하고 싶습니다.

여러분이 사업상의 거래를 끝내고자 하거나 약간의 의심이나 어떤 의심이 있는 행동을 해야 할 때, "은혜로우신 주님, 저를 인도하소서"라고 말하는 묵도는 종종 여러분이 나중에 후회할 일을 하지 않도록 사전에 막아 줄 것입니다.

이같이 간단한 묵도를 드리는 습관은 또한 여러분 자신에 대한 신뢰를 점검할 수 있게 합니다. 그것은 하나님에 대한 여러분의 의존도를 보여 줄 것입니다. 그것은 여러분이 세속화되는 것을 막아 줄 것입니다. 그것은 여러분의 마음으로부터 세상에 대한 정욕을 제거하기 위해 여러분의 영혼의 방 속에서 불타고 있는 달콤한 향료와 같습니다. 그래서 저는 이 짧지만 달콤하고 복된 기도를 강하게 추천하는 바입니다. 성령이 여러분에게 그 기도를 허락하시기를!

나아가 묵도는 실제로 우리에게 하늘의 축복들을 가져다줍니다. 아브라함의 종 엘리에셀의 경우를 보십시오(창세기 24:12-14을 참조하십시오). 죽는 순간에도 "여호와여 나는 주의 구원을 기다리나이다"(창 49:18)라고 기도한 야곱의 경우를 보십시오. 모세는 우리가 볼 때 기도한 것처럼 보이지 않지만, 실제로는 여러 번에 걸쳐 기도를 했는데, 그때 하나님은 그에게 "너는 어찌하여 내게 부르짖느냐?"(출 14:15)고 말씀하셨습니다. 다윗도 자주 묵도를 했습니다. 이런 기도는 지존자를 참으로 흡족하게 했습니다. 그러므로 묵도를 많이 하십시오. 하나님은 그 기도에 용기를 주고 응답하기를 좋아하실 것입니다.

지금까지 설교한 것만으로도 저는 여러분에게 묵도를 좋은 것으로 추천할 수 있었지만, 이번에도 묵도를 추천해야 할 한 가지 사실이 또 있습니다. 저는 묵도가 오랫동안 기도할 수 없는 특별한 기질을 가진 사람들에게 아주 적합하다고 생각합니다. 그들의 마음은 급하고 신속합니다. 그러나 사랑하는 형제들이여, 시간은 하나님의 판단의 한 요소가 아닙니다. 하나님은 우리의 기도가 길다고 들으시는 것이 아니라 그 진실성 때문에 들으십니다. 기도는 야드로 길이를 재고 파운드로 무게를 다는 것이 아닙니다. 그것은 그 힘과 능력, 그 진실성과 솔직함, 그 활력성과 열렬함에 있습니다. 말을 많이 사용할 수 없거나 어떤 사실에 대해 오래 생각하지 못하기 때문에 마음이 급하거나 신속한 사람은 묵도가 적합하다는 것이 위로가 될 것입니다.

그리고 사랑하는 형제들이여, 여러분이 다른 방법으로는 도저히 기도할 수 없는 신체 조건 속에 있을 수도 있습니다. 삶의 중요한 순간에 자주 육체에 고통을 주는 두통이 있는 어떤 사람들은 한 주제에 관해 오랫동안 마음을 집중할 수 없습니다. 흥분 잘하는 영혼은 짧고 간단한 말로 하나님께 자기를 의탁하기 위해 거듭거듭 — 하루에 오십 번이나 백 번 정도 — 기도할 수 있다는 것은 즐거운 일입니다. 이것이야말로 참으로 복된 기도의 방법입니다.

이제 저는 우리가 이 묵도의 습관을 갖는 것이 좋다고 말하면서 간단하게 몇 가지 언급하는 것으로 결론을 맺고자 합니다. 로울랜드 힐(Rowland Hill)은 심오한 경건의 소유자로 유명했습니다. 그러나 제가 그의 연구소를 찾아가 연구를 어디서 하는지 물었을 때, 저는 만족스러운 답변을 듣지 못했습니다. 결국 친절한 한 목사가 대신 말해 주었습니다. "사실은 우리도 어디에 계실지 잘 모릅니다. 그분은 정원에서, 거실에서, 침대에서, 거리에서, 숲 속에서, 아니 어느 곳에서나 연구를 하시거든요."

저는 그가 기도하기 위해 머무르는 곳이 어디인지 물어보았습니다. 그들은 그의 방이 아니겠느냐고 하면서 하는 말이 그는 항상 기도하기 때문에 장소는 문제가 아니라고 말했습니다. 신실한 노 신앙인은 항상 기도했던 것입니다. 비록 사람들 사이에서 선을 행하는 데에도 열심이었지만, 그의 한평생은 마치 지속적인 기도를 위한 인생처럼 보였습니다. 그는 도미니코 수도원 길 위에서 코트 뒷주머니에 손을 넣은 채 건물의 창문 안을 들여다보며 서 있는 것으로 유명했습니다. 만일 여러분이 그 말을 들었다면, 여러분은 곧 그가 하나님 앞에서 그의 영혼이 기도하고 있었다는 것을 직감했을 것입니다. 저는 사람이 항상 기도하고, 쉬지 않고 기도할 수 있는 최상의 방법은 이런 묵도를 통해 하나님께 가까이 나아가는 것이라고 확신합니다.

그러나 만일 제가 여러분에게 가장 적당한 기도 시간을 정해 주어야 한다면, 무시로 기도하라고 말할 것입니다. 여러분이 큰 기쁨을 느낄 때는 언제든, "주여, 이 기쁨이 저의 참된 축복이 되게 하소서" 하고 말하십시오. 다른 사람들에게 "나는 행운아가 아닙니까?"라고 자랑하지 말고, "주여, 당신은 얼마든지 은혜를 베푸실 수 있으니, 저에게 더 큰 은혜와 더 큰 감사를 베풀어 주소서"라고 고백하십시오. 여러분이 어떤 힘든 일을 하거나 막중한 업무를 담당할 때, 짧은 기도로 먼저 여러분의 영혼이 하나님을 부르기 전에는 그 일을 시작하지 마십시오. 여러분이 어려움에 봉착하거나 심각한 상황에 직면했을 때, 하던 일이 잘못되어 수습할 수 없을 정도로 엉키거나 혼란스럽게 되었다면, 기도로 속삭이십시오. 그 기도는 채 일분도 걸리지 않습니다. 하지만 그 기도 후에는 엉켰던 일들이 얼마나 실타래처럼 풀어져 있는지 놀랄 것입니다.

특별히 자녀들이 여러분을 걱정스럽게 합니까? 걱정으로 도저히 견딜 수가 없습니까? 그러면 그때가 묵도를 드릴 때입니다. 여러분은 그것을 통해 자녀들을 훨씬 더 잘 양육하게 되고, 그들의 잘못된 성격이 바람직한 모습으로 되돌아오는 것을 보게 될 것입니다. 어쨌든 여러분 자신의 마음이 훨씬 더 평안해질 것입니다.

여러분은 여러분에게 다가오는 유혹을 알고 있습니까? 어떤 사람이 여러분에게 악한 일을 꾸미고 있다는 의심이 듭니까? 그러면 이렇게 기도하십시오: "내 원수를 생각하셔서 평탄한 길로 나를 인도하소서"(시 27:11).

여러분은 벤치에서, 가게에서 또는 창고에서 귀에 거슬리는 추잡한 대화와 수치스러운 욕설을 듣는 자리에 앉아 있습니까? 그러면 일어서서 간단하게 묵도하십시오. 자신을 고통스럽게 하는 어떤 죄가 생각났습니까? 그러면 어서 기도를 서두르십시오. 이런 일들이 벌어지면 여러분은 기도를 생각해야 합니다.

저는 만일 그리스도인들이 저주를 들을 때마다 항상 기도한다면, 마귀가 사람들에게 마음대로 저주의 역사를 펼치지는 못하리라고 믿습니다. 그때 마귀는 어쩔 도리가 없다는 것을 알게 될 것입니다. 만일 사람들의 모욕이 우리에게 기도할 마음을 일으킨다면, 그것들도 어느 정도 진정될 것입니다.

여러분의 마음이 궤도를 이탈했다고 느낍니까? 죄가 여러분을 유혹하기 시작합니까? 그러면 그때가 바로 기도할 때입니다. 진실하고 진지하고 열렬한 마음으로 "주여, 나를 붙드소서"(시 119:117)라고 기도하십시오.

눈으로 못 볼 것을 보고 그것이 마음속에 유혹이 되었습니까? 여러분은 "거의 넘어질 뻔하였고, (여러분의) 걸음이 미끄러질 뻔했다"(시 73:2)고 느낍니까? 그러면 그때 "내 오른편에 계신 주여, 나를 붙드소서"라고 기도하십시오. 전혀 예기치 못한 불상사가 일어났습니까? 못되게 구는 친구가 있습니까? 그러면 다윗처럼 "여호와여 원하옵건대 아히도벨의 모략을 어리석게 하옵소서"(삼하 15:31) 하고 기도하십시오. 지금 기도로 속삭이십시오.

여러분은 뭔가 좋은 일을 하기를 원합니까? 그러면 그것에 대해 확신을 가지고 계속 기도하십시오. 여러분은 교회에 나오지 않는 젊은이에게 그의 영혼에 관해 대화를 나누기 바랍니까? 그럼 먼저 기도하십시오. 여러분의 학급의 학생들에게 그들의 영적 행복에 대해 편지를 써 보내고 싶습니까? 그러면 매 줄을 쓸 때마다 기도하십시오. 여러분이 그리스도에 관해 대화를 나누는 동안에도 계속 기도하는 것은 참으로 유익합니다. 저는 기도하면서 설교하면 훨씬 더 설교가 잘 되는 것을 발견합니다.

우리의 마음은 얼마든지 기도 활동에 참여할 수 있습니다. 공부하는 동안에도 기도할 수 있습니다. 사람과 대화를 나누는 동안에도 하나님을 바라볼 수 있습니다. 그리고 죽음의 그림자가 우리 주위를 둘러싸고 있을 때, 불길한 예감으로 마음이 불안하거나 으스스해지고, 인생의 종말이 다가왔다고 분명히 느껴질 때, 그러면 기도하십시오. 오, 그때가 바로 묵도할 때입니다.

다음과 같은 짧고 간단한 기도를 드리십시오: "여호와여 … 주의 얼굴을 내게서 숨기지 마소서"(시 143:7). 또는 이렇게 기도하십시오: "오 하나님, 나를 멀리 마옵소서"(시 22:11). 그러면 그 기도는 확실히 여러분을 안심시킬 것입니다.

"주 예수여 내 영혼을 받으시옵소서"(행 7:59)는 스데반이 극한 상황 속에서 부르짖은 감동적인 기도였습니다. "아버지 내 영혼을 아버지 손에 부탁하나이다"는 주께서 십자가상에서 숨지기 직전에 하신 절규였습니다 (눅 23:46). 여러분도 똑같은 상황을 상정하고 그분을 본받아야 할 것입니다.

이러한 생각들과 권면들은 여러분이 "불신자에게 전해 줄 말은 없습니까?"하고 한 번 물어볼 정도로 성도들 곧 신실한 그리스도인들에게만 주어진 것입니다. 물론 여기서 주어진 권면들은 성도들의 유익을 위해서만 사용될 수 있겠지요.

그러나 사랑하는 형제들이여, 저는 할 수 있는 한 분명히 모든 사람들에게 이 권면을 드립니다. 여러분이 아직 구원받지 못했다고 해도, 여러분은 "나는 기도할 수 없다"고 말해서는 안됩니다. 왜냐하면 만일 기도가 단순히 이런 것이라면, 그것을 빼먹었을 때 그것을 어떻게 변명할 수 있겠습니까? 그것은 잴 수 있는 시간의 길이가 필요하지 않습니다. 이런 기도는 하나님이 들으실 것이고, 그것들에 대해 감사하고 표현할 능력과 기회를 여러분이 누구든 간에 가질 것입니다. 여러분 모두가 이런 기도를 드리는 것은 "그가 계신 것과 또한 그가 자기를 찾는 자들에게 상 주시는 이심"(히 11:6)을 믿고 있는 기본 신앙만 있으면 됩니다. 고넬료는 예수 그리스도로 말미암아 자기에게 평강을 주도록 영혼의 회심에 관해 설교할 베드로를 청하도록 천사의 지시를 받았는데 아마 그때 그는 바로 이런 상태에 있었을 것입니다.

결코 기도하지 못하는 사람만큼 이상한 존재가 있을까요? 여러분에게 이것을 어떻게 설명할 수 있을까요? 우리가 사용하는 찬송가 속에 포함되어 있지는 않지만 제가 이에 대한 대답을 하는 데는 아주 적절하고, 기꺼이 그의 시를 인용해도 될 만큼 제 귀에 즐겁게 들리는 한 시인의 시구(詩句)를 발췌하여 말할 수 있습니다.

> 이 세상에서 꿈꾸는 것보다 참으로 더 많은 일들이
> 기도를 통해 일어나네.
> 그러므로 그대의 목소리를 밤낮 흐르는 샘처럼 치솟게 하라.
> 그 머릿속에 눈먼 생명이 자라고 있는
> 양이나 염소들보다 사람들은 얼마나 더 고상한 존재던가!

만일 그들이 하나님을 안다면,
그들 자신을 위해서
그리고 그들을 친구라고 부르는 사람들을 위해서
기도의 손을 들지 않겠는가?
그때 온 세상은 하나님의 발 주위에
금사슬로 묶인 모든 길이 되리라.

저는 기도를 못하는 피조물은 없다고 생각합니다. 왜냐하면 사람들은 일반적으로 누군가에게 또는 다른 무엇인가에 대해 기도하는 존재이기 때문입니다. 이런 기도들을 하나님께 하지 못하는 사람들은 다른 방식으로 하나님께 기도를 하게 됩니다. 하나님께 자기를 저주해 달라고 구하는 것은 아주 두려운 일인데도, 그렇게 구하는 사람들이 있습니다. 그분이 여러분의 기도를 들으셨다고 생각하십시오. 그분은 기도를 들으시는 하나님이십니다.

만일 제가 하나님을 저주하고 욕하는 어떤 사람에게 말한다면, 바로 이 점을 분명히 말해 주고 싶습니다. 전능자가 여러분을 들으신다면 — 여러분이 악한 저주의 말을 하는 동안 여러분의 눈이 감겨지고, 여러분의 혀가 얼어붙게 되었다면 — 여러분은 여러분의 불경스러운 말에 주어지는 갑작스러운 심판을 어떻게 견디겠습니까?

만일 여러분이 하는 기도 중 이런 종류의 기도가 응답되었다면, 또 만일 여러분이 여러분의 상한 감정으로 한 말이 여러분의 아내나 자녀들에게 상처를 주고 그것이 여러분의 고통이 되었다면, 그것은 참으로 두려운 일이 될 것입니다.

그렇습니다. 하나님은 기도를 응답하시고, 어느 날인가 그분은 여러분의 수치와 계속되는 혼란에 대한 기도에 응답하실 것입니다. 지금 "주여, 나에게 자비를 베푸소서. 주여, 저를 구원하소서. 주여, 내 마음을 변화시켜 주소서. 주여, 그리스도를 믿는 믿음을 주소서. 주여, 예수님의 보배 피로 지금 저를 도와주소서. 주여, 지금 저를 구원하소서" 하고 기도하는 것이 좋지 않겠습니까? 여러분 각자 그와 같은 기도를 드리지 않겠습니까? 성령께서 그렇게 하도록 여러분을 인도하시기를!

여러분이 일단 올바른 기도를 드리기 시작하면, 저는 여러분이 그 기도를 곧 멈추게 될 것이라고 생각하지 않습니다. 왜냐하면 참된 기도 속에는 영혼을 견고하게 붙들어 주는 힘이 있기 때문입니다. 거짓 기도 — 그 유익이 무엇이 있겠습니까? 그러나 진실한 마음의 간구 — 하나님과 대화하는 영혼 — 는 일단 시작하면, 결코 멈추지 아니할 것입니다. 여러분은 기도가 찬양으로 바뀔 때까지 그리고 밑에 있는 속죄소로부터 위에 있는 하나님의 보좌로 나아갈 때까지 기도해야 합니다.

하나님이 여러분 모두를 축복하시기를 바랍니다. 저는 지금까지 그리스도 안에 있는 내 사랑하는 모든 사람들과 그 구원을 위해 제가 간절히 기도하는 사람들 모두에게 설교했습니다. 하나님이 우리의 사랑하는 구속주로 말미암아 여러분 모두와 모든 사람에게 복을 베푸시기를 바랍니다. 아멘.

제 2 권

성공적으로 기도하는 법

Praying Successfully

1

굴속에서 드린 다윗의 기도

다윗이 굴에 있을 때에 지은 기도 — 시편 142:1

저는 시편 142편에 붙은 "다윗이 굴에 있을 때에 지은 기도"라는 제목을 좋아합니다. 다윗은 굴에 있을 때에 기도했습니다. 만일 그가 궁전에 있었을 때, 굴속에 있었을 때 기도한 것의 그 반만큼만 기도했다면, 그에게는 아마 훨씬 더 좋은 일들이 일어났을 것입니다. 그러나 슬프게도 그는 왕이었을 때 저녁에 침대에서 일어나 궁전 옥상에 올라갔다가 그만 범죄하고 만 것을 우리는 알고 있습니다. 만일 그가 하늘을 바라보았더라면, 그의 마음이 하나님과 교제 속에 있었더라면, 그는 결코 그의 전인격을 깊은 죄악에 얼룩지게 한 대죄(大罪)를 범하지는 않았을 것입니다.

"다윗이 굴에 있을 때에 지은 기도." 하나님은 땅 위에서, 바다 위에서 심지어는 바닷속에서 드리는 기도도 들으실 것입니다. 저는 기도회에서 그렇게 기도하는 어떤 사람을 알게 되었습니다. 그 기도회에 참석한 다른 사람은 크게 놀라며 "하나님이 어떻게 바닷속에서 기도를 들으신단 말입니까?" 하고 물었습니다. 그러자 그 사람은 자기는 기관사였는데, 가끔 배가 난파되면 배 밑바닥으로 들어가는 경우가 있었답니다. 그는 바다 깊은 곳에서 작업하는 동안 하나님과 교제하게 된 적이 있음을 고백했습니다.

우리 하나님은 산 위에 계시는 하나님이실 뿐만 아니라 산 밑에 계시는 하나님이십니다. 그분은 땅과 바다의 하나님이십니다. 그분은 불순종한 선지자인 요나가 산의 뿌리까지 내려가 기도할 때 그 기도를 들으셨으며, "땅이 그 빗장으로"(욘 2:6) 그를 오래도록 막았을 때에도 하나님은 그의 기도를 들어주셨습니다. 여러분은 일하는 곳에서 기도할 수 있습니다. 병상에 누워서도 여러분은 기도할 수 있습니다. 하나님이 듣지 못하도록 막을 수 있는 곳이 여러분에게는 없습니다. 낮이나 밤이나 그분의 보좌에 가까이 나아갈 수 없는 시간은 조금도 없습니다.

"다윗이 굴에 있을 때에 지은 기도." 굴은 기도를 드리기에 최고의 장소입니다. 어떤 새들은 굴속에서 최고의 노래를 부릅니다. 마찬가지로 어떤 하나님의 백성들은 어둠 속에서 가장 밝은 빛을 비추는 법입니다. 많은 천국의 유산들이 기도할 때만큼 당연히 주어지는 경우는 없습니다. 어떤 사람들은 건강할 때보다 병상에 누워있을 때 훨씬 더 간절하게 기도합니다. 또 어떤 사람들은 시험이 오기 전보다 불 같은 시험 속에서 더 크게 하나님을 찬양합니다. 고통의 용광로 속에서 성도들은 종종 최고의 믿음을 보여 주는 법입니다. 만일 여러분이 어둡고 암담한 상태에 있다면, 만일 여러분의 영혼이 굴복된다면, 이것은 하나님과의 강력한 교제와 중재를 위한 특별한 시간일 수 있습니다. 굴속에서 드린 기도가 여러분의 기도 가운데 최고의 기도가 될 수 있기를 바랍니다.

여기서 저는 첫 번째로 굴속에서 드린 다윗의 기도를 깊은 죄책감 속에 있는 영혼의 한 전형으로 사용할 것입니다. 두 번째로 저는 그것을 고통 속에 있는 성도의 상태의 한 모습으로 사용할 것입니다. 그리고 세 번째로 저는 그것이 더 깊은 경배와 더 넓은 섬김을 위해 준비되는 성도의 상태를 어떻게 나타내는지에 관해 설명할 것입니다.

죄를 회개하는 사람

첫째로 저는 이 시편을 깊은 죄책감 아래 있는 영혼 상태의 표상으로 사용하고자 합니다.

얼마 전만 해도 아마 여러분은 드넓은 세상에서 아무 감각 없이 독이
가득한 음침한 골짜기에서 자란 꽃들을 꺾어 그 죽음의 향기를 맡으며 살
았을 것입니다. 여러분은 구원받기 전 죄악된 마음의 상태에 있을 때 행복
했습니다. 왜냐하면 그것은 여러분이 무감각하고 부주의하고 아무 생각이
없었기 때문입니다. 그러나 하나님이 여러분을 체포하신 것을 기뻐하십시
오. 여러분은 그리스도에게 체포를 당해 굴에 갇혔습니다. 여러분은 쇠창
살 아래 있습니다. 여러분은 비록 어둡고 칙칙한 굴속에 갇혀 아무것도 볼
수 없고, 평안도 없고, 도망칠 소망도 없는 것처럼 보이지만, 그 속으로 밝
은 햇빛과 향기로운 공기가 들어오는 것을 느낍니다.

하나님께 부르짖으라

우리가 살펴보고 있는 시편의 본문에 따르면, 다윗뿐만 아니라 여러분에
게도 첫 번째 할 일은 하나님께 호소하는 것임을 분명히하고 있습니다. 저
는 여러분이 의심할 만한 내용에 대해 잘 알고 있습니다. 저는 여러분이
하나님에 대해 가질 수 있는 두려움을 잘 알고 있습니다. 저는 여러분이
그분의 이름을 직접 부르는 것에 대해 얼마나 두려움을 느끼는지에 대해
압니다. 그러나 만일 여러분이 현재의 어둠에서 벗어나기를 원한다면, 저
는 여러분이 즉각 하나님을 찾기를 권면하는 바입니다. 보십시오. 시편이
"내가 소리 내어 여호와께 부르짖으며 소리 내어 여호와께 간구하는도다"
(시 142:1)로 시작합니다. 하나님께 통성으로 부르짖으십시오. 만일 여러
분이 통성으로 부르짖을 만한 장소가 마땅치 않다면, 묵상으로 기도하십시
오. 그러나 그분에게 속으로 부르짖기를 바랍니다. 하나님을 바라보십시오.
만일 여러분이 다른 곳을 바라본다면, 모든 것은 어둠뿐입니다. 하나님을
바라보십시오. 거기에, 오직 거기에만 소망이 있습니다.

"저는 하나님께 죄인입니다"라고 고백하십시오. 그리고 하나님이 기꺼이
용서해 주실 것을 확신하십시오. 그분은 그 어떤 큰 죄악도 정당하게 용서
하실 수 있는 위대한 속죄를 이루셨습니다. 하나님을 바라보고 기도를 시

작하십시오. 저는 하나님을 거의 믿지 않으면서도 기도하는 사람들이 있다는 것을 알고 있습니다. 기도할 마음이 별로 없음에도 불구하고 그들은 하나님께 부르짖습니다. 그러나 그것이 비록 힘없는 기도라고 해도, 하나님은 그 기도를 들어주셨습니다. 또 극도의 절망 속에서 하나님께 부르짖는 사람들을 저는 알고 있습니다. 그들은 자기의 기도가 응답되리라고 거의 믿지 않음에도 불구하고, 그것은 여전히 기도 외에 다른 것이 아니었습니다. 그들은 기도하는 것이 절대로 그들을 손해 보게 하지 않는다는 것을 알고 있었습니다. 그래서 그들은 무릎을 꿇고 부르짖었습니다. 그토록 희미한 기도 — 달려가 무릎 꿇지 않고, 손으로 붙잡고 늘어지지 않고, 거의 절실한 마음이 없는 기도 — 임에도 불구하고 그 기도를 들으시고 응답하시는 것을 보는 것은 놀라운 일입니다. 아니, 하나님은 그런 기도도 들으시고 용납하셨습니다.

죄책감을 느낀다면 무릎을 꿇으십시오. 여러분의 마음이 죄로 말미암아 탄식하고 있다면, 나아가 무릎을 꿇으십시오. 죄악의 먹구름이 여러분을 둘러싸고 있다면, 하나님께 부르짖으십시오. 그러면 그분은 여러분의 간구를 들으실 것입니다.

충분히 자백하라

우리가 살펴볼 그 다음 문제는 우리의 마음을 쏟아놓는 것입니다. 다윗은 "내가 내 원통함을 그의 앞에 토로하며 내 우환을 그의 앞에 진술하는도다"(2절). 사람의 마음은 의중을 털어놓기를 원합니다. 형언할 수 없는 슬픔은 그 검은 연기가 영혼의 진정한 눈을 멀게 할 때까지 영혼 속에 거하며 그 연기를 풍길 것입니다.

때때로 여러분의 마음의 고뇌를 동료 그리스도인에게 고백하는 것은 나쁜 일이 아닙니다. 하지만 저는 그것이 가장 좋다고 추천하지는 않겠습니다. 다만 그것은 어떤 사람들에게는 도움이 될 수 있습니다. 그 대신 저는 여러분에게 주님께 나아가 다 털어놓는 방법을 추천하는 바입니다. 그분에게 여러분이 죄를 범하게 된 경위를 말씀드리십시오. 그분에게 여러분이 스스로의 힘으로 구원해 보려고 애를 썼지만 실패하게 된 경위를 다 토설하십시오. 그분에게 여러분이 얼마나 비열하고, 얼마나 변덕스럽고, 얼마나 교만하고, 얼마나 제멋대로인지 고백하십시오. 그분에게 고삐 풀린 망아지처럼 얼마나 욕심대로 행하였는지 다 말씀드리십시오. 그분에게 여러분의 기억나는 모든 과오를 최대한 자백하십시오. 하나님으로부터 조금이라도 숨기려고 하지 마십시오. 여러분은 그렇게 할 수 없습니다. 그분은 이미 다 아시기 때문입니다. 그러므로 그분에게 모든 것 — 가장 은밀한 비밀, 심지어는 여러분이 저녁의 산들바람에게도 속삭이기를 바라지 않는 죄 — 을 지체 없이 털어놓으십시오. 모든 것을 말씀드리십시오. 하나님께 고백하는 것은 영혼에게 좋습니다. "죄를 자복하고 버리는 자는 불쌍히 여김을 받으리라"(잠 28:13).

저는 지금 어두운 굴속에 있는 여러분에게 홀로 하나님과 대면할 수 있는 은밀하고 조용한 장소를 찾아 그분 앞에 여러분의 마음을 쏟아놓기를 권면합니다. 다윗은 "내가 내 원통함을 그의 앞에 토로하며"(시 142:2)라고 했습니다. 미사여구를 사용하는 것이 응답 받는데 도움이 된다고 생각하지 마십시오. 여러분이 털어놓아야 할 것은 단순히 말이 아닙니다. 여러분은 하나님 앞에 모든 고민을 토로해야 합니다. 어린아이가 그의 엄마에게 그의 슬픔을 털어놓는 것처럼, 여러분의 모든 슬픔, 모든 고민, 모든 불행, 모든 두려움을 말씀드리십시오. 그 모든 것을 다 털어놓으십시오. 그러면 여러분의 영혼에 큰 구원이 임할 것입니다.

하나님이 유일한 소망임을 인정하라

그러므로 우리가 기억해야 할 것은 바로 이것입니다: 첫째로 하나님께 호소할 것, 둘째로 그분에게 자백할 것, 셋째로 그분의 자비 외에는 우리에게 소망이 없다는 것을 하나님 앞에서 인정할 것. 다윗이 "오른쪽을 살펴보소서 나를 아는 이도 없고 나의 피난처도 없고 내 영혼을 돌보는 이도 없나이다"(4절)라고 한 기도 속에 세 번째 사실이 들어있습니다. 여러분에게는 단 한 가지 소망이 있을 뿐입니다. 그것을 인정하십시오. 아마 여러분은 스스로의 선행을 통해 구원받고자 애를 써 보았을 것입니다. 그러나 그것은 아무 소용없고, 비록 그것들을 한군데 모아 쌓아놓는다고 해도, 소용이 없습니다. 어쩌면 여러분은 스스로의 의로운 행위를 통해 구원받고자 했을지도 모르겠습니다. 그러나 그 절반은 위선이고, 사람이 그의 위선을 통해 어찌 구원받을 수가 있겠습니까? 여러분은 스스로의 감정을 통해 구원받기를 바라십니까? 여러분의 감정이 무엇입니까? 그것들은 날씨만큼이나 변덕스럽습니다. 한 번만 훅 불어도 그 좋은 여러분의 감정은 하나님에 대해 불평하고 반역하는 감정으로 바뀌어버릴 것입니다.

형제들이여, 여러분은 하나님의 율법을 절대로 지키지 못할 것입니다. 그것을 완전히 지키는 것은 그리스도를 통하지 않고 우리가 천국에 이르는 유일한 다른 길입니다. 만일 여러분이 죄를 범하지 않았더라면, 여러분은 하나님의 계명들을 완전하게 지키는 것으로 구원받을 것입니다. 그러나 여러분은 죄를 범했기 때문에 지금 여러분을 구원하지 못할 것입니다. 왜냐하면 미래의 순종이 과거의 순종을 씻어내지는 못할 것이기 때문입니다.

그러므로 죄를 대속하신 예수 그리스도 그분 안에서만 여러분의 유일한 소망이 있습니다. 그것을 인정하십시오. 여러분 주위를 둘러싸고 있는 칙칙한 절망의 습기로 말미암아 그리고 다가올 진노에 대한 두려움 때문에 밀려오는 의심과 두려움의 굴속에서 하나님은 그리스도 안에서 여러분을 유일한 확신의 길로 인도하고, 그로써 여러분은 완전한 평강에 이를 것입니다.

하나님과 변론하라

그럼에도 계속 여러분이 의심과 죄의 굴속에 있다면, 자유를 위해 하나님과 변론하십시오. 이에 대해서도 여러분은 다윗이 굴속에서 한 기도보다 더 나은 기도를 드릴 수 없을 것입니다: "내 영혼을 옥에서 이끌어 내사 주의 이름을 감사하게 하소서"(시 142:7).

만일 여러분이 옥에 갇혀 있다면, 여러분은 스스로 옥에서 벗어날 수 없습니다. 옥문의 쇠창살을 붙잡고 그것을 흔들어댈 수는 있습니다. 그러나 그것들은 미동도 하지 않을 것입니다. 여러분의 손으로 그것을 깨뜨릴 수 없습니다. 여러분은 계획하고, 생각하고, 궁리하고, 지혜를 짜낼 수 있지만, 결코 쇠창살을 통과할 수는 없습니다. 그러나 쇠창살을 열어놓을 수 있는 손이 있습니다. 오, 쇠창살 옥에 갇혀 있는 죄수여, 여러분의 옥을 열고 여러분을 자유케 할 수 있는 손이 있습니다. 여러분은 더 이상 죄인일 수 없습니다. 더 이상 감금될 수 없습니다. 여러분은 구주 예수 그리스도를 통해 자유롭게 활보할 수 있을 것입니다. 오로지 그분만 믿으십시오. 그리고 지금 당장 믿음으로 다윗이 드린 기도를 드리십시오: "내 영혼을 옥에서 이끌어 내사 주의 이름을 감사하게 하소서"(7절). 그분은 여러분을 자유하게 할 것입니다.

얼마나 많은 영혼들이 죄의 감옥으로부터 벗어나 해방되었을 때, 하나님의 이름을 찬송할까요! 저는 제가 죄로부터 해방되었을 때, 얼마나 찬송하고 싶었던지 그 기억이 생생합니다. 저는 찰스 웨슬리(Charles Wesley)가 쓴 찬송시에 정말 동감합니다:

> 만입이 내게 있으면 그 입 다 가지고
> 내 구주 주신 은총을 늘 찬송하겠네.

저는 오랜 친구인 알렉산더 플레처(Alexander Fletcher) 박사가 언젠가 어린아이들에게 들려 준 이야기가 생각납니다. 그는 어느 날 거리를 따라 내려가고 있던 중 한 소년이 자기 머리 윗쪽에 서 있는 것을 보았는데, 그 소년은 손을 짚고 옆으로 재주를 넘고 위 아래로 점프하고 있었습니다. 그는 그 소년에게 "너 지금 뭐하고 있니? 정말 행복해 보인다"라고 말했습니다. 그러자 그 소년은 "오, 아저씨, 만일 아저씨가 6개월 동안 갇혀있다 지금 막 해방되었다면, 나처럼 아저씨도 행복할 거예요"라고 말했습니다.

저는 이것이 참으로 진실이라는 것을 의심하지 않습니다. 사람이 죄의 감옥 — 어떤 지상의 감옥보다 더 끔찍한 감옥 — 에서 벗어나면, 그는 하나님의 자유로운 은총과 절절한 사랑을 찬송하지 않을 수 없을 것입니다. 그는 해방자 그리스도를 찬양하는 노래로 그의 전인생을 채워야 합니다.

그리고 이것이 죄에 대한 가책 때문에 굴속에 있는 여러분에게 주는 저의 권면입니다. 하나님이 그 굴을 여러분에 대한 축복으로 가득 채우기를! 만일 여러분이 죄책감 속에 있다면, 제가 여러분에게 이미 말씀드린 사항을 명심하십시오. 여러분은 제가 이번 설교에서 말씀드린 것 외에 다른 것은 기억할 필요가 없습니다. 만일 여러분이 회개의 굴속에 들어가 있지 않다면, 이제부터 저는 그 점에 대해 말씀드리고자 합니다.

핍박 속에 있는 성도

저는 이제 두 번째 주제에 대해 말씀드리고자 합니다. 본 시편은 핍박받고 있는 성도의 상태에 대해 기록하고 있습니다.

핍박 속에 있는 성도여! 우리 가운데에도 그런 성도가 많지 않을까요? 예, 맞습니다. 사랑하는 형제들이여, 참으로 많은 성도들이 핍박 속에 있습니다. 어떤 사람이 그리스도인이 되면 그는 즉각 그 주변의 불신자들과는 다른 사람이 됩니다.

저는 언젠가 다음 설교의 주제들에 관해 묵상을 하면서 창문가에 서 있었습니다. 그때 저는 갑자기 한 떼의 새들이 날아가는 것을 보는데 눈이 팔려 본문을 정할 수가 없었습니다. 카나리아 한 마리가 그 둥지로부터 빠져나와 우리 집 맞은편에 있는 집 지붕으로 날아갔습니다. 그러자 20여 마리의 참새들을 비롯한 다른 거친 새들이 그 새의 뒤를 쫓아 날아갔습니다. 그 순간 저는 본문을 생각해냈습니다: "내 소유가 내게 대하여는 무늬 있는 매가 아니냐 매들이 그것을 에워싸지 아니하느냐 너희는 가서 들짐승들을 모아다가 그것을 삼키게 하라"(렘 12:9). 그때 추적하는 새들은 서로에게 "여기 노란 새가 한 마리 있다. 이 마을에서 우리는 그와 같은 새를 본 적이 없었다. 그는 여기 있을 자격이 없다. 우리가 그의 밝고 아름다운 옷을 벗겨버리자. 아니 그를 죽여 버리자. 아니면 그를 우리와 같은 어둡고 흐릿한 옷을 입도록 만들자"고 말하는 것처럼 보였습니다.

그것이 세상 사람들이 그리스도인들에게 행하는 일입니다. 공장에서 일하는 경건한 사람들이 있습니다. 또 사무실에서 근무하는 여성 그리스도인들도 있습니다. 이런 그리스도인들이 얼마나 불경건한 동료 직원들에게 공격을 받고 조롱을 당하고 비웃음거리가 되는지에 관해 말할 수 있는 슬픈 이야기가 많이 있습니다.

우리는 어떻게 해야 할지 모르고 있다

방금 말씀드린 상황 속에 바로 여러분이 있을 수도 있습니다. 그때 여러분은 어떻게 해야 할지 거의 모르고 있습니다. 여러분은 시편 142편에서 "내 영이 내 속에서 상할 때에도"(3절)라고 자신의 상태를 말하는 다윗과 같은 상황에 있습니다. 어쩌면 여러분이 새신자라면, 여러분의 동료 직원들이 여러분에게 등을 돌리고 핍박을 가할지도 모릅니다. 새신자인 여러분에게는 그런 일이 처음 겪는 일이 될 것입니다. 그때 여러분은 어찌해야 할지 크게 당혹스럽고 아주 막막할 것입니다. 그들은 가혹하고 사납고 쉬지 않습니다. 그들은 여러분의 부드러운 심성을 발견하고 그것을 어떻게 괴롭힐지 잘 알고 있습니다. 여러분은 이리 가운데 있는 양과 같습니다. 여러분은 대처할 방법을 모르고 있습니다.

그렇다면 그때 여러분은 다윗이 말한 대로 주님께 아뢰십시오: "내 영이 내 속에서 상할 때에도 주께서 내 길을 아셨나이다"(3절). 하나님은 여러분이 어떤 상태에 있는지 그리고 여러분이 어떻게 해야 하는지 정확히 알고 계십니다. 여러분이 어떻게 해야 할지 모를 때 그것을 믿고 주님께 아뢰면 그분은 여러분의 길을 가르쳐 주실 수 있고, 또 반드시 그렇게 하실 것입니다.

우리는 시험 받는다

또한 여러분은 큰 유혹을 받을 수도 있습니다. 다윗은 "그들이 나를 잡으려고 올무를 숨겼나이다"(시 142:3)라고 말했습니다. 이것은 젊은 사람에게는 흔히 일어나는 일입니다. 그의 동료들은 그가 그리스도인이 되었다는 것을 알고, 그를 실족시키려고 애를 씁니다. 할 수 있는 한 그들은 그렇지 않음에도 불구하고 그로 하여금 죄책감을 느끼도록 갖은 궤계를 동원할 것입니다. 아, 만일 여러분이 이런 상황 속에 있다면, 여러분에게는 얼마나 많은 지혜가 필요할까요! 저는 여러분이 유혹에 넘어지지 않고 하나님의 은혜를 통해 소신을 잃지 않기를 기도합니다. 젊은 그리스도인 군사들은 종종 막사 안에서 얼마나 막막한 시간을 가질까요? 그러나 저는 여러분이 자신을 진정한 십자가 군사임을 입증시키기를 바라고, 여러분을 미혹의 길로 이끄는 사람들에게 한 치라도 양보가 없기를 바랍니다.

여기에 덧붙여서 가족들이 여러분에게 등을 돌리고 핍박하는 경우는 얼마나 더 고통스러울까요? 다윗은 "나를 아는 이가 없다"(4절)고 했습니다. 여러분도 똑같지요? 여러분의 부모가 여러분을 핍박합니까? 아내나 남편이 여러분을 훼방합니까? 형제, 자매가 여러분을 위선자로 취급합니까? 그들은 여러분이 집에 돌아오면 여러분에게 조롱의 손가락질을 해댑니까? 그토록 행복했던 교회에서 가정으로 돌아왔을 때, 여러분은 집에 들어오는 순간 불경스러운 욕을 들어야 합니까?

그리스도인들은 새로 개종한 신자들을 위해 기도해야 합니다. 왜냐하면 그들에게 가장 악하게 구는 원수는 종종 그들의 가장 가까운 가족들이기 때문입니다. 새신자는 "제가 그리스도인 친구에게 갈 때는 그리 큰 염려가 되지 않습니다. 저는 다른 날 한 그리스도인과 대화를 나누었는데, 제가 처한 상황에 대해 전혀 이해를 못했습니다."

이런 무감각한 태도는 새신자에게는 실제로 상처가 됩니다. 존의 경우를 보겠습니다. 그는 그리스도에 대해 진실하고, 열렬하고, 너그러운 마음을 가졌습니다. 그가 근무하는 회사의 사장은 그리스도인입니다. 그런데도 존은 그의 동료 직원들에게 따돌림을 당하고 있습니다. 그래서 그는 사장과 그 점을 상의하려고 했습니다. 그러나 존의 사장은 그를 윽박지르고 결코 동정해 주지 않았습니다. 새신자가 그의 고민과 고통을 조금 토로하기 시작하자 이 사람 역시 아주 싫어하고, 불쾌한 반응을 보였습니다.

어떤 그리스도인들은 자기 믿음은 지키는 것 같지만, 새신자가 신앙생활을 시작해서 겪게 되는 고민들에 대해서는 이해하지 못하는 것처럼 보입니다. 이런 경우가 여러분의 경우가 되지 않도록 하십시오. 사랑하는 형제들이여, 그리스도의 군대 속에 이제 막 들어와 대적들에게 괴롭힘을 당하는 사람들에게 사랑을 베푸십시오. 다윗처럼 그들도 굴속에 있습니다. 그들의 상황을 무시하지 마십시오. 그들은 최선을 다하려고 애를 쓰고 있습니다. 그들과 나란히 서서 걸으십시오. 새신자의 핍박자들에게 이렇게 말해 주십시오: "나 역시 그리스도인입니다. 만일 당신이 새신자인 내 친구를 조롱한다면, 그것은 나를 조롱하는 것과 같습니다. 만일 당신이 그에게 비난을 퍼붓는다면, 그것은 나에게도 퍼붓는 것입니다. 나 역시 그가 믿는 것을 믿고 있기 때문입니다."

여러분은 그렇게 하겠습니까? 이 설교를 듣는 사람들은 다 그렇게 하리라고 확신합니다. 여러분은 주님이 계시하신 진리를 신봉하는 하나님의 사람을 지켜 주겠습니까? 그렇게 할 줄로 믿습니다. 그러나 많은 성도들이 자기들의 위기를 피하는데 급급합니다. 만일 전쟁터에서 살며시 도망칠 수만 있다면, 그들은 곧장 집으로 돌아가 전쟁이 끝날 때까지 침대에서 잠이나 잘 것입니다. 하나님이 우리 가운데 있는 닭이 아니라 사자로부터 우리를 도와주시기를! 하나님이 오직 하나님과 그리스도를 위해 사는 사람들에게 은혜를 베푸셔서 주님이 다시 오시는 날 우리 역시 그들과 함께 기억될 수 있기를 바랍니다!

우리는 약하다

우리의 가장 큰 약점은 우리가 약하다고 느끼는 바로 그것일 수도 있습니다. 우리는 "나는 내가 강하다고 느낄 때는 핍박이 두렵지 않다. 하지만 나는 약하다"고 말합니다. 여기서 우리는 강하다는 느낌과 강한 것을 구별해야 합니다. 자신이 강하다고 느끼는 사람은 사실은 약한 사람입니다. 자신이 약하다고 느끼는 사람이 강한 사람입니다. 바울은 "내가 약한 그때에 강함이라"(고후 12:10)고 했습니다. 다윗은 "나를 핍박하는 자들에게서 나를 건지소서 그들은 나보다 강하니이다"(시 142:6)라고 기도했습니다.

즉시 하나님의 강하심 속에 여러분 자신을 숨기십시오. 더 많이 기도하십시오. 하나님을 여러분의 피난처와 기업으로 삼으십시오. 그분을 믿는 믿음을 소유하십시오. 그리하면 여러분은 여러분의 대적들보다 훨씬 더 강해질 것입니다. 그들이 여러분을 넘어뜨릴 수 있을지 모르나 여러분은 곧 다시 역전시킬 수 있을 것입니다. 그들은 여러분 앞에 여러분이 풀 수 없는 문제들을 가져다 줄 수 있습니다. 그들은 자기들의 과학적 지식을 자랑하고, 거기서 여러분은 불이익을 받을 수도 있습니다. 그러나 결코 그것을 염려하지 마십시오. 여러분을 굴속으로 인도하신 하나님은 언젠가 여러분을 위해 형세를 역전시키실 것입니다. 오직 견디십시오. 아니 끝까지 견디십시오.

저는 어떤 사람이 그리스도인이 되는데 얼마간 어려움을 겪는 것에 대해 오히려 감사를 드립니다. 왜냐하면 그것이 자신이 그리스도인이라고 고백하는데 아주 당연한 사건이 되기 때문입니다. 만약 제가 옳다면, 어떤 사람이 "나는 그리스도인입니다"라고 말하는 것이 훨씬 더 드문 일이 될 것입니다. 많은 그리스도인들이 자신이 그리스도인임을 나타내지 않습니다. 그러나 날카로운 선이 그어질 때가 올 것입니다. 우리들 가운데 어떤 사람은 우리가 그 선을 긋는데 도움을 줄 것입니다. 그런데 문제는 사람들이 그리스도인이라는 이름은 간직하고 있지만 세상 사람들처럼 행동하고 세상의 쾌락과 어리석은 것들을 사랑한다는 것입니다. 주님의 집 안에 분리가 일어나 그리스도를 위하는 사람들이 한 집으로 들어가고, 그리스도를 대적하는 사람들이 다른 한 집으로 들어가는 때가 있습니다. 우리는 너무 오랫동안 함께 있었습니다.

저는 그리스도인이 혹독한 시련을 당해야 할 때가 곧 임할 것이라고 생각합니다. 그것은 참된 성도들을 가려내는데 유익한 일이 될 것입니다. 그것은 알곡으로부터 가라지를 날려버릴 것입니다. 불이 가열되고 그것이 도가니 속에 들어가면 완전히 순전한 금이 될 것입니다. 그때 불순물은 순금으로부터 분리될 것입니다.

사랑하는 나의 형제들이여, 용기를 내십시오. 만일 여러분이 지금 굴속에 있다면 주님은 자신이 정하신 가장 좋은 때에 여러분을 그곳으로부터 나오게 하실 것입니다.

연단 속에 있는 성도

이제 저는 더 존경받고 더 지혜롭게 봉사하는 성숙한 성도의 조건에 관해 조금만 더 말씀드리고 이 설교를 마치고자 합니다.

하나님은 어떤 사람을 더 나은 존재로 만들고자 하실 때 항상 그를 먼저 박살내는 것이 이상하지 않습니까? 주님이 위대한 승리자를 만들고자 계획하신 사람이 있었습니다. 그분이 그에게 어떻게 하셨습니까? 그분은 한밤에 그를 찾으셨고, 그와 씨름을 했습니다. 우리는 언제나 야곱의 씨름에 관해 듣습니다. 그런데 저는 감히 말하건대, 야곱은 씨름을 했지만, 진짜 위대한 씨름선수는 야곱이 아니었습니다: "어떤 사람이 날이 새도록 야곱과 씨름하다가"(창 32:24). 하나님이 그와 씨름을 하셨습니다. 야곱은 하나님과 겨루어 이긴 자라는 이스라엘이라는 이름으로 불리기 전, 그분이 야곱의 허벅지를 붙잡고 그 관절을 쳐서 그것이 어긋나도록 하셨습니다. 그 씨름의 목적은 야곱에게서 그가 가진 모든 힘을 빼앗는 것이었습니다. 그의 힘이 빠졌을 때, 하나님이 그를 승리자로 불러 주셨습니다.

지금 다윗은 이스라엘 온 백성을 다스리는 왕이 되어야 했습니다. 다윗에게 예루살렘으로 가는 길이 무엇이었을까요? 보좌를 차지하는 길이 어디에 있었을까요? 그것은 그가 아둘람 굴을 거쳐야 한다는 것이었습니다. 그는 먼저 그곳에 들어가도록 쫓김을 당해야 했습니다. 왜냐하면 그것이 그가 왕이 되는 길이었기 때문입니다.

하나님이 여러분을 높이셔서 더 차원 높은 봉사나 더 수준 높은 영적 생활의 기반을 마련해 주실 때마다 여러분은 항상 내던져짐을 당하지요? 그것이 그분의 통상적인 사역의 방식입니다. 그분은 여러분을 먹이시기 전에 배고픔 속에 두십니다. 그분은 여러분을 입히시기 전에 벗기십니다. 그분은 여러분에게 뭔가를 주시기 전에 여러분을 아무것도 없는 상태로 끌고 가십니다. 이것이 다윗에게 주어진 상황입니다. 그는 예루살렘에서 왕이 되어야 했지만, 굴속을 거쳐 보좌에 나아가야 했습니다.

여러분은 천국에 이르기를 원하고 또는 더 수준 높은 성화의 단계에 들어가기를 바라며 더 크게 쓰임받기를 바라십니까? 그렇다면 굴속에 들어가는 상황이 벌어져도 놀라지 마십시오. 왜 그렇습니까? 하나님은 여러분에게 다음과 같은 다양한 사실들을 가르치기를 원하시기 때문입니다.

기도하라

첫째로 하나님은 여러분을 더 크게 쓰시기 위해 여러분에게 기도하는 법을 가르쳐야 합니다. 유능한 설교자지만 기도를 잘 못하는 사람은 결말이 좋지 않게 됩니다. 성경을 아주 잘 가르치는 것으로 유명하지만 기도를 잘 못하는 사람 역시 그 결말이 좋지 않습니다. 만일 여러분이 기도 없이 탁월한 능력을 가지고 있다면, 여러분의 탁월함은 오히려 패망의 원인이 될 것입니다. 만일 하나님이 여러분을 크게 축복하고자 하신다면, 그분은 여러분을 크게 기도하는 사람으로 만드실 것입니다. 굴속에서 "내가 소리 내어 여호와께 부르짖으며 소리 내어 여호와께 간구하는도다"(시 142:1)라고 기도한 다윗처럼 말입니다.

항상 하나님을 신뢰하라

하나님이 크게 높이는 사람은 심지어는 한계상황 속에서도 항상 하나님을 신뢰하는 사람이어야 합니다. "내 영이 내 속에서 상할 때에도 주께서 내 길을 아셨나이다"(3절). 여러분은 한계상황 속에 빠져본 적이 없으십니까? 그렇다면 하나님은 큰 물 속에서 일하라고 여러분을 보내시지 아니했을 것입니다. 만일 그분이 그렇게 하셨다면, 오래지 않아 여러분은 큰 파도에 휩쓸려서 이리저리 요동하다 한계상황에 빠질 것입니다. 오, 여러분이 스스로를 믿을 수 있을 때, 하나님을 믿는 것은 쉽습니다. 그러나 여러분이 스스로를 믿을 수 없다면, 여러분의 영혼이 엄청난 절망의 추위 속에서 영하로 떨어져 가라앉아 버린다면, 그때가 바로 하나님을 믿을 때입니다. 만일 그것이 여러분의 경우라면, 여러분은 하나님의 백성들을 인도할 수 있고, 다른 사람들을 위로할 수 있는 성도의 자격을 갖추게 될 것입니다.

홀로 서라

그 다음에, 하나님께 크게 쓰임 받는 길에 들어선 하나님의 사람들은 홀로 서는 법을 배워야 합니다. "오른쪽을 살펴보소서. 나를 아는 이도 없고 나의 피난처도 없고 내 영혼을 돌보는 이도 없나이다"(시 142:4). 만일 여러분이 다른 사람들에게 도움받기를 원한다면, 따라가는 자로서는 괜찮습니다. 그러나 만일 여러분이 의지할 사람이 없고 홀로 설 수 있다면, 하나님은 여러분의 돕는 자가 되어 여러분이 훌륭한 지도자가 되도록 하실 것입니다.

마틴 루터가 가톨릭 사제의 길을 포기한 것은 굉장히 인상 깊은 사건이었습니다. 그의 주변에는 "가만히 있게, 마틴. 만일 침묵하지 않으면 큰일 날 걸세. 우리가 거짓된 진리에 대해 듣게 된다고 해도 우리와 함께 로마교회 안에 머무르세. 우리도 복음을 믿지만 그냥 잠잠히 이 안에 있겠네"라고 말해 주는 가까운 친구들이 많이 있었습니다. 그러나 루터는 자기가 적그리스도들을 용납해서는 안되고, 복된 하나님의 순전한 복음을 선포하지 않으면 안된다고 생각했습니다. 비록 고향인 독일 보름스 마을에 있는 그의 집 지붕 꼭대기에 기와가 덮여 있었던 것처럼 그에게 수많은 마귀들이 있었음에도 불구하고, 그는 자신이 진리를 위해 홀로 서야 된다는 것을 알았습니다.

그것이 하나님이 축복하시는 종류의 사람입니다. 저는 제 설교를 듣는 많은 젊은이들이 "저는 필요하다면 홀로 설 수 있습니다"라고 말할 용기를 갖기를 간절히 바랍니다. 저는 동역자들과 친구들과 가족들이 저와 함께 서 있는 것에 대해 진심으로 감사하지만, 그들 가운데 누구든 나와 함께 천국에 동행하지 못할 것이라면, 저는 기꺼이 그들에게 작별을 고하고 하나님의 사랑하시는 아들의 은혜를 통하여 홀로 천국에 들어갈 것입니다.

하나님을 즐거워하라

하나님이 축복하실 만한 사람은 오직 하나님만을 기뻐하는 사람일 것입니다. 다윗은 "주께서 나의 앞뒤를 둘러싸시고 내게 안수하셨나이다"(시 142:5)라고 고백했습니다.

오, 하나님이 우리의 피난처가 되고, 우리의 기업이 되시기를! 여러분은 실직할 수도 있습니다. 여러분은 소득이 없을 수도 있습니다. 여러분은 다른 사람들에게 인정을 받지 못할 수도 있습니다. 그러나 성도라면 "하지만 저는 나의 기업을 잃어버리지 않을 것입니다. 왜냐하면 하나님이 나의 기업이기 때문입니다. 그분이 나의 직장이고, 나의 소득이고, 나의 모든 것이 되시기 때문입니다. 저는 어떤 상황이 임한다고 할지라도 그분을 의지합니다"라고 말하는 법입니다.

만일 여러분이 "여호와를 기뻐하는" 법을 배웠다면, "그분은 여러분의 마음의 소원을 네게 이루어 주실"(시 37:4) 것입니다. 지금 여러분은 하나님이 여러분을 사용하고 여러분을 중요시할 상태에 있습니다. 그러나 여러분이 하나님을 중요시할 때까지 그분은 여러분을 중요시하지 않을 것입니다. 하나님이 이 세상에서 우리가 차지해야 할 기업을 베푸시기를 바랍니다. 왜냐하면 그렇지 못하면 우리는 그분의 백성이 전혀 아니기 때문입니다.

같은 마음을 품으라

하나님이 쓰시는 사람은 상처받은 그리스도인들을 위로하도록 가르침을 받아야 합니다. 다윗은 "나는 심히 비천하니이다"(시 142:6)라고 말했습니다.

만일 주님이 여러분을 축복하고자 하신다면, 성도들이여, 그분의 교회에서 쓰임 받고자 한다면, 여러분은 그분이 여러분을 연단하시리라는 것을 기억해야 합니다. 아마 목회자가 당하는 시험의 90퍼센트 이상은 그 자신의 행복을 위해 주어진 것이 아닙니다. 그들은 다른 사람들의 행복을 위해 보냄 받았습니다. 아주 순조롭게 천국에 들어갈 많은 하나님의 자녀들이 다른 사람들을 위해 하는 것은 별로 없습니다. 그러나 주의 자녀들 가운데 인생의 부침을 경험하고 성숙한 성도들의 삶의 변화를 알고 있는 또 다른 사람들은 다른 사람들을 돕는 준비를 잘할 수 있도록 그렇게 하셨던 것입니다. 그들은 슬퍼하는 사람들과 함께 울고, 즐거워하는 사람들과 함께 기뻐할 수 있습니다.

그러므로 여러분, 곧 굴속에 들어가 본 적이 있는 나의 형제들이여, 그리고 깊은 영적 시험을 몸소 겪어본 나의 자매들이여, 저는 이것이 여러분을 다루시는 하나님의 방법임을 보여 줌으로써 여러분이 위로 받기를 원합니다. 하나님은 여러분을 파내실 것입니다. 여러분은 더 이상 아무것도 담을 수 없는 오래된 도랑과 같습니다. 하나님은 여러분을 파내어 그 안에 은혜를 담을 그릇을 만드실 것입니다. 그분의 삽은 그것이 흙덩어리를 파내어 주변에 던져버리듯 여러분을 날카롭게 파낼 것입니다. 여기서 여러분이 참으로 원하는 것은 던져지는 것이 되어야 하고, 그때 여러분은 "여호와의 말씀이 이 골짜기에 개천을 많이 파라 하셨나이다 여호와께서 이르시기를 너희가 바람도 보지 못하고 비도 보지 못하되 이 골짜기에 물이 가득하여"(왕하 3:16-17)라고 엘리야 선지자가 한 예언이 이루어질 수 있도록 파내어질 것입니다. 내 형제들이여, 여러분은 하나님이 여러분 속에서 영화롭게 될 수 있도록 연단 받아야 합니다.

찬양하라

마지막으로 만일 하나님이 여러분을 쓰고자 하신다면, 여러분은 찬양으로 충만해야 합니다. 다윗이 한 말을 들어보십시오: "내 영혼을 옥에서 이끌어 내사 주의 이름을 감사하게 하소서 주께서 나에게 갚아 주시리니 의인들이 나를 두르리이다"(시 142:7).

만일 하나님이 여러분에게 유익을 주기 위해 연단하고, 여러분을 더 높여 주기 위해 고난을 주신다면, 그분은 여러분에게 그분을 찬양하도록 은혜를 주실 수도 있을 것입니다. 가수들은 다른 사람들 앞에 나서는 사람들입니다. 최고의 찬양을 부르는 사람들은 다른 사람들을 힘 있게 인도하는 데 적합해야 합니다. 저에게 우울한 지도자를 따르라고 요구하지 마십시오. 저에게 슬픈 노래에 발을 맞추도록 요구하지 마십시오. 아니, 저에게 즐거운 노래를 불러 주십시오. 주님께 나아가 영화로운 승전가를 부르십시오(시 15:1). 그분의 위대하신 이름을 계속 찬양하십시오.

만일 여러분이 유쾌한 영혼을 갖고 있다면, 만일 여러분이 주님께 감사하고 모든 시험과 고난을 견디고 난 후 즐거워하는 마음을 갖고 있다면, 그리고 여러분이 비천해진 것 때문에 더욱 즐거워한다면, 하나님은 여러분에게서 뭔가 큰일을 행하실 것입니다. 그분은 자기 백성들을 더 위대한 은혜의 사역으로 인도하는데 여러분을 사용하실 것입니다.

격려

지금까지 설교한 것처럼 저는 이 설교를 세 종류의 사람들이 듣도록 준비했습니다: 죄를 회개하는 사람들, 핍박받는 성도들 그리고 연단 속에 있는 제자들. 하나님이 각자에게 여러분 자신의 본분과 여러분에게 속해 있는 특권을 취하도록 은혜를 베풀어 주시기를 기원합니다.

만일 여러분이 굴속에 있는 어떤 사람을 알고 있다면, 그를 굳이 위로하려고 하지 마십시오. 비록 여러분이 아무리 바쁘다고 해도, 여러분 자신을 항상 두 번째 자리에 두십시오. 지금 곧 어떤 다른 사람이 타고 있는 작은 배를 따라가도록 여러분의 배의 노를 저으십시오. 그리고 그 배위에 타고 있는 고통 받고 있는 가난한 심령과 교제할 수 있는지 살펴보십시오. 슬픈 마음을 가진 그 사람을 즐겁게 하는 말을 해 주십시오. 항상 그렇게 하십시오. 만일 여러분 자신이 감옥 속에 있다면, 거기서 벗어날 수 있는 길도 다른 사람들을 돕는 것입니다. 하나님은 욥이 자기 친구들을 위해 기도하자 그의 재산을 갑절로 회복시키셨습니다. 우리가 다른 사람들을 돌보기 시작하고 다른 사람들을 돕기를 구하면, 하나님은 우리를 축복하실 것입니다. 부디 주님의 이름을 위해 그렇게 할 수 있기를!

2

구하라, 그러면 얻으리라

너희는 욕심을 내어도 얻지 못하여 살인하며 시기하여도 능히 취
하지 못하므로 다투고 싸우는도다 너희가 얻지 못함은 구하지 아
니하기 때문이요 구하여도 받지 못함은 정욕으로 쓰려고 잘못 구
하기 때문이라 — 야고보서 4:2-3

사람은 욕구로 가득 찬 피조물입니다. 그는 언제나 안식이 없습니다. 그
의 마음은 욕망으로 가득합니다. 저는 이런저런 다양한 종류의 욕망을 가
지지 않은 사람을 거의 상상할 수 없습니다. 사람은 물속에서 먹을 것을
찾아 분주히 움직이는 무수한 섬모를 가진 말미잘과 같습니다. 사람은 덩
굴손을 뻗어 더 높은 곳으로 기어오르는 어떤 식물과 같습니다. 사람은 자
기가 생각하는 것을 자신의 항구에 들어오도록 조종합니다. 그러나 아직까
지 그는 파도에 따라 이리저리 흔들리곤 합니다. 이 세상에서 그는 언젠가
그의 마음에 희락이 있기를 희망하고, 따라서 그는 크고 작은 기대감을 가
지고 끊임없이 욕구를 분출시킵니다.

이 사실은 가장 악한 사람이든 가장 선한 사람이든 누구에게나 적용됩
니다. 그러나 죄인들의 욕구와 성도들의 욕구 사이에는 차이가 있습니다.
죄인들의 욕구는 정욕이 됩니다. 그들의 욕망은 이기적이고, 육욕적이며,
결국 악합니다. 그들의 욕구의 성향은 잘못된 방향을 따라 강력하게 진행

됩니다. 이러한 욕망들은 많은 경우에 지극히 감정적이 됩니다. 그것들은 사람을 그 종으로 만들어 사람의 판단을 지배합니다. 그것들은 사람이 폭력적이 되도록 자극합니다.

그는 싸우고 전쟁을 합니다. 어쩌면 그는 글자 그대로 살인을 할지도 모릅니다. 분노를 살인과 같은 것으로 보시는(마 5:21-22) 하나님의 눈으로 보면, 그는 얼마나 자주 살인을 저지를까요. 그의 욕구는 통상 그것들을 정열이라고 말할 수 있을 만큼 아주 강렬합니다. 이 정열들이 극도로 흥분되면, 사람 자신은 격렬하게 투쟁을 벌이게 됩니다. 하나님 나라와 같이 마귀의 나라도 폭력으로 얼룩져 있고, 침략자는 그것을 힘으로 취합니다(마태복음 11:12을 참조하십시오.).

마찬가지로 그리스도인들 안에도 역시 욕망들이 있습니다. 성도들이 그 욕망들을 제거하기 위해서는 그것들과 큰 싸움을 벌여야 합니다. 왜냐하면 그 욕망들 때문에 그들은 그들의 유치한 자아로부터 벗어나기 때문입니다. 신자들은 가장 좋은 일들 곧 순전하고 평화롭고 훌륭하고 고상한 일들만 소원합니다.

그들은 하나님의 영광을 추구합니다. 그러므로 그들의 동기는 거듭나지 않은 영혼을 자극하는 동기들보다 훨씬 더 차원이 높습니다. 그리스도인들 안에 있는 이런 욕망들은 종종 극히 열렬하고 강력하게 불타오르기도 합니다. 참으로 그들은 항상 그렇게 되어야 합니다. 하나님의 영으로부터 나오는 욕망들은 거듭난 본성을 자극하고, 그것을 흥분시키며 도전을 줍니다. 그것들은 신자가 하나님이 갈망하도록 가르친 일들을 성취할 수 있을 때까지 고뇌 속에서 번민하도록 합니다.

악인들의 정욕과 의인들의 거룩한 욕망은 그들 나름대로 만족을 취하는 방법을 갖고 있습니다. 악인들은 경쟁을 통해 그들의 정욕을 만족시키려고 합니다. 그들은 상대를 죽이고 욕망을 채웁니다. 그들은 싸우고 전쟁을 합니다. 반면에 의인들의 욕망은 적절하게 인도될 때 그 목적을 성취시키는 과정이 훨씬 고상합니다. 그들은 열렬하고 지속적인 기도로서 그 간절함을 표현합니다. 경건한 사람은 욕망으로 가득할 때 하나님의 손으로부터 나오는 것을 구하고 받습니다.

여기서 저는 하나님의 도우심을 통해 이번 설교의 본문인 야고보서 4:2-3을 설명하고자 합니다.

첫째로 저는 "너희는 욕심을 내어도 얻지 못하여"라는 말씀 속에서 표현된 정욕의 빈곤함에 대해 설명할 것입니다. 그 다음 두 번째로 저는 영적 일에 몰두하는 많은 자칭 그리스도인들의 빈곤함에 대해 전할 것입니다. 그들 역시 주의 일을 하기를 간절히 바라지만, 실제로는 그렇지 못합니다. 세 번째로 저는 우리가 단순히 올바른 수단만 사용한다면 거룩한 욕망들이 반드시 보상받는 부요함에 대해 서술할 것입니다. 이때 우리는 구하기만 하면 받을 것입니다.

정욕의 빈곤

첫째로 정욕의 빈곤함에 대해 살펴보겠습니다. "너희는 욕심을 내어도 얻지 못하여." 아무리 강하다고 해도 육체의 정욕은 구하는 것만큼 얻는 것이 없습니다.

본문은 "너희가 … 구하여도 받지 못함은"이라고 말씀합니다. 육에 속한 사람은 행복을 갈구하지만, 결코 행복하지 못합니다. 그는 위대하게 되기를 소원하지만, 날마다 더욱 비천한 존재로 나아갈 뿐입니다. 그는 자기를 만족시킬 것이라고 생각하는 이런저런 많은 것들을 열망하지만, 결코 만족하지 못합니다. 그는 결코 잠잠할 수 없는 파도치는 바다와 같습니다. 이렇게 살든 저렇게 살든 그의 인생은 실망의 연속입니다.

그의 활동들은 평화가 없고 허망합니다. 그것들은 단지 불에 사용하는 연료일 뿐입니다. 거기에 어찌 다른 길이 있을 수 있을까요? 우리가 바람을 심는다면, 광풍 외에 다른 것을 거둘 수는 없지 않을까요?(호 8:7)

비록 적극적이고 다재다능하고 참을성이 강한 사람의 강렬한 정욕이 그가 추구하는 것을 충분히 성취한다고 해도, 그는 곧 얻은 것을 잃어버리게 될 것입니다. 그는 그것을 소유하지만 곧 소유하지 못하게 될 것입니다. 그 추구는 힘들지만 그 소득은 꿈에 불과합니다. 그는 먹기 위해 앉아있으나 보십시오, 진수성찬은 사라지고, 그가 컵을 입술에 델 때 그 컵은 사라지고 맙니다. 그는 잃어버리게 됩니다. 그는 세우지만 그 탑은 모래 위에 세운 것으로 금방 허물어지고 맙니다.

나폴레옹이 그 한 실례입니다. 그는 많은 나라들을 정복했지만 바다 한 가운데 고적한 섬에 갇혀 불만을 가득 안고 죽었습니다. 요나를 가려 주던 박 넝쿨이 밤 사이에 시들어버린 것처럼(요나서 4:6-11을 참조하십시오) 제국들 역시 갑작스럽게 몰락하고 그 지배자들도 유배지에서 죽었습니다. 사람들이 전쟁과 싸움을 통해 얻은 것은 잠시 빌린 재산에 불과했습니다. 그 소유는 너무 일시적이어서 참으로 "욕심을 내어도 얻지 못하는" 것일 뿐입니다.

비록 이런 사람이 그가 탁월한 재능을 소유하고 있고 자기가 얻은 것을 유지할 만한 능력이 있다고 할지라도, 다른 의미에서 그는 심지어는 그가 그것을 소유하고 있는 동안에도 그것을 갖고 있지 못합니다. 왜냐하면 그가 그것을 갖고 있을 때 기대했던 즐거움이 거기에 없기 때문입니다. 그는 사과를 집어 들었지만, 그것은 손 안에서 퍼석퍼석 부서져 버리는 사해산(死海産) 사과 중의 하나로 판명되고 맙니다.

정욕과 전쟁을 통해 육에 속한 사람은 결국 자신이 간절히 원하는 것을 얻기는 합니다. 그러나 순간의 만족감이 사라지면, 그가 그토록 정열적으로 갈망했던 것에 대해 만족감이 사라지게 됩니다. 그는 일시적인 쾌락을 소원하고, 그것을 붙잡지만, 그의 열렬한 붙잡음 때문에 그것은 부서지고 맙니다.

아이가 나비를 잡는 장면을 보십시오. 이 꽃에서 저 꽃으로 날아다니는 나비를 그는 죽어라고 쫓아 다닙니다. 드디어 나비는 그의 손에 잡힐 만한 범주 안으로 들어오고, 그는 모자로 그것을 포획합니다. 그러나 불쌍한 나비를 잡을 때, 그 잡는 행위로 인해 상처를 입은 나비가 아무 쓸모가 없음을 발견하게 됩니다. 마찬가지로 수많은 사람들에 대해 "너희는 욕심을 내어도 얻지 못하여"라고 말할 수 있습니다.

야고보 사도는 그들의 세 가지 빈곤함에 대해 말씀합니다: "너희는 살인하며 시기하여도 능히 취하지 못할 것이요", "너희가 얻지 못함은 구하지 아니하기 때문이요", "구하여도 받지 못함은 정욕으로 쓰려고 잘못 구하기 때문이다."

쟁취를 위한 싸움

육에 속한 사람들은 "살인하여 시기하여도 능히 취하지 못합니다." 만일 그들이 실패한다면, 그것은 그들이 원하는 것을 얻기 위해 수고하지 않아서가 아닙니다. 왜냐하면 본성상, 그들은 그들이 할 수 있는 범주 안에서, 그리고 아주 적극적으로 가장 실제적인 수단들을 사용하기 때문입니다. 육에 속한 마음에 따르면, 어떤 것을 얻을 수 있는 유일한 길은 그것을 위해 싸우는 것입니다.

사실상 야고보 사도는 이것을 모든 싸움의 근원으로 설명하고 있습니다: "너희 중에 싸움이 어디로부터 다툼이 어디로부터 나느냐 너희 지체 중에서 싸우는 정욕으로부터 나는 것이 아니냐"(약 4:1). 그러나 그들의 싸움은 성공할 수 없습니다. 왜냐하면 그 다음 구절에서 야고보 사도는 "너희는 다투고 싸우는 데도 얻지 못한다"고 말하고 있기 때문입니다. 그러나 사람들은 대대로 이 방법을 고수합니다.

만일 어떤 사람이 이 세상에서 성공하려면, 그는 이웃들과 경쟁해야 하고 그들이 차지하고 있는 자리에서 그들을 밀어내야 한다고 말할 수 있습니다. 이웃의 성공에 대해서는 냉정하고 오직 자기 자신의 성공에 대해서만 관심을 가져야 합니다. 그는 많이 짓밟을수록 성공을 확신하게 됩니다. 그는 이웃을 자기 몸처럼 사랑한다면 결코 성공을 기대할 수 없습니다. 그것이 진정한 싸움이고, 누구나 스스로의 힘으로 살아남아야 합니다. 여러분은 제가 빈정거린다고 생각하십니까? 하지만 저는 진실로 그것을 원했던 사람들로부터 이 같은 이야기를 들었습니다. 그때 그들은 싸우는 쪽을 택했고, 그 싸움에서 그들은 종종 승리했습니다. 본문에 따르면 그들은 "죽이기" 때문입니다 — 즉 그들은 그들의 대적들을 짓밟고 그들을 끝장내기 때문입니다.

수많은 사람들이 스스로의 힘으로 살아가는데, 그때 그들은 여기서 싸우고 저기서 다투되, 끝까지 버티면서 그들 자신의 행복을 위해 싸웁니다. 그들의 거래를 양심은 결코 막지 못합니다. 그들의 귀에는 "돈을 벌어라. 할 수 있는 한 정직하게 돈을 벌어라. 그러나 그렇게 해선 절대로 돈을 벌지 못하리라"는 옛 속담이 울려 퍼집니다. 육체와 영혼이 파괴되고, 다른 사람들이 불행에 빠지게 되는 것은 문제가 아닙니다. 그들은 싸워야 합니다. 그 이유는 이 전쟁에는 해고가 없기 때문입니다. 야고보 사도는 현명하게 "너희는 살인하여 시기하여도 능히 취하지 못하므로 다투고 싸우는도다"라고 말합니다.

구하지 아니함

자기들의 마음을 이기적 욕망 위에 두고 있는 사람들은 성공하지 못할 때, 그들의 실패의 이유가 "구하지 아니하기 때문"이라고 말하는 것이 가능합니다. 그러면 성공은 구하는 것으로 이루어지는 것일까요? 본문은 이에 대해 힌트를 주고 있고, 의인은 그것이 그렇다는 사실을 깨닫게 됩니다.

육에 속해 강렬한 욕망을 가진 사람은 왜 구하지 않을까요? 그 이유는 첫째로, 거듭나지 못한 자연인이 기도하는 것은 당연한 일이 아니기 때문입니다. 그는 자연적으로 발아해서 날개를 달고 날아가는 나방과 같습니다. 그는 기도라는 말을 무시합니다. "기도? 아니야, 나는 일하기를 원해. 나는 기도에 시간을 낭비할 수 없어. 기도는 실제적인 것이 못돼. 나는 내 식으로 싸우기 원해. 당신이 기도하는 동안 나는 내 대적을 칠거야. 나는 내 사무실에 가서 당신의 성경책과 기도들을 치워 버릴거야"라고 그는 말합니다.

육에 속한 사람은 어떤 도움도 하나님께 구할 의사가 없습니다. 그는 자신의 선견지명을 아주 자랑스럽게 여깁니다. 그는 자신의 강한 팔이 자기에게 승리를 가져다줄 것이라고 생각합니다. 자신의 견해에 대해 아주 자유스러울 때, 그는 자기는 기도하지 않아도 좋은 일이 일어날 것이라고 생각합니다. 왜냐하면 그것이 사람들의 마음을 안심시키고, 그들을 아주 기분 좋게 하기 때문입니다. 그러나 지금까지 응답받은 기도가 있었다고 해도 그것을 무시합니다. 그는 하나님이 기도에 응답하시기 위해 자신의 행위를 바꾸는 것은 철학적으로 또는 신학적으로 불합리한 견해라고 주장합니다. 그는 "어리석도다, 아주 어리석도다!"고 말합니다. 그러므로 자신의 지혜를 따라 그는 그의 전쟁과 싸움의 길로 들어갑니다. 그것은 이 수단을 통해 자신의 목표를 이룰 수 있다고 보기 때문입니다. 그러나 그는 그것을 이룰 수 없습니다. 인류의 전체 역사를 보면, 악한 욕망은 결코 그 목표를 이루지 못했음을 입증해 줍니다.

헛되이 구함

육에 속한 사람은 잠깐 동안은 싸우고 전쟁을 할 수 있습니다. 그러나 결국에 가선 마음을 바꾸게 됩니다. 그 이유는 그가 싸울 수 없도록 병이 나거나 겁을 먹게 되기 때문입니다. 그의 목표는 변함이 없습니다. 하지만 그가 한 가지 방법을 써서 그 목표를 이룰 수 없다면 그는 곧 다른 방법을 쓸 것입니다. 만일 그가 구해야 한다면 아마 구하기는 잘할 것입니다. 그는 종교적인 사람이 되고 그 방법을 통해 스스로 힘을 얻습니다. 그는 어느 종교적인 사람들은 세상에서 잘 나가고, 심지어는 신실한 그리스도인들이 결코 바보가 아니라는 것도 인정합니다. 그러므로 그는 그 계획을 시도해 볼 것입니다.

그런데 그는 본문에서 말하는 세 번째 오류 속에 빠지게 됩니다: "구하여도 받지 못함은." 왜 육에 속한 사람은 심지어 기도할 때에도 그 욕구를 이룰 수 없을까요? 그 이유는 그의 구함이 단순히 형식에 그치기 때문입니다. 그의 마음은 하나님을 경배하는 마음이 없습니다. 그는 기도의 형식들을 담고 있는 책을 사고, 그것들을 중언부언 반복합니다. 그는 중언부언이 기도하는 것보다 더 쉽다는 것을 알고, 아무 생각 없이 구합니다.

저는 여러분이 그렇게 기도한다면 어떤 형식으로 기도하든 그것을 반박할 생각은 없습니다. 그러나 저는 그렇게 기도하지 않을 뿐만 아니라 말들을 아무 생각 없이 반복적으로 나열하지 않고 기도하는 많은 사람들을 알고 있습니다. 만일 우리 자녀들이 부모에게 어떤 요청이 있을 때 솔직히 말하지 않고 항상 우리에게 읽어 주려는 기도문을 찾기 위해 도서관에 가는 것처럼 한다고 상상해 보십시오. 그렇게 되면 가족간의 감정과 사랑은 확실히 끝장이 날 것입니다.

인생은 그 움직임이 속박을 받을 것입니다. 우리의 가정은 일종의 학교 기숙사나 병영의 막사처럼 되고 말 것입니다. 가족들은 사랑스러운 신뢰로 가득 차고 즐거움으로 반응하는 행복하고 다정한 눈빛 대신에 모두 의례적이고, 형식적인 딱딱한 사이가 되어버릴 것입니다. 영적인 많은 사람들이 다양한 기도의 형식을 사용합니다. 그러나 육에 속한 사람들은 형식에만 관심이 있고 참된 기도에는 관심이 없기 때문에 거의 대부분 그렇게 되고 맙니다.

만일 여러분의 욕망이 타락한 본성에 속한 것이라면, 만일 여러분의 욕망이 여러분 자신의 자아에서 시작해서 자아로 끝난다면, 그리고 여러분이 세상에 사는 인생의 첫 번째 목적이 하나님의 영광이 아니라 자신의 영광에 있다면, 여러분은 아무리 열심히 투쟁한다고 해도 결국 그것을 얻지 못할 것입니다. 여러분은 일찍 일어나고 늦게 누워 잔다고 해도, 거기서 얻는 것으로 만족할 것은 아무것도 없을 것입니다. 주님이 시편을 통해 다음과 같이 말씀하신 것을 기억하십시오.

분을 그치고 노를 버리며 불평하지 말라 오히려 악을 만들 뿐이라 … 잠시 후에는 악인이 없어지리니 네가 그곳을 자세히 살필지라도 없으리로다 그러나 온유한 자들은 땅을 차지하며 풍성한 화평으로 즐거워하리로다(시 37:8, 10-11).

저는 지금까지 말씀드린 것만으로도 정욕의 빈곤함을 충분히 입증했다고 생각합니다.

영적 빈곤

두 번째로 저는 이 문제를 아주 심각하게 다루고자 하는데, 그것은 그리스도인들이 영적 빈곤함을 어떻게 채울 수 있는지를 보여 주는 것입니다. 그들 역시 얻기를 간절히 바라지만 얻지 못할 수 있습니다. 물론 그리스도인들은 불신자들보다 훨씬 더 고상한 일들을 추구합니다. 그렇지 않다면 그들은 "그리스도인"이라는 말을 들을 자격이 없겠지요. 최소한 겉으로만 보면 그리스도인의 목적은 성령과 진리 안에서 참된 부요함을 얻고 하나님을 영화롭게 하는 것입니다. 그러나 보십시오. 사랑하는 형제들이여, 모든 그리스도인들이 그들이 원하는 것만큼 얻지 못합니다. 여기저기뿐만 아니라 많은 곳에서 교회는 잠을 자고 있고 점차 쇠락의 길을 걷고 있습니다.

물론 그들에게 그럴 만한 핑곗거리가 없는 것은 아닙니다. 그들은 인구가 줄고 있고, 다른 것들을 사랑하도록 사람들이 유혹받고 있다고 말합니다. 사람마다 핑계 없는 무덤이 없는 법이지요. 그러나 우리는 현실을 직시해야 합니다. 어떤 지역에서는 거의 공예배가 사라져 버렸습니다. 목회사역은 사람들을 집결시키는 능력이 없어졌습니다. 형식적으로 참석하는 회중들은 불만이 있거나 무관심합니다. 이런 교회들 안에서는 회심의 역사가 일어나지 않습니다. 이런 일들이 일어나는 이유가 무엇일까요?

그리스도인들의 경쟁

첫째로 심지어는 자칭 그리스도인들이라도 잘못된 방법으로 자기의 욕구를 이루고자 할 수 있습니다. "다투고 싸우나 얻지 못하고" 교회들이 다른 교회들과 경쟁함으로써 부흥하려고 시도하지 않았습니까? 우리는 어리석게도 이렇게 말합니다.: "모교회는 아주 유능한 목회자를 보유하고 있습니다. 우리도 유능한 목회자가 필요합니다. 실제로 그는 다른 교회의 목회자보다 더 유능해야 합니다. 그것이 바로 우리가 원하는 바 — 유능한 목회자 — 입니다." 예수 그리스도의 복음을 설교하는 유능한 목회자에 관해 말하는 시대에 살고 있다는 것이 얼마나 두려운 일일까요! 이 거룩한 섬김이 인간적인 유능함에 의존한다고 생각되는 것이 얼마나 슬픈 일일까요!

교회들은 건물, 찬양, 의상 그리고 사회적 지위 등에서 다른 교회들과 서로 경쟁하고 있습니다. 어떤 경우에는 라이벌이 되어 싸우는 일도 있습니다. 다른 교회가 자기들 교회보다 더 크게 성장하는 것을 즐거운 눈으로 바라보지 못할 정도로 속이 좁습니다. 다른 교회 회중들이 우리 교회 회중들보다 더 열심히 수고할 수 있고, 그들이 하나님의 사역을 더 잘 감당할 수도 있습니다. 그러나 우리는 그들에 대해 질투어린 눈으로 바라보기가 십상입니다. 우리는 그들과 사이좋게 지내려는 마음이 없습니다. "너희는 하나님이 우리 속에 거하게 하신 성령이 시기하기까지 사모한다 하신 말씀을 헛된 줄로 생각하느냐"(약 4:5). 만일 그들 사이에 교회를 분열시키고 소멸시키는 분란이 일어났다면, 우리는 그것을 기뻐해서는 안됩니다. 당연히 그래서는 안됩니다. 그러나 우리는 전혀 슬픔을 느끼지 않습니다.

어떤 교회에는 악령이 머물러 있기도 합니다. 하나님은 이런 방법들과 이런 영들을 축복하지 않으실 것입니다. 악령에게 지는 사람들은 얻기를 바라지만 결코 얻지 못할 것입니다.

구하지 아니함

그러면 이런 교회들이 축복을 받지 못하는 이유는 무엇일까요? 본문은 "구하지 아니하기 때문"이라고 말씀합니다. 저는 구하지 않는 그리스도인들이 있다는데 대해 우려를 금할 수 없습니다. 모든 형식의 기도가 무시되고 있습니다. 개인기도는 쇠퇴일로를 겪고 있습니다. 저는 모든 회중이 양심에 손을 얹고 얼마나 많이 개인기도를 실시하는지, 얼마나 많은 시간 하나님과 은밀한 교제를 갖고 있는지 물어보기를 원합니다. 확실히 개인기도를 활성화하는 것이 교회성장의 비결입니다. 가정기도는 눈으로 확인할 수 있기 때문에 판단하기가 더 쉽습니다. 저는 오늘날 많은 사람들이 가정기도를 포기하는 것이 걱정이 됩니다. 저는 여러분이 이런 사람들과 같이 되지 않기를 기도합니다.

저는 여러분이 어떤 스코틀랜드 농부와 똑같은 태도를 취하기를 바랍니다. 그는 인심이 후한 어느 부잣집 농부로 고용되었습니다. 그의 모든 친구들은 그런 그를 부러워했습니다. 그러나 얼마 안가 그는 다시 고향으로 돌아왔습니다. 그들이 그에게 왜 곧 돌아오게 되었느냐고 묻자 그는 "나는 지붕이 없는 집에서 살 수 없어"라고 대답했습니다. 물론 부잣집은 물리적인 지붕은 있었으나 그 농부는 기도의 지붕을 말한 것이었습니다. 기도 없는 집은 지붕 없는 집입니다. 우리는 우리 가족들 머리 위에 아무것도 없다면 교회에서 축복을 기대할 수 없습니다.

우리가 기도회라고 부르는 모임에 참석하는 것도 부진하지 않습니까? 많은 이유로 기도회는 무시되고 있습니다. 그것은 사소한 모임으로 전락해 버렸습니다. 어떤 교회 성도들은 전혀 참석하지 않습니다. 그리고 그것이 그들의 양심에 아무 가책을 주지 않습니다. 어떤 성도들은 기도회를 성경공부와 결합시킴으로써 한 주간 동안 딱 한 번만 모임을 갖습니다.

언젠가 저는 이 모든 현상에 대해 이런 변명의 소리를 들었습니다: "사람들은 가족에 대해 더 많은 관심을 갖고 있고, 그래서 가정에서 잘하고 있다." 이것은 어리석은 대답입니다. 우리들 가운데 누구도 가정사를 무시하는 사람들이 되기를 원하지 않습니다. 그러나 그들 자신의 관심사에 가장 큰 신경을 쓰는 사람은 교회에 가서 해야 할 일에 대해서도 부지런한 사람들입니다. 하나님의 집을 무시하는 사람은 종종 자기 자신의 집에 대해서도 무시하는 사람이라고 말할 수 있습니다. 만일 어떤 사람이 그의 자녀에게 교회활동을 강조하지 않는다면, 저는 그가 그리스도에게 다가갈 수 없을 것이라고 권면할 것입니다.

어쨌든 교회의 기도는 교회 부흥의 근간입니다. 만일 우리가 기도를 못한다면 축복도 못받습니다. 교회로서 우리의 진정한 성공은 단지 그것을 주님께 구할 때에만 얻을 수 있습니다. 우리는 이 문제에 대해 개혁하고 개선할 준비가 되어 있지 않습니까? 오, 시온에 고통의 시간이 임하면 그때는 얼마나 기도의 고뇌가 신실한 자의 온 몸에 가득하게 될까요!

잘못 기도함

어떤 사람들은 "우리는 기도회를 갖고 있고, 그때 축복을 구하지만 축복은 오지 않는다"고 말할 것입니다. 다음 본문에서 그 해답을 발견할 수 있지 않습니까?: "구하여도 받지 못함은 잘못 구하기 때문이라." 기도회가 단순한 형식이 될 때, 신자들이 진지하고 열렬한 마음으로 하나님께 구하는 대신 고개를 뻣뻣이 들고 장광설을 늘어놓으며 시간을 허비할 때, 축복에 대한 기대가 없을 때, 기도가 냉랭하고 냉담할 때, 그러면 이루어지는 것은 아무것도 없습니다. 열렬한 마음이 없이 기도하는 사람은 전혀 기도하지 않는 것입니다. 우리가 기도할 때 불이 없다면, 우리는 "소멸하는 불"(신 4:24)이신 하나님과 교제할 수 없습니다.

많은 기도들이 그 배후에 믿음이 없기 때문에 그 목적을 이루는데 실패합니다. 의심으로 가득 찬 기도는 거절해 달라고 요청하는 것과 같습니다. 여러분이 한 친구에게 "사랑하는 친구여, 나에겐 지금 큰 고민거리가 있네. 이것을 자네에게 말하는데, 그렇게 하는 것이 옳다고 생각하기 때문에 자네 도움을 받고 싶네. 그러나 비록 말은 하지만 자네가 어떤 도움을 줄 수 있을지 나는 자네를 믿을 수가 없네. 만약 자네가 그런 도움을 준다면 참으로 나는 큰 충격을 받겠지. 나는 아마 그것을 큰 이적처럼 말할 것이네" 하고 말한다고 상상해 보십시오.

그때 여러분이 어떤 도움을 받을 것이라고 생각하십니까? 저는 여러분의 친구가 그를 믿는 여러분의 신뢰가 얼마나 작은지 충분히 느낄 수 있다는 것을 말해 두는 바입니다. 그는 여러분이 아무것도 기대하지 않기 때문에 여러분의 그런 태도에 전혀 놀라지 않는 반응을 보일 것입니다. 그의 인자하심에 대한 여러분의 의견은 너무 낮기 때문에 그는 여러분을 위해 힘쓸 마음이 없을 것입니다. 우리의 기도가 그 편지와 같을 때 우리가 받지 못한다면 잘못 구하기 때문이라는 것에 놀라서는 안됩니다.

더구나 우리가 교회가 부흥 중에 영광을 받기를 원하기 때문에 교회의 부흥을 단순히 구하기만 한다면, 우리가 속한 교파가 크게 성장하고, 우리가 그 영광을 공유할 정도로 그 사회적 영향력이 증진되기를 바란다면, 우리의 욕구는 결국 정욕 외에 다른 것이 아닐 것입니다.

하나님의 자녀들이 세상 사람들과 동일한 질투심과 야망을 드러내는 것이 어떻게 있을 수 있을까요? 영적 사역이 라이벌 관계와 경쟁의 문제가 될 수 있습니까? 아닙니다. 이기적인 성공을 구하는 기도는 아무리 진지하고 아무리 깊이 믿는다고 해도 은혜의 보좌에 들어가지 못할 것입니다. 하나님은 우리의 기도를 듣지 않으시고, 나가라고 말씀하실 것입니다. 왜냐하면 그분은 자아가 목적인 간구를 좋아하시지 않기 때문입니다. "너희가 얻지 못함은 구하지 아니하기 때문이요 구하여도 받지 못함은 … 잘못 구하기 때문이라."

우리의 넘치는 부요함

이제 저는 아주 유쾌한 말씀을 전하고자 합니다. 그것은 올바른 수단을 사용할 때 주어지는 부요함 곧 적절한 기도에 대한 설명입니다.

저는 여러분이 이 문제에 관해 아주 열렬한 관심을 갖기를 바랍니다. 왜냐하면 그것은 굉장히 중요하기 때문입니다. 첫 번째 요점을 말한다면, 우리는 하나님이 이 점에 대해 우리에게 바라시는 것이 얼마나 작은 일인지를 알게 됩니다. 구하라? 하지만 그것은 그분이 우리에게 바라시는 가장 작은 일입니다. 그리고 그것은 우리에게 도움 얻기를 원하는 사람들에게 요구하는 정도에 불과한 것입니다. 우리는 가난한 사람이 구하기를 바랍니다. 만일 그가 구하지 않는다면 우리는 그의 가난에 대한 책임을 그에게 지웁니다.

만일 하나님이 구하는 자에게 주시는데도 불구하고 우리가 여전히 가난하다면, 누가 비난을 받아야 하겠습니까? 그것은 전적으로 우리의 책임이 아니겠습니까? 그렇게 되면 우리가 그분의 도우심을 구하지 않을 때에도 하나님으로부터 멀어지는 것처럼 보이지 않겠습니까? 확실히 우리 마음속에는 그분에 대한 적대감이 잠재되어 있는 것이 틀림없습니다. 그렇지 않다면 우리가 기도하는 것은 마지못해 하는 억지가 아니라 기꺼이 아주 즐겁게 할 것입니다.

나의 사랑하는 형제들이여, 우리가 그것을 좋아하든 안하든, 구하는 것은 천국의 법칙입니다. "구하라 그리하면 받으리니"(요 16:24) 이것은 누구에게도 예외가 없는 철칙입니다. 우리 주 예수 그리스도는 가족의 장자지만, 심지어 하나님은 그분에 대해서도 이 법칙을 예외로 하시지 않습니다. 여호와는 자신의 아들에게 "내게 구하라 내가 이방 나라를 네 유업으로 주리니 네 소유가 땅 끝까지 이르리로다"(시 2:8)고 말씀하셨습니다. 만일 왕이신 하나님의 아들이 구함의 법칙으로부터 제외되지 않았다면, 저와 여러분이 그 법칙에서 예외가 되리라고 기대하지는 못할 것입니다.

하나님은 엘리야를 복 주시고, 이스라엘에 비를 내려 주신다고 미리 말씀하셨지만, 엘리야는 그것을 위해 기도해야 했습니다. 비록 하나님의 선민이 번영하도록 되어 있었지만, 사무엘은 그것을 위해 간구해야 했습니다. 비록 유대인들이 구원받도록 되어 있었지만, 다니엘은 중보의 기도를 드려야 했습니다. 하나님은 바울을 축복하셨고, 열방들이 그를 통해 회심했지만, 바울은 기도해야 했습니다. 그는 "쉬지 말고" 기도하라(살전 5:17)고 했습니다. 그가 쓴 편지들은 그가 그것을 위해 기도하는 것 외에 다른 것을 기대하지 않았음을 보여 줍니다.

더구나 깊이 생각해 보지 않아도 하나님의 교회에는 기도 외에도 많은 필수적인 것들이 있다는 것을 우리는 알고 있습니다. 여러분은 제가 앞서 언급했던 유능한 목사를 만날 수 있고, 새로운 교회, 새로운 오르간과 성가대를 접할 수 있습니다. 여러분은 그것들을 기도 없이 만날 수 있습니다.

그러나 여러분은 기도 없이는 하나님의 기름부음을 받을 수 없습니다. 하나님의 은사는 돈으로 얻어지는 것이 아닙니다.

한 작은 시골 교회의 성도들 몇 사람이 예배당 안에 아주 멋진 샹들리에를 걸어두면 교회가 성장할 것이라고 생각했습니다. 참으로 그 지역 주민들은 이 샹들리에에 관해 많은 말을 했고, 어떤 사람들은 그것을 보기 위해 예배당을 찾았습니다. 그러나 그 빛은 곧 희미해지기 시작했습니다.

여러분은 온갖 멋진 가구들을 살 수 있습니다. 플루트, 오르간 그리고 온갖 악기들을 비롯해서 그림, 장식품, 옷 등을 구할 수 있습니다. 여러분은 기도 없이 이것들을 구할 수 있습니다. 사실상 이런 하찮은 것들을 위해 기도하는 것은 우스운 일입니다. 그러나 여러분은 기도 없이는 성령을 받을 수 없습니다. 바람처럼 그분은 자신이 원하는 대로 움직이십니다. 그분은 구하지 않고는 어떤 과정이나 방법을 통해서도 역사하시지 않습니다. 나아가 그분의 부재를 보충할 기계적 수단들은 없습니다. 기도는 영적 축복의 대문이기 때문에 여러분이 만일 그것을 닫으면 그분의 은총도 닫혀버릴 것입니다.

기도의 특권

사랑하는 형제들이여, 여러분은 하나님이 요구하시는 이 구함이 굉장히 놀라운 특권이라고 생각되지 않습니까? 그것은 참으로 어려운 일입니다. 만일 기도가 축복의 물줄기를 증가시키기보다는 차단하는 것이라면, 그것은 끔찍한 재난이 될 것입니다.

여러분은 극도의 고통으로 발작을 일으키거나 고통스러워하는 벙어리를 본적이 있을 것입니다. 그때 그가 얼마나 필사적으로 말하기를 원하던가요? 보는 것이 두려울 정도입니다. 얼굴은 흉하게 일그러지고, 몸은 부들부들 떨립니다. 벙어리는 비참한 모습으로 몸부림을 칩니다. 모든 수족은 혀의 기능을 돕기 위한 열망으로 뒤틀리지만, 그것은 그 속박을 풀어버릴 수 없습니다. 소리 없는 빈 소리가 가슴으로부터 나오고, 무의미하게 더듬는 소리가 비록 명확하게 뜻을 전하는 말투를 보여 줄 수는 없어도 어느 정도 주의를 환기시킵니다. 그 연약한 피조물은 말할 수 없는 고통 속에 있습니다.

우리가 기도할 수 없을 때, 우리의 영적 본성이 강렬한 욕구로 충만해 있다고 생각해 보십시오. 저는 그것이 우리가 경험할 수 있는 가장 처절한 고통 가운데 하나라고 생각합니다. 우리가 치명상을 입고 수족이 잘려나갔다면, 아마 우리의 고통은 극도에 달할 것입니다. 그러므로 그분의 이름을 찬송하십시오. 주님은 우리의 심정을 표현할 수 있는 방법을 정하셨고, 그분은 우리의 심령에 그분에게 간구하도록 명하십니다.

사랑하는 형제들이여, 기도합시다. 제게는 우리가 곤고할 때 가장 먼저 해야 할 일로 생각나는 것이 기도라고 생각됩니다. 만일 사람들이 하나님과 올바른 관계 속에 있고, 진실로 그분을 사랑한다면, 그들이 호흡하는 것처럼 자연스럽게 기도할 것입니다. 저는 우리들 가운데 어떤 이들은 하나님과 올바른 관계 속에 있으면서 기도할 필요를 느끼기를 바랍니다. 저는 기도가 우리들 가운데 본능이 되기를 바랍니다.

최근에 저는 한 독일 소년에 관한 이야기를 들었습니다. 사랑스러운 그 소년은 그의 하나님을 믿었고, 그는 기꺼이 그분께 기도했습니다. 그의 학교 선생님은 학생들에게 지각하지 말도록 가르쳤고, 그 소년은 항상 지각하지 않으려고 노력했습니다. 그러나 그의 부모는 좀 게으른 사람들이었습니다. 어느날 아침 순전히 부모의 실수 때문에 그는 일찍 일어나지 못하고 수업이 시작되는 시간에야 대문을 나섰습니다. 그가 큰 소리로 "사랑하는 하나님, 제가 학교에 지각하지 않도록 도와주세요"라고 기도하는 것을 옆에 있던 한 친구가 들었습니다. 이전에는 한 번도 기도하는 것을 들은 적이 없었기 때문에, 또 그 전에는 그가 자기보다 앞서 등교를 하고 그래서 한 번도 지각을 한 적이 없었기 때문에 그것은 그에게 감동을 주었습니다.

그런데 이 특별한 날 아침 선생님은 교실 문을 열기 위해 열쇠를 돌리는데, 전혀 엉뚱한 방향으로 돌리고 있었습니다. 그러다 그만 열쇠는 자물쇠 속에 박혀 빼도 박도 못하게 되었고, 문을 열기 위해 열쇠수리공을 불러와야 했습니다. 그로 인해 필요한 시간만큼 지체가 되었습니다. 문이 열렸을 때, 그 소년은 지각하지 않고 다른 친구들과 함께 입실할 수 있었습니다.

하나님은 올바른 소원에 대해 응답하시는 다양한 방법들을 갖고 계십니다. 진실로 하나님을 사랑하는 자녀는 처한 곤경에 대해 찔찔 짜거나 울부짖는 대신 그분께 하소연하는 것은 너무나 자연스러운 일입니다. 주님께 우리의 슬픔을 자발적으로 그리고 즉각적으로 토로하고 도움을 구하는 것이 어찌 자연스러운 일이 아니겠습니까? 이것이 어찌 최초의 수단이 아니고 최후의 수단이 될 수 있겠습니까?

그러나 슬프게도 성경과 경험에 따르면, 그리고 제 자신의 체험에 따르면 기도가 종종 마지막 수단이 되고 만다고 덧붙이는 것을 슬프게 생각합니다. 시편 107편에 나오는 병든 영혼을 보십시오. 친구들이 그에게 각종 음식물을 가지고 왔습니다. 그러나 그의 영혼은 "그들의 모든 음식물을 싫어합니다"(18절). 의사들도 그를 치료하기 위해 할 수 있는 모든 조치를 취합니다. 그러나 그의 상태는 더욱 악화될 뿐이었습니다. 그는 거의 "사망의 문에 이르렀습니다"(18절). 마지막으로 그는 그의 고통을 여호와께 아룁니다(19절). 그는 첫 번째 두어야 할 것을 마지막에 둡니다.

"의사에게 보이십시오. 그에게 영양제를 주십시오. 그를 붕대로 싸매십시오." 모든 조치를 다 취했습니다. 그러나 여러분이 하나님께 기도할 때는 언제인가요? 하나님은 병이 치명적으로 깊어졌을 때나 찾게 됩니다.

같은 시편에 나오는 선원들을 보십시오. 그들의 배는 거의 파선 직전입니다. "그들이 하늘로 솟구쳤다가 깊은 곳으로 내려가나니 그 위험 때문에 그들의 영혼이 녹는도다"(26절). 그들은 폭풍을 이겨내기 위해 취할 수 있는 모든 수단을 다 취합니다. 그러나 "그들이 이리저리 구르며 취한 자같이 비틀거리며 그들의 모든 지각이 혼돈 속에 빠지는" 순간에 "그들은 고통 때문에 여호와께 부르짖습니다"(27-28절).

오, 그렇습니다. 우리는 코너에 몰리고 망하기 직전에 이르러서야 하나님을 찾습니다. 이토록 때늦은 기도라도 그분이 들으시고 간구자들의 고통을 구원하시니 얼마나 은혜로우실까요! 그러나 이것이 저와 여러분과 그리스도의 교회에도 똑같이 적용되어야 할까요? 침체된 교회가 첫 번째 보여 주어야 할 모습은 "하나님이 우리를 축복하실 때까지 우리가 밤낮으로 기도합시다. 다같이 한 곳에 모여(행 2:1) 축복이 임할 때까지 절대로 흩어지지 맙시다"라고 간구하는 것이 되어야 하지 않을까요?

충분히 응답 되는 기도

형제들이여, 여러분은 기도를 통해 얻어지는 것이 얼마나 엄청난 것인지 알고 계십니까? 여러분은 그것에 관해 생각해본 적이 있습니까? 그것들이 열렬하게 기도하도록 여러분을 자극하지 않습니까? 천국에 속한 모든 사람들은 각자 기도해야 할 위치에 있는 사람들입니다. 하나님의 모든 약속들은 무궁무진한 축복으로 가득 차 있지만, 그 성취는 기도에 의해서만 얻어지도록 되어 있습니다. 예수님은 "내 아버지께서 모든 것을 내게 주셨다"(마 11:27)고 말씀하셨습니다. 사도 바울도 "만물이 다 너희 것이요 … 너희는 그리스도의 것이라"(고전 3:21, 23)고 역설했습니다. 이와 같이 만물이 우리에게 주어져 있다면 누가 기도하지 않겠습니까?

특별한 개인들에게 첫 번째로 주어진 약속들은 우리가 그것들을 위해 기도하는 법만 알고 있다면 틀림없이 이루어질 것입니다. 예를 들면 야곱이 홀로 벧엘에 이르렀지만, 호세아 선지자는 "거기에서 우리에게 말씀하셨나니"(호 12:4) 하고 "우리"라는 말을 사용했습니다. 옛날에 이스라엘 백성들이 홍해를 건넜지만, 우리라는 말은 시편 66편에서도 사용되고 있습니다: "우리가 거기서 주로 말미암아 기뻐하였도다"(6절).

사도 바울도 곤고한 날들에 대한 위대한 약속을 우리에게 주기를 바라면서 다음과 같은 표현을 사용했습니다: "내가 결코 너희를 버리지 아니하고 너희를 떠나지 아니하리라"(히 13:5). 바울은 그 구절을 어디서 따왔을까요? 그것은 여호와께서 여호수아에게 주신 보증에서였습니다: "내가 너를 떠나지 아니하며 버리지 아니하리니"(수 1:5). 여러분은 "확실히 그 약속은 여호수아에게만 해당되는 약속"이라고 생각할지도 모릅니다. 그러나 아닙니다. 그것은 우리를 위한 약속이기도 합니다. "성경의 모든 예언은 사사로이 풀 것이 아니니"(벧후 1:20). 모든 성경이 우리의 것입니다.

하나님이 밤에 솔로몬에게 나타나신 장면을 보십시오. 그때 그분은 "내가 네게 무엇을 줄꼬 너는 구하라"(왕상 3:5)고 말씀하셨습니다. 솔로몬은 지혜를 구했습니다. "오, 그것은 솔로몬이기 때문입니다"라고 여러분은 말하겠지요. 아닙니다. 이것을 보십시오: "너희 중에 누구든지 지혜가 부족하거든, 하나님께 구하라"(약 1:5). 나아가 하나님은 솔로몬에게 부와 명예까지 덤으로 주셨습니다. 그것이 오직 솔로몬에게만 일까요? 아닙니다. 왜냐하면 참된 지혜의 "오른손에는 장수가 있고 왼손에는 부귀가 있기"(잠 3:16) 때문입니다. 이것은 우리 주님의 약속과 아주 유사합니다: "너희는 먼저 그의 나라와 그의 의를 구하라 그리하면 이 모든 것을 너희에게 더하시리라"(마 6:33).

여러분은 주님의 약속들이 그대로 이루어지는 것을 보지 않습니까? 그것들은 지금 기도하는 자들의 무릎 위에 그 보물들을 부어 주기 위해 기다리고 있습니다. 하나님은 믿음의 선진들의 자서전을 우리 안에 기꺼이 반복하실 것입니다. 그분은 우리에게 은혜를 베푸사 우리의 짐을 대신 져 주시는 분입니다(시 68:19). 이것이 기도를 최고의 것으로 만들지 않습니까?

우리가 기도해야 하는 것을 가르치는 또 다른 진리가 여기에 있습니다: 만일 우리가 구한다면 하나님은 우리에게 우리가 구한 것 이상으로 베푸신다는 것입니다. 하나님이 사라를 통해 아브라함에게 아들을 주시겠다고 약속하셨을 때, 그는 하나님께 이스마엘을 축복해 달라고 기도했습니다: "이스마엘이나 하나님 앞에 살기를 원하나이다"(창 17:18).

아브라함은 "이 아이가 약속의 자녀다. 나는 사라가 그토록 늙은 몸으로 자녀를 잉태할 수 있으리라고 기대할 수 없다. 하나님은 나에게 자녀를 약속하셨지만, 그는 하갈의 소생인 이스마엘일 것이다"라고 생각했습니다. "이스마엘이나 하나님 앞에 살기를 원하나이다." 하나님은 그의 소원을 들어주셨을 뿐만 아니라 아울러 그에게 이삭도 주셨고, 그것은 언약의 축복이었습니다.

그 다음에 야곱의 경우가 있습니다. 벧엘에서 무릎 꿇고 기도했을 때, 그는 하나님께, 유랑하는 동안 먹을 것과 입을 것을 주시기를 간구했습니다. 그러나 하나님은 그에게 무엇을 주셨습니까? 어느 정도 세월이 흐른 후 벧엘에 다시 돌아왔을 때, 그의 가족과 소유물은 두 무리로 나누어야 할 정도로 풍부해졌습니다. 그는 엄청난 재산과 함께 수천 마리의 양과 약대를 소유했습니다. 하나님은 그의 기도를 들으셨고, 그가 구한 것보다 훨씬 더 많은 것으로 응답하셨습니다.

다윗은 자신에 관해 "그(왕)가 생명을 구하매 주께서 그에게 주셨으니 곧 영원한 장수로소이다"(시 21:4)라고 했습니다. 그렇습니다. 하나님은 그에게 장수를 주셨을 뿐만 아니라 그의 후손 대대로 보좌도 허락하셨습니다. 하나님이 다윗에게 그의 보좌가 영원히 세워질 것이라고 말씀하셨을 때, 그는 여호와의 선하심에 압도되어 그분 앞에 나아가 무릎을 꿇었습니다.

여러분은 "글쎄요, 우리가 구하는 것 이상으로 베푸신다는 개념이 신약 시대 성도들에게도 적용되었을까요?"라고 말할지도 모르겠습니다. 예, 그것은 당연히 신자나 죄인들을 막론하고 신약시대 모든 간구자들에게도 적용되는 개념입니다. 한 중풍병자가 치유받기 위해 예수님께 들려나왔을 때, 그분은 "작은 자야 … 네 죄 사함을 받았느니라"(마 9:2)고 말씀하셨습니다. 그는 죄사함을 구하지 않았습니다. 구했습니까? 아닙니다. 하지만 하나님은 그가 구한 것 이상으로 더 큰 일을 행하셨습니다.

예수님과 함께 십자가에 달려 죽어가던 강도의 겸손한 기도를 들어보십시오: "예수여 당신의 나라에 임하실 때에 나를 기억하소서"(눅 23:42). 예수님은 이에 대해 "오늘 네가 나와 함께 낙원에 있으리라"(43절)고 답변하셨습니다. 그 강도는 이런 영광을 바라지 않았습니다.

심지어는 탕자 이야기도 우리에게 하나님의 넘치는 베푸심에 대해 가르쳐 줍니다. 탕자는 "지금부터는 아버지의 아들이라 일컬음을 감당하지 못하겠나이다 나를 품꾼의 하나로 보소서"(눅 15:19)라고 아뢰기로 결심했습니다. 그러나 그의 아버지의 응답은 무엇이었습니까?

> "제일 좋은 옷을 내어다가 입히고 손에 가락지를 끼우고 발에 신을 신기라 … 이 내 아들은 죽었다가 다시 살아났으며 내가 잃었다가 다시 얻었노라"(눅 15:22, 24).

간구해 보십시오. 그러면 여러분은 구하지 아니한 것, 생각지도 아니했던 것을 받을 것입니다. 사람들은 종종 에베소서 3:20을 잘못 인용합니다. 그들은 "하나님은 '우리가 구하거나 생각할 수 있는(can) 것보다 훨씬 더 많이 주실 수 있는 분' 이다"라고 말합니다. 그 진리는 만일 더욱 유의하고, 더욱 큰 믿음을 갖고 있다면, 우리는 가장 큰 일들에 대해서도 구할 수 있었다(could)는 것입니다. 에베소서 3:20은 사실상 하나님이 "우리가 구하거나 생각하는(do) 것보다 더 넘치게 주실 수 있는 분"이라고 말씀합니다. 하나님은 우리에게 우리가 실제로 구하는 것보다 무한히 더 많은 것을 주실 수 있습니다.

사도 요한이 본 기도에 관한 환상

저는 하나님의 교회는 오직 기도할 준비만 되어 있다면 지금 이 순간 무한한 축복을 누릴 수 있다고 믿습니다. 여러분은 요한계시록 8장의 기도에 관한 탁월한 견해를 보십니까? 그것은 자세히 살펴볼 가치가 있습니다.

요한이 마지막 때에 대해 놀라운 환상을 받게 되었을 때, 하나님은 그에게 기도에 관한 특별한 환상을 보여 주셨습니다. 그것은 다음과 같이 시작됩니다: "일곱째 인을 떼실 때에 하늘이 반 시간쯤 고요하더니"(계 8:1). 하늘은 고요했습니다. 찬송도 없었습니다. 할렐루야도 없었습니다. 천사들의 날갯소리도 없었습니다.

하늘은 침묵! 여러분은 그 장면을 상상할 수 있습니까? 그런데 일곱 천사들이 하나님 앞에 서 있었고, 그들에게 일곱 나팔이 주어졌습니다. 거기서 그들은 기다렸고, 손에 나팔을 받았으나 소리는 없었습니다. 강한 감정을 자극하기에는 아주 길고, 참고 견디기에는 너무 짧은 시차가 있었지만 환호나 경계의 조짐은 전혀 없었습니다. 길고 깊고 장엄한 침묵이 하늘을 지배하고 있었습니다. 하늘에 행동이 곧 모든 활동의 중심이 멈추어져 있었습니다.

"또 다른 천사가 와서 제단 곁에 서서 금향로를 가지고"(3절). 거기서 그는 서 있었지만, 제물은 갖고 있지 않았습니다. 모든 것이 정지상태에 있었습니다. 그런데 그것을 움직일 수 있도록 한 것이 무엇이었을까요? 기도였습니다. 기도가 주 예수 그리스도의 공로와 함께 드려졌습니다.

> 또 다른 천사가 와서 제단 곁에 서서 금향로를 가지고 많은 향을 받았으니 이는 모든 성도의 기도와 합하여 보좌 앞 금 제단에 드리고자 함이라(계 8:3).

그런데 거기서 일어난 일을 주목해 보십시오. "향연이 성도의 기도와 함께 천사의 손으로부터 하나님 앞으로 올라가는지라"(4절). 기도가 모든 문제 해결의 열쇠였습니다. 이제 천사가 활동하기 시작합니다.

> 천사가 향로를 가지고 제단의 불을 담아다가 땅에 쏟으매 우레와 음성과 번개와 지진이 나더라 일곱 나팔을 가진 일곱 천사가 나팔 불기를 준비하더라(계 8:5-6).

모든 것이 이제 활동을 개시했습니다. 성도들의 기도가 그리스도의 영원하신 공로의 향연과 함께 섞여 제단으로부터 올라갔을 때, 비로소 기도가 효력을 발휘한 것입니다. 활활 타는 불이 땅 위의 사람들 사이에 떨어졌습니다. 하나님의 섭리를 받드는 천사들은 계속 그분 앞에 서서 나팔을 불었습니다. 주님의 뜻이 성취되었습니다.

이것이 심지어는 오늘날까지 천국에서 일어나고 있는 장면입니다. 향연을 가져오십시오! 성도들의 기도를 가져오십시오! 그리스도의 공로와 함께 그것들을 불 위에 두십시오. 지존자 앞에서 금향로 위에 있는 그것들이 향연을 풍기도록 하십시오. 그러면 우리는 주님의 역사를 볼 것입니다. 주님의 뜻이 "하늘에서 이루어진 것같이 땅에서도 이루어질 것입니다"(마 6:10).

하나님께서 이 말씀들에 따라 그리스도로 말미암아 축복을 베푸시기를 소원합니다.

3

참된 기도

환난날에 나를 부르라 내가 너를 건지리니 네가 나를 영화롭게 하리로다 — 시편 50:15

제가 어렸을 때 감명 깊게 읽은 책 하나가 있습니다. 「로빈슨 크루소」라는 책이었는데, 그 책은 제게 놀라운 경이를 안겨 주었습니다. 저는 그 책을 스무 번 정도 읽었는데, 그때마다 전혀 싫증이 나지 않았습니다. 저는 지금도 아주 신선한 즐거움을 가지고 그 책을 읽을 수 있다고 고백하는 것이 부끄럽지 않습니다.

로빈슨과 그의 충성스러운 조수 프라이데이는, 단순한 픽션임에도 불구하고 저와 그 책을 읽은 많은 사람들에게 놀랍게도 현실 그 자체였습니다. 그러나 제가 어찌하여 그 픽션에 관한 이야기를 계속할까요? 이 주제와 아무 상관이 없지 않습니까? 그러나 저는 그렇게 생각하지 않습니다. 그 책에 나오는 한 구절은 우리가 성경의 본문을 묵상하는 것만큼이나 나의 마음속에 생생하게 각인되었습니다. 거기서 저는 이 주제에 관해 말씀드리는 이유 이상의 의미를 발견했습니다.

로빈슨 크루소는 항해 중 조난을 당했습니다. 홀로 무인도에 정착한 그는 아주 비참한 처지에 빠졌습니다. 그는 자리에 누워 열병으로 고통을 당했습니다. 이 열병은 오랫동안 계속되었고, 그 주변에는 그를 도와줄 사람

— 냉수 한 그릇 가져다 줄 만한 사람조차 — 은 아무도 없었습니다. 그는 거의 죽기 직전이었습니다.

그는 자주 죄를 범했고, 악한 선원으로서 저지를 수 있는 모든 악덕을 소유하고 있었습니다. 그는 비참한 상태에 빠지자 삶에 대해 깊이 생각해 보게 되었습니다. 배에 있는 상자에서 성경책을 꺼내든 그는 다음 구절을 우연히 읽게 되었습니다: "환난 날에 나를 부르라 내가 너를 건지리니 네가 나를 영화롭게 하리로다." 그날 밤 그는 난생 처음 기도를 드렸고, 그날 이후로는 하나님 안에서 소망을 가졌습니다.

그 책의 저자인 다니엘 디포(**Daniel Defoe**)는 개신교 목사였습니다. 크게 영적이지는 않지만 절망 속에 있는 한 사람이 자신을 하나님께 던짐으로써 평화를 얻는 생생한 경험을 묘사할 수 있는 믿음에 대해 그는 충분히 알고 있었습니다. 소설가로서 그는 일어날 만한 일에 대해 날카로운 눈을 갖고 있었고, 이것 이상으로 가난하고 상한 심령을 더 잘 표현하는 구절은 없다고 생각했습니다. 그는 본능적으로 시편 50:15의 내용에 함축되어 있는 충만한 위로를 깨달았습니다.

지금 저는 여러분의 관심을 끌고 있음을 알고 있고, 그것이 제가 설교를 이와 같이 시작하는 한 가지 이유입니다. 그러나 저는 그 이상의 목적이 있습니다. 비록 로빈슨 크루소와 프라이데이가 현실의 사람은 아니지만 그들과 닮은 사람, 곧 인생의 난파선을 만나 현재 표류하는 고독한 피조물이 되어 있는 사람이 있을 수 있습니다. 그는 더 나은 인생을 기억하고 있지만, 그의 죄로 말미암아 아무도 돌아보지 않는 표류자가 되었습니다. 그는 친구 하나 없는 무인도 해변에서 육체의 고통과 영혼의 상처를 씻으며 이 책을 읽고 있습니다. 사람들로 가득 찬 도시에 그에게는 친구가 한 명도 없습니다. 지금까지 자기를 안다고 인정해 줄 수 있는 사람이 아무도 없습니다. 그는 지금 실존의 앙상한 뼈만 남은 상태가 되었습니다. 그 앞에는 궁핍과 불행과 죽음 외에 아무것도 없습니다.

주님은 나의 형제들인 여러분에게 "환난날에 나를 부르라 내가 너를 건지리니 네가 나를 영화롭게 하리로다" 하고 말씀하십니다. 저는 하나님이 저를 도와 가난한 짐 진 영혼들에게 이 말씀을 전하게 하신다는 느낌을 갖고 있습니다. 고통 속에 있지 않은 사람들에게 위로가 무슨 소용이 있겠습니까? 이 설교의 내용은 심령의 고뇌가 없는 사람에게는 아무 유익도 없고, 또 거의 관심도 없습니다. 그러나 제가 설교하는 내용이 아무리 빈약하다 할지라도, 은혜로우신 하나님이 도우시리라는 보증이 필요한 심령들에게는 기쁨으로 춤을 출 것입니다. 슬픈 심령은 이 금과옥조 같은 본문, "환난 날에 나를 부르라 내가 너를 건지리니 네가 나를 영화롭게 하리로다"라는 말씀 속에서 역력히 나타나 있는 그대로 보증을 받을 수 있을 것입니다.

제가 하늘의 뭇별들 가운데 적어놓고 싶고 또는 모든 탑의 꼭대기에서 승리의 함성과 함께 선포하고 싶은 것이 이 본문입니다. 그것은 모든 인류에 의해 알려지고 읽혀져야 합니다.

여기서 저는 네 가지 중요한 개념을 제시하고자 합니다. 그것들을 잘 설명할 수 있도록 성령이 축복해 주시기를 바랍니다

하나님 앞에서 진실하라

저의 첫 번째 주장은 본문 자체보다는 그 문맥에서 나옵니다. 그 요점은 이와 같습니다: 하나님은 의식주의자보다는 현실주의자를 더 좋아하신다는 것입니다. 만일 여러분이 시편 전체를 주의 깊게 읽는다면, 주님이 이스라엘의 의식들과 제도들에 관해 말씀하시는 것을 보게 될 것입니다. 그분은 예배의 형식들로부터 마음이 떠나있으면 절대로 그것들을 받으시지 않는다는 것을 보여 줍니다. 이것을 예증하는 핵심 구절이 바로 다음 구절입니다:

나는 네 제물 때문에 너를 책망하지는 아니하리니 네 번제가 항상 내 앞에 있음이로다 내가 네 집에서 수소나 네 우리에서 숫염소를 가져가지 아니하리니 이는 삼림의 짐승들과 뭇 산의 가축이 다 내 것이

며 산의 모든 새들도 내가 아는 것이며 들의 짐승도 내 것임이로다 내가 가령 주려도 네게 이르지 아니할 것은 세계와 거기에 충만한 것이 내 것임이로다 내가 수소의 고기를 먹으며 염소의 피를 마시겠느냐 감사로 하나님께 제사를 드리며 지존하신 이에게 네 서원을 갚으며 환난 날에 나를 부르라 내가 너를 건지리니 네가 나를 영화롭게 하리로다(시 50:8-15).

따라서 찬양과 기도는 유대인이 여호와 앞에 드릴 수 있는 모든 형식의 제물보다 우선하여 열납되었습니다. 이것이 왜 그럴까요?

참된 기도는 의미를 담고 있다

무엇보다 먼저 참된 기도는 그것이 의미를 담고 있기 때문에 단순한 의식보다 훨씬 더 낫습니다. 은혜가 결여되면 의식 속에 의미가 사라집니다. 그것은 바보가 하는 장난만큼이나 무의미합니다.

여러분은 로마 가톨릭 대성당에 들어가 매일 미사, 특별히 주일에 드려지는 미사에 참석해본 적이 있습니까? 촛대를 나르는 사람들, 십자가를 나르는 사람들, 방석과 책을 가져오는 사람들, 종을 울리는 사람들, 물을 뿌리는 사람들, 머리를 굽혀 절하는 사람들과 무릎을 꿇고 절하는 사람들이 있습니다. 그 장면들은 보기에 아주 이상합니다 — 굉장히 희한하고, 굉장히 유치합니다. 어떤 사람은 그것을 볼 때 그것이 도대체 무슨 의미가 있고, 그것을 통해 누가 실제로 변화 받을 수 있는지에 대해 의문을 갖습니다. 또 어떤 사람은 로마 가톨릭 교도들이 하나님이 이런 의식들을 보고 기뻐하실 것이라고 생각하는 것이 얼마나 어처구니없는 일이냐고 반문합니다. 그분의 영광스러운 마음이 그것에 관해 도대체 무엇을 생각할 수 있을까요?

영광스러운 하나님은 허례와 허식을 결코 좋아하시지 않습니다. 그러나 여러분이 환난의 때에 그분에게 부르짖으며 구원해 달라고 간구할 때, 고뇌에 찬 신음 소리 속에는 의미가 있습니다. 이것은 공허한 형식이 아닙니다. 그 안에는 마음이 있습니다. 그렇지 않습니까? 슬픈 탄식 속에 의미가 있습니다. 그러므로 하나님은 사제들과 성가대에 의해 조작된 가장 세련된 의식보다 상한 심령의 기도를 더 좋아하십니다.

참된 기도는 영적 생명을 담고 있다

하나님은 왜 의식주의자보다 현실주의자를 더 좋아하실까요? 그것은 또한 고난당한 심령의 부르짖음 속에는 영적인 뭔가가 있기 때문입니다. "하나님은 영이시니 예배하는 자가 영과 진리로 예배할지니라"(요 4:24). 만약 제가 유능한 정통 신학자들에 의해 고안된 아주 세련된 신조를 반복적으로 낭송한다고 생각해 봅시다. 그러나 제가 그것을 믿는 믿음이 없다면, 그것을 반복적으로 낭송하는 것이 무슨 소용이 있겠습니까? 우리가 그것들을 믿는 참된 믿음이 없다면, 단순한 정통 신조들 속에는 영적인 것이 아무것도 들어있지 않습니다. 우리는 그 문장을 반복할 수 있지만, 그것은 어디까지나 진정한 믿음이 필요합니다. 만일 제가 사람의 입술로 말할 수 있는 최대한 큰 목소리로 할렐루야를 외친다고 해도, 아무 의미 없이 그렇게 한다면, 그 안에는 영적인 것이 전혀 없고 하나님에 대해서도 아무런 의미가 없습니다.

그러나 가난한 영혼이 그의 침대에 들어가 무릎을 꿇고 "하나님이여 저에게 자비를 베푸소서! 저를 구원하소서! 환난 속에 있는 저를 도와주소서!" 하고 부르짖는다면, 그 외침 속에는 영적인 생명이 있습니다. 그러기에 하나님은 그 외침을 들으시고 응답하실 것입니다. 영적 예배야말로 그분이 원하시는 것입니다. 그분은 그것을 받으시든지 아니면 전혀 받지 아니하시든지 하십니다. 요한복음 4:24은 "할지니라"(must)는 말을 사용합니다: "예배하는 자가 영과 진리로 예배할지니라"(must worship) 그분은 의식법을 폐하셨고, 예루살렘 제단을 훼파하고, 성전을 불태웠으며, 아론 자손의 제사장직을 금지시키고, 모든 의식적 제도들을 영원히 끝장내셨습니다. 그분은 다만 자신을 영과 진리로 예배하는 참된 예배자들을 찾으십니다.

참된 기도는 하나님을 인정한다

또한 하나님은 그것이 살아계신 하나님을 분명히 인정하는 행위가 되기 때문에 상한 심령의 부르짖음을 좋아하십니다. 많은 외형적인 헌신에 하나님이 빠져있는 것을 봅니다. 그러나 우리가 하나님을 현존하시는 분으로 인식하지 못하고 주님께로 가까이 나아가지 않을 때, 그분을 얼마나 모독하는 것일까요! 심령이나 마음 또는 영혼이 파산한 상태로 하나님께 나아갈 때, 하나님은 영광을 받으십니다. 그러나 우리가 하나님을 망각한 채, 단순히 의식법을 준수할 때, 그분은 영광을 받지 아니하십니다. 오, 환난 중에 있을 때 오직 하나님만이 자기를 구원하실 분이라고 믿는 사람에게 그분은 얼마나 진실하신 하나님이 될까요! 그는 진실로 하나님을 살아계신 분으로 믿습니다. 그렇지 않다면 그렇게 열정적으로 하나님께 기도할 수 있을까요? 과거에 그는 기도할 때 하나님이 그것을 들으실지에 대해 별 관심이 없었습니다. 그러나 그는 이제 진실로 기도하고 하나님께서 들으신다는 것이 그의 주관심사가 됩니다.

참된 기도는 절실함을 담고 있다

나아가 사랑하는 형제들이여, 환난 중에 우리가 부르짖을 때 하나님은 거기서 큰 기쁨을 취하신다는 것을 명심합시다. 왜냐하면 그 안에는 절실함이 있기 때문입니다. 저는 기분 좋을 때 그리고 번창할 때 우리가 드리는 많은 기도와 감사가 위선은 아닐까 염려가 됩니다. 우리들 가운데 참으로 많은 사람들이 마치 돌아가고 있는 팽이와 같습니다. 우리는 회초리로 맞지 않으면 움직이지 않습니다. 확실히 우리는 깊은 환난에 빠질 때에야 비로소 절실한 심정으로 기도하게 됩니다.

예를 들면 아주 가난한 사람이 있다고 합시다. 그는 실직했습니다. 그는 구두가 다 닳도록 일자리를 찾아 다니고 있습니다. 그는 가족들의 끼니를 위해 어디로 가야 할지 모릅니다. 만일 그가 이런 상황 속에서 기도한다면, 그것은 아주 진실한 기도가 될 것입니다. 그는 실제적인 고난 때문에 실제적인 절실함 속에 있을 것입니다.

저는 때때로 종교를 마치 장미화단과 같은 곳으로 생각하는 아주 안일한 그리스도인들이 죽도록 고생을 하고 실제적인 어려움 속에 들어가기를 바랐습니다. 안일한 삶의 땅에서 무성한 거짓과 위선의 나무는 자라지만, 그것은 실제적인 시련에 봉착하면 금방 시들어버리고 말 것입니다.

많은 사람이 배고픔, 곤고함 그리고 고독감 때문에 주님을 찾지만, 부요한 사람이 되면, 감언이설에 속아 하나님에 대해서는 결코 생각하지 못합니다. 배를 타고 바다로 나간 많은 사람이 빙산의 차가운 냉기 속에 있을 때 또는 배가 항해할 수 없는 거친 파도의 공포 속에 있을 때 비로소 기도를 배우기 시작합니다. 돛이 꺾이고 기둥이 흔들리며 배가 파산 위기에 처했을 때 심령은 진실하게 기도하기 시작합니다.

하나님은 절실함을 사랑하십니다. 우리가 절실함을 유지할 때, 영혼이 기도로 순화될 때, 우리가 "나에게 그것이 없으면 큰일"이라고 말할 때, 그것이 속임수가 아니고 허탄한 행동이 아니고 진실하게 가슴을 치며 애통해 하는 부르짖음일 때, 하나님은 그것을 받으실 것입니다. 그것이 주님이 "환난 날에 내게 부르짖으라"고 말씀하시는 이유입니다. 이런 부르짖음은 그분을 경외하는 일종의 예배입니다. 그 이유는 그 안에는 순전함이 있고, 이것이 진리의 하나님이 기뻐하시는 것이기 때문입니다.

참된 기도는 겸손을 담고 있다

나아가 환난 당한 심령의 부르짖음 속에는 겸손이 들어 있습니다. 우리는 아주 화려한 종교 활동을 할 수 있고, 어느 정도 과시하기 위해서 교회 의식들을 준수할 수 있습니다. 또는 최대한 단순하게 우리들 나름대로 어떤 규례들을 지킬 수도 있습니다. 그리고 항상 우리 자신에게 그런 것들에 대해 "아주 잘했어" 하고 말할 수도 있습니다. 설교자는 "내가 참으로 설교를 잘하지 않았는가?"라고 생각할 수 있습니다. 기도회에서 기도하는 성도는 "내가 얼마나 유창하게 기도했는가!" 하고 스스로를 대견해 할 수 있습니다. 그러나 우리 안에 그런 태도가 있을 때마다 하나님은 우리의 예배를 받지 않으십니다. 예배는 겸손함이 배어있지 않으면 열납되지 않기 때문입니다.

한편 어떤 사람이 환난날에 하나님께 나아가 "주여, 저를 도와주옵소서! 저는 어디서도 도움 받을 데가 없습니다. 하오니 저에게 간섭해 주옵소서" 하고 기도할 때, 그 고백과 부르짖음 속에는 겸손함이 들어 있습니다. 그러기에 주님은 그 기도를 기쁘게 받으십니다.

참된 기도는 믿음을 담고 있다

주님은 참된 간구 속에는 인정할 만한 믿음이 들어있기 때문에 그것을 기뻐하십니다. 환난 중에 있는 사람이 "주여, 저를 구원하소서!" 부르짖을 때, 그는 자기로부터 눈을 돌립니다. 여러분도 아시다시피, 그는 그의 인생의 절망 때문에 자기 밖으로 이끌립니다. 그는 세상에서는 소망이나 도움을 발견할 수 없습니다. 그러기에 그는 하늘을 바라봅니다.

하나님은 심지어 불신자 안에서도 믿음의 그림자를 발견하기를 좋아하십니다. 하나님은 자그마한 믿음의 흔적일지라도 찾아낼 수 있고, 그 자그마한 믿음의 기도를 열납하실 수 있으며, 또 기꺼이 그렇게 하십니다.

오, 사랑하는 형제들이여, 여러분의 상태는 어떻습니까? 여러분은 고뇌로 마음이 찢어지고 있습니까? 여러분은 견딜 수 없는 고통 속에 있습니까? 여러분은 고독합니까? 여러분은 낙오되고 있습니까? 그렇다면 하나님께 부르짖으십시오. 그 누구도 여러분을 도울 수 없습니다. 그분만이 여러분의 유일한 소망입니다. 놀라운 소망! 그분만이 여러분의 도움이시니 그분에게 부르짖으십시오. 저는 여러분에게 그 부르짖음 속에 하나님이 바라시는 순전하고 진실한 예배가 들어있다고 말하는 바입니다. 그분은 천천의 숫양이나 만만의 강물 같은 기름보다(미 6:7) 진실한 부르짖음을 원하십니다. 우리는 의심할 여지 없이 성경 속에서 무거운 짐 진 영혼의 신음소리가 지존자의 귀에 들리는 가장 달콤한 소리들이라는 것을 발견합니다. 애절한 외침은 모든 단순한 소리의 배열들이 어린아이의 장난처럼 들으시는 그분에 대한 찬송입니다.

가난하고 슬퍼하며 고통스러워하는 사람들을 보십시오. 그것은 의식주의가 아닙니다. 그것은 과시하는 규례의 준수가 아닙니다. 그것은 인사치레와 투쟁이 아닙니다. 그것은 미사여구를 사용하지 않습니다. 여러분의 영혼을 하나님의 보좌 앞으로 인도할 수 있는 가장 인정할 만한 희생제물은 환난의 때에 하나님께 부르짖는 것입니다.

역경이 주는 유익을 취하는 법

저는 이제 두 번째 주장으로 나아갑니다. "환난 날에 나를 부르라 내가 너를 건지리니"라는 본문에서 우리는 역경이 축복으로 바뀌는 것을 봅니다. 얼마나 놀라운 진리일까요! 하나님이 우리 모두에게 그렇게 역사하시기를!

저는 각별한 경의심을 갖고 이렇게 말하는 바입니다: 하나님은 환난 속에 있지 않은 사람을 구원하실 수 없다. 그러므로 고통 속에 있다는 것은 뭔가 축복을 취할 수 있는 위치에 있다는 것이다. 왜냐하면 하나님은 그때에만 우리를 구원하실 수 있기 때문이다. 심지어는 사람들의 치유자이신 예수 그리스도도 병들지 않은 사람을 고치실 수는 없다. 그러므로 질병이 우리에게는 역경이 아니다. 아니, 오히려 그것은 그리스도께서 우리를 치유하시는 유익한 기회가 된다.

사랑하는 형제들이여, 다시 말하면 여기서 요점은 여러분의 역경은 하나님의 은혜를 체험할 수 있는 기회를 제공하기 때문에 축복으로 나타날 수 있다는 것입니다. 레몬에서 레몬수를 추출하는 기술을 배우는 것은 지혜인데, 본문은 바로 그 방법을 우리에게 가르칩니다. 그것은 환난이 축복이 될 수 있는 길을 제시합니다. 여러분이 역경 속에 있다면 하나님을 찾으십시오. 그러면 환난이 닥치기 전보다 더 풍요롭고 더 달콤한 구원을 여러분의 영혼은 경험할 것입니다. 실패로부터 이득을, 역경으로부터 축복을 취하는 것은 일종의 기술이요 비법입니다.

그러면 이제 저는 여러분 가운데 환난 속에 있는 사람들 — 즉 고독한 제2의 로빈슨 크루소 — 이 있다는 것을 생각해 보고자 합니다. 저는 이 설교를 듣는 여러분 가운데 환난을 이겨낸 사람이 있다고 경솔하게 전제하지는 않겠습니다. 제가 알기로는 그런 사람이 분명히 있습니다.

글쎄요, 그렇다고 해도 여러분이 기도할 때 — 오, 저는 여러분이 항상 기도하기를 바랍니다 — 여러분이 갖고 있는 기도의 기초가 무엇인가를 보지 않습니까? 첫째로 여러분은 "환난 날에" 곧 여러분이 처해 있는 바로 그런 시간 속에 기초를 두고 있습니다. 먼저 여러분은 "주여, 지금 환난을 당했습니다. 저는 큰 고통 속에 있고 절박합니다"라고 간구할 수 있습니다. 그런 다음에 여러분의 환난의 상태 — 병든 아내, 죽어가는 자녀, 부도난 사업, 잃어버린 건강, 또는 여러분을 수심에 빠지게 하는 곤경들 — 를 고백하십시오. 그리고 주님께 이렇게 자비를 구하십시오: "나의 주님, 어떤 사람이 환난 속에 있다면 그가 바로 접니다. 그러므로 저는 당신이 '환난 날에 내게 부르짖으라'고 말씀하신 그 말씀에 의지하여 기도할 자유와 용기를 갖습니다. 저에게는 이때 곧 이 어두운 폭풍의 순간이야말로 당신께 하소연하도록 지정된 시간입니다. 누군가 당신의 말씀에 따라 기도할 자격이 있는 사람이 있었다면, 저도 그런 자격이 있는 줄 압니다. 왜냐하면 저 역시 환난 속에 있기 때문입니다. 그러므로 저는 당신께 간청합니다. 이 한밤중에 부르짖는 당신의 종의 간구를 들으시옵소서."

나아가 하나님의 명령을 간청함으로써 여러분의 역경을 축복으로 바꾸십시오. 여러분은 지금, 곧 바로 이 순간에 주님께 나아갈 수 있고, 나아가서 "주여, 제 소원을 들어주옵소서. 왜냐하면 당신은 저에게 기도하라고 명령하셨기 때문입니다. 제가 비록 악한 자라도 어떤 사람을 거부할 생각이 있다면 그에게 내게 무엇이든 구하라고 말하지 않았을 것입니다. 제가 그 구함을 거절할 의사가 있다면 저는 도움을 요청하라고 말하지 않았을 것입니다"라고 말씀하십시오.

형제들이여, 우리는 종종 스스로 부끄럽게 여기는 행위를 주님탓으로 돌린다는 사실을 모르십니까? 그러나 그렇게 되어서는 곤란합니다. 여러분이 어떤 가난한 사람에게 "자네는 아주 막막한 상황 속에 있네. 내일 나한테 편지를 쓰게. 그러면 내가 자네를 돕겠네"라고 말했다고 칩시다. 만일 그가 여러분에게 편지를 썼다면, 여러분은 그의 편지를 무시해서는 안됩니다. 여러분은 당연히 그의 간청을 고려해야 합니다. 그에게 편지를 쓰라고 했을 때, 그것은 여러분이 가능한 한 그를 돕겠다는 것을 의미합니다. 그리고 하나님이 여러분에게 부르짖으라고 말씀하셨다면, 그분은 여러분을 무시하지 않습니다. 그분은 자신이 여러분을 사랑으로 대하시기를 원하십니다.

저는 여러분이 누구인지 잘 모르지만, 여러분은 주님께 부르짖을 수 있습니다. 왜냐하면 그분은 여러분에게 그렇게 하라고 명령하셨기 때문입니다. 만일 여러분이 그분께 부르짖는다면 여러분은 그 기도에 대해 다음과 같이 주장할 수 있습니다:

주여, 당신은 제게 당신의 얼굴을 구하라고 명하셨는데,
　구하면 제가 헛되이 구하는 것일까요?
주권적 은혜의 귀가
　제가 간청할 때에는 들리지 않게 될까요?

그러므로 때를 따라 구하십시오. 환난 날에 부르짖으십시오. 그리고 명령을 따라 간청하십시오. 그러면 하나님 자신의 속성이 부르짖을 것입니다. 존숭하는 마음으로 그러나 믿음을 가지고 이렇게 하나님께 말씀하십시오: "주님, 제가 호소하는 분은 주님이십니다. 주님은 '내게 부르짖으라' 고 말씀하셨습니다. 만일 내 이웃이 저에게 그렇게 하라고 말했다면, 저는 아마 그가 마음이 변해 내 청을 들어주지 않을까 두려워하게 될 것입니다.

그러나 주님은 너무 크시고 너무 선하신 분이라 결코 변함이 없을 줄 믿습니다. 주님, 당신의 진리와 당신의 신실하심으로 말미암아, 당신의 불변하시는 속성과 사랑으로 말미암아, 상하고 부서져 비천한 죄인인 저는 환난 날에 당신께 부르짖나이다! 오, 주여 저를 도와주소서. 지금 곧 도와주소서. 그렇지 아니하면 저는 죽을 것이옵니다."

확실히 환난 속에 있는 여러분은 다양하게 그리고 강력하게 간청할 자격이 있습니다. 여러분은 언약의 하나님이라는 견고한 기초 위에 서 있고, 그래서 여러분은 담대하게 축복을 붙잡을 수 있습니다. 본문이 제게 용기를 주는 것이 환난 속에 있는 여러분들에게 주는 것의 절반 정도밖에 안 되는 것처럼 느끼지 않습니다. 비록 지금 현재 제가 고난 없이 기쁨과 안식으로 충만한 상태에 있음을 감사하지만, 저는 제 자신에게서 극히 조금일지라도 환난을 찾아내기 위해 신경을 쓸 것입니다. 그래서 제가 환난 속에 있다면 입을 크게 열고 이 본문에서 흘러나오는 생수를 마실 것입니다. 저는 "환난 날에 나를 부르라 내가 너를 건지리니 네가 나를 영화롭게 하리로다"라는 약속의 능력을 믿고 다윗이나 엘리야나 다니엘처럼 기도할 것입니다.

오, 환난 중에 있는 형제들이여, 여러분은 이 약속의 소리에 가슴이 두근거려야 합니다. 그 말씀대로 믿으십시오. 그것을 여러분의 영혼 속에 새겨 넣으십시오. "여호와께서는 갇힌 자들에게 자유를 주시는도다"(시 146:7). 그분이 여러분을 자유롭게 하셨습니다.

저는 주님이 비단옷을 입고 계시는 모습을 볼 수 있습니다. 그분의 안색은 천국만큼 기쁨으로 차 있고, 그분의 얼굴은 구름 한 점 없는 하늘의 아침만큼 밝고, 그분의 손에는 은으로 만든 열쇠가 쥐어져 있습니다. "나의 주여, 그 열쇠를 갖고 어디로 가시나이까?" 하고 저는 묻습니다. 그러자 그분은 "옥문을 열어 속박당한 모든 사람을 자유롭게 하기 위해 간다"고 말씀하십니다.

복 주시는 주님은 여러분의 소원을 이루시되, 소망의 포로들을 결코 그냥 지나치지 아니하십니다. 우리는 한 순간도 당신의 길을 방해하지 않을 것입니다. 그러나 슬픔에 처한 자들을 잊지 마옵소서! 모든 성도의 마음속에 가셔서 절망의 포로들을 해방시켜 주소서! 그들의 마음이 환난날에 당신께 부르짖는 그 믿음을 따라 구원하심으로써 기쁨으로 노래하게 하옵소서! 그리하여 오직 당신의 자비로우신 구원으로 말미암아 그들은 당신을 영화롭게 할 것입니다.

은혜를 약속하신 하나님

세 번째 저의 주장은 하나님의 서약이 오늘 설교의 본문 곧 시편 50:15에서 분명히 발견된다는 사실입니다. 여기서 우리는 자유로운 은총이 우리에게 서약된 것을 봅니다.

하늘에서나 이 땅에서나 은혜 이상으로 자유로운 것은 아무것도 없습니다. 이 놀라운 본문 속에 하나님의 은혜가 서약 또는 약속으로서 제시되고 있습니다. 우리를 구원하시겠다는 하나님의 확실한 약속을 들어보십시오: "환난날에 나를 부르라 내가 너를 건지리니."

만약 어떤 사람이 여러분에게 "내가 하겠다"(I will)고 말한다면, 여러분은 그의 약속을 기억할 것입니다. 그는 자신을 자기 말의 명령에 예속시키는 것입니다. 만일 그가 진실한 사람으로서 "내가 하겠다"고 분명히 말했다면, 여러분은 여러분의 손 안에 그를 두게 됩니다. 그가 약속을 하기 전에는 자유했지만, 약속을 한 후부터는 자유롭지 않습니다. 그는 자신을 어떤 입장 속에 두었고, 그는 자기가 약속한 것에 따라 행동해야 합니다. 그것이 옳지 않습니까?

가장 깊은 존경심을 갖고 저는 저의 주님과 주인 되신 분에 대해 똑같은 사실을 말씀드립니다. 그분은 본문 속에서 결코 끊을 수 없는 끈으로 자신을 묶으셨습니다. 그분은 이제 "환난날에" 자기에게 나아와 부르짖는 사람들의 기도를 들으시고 그들을 도와주셔야 합니다. 그분은 진지하게 약속하셨고, 그분은 그 약속을 충실히 이행할 것입니다.

오늘 설교의 본문은 누구에게나 적용된다는 점에서 무조건적이라는 점을 주목하기 바랍니다. 그것은 우리가 다음 설교에서 거론할 또 다른 약속 곧 "누구든지 주의 이름을 부르는 자는 구원을 받으리라"(롬 10:13)는 말씀의 요지를 담고 있습니다.

놀랍게도 시편 50:15은 원래 하나님을 조롱하던 사람들에게 주어졌습니다. 그들은 진실한 마음 없이 희생제사를 드렸습니다. 그러나 주님은 그들에게 "환난날에 나를 부르라 내가 너를 건지리니" 하고 말씀하셨습니다.

저는 이 본문으로부터 하나님은 자신의 약속으로부터 누구도 제외시키지 않는다는 결론을 얻습니다. 여러분이 무신론자이든, 신성모독자이든, 부도덕하고 불순한 사람이든 막론하고, 여러분이 지금, 환난날에 주님께 부르짖는다면, 그분은 여러분을 구원하실 것입니다! 그러니 오셔서 그분을 시험해 보십시오.

여러분은 "만일 하나님이 살아계신다면"이라고 말할 것입니까? 저는 하나님이 확실히 살아계신다는 것을 선포합니다. 오십시오. 오셔서 그분을 시험해 보고 정말 그렇게 해 주시나 한 번 보십시오. 그분은 "환난날에 나를 부르라 내가 너를 건지리니"라고 말씀하십니다. 여러분은 지금 그분을 시험해보고 그분이 정말 그런 분인지 보시지 않겠습니까? 포로 된 자들이여 이리로 오십시오. 오셔서 그분이 여러분을 자유롭게 하시는지 보십시오. 수고하고 무거운 짐 진 자들이여, 그리스도에게 나아오십시오. 그러면 그분은 여러분을 쉬게 할 것입니다(마 11:28). 세상적인 일이든 영적인 일이든 막론하고, 특히 영적인 일에서 환난날에 그분에게 부르짖으십시오. 그러면 그분은 여러분을 구원하실 것입니다.

또한 "내가 건지리니"라는 말씀 속에 구원에 필요한 모든 능력이 포함되어 있음을 주목하시기 바랍니다. "환난날에 나를 부르라 내가 너를 건지리니." "그러나 이것이 어떻게 그렇게 될 수 있습니까?" 하고 묻는 사람이 있을 것입니다. 아, 하지만 그것은 제가 여러분에게 말씀드릴 수 없는 것이요, 여러분에게 말씀드릴 만한 어떤 느낌도 없습니다. 적절한 방법과 수단을 취하는 것은 주님에게 달려 있습니다. 하나님은 "내가 건지리니" 하고 말씀하십니다. 그분은 그분 자신의 방법으로 그렇게 하실 것입니다. 만일 그분이 "내가 건지리니"라고 말씀하신다면 그분이 하신 약속을 지키실 것을 확신할 수 있어야 합니다. 만일 하늘과 땅을 흔드는 것이 필연적이라면, 그분은 그렇게 하실 것입니다. 그분은 힘이 없는 분이 아니고, 정직하지 않은 분도 아니십니다. 정직한 사람은 어떤 대가를 치르더라도 약속을 지키고, 우리의 신실하신 하나님도 역시 마찬가지입니다. "내가 너희를 건지리니"라고 말씀하시는 그분의 음성을 듣고, 더 이상 의심하지 마십시오.

저는 다니엘이 사자굴에서 하나님이 자기를 어떻게 구원하실는지에 대해 알고 있었다고 보지 않습니다. 저는 요셉이 그의 주인의 아내가 아주 수치스럽게 그의 인격을 모독했을 때, 감옥으로부터 어떻게 구출 받을는지에 대해 알고 있었다고 생각하지 않습니다. 저는 이러한 옛 성도들이 주님의 구원 방법에 대해 심지어는 꿈도 꾸지 못했다고 봅니다. 그들은 단순히 하나님의 손에 자신들을 맡겼을 뿐입니다. 그들은 하나님을 의지했고, 그분은 그들을 최선의 가능한 방법으로 구원하셨습니다. 그분은 여러분에게도 그와 똑같이 행하실 것입니다. 단순하게 그분께 부르짖으십시오. 그러면 "가만히 서서 여호와께서 행하시는 구원을 보게 될"(출 14:13) 것입니다.

보십시오. 본문은 하나님이 구원을 베푸실 시기에 대해 정확하게 진술하지 않습니다. "내가 너희를 건지리니"라는 말씀은 충분히 명백하지만, 그것이 내일 일어날지 아니면 내주에 일어날지 아니면 내년에 일어날지에 대해서는 분명하지 않습니다. 여러분은 성급한 마음을 갖겠지만, 주님은 성급하시지 않습니다. 여러분의 시련은 그것이 주어진 여러분에게 아직 완전한 유익이 주어지지지 않을 수도 있고, 그러기에 그것은 오래 지연될 수도 있습니다. 금이 용광로 속에 던져질 때, 금세공인에게 "나를 꺼내 달라"고 부르짖을 수도 있습니다. 그러나 그는 "안돼, 너는 아직 불순물이 다 제거되지 않았어. 내가 너를 완전히 제련할 때까지 불 속에서 기다려야 돼" 하고 말합니다.

마찬가지로 하나님은 많은 시련을 우리에게 주실 수 있습니다. 그러나 만일 그분이 "내가 너희를 건지리니" 하고 말씀하신다면, 여러분은 그분이 자신의 약속을 지키실 것을 확신할 수 있습니다. 여러분은 하나님의 "내가 건지리니"라는 말씀을 들었을 때, 그것을 언제나 믿음으로 바꿀 수 있습니다. 미래에 대한 하나님의 약속은 만일 여러분이 그것을 사용할 믿음만 있다면, 현재를 위한 진정한 제안입니다. "환난날에 나를 부르라 내가 너를 건지리니"라는 말씀은 이미 받은 구원이나 진배없습니다. 그것은 "만일 내가 지금 너희를 구원하지 않는다면, 지금보다 더 좋은 시간에 너희를 구원할 것이다. 만일 너희가 나만큼 지혜롭다면, 지금보다 다가올 그때에 구원받는 것이 더 좋을 것이다"라는 점을 의미합니다.

신속한 응답이 구원에 대한 하나님의 약속에 내포되어 있습니다. 왜냐하면 때늦은 구원은 진정한 구원이 아니기 때문입니다. 그러면 어떤 사람은 "아, 나는 지금 곧 구원을 받지 아니하면 슬픔으로 죽을 수밖에 없는 환난 속에 있다"고 말하겠지요. 여러분이 절망으로 죽지 않을 안식이 있음을 확신하십시오. 여러분은 그렇게 죽기 전에 구원받을 것입니다. 하나님은 여러분을 가장 좋은 시간에 구원하실 것입니다.

주님은 항상 정확하십니다. 여러분은 그분 때문에 마냥 기다리지 않았습니다. 여러분은 오랫동안 계속 기다릴지 모르지만, 그분은 정확한 순간에 역사하십니다. 그분은 그분 자신의 지정된, 정확한, 지혜로운 그리고 적절한 순간을 벗어나서는 단 한 순간이라도 그의 종들이 기다리도록 하시지 않습니다. "내가 너희를 건지리니"라는 말씀은 사람의 영혼이 너무 지체되기 때문에 소망을 포기하지 않도록 그분의 지체가 너무 길어지지 않을 것임을 함축하고 있습니다. 주님은 그분을 찾는 사람들을 구원하실 때 바람 날개 위에서 달리십니다. 그러므로 힘을 내십시오.

오, 본문은 얼마나 복된 말씀일까요! 그러나 유감스럽게도 저는 그것을 가장 필요한 사람들에게 줄 수가 없습니다. 살아계신 하나님의 영이 와서 너무 힘들어 죽을 준비가 되어 있는 심령들에게 이 부요한 위로를 주시기를 바랍니다.

제가 반복해서 본문을 말할 때, '내가'와 '너를'이라는 단어를 특별히 주목하시기 바랍니다. "환난날에 나를 부르라 내가 너를 건지리니." 이 두

마디의 단어는 서로 얽혀 있습니다: "내가 너를 건지리니." 사람들은 하지 못했습니다. 천사들도 할 수 없었습니다. 그러나 하나님은 하실 것입니다. 하나님이 자기에게 부르짖는 사람을 구원하실 것입니다. 여러분의 몫은 부르짖는 것입니다. 하나님은 응답하실 것입니다. 가난하고 불안한 심령으로서 여러분의 기도가 응답받을지에 대해 의심을 갖습니까? 여러분은 그때 하나님께 왜 기도하셨습니까? 여러분이 기도했을 때 그분 자신의 약속의 성취에 대해서는 그분에게 맡기십시오. 그분은 "내게 부르짖으라. 그러면 내가 너를 구원할 것이라"고 말씀하십니다.

"내가 너를 건지리니"에서 '너'라는 말을 깊이 상고해 보십시오. 저는 여러분이 무엇을 생각하는지 압니다. 여러분은 "하나님이 매일 구원하시리라고 나는 믿는다. 그러나 내게는 아니다"라고 불평합니다. 그러나 본문은 "내가 너를 건지리니"라고 말씀합니다. 응답을 받는 자는 부르짖는 자입니다. 만일 여러분이 하나님께 부르짖는다면, 그분은 여러분에게 응답하실 것입니다. 여러분에게, 심지어는 여러분 자신의 마음과 영혼에게도, 여러분 자신의 경험 속에서도 그분은 축복을 베푸실 것입니다. 오, 은혜는 인격체처럼 인칭대명사로 취급되고, 우리 자신의 영혼에 인격적으로 적용되고 있습니다. 오, 은혜는 얼마나 약속을 마치 우리 자신의 눈으로 볼 수 있는 것처럼 확인하게 할까요!

히브리서 저자는 "믿음으로 모든 세계가 하나님의 말씀으로 지어진 줄을 우리가 아나니"(히 11:3)라고 썼습니다. 저는 세계가 하나님에 의해 지어졌음을 추호도 의심하지 않습니다. 저는 그것을 확신합니다. 그러나 저는 그분이 세계를 지으시는 것을 본 적이 없습니다. 저는 그분이 "빛이 있으라"(창 1:3) 말씀하실 때 빛이 나타나는 것을 보지 못했습니다. 저는 그분이 빛과 어둠을 나누시는 것(4절)도 보지 못했고, 뭍이 드러나도록 천하의 물을 한곳으로 모으시는 것(9절)도 보지 못했습니다. 그러나 저는 그분이 이 모든 일을 행하셨음을 분명히 확신합니다. 비록 제가 하나님이 새나꽃을 만드시는 것을 현장에서 본 적이 없다고 할지라도, 세계의 모든 진화론자들이 다 나선다 해도 하나님이 세계를 창조하셨다는 저의 확신을 흔들리게 할 수 없습니다.

그렇다면 왜 환난날에 제 기도에 대해 응답하시는 하나님에 대해 이와 똑같은 종류의 믿음을 가져서는 안될까요? 만일 제가 그분이 저를 어떻게 구원하실지 볼 수 없다면, 왜 제가 그것을 굳이 보기를 원해야 할까요? 그분은 내가 지켜보지 않아도 충분히 세계를 창조하셨고, 그것을 어떻게 다루셔야 하는지에 대해 충분한 지식을 갖고 계셨습니다. 그분은 그 안에 제가 조금도 개입하지 않았어도 저를 구원하실 것입니다. 그분이 어떻게 역사하시는가를 보는 것은 제게는 중요한 일이 아닙니다. 저에게 중요한 일은 나의 하나님을 믿는 것이고, 그분이 행하신 것을 능히 이루실줄(롬 4:21) 믿음으로써 그분을 영화롭게 하는 것입니다.

하나님과 역할을 나눔

우리는 지금까지 세 가지 은혜로운 사실을 기억하도록 살펴보았고, 이제 저는 마지막 네 번째 주제를 살펴볼 것입니다. 그것은 다음과 같습니다: 하나님과 기도하는 사람은 이 과정 속에서 해야 할 역할이 있다는 것.

그것은 다루기에는 좀 까다롭지만, 저는 여러분이 그것을 주목하기를 원합니다. 첫째로 여기에는 여러분의 역할이 있습니다: "환난날에 내게 부르짖으라." 이어서 하나님의 역할이 나옵니다: "내가 너를 건지리니." 다시 말해 여러분은 여러분이 구원받고, 그로 말미암아 그분을 찬양하는데에 여러분이 맡아야 할 또 다른 역할이 있다는 것입니다: "네가 나를 영화롭게 하리로다." 그러면 주님은 영광을 받으시는 마지막 역할을 담당하십니다. 여기에 하나님이 자기에게 기도함으로써 도움을 받는 사람들과 시작하는 협정, 곧 언약이 있습니다. 그분은 "내가 너를 구원하리라. 그러나 내가 영화롭게 되지 않으면 안된다. 너는 기도하고 나는 축복하리라. 그러면 너는 내 거룩한 이름을 영화롭게 할 것이다." 여기에는 즐거운 공조 관계가 있습니다. 우리는 그토록 소원하던 것을 얻고, 하나님이 원하시는 것은 자신의 이름에 합당한 영광입니다.

환난에 처한 가난한 심령들이여, 저는 여러분이 이런 사실을 거부하지 않으리라 확신합니다. 주님은 "죄인들아, 나는 너희를 용서할 것이다. 하지만 너희는 내게 그로 말미암아 영광을 돌려야 한다"고 말씀하십니다. 이때 우리의 유일한 반응은 "예, 주님. 영원무궁토록 그리하겠나이다"입니다.

누가 당신과 같이 용서하시는 하나님이실까요?
또 누가 그토록 풍성하고 자유로운 은혜를 소유하고 계실까요?

주님은 "오라, 영혼들아. 내가 너희를 의롭게 할 것이다. 그러나 나는 그것으로 말미암아 영광을 받아야 한다"고 말씀하십니다. 그리고 이에 대한 우리의 반응은 "그런즉 자랑할 데가 어디냐 있을 수가 없느니라 무슨 법으로냐 행위로냐 아니라 오직 믿음의 법으로니라"(롬 3:27). 하나님이 그리스도를 통해 우리를 의롭게 하시면 당연히 그 일로 영광을 받으셔야 합니다.

주님은 "오라, 내가 너희를 내 자녀로 삼겠다. 그러나 내 은혜는 전적으로 영광을 받아야 한다"고 말씀하십니다. 우리는 "예, 그렇게 하겠습니다. 사랑하는 주님, '보라 아버지께서 어떠한 사랑을 우리에게 베푸사 하나님의 자녀라 일컬음을 받게 하셨는가 우리가 그러하도다'(요일 3:1)라고 말하겠습니다" 하고 반응합니다.

주님은 "이제는 내가 너희를 깨끗하게 하고 거룩하게 하겠다. 그러나 그것으로 말미암아 나는 영광을 받아야 하느니라"고 말씀하십니다. 그러면 우리는 대답하기를 "예, 우리가 영원히 이렇게 찬송하겠나이다: '저희가 어린양의 피에 그 옷을 씻어 희게 하였나이다'(계 7:14). 그러므로 저희가 그의 성전에서 밤낮 하나님을 섬기기겠나이다"(15절)라고 해야 합니다.

하나님은 "나는 너희를 가정에서 천국으로 옮길 것이고, 죄와 죽음과 지옥으로부터 구원할 것이다. 그러나 나는 그로 말미암아 영광을 취할 것이니라"고 말씀하십니다. 이때 우리는 "진실로 당신은 찬송을 받으실 분이옵니다. 영원토록 저희는 '보좌에 앉으신 이와 어린양에게 찬송과 존귀와 영

광과 권능을 세세토록 돌릴지어다'(계 5:13)라고 노래할 것입니다"라고
말해야 합니다.

여러분 이제 도적질을 멈추십시오! 여러분은 어디로 가고 있습니까? 하
나님의 영광의 몫으로부터 도망치겠습니까? 하나님의 영광을 도둑질한 사
람은 얼마나 악한 사람일까요! 예를 들면 알코올 중독자인 한 사람이 있
습니다. 하나님은 그를 사랑하셨고, 그를 온전케 하셨습니다. 그러나 그는
그 공을 가로채 자신의 공인 양 고침 받은 것을 자랑하고 다녔습니다. 얼
마나 어리석은 모습일까요! 신사여, 그것을 멈추십시오! 멈추십시오! 그
부패한 악으로부터 구원받은 것에 대해 하나님께 영광을 돌리십시오. 그렇
지 아니하면 배은망덕을 통해 여전히 타락한 상태에 있게 될 것입니다.

한 예를 더 들어보겠습니다. 그는 욕쟁이였습니다. 그러나 그는 지금 기
도하는 자로 변화를 받았습니다. 그는 어느 날 밤에 설교 아니 정확히 간
증을 했습니다. 그는 이에 대해 공작새처럼 허세를 부렸습니다. 오, 교만의
새여, 여러분은 여러분의 화려한 날개를 볼 때, 여러분의 검은 발과 음울한
목소리를 기억하십시오. 오, 회개한 죄인이여, 여러분의 과거 성격을 상기
하십시오. 얼마나 부끄러울까요! 만일 여러분이 욕설을 사용하지 않는 사
람으로 바뀌었다면, 하나님께 영광을 돌리십시오. 여러분의 구원의 모든
부분에 대해 하나님께 영광을 돌리십시오.

"내가 너를 건지리니" — 이것은 여러분이 받을 여러분의 몫입니다. 그
러나 "네가 나를 영화롭게 하리로다" — 이것은 하나님, 오직 하나님만이
받으실 몫입니다. 그분이 처음부터 끝까지 모든 영광을 취해야 합니다.

구원받은 여러분들이여, 가서 주님이 여러분에게 베푸신 것을 선포하십
시오. 한 노파는 주 예수 그리스도께서 정말 자기를 구원하셨다면, 그분은
자기의 찬양을 결코 듣지 못하는 일은 없으실 것이라고 한 말을 기억합니
다. 그녀와 같은 마음을 가지십시오. 진실로 저의 영혼은 저를 구원하신 주
님이 제 찬양을 결코 듣지 못하는 일은 없을 것이라고 확신합니다.

평생토록 주님을 찬양하고, 죽어서도 그분을 찬양하리라.

숨 쉬는 그날까지 주님을 찬양하리라.

죽음의 이슬방울이 내 이마 위에 떨어질 때 나는 이렇게 말하리라.

"전에도 사랑한 나의 예수님, 지금도 여전히 사랑합니다."

가장 견딜 수 없는 환난 속에 있는 가난한 영혼이여, 오십시오. 하나님은 여러분을 통해 자신이 영화롭게 되기를 바라십니다. 여러분의 행복한 경험을 말함으로써 다른 곤고한 자들에게 위로를 줄 때가 곧 올 것입니다. 버림받은 여러분이 복음을 버림받은 자들에게 전하는 때가 곧 올 것입니다. 가난한 타락한 여인과 같은 여러분이 지금 현재 울고 서 있는 주님의 발 아래로 다른 죄인들을 인도한 날이 곧 올 것입니다. 마귀에 의해 포기를 당한 여러분, 아니 오히려 사탄 때문에 피곤한 여러분, 너무 약해서 세상이 거부하는 여러분이 심령으로 새롭게 되어 어린양의 피로 씻음 받을 때, 사랑하시는 자 안에서 여러분을 받으신 하나님, 그분의 은혜의 영광을 찬미하기 위해(엡 1:6) 하늘의 별처럼 빛나게 될 날이 곧 올 것입니다.

오, 낙담하는 죄인들이여, 예수님께 나아오십시오! 그분께 부르짖기를 바랍니다. 여러분의 하나님이요 아버지되신 분께 부르짖기를 권면합니다. 만일 여러분이 신음하는 것 외에 아무것도 할 수 없다면, 하나님께 나아와 신음하십시오. 눈물을 흘리고, 한숨을 쉬십시오. 그리하여 여러분의 마음이 주님께 "오 하나님, 그리스도로 말미암아 저를 도우소서. 내 죄와 그 결과들로부터 저를 구원하소서"라고 말씀하게 하십시오. 여러분이 이렇게 기도하는 것만큼 확실하게 그분은 여러분의 기도를 들으시고 "네 죄가 사해졌으니 평안히 가라"고 말씀하실 것입니다. 나의 형제들이여, 여러분에게 지금 이 순간 이러한 역사가 일어나기를 소원합니다.

4

보장된 은혜

누구든지 여호와의 이름을 부르는 자는 구원을 얻으리니 ─ 요엘 2:32
누구든지 주의 이름을 부르는 자는 구원을 받으리라 ─ 사도행전 2:21

만일 우리가 요엘서 2:32 말씀의 의미를 충분히 이해하기를 바란다면, 먼저 요엘이 이 말씀을 선포한 당시의 시대 상황을 검토해 보아야 합니다. 하나님의 심판이 유다에 급속도로 임하고 있었습니다. 하나님의 정의의 군대들이 전쟁을 위해 달려오고 있었습니다. 그들은 용사같이 달리며 무사같이 성을 기어올랐습니다(욜 2:7). 그들은 땅을 침략해 황폐화시켰고, 에덴동산과 같은 땅을 황폐한 들로 만들어 버렸습니다. 모든 무리의 낯빛이 하얗게 변했고 백성들은 크게 질렸습니다(6절). 해는 어두워졌고, 달은 캄캄해졌습니다. 별들은 빛을 거두었습니다. 나아가 땅은 진동했고, 하늘은 떨었습니다(10절).

우리가 아무것도 기대할 수 없는 이같이 두려운 순간에 천둥소리와 번개의 섬광 사이에 다음과 같은 은혜의 말씀이 들렸습니다: "누구든지 여호와의 이름을 부르는 자는 구원을 얻으리라."

우리 함께 조심스럽게 그 구절의 문맥을 읽어 봅시다:

내가 이적을 하늘과 땅에 베풀리니 곧 피와 불과 연기 기둥이라 여호와의 크고 두려운 날이 이르기 전에 해가 어두워지고 달이 핏빛 같이 변하려니와 누구든지 여호와의 이름을 부르는 자는 구원을 얻으리니 이는 나 여호와의 말대로 시온 산과 예루살렘에서 피할 자가 있을 것임이요 남은 자 중에 나 여호와의 부름을 받을 자가 있을 것임이니라(욜 2:30-32).

일어날 수 있는 일 중 가장 악한 일만 일어나는 최악의 시대에도 구원은 여전히 유효합니다. 낮이 밤이 되고 생명이 죽음이 될 때, 기근이 땅을 지배하고 인간의 소망이 사라졌을 때에도 여전히 하나님 안에서, 그분의 사랑하는 아들의 인격 안에서 여호와의 이름을 부르는 모든 자들에게 구원은 남아있습니다.

우리는 앞으로 일어날 일에 대해 알지 못합니다. 미래를 바라볼 때, 저는 불길한 일들이 먼저 예측이 됩니다. 그렇다고 할지라도 이 구원의 빛은 구름 사이를 뚫고 항상 그 빛을 비출 것입니다. "누구든지 여호와의 이름을 부르는 자는 구원을 얻으리라."

오순절 날, 베드로는 이 구절을 일종의 복음 시대의 샛별과 같은 위치에 두었습니다. 성령이 하나님의 종들에게 부어지고, 남종과 여종들이 예언하기 시작했을(행 2:16-17) 때, 이미 오랜 옛날에 예언되었던(욜 2:28) 바로 그 놀라운 시대가 임한 것이 분명했습니다. 그때 베드로는 기념비적인 설교를 통해 듣는 사람들에게 "누구든지 주의 이름을 부르는 자는 구원을 받으리라"고 말했습니다. 이때 그는 "구원"이라는 말에 더 충분하고 더 복음적인 의미를 드러내 제시하고 있습니다.

"누구든지 여호와의 이름을 부르는 자는 구원을 얻으리라" — 죄와 죽음과 지옥으로부터 사실상 그는 신학적 용어로 말하면, 구원받을(saved) — 죄책으로부터, 죄의 형벌과 권세로부터, 다가올 진노로부터 — 만큼 해방될(delivered) 것입니다.

지금 우리에게 임한 이 복음 시대는 "누구든지 주의 이름을 부르는 자는 구원을 얻는" 복된 시대가 될 것입니다. 은혜의 시대에 우리는 "누구든지 주의 이름을 부르는 자는 구원을 얻는 날과 시간을 갖게 될 것입니다. 이 시대에 여러분에게 구원이 주어집니다. 그 은혜의 시작은 오순절날 선포되었고, 그것은 결코 멈추지 않을 것입니다. 그 충만한 축복은 절대로 감소되지 않고, 더욱 풍성해질 것입니다. 그 은혜의 약속은 확실성과 충만성과 자유함으로 가득 차 있습니다. 그것은 그 넓이와 길이가 한이 없습니다. "누구든지 주의 이름을 부르는 자는 구원을 얻으리라."

저는 이번 설교에서 무한한 죄를 만족시키는 무한한 자비에 관한 전통적인 견해, 그것 외에 다른 얘기는 하지 않을 것입니다. 자유의지를 영적 사건들 속으로 인도하는 자유은혜에 관해, 인간이 스스로 자초한 파멸을 취소하기 위해 나타나신 하나님 자신에 관해, 위대한 구원을 통해 인간을 회복시키는 하나님에 관해 말하고자 합니다. 단순한 말로 이 귀한 사실들을 설교할 때 성령이 은혜 가운데 저를 돕기를 소원합니다.

전체 인류에게 요청되는 필요

첫째로 모든 인간에게는 채워져야 할 필요가 존재합니다. 그 필요란 구원 또는 구속입니다. 그것은 사람이 있는 곳에서는 누구에게나 요구되는 필수 사실입니다. 땅 위에 사람이 존재하는 한 구원의 필요성도 항상 존재할 것입니다.

대도시 그 뒷골목과 빈민가에 들어가 보면, 우리가 단순히 아늑한 집을 나와서 교회 안에 들어와 설교를 들을 때 우리에게 필요한 것보다 훨씬 더 다양한 인간의 필요들에 대해 생각하게 합니다. 세상은 여전히 병들어 죽어가고 있습니다. 세상은 지금도 부패하고 썩어가고 있습니다. 세상은 갑판에서 급한 물살이 치솟아 올라 점차 파멸의 늪으로 가라앉고 있는 배와 같습니다. 하나님의 구원은 노아 시대에 구원이 선포될 때만큼 오늘날도 필요합니다. 하나님이 직접 개입하셔서 구원을 역사하셔야지, 그렇지 않으면 조금도 소망이 없습니다.

현재의 환난에서

저는 많은 성도들에게 현재의 환난으로부터 구원이 필요하다는 사실을 의심하지 않습니다. 저는 여러분이 이 설교 본문을 인생의 지침으로 삼고 "누구든지 주의 이름을 부르는 자는 구원을 얻으리라"는 말씀을 그대로 믿기를 강권합니다. 여러분은 어떤 고통이든 ― 육체적, 정신적, 또는 그 외 다른 것까지도 ― 기도가 유일한 해결책임을 확신할 수 있기를 바랍니다. 하나님은 "환난날에 나를 부르라 내가 너를 건지리니 네가 나를 영화롭게 하리로다"(시 50:15)고 말씀하십니다.

이 약속은 여러분이 육체적인 문제든, 경제적인 문제든 또는 그 어떤 다른 문제든, 인간적인 깊은 고통 속에 들어갔을 때 참된 것으로 증명될 것입니다. 여러분이 어떻게 해야 할지 모를 때, 당황하고 당혹스러울 때, 이리저리 헤매는 폭풍 속의 선원처럼 환난의 파도가 계속해서 엄습할 때, 그 때 여러분의 영혼은 침체되고 마음은 약해져서 도저히 스스로를 도울 수 없다면, 하나님을 부르십시오, 하나님을 부르십시오, 하나님을 부르십시오! 여러분 주변에 짙게 깔린 밤안개로 어두운 숲 속에서 길을 잃고 아예 살 소망을 잃고 죽기를 각오한 자녀로서 여러분의 아버지를 부르십시오! 환난당한 성도들이여, 하나님을 부르십시오. "주의 이름을 부르는 자는 누구든지 구원을 받을 것"이기 때문입니다.

모든 비밀이 밝히 드러날 마지막 주의 날이 되면, 사람들이 허구적인 이야기를 쓰는데 시간을 보내는 일이 불필요하게 될 것입니다. 왜냐하면 하나님이 자기에게 부르짖는 사람들에게 행하신 일을 기록한 실제 이야기가 지극히 볼만하게 펼쳐질 것이기 때문입니다. 만일 사람들이 하나님이 절박한 고통의 순간에 자기들을 어떻게 구원하셨는지에 대해 단순하고 자연적인 언어로 바로 설명할 수 있다면, 그들은 천국의 악기로 새로운 노래를 부르게 될 것입니다. 그들은 땅 위의 성도들의 마음이 그 자녀들에 대한 하나님의 위대하신 사랑을 인하여 그분을 향한 새로운 사랑으로 불타오르게 될 것입니다. "여호와의 인자하심으로 말미암아 그를 찬송할지라"(시

107:8). 오, 우리는 우리가 슬피 울던 밤에 그 위대하신 인자하심을 보여 주신 하나님이 얼마나 자주 생각이 날까요!

미래의 환난에서

요엘서 2:32은 미래의 환난으로부터의 구원도 약속합니다. 미래에 일어날 일에 대해서는 우리가 알지 못합니다. 우리는 하나님의 말씀을 통해 "해가 어두워지고 달이 핏빛 같이 변하리라"(31절)는 것을 압니다. 하나님은 가장 무섭고 가장 두려운 격동이 일어날 때 "누구든지 주의 이름을 부르는 자는 구원을 받으리라"는 것을 우리에게 가르쳐 주시기 위해 그 놀랍고 두려운 사건들에 관한 기록이 담겨 있는 바로 그 장에 이 은혜로운 구절을 두고 있습니다. 쓴 쑥이라는 별이 떨어질 것이지만(계 8:11), 우리는 주의 이름을 부르기만 하면 구원받을 것입니다. 재앙이 쏟아지고, 나팔 소리가 울려 퍼지며 애굽에 재앙이 내린 것처럼 신속하게 심판이 임하겠지만, "주의 이름을 부르는 자는 구원을 받을 것입니다."

구원의 필요성이 현저하게 증가하는 동안, 그와 더불어 충만한 구속의 역사도 증가할 것입니다. 여러분은 치열한 모든 전쟁의 참사, 모든 기근의 쓰라림, 모든 재앙의 끔찍함 등을 두려워할 필요가 없습니다. 왜냐하면 주님께서는 우리가 그분을 부르기만 하면 우리를 구원하도록 되어 있기 때문입니다. 이 약속의 말씀은 예상되는 가장 두려운 일들 속에서 안전한 구원을 경험하게 할 것입니다.

두려운 마지막 날로부터

그렇습니다. 여러분에게 죽음이 임할 때가 되어도, 여러분에게 해가 캄캄해질 때가 되어도, 이 본문은 두려운 마지막 순간에 여러분에게 구원을 보장합니다. 주의 이름을 부르십시오. 그러면 여러분은 구원을 받을 것입니다. 죽음의 고통의 한복판과 사망의 음침한 골짜기에서 여러분은 영광의 초청장을 받고, 흑암에서 빛으로, 슬픔에서 기쁨으로 옮겨지게 될 것입니다. 여러분이 영원의 현실 속에서 깨어나도, 부활이나 심판날 또는 지옥의 커다란 입구를 두려워할 필요가 없습니다. 용서받지 못한 자들은 슬픔의 심연 속으로 떨어지고, 의로운 자들은 거의 구원받지 못한다고 할지라도, 주의 이름을 부르는 자들은 틀림없이 구원받을 것입니다. 비록 예언서 안에 감추어져 있다고 할지라도, 약속은 굳건하게 설 것입니다. 하나님은 약속을 부정하거나 약속에 모순되게 행동하실 수 없는 분입니다. 그분은 자신의 이름을 부르는 자들을 구원할 것입니다.

견고한 기초

그렇습니다. 요청되는 것은 구속입니다. 사랑하는 형제들이여, 저는 말씀을 선포하고 구령의 열정을 갖고 있는 사람들이 죄인의 구속에 관한 이 위대한 전통적 진리를 자주 반복할 필요가 있다고 생각합니다. 우리는 주의 이름을 부르는 모든 자들의 구원에 관한 메시지를 자주 선포해야 합니다. 때때로 우리는 고상한 생활을 하고, 높은 수준의 성화의 능력을 보여 주는 성도들에 관해 말합니다. 이 모든 것은 아주 적절하고 매우 좋은 일이지만, 그것보다 훨씬 더 근본적인 진리는 "누구든지 주의 이름을 부르는 자는 구원을 받으리라"는 것입니다.

우리는 우리 형제들이 교리적으로 건전하고, 믿고 있는 바를 확신하고, 계시된 하나님의 뜻을 이해하도록 강조합니다. 이것 역시 중요합니다. 그러나 그렇다고 해도 첫 번째로 그리고 최고로 중요한 진리는 바로 "누구든지 주의 이름을 부르는 자는 구원을 받으리라"는 이 근본 진리입니다. 이 전통적인 근본 진리로 말미암아 우리는 큰 위로를 받습니다.

때때로 저는 나를 구원하신 하나님을 즐거워하고, 천상의 것들과 교제에 들어가기 위해 날개를 펴서 날아올라갑니다. 그러나 제가 어둠 속에 머리를 숨기는 또 다른 순간들이 있습니다. 그러기에 저는 "누구든지 주의 이름을 부르는 자는 구원을 받으리라"는 이 중요하고도 은혜로운 약속에 대해 크게 감사합니다.

저는 저의 가장 달콤하고, 가장 행복하고, 가장 안전한 상태가 비록 그분의 진노 외에는 받을 것이 없음에도 불구하고, 주의 이름을 부르고, 그분의 손으로부터 자비를 취하는, 가난하고, 악의적이고, 의지가지 없는 죄인의 상태라는 사실을 발견합니다. 저는 "누구든지 주의 이름을 부르는 자는 구원을 받으리라"는 말씀과 같은 확실한 약속 위에 감히 내 영혼의 가치를 둘 때 행복합니다. 비록 여러분이 어떤 존재이든 간에, 여러분의 경험이 아무리 고상하다 할지라도, 여러분의 능력이 아무리 크다고 할지라도, 여러분은 항상 가장 가난하고 가장 연약한 심령이 서 있어야 하는 것과 똑같은 근거 — 오로지 주의 이름을 부르는 것을 통해 전적인 은혜로 말미암아 주어지는 구속의 근거 — 에 기반을 두어야 합니다.

기도: 구원의 수단

이제 둘째로 우리는 이 구원이 주어지는 방법을 유심히 고찰해야 합니다. 복 주시는 성령께서 이 고찰에 우리를 도우시기를 바랍니다. 구원은 요엘서 2:32에 따르면 여호와의 이름을 부르는 것으로 현실화됩니다.

이 구절에 나타난 가장 명백한 의미는 우리는 기도하지 않으면 안된다는 것입니다. 우리는 믿음 있는 기도 곧 필요한 구원을 베풀어 주시도록 하나님께 구하고, 그것을 그분으로부터 은혜의 선물로서 받기를 바라는 기도를 통해 주님께 나아가고 있습니까?

요엘서 2:32의 말씀은 "믿으라 그러면 살리라"는 말씀과 똑같은 의미를 갖습니다. 만일 사람이 하나님에 관해 듣지 못한다면(롬 10:14), 어떻게 그분을 부를 수 있을까요? 그리고 비록 사람이 그분에 관해 들었다고 해도, 만일 그가 듣고 믿지 않는다면, 그분의 부르심은 헛된 일이 되고 맙니다.

"주의 이름을 부르는 것"은 믿음으로 기도하는 것 — 하나님의 도우심을 위해 그분께 부르짖고, 자기 자신을 그분의 손에 맡기는 것 — 입니다.

이것은 참으로 단순합니다. 그렇지 않습니까? 여기엔 부담스러운 일이 전혀 없습니다. 복잡할 것도 없고 미심쩍을 것도 없습니다. 항상 우리를 위해 간구하시는(히 7:25) 우리의 대제사장 예수 그리스도의 도우심 외에는, 다른 제사장의 도움도 필요 없습니다. 가난하고 깨어진 심령은 그 신음소리를 하나님의 귀에 쏟아놓고, 환난의 때에 도와주시겠다는 그분의 약속을 지켜달라고 그분을 부릅니다 — 그것이 전부입니다. 저는 이번 설교의 본문에서 이것 외에 다른 것을 가르치는 것이 없음에 대해 하나님께 감사를 드립니다. 약속은 "누구든지 주의 이름을 부르는 자는 구원을 받으리라"는 것입니다.

유일하신 참하나님께

비록 구원을 얻는 것이 주님의 이름을 부르는 것만큼이나 단순하다고 해도, 사도행전 2:21은 그 안에 몇 가지 특별한 교훈을 담고 있습니다. 첫째로 기도는 참하나님께 드려야 한다는 것입니다. 여호와의 이름을 부르는 자는 누구든 구원받을 것입니다. 여기에는 특별한 어떤 것이 있습니다. 어떤 사람은 바알 신을 부르고, 어떤 사람은 아스다롯 신을 부르고, 또 어떤 사람은 말렉 신의 이름을 부른다고 상정해 봅시다. 하지만 이들 가운데 어느 누구도 구원받지 못할 것입니다. 약속은 구체적입니다: "누구든지 주(여호와)의 이름을 부르는 자는 구원을 받으리라."

여러분도 아시다시피 삼위일체 하나님의 이름 곧 "성부, 성자 그리고 성령" 그분들의 이름을 불러야 합니다. 여호와의 이름은 주 예수의 인격 속에 가장 독특하게 표현되고 있음을 여러분도 아실 것입니다. 그분을 부르십시오. 참하나님을 부르십시오. 우상을 부르지 말고, 성모 마리아도 부르지 말고, 살았든 죽었든 성인들도 부르지 마십시오. 여러분의 마음의 감정에 따라 부르지 마십시오. 살아계신 하나님 곧 성경 속에 스스로 자신을 계시하신 그분, 그의 사랑하는 아들의 인격 속에 자신을 드러내시는 그분을 부르십시오. 왜냐하면 오직 이 하나님을 부르는 자만 구원을 받을 것이기 때문입니다.

여러분이 우상들의 이름을 부를 수는 있지만, 이것들은 여러분을 들을 수가 없습니다. "입이 있어도 말하지 못하며 눈이 있어도 보지 못하며 귀가 있어도 듣지 못하며 코가 있어도 냄새 맡지 못하며"(시 115:5- 6). 여러분은 단순히 사람에게 구원해 달라고 구할 수 있지만, 그들은 여러분과 똑같은 죄인에 불과합니다. 많은 사람들이 성직자를 찾지만, 그들은 결코 가장 열심 있는 성도들조차 구원할 수 없습니다. 그러나 "누구든지 주(여호와)의 이름을 부르는 자는 구원을 받을" 것입니다.

그리고 문제는 단순히 미사여구를 사용하여 부르거나 일종의 종교적 주문을 외우는 것으로 간구가 이루어져서는 안된다는 것입니다. 여러분은 하나님께 직접 나아가야 합니다. 지존자인 그분께 나아가 환난의 때에 도와주십사 간구해야 합니다. 참된 기도를 참하나님께 드릴 때 여러분은 비로소 구원을 얻게 되는 것입니다.

지식을 따라

또한 기도는 지식 있는 기도가 되어야 합니다. "누구든지 주(여호와)의 이름을 부르는 자는"이라는 말씀 속에서 이름이라는 말을 좀 더 자세히 살펴볼 필요가 있습니다. 이름이라는 말은 주님의 인격 또는 속성을 의미합니다. 그러므로 여러분이 주님에 관해 알면 알수록 그분의 이름에 대해 더 잘 알게 되고, 그 이름을 부르는 것에 대해 더 정확한 지식을 갖게 될 것입니다.

만일 여러분이 그분의 권능에 대해 알게 된다면, 여러분은 여러분을 도울 그 권능을 구하게 될 것입니다. 만일 그분의 자비를 알게 된다면, 여러분을 구원할 자비를 그분께 구하게 될 것입니다. 만일 여러분이 그분의 지혜를 알게 된다면, 여러분의 고통을 그분이 이미 알고 계시고, 그러기에 그것들을 통해 여러분을 충분히 도우실 수 있음을 느끼게 될 것입니다. 또 여러분이 그분의 불변성을 이해하게 된다면, 여러분은 다른 죄인들과 여러분을 구원하신 동일하신 하나님을 부르게 될 것입니다.

그러므로 여러분이 성경을 충실하게 공부하고, 주님을 충분히 알 수 있도록 알려달라고 구하는 것은 굉장히 중요한 일입니다. 여러분이 그분을 익히 아는 수준에 이르러야 여러분은 그분의 이름에 대한 분명한 확신을 갖고 그 이름을 부르게 될 것입니다.

여러분이 그분을 조금 알고 있다면 조금 알고 있는 그만큼만 그분을 부르십시오. 여러분의 고통이 내적인 것이든 외적인 것이든 막론하고 그분에게 부르짖으십시오. 그러나 특별히 내적인 것이라면 더욱 그렇게 하시기 바랍니다. 만일 그것이 죄 문제라면, 만일 그것이 죄책의 짐이라면, 만일 그것이 임할 진노로 인한 공포와 두려움의 짐이라면, 주님의 이름을 부르십시오. 그러면 여러분은 구원받을 것입니다.

여러분의 구원은 하나님이 약속하셨습니다. 그 약속은 "구원받을 수 있다"는 것이 아니라 "구원받을 것이라"는 것입니다. 여기서 하나님의 영원하신 "의지"(shall) — 취소할 수 없고, 변경할 수 없고, 의심할 수 없고, 억제할 수 없는 — 를 주목하십시오. 그분의 약속은 영원히 동일하십니다. "어찌 그 말씀하신 바를 행하지 않으시며"(민 23:19). 그렇습니다. 그분은 자신의 말씀대로 행하실 것입니다. "누구든지 주의 이름을 부르는 자는 구원을 받으리라."

하나님의 영광을 위해

이 구원 방법 — 주의 이름을 부름 — 은 하나님을 영화롭게 합니다. 그분은 여러분에게는 아무것도 구하지 않고, 여러분은 그분에게 모든 것을 구합니다. 여러분은 거지요, 그분은 시혜자이십니다. 여러분은 환난 속에 있는 자이고, 그분은 구원하시는 분이십니다. 여러분이 해야 할 일은 그분을 믿고 그분께 구하는 것이 전부입니다. 이것은 참으로 쉬운 일입니다. 이것은 문제를 여러분의 손으로부터 주님으로 손으로 넘겨주는 것입니다. 여러분은 이것이 맘에 들지 않습니까? 지금 즉각 그렇게 하십시오. 그러면 그 놀라운 효과가 입증될 것입니다.

사랑하는 형제들이여, 저는 아주 심각한 시험 속에 있는 사람들에게 이 말씀을 전하고 싶습니다. 여러분은 소망을 점차 잃어가고 있습니다. 아마 여러분은 포기하거나 또는 어쨌든 포기상태에 있을지도 모릅니다. 그러나 저는 여러분에게 주의 이름을 부르라고 권면하는 바입니다. 여러분의 기도는 결코 소멸될 수 없습니다. 아무도 지금까지 그런 적이 없습니다. 만일 여러분이 기도를 소멸시킬 수 있다면, 여러분은 우주 속에 새로운 이적을 창조하는 것과 같습니다. 기도하는 영혼이 지옥에 가는 것은 전혀 불가능합니다. 하나님을 부르고 그분에게 거부당하는 사람이 있다는 전제는 성립될 수 없습니다. "누구든지 주(여호와)의 이름을 부르는 자는 구원을 받으리라."

만일 그분이 자신의 이름을 부르는 가난한 죄인을 듣기를 거절하신다면, 그것은 하나님 자신이 거짓말하는 것으로, 자신의 사랑의 속성을 부정하는 것이고, 은혜에 대한 주장을 속이는 것이며, 자신의 인격에 대한 진실성을 파괴하는 것입니다. 그분이 "나는 불렀지만 너는 거부당했다"고 말씀하실 때가 온다고 해도 그날이 우리의 현재는 아닐 것입니다. 생명이 있는 한 소망이 있습니다. "너희가 오늘 그의 음성을 듣거든 너희 마음을 완악하게 하지 말지어다"(시 95:7-8). 하나님을 즉시 부르십시오, 왜냐하면 이 은혜에 대한 보장이 죽음에 처할 모든 죄인들에게 주어질 것이기 때문입니다. "누구든지 주(여호와)의 이름을 부르는 자는 구원을 받으리라."

저는 언젠가 이 주제에 관한 설교를 단순히 듣게 되었을 때를 기억합니다. 그때 저는 한 순간에 큰 위로와 환한 빛 속으로 들어갔습니다. 이런 순간이 여러분에게도 있습니까? 저는 제가 뭔가를 해야 한다고, 곧 어떤 면에서든 하나님의 자비를 얻기 위해 무엇인가 제가 준비해야 할 것이 있다고 생각했습니다. 그때 저는 단순히 하나님을 부르는 것 곧 단순히 그분의 손에 제 자신을 의탁하는 것, 단순히 그분의 거룩하신 이름으로 청원하는 것이 저를 구주 그리스도에게 인도한다는 것을 알지 못했습니다.

그러나 이것은 사실이었고, 저는 그 사실을 알았을 때 참으로 행복했습

니다. 천국은 거저 주어집니다. 구원은 구하는 자가 받을 것입니다. 저는
속박된 많은 영혼들이 단 한 순간에 자기를 얽어매고 있던 사슬을 풀고
"그것은 진정 사실이야. 만일 하나님이 그렇게 말씀하셨다면, 그것은 사실
이야. 그분 자신의 말씀 속에 진실이 있어. 내가 그분을 부르면 틀림없이
구원받을 거야"라고 부르짖기를 바랍니다.

누구에게 주어진 약속인가?

이 약속과 이 구원이 누구에게 주어졌는지 살펴봅시다: "누구든지 주의
이름을 부르는 자는 구원을 받으리라."

환난이나 죄로 말미암아 고통 받는 사람들에게

요엘서를 보면, 백성들은 크게 고통 — 그때까지 겪은 어떤 것보다 더
괴로운, 절망의 문턱에서 고통스러워하는 — 을 당하고 있었습니다. 그러
나 주님은 그들에게 "누구든지 여호와의 이름을 부르는 자는 구원을 얻으
리라"고 말씀하셨습니다.

병원에 가 보십시오. 만일 원한다면 알코올 중독자들이나 마약 복용자들
이 수용되어 있는 병동에 특별히 가 보기 바랍니다. 그 비참한 수용소에서
여러분은 그들이 누워있는 각 병상을 향해 "누구든지 주의 이름을 부르는
자는 구원을 받으리라"고 선포하십시오. 그 다음에는 급히 교도소로 가십
시오. 가서 죄수들이 수용되어 있는 모든 감방의 창살 앞에 서서, 그리고
심지어는 사형수들이 죽음을 기다리고 있는 감방을 향해서도 안심하고
"누구든지 주의 이름을 부르는 자는 구원을 받으리라"고 외치십시오.

저는 "네가 이것을 설교한다면, 사람들은 죄를 더 많이 범하게 될 것이
다"라고 말하는 바리새인들의 소리를 듣습니다. 어떤 사람들이 하나님의
무조건적 자비는 죄를 더 범하게 하는 이유가 된다고 말하는 것은 언제나
진실입니다. 하지만 하나님은 그것 때문에 자신의 자비를 제한하신 적이

없습니다 — 그리고 이것이야말로 참으로 놀라운 이적입니다. 사람들이 하나님의 자비를 죄에 대한 핑계로 삼을 때 주님의 위대하신 은혜를 크게 모독하는 것임에도 불구하고, 하나님은 사람들이 그것을 잘못 생각한다고 해서 자신의 자비를 결코 삭감하시지 않았습니다. 그분은 여전히 자신의 자비를 밝고 분명하게 드러내고 계십니다. "누구든지 주의 이름을 부르는 자는 구원을 받으리라."

계속해서 주님은 "돌아오라 그러면 살리라"고 말씀하십니다. 이사야서에서 그분은 그것을 이렇게 표현하십니다:

악인은 그 길을 불의한 자는 그 생각을 버리고 여호와께로 돌아오라 그리하면 그가 긍휼히 여기시리라 우리 하나님께로 나아오라 그가 널리 용서하시리라(사 55:7).

가장 더러운 죄악의 쓰레기더미를 비추는 찬란한 태양은 결코 사라지지 않습니다. 그리스도를 믿으라, 그러면 살리라! 주의 이름을 부르십시오, 그러면 여러분은 용서받을 것입니다. 그렇습니다. 여러분은 죄의 짐으로부터 구원받아 하나님의 자녀, 그분의 은혜의 가족의 일원으로 새사람이 될 것입니다. 환난이나 죄로 말미암아 크게 고통 받는 사람들은 "누구든지 주의 이름을 부르는 자는 구원을 받으리라"는 이 은혜의 약속을 만나게 될 것입니다.

큰 자나 작은 자 모두에게

그렇습니다. 하지만 요엘서에 따르면, 하나님의 영이 그들에게 부어져 그분을 소유하고 있는 사람들이 있습니다. 그들이 누구입니까? 그들이 그것 때문에 구원받았습니까? 오, 아닙니다! 심지어는 하나님의 영이 꿈을 꾸게 하고 환상을 보게 하는 사람들도 똑같이 "누구든지 주의 이름을 부르는 자는 구원을 받으리라"는 약속의 말씀을 믿는 믿음의 기도의 문을 통해 속죄소로 나아가야 했습니다.

아, 가난한 영혼들이여! 여러분 스스로에게 "내가 교회의 집사라면, 내가 목사라면, 오, 그러면 구원 받을 것이다"라고 한 번 말해 보십시오. 여러분은 이것을 머리로는 도저히 이해 못할 것입니다. 교회 직분자들이라고 해도 그 직분으로 인해 구원받지 못하지만, 여러분은 직분 없어도 구원받을 수 있습니다. 이 구원문제에서는 우리가 갖고 있는 직분과는 아무 상관이 없습니다. 사실상 우리는 조심스럽게 직분을 감당하지 못하면 오히려 그것 때문에 정죄 받을 수도 있습니다. 설교자들이라고 평신도들보다 특별한 이점을 더 갖고 있지 않습니다. 저는 누구든 상관없이 여러분들과 똑같은 기반 위에 서서 그리스도에게 나아가는 것을 참으로 행복하게 생각합니다.

> 내 손에 가진 것 아무것도 없고,
> 오직 그분의 십자가만 붙드네.

종종 저는 가난한 죄인에게 용기를 주고 그로 하여금 그리스도를 믿도록 격려할 때, "글쎄, 만일 그가 이 위로의 잔을 마시지 않는다면, 내가 그것을 마시리라" 하고 생각한 적이 있었습니다. 제가 이 진리를 가르쳐 준 사람들과 똑같이 저에게도 이 진리가 똑같이 필요함을 확신합니다. 저 역시 여러분과 똑같은 죄인이고, 그러기에 저도 이 약속을 받습니다. 하나님의 이 위로의 잔은 결코 사라지지 않을 것입니다. 저 역시 그것을 받을 것입니다.

저는 피곤하고, 낙심하고, 힘이 없고, 병이 들었을 때 그리고 죄를 범했을 때 예수님께 나아갔습니다. 저는 그분을 믿고 평강 — 오늘 본문이 우리에게 주는 똑같은 근거 위에서 얻는 평강 — 을 얻었습니다. 만일 제가 이 위로의 잔을 마실 수 있었다면, 여러분도 똑같이 마실 수 있습니다. 이 잔의 이적은 누구든 그 잔을 마시되, 항상 충만하게 마실 수 있다는데 있습니다. "누구든지"라는 말 속에는 어떤 제한이 없습니다.

여러분이 젊은이로서 하나님의 영을 받아 예언을 하거나 또는 늙은이로서 꿈을 꾸거나 하더라도, 그것이 여러분을 구원해 주지 못하고, 다만 그분의 이름을 부르는 것만이 여러분을 구원할 것입니다. 그 이유는 "누구든지 주의 이름을 부르는 자가 구원을 받을" 것이기 때문입니다. 하나님의 영을 받지 못한 사람들도 있습니다. 그들은 방언이나 예언을 말하거나 이적을 행하지 못합니다. 그러나 그렇다고 할지라도 그들에게도 "누구든지 주의 이름을 부르는 자는 구원을 받으리라"는 말씀이 진리입니다. 초자연적 은사가 그들에게 주어지지는 않았지만, 그들이 환상을 보거나 방언을 말할 수는 없지만, 그들이 주의 이름을 부르기만 한다면, 그들은 구원받을 것입니다. 구원의 길은 큰 자나 작은 자, 믿음이 약한 자나 강한 자 모두에게 똑같습니다.

헌신의 열정이 없는 사람들에게

"아, 하지만 나는 그보다 더 잘못되었다. 나는 헌신적인 열정이 없다. 나는 상한 마음을 가진 사람이 갖고 있는 모든 것을 갖고 있다. 나는 차라리 절망하기를 바랐지만 오히려 나의 마음은 돌처럼 굳어졌다"고 말하는 사람이 있을 것입니다.

저는 자주 슬픈 이야기를 듣습니다. 그리고 자신의 열정이 없는 마음에 대해 극히 슬퍼하는 사람들은 아주 예민한 사람들이라는 것이 사실입니다. 그들은 그들의 마음이 단단한 강철과 같다고 말합니다. 하지만 그것은 사실이 아닙니다. 비록 그것이 사실이라고 해도, "누구든지 주의 이름을 부르는 자는 구원을 받으리라."

여러분은 주님이 여러분에게 먼저 새 마음을 가진 후에야 구원해 주실 것이라고 생각합니까? 나의 사랑하는 형제들이여, 만일 여러분이 새 마음을 갖고 있다면 여러분은 이미 구원 받은 것이고, 구원해 달라고 그분에게 요청할 필요가 없습니다. "오, 그러나 나는 헌신적인 열정을 갖기를 바랍니다." 정말 그러기를 바랍니까? 여러분은 그것을 얻으러 어디로 갈 것입니까? 여러분은 헌신적인 열정을 여러분의 타락한 본성의 쓰레기더미 속에서 찾으려고 하십니까?

헌신의 열정이 없다고 하더라도 하나님께 나아오십시오. 있는 모습 그대로 나아오십시오. 차가운 빙산 같은 여러분들이여, 냉정하고 역겨운 것 외에는 아무것도 없는 여러분들이여, 오십시오. 오셔서 주의 이름을 부르십시오. 그러면 여러분은 구원을 얻을 것입니다. 전에 어떤 사람은 "은혜의 이적들은 하나님의 권한이다"라고 말했습니다. 보잘것없는 죄인들에게 그분이 설교하도록 우리를 보내셨다는 것은 결코 사소한 복음의 메시지가 아닙니다. 위대한 죄인들을 위한 위대한 복음 메시지입니다. "누구든지 주의 이름을 부르는 자는 구원을 받으리라."

이름 없는 사람들에게

또 어떤 사람은 "아, 나는 구원이 나 같은 사람에게 주어진다는 것을 믿을 수 없어. 나는 그러기에는 너무 이름 없는 사람이야"라고 말합니다. 이름 없는 여러분, 그렇습니까? 저는 이름 없는 사람들에 대해 큰 애정을 갖고 있습니다. 저는 유명한 사람들이 싫습니다. 세계에서 가장 악한 유명인은 바로 저입니다. 저는 항상 어떻게 하면 제자신의 유명세를 던져버리고 이름 없는 사람들과 함께 어울릴 수 있을지에 대해 고민하곤 합니다.

이름 없는 사람들이여, 여러분은 어디에 있습니까? 여러분은 제가 돌보도록 보냄을 받은 사랑하는 사람들입니다. 만일 여러분에게 아무것도 없다면, 오직 그리스도가 모든 것이 될 것입니다. 만일 여러분이 비어있을 뿐만 아니라 상처 받고 깨어져 있다면, 만일 여러분이 파괴되고, 파멸되고, 완전히 박살난 상태에 처해 있다면, "누구든지 주의 이름을 부르는 자는 구원을 받으리라"는 이 구원의 말씀은 바로 여러분에게 주어진 것입니다.

저는 그 문을 크게 열어놓았습니다. 만일 입구가 잘못된 길로 연결되어 있다면, 모든 양들이 그냥 통과할 것입니다. 그러나 그것이 올바른 길이기 때문에 저는 제가 원하는 것만큼 문을 크게 열어둘 수 있습니다. 그러나 위대한 목자인 여러분들이 들판을 다니면서 양들을 그 안으로 이끌지 않는다면, 양은 그 안으로 들어갈 수 없을 것입니다. 오래 전에 여러분의 소중한 심장의 피를 흘림으로써 여러분이 값 주고 산 잃은 양들을 여러분의 품으로 안으십시오. 그리하여 여러분의 은혜로운 어깨로 그를 안아 주고, 여러분이 그랬던 것처럼 그가 그것을 즐거워하도록 하십시오. 그리하여 푸른 풀이 자라는 초장 안에 그를 두십시오.

아낌없는 축복

저는 여러분이 잠시 동안 "누구든지 주의 이름을 부르는 자는 구원을 받으리라"는 말씀이 주는 축복 자체에 대해 묵상해 보기를 바랍니다. 저는 그것에 관해 이미 충분히 설명했기 때문에 더 이상 그 점을 말씀드리지는 않겠습니다.

어떤 사람이 여러분에게 약속을 한다면, 그것을 가장 엄밀한 의미로 이해하는 것이 아주 당연한 공식입니다. 이것은 약속을 준 당사자에게도 좋은 일입니다. 그가 원하는 대로 자의적으로 그것을 해석하도록 해 보십시오. 그러나 그렇게 되면 실제로 그는 그의 약속의 뼈대만 여러분에게 제시합니다.

그런데 하나님의 모든 백성들이 안전하게 행할 수 있는 공식은 다음과 같습니다: 우리는 항상 가능한 한 가장 넓은 의미에서 하나님의 약속을 이해할 수 있다. 만일 약속의 말씀이 여러분이 얼핏 한 번 보고 이해한 것보다 훨씬 더 넓은 의미로 이해할 수 있다면, 여러분은 확실히 더 폭넓은 의미로 믿을 수 있습니다. 그분은 "우리 가운데서 역사하시는 능력대로 우리가 구하거나 생각하는 모든 것에 더 넘치도록 능히 하실 이"(엡 3:20)입니다. 하나님은 자신의 약속에 거의 도달할 수 없도록 그 안에 아무런 선도 그어놓지 않으셨습니다. 아닙니다. 비록 그분이 "이스라엘 집의 잃어버린 어린양"(마 15:24)에게 보내심을 받았을지라도, 생애의 대부분을 "이방인들의 갈릴리"라고 불린 갈릴리 지역에서 보내신, 그분의 사랑하시는 아들이 그러신 것처럼, 하나님 아버지 역시 그렇게 하십니다. 더더욱 그분은 가나안 여인에게 축복을 베푸시기 위해 그곳 끝까지 가셨습니다.

그러므로 여러분은 베드로가 그렇게 해석한 것처럼 요엘서 2:32의 말씀을 가장 넓은 의미로 해석해서 믿을 수 있습니다. 신약성경은 구약성경 말씀의 의미보다 더 폭넓게 이해되어야 합니다. 그렇게 하는 것이 아주 적절합니다. 왜냐하면 하나님은 우리가 자신의 말씀을 신앙의 넓이만큼 적용하기를 바라시기 때문입니다.

만일 여러분이 하나님의 진노의 대상이라면, 만일 여러분이 하나님의 손이 죄 때문에 여러분을 찾을 것이라고 믿는다면, 하나님께 나아오십시오. 그분을 부르십시오. 그러면 그분은 여러분을 심판과 심판을 가져온 죄책으로부터 — 죄와 죄의 결과로부터 — 여러분을 구원하실 것입니다. 그분은 여러분이 그것들을 피하도록 도우실 것입니다. 그러니 지금 당장 그분께 나아가십시오.

어쩌면 여러분은 환난 속에 있는 하나님의 자녀일지도 모릅니다. 어쩌면 그 환난이 여러분의 영혼을 침몰시키고, 날마다 여러분의 심령을 괴롭게 할 수도 있습니다. 그러면 주님을 부르십시오. 그분은 고민을 거두어 가시고 환난을 피하도록 하실 것입니다. "누구든지 주의 이름을 부르는 자는 구원을 받으리라." 반면에 여러분은 계속해서 환난을 겪어야 합니다. 하지만 그것은 오히려 악이 아니라 축복으로 바뀔 것입니다. 여러분의 십자가의 본질이 바뀌면, 여러분은 그것을 사랑하지 않고는 못 배길 것입니다.

만일 죄가 여러분의 현재의 고통의 원인이라면, 만일 죄가 여러분에게 잘못된 습관을 가져왔다면, 만일 여러분이 술주정뱅이가 되고, 어떻게 절제해야 할지 모른다면, 만일 여러분이 부도덕하고 부적절한 관계 속에 빠져있다면, 하나님을 부르십시오. 그분은 여러분을 죄로부터 벗어나고, 죄에 연루된 모든 문제들로부터 해방시켜 줄 것입니다. 그분은 지금 당장 자신의 은혜의 검으로 그것들을 자르고 자유롭게 하실 수 있습니다. 비록 여러분이 들어오면 즉각 잡아먹을 준비가 되어 있는 사자굴 속에 있는 연약한 양처럼 느낀다고 할지라도, 하나님은 오셔서 여러분을 사자굴에서 건져내실 수 있습니다. 용사에게서 먹이를 빼앗고 사로잡힌 자를 건져내실 것입니다(사 49:24). 그러므로 오로지 주님의 이름을 부르십시오. 그러면 여러분은 구원을 받을 것입니다.

축복을 거절한 결과

이제 이번 설교의 결론을 내리면서, 한 가지 유감스러운 생각을 살펴보아야 합니다. 저는 여러분에게 이 축복을 공통적으로 무시하는 것에 대해 경고하고자 합니다. 여러분은 누구든지 주의 이름을 부를 것이라는 데 대해서만 생각합니다. 하지만 요엘서 2:32의 두 번째 부분을 읽어 보십시오: "이는 나 여호와의 말대로 시온 산과 예루살렘에서 피할 자가 있을 것임이요." 주님이 말씀하신 대로 일어날 것입니다. 그러나 시온 산과 예루살렘에 사는 사람들은 그때 하나님의 구원을 받을까요? 유감스럽게도 그들 모두는 아닙니다. 그 구절의 마지막 부분을 보면 알 수 있습니다: "남은 자 중에 나 여호와의 부름을 받을 자가 있을 것임이니라."

남은 자라는 말이 제 입을 다물도록 합니다. 그렇습니다! 모두가 아니라구요? 예, 오직 남은 자만입니다. 그리고 심지어는 그 남은 자도 하나님이 먼저 은혜로 부르시기 전에는 주의 이름을 부르지 못할 것입니다. 이것은 참으로 그토록 크신 은혜로 그들을 부르시는 사랑만큼이나 놀라운 이적입니다. 누구나 그분의 복된 이름을 부르는 것이 아니라구요? 예, 단지 남은 자들만이라구요? 그들은 미친 사람들입니까? 마귀들도 더 악하게 행동할 수 있을까요? 만일 그들이 하나님을 부르도록 초청받고 구원을 받는다면, 그들은 거절했습니까?

불행한 일이로다! 길은 평이하지만 "찾는 이는 적습니다"(마 7:14). 누구나 설교를 듣고, 누구나 초대를 받고, 무한히 폭넓은 약속이지만, 구원받는 자는 "주님이 부르시는 남은 자"에게만 해당됩니다. 본문 속에 아무나 초청한다고 되어 있습니까? 본문 속에 아예 문을 닫지 못하도록 도끼로 내리쳐서 문을 활짝 열어놓았다는 말씀이 들어있습니까? 그러나 "멸망으로 인도하는 문은 크고 그 길이 넓어 그리로 들어가는 자가 많습니다"(13

절).

그들은 들어갈 때 참지 못하고 서둘러 바쁘게 들어가지만 그 길은 사망과 지옥으로 내려가는 길입니다. 그렇습니다. 그들은 다시는 돌아올 수 없는 그 두려운 입구 속으로 헐레벌떡 얼마나 바쁘게 뛰어 내려갈까요! 선교사들이나 목사들은 사람들이 지옥으로 들어가도록 절대로 간청하지 않습니다. 어떤 책들도 사람들에게 영원한 멸망으로 달려 들어가도록 주장하지 않습니다.

주님이 "그러나 너희가 영생을 얻기 위하여 내게 오기를 원하지 아니하는도다"(요 5:40)라고 하신 말씀 이상으로 그것을 분명하게 말씀하신 것은 없었습니다. 사람들은 교회를 주목하지만 주님을 부르지는 아니할 것입니다. 예수님은 "너희가 성경에서 영생을 얻는 줄 생각하고 성경을 연구하거니와 이 성경이 곧 내게 대하여 증언하는 것이니라"(39-40절)고 말씀하십니다. 사람들은 예수님께 나아오기보다는 다른 일을 할 것입니다. 그들은 주님을 부르는데 역부족입니다.

오, 나의 사랑하는 형제들이여, 그 일이 여러분에게는 일어나지 않도록 하십시오! 여러분 가운데 많은 사람들이 구원받을 것입니다. 저는 여러분에게 구원받지 못하는 사람들에게 중보자가 되도록 진지하게 요청합니다. 오, 아직 회심하지 못한 사람이 이 설교를 듣는다면, 기도에 대한 도전을 받기를 바랍니다! 여러분은 이 설교를 다 듣기 전에 하나님께 다음과 같이 진지하게 기도하도록 감동을 받기를 바랍니다.

"하나님이여, 불쌍히 여기소서. 나는 죄인이로소이다"(눅 18:13). 하나님이여, 저는 구원받아야 합니다. 저를 구원하소서. 저는 당신의 이름을 부릅니다. 하나님이여, 저는 죄인입니다. 저는 당신의 진노를 받을 자격밖에는 없습니다. 저는 스스로 구원할 수 없습니다. 하나님이여, 저에게는 새 마음과 온전한 영이 필요합니다. 하오나 제가 어떻게 할 수 있습니까? 저는 아무것도 할 수 없습니다. 오셔서 저에게 당신이 원하시는 바를 행할 마음과 능력을 주소서.

지금 저는 제 진실한 마음으로 당신의 이름을 부릅니다. 떨리지만 믿음으로 저를 당신께 완전히 의탁합니다. 오, 하나님이여, 저는 당신의 사랑하는 아들의 피와 의를 믿습니다. 저는 당신의 자비, 당신의 사랑, 당신의 능력 등이 예수 안에 계시된 그대로 믿습니다. 저는 감히 "누구든지 주의 이름을 부르는 자는 구원을 받으리라"고 당신이 하신 이 약속을 주장합니다. 하나님이여, 예수님으로 말미암아 지금 저를 구원하소서. 아멘.

저는 지금 이 순간 여러분에게 기도하도록 요청합니다. 그러면 여러분은 구원받을 것입니다.

5

모순 없는 변론

여자가 이르되 주여 옳소이다마는… ― 마태복음 15:27

수로보니게 여인과의 대화 속에서 우리는 다음 두 구절에 관해 잠시 생각해 보아야 합니다: "예수께서 거기서 나가사 두로와 시돈 지방으로 들어가시니 가나안 여자 하나가 그 지경에서 나와서 소리 질러 이르되 주다윗의 자손이여 나를 불쌍히 여기소서 내 딸이 흉악하게 귀신 들렸나이다 하되"(마 15:2-22). 예수님이 시돈 지방으로 들어가시자 한 가나안 여인이 그분을 만나기 위해 그곳으로부터 왔다는 사실을 주목하십시오. 이렇게 그들은 같은 지방으로 왔습니다.

하나님의 은혜가 사건들을 어떻게 진행시키는지 주목하기 바랍니다. 예수님과 간청자는 같은 마음을 갖고 있었습니다. 그분도 왔고, 그녀도 왔습니다. 그녀가 두로와 시돈의 해안지방에서 온 것은, 주 예수님 또한 그녀를 만나기 위해 이스라엘과 페니키아 지경으로 오시지 않았더라면, 아무 상관이 없었을 것입니다. 그분의 오심이 그녀의 나아옴을 성공으로 만들었습니다. 그리스도는 죄인들을 만나시고 죄인들은 그들의 주님을 만날 때, 얼마나 행복한 상황입니까!

우리 주님은 선한 목자로서 마음의 감동을 따라 그 지역으로 오셨습니다. 그분은 잃어버린 양들을 찾고 계셨는데, 두로와 시돈의 지경에서 찾아야 할 양이 있음을 느끼셨던 것으로 보입니다. 그러므로 그분은 그 양을 찾기 위해 그 길을 찾아 오셔야 했던 것입니다. 주님은 그 길을 따라 오면서 설교를 하시거나 특별히 어떤 일을 행한 것으로는 보이지 않습니다. 그분은 갈릴리 해안의 아흔아홉 명을 버려두고 지중해 연안의 잃어버린 한 마리 양을 찾아 오셨습니다. 그분은 그녀를 만나고 난 후, 오랜 사역의 거점인 갈릴리 지역으로 다시 돌아가셨습니다.

우리 주님이 이 여인을 향해 이끌렸을 때, 그녀 역시 그분을 따라 이끌렸습니다. 무엇이 그녀로 하여금 그분을 찾도록 만들었을까요? 이상한 말이지만, 마귀도 사람을 이끄는 능력을 갖고 있으나 저는 그것 때문에 그를 찬양하지 않습니다. 진실은 은혜로우신 하나님이 마귀를 이용하여 이 여인을 예수님께로 인도하셨다는 것입니다. 왜냐하면 그녀의 딸이 "흉악하게 귀신 들렸기"(마 15:22) 때문입니다. 그녀는 집에 머물며 딸의 불행을 보고만 있을 수는 없었습니다.

오, 얼마나 자주 큰 슬픔 속에 있는 사람들이, 심지어 맹렬한 바람이 강제로 배를 급하게 항구 안으로·들어가도록 하는 것처럼, 그리스도께 나아갈까요! 저는 딸의 극심한 고통이 어머니의 마음에 구주를 찾도록 영향을 준 것을 보았습니다. 의심할 여지 없이 사랑하는 자녀를 잃어버릴 가능성 때문에 영혼이 상한 많은 아버지들이 고통 속에서 그의 얼굴을 주 예수 그리스도에게 돌립니다. 오, 나의 주님이시여, 당신은 당신의 방황하는 양들을 다시 돌아오게 하는 다양한 방법들을 갖고 계십니다. 심지어 당신은 그들에게 슬픔과 질병의 검은 개를 보내기도 하십니다. 이 개는 양을 쫓아오고, 그 으르렁거리는 소리와 짖는 소리가 너무 무서워서 연약한 길 잃은 양은 피난처인 목자에게 달려갑니다. 하나님은 가정에서 큰 환난을 당한 모든 사람들에게 그렇게 하실 수 있습니다. 만일 여러분의 아들이 병에 걸렸다면, 그의 병은 여러분의 영적 건강을 회복시키기 위한 수단일 수도 있습니다. 만일 여러분의 딸이 죽었다면, 그 죽음이 여러분에게는 영적 생명을 가져올 수도 있습니다. 오, 여러분의 영혼과 예수님이 오늘 만날 수 있기를 바랍니다. 사랑으로 인도를 받는 여러분의 구주와 고통으로 인도를 받는 여러분의 연약한 심령이 이 길에서 함께 만날 수 있기를!

그런데 여러분은 예수님과 가나안 여인이 서로를 찾고 있었기 때문에, 행복한 만남과 은혜로운 축복이 쉽게 일어나게 되었다고 생각할 것입니다. 그러나 이것은 "진정한 사랑은 결코 순조롭지 않다"는 옛 속담과 같습니다. 확실히 참된 믿음의 과정은 거의 시험이 없는 경우가 없습니다.

예수님의 마음속에는 이 여인을 향한 진정한 사랑이 있었습니다. 또한 그녀의 마음속에도 그리스도를 향한 참된 믿음이 있었습니다. 그러나 우리가 예기치 못한 문제들이 일어났습니다. 그것들이 일어난 것은 우리 모두에게 유익이지만, 우리는 그것들을 결코 바라지는 않습니다. 아마 예수님이 지상에 계실 때 그분께 나아왔던 그 어떤 사람들보다 이 여인의 길에 더 큰 어려움이 있었을지도 모릅니다. 저는 구주께서 이 여인에게 큰 믿음에 대해 말씀하실 때만큼 비판적인 말씀을 하신 다른 말씀들을 본 적이 없습니다. 다른 곳에서 다음과 같이 직접 자신의 입술로 말씀하신 적이 있습니까? "자녀의 떡을 취하여 개들에게 던짐이 마땅하지 아니하니라"(26절).

예수님은 그녀를 잘 알고 있었습니다. 그분은 그녀가 시험 가운데 있고, 또 그 시험을 통해 큰 유익을 얻을 만한 믿음이 있다는 것도 아셨습니다. 그분은 자신이 그녀의 믿음을 통해 대대로 영광 받으실 것도 알고 계셨습니다. 그러므로 그분이 그녀를 생명력 있는 믿음을 단련시키는 시련을 통과하도록 하신 것은 당연한 일입니다. 의심할 여지 없이 그분이 그녀에게 이 시험을 통과하도록 하신 것은 우리를 위해서도 좋은 일이었습니다. 그분은 그녀가 그것을 감당할 수 없는 연약함 속에 있었더라면 절대로 그렇게 아니하셨을 것입니다. 그녀는 그분의 거절을 통해 연단 받고 믿음이 진보되었습니다. 그분의 지혜가 그녀를 시험하는 동안, 그분의 은혜는 그녀를 지켜 주었습니다.

이제는 그 사건이 어떻게 시작되었는지를 주목해 보아야 합니다. 구주는 그 지역으로 오셨지만, 거기서 공식 활동은 아니 하셨습니다. 오히려 반대로 그분은 한 집에 들어가 숨으셨습니다. 마가는 그의 복음서에 이렇게 썼

습니다:

> 예수께서 일어나사 거기를 떠나 두로 지방으로 가서 한 집에 들어가 아무도 모르게 하시려 하나 숨길 수 없더라 이에 더러운 귀신들린 어린 딸을 둔 한 여자가 예수의 소문을 듣고 곧 와서 그 발 아래에 엎드리니(막 7:24-25).

주님은 왜 그녀를 피하셨을까요? 그분은 통상 자기를 찾는 영혼의 질문을 피한 적이 없었습니다. "주님이 어디 계시나이까?" 하고 그녀는 제자들에게 물었습니다. 그들은 그녀에게 아무 대답도 하지 않았습니다. 그들은 주님으로부터 아무도 모르는 곳에서 좀 쉬고 있겠다는 명령을 받았기 때문입니다. 그분은 조용한 곳을 찾았고, 그래서 제자들은 신중하게 입을 봉하고 있었습니다. 그러나 그녀는 그분을 찾아냈고, 그분의 발 아래 엎드렸습니다. 그녀는 주님이 어디엔가 있을지 모른다는 어렴풋한 소문을 들었고, 결국엔 주님이 머무르고 계시는 집을 발견할 때까지 그곳을 찾아 헤매었습니다.

그것이 그녀에 대한 시험의 시작이었습니다. 구주는 숨어 계셨습니다. 그러나 그분은 자기를 찾는 그녀의 진지한 열심에 더 이상 숨어계실 수가 없었습니다. 그녀는 그분에게 모든 귀와 눈을 집중했습니다. 자녀의 구원을 갈망하는 어머니에게서 아무것도 숨길 수가 없었습니다.

그녀의 극성 때문에 주님은 집밖으로 나오셨고, 제자들이 그분을 둘러쌌습니다. 그러나 그녀는 그들의 머리 너머로 자기의 소리가 들리기를 바랐습니다. 그리하여 그녀는 큰 소리로 "주 다윗의 자손이여 나를 불쌍히 여기소서"(마 15:22) 하고 외치기 시작했습니다. 그분이 길을 따라 걸으실 때, 그녀는 계속해서 큰 소리로 부르짖었고, 거리가 그녀의 소리로 울릴 때까지 간청했습니다. "아무도 몰랐던" 그분의 소재가 시장바닥에서 크게 선포되었습니다.

베드로는 그것을 좋아하지 않았습니다. 그는 조용하게 주님을 따라다니기를 더 좋아했습니다. 요한은 소리 때문에 짜증이 났습니다. 그래서 그는 주님이 그 자리에서 하셨던 말씀, 그 보배와 같은 말씀을 망각했습니다. 그 여인의 외침은 주변 모든 사람들에게 고통을 주었습니다. 그래서 제자들은 예수님께 나아와 "'그를 보내소서'(23절) 그녀를 위해 뭔가를 하시든지 아니면 그녀에게 가라고 하십시오. 그녀의 소리가 우리에게도 똑같이 들립니다. 우리는 그녀의 소란 때문에 평화가 없습니다. 우리는 그녀의 애타는 소리 때문에 주님의 말씀을 들을 수가 없습니다"라고 했습니다.

그동안 그녀는 제자들이 예수님께 말씀하는 것을 보고, 더욱 가까이 나아가 제자들 틈 사이로 들어가 주님 앞에 무릎을 꿇고 그분을 우러러보며 "주여 저를 도우소서"(마 15:25) 하고 애절한 기도를 드렸습니다. 소리보다는 경배 속에 더 큰 능력이 있습니다. 우리 주님은 그녀의 이 간단한 간청에 응답하지 아니했습니다. 그분은 의심할 여지 없이 그녀가 한 말을 다 들으셨습니다. 그러나 그분은 그녀에 대해 한마디도 대꾸를 아니 하셨습니다. 그분이 하신 일이란 고작 그의 제자들에게 "나는 이스라엘 집의 잃어버린 양 외에는 다른 데로 보내심을 받지 아니하였노라"(24절)고 말씀하시는 것이었습니다.

그러나 그것도 그녀가 주님께 가까이 나아가는 것을 막지 못했고, 기도하는 것도 멈추도록 하지 못했습니다. 그때 그녀는 "주여 저를 도우소서" 하고 간청했습니다. 드디어 주님이 그녀에게 입을 여셨습니다. 하지만 참으로 놀랍게도 그것은 거절의 음성이었습니다. 그 대답이 얼마나 냉정했을까요! 얼마나 날카로운지 — 아니 그렇게 보였습니다. 주님은 "자녀의 떡을 취하여 개들에게 던짐이 마땅하지 아니하니라"(26절) 하셨습니다.

그런데 그 여인이 어떻게 했습니까? 그녀는 주님께 더 가까이 나아갔습니다. 그녀는 그토록 차갑게 말씀하시는 그분의 말씀을 들었습니다. 그녀는 그분 앞에 무릎을 꿇었고, 그분은 그녀에게 저리 가라고 하시는 것처럼 보였습니다! 그런데 그녀가 어떻게 행동했습니까?

제가 말씀드리고 싶은 요점이 바로 여기에 있습니다. 그녀는 쫓겨나지 않았습니다. 그녀는 버텼습니다. 그녀는 더 가까이 나아갔습니다. 그녀는 사실상 거절을 간청으로 바꾸었습니다. 그녀는 축복을 얻기 위해 왔습니다. 그리고 그녀는 축복을 받을 것을 확신했습니다. 그녀는 그것을 얻을 때까지 변론하리라 마음 먹었습니다. 그러므로 그녀는 가장 과감한 방법으로 그리고 가장 지혜로운 자세로 구주를 대했습니다. 그녀는 그분에게 이렇게 대답했습니다: "주여 옳소이다마는 개들도 제 주인의 상에서 떨어지는 부스러기를 먹나이다"(27절).

저는 여러분이 그녀의 이러한 태도로부터 도전 받기를 바랍니다. 이 여인처럼 여러분도 그리스도에게서 응답을 받고 여러분에게 "네 믿음이 크도다 네 소원대로 되리라"(28절) 하는 주님의 음성을 듣기를 바랍니다.

저는 이 여인의 실례를 통해 우리가 배워야 할 세 가지 교훈을 종합해 보았습니다. 첫째로 주님이 무엇을 말씀하시든 주님께 동조할 것. "주여 옳소이다마는" 하고 말하십시오. 그분이 무슨 말씀을 하시든 '예' 하고 대답하십시오. 둘째로 주님과 변론할 것. "주여 옳소이다마는 …" 여기서 또 다른 진리를 찾아보십시오. 그것은 그분에게 변론으로 제시되고 있다는 것입니다. "주여, 저는 당신을 가게 할 수 없나이다. 저는 아직 당신께 구해야 합니다"라고 말씀하십시오. 그리고 셋째는 주님이 뭐라고 말씀하시든 주님을 믿을 것. 그분이 여러분을 어떻게 시험하든 조금도 흔들리지 말고 그분을 믿으십시오. 그분은 여러분이 그분의 사랑과 권능을 최대한 믿을 만한 가치가 있는 분임을 확실하게 아십시오.

하나님께 동조하라

구주를 찾는 모든 심령에게 주는 저의 첫 번째 교훈은 주님께 동조하라는 것입니다. 개정역 영어성경을 보면 그녀가 "예, 주여"[1](Yea, Lord, 마 15:27)라고 대답하는 것을 읽게 됩니다. 예수님이 말씀하신 것과 상관없

---

1) 개역판 또는 개역개정판 한글성경에는 '예' 가 빠져 있고 '주여' 라고만 되어 있다.

이 그녀는 그분과 전혀 모순 되지 않았습니다. 저는 흠정역 영어성경의 표현을 좋아합니다. 왜냐하면 거기엔 그 점이 아주 분명하게 나타나 있기 때문입니다: "옳습니다, 주여"(Truth, Lord). 그녀는 "어렵습니다"라거나 "몰인정합니다"라고 하지 않고 "옳습니다"라고 말했습니다. 그녀는 본질상 이렇게 말했습니다: "자녀의 떡을 취하여 개들에게 던지는 것은 마땅한 일이 아님은 사실입니다. 이스라엘과 비교해 보면 저는 개에 불과합니다. 저로서는 이 축복을 받는 것이 자녀의 떡을 먹는 개와 같은 것이 사실입니다. '옳습니다, 주여.'"

그런데 사랑하는 형제들이여, 만일 여러분이 생명과 죽음을 위해 주님을 대한다면, 그분의 말씀은 조금도 모순 되지 않습니다. 만일 여러분이 모순이라는 마음을 갖는다면, 완전한 평화 속에 들어가지 못할 것입니다. 왜냐하면 그것은 절대 용납할 수 없는 교만한 마음의 상태이기 때문입니다. 그런 마음으로 오류를 찾기 위해 성경을 읽는 사람은 성경이 그에게서 오류를 찾게 됨을 곧 깨닫게 될 것입니다. 그 저자에 관해 말할 수 있는 것이 성경에 대해서도 똑같이 말할 수 있습니다. "너희가 내게로 돌아오지 아니하고 내게 대항할진대 나 곧 나도 너희에게 대항하여"(레 26:23-24). 저는 "사악한 자에게 주의 거스르심을 보이신다는"(레 18:26) 것을 이 거룩한 책에 관해 충심으로 말할 수 있습니다.

사랑하는 형제들이여, 만일 주님이 여러분의 무가치함과 불완전함을 상기시킨다면, 그분은 오직 여러분에게 진실을 말씀하신다는 것을 기억하십시오. "주여, 옳습니다"라고 말한 것은 그녀의 지혜였습니다. 성경이 여러분을 타락한 본성을 가진 존재라고 말한다면 "주여, 옳습니다" 하고 말하십시오. 성경이 여러분을 그릇 행하는 양 같아서(사 53:6) 길 잃은 존재로서 묘사하고 있다면, 그 추궁은 옳습니다. 성경이 여러분을 속이는 자로서 설명하고 있다면, 여러분은 그런 마음을 갖고 있는 것입니다. 그러므로 "주여, 옳습니다"라고 말하십시오. 성경이 여러분에게 구원할 힘이 없고 소망이 없다고 말한다면, 여러분의 대답은 '주여, 옳습니다' 여야 합니다.

성경은 거듭나지 아니한 타락한 본성을 가진 존재에게는 유익한 가르침을 주지 않을 뿐만 아니라 그는 그것을 받을 자격도 없습니다. 성경은 우리의 타락을 공언하고, 우리의 거짓됨과 교만과 불신앙을 당연시합니다. 하나님의 신실한 약속의 말씀을 만홀히 여기지 마십시오. 가장 겸손한 자리에서 말씀을 취하고, 여러분은 파산하고 파괴된 죄인이라는 사실을 인정하십시오. 만일 성경이 여러분을 평가절하한다면, 그것을 공격하지 말고 그 선언이 진실임을 솔직하게 인정하십시오. 교만한 본성으로 주님과 맞서지 마십시오. 이것은 여러분의 죄를 더 쌓는 일이 될 뿐입니다.

이 여인은 최대한 낮은 자세를 취했습니다. 그녀는 자신이 작은 개들 가운데 하나라는 것을 인정했을 뿐만 아니라 식탁에서 떨어지는 부스러기를 먹는 존재라는 것도 인정했습니다. 그녀는 "개들도 제 주인의 상에서 떨어지는 부스러기를 먹나이다"(마 15:27)라고 했습니다.

그러나 그녀는 그보다 더 낮은 자리로 들어갔습니다. 여러분은 아마 그녀가 주님의 식탁으로부터 떨어진 부스러기를 가리켰다고 생각할 것입니다. 여러분이 이 구절을 세밀하게 들여다보면, 여러분은 그것이 그렇지 않다는 것을 알게 될 것입니다. 여기서 "제 주인"(Their masters)은 여러 명의 주인들을 가리킵니다. 그 말은 복수형이고, 작은 개들의 작은 주인들인 아이들을 가리킵니다. 사실상 그녀는 주인의 식탁이 아니라 아이들의 식탁 아래 자신을 두었습니다.

따라서 그녀는 주님에 대해서도 자신을 개와 같은 위치에 두었을 뿐만 아니라 이스라엘의 집 — 유대인들 — 에 대해서도 개와 같은 존재로 두었습니다. 이것은 참으로 대단한 일이었습니다. 왜냐하면 오만한 시돈 사람의 혈통에 속하는 두로 여인이 유대인들을 자신의 주인과 같다고 인정하는 것, 방금 "그를 보내소서"(마 15:23)라고 말한 제자들이 그녀와 갖는 관계가 아이들이 식탁 아래 작은 개들과 갖는 관계와 같다는 것을 인정하는 것이었기 때문입니다. 위대한 신앙은 언제나 위대한 겸손과 자매간입니다. 그리스도께서 그녀를 얼마나 보잘것없는 존재로 보았느냐 하는 것은 문제가 아니었습니다. 그녀가 그 자리로 들어갔기 때문입니다. "주여, 옳습니다."

저는 여러분에게 주님의 판단에 무조건 동조하라고 권면하는 바입니다. 죄인들의 친구와 논쟁하지 마십시오. 여러분의 마음이 무겁다면, 여러분이 가장 악한 죄인이라는 생각이 든다면, 여러분은 여러분의 생각보다 훨씬 더 큰 죄인이라는 사실을 기억하기 바랍니다. 여러분의 양심이 여러분을 아주 저급한 존재로 등급을 매겼다고 해도, 여러분은 그보다 훨씬 더 저급한 존재입니다. 왜냐하면 진실로 여러분은 가능한 한 최대로 악하기 때문입니다.

여러분은 여러분의 가장 어두운 생각들로 여러분을 채운다고 해도 다 채울 수 없을 만큼 악한 존재입니다. 여러분은 가장 무가치하고 가장 비열한 비참한 존재입니다. 주권적 은혜가 없다면 여러분의 질병은 소망이 없습니다. 만일 여러분이 현재 지옥 가운데 있다면, 하나님의 공의에 대해 불평할 이유가 여러분에게는 없습니다. 그것은 여러분은 거기 있는 것이 당연한 존재이기 때문입니다. 만일 여러분이 아직 자비를 찾지 못했다고 해도, 여러분은 하나님의 말씀의 가장 냉혹한 선언들과 일치하는 것을 열렬히 바랍니다. 그것들은 모두 진리이고, 그것들은 일점일획까지 여러분에게 적용됩니다. 오, 여러분은 "예, 주님, 저는 자기 변명을 할 만한 말이 한마디도 없습니다"라고 해야 합니다.

또한 여러분이 구원받는 것이 아주 희한한 일이라는 것이 여러분의 겸손한 마음에 반영되어야 한다면, 그 구원에 반대하여 다투지 말기를 바랍니다. 하나님의 공의에 대한 당연한 의식을 여러분이 갖고 있다면, 여러분에게 다음과 같은 생각이 일어날 수 있습니다: "아니, 내가 구원받았다고? 그렇다면 나는 지상에서 가장 위대한 이적을 경험한 것이야! 확실히 하나님은 지금까지 나와 같은 죄인을 용서하실 만한 자비를 베푸실 만한 이유가 없으시다. 그분은 자녀의 떡을 취해 개에게 던짐이 마땅하시다. 나는 너무 무가치하고, 무의미하고 무익한 존재이기 때문에 비록 내가 구원받았다고 할지라도 나는 하나님을 위해 할 수 있는 일이라곤 아무것도 없다. 그런데 어떻게 내가 축복을 기대할 수 있겠는가?"

반론할 생각은 마십시오. 여러분을 미화시킬 마음은 갖지 마십시오. 오히려 "주여, 저는 저에 대한 당신의 평가에 전적으로 동조합니다. 만일 제가 용서받는다면, 제가 당신의 자녀가 된다면, 그리고 제가 천국에 들어간다면, 저는 지금까지 하늘과 땅에서 주어진 무한한 사랑과 한없는 은혜에 관한 가장 위대한 이적을 맛보게 될 것임을 확실하게 인정합니다"라고 말하십시오.

하나님은 우리가 우리 자신을 아는 것보다 우리를 더 잘 아시기 때문에 우리는 하나님의 말씀의 일점일획이라도 조금도 무시하지 않고 동조해야 합니다. 하나님의 말씀은 우리가 우리 자신에 관해 발견할 수 있는 것보다 훨씬 더 자세하게 우리를 잘 압니다. 우리는 우리 자신에 대해 부분적인 지식을 갖고 있고, 그래서 우리는 절반은 눈이 멀어 있습니다. 우리의 판단은 언제나 우리의 문제의 무게를 달 때조차 균일하게 균형을 유지하지 못합니다. 사람이란 얼마나 자신에 대해서조차 익숙하지 못할까요? 물론 여러분의 실수는 항상 용서받을 수 있습니다. 그리고 만일 여러분이 약간의 선이라도 행한다면, 그것이 단연 화젯거리가 되고, 다이아몬드처럼 가치가 주어집니다. 우리 각자는 아주 우수한 사람입니다 — 우리의 교만한 마음은 우리에게 그렇게 말합니다.

그러나 우리 주 예수님은 우리를 치켜세우지 않습니다. 그분은 우리의 실상을 액면 그대로 보도록 하십니다. 그분의 감찰하시는 눈은 사물의 진실을 적나라하게 포착하십니다. 그분은 정직의 법칙에 따라 우리를 대하시는 "충성되고 참된 증인"(계 3:14)이십니다. 오, 영혼을 찾으실 때 예수님은 너무 사랑하시기 때문에 여러분을 치켜세우십니다. 그러므로 아무리 그분이 자신의 말씀과 성령을 통해 여러분을 거절하고 거부하고 심지어는 정죄하신다고 해도, 여러분은 지체 없이 "주여, 옳습니다"라고 대답할 수 있을 만큼 그분을 신뢰하기를 부탁드립니다.

구주와 모순 됨으로써 얻을 수 있는 것은 아무것도 없습니다. 문 앞에 서서 자선을 구하는 거지를 생각해 보십시오. 그가 만일 여러분과 토론을 시작하고, 여러분의 말에 모순 된다면, 그러면 그것은 잘못입니다. 만일 거지들이 제대로 도움을 받으려면, 확실히 그들은 논쟁적이어서는 안됩니다.

만일 어떤 거지가 논쟁을 원한다면, 그로 하여금 논쟁하도록 놔두십시오. 그러나 그는 도움 받는 것을 포기해야 할 것입니다. 만일 그가 왜 자선을 받아야 하는지 또는 무엇 때문에 자기를 도와주어야 하는지 구차한 변명을 늘어놓는다면, 여러분은 아마 그를 되돌려 보낼 것입니다. 구주와 논쟁을 벌이는 비판적인 죄인은 확실히 바보겠지요.

저는 저의 구주와는 어떤 일로도 절대로 다투지 않겠다고 마음을 먹었습니다. 저는 특별히 자신과 많이 다투고, 주님과 갈등을 일으키기보다는 자신의 교만과 필사적인 전쟁을 할 것입니다. 자신에게 은혜를 베푸시는 분과 다투는 것만큼 어리석은 일은 없겠지요! 정죄 받은 의인들이 용서의 주도권을 쥐고 있는 주권자와 다투는 것은 참으로 어리석은 짓입니다. 그 대신, 마음과 뜻을 다해 저는 "주여, 제가 당신의 생각이 표현되어 있는 성경에서 어떤 내용을 보았든지 간에, 저는 그것을 믿습니다. 저는 그것을 믿습니다. 저는 그것을 틀림없이 믿습니다. 그러므로 '주여, 옳습니다' 라고 고백합니다. 비록 그것이 저를 영원히 정죄한다 해도, 그것이 옳습니다"라고 말합니다.

이제 다음과 같은 사실을 주목하기 바랍니다: 만일 여러분이 주님이 말씀하시는 것, 심지어는 그분이 여러분을 나쁘게 말하는 것에 대해서도 동조하는 마음을 여러분 속에서 발견한다면, 여러분은 그것이 은혜의 역사라는 것을 믿을 수 있어야 합니다. 인간의 본성은 너무 교만하고 그 어리석은 자존심을 지나치게 내세웁니다. 그러므로 그분이 그것을 진리에 입각하여 말씀하고, 그것을 낮출 때, 그것은 주님과 모순 됩니다. 여러분이 인간의 본성의 실상을 알려고 한다면, 그것이 아주 교만해서 그 자신의 지혜로 치장하여 덮여 있는 그 속사정을 알아야 합니다. 보십시오. 그것은 무화과 나뭇잎으로 옷을 만들어 걸치는 것입니다. 얼마나 곤궁합니까! 시든 나뭇잎을 걸치고 있는 그것은 벌거벗은 것보다 더 추한 모습입니다. 그러나 이 천박한 인간의 본성은 교만하게도 그리스도를 통한 구원을 반대합니다. 그것은 전가된 그리스도의 의에 관해서는 듣지 않습니다. 그것은 그 자신의 의가 더 소중하다고 여깁니다. 주 예수 그리스도를 반역하는 완고한 교만에 화 있을 지어다!

사랑하는 형제들이여, 만일 여러분이 분별력 있는 사고의 소유자로서 자신이 길을 잃고 파산하고 정죄 당할 죄인임을 기꺼이 인정한다면, 그것은 여러분에게 유익이 될 것입니다. 만일 여러분이 이러한 태도 — 하나님의 영이 말씀 속에서 또는 여러분의 양심의 가책을 통해 여러분에게 가르치는 진리를 겸손하게 받아들이는 태도 — 를 취한다면, 여러분은 즉각 그것에 동조하고, "그것이 옳습니다"라고 고백하지 않을 수 없을 것입니다. 그때 하나님의 영은 여러분을 겸손하고 진실하고 순종적인 상태로 인도할 것입니다. 그리하여 여러분은 올바른 방향으로 나아가게 됩니다.

하나님과 변론하라

수로보니게 여인에 관한 기사를 통해 우리가 배우는 두 번째 교훈은 다음과 같습니다: 비록 주님과 다투어서는 안되지만, 여러분은 그분과 변론할 수 있습니다. 그녀는 "주여, 옳소이다"라고 말한 다음에 "그러나"[2]라고 했습니다.

한 진리 다음에 오는 또 다른 진리

여러분은 그리스도와 변론할 때 수로보니게 여인이 행한 대로 하시기를 바랍니다. 그녀는 한 가지 진리를 세우고 그 다음 진리로 나아갔습니다. 부정적 진리와 모순 되지 말고, 그것을 충족시키는 긍정적 진리를 제안하십시오.

여러분은 에스더서에서 유대인들이 그 원수의 손에서 어떻게 구원받았는지 기억하십니까? 저는 그 이야기를 여러분에게 다시 한 번 말씀드리고 싶습니다. 왕은 어느 날 그 나라의 백성들이 유대인들을 결박하고 그들을

---

2) 한글성경은 '옳소이다마는' 이라고 한 단어로 묶여 있다

죽이며 그들의 소유를 약탈할 수 있다는 조서를 반포했습니다. 그런데 메데와 바사의 법률에 따르면, 이 조서는 철회될 수 없었습니다. 그것은 확고했습니다. 어떻게 대책을 세울 수 있었을까요? 어떻게 그것이 바뀌었습니까? 그 조서에 대응하는 다른 조서가 발행되는 것으로. 비록 그 나라 백성들이 유대인들을 대적한다 할지라도 그들 스스로 방어할 수 있다는 조서가 반포되었습니다. 만일 어떤 사람이 감히 유대인들을 모략한다면, 그들은 그를 죽이고, 그의 재산을 취할 수 있었습니다. 이와 같이 한 조서가 다른 조서의 효력을 무력화시켰습니다.

우리는 얼마나 자주 하나의 교리를 다른 교리로 대신하는 거룩한 방법을 사용할 수 있을까요? 만일 어떤 진리가 어둡게 되면, 제가 항상 그 안에 거하는 것은 지혜롭지 않습니다. 진리의 전체적 범주를 살펴보고, 나에게 소망을 주는 어떤 다른 교리가 있는지 살펴보는 것은 참으로 지혜로운 일입니다. 다윗은 "내가 이같이 우매 무지함으로 주 앞에 짐승이오나"(시 73:22)라고 고백할 때 바로 그렇게 했습니다. 왜냐하면 그는 이어서 "내가 항상 주와 함께 하니 주께서 내 오른손을 붙드셨나이다"(23절)라고 자신 있게 덧붙이고 있기 때문입니다. 그는 모순 되지 않았습니다. 하지만 두 번째 구절은 첫 번째 구절에 담겨 있던 쓴 맛을 완전히 제거합니다. 이 두 구절은 합해서 우매 무지한 짐승 같은 존재가 그분과 교제할 수 있게 만드는 하나님의 무한한 은혜를 선포하고 있습니다. 저는 여러분에게 한 진리가 다른 진리와 결합해서 전체 상황을 바로 보게 하고 절망을 이길 수 있게 하는 이 거룩한 방법을 배우도록 요청합니다.

예를 들면 저는 "오, 목사님. 죄는 두려운 일입니다. 그것은 저를 정죄합니다. 저는 제 죄악 때문에 주님의 응답을 받을 수 없고, 그분의 거룩하신 임재에 참여할 수 없음을 느낍니다"라고 말하는 사람들을 만납니다. 이것은 확실히 그렇습니다. 그러나 이것을 무색하게 만드는 또 다른 진리가 있음을 기억하십시오: "여호와께서는 우리 모두의 죄악을 그에게 담당시키셨도다"(사 53:6). 또 있습니다. "하나님이 죄를 알지도 못하신 이를 우리를 대신하여 죄로 삼으신 것은"(고후 5:21), "그러므로 이제 그리스도 예수 안에 있는 자에게는 결코 정죄함이 없나니"(롬 8:1). 여러분에게 해당되는 죄책과 죄의 저주에 대한 진리 다음에 우리 죄를 친히 담당하신 주님의 대속적 죽음에 관한 진리를 세우십시오.

"주님은 택한 백성들에게만 역사하신다는 데, 이것이 저를 낙담하게 합니다"라고 말하는 사람이 있을 수 있습니다. 그것이 왜 그래야 합니까? 그 진리와 모순 되게 판단하지 마십시오. 하나님의 말씀 속에서 읽은 그대로 그것을 믿으십시오. 그러나 예수님이 그것에 대해 어떻게 말씀하시는지 그 말씀을 들으십시오:

> 천지의 주재이신 아버지여 이것을 지혜롭고 슬기 있는 자들에게는 숨기시고 어린아이들에게는 나타내심을 감사하나이다(마 11:25).

어린아이처럼 연약하고 단순하고 쉽게 믿는 존재인 여러분에게 그 교리는 충분한 위로를 줄 것입니다. 만일 주님이 헤아릴 수 없이 많은 무수한 사람들을 구원하신다면 어찌하여 나를 구원하지 않으시겠습니까? 기록된 대로 "아버지께서 내게 주시는 자는 다 내게로 올 것이요"(요 6:37)라는 말씀은 진리입니다. 그러나 그 말씀은 계속 "내게 오는 자는 내가 결코 내쫓지 아니하리라'(37절)는 말씀으로 이어집니다. 그 구절의 후반부는 전반부와 똑같이 받아들여져야 합니다.

어떤 사람들은 하나님의 주권을 혼란스러워 합니다. 성경에서 "그런즉 하나님께서 하고자 하시는 자를 긍휼히 여기시고"(롬 9:18)라는 말씀을 보십시오. 하나님은 "내 것을 가지고 내 뜻대로 할 것이 아니냐"(마 20:15)고 당연히 말씀하실 수 있습니다. 사랑받는 형제들이여, 영원하신 하나님의 권리와 논쟁하지 마십시오. "이는 여호와이시니 선하신 대로 하실 것이니라"(삼상 3:18). 왕이신 주님과 다투지 마십시오. 오히려 그분께 겸손하게 나아가 다음과 같이 그분과 변론하십시오: "오 주여, 오직 당신만이 용서의 권리를 갖고 계십니다. 당신의 말씀은 '만일 우리가 우리 죄를 자백하면 그는 미쁘시고 의로우사 우리 죄를 사하시며'(요일 1:9)라고 선포합니다. 그리고 당신은 주 예수 그리스도를 믿는 자는 누구든 구원을 받을 것이라고 말씀하셨습니다." 이 변론이 이길 것입니다.

여러분은 "네가 거듭나야 하겠다"(요 3:7)는 말씀을 읽을 때, 노하지 마십시오. 거듭나는 것은 여러분의 능력 밖에 있는 문제라는 것은 사실입니다. 왜냐하면 그것은 성령의 사역이기 때문입니다. 여러분에게 여러분 자신의 능력이 아닌 다른 능력이 필요하다는 것은 여러분을 크게 격동시킬 수 있지만, "네가 거듭나야 하겠다"는 말씀이 나오는 똑같은 장에서 주님은 "하나님이 세상을 이처럼 사랑하사 독생자를 주셨으니 이는 그를 믿는 자마다 멸망하지 않고 영생을 얻게 하려 하심이라"(16절)고 말씀하십니다. 따라서 예수를 믿는 자가 거듭나는 것이 분명합니다.

부정적 진리로부터 위로를 얻음

여기서 저는 다음과 같은 두 번째 교훈으로 나아갑니다: 심지어는 부정적 진리로부터도 위로를 이끌어 내십시오. 이것은 부정적인 구절들을 다루기 위해 방금 기술한 방법과 모순 되는 것처럼 보일 수도 있습니다. 저는 그 방법을 무시하지 않습니다. 아니 이것은 아주 좋은 방법입니다. 부정적 구절 다음에 다른 구절을 세우는 대신, 부정적 구절 자체를 더 깊이 상고하고, 그것으로부터 위로를 이끌어 내기 바랍니다.

마태복음 15:27의 영어성경 역본을 보면, 흠정역성경이 아주 번역이 잘 되어 있습니다. 하지만 저는 그 여인의 의도에 대해서는 개역성경의 번역이 더 좋다고 말할 수밖에 없습니다. 그녀는 마치 반발하는 것처럼, "옳소이다. 주여, 하지만"(Truth, Lord: yet)이라고 말하지 않았습니다. 그녀는 실제로는 "예, 주여. 왜냐하면"(Yea, Lord: for)이라고 말했습니다. 저는 이 점에 대해서는 흠정역성경을 취했습니다. 왜냐하면 그것이 우리의 마음이 일반적으로 사물을 대하는 방식을 표현하고 있기 때문입니다. 우리는 모든 진리들은 서로 일치되고 갈등 속에 있을 수 없음에도 불구하고 어떤 진리가 다른 진리와 모순 될 수 있다고 상상합니다. 가장 어두운 면을 보여 주는 참된 진리로부터 우리는 위로를 받을 수도 있습니다.

수로보니게 여인은 "예, 주여. 왜냐하면 개들도 그 주인의 상으로부터 떨어지는 부스러기를 먹기 때문입니다"(마 15:27, RV)라고 말했습니다. 그녀는 첫 번째 진리를 무력화시키는 그 다음 진리로부터 위로를 이끌어 내지 않았습니다. 그러나 꿀벌이 쐐기풀로부터 꿀을 취하는 것처럼 그녀는 주님의 비난하는 말씀 곧 "자녀의 떡을 취하여 개들에게 던짐이 마땅하지 아니하니라"(26절)는 말씀으로부터 위로를 얻었습니다.

그분의 말씀으로부터 그녀는 다음과 같은 위로를 취했습니다: "주여, 그것이 옳습니다. 왜냐하면 개들도 그 주인의 상에서 떨어지는 부스러기를 먹기 때문입니다."

그녀는 그리스도께서 하신 말씀을 뒤집으려고 하지 않았습니다. 그녀는 그것을 있는 그대로 취했고, 거기서 위로를 얻었습니다. 저는 여러분이 하나님의 모든 말씀으로부터 위로를 이끌어 내는 방법을 배우기를 진심으로 바랍니다.

저는 여러분이 "내가 어떻게 소망을 가질 수 있습니까? 구원은 주님으로부터 오는 것인데"라고 말하는 소리를 듣습니다. 그러나 그것이야말로 여러분이 소망으로 채워야 하는 진정한 이유입니다. 구원은 오직 주님으로부터만 구하십시오. 만일 구원이 여러분 자신으로부터 온다면, 여러분은 절망에 빠지고 말 것입니다. 그러나 그것이 주님으로부터 오는 것이기 때문에 여러분은 소망을 가질 수 있습니다.

여러분은 "오, 아닙니다! 저는 아무것도 할 수 없습니다"라고 부르짖습니까? 그것이 왜 문제입니까? 주님이 모든 것을 하실 수 있습니다. 구원은 오로지 주님으로부터만 오기 때문에 여러분의 구원의 알파와 오메가가 되시고, 처음과 끝이 되시는 그분께 구하십시오.

"나는 내가 회개해야 함을 알고 있지만 나는 그렇게 할 수가 없어요" 하고 신음하십니까? 이것은 사실입니다. 그러므로 주님이 회개하도록 여러분에게 역사하실 것입니다. 여러분은 여러분 스스로의 능력으로 천국에 들어갈 수 없는 것 이상으로 여러분 스스로의 능력으로는 절대로 회개할 수 없습니다. 그러나 주님은 여러분에게 "생명 얻는 회개"(행 11:18)를 주실 것입니다. 왜냐하면 회개 역시 성령의 열매이기 때문입니다.

사랑하는 형제들이여, 저는 죄의 가책 아래 있을 때 하나님의 주권 교리를 내세웠습니다: "하나님께서 하고자 하시는 자를 긍휼히 여기시고"(롬 9:18). 그러나 그것은 저를 전혀 두렵게 하지 못했습니다. 왜냐하면 저는 다른 어떤 것보다도 하나님의 주권적인 뜻을 통해 주어지는 은혜를 더 크게 느꼈기 때문입니다.

저의 느낌은 이랬습니다: "만일 죄사함이 인간의 공로가 아니라 하나님의 주권의 문제라면 내게도 소망이 있다. 다른 사람들도 사함 받는다면, 왜 내가 사함 받을 수 없단 말인가? 만일 주님이 단지 세 사람만 자신의 선하신 기쁨을 따라 구원하신다면, 왜 내가 그들 중 한 사람이 될 수 없단 말인가?" 저는 그분의 발 아래 엎드렸고 그분의 자비로부터 흘러나오는 것 외에 다른 모든 소망은 포기했습니다.

그분이 셀 수 없을 만큼 무수한 사람들을 구원하셨고, 예수님을 믿는 모든 영혼들을 구원하셨다는 사실을 알고, 저는 그것을 믿었고, 그래서 구원 받았습니다. 저는 구원이 인간의 행위에 달려있지 않다는 것을 다행스럽게 여겼습니다. 그 이유는 저에게는 제 행위를 통해 구원받을 만한 것이 전혀 없었기 때문입니다. 그것이 주권적 은혜에 의존하기 때문에 저 역시 그 문을 통과할 수 있었습니다. 저는 주님이 다른 죄인들을 구원하신다면 나도 구원하실 것이라고 느꼈습니다. "내게 오는 자는 내가 결코 내쫓지 아니하리라"(요 6:37)는 말씀을 읽기 때문에 저는 그분에게 갔고, 그분은 저를 내쫓지 아니하셨습니다.

올바르게 이해하면 하나님의 말씀 속에 있는 모든 진리는 예수 그리스도를 향하고 있고, 단 한마디 말씀도 구원을 바라는 죄인을 거부하지 않습니다. 만일 여러분이 자기의로 충만한 의인이라면 복음의 모든 진리는 여러분으로부터 뒷걸음칠 것입니다. 그러나 만일 여러분이 하나님으로부터 진노 외에는 받을 것이 없는 무가치한 죄인이라면, 그리스도께서 구원하기 위해 오신 부류에 속하는 사람들일 것입니다. 여러분은 하나님이 세상의 기초를 세우시기 전에 택하신(엡 1:4) 부류에 속하는 사람들이고, 그렇다면 여러분은 죄인의 구주이신 예수님을 믿는 믿음을 가지고 지체 없이 그분께 나아올 수 있습니다. 그분을 믿는다면 여러분은 즉각 구원을 받을 것입니다.

하나님을 믿는 믿음을 가지라

어쨌든 그리스도께서 무슨 말씀을 하시든 안하시든, 그분을 믿는 믿음을 가지십시오. 이 여인의 믿음을 주목하고 그것을 본받으십시오. 그녀는 그 믿음을 통해 예수님에 대한 자신의 이해를 더욱 확대시켰습니다.

은혜의 주님

첫 번째 그녀는 그분을 은혜의 주님으로 이해했습니다. 그녀는 "나를 불쌍히 여기소서"(마 15:22)라고 소리 질렀습니다. 사랑하는 형제들이여, 여러분에게 은혜가 필요한 만큼 충분한 믿음을 가지십시오. 은혜는 그것을 받을 만한 공로가 있다고 생각하는 사람들에게는 주어지지 않습니다. 이런 사람들은 은혜가 아니라 의를 추구합니다. 죄책을 느끼는 사람들만이 은혜를 원하고 은혜를 구합니다. 하나님이 은혜를 기뻐하신다는 것을 믿으십시오. 그분은 은혜를 받을 자격이 없는 사람들에게 은혜를 베푸시는 것을 즐거워하고 자신의 선하신 뜻 외에는 죄 사함을 받을 이유가 없는 사람들에게 용서를 베푸시는 것을 기뻐하십니다. 또한 주 예수 그리스도는 은혜의 화신임을 믿으십시오. 그분의 진정한 실존은 여러분에게 은혜가 됩니다. 그분의 모든 말씀은 은혜를 의미합니다. 그분의 생애, 그분의 죽음, 그분의 승천은 모두 은혜, 은혜, 은혜를 의미하고 오직 은혜 외에 다른 것이 아닙니다. 여러분은 하나님의 은혜를 원하고, 예수님은 하나님의 은혜의 화신입니다. 그분은 여러분의 구주가 되십니다. 그분을 믿으십시오. 그러면 하나님의 은혜가 여러분의 것이 될 것입니다.

다윗의 자손

이 여인은 또한 "다윗의 자손"(마 15:22)이라는 말을 사용했습니다. 이것은 그녀가 그분의 인격과 사람에 대한 그분의 왕권을 인정했다는 것을 말해 줍니다. 예수 그리스도를 만물을 다스리시고 영원히 복 주시는 하나님으로 인정하십시오. 그분은 천지를 지으시고 "만물을 그의 능력의 말씀으로 붙드시는"(히 1:3) 분입니다. 그분은 사람이 되셨고, 우리 자신과 같은 그분의 연약한 육체 속에 그분의 신성이 감추어져 있음을 아십시오. 그분은 그의 모친의 품에서 어린 아기로 자랐습니다. 그분은 우물가에 피곤한 몸을 의탁하신 사람이셨고, 십자가에 죄인으로 죽으셨습니다. 그분은 이 모든 것을 인간에 대한 사랑 때문에 감당하셨습니다.

여러분은 이 다윗의 자손을 믿을 수 없습니까? 다윗은 백성들과 친밀했고 백성들의 왕임을 입증했기 때문에 매우 인기가 높았습니다. 또한 다윗은 자기를 따르는 일단의 무리들을 모았습니다. 그들은 그에게 나아왔을 때, 오갈 데 없는 불량자들로서, 사울 왕에 대한 불평분자들이었습니다. 사울 왕권으로부터 버림받은 모든 소외자들이 다윗에게 와서 그를 주군으로 받들었습니다.

마찬가지로 나의 주 예수 그리스도는 백성들로부터 그리고 하나님에 의해 선택받은 자로서 "위급한 때를 위하여 나신"(잠 17:17) 우리의 형제 곧 우리의 미천함과 비참함에도 불구하고 우리와 하나가 되신 형제이십니다. 그분은 그 죄책과 죄로 파멸당한 죄인들의 친구였습니다. "이 사람이 죄인을 영접하고 음식을 같이 먹는다"(눅 15:2). 예수님은 기꺼이 부패하고 타락한 죄인들의 지도자가 되어 그들을 의롭게 하고 영원히 영광 중에 자신과 함께 거하도록 하십니다.

오, 이분과 같은 구주를 믿지 않겠다구요? 나의 주님은 스스로 거룩하게 태어났다고 생각하는 지체 높은 사람들을 구원하기 위해 세상에 오신 것이 아니었습니다. 그러나 예수님은 길 잃은 자, 파산한 자, 죄의 짐을 짊어진 자, 그리고 버림받은 자를 구원하기 위하여 오셨습니다. 수많은 벌들이 여왕벌 주위로 몰려드는 것처럼 무수한 사람들이 그분 주위로 몰려들도록 되어 있습니다. 왜냐하면 그분은 하나님의 택함 받은 자들을 모으기 위해 지명 받은 분이기 때문입니다. 성경은 이렇게 기록하고 있습니다: "그에게 모든 백성이 복종하리로다"(창 49:10).

선한 목자

이 믿음의 여인은 그리스도의 또 다른 모습에 용기를 얻을 수 있었습니다. 우리 주님은 그의 제자들에게 "나는 이스라엘 집의 잃어버린 양 외에는 다른 데로 보내심을 받지 아니하였노라"(마 15:24)고 말씀하셨습니다. 이에 그녀는 다음과 같이 생각했던 것이 틀림없습니다: "아! 저분은 잃어버린 양의 목자시다. 양떼가 어떠하든 저분은 목자시다. 저분은 가난한 잃은 양들에 대해 지극한 사랑을 갖고 계신다. 확실히 이제 나는 저분에게 믿음으로 나아갈 수 있겠다."

오, 사랑하는 형제들이여! 주 예수 그리스도는 직분상 그리고 본질상 목자가 되시고, 만일 여러분이 잃어버린 양이라면, 이것은 여러분에게 복된 소식입니다. 그분 안에는 자신의 팔로 어린양들을 모으고 먹구름이 끼고 어둠이 가득한 날에 흩어져 방황하는 잃은 양들을 찾아다니는 거룩한 본능이 들어있습니다. 그분이 여러분을 찾고 있음을 믿으십시오. 예, 지금 그분에게 나아오십시오. 그리고 그분에게 여러분 자신을 맡기십시오.

부유한 주인

또한 이 여인은 그리스도께서 부유한 주인과 같다고 믿었습니다. 그녀는 다음과 같이 생각했을 것입니다: "저분의 제자들은 그의 식탁에 앉아 있는 자녀들이고, 저분은 그들에게 자신의 사랑의 떡을 먹이신다. 저분은 그들에게 대연회를 마련하시고, 그들에게 진수성찬을 베푸신다. 만일 내 딸이 고침 받는다면, 그것은 내게는 엄청난 축복일 것이다 그러나 저분에게는 단지 자신의 식탁에서 떨어진 부스러기에 지나지 않을 것이다." 그녀는 자기에게 부스러기를 던져달라고 구하지 않았습니다. 그녀는 단지 식탁으로부터 떨어진 부스러기를 취하도록 허락해 줄 것을 구했습니다. 그녀는 주님이 떨어뜨린 부스러기를 구한 것도 아니었습니다. 그녀는 자녀들이 떨어뜨린 것을 허락해 달라고 구했습니다. 자녀들은 보통 부스러기를 많이 떨어뜨리곤 합니다.

저는 개에 해당되는 헬라어 원어가 "작은 개"를 의미하는 것처럼, 부스러기도 글자 그대로 "작은 부스러기" — 눈치 못 챌 정도로 우연히 떨어진 작은 조각 — 를 의미한다고 생각합니다. 이 여인의 믿음에 대해 생각해 보십시오. 마귀가 그녀의 딸에게서 떠나는 것은 그녀가 상상할 수 있는 가장 큰 축복이었습니다. 그러나 그녀는 주님의 위대성을 믿는 믿음을 소유하고 있었기 때문에 그분이 자신의 딸을 고쳐 주시는 것이 부유한 주인이 자기 자녀가 떨어뜨린 부스러기를 작은 개가 먹도록 하는 것과 같다고 생각했습니다. 얼마나 놀라운 믿음입니까?

예수님이 누구신가를 믿는 믿음

여러분은 이런 믿음을 구사할 수 있습니까? 여러분은 만일 하나님이 여러분 — 정죄 받을 길 잃은 죄인 — 을 구원하신다면 그것이 세상에서 가장 큰 이적이라는 것을 믿을 수 있습니까? 그렇다면 자신을 죄를 위한 희생 제물로 바친 예수님에 대해 여러분의 자녀 가운데 하나가 식탁에서 떨어뜨린 작은 빵 조각 하나를 개나 고양이가 먹는 것보다 훨씬 더 놀라운 이적이라는 것을 믿을 수 있습니까? 여러분은 여러분에게는 하늘과 같은 것이 예수님에게는 부스러기에 지나지 않는다고 생각할 만큼 그분을 그렇게 생각할 수 있습니까? 여러분은 그분이 여러분을 쉽게 구원하실 수 있다고 믿을 수 있습니까?

저로서는 우리 주님이 제 영혼을 완전히 그분에게 맡길 수 있을 정도로 위대한 구주가 되신다고 생각합니다. 그리고 저는 여러분에게 덧붙여 다음과 같은 사실도 말씀드리고 싶습니다: 만일 제가 제 몸 속에 여러분의 영혼까지 갖고 있다면, 저는 그것들을 전부 예수님께 맡겨버릴 것입니다. 예, 만일 제 자신 속에 무수한 죄악된 영혼들을 갖고 있다면 저는 그것들을 모두 주 그리스도 그분께 홀가분하게 맡겨버릴 것입니다. 저는 "내가 믿는 자를 내가 알고 또한 내가 의탁한 것을 그 날까지 그가 능히 이루실 줄을 확신함이라"(딤후 1:12)고 말씀하고자 합니다.

제가 제 자신 속에 어떤 선함이 있기 때문에 이런 일들에 대해 말하고 있다고 생각하지 마십시오. 그것은 전혀 없습니다. 제가 믿는 것은 저 자신도 아니고 제가 할 수 있거나 할 수 있다고 믿는 어떤 것도 없습니다. 만일 제가 선하다면 저는 예수님을 결코 믿을 수 없었을 것입니다. 왜 그렇습니까? 그렇게 되면 저는 저를 믿을 것이니까요. 그러나 제 자신 속에 선한 것은 조금도 없기 때문에 저는 믿음으로 살아야 하고, 제가 그렇게 할 수 있게 된 것을 기뻐합니다.

주님은 믿음의 창고에서 저에게 무한한 믿음을 주십니다. 저는 그분에게 너무나 깊은 은혜를 입었습니다. 그리고 지금은 더 큰 빚을 지고 있다고 확신합니다. 만일 제가 자신에 대해 생각하는 것보다 훨씬 더 많은 죄를 범하고, 그래서 저보다 더 많은 죄를 범하는 영혼들을 갖고 있다면, 저는 저를 깨끗하게 하시는 그분의 속죄의 피를 더욱 믿을 것입니다. 저는 저를 구원하시는 주님을 더욱 믿을 것입니다. 오, 그리스도여, 당신의 고뇌와 피 흘리심으로 말미암아, 당신의 십자가와 십자가 수난으로 말미암아, 당신의 보배로운 죽으심과 장사됨으로 말미암아, 당신의 영광스러운 부활과 승천으로 말미암아, 하나님의 의로우신 손앞에서 당신의 죄인들을 위한 중보로 말미암아, 제가 당신 안에서 안식할 수 있음을 느낍니다. 나의 형제들이여, 여러분들도 예수님이 여러분을 구원하는데 충분한 능력을 갖고 계심을 이해하시기 바랍니다.

여러분은 강도였습니까? 우리 주님이 지상에 계실 때 가장 가까운 위치에 있었던 마지막 사람이 바로 죽어가는 강도였습니다. "그러나 오, 나는 악한 인생을 살았습니다. 나는 온갖 악으로 나 자신을 더럽혔습니다"라고 여러분은 말하겠지만, 그리스도께서 가까이 했던 모든 사람들 역시 여러분들 못지않게 불결한 사람들이었습니다. 그들은 자기들이 어린양의 피에 그 옷을 씻어 희게 하였다(계 7:14)고 고백했습니다. 그들의 옷은 너무 더럽기 때문에 오직 그분의 심장의 피로써만 하얗게 될 수 있었습니다.

예수님은 제가 말로 설명하는 것보다 훨씬 더 위대하신 구주입니다. 저는 그분의 가치에 대해 충분히 말하지 못했습니다. 비록 모든 말로 하늘을 표현하고 모든 문장으로 무한함을 표현한다고 해도 지금까지 그렇게 할 수 없었습니다. 사람과 천사의 말 그 어떤 말로도 우리 구속주의 위대하신 은혜를 충분히 선포할 수 없었습니다. 그분을 믿으십시오! 여러분은 그분을 믿을 생각이 있습니까? 그렇다면 그분의 품 안으로 어서 뛰어 들어가십시오. 담대하게 그렇게 하십시오.

그분께 과감하게 맡기라, 온전히 맡기라.
다른 믿음은 끼워 넣지 말라.

주님은 "땅의 모든 끝이여 내게로 돌이켜 구원을 받으라 나는 하나님이라 다른 이가 없느니라"(사 45:22)고 말씀하십니다. 돌이키십시오! 지금 돌이키십시오! 오직 그분께 돌이키십시오. 여러분이 믿음의 눈으로 그분께 돌이키면, 그분은 사랑의 품을 벌리고 여러분에게로 돌이키사 가나안 여인에게 말씀하셨던 것처럼, 여러분에게도 "네 믿음이 크도다 네 소원대로 되리라"(마 15:28)고 말씀하십니다. 여러분은 바로 그 순간 구원 받게 됩니다. 여러분은 하나님과 평화를 누리고 천사처럼 안식을 누릴 것입니다. 하나님이 여러분에게 그리스도로 말미암은 이 선물을 주시기를 바랍니다.

제3권

인생의 폭풍우 속에서
평화를 누리는 비결

Finding Peace in
Life's Storms

1

소망으로 얻은 구원

우리가 소망으로 구원을 얻었으매 보이는 소망이 소망이 아니니
보는 것을 누가 바라리요 만일 우리가 보지 못하는 것을 바라면
참음으로 기다릴지니라 — 로마서 8:24-25

우리는 성도들로서 현재 구원을 받았습니다. 어떤 의미에서 우리는 완전히 구원받았습니다. 우리는 죄책으로부터 완전히 구원받았습니다. 주 예수님은 우리의 죄를 자신의 육체에 담당시키고 십자가에 못을 박으셨습니다. 그분은 그의 모든 백성들의 죄를 단번에 처리해 버리는 유효한 속죄를 이루셨습니다.

죄의 형벌은 우리의 위대하신 대속자에 의해 지불되었고, 우리는 믿음으로 그분의 희생을 받아들였습니다. "그를 믿는 자는 심판을 받지 아니하는 것이요"(요 3:18).

믿음으로 그리스도를 영접할 때 우리는 즉각 죄의 오염으로부터 구원받고, 하나님 우리 아버지께 자유롭게 나아갈 자격을 얻게 됩니다. 믿음으로 우리는 우리의 삶 속에서 죄의 권세로부터 구원받습니다. 로마서 6:14은 "죄가 너희를 주장하지 못하리니 이는 너희가 법 아래에 있지 아니하고 은혜 아래에 있음이라"고 말씀합니다.

모든 그리스도인의 마음속에서 죄의 머리로부터 왕관이 벗겨졌고, 그 팔

의 힘은 믿음의 능력으로 말미암아 박살이 났습니다. 죄는 어떻게든 지배권을 행사하려고 애를 쓰지만, 결코 승리할 수 없습니다. 왜냐하면 하나님으로부터 난 사람은 죄를 범하는 것을 결코 즐거워하지 않기 때문입니다. 그는 죄를 일상적인 습관처럼 범하지 않습니다. 그 대신 그는 악한 자 곧 마귀가 자기에게 접근하지 못하도록 방어하고 대적합니다.

그런데 우리가 여기서 집중해서 살펴볼 성경본문은 로마서 8장에 나오는 말씀입니다. 잠시 한 부분만 읽어보면, 다음과 같습니다: "우리가 소망으로 구원을 얻었으매." 그러나 이 말씀은 성경의 다른 부분들과 조화되지 않는 내용처럼 보입니다.

하나님의 말씀은 모든 곳에서 우리가 믿음으로 구원을 받았다고 말씀합니다. 예를 들면 로마서 5:1을 보십시오: "그러므로 우리가 믿음으로 의롭다 하심을 받았으니." 소망은 어떤 면에서 믿음과 동의어로 쓰일 때가 있지만, 우리에게 구원의 은혜를 가져다주는 것은 소망이 아니라 바로 믿음입니다. 헬라어 원문을 보면 로마서 8:24의 의미는 "우리가 소망 안에서 (in hope) 구원받았다"는 것입니다. 만일 그 구절이 이같이 번역되었다면, 오해의 소지를 크게 줄일 수 있었을 것입니다. 저명한 주석가인 벵겔 (Bengel)은 이렇게 주석했습니다:

> 그 구절은 구원의 수단들이 아니라 구원의 방식을 묘사한다. 우리는 구원과 영광 모두를 소망할 수 있는 상태로 구원받는다.

신자들은 믿음의 결국 곧 영혼의 구원을 받습니다. 그들은 구원이 공로가 아닌 은혜가 되도록 믿음으로 구원을 받습니다. 우리는 믿음으로 말미암아(by faith) 그리고 소망 안에서(in hope) 구원을 받습니다.

그러므로 우리는 현재 우리가 이미 받고, 그리스도 예수를 믿는 믿음으로 말미암아 이미 누리고 있는 구원을 즐거워합니다. 그러나 우리는 이 이상으로 우리가 얻어야 할 어떤 것이 남아있음을 알고 있습니다. 우리는 우리가 아직 보지 못하는 더 넓은 의미의 구원을 받게 될 것입니다. 왜냐하면 지금 이 순간 우리는 임시 장막 안에 거하고 있음을 알고 있기 때문입니다. "참으로 이 장막에 있는 우리가 짐 진 것같이 탄식하는 것은"(고후 5:4) 그리고 우리 주변의 모든 피조물은 분명히 노동의 수고를 감당하고 있습니다. 우리는 불안하고 격동적이고 탄식하는 자연현상 속에서 땅이 얼마나 깊은 속박에 빠져있는지 그 징조들을 확인할 수 있습니다.

이런 일들은 하나님이 원래 만드신 것들이 아니었습니다. 가시들이 땅의 경작지에서 자라고 있습니다. 땅의 화초들에도 병이 생겨납니다. 곡식 위에는 병균이 서식하고 있습니다. 하늘은 우리의 추수를 탄식하고 슬퍼합니다. 땅의 깊은 곳은 격동하고 있고, 그 격동으로 말미암아 우리의 도시들은 지진으로 흔들립니다. 빈번하게 엄습하는 비극들과 재앙들은 이 같은 노동의 고통들이 주는 결과로서 다가올 미래에 대한 전조가 됩니다.

땅 위 어느 곳을 보아도 완전한 낙원을 발견할 수 없습니다. 심지어는 우리가 사는 세상에서 일어나는 가장 좋은 일들도 더 좋은 일이 있음을 암시할 뿐입니다. 그리고 모든 피조물은 노동의 고통 때문에 신음하고 있습니다. 심지어는 성령의 첫 열매로서 축복과 구원을 받은 우리 그리스도인들도 장차 임할 것 곧 보지 못하는 영광을 기다리면서 탄식하고 있습니다.

우리는 아직 완성된 구원에는 이르지 못했습니다. 우리의 시들고 죄악된 영혼들의 첫 번째 갈망은 해소되었지만, 우리는 여전히 우리 안에 더 큰 갈망을 품고 있습니다. 우리는 그칠 줄 모르는 욕구에 젖어 정의를 열망하고 갈망합니다. 천국의 떡을 먹기 전에 우리는 돼지고기에 배고파합니다. 하지만 우리의 거듭난 본성이 새로운 욕구를 가져와도 세상은 그것을 결코 만족시킬 수 없었습니다.

이 갈망의 원인은 무엇일까요? 그것은 그리 답변이 어려운 질문은 아닙니다. 우리의 갈급함, 갈망들 그리고 만족을 모르는 욕구들은 대체로 두 가지 영역으로 나누어집니다. 첫째로 우리는 온갖 죄로부터 완전히 해방되기를 바라는 것. 둘째로 우리는 우리의 육체로부터 벗어나 부활한 몸을 받기를 바라는 것.

죄로부터 자유를 갈망함

우리는 세상 속에 있는 악의 짐을 짊어지고 있습니다. 우리는 불신자들과의 세속적인 대화로 인해 곤혹스러워 하고 있고, 그들의 유혹과 핍박 때문에 고통을 당하고 있습니다. "온 세상은 악한 자 안에 처해 있다"(요일 5:19)는 사실과 사람들이 그리스도를 거부하고 불신앙 속에서 멸망당할 것이라는 사실이 우리에게는 대재앙의 원인입니다. 우리는 문명과는 동떨어진 광야에서 살기를 바라며, 그곳에서 평화를 누리며 하나님과 교제하고 신성모독과 불평불만, 타락 그리고 범죄 등과 같은 일들에 대해 아예 귀를 막아버릴 수도 있습니다.

이 세상은 죄로 오염된 곳이기 때문에 우리의 본향이 아닙니다. 우리는 이 세상과 분리되고, 다른 사람들과 완전한 교제에 들어갈 때 주어지는 위대한 구원을 갈망합니다.

그러나 만일 우리가 내면적으로 죄로부터 완전히 벗어나 구원받을 수만 있다면 불신자들과 함께 사는 것은 그리 큰 문제가 아닐 것입니다. 그러나 이것은 먼 훗날에 성취될 "보이지 않는 것들"(히 11:1)에 속합니다. 만일 사람이 죄의 모든 성향으로부터 자유롭다면, 그는 더 이상 쉽게 유혹받지 않을 것입니다. 그는 굳이 그것을 대적할 필요가 없습니다. 만일 불이 어떤 것을 새까맣게 태우거나 검게 그을리도록 할 수 없다면, 불은 그것을 어떻게 할 수 없습니다. 그러나 우리 안에 쉽게 불타버리고 마는 나무나 불쏘시개가 있다는 것을 알고 있기 때문에, 우리는 유혹을 필사적으로 피하지 않으면 안된다고 느낍니다.

우리 주님은 "이후에는 내가 너희와 말을 많이 하지 아니하리니 이 세상의 임금이 오겠음이라"(요 14:30)고 말씀하셨습니다. 그러나 원수는 우리에게 올 때 자신의 목적을 쉽게 성취할 수 있는 것을 우리에게서 찾아냅니다. 우리의 마음은 사탄의 목소리에 너무나 쉽게 반응합니다. 사탄이 우리 안에 그의 잡초 씨를 뿌리면, 어느 사이 우리 옛 본성의 영역들 속에서는 곧 추수가 시작됩니다. 악은 구원받은 사람들 안에도 여전히 존재합니다. 그것은 그들의 마음의 모든 기능들에 영향을 미칩니다.

오, 우리가 마음속에서 죄에 대한 기억을 다 지워버릴 수만 있다면 얼마나 좋을까요! 우리가 더러운 말을 기억하고 음란한 노래들에 집착하는 것은 얼마나 고통스러울까요! 우리가 우리 생각 속에 역사하는 죄로부터 벗어난다면 얼마나 행복할까요! 우리는 우리의 생각과 상상 속에 역사하는 죄에 대해 충분히 슬퍼하고 있습니까? 사람은 비록 행동으로는 죄를 범하지 않는다고 하더라도 생각으로 죄를, 참으로 끔찍한 죄를 범할 수 있습니다. 많은 사람들이 그들의 생각 속에서 그것들을 즐기면서 간통죄, 간음죄, 도둑질, 심지어는 살인죄까지 저질렀습니다. 그러나 외면적으로 보면 결코 이러한 죄들을 범하지 않은 것으로 나타납니다. 우리의 생각과 우리의 내면 전체의 본성 속에서 그 효소가 썩는 냄새를 풍기는 죄의 속성이 제거된다면 얼마나 좋을까요!

우리 안에는 날마다 "오호라 나는 곤고한 사람이로다 이 사망의 몸에서 누가 나를 건져내랴"(롬 7:24) 하고 탄식하게 만드는 악이 잠재되어 있습니다. 만일 어떤 사람이 이 설교를 듣고 "나는 그걸 전혀 못느꼈다"고 말한다면, 저는 그가 그것을 빨리 느낄 수 있도록 해달라고 하나님께 기도하겠습니다. 스스로 만족하는 사람들은 참된 영적 완전성에 대해 거의 무지한 사람들입니다.

건강한 아이가 자라가는 것처럼 하나님의 건강한 자녀도 자라가는 법입니다. 우리가 심령의 완전한 순결함에 가까이 나아갈수록, 지극히 사소한 죄에 대해서도 크게 슬퍼하고, 전에는 변명하고 죄로 인식하지 못했던 일들을 죄로 인정하는 일이 벌어질 것입니다. 그리스도를 가장 많이 닮은 사람은 자신의 불완전함을 가장 크게 깨닫고 있는 사람이고, 아주 사소한 죄일지라도 거기서 벗어나기 위해 몸부림치는 사람입니다. 어떤 사람이 당당하게 "나는 목표에 도달했어!"라고 말한다면, 저는 그에 대해 크게 염려하지 않을 수가 없습니다. 그 까닭은 저는 그가 목표를 향해 아예 경주를 시작하지 않았다고 보기 때문입니다.

저에 관한 이야기를 한마디 한다면, 저는 갈수록 더 많은 고통들을 감수하고, 제가 과거에 가졌던 것보다 훨씬 더 제 자신에 대해서는 만족을 못하고 있음을 느낍니다. 저는 더 나은 목표에 도달하고 싶은 강력한 소망이 있습니다. 그러나 그것이 단순히 소망에 그치는 것이 아니라면, 저는 그토록 절실하게 곤고함을 느끼고, 욕망 때문에 그토록 괴로워하고 있는 자신이 참으로 불행한 모습으로 보였을 것입니다. 그러므로 이것이야말로 우리가 영적으로 탄식하는 주요 요인 가운데 하나입니다. 우리는 구원받았지만, 죄의 성향으로부터 완전히 벗어난 것은 아닙니다. 우리는 아직 완전한 거룩에 도달하지 못했습니다. "얻을 땅이 매우 많이 남아있도다"(수 13:1).

부활된 몸을 고대함

이 "우리의 불만인 겨울"에 대한 또 다른 이유는 우리의 몸에 있습니다. 바울은 몸을 "낮은"(vile:저급하다는 뜻) 것으로 불렀고, 참으로 그것은 장래에 예수 그리스도의 형체로 바뀌게 될 것과 비교가 되는 것입니다. 우리의 몸은 본래 기묘하고 기이하게 지음 받은(시 139:14) 하나님의 피조물로서 저급한 것은 아니었습니다.

두발로 걷고 위를 올려다보고 하늘을 주시할 수 있는 존재로 지음 받은 사람의 몸에는 아주 고상한 어떤 것이 있습니다. 아주 기묘하게 정신이 거할 처소가 되고, 영혼의 명령에 복종하도록 준비된 몸은 절대로 무시되어서는 안됩니다. 성령의 전이 될 수 있는 몸은 저급한 구조가 아닙니다. 그러므로 우리는 그것을 멸시해서는 안됩니다.

우리는 인간으로 지음 받은 것에 대해 영원토록 감사해야 합니다 — 만일 우리가 그리스도 예수 안에서 새로운 존재로 지음 받아 "새 사람을 입었다면"(엡 4:24) 그것에 대해서도 당연히 감사해야 하겠지요. 그러나 몸은 타락을 거치면서 죽음의 권세 아래 있게 되었고, 지금도 그 권세 아래 있습니다. 이것 때문에 우리의 몸은 주님이 신속하게 재림하시지 않는다면, 조만간 죽을 운명에 있습니다. 그러나 주님이 재림하실 때 우리의 몸은 변화될 것입니다. 왜냐하면 현재와 같은 상태의 살과 피로는 하나님의 나라를 상속받을 수 없기 때문입니다.

그래서 우리의 연약한 몸은 아직 거듭나지 아니한 상태에서는 우리의 거듭난 영혼과 조화를 잘 이루지 못할 것입니다. 몸은 천국 소속 영혼들이 거하기에는 약간은 둔하고 피곤하겠지요! 그것은 아픔과 고통, 피곤함과 허약함을 느끼고, 수면과 음식 그리고 의복을 원하며, 추위와 열과 사고와 쇠약을 감수해야 하고, 과도한 노동과 고단한 수고에도 제한을 받게 되어 있습니다.

몸은 가엾게도 성화되는 사람들을 섬길 수 없습니다. 몸은 쇠약해지고, 다른 방법으로는 높이 솟아오를 수 없는 영혼을 방해합니다. 얼마나 자주 좋지 못한 건강 때문에 단단한 결심과 거룩한 욕구의 고상한 불꽃이 소멸되어버릴까요! 얼마나 자주 고통과 연약함 때문에 영혼의 상쾌한 흐름이 얼어붙어 버리는지 생각해 보십시오.

우리는 언제 이 자연적 신체의 사슬로부터 해방되어 영적인 몸의 웨딩드레스를 입을까요? 죄가 우리의 마음속에 거하고, 우리는 소멸될 한줌 흙으로 되어 있기 때문에, 우리의 구원이 처음 믿을 때보다 현재 더 가까워졌음을 감사하고, 우리가 충만한 구원의 상태 속에 들어가기를 바라는 것입니다.

이 설교의 본문은 이 점에 관해 우리에게 굉장히 큰 용기를 줍니다. 우리가 현재 고통당하는 원인으로부터 충분히 구원받을 때가 장차 임할 것입니다. 우리는 우리의 모든 필요 그리고 심지어 우리의 모든 욕구들을 채워줄 만큼 광대한 구원을 받았습니다. 무한하고 영원한 구원의 요소들이 우리를 기다리고 있습니다. 우리가 바랄 수 있는 것은 무엇이든지 그 안에 다 망라되어 있습니다. 이것이 본문이 "우리가 소망으로 구원을 얻었으매"라는 말씀의 의미입니다. 우리는 소망으로 이 크고 광대한 구원을 얻었습니다.

이 모든 것에 비추어, 저는 우리가 바라는 더 큰 구원을 단단하게 움켜쥐게 하는 소망의 종류에 대해 설명하기를 원합니다.

우리의 소망의 목표

완성된 완전

무엇보다도 먼저 우리의 소망은 그리스도 안에서 우리 자신이 완성된 완전함(complete perfection) 속에 있게 되는 것입니다. 우리는 우리의 얼굴을 거룩을 향해 세웠습니다. 그리고 하나님의 은혜로 말미암아 우리는 우리가 그것을 다 취할 때까지 쉬지 않을 것입니다. 우리 안에 있는 모든 죄는 정복되고 파괴되도록 되어 있습니다. 하나님의 은혜는 우리가 죄를 숨기지 않고 파괴하도록 도울 것입니다.

우리는 죄를 여호수아가 막게다 동굴에 숨어있던 다섯 왕들을 다루었던 것처럼 다루어야 합니다. 여호수아는 전쟁으로 분주한 와중에 "큰 돌을 굴려 굴을 막으라"(수 10:18)고 명령했습니다. 잠깐 동안 우리의 죄는 억제하는 은혜로 말미암아 굴속에 있는 것처럼 차단됩니다. 커다란 돌들이 굴의 입구에 굴려지는데, 그것은 우리의 죄들이 우리의 삶을 지배하지 못하도록 차단하는 것입니다. 그러나 후에는 우리가 죄들을 성령의 능력으로 더욱 효과적으로 차단하게 될 것입니다.

여호수아는 "그 다섯 왕들을 내게로 끌어내라"(22절)고 말한 다음에 그들을 쳐서 죽이고 그들을 나무에 매달았습니다. 하나님의 은혜를 통해 우리는 죄를 범하게 하는 우리의 모든 자연적 성향들을 혐오하고 고소할 때까지 만족해서는 안되고, 그때 비로소 그것들은 완전히 파멸될 것입니다. 우리는 과거에 범한 죄의 얼룩이나 미래에 죄를 범하도록 이끄는 성향이 우리 안에 남아 있지 않는 날을 기대하면서 살아야 합니다. 그렇게 되면 우리가 여전히 자유의지와 선택의 자유를 갖고 있지만, 그것은 오직 선(善)만을 선택할 것입니다.

지금 하늘에 있는 성도들은 그들이 저항할 수 없는 권세에 의해 어쩔 수 없는 복종의 길을 따라 인도를 받는 수동적 존재들이 아닙니다. 자유의지를 갖고 있는 지성적 존재로서 그들은 주님 앞에서 자유롭게 거룩의 길을 선택합니다. 우리 역시 하나님의 자녀의 영광스러운 자유를 영원히 누리고, 그 누림은 선하고 의로운 길을 지속적으로 선택하며 사는 우리의 삶 속에서 펼쳐질 것입니다.

이와 같은 방법으로 우리는 완전한 행복을 맛보게 됩니다. 무지는 더 이상 존재하지 않습니다. 그것은 우리는 주님을 통해 가르침을 받고, 우리가 배우는 그대로 알게 될 것이기 때문입니다. 우리는 완전하게 하나님을 섬기고, 모든 자기 의지와 육체의 정욕들로부터 완전하게 구원받을 것입니다. 우리는 우리의 하나님께 가까이 나아가고 그분과 같이 될 것입니다. 아이작 와츠(Issac Watts)는 다음과 같이 썼습니다:

> 죄, 과거에 나의 최대의 원수,
> 더 이상 나의 눈과 귀를 어지럽히지 못하리라.
> 내 내부의 적들은 모두 죽임을 당하고,
> 더 이상 사탄은 나의 평화를 깨뜨리지 못하리라.

이것이 바로 천국입니다! 만일 제가 죄에 대한 모든 성향으로부터 확실히 벗어날 수 있다면, 어디에서 살든 — 땅에서 살든 하늘에서 살든, 요나처럼 배 밑바닥에 처박혀 있든 예레미야처럼 지하 토굴에 갇혀 있든 — 그것을 전혀 걱정하지 않게 될 것을 확신합니다. 순결은 평화요, 거룩은 행복입니다. 하나님처럼 거룩한 사람은 하나님이 행복하신 것만큼 행복할 것입니다. 이것이 우리의 소망의 중심 목표입니다.

우리 몸의 구속

또 다른 목표는 우리 몸의 구속입니다. 바울이 그 진리에 대해 가르치고 있는 구절을 읽어 봅시다:

> 또 그리스도께서 너희 안에 계시면 몸은 죄로 말미암아 죽은 것이

나 영은 의로 말미암아 살아있는 것이니라 예수를 죽은 자 가운데서 살리신 이의 영이 너희 안에 거하시면 그리스도 예수를 죽은 자 가운데서 살리신 이가 너희 안에 거하시는 그의 영으로 말미암아 너희 죽을 몸도 살리시리라(롬 8:10-11).

우리는 죽으면, 한동안 우리 육체를 떠나있을 것입니다. 그러므로 우리의 전 존재는 부활때까지는 완전하지 못할 것입니다. 우리는 도덕적으로는 완전하지만, 완전한 사람은 몸과 영혼의 결합으로 이루어지기 때문에 우리의 한쪽 부분이 무덤 속에 있는 동안에는 물리적으로 완전하지 못할 것입니다. 부활의 나팔 소리가 울려 퍼질 때, 우리의 몸은 일어나는데, 그때 그것은 구속받은 몸으로 일어날 것입니다. 우리의 부활한 영혼은 죄의 속박 아래 있을 때의 상태와는 현저하게 다를 것입니다. 마찬가지로 우리의 몸이 부활하게 되면 그것은 현재 우리 몸과는 굉장히 큰 차이가 날 것입니다.

질병과 나이 때문에 주어진 질고들은 영화된 성도들에게는 남의 일이 될 것입니다. 그때 그들은 하나님의 천사들처럼 될 것이기 때문입니다. 어느 누구도 절름발이, 병신, 병약자 또는 불구자로서 영광 속에 들어가는 자는 없을 것입니다. 어느 누구도 소경이나 귀머거리는 아닐 것입니다. 중풍병자나 폐결핵으로 쇠약해진 모습은 찾아볼 수 없을 것입니다. 우리는 영원히 청춘을 유지할 것입니다. 연약하게 늘어진 몸이 권능으로 일으킴을 받고, 즉각 주님의 명령에 복종할 것입니다.

바울은 "육의 몸으로 심고"(고전 15:44)라고 말했는데, 이것은 혼(soul)에 대해서 한 말이고, 이어서 "신령한 몸으로 다시 살아나나니"(44절) 하고 말했는데, 이것은 사람의 최상급 본질인 영(spirit)에 대해서 한 말입니다. 저는 우리 몸이 그룹이 "바람 날개 위에"(삼하 22:11) 나타나는 것과 같은 종류의 몸 아니면 "불꽃처럼"(히 1:7) 스랍들이 여호와의 계명에 신속하게 복종하는 것과 같은 그런 종류의 몸에 거할 것이라고 생각합니다. 어떤 상태에 있든 우리의 연약한 몸은 현재 상태와는 확연하게 달라질 것입니다. 현재 우리의 몸은 땅 속으로 들어갈 주름진 씨앗입니다. 그러나 그것은 여호와 앞에서 빛을 드러내는 황금컵 속에 담긴 영광스러운 꽃으로 다시 필 것입니다.

우리는 아직 우리의 몸이 예수 그리스도의 영광스러운 몸처럼 변형될 것이라는 것 외에는 그 찬란한 영광을 알지 못합니다. 그러므로 이것은 우리의 소망의 두 번째 목표로서, 우리는 순화된 영과 결합할 수 있는 영광스러운 몸을 받게 될 것입니다.

우리의 영적 기업

또 다른 관점에 따라 살펴볼 때, 우리의 소망의 목표는 우리가 영적 기업을 차지하게 되리라는데 있습니다. 바울은 "자녀이면 또한 상속자 곧 하나님의 상속자요 그리스도와 함께 한 상속자니"(롬 8:17)라고 했습니다. 우리가 이 세상에서 무엇을 소유하고 살았든 간에, 하나님이 우리를 위해 보관하고 계신 것, 곧 우리가 다가올 그날에 받으리라고 그분이 보증해 놓으신 것과 비교해 보면, 그 소유는 아무것도 아닙니다. 하나님의 충만함이 신자들의 기업입니다. 사람을 복되게 하고 고상하게 하고 완전하게 할 수 있는 모든 것이 우리를 위해 예비 되어 있습니다. 여러분이 할 수만 있다면, 만물의 상속자이신 그리스도의 유산을 한 번 헤아려 보십시오.

지존자의 지극히 사랑하시는 아들의 몫이 과연 얼마나 될까요? 그러나 그것이 얼마든, 그것은 몽땅 우리의 것입니다. 우리는 그분과 공동 상속자이기 때문입니다. 우리는 그분과 함께 살 것이고, 그분의 영광을 볼 것입니다. 우리는 그분의 형체를 입을 것입니다. 우리는 그분의 보좌에 앉을 것입니다. 제 필설로는 너무 빈약하기 때문에 더 이상 뭐라 쓸 수도 없고 여러분에게 말할 수도 없습니다. 저는 우리가 이 주제에 관해 모든 것을 알 때까지 성경이 우리에게 계시하는 것을 깊이 묵상해 보기를 원합니다. 우리의 소망은 많은 것들을 보게 합니다. 그것은 기쁨의 강, 곧 영원토록 흐를 기쁨의 강이 하나님의 의로우신 손에서 우리에게 흘러넘치게 하는 모든 것을 봅니다.

바울은 "장차 우리에게 나타날 영광"(18절)에 관해 말했습니다. 그는 그 것이 "지극히 크고 영원한 영광의 중한 것"(고후 4:17)이라고 했습니다. 영광, 얼마나 놀라운 말입니까! 비록 우리가 연약한 죄인들이라고 해도, 영 광은 우리의 소유가 될 것입니다. 은혜는 달콤하지만 영광은 얼마나 더 달 콤할까요? 그리고 이 영광은 우리 안에, 우리 주위에, 우리 위에 그리고 우 리를 통해 영원무궁토록 계시되어야 합니다.

바울은 또한 "하나님의 자녀들의 영광의 자유"(롬 8:21)에 관해 말했습 니다. 자유는 또 얼마나 즐거운 말일까요! 우리는 자유의 이념을 사랑하고, 특별히 독재자와 싸워 이긴 사람들의 은나팔로부터 울려나오는 자유의 소 리를 들을 때에는 더욱 그렇습니다. 그러나 그것이 모든 영적 노예상태로 부터 영원한 자유를 선언하는 하늘의 나팔소리를 들을 때에는 얼마나 더 즐거울까요! 인간적인 자유와 하늘의 자유 곧 하나님의 자녀들의 자유는 비교가 안됩니다. 우리는 거룩한 자들의 거룩 속으로 들어갈 자유, 하나님 의 임재 속에 들어갈 자유 그리고 그분의 얼굴을 영원토록 볼 자유를 가 질 것입니다.

사도는 또한 "하나님의 아들들의 나타남"(19절)에 대해 말했습니다. 여 기 이 땅위에서 우리는 상자 속에 들어있는 보석들처럼 그리스도 안에 감 추어져 있습니다. 훗날 우리는 면류관 속에 박혀있는 보석처럼 드러나게 될 것입니다. 그리스도는 한동안 숨겨져 있다가 이방인들에게 계시되었습 니다. 마찬가지로 현재 알려져 있지 않은 우리는 사람들과 천사들 앞에 드 러나게 될 것입니다. "그때에 의인들은 자기 아버지 나라에서 해와 같이 빛나리라"(마 13:43). 저는 이 나타남이 얼마나 좋은 것인지 여러분에게 말로 다 표현할 수 없습니다. "하나님이 자기를 사랑하는 자들을 위하여 예비하신 모든 것은 눈으로 보지 못하고 귀로 듣지 못하고 사람의 마음으 로 생각하지도 못하였다 함과 같으니라"(고전 2:9). 그리고 비록 "하나님 이 성령으로 이것을 우리에게 보이셨다"(10절)고 할지라도, 우리의 영은 이 계시의 아주 작은 부분만 받아들일 수 있었습니다.

저는 그리스도 안에서 완전하게 된 사람들이 살 영원한 집을 눈으로 보는 특권을 가진 사람만이 우리에게 그 의미를 말할 수 있다고 생각합니다. 그리고 그가 비록 그렇게 할 수 없다면, 그것은 그것을 말로 다 표현할 수 없었기 때문이라고 저는 생각합니다. 바울이 낙원에 갔을 때, 그는 말씀을 들었습니다. 그러나 그는 그 들은 말씀을 우리에게 말하지 않았습니다. 왜냐하면 그는 사람으로서 그것들에 관해 말하는 것이 합당치 않다고 생각했기 때문입니다. 그것들은 사람의 언어로 표현하기에는 너무나 성스러웠습니다.

아직은 아니지만 훗날에, 우리의 소망의 목표는 우리에게 현실로 드러날 것입니다. 그것이 미래에나 올 것이라고 그것에 대해 덜 생각하지 마십시오. 시간의 간격은 중요하지 않습니다. 몇 달이면 어떻고 몇 년이면 어떻습니까? 우리가 부활하기 전까지 몇백 년의 간격이 있다고 한들 그것이 무슨 상관입니까? 그날들이 우리에게는 새의 날개처럼 순식간에 지나갈 것이고, 그 다음엔! 오, 그 다음에는! 눈에 보이지 않는 것이 보이고, 형언할 수 없는 것이 들리고, 영생은 영원무궁토록 우리의 것이 될 것입니다. 이것이 우리의 소망입니다.

우리의 소망의 본질

그런데 우리를 구원받게 하는 이 소망은 세 가지 것으로 구성되어 있습니다: 믿음, 소원 그리고 기대.

우리의 영 속에 있는 죄로부터 완전히 구원받게 되고, 우리의 몸속에 있는 모든 질병으로부터 구원받게 되리라는 소망은 우리의 구원에 대한 장엄한 보증으로부터 나옵니다. 생명과 불멸성을 빛으로 인도하신 분에 관한 계시는 우리 역시 영광과 불멸성에 들어갈 것이라는 것을 우리에게 보증해 줍니다. 우리는 그리스도의 형체로 부활되고, 그분의 영광에 동참할 것입니다. 우리는 그리스도께서 부활하시고, 영화롭게 되셨다는 것과 우리가 그분과 하나라는 것을 알고 있기 때문에, 이것이 우리의 믿음입니다.

우리는 이것을 믿을 뿐만 아니라 그것을 열렬히 소원합니다. 우리는 때때로 우리가 차라리 빨리 죽어 그곳에 들어가기를 바랄 정도로 그것을 소원합니다. 항상, 아니 특별히 우리가 그리스도를 한 번이라도 보기만 하면, 우리의 영혼은 그분과 같이 되기를 간절히 바랄 것입니다.

이 소원은 확고한 기대를 동반합니다. 우리는 내일 아침 태양을 보기를 기대하는 것만큼 그리스도의 영광을 보고 거기에 동참하기를 기대합니다. 실제로 우리는 내일 아침 태양을 보기 위해 살 수는 없지만, 아주 멀고 먼 땅에서도 참으로 아름다운 그 왕의 모습은 확실하게 볼 것입니다.

우리는 그것을 믿습니다. 우리는 그것을 소원합니다. 우리는 그것을 기대합니다. 그것이 우리 소망의 본질입니다. 그것은 사람들이 무의미하게 살고 하나님을 찾지도 않으면서, "나는 나에게 좋은 일들이 일어나기를 바라" 하고 말할 때처럼, 모든 일이 잘 될 것이라고 막연하게, 모호하게, 근거 없이 바라는 그런 소망이 아닙니다. 오히려 그것은 정확한 지식, 확고한 믿음, 영적인 소원 그리고 충분히 보증 받은 기대로 이루어진 소망입니다.

이 소망은 하나님의 말씀에 기초합니다. 하나님은 우리에게 완전한 구원을 약속하셨습니다. 그러므로 우리는 그것을 믿고, 그것을 바라고, 그것을 기대합니다. 예수님은 "믿고 세례를 받는 사람은 구원을 얻을 것이요"(마 16:16)라고 말씀했습니다.

그런데 우리가 '구원을 얻다' 라는 말에 붙일 수 있는 가장 넓은 의미는 하나님이 그것에 붙여놓으신 의미가 되어야 하는데, 그 이유는 하나님의 생각은 항상 우리의 생각을 초월하기 때문입니다. 우리는 하나님이 그분의 가장 넓은 약속의 범주를 따라 그분이 말씀하신 것을 이루실 것이라고 기대합니다. 왜냐하면 그분은 자신의 말씀으로부터 한 발자국도 물러서지 아니하시고, 그것을 지키실 것이기 때문입니다. 우리는 자기 백성들을 그 죄로부터 구원하겠다고 선포하신 구주의 사랑을 우리의 영혼으로 받아들였습니다. 우리는 우리의 구속주를 믿고 있습니다.

내가 알기에는 나의 대속자가 살아 계시니 마침내 그가 땅 위에 서실 것이라 내 가죽이 벗김을 당한 뒤에도 내가 육체 밖에서 하나님을 보리라 (욥 19:25-26).

우리의 몸은 썩지 않을 것으로 부활될 것입니다. 하나님의 말씀은 똑같은 결과를 지적하는 보배로운 말씀들을 아주 많이 포함하고 있습니다. 우리는 그 말씀들을 지지하고, 하나님이 약속하신 것을 또한 확실히 이루실 수 있음을 확신합니다. 우리는 우리의 사랑하는 형제들이 영생을 바라보고 확고하고 확실한 부활의 소망을 안고 이미 죽은 것처럼 다시 부활할 것을 추호도 의심하지 않고 죽을 것입니다. 농부는 그 씨를 땅에 뿌리면 그것이 다시 살아나는 것을 보리라는 사실을 의심하지 않습니다. 마찬가지로 우리는 성도로서 몸을 땅에 묻지만, 결국에는 이미 살았던 것을 확신하는 것만큼 다시 살 것에 대해 확실한 기대를 가지고 무덤 속에 몸을 맡길 것입니다. 이것은 하나님의 말씀, 하나님의 신실하심 그리고 자신의 약속을 이루시기에 충분한 그분의 능력에 기초되어 있기 때문에 충분히 가질 만한 소망입니다. 그러므로 우리는 아주 확실하고 견고한 소망을 갖고 있고, 그것을 부끄러워할 사람은 아무도 없습니다.

이 소망은 우리 안에서 하나님의 영을 통해 더욱 촉진됩니다. 만일 성령이 그것을 우리 마음속에 알게 하지 않으셨다면 우리는 이 소망을 알지도 못했을 것입니다. 불신 속에 있는 사람들은 이 소망이 없고, 이것을 결코 가질 수도 없습니다. 이 소망은 성령이 그 안에 거하는 사람들에게만 주어지기 때문에 오직 거듭난 사람들에게 주어집니다. 그리고 이것 때문에 저는 말로 표현할 수 없는 기쁨을 갖고 즐거워합니다. 만일 완전함과 불멸성에 대한 저의 소망이 내 안에서 하나님에 의해 심겨진 것이라면, 그것은 반드시 성취되어야 합니다. 왜냐하면 주님은 자기 백성들이 부끄러워할 만한 소망을 결코 주시지 않기 때문입니다. 참하나님은 사람에게 결코 헛된 소망을 주신 적이 없습니다. 그런 일은 결코 일어날 수 없습니다. 여러분에게 죄와 그 모든 결과들로부터의 구원을 기대하도록 가르치신 소망의 하나님은 그분 자신이 불어넣으신 기대를 따라 여러분에게 역사하실 것입니다. 그러므로 주님이 오실 그 즐거운 날을 큰 확신과 인내로 기다리는 성도들이 되기를 바랍니다.

이 소망은 하나님으로부터 오는 모든 은혜롭고 거룩한 일에 적용되어야 하기 때문에 우리 안에서 거룩한 삶을 살도록 작용합니다. 그것은 요한이 "주를 향하여 이 소망을 가진 자마다 그의 깨끗하심과 같이 자기를 깨끗하게 하느니라"(요일 3:3)고 말하는 것처럼, 우리를 순결하게 합니다. 우리는 이 기업이 너무 확실하기 때문에 그것에 반대되는 모든 일들은 거부하고, 그것에 합당한 모든 일들은 취함으로써 그것을 준비해야 합니다. 우리는 이 영광에 대한 기대 속에서 하루하루 살아야 합니다.

어떤 일에 관해서는, "심판날에 이것을 어떻게 볼 것인가?"라고 말하는 것이 제게는(그리고 제 생각으로는, 여러분에게도) 얼마나 자주 일어났을까요? 우리는 사람들이 그것에 대해 생각하는 것을 염두에 두어서가 아니라 다가올 영광의 빛 속에서 그것을 바라보기 때문에 성결하게 살았습니다. 우리의 가장 큰 동기는 영원히 시들지 않을 영광의 면류관이 우리를 위해 예비 되어 있다는 것입니다.

이 복된 소망은 우리에게 죄를 범하는 것을 부끄럽게 여기도록 만들고, 왕가의 후예들이 빈민가의 아이들처럼 시궁창에서 노는 것을 부끄럽게 여기도록 만듭니다. 그 대신 우리는 말로 다할 수 없는 빛 속에서 영원히 살도록 예정되어 있는 사람들로서 기꺼이 살아갑니다. 우리는 태양을 어슴푸레하게 만들어버리는 찬란한 광휘 속에서 살아야 하기 때문에 결코 어둠 속에서 살아갈 수 없습니다. 우리는 삼위일체 하나님과의 교통 속에 들어가야 합니다. 그런데 우리가 사탄의 노예 또는 죄의 종이어야 합니까? 하나님이 금하십니다! 이 복된 소망은 우리를 하나님께 나아가도록 이끌고, 죄의 묘혈로부터 우리를 끌어올립니다.

우리의 소망을 기대함

사실상 우리는 이미 제가 방금 말씀드린 것보다 더 큰 구원을 받았습니다. 이것은 우리가 먼저 영생의 소망을 이해하고 받아들였을 때 이루어졌습니다. 우리는 믿음으로 그리스도를 통하여 구원의 첫 부분 곧 죄사함과 칭의를 얻었습니다. 그리고 믿음으로 우리는 또한 하나님과의 교제를 갖고, 그분의 무한하신 축복 속에 들어갑니다. 우리들 가운데 어떤 사람은 우리가 먹고 마시는 것을 의식하는 것처럼 이것을 의식합니다. 그러나 이 모든 것 외에 우리의 소망을 통해 우리는 충만한 구원의 영역 곧 죄로부터의 완전한 구속과 고통 및 죽음으로부터의 우리 몸의 온전한 구속에 대한 마지막 값을 지불했습니다. 우리는 소망 중에 이 구원을 지니고 있고, 우리는 "하나님의 영광을 바라고 즐거워 합니다"(롬 5:2). 그런데 이 모든 것이 무엇을 의미할까요?

우리는 소망으로 구원이 은혜의 약속으로 말미암아 확실하게 되었음을 보았습니다. 우리가 그리스도를 믿는 순간, 믿음으로 말미암아 우리에 대한 용서가 확실하게 되었고, 우리는 그것을 이렇게 선포했습니다: "우리는 아직 죄의 성향으로부터 자유롭지 못하지만, 우리가 구원을 위해 그리스도를 믿었기 때문에, 우리는 확실히 완전하게 될 것이다. 그분은 우리에게 부분적이고 불완전한 구원을 주시기 위해 오신 것이 아니다. 그분은 우리와 관련된 모든 것을 완전하게 할 것이다." 우리는 소망으로 구원의 약속 안에서 우리가 아직 경험하지 못한 것을 충분히 보았습니다. 완전한 약속이 똑같이 확실하다는 것을 안다면, 우리는 믿음으로 우리가 현재 축복을 누리고 있는 것만큼 미래의 은혜도 확실한 것으로 기대하게 됩니다.

나아가 우리는 소망으로 첫 열매 안에서 주어지는 충만한 추수에 대한 약속을 보았습니다. 죄는 은혜로 말미암아 정복되었지만, 우리는 그것이 완전히 뿌리 뽑히는 것을 보기를 기대합니다. 성령이 우리 안에 내주하실 때, 우리는 소망으로 영혼이 구원받은 것만큼 몸도 확실하게 구원받았음을 인정했습니다. 믿음이 소망을 마음속에 들어오게 한 순간, 소망은 "나는 완전한 구원을 얻는다" — 내가 현재 그것을 경험하게 된다는 의미에서가 아니라 믿음으로 예수 그리스도께서 나를 위해 그것을 붙들고 계신다는 의미에서 — 고 했습니다.

구약성경에 나오는 제사장이 여호와 앞에서 받으실 만한 희생제물로서 첫 열매 한 다발을 들고 흔들었던 것처럼, 우리는 소망으로 우리의 믿음의 첫 열매를 하나님께 드렸고, 그래서 구원의 충만한 수확을 소유하게 되었습니다. 하나님이 여러분과 저에게 예수님에 대한 사랑과 악의 권세로부터의 구원을 허락하셨을 때, 이 첫 열매는 우리 안에 계시되어야 할 완전한 구원을 의미했습니다. 우리가 구원을 얻은 첫 번째 기쁨은 영원한 노래를 연주하는 수금의 선율과 같았습니다. 우리가 처음 그리스도를 보고 그분을 예배했을 때, 우리는 하나님의 보좌와 어린양의 보좌 앞에 맨 처음 우리의 무릎을 꿇었습니다. 그러므로 우리는 소망으로 구원을 받았습니다. 소망은 우리에게 완전함의 원천이 되고, 불멸성의 담보가 되고, 영화의 출발점이 됩니다.

더욱이 우리는 소망으로 우리가 이미 그것을 얻었다고 생각하는 이 주어질 축복을 크게 확신하게 됩니다. 여러분이 거래하던 상인으로부터 물건을 보내겠다는 계약서를 받았다고 생각해 봅시다. 그는 "나는 당신이 주문한 상품을 구해서 다음 배로 보낼 계획인데, 아마 때가 되면 도착할 것입니다"라고 말합니다. 그런데 다른 상인이 여러분에게 똑같은 종류의 상품이 있다면서 그것을 살 것인지 물으면, 여러분은 "아니오. 나는 이미 물건을 구했습니다"라고 대답합니다. 이때 여러분은 진실을 말한 것입니까? 그것은 확실히 진실입니다. 왜냐하면 비록 여러분이 창고에 그 상품을 보관하고 있지 않더라도, 여러분에게 이미 송장이 제출되어 있기 때문입니다. 여러분은 그 상품이 운송 중에 있다고 알고 있고, 여러분은 거래자를 크게 신뢰하고 있기 때문에 아직 도착하지 않은 상품을 수중에 있는 것으로 간주합니다. 그것을 여러분의 것으로 만들도록 한 것은 바로 그 계약입니다.

그것은 천국, 완전성 그리고 불멸성에 대해서도 똑같습니다. 그 행위가 이것들을 신자들의 유산으로 만들도록 했습니다. 우리는 결코 의심할 수 없는 분, 곧 우리 주 예수님으로부터 그분이 우리의 거처를 마련하기 위해 천국에 가셨고, 다시 오셔서 우리를 영접하실 것(요 14:3)이라는 계약서를 갖고 있습니다. 우리는 소망으로 그것이 이루어진 것으로 간주할 정도로 이 사실에 대한 확신을 갖고 있습니다. 우리는 또한 우리의 소망으로부터 실제적인 결론들을 이끌어내게 됩니다.

우리가 잘 아는 속담 중에 "떡 줄 사람은 생각도 않는데 김칫국부터 마시지 마라"는 말이 있습니다. 그러나 이 경우에 여러분은 사도 바울이 "생각하건대 현재의 고난은 장차 우리에게 나타날 영광과 족히 비교할 수 없도다"(롬 8:18)라고 말한 것을 보면, 떡 줄 사람이 생각하지 않는다고 해도, 그것은 정확하게 새들이 그 알 속에 있는 것과 같기 때문에, 김칫국을 마셔도 괜찮습니다. 그는 자신이 계산에 넣은 영생에 대한 소망을 크게 확신했습니다. 그는 그의 비용 항목 속에 자신의 생명의 고통들을 기입하고, 그의 자산 항목 속에는 나타나게 될 영광을 기입했습니다. 그는 자신의 자산이 엄청나다고 선언했지만, 그가 치러야 할 비용은 따져볼 가치가 없을 정도로 완전히 무가치한 것이었습니다.

나아가 사도 바울은 자기가 그토록 간절하게 갈망했던 그의 기업을 이미 받은 것으로 확신했습니다. 이 몸을 갖고 있는 우리도 하나님의 자녀로서 우리의 완전한 양자됨을(롬 8:23) 탄식하며 기다립니다. 우리의 탄식은 의심에서 나오는 것이 아니라 간절함에서 나오는 것입니다. 우리가 확신하고 있는 기대는 우리에게 우리가 약속받은 것을 받고야 말겠다는 간절한 욕망을 갖게 합니다. 받지 못할 것에 대해 부르짖는 것은 소용없는 일입니다. 가질 수 없는 달을 따 달라고 요구하는 아이는 어리석은 아이입니다. 그러나 제가 받으리라고 확신하고 있는 것을 위해 탄식하는 것은 적절하고도 당연하며, 믿음의 힘을 보여 주는 것입니다.

사도는 그 안에서 쟁취한 자신의 구원에 대한 소망을 크게 확신하고 받아들이고 있었습니다. 그는 "우리를 사랑하시는 이로 말미암아 우리가 넉넉히 이기느니라"(롬 8:37)고 했습니다. 다시 말하면 우리가 비록 아직은 완전하지 않다고 해도, 비록 우리의 몸이 아직은 고통으로부터 완전히 구원받지는 못했다고 해도, 우리는 기쁘게 모든 것을 참으며, 모든 어려움을 극복하고 승리하는 완전성과 완전한 구원을 확신할 수 있습니다.

사랑하는 형제들이여, 여러분은 지금 결코 연약한 자가 아닙니다. 여러분은 금으로 포장된 길이 있는 곳에서 살 것입니다. 여러분의 머리는 더 이상 아프지 않을 것입니다. 거기서는 영광과 행복의 면류관이 씌워질 것이기 때문입니다. 수치와 당혹감으로 혼란스러워 하지 마십시오. 왜냐하면 사람들이 여러분을 더 이상 경멸할 수 없기 때문입니다. 여러분은 하나님 아버지의 의로우신 손 안에 있고, 그리스도의 영광이 영원히 여러분에게 덧입혀질 것입니다. 우리가 이런 소망을 갖고 있다는 것은 무한한 축복이고, 그것들이 실제로 우리에게 임하기 전이라도 그 즐거움에 참여해도 될 만큼 그것은 확실합니다. 그렇습니다. 우리는 소망으로 구원을 받았습니다.

우리의 소망의 영역

우리의 소망의 영역은 "보이지 않는 것들"(히 11:1)입니다. 이번 설교의 본문은 "보이는 소망이 소망이 아니니 보는 것을 누가 바라리요"라고 말씀합니다. 그러므로 그리스도인의 참된 소유는 그가 눈으로 보는 것이 아닙니다. 하나님이 그를 이 세상에서 번영하게 하고, 그가 풍부한 부를 소유했다고 칩시다. 그는 감사할 것입니다. 그러나 그것들은 그의 보물이 아님을 고백해야 합니다. 주 예수 그리스도와 함께 하는 한 시간이 큰 부자로 사는 것보다 성도에게는 더 큰 만족감이 주어질 것입니다. 비록 신자가 이 세상에서 형통한 삶을 산다고 할지라도 그는 세상이 그의 기업이 될 것이라는 사상을 비웃을 것입니다. 그들이 큰 즐거움을 갖고 취할 수 있는 천 가지 세상 것들이라도 그것들은 우리의 약속된 기업과 비교가 안됩니다. 우리의 소망은 무의미한 세상 것들에 대해서는 관심이 없습니다. 그것은 쥐들이 올빼미의 헛간을 떠나 더 고상한 즐거움을 취하도록 기다리고 있는 독수리의 날개 위로 솟아오르는 것입니다.

이 낮은 하늘 너머, 너머로,
영원한 세월이 흐르는 저 위,
그곳에서는 진정한 즐거움이 결코 사라지지 않고,

불멸의 축제가 영혼을 즐겁게 하리라.

그러나 우리는 우리가 소망하는 이 영광스러운 일들을 현재 이 세상에서 누리지 못한다는 것이 분명합니다. 불신자들은 "너희의 소망이 어디에 있느냐?"고 묻습니다. 그때 우리는 우리의 소망의 대상들을 보지 못하고 있음을 고백합니다. 예를 들면, 우리는 이미 완전하게 되었다고 주장할 수 없습니다. 우리가 이 몸을 갖고 있는 한 완전을 기대하지 못합니다. 그러나 우리는 아버지께서 약속하신 시간이 되면 그리스도의 형체로 완전하게 되리라는 것을 믿습니다. 우리의 몸은 지금 당장은 질병으로부터 자유롭지 못합니다. 우리의 몸이 죄로 말미암아 사망의 권세 아래 있는 한, 우리는 고통과 수고와 피곤을 겪습니다. 그러나 우리는 지금 땅의 형상을 입고 있는 것처럼, 하늘의 형상을 입게 될 것이라는 것이 우리의 견고한 확신입니다.

이것들이 소망에 관한 주제들이고, 그러므로 그것들은 현재 우리가 경험하지는 못합니다. 그렇다고 이 점에 대해 실망해서는 안됩니다. 소망은 자라게 할 어떤 것을 지니고 있어야 합니다. 우리는 땅 위에 살면서 천국에 관한 모든 것을 다 취할 수는 없습니다. 사랑하는 성도들이여, 만일 여러분이 여러분 안에서 죄로 말미암아 고통을 느끼고, 여러분의 거룩함이 훼손되고 손상을 받고 있다면, 약속된 완전한 구원을 소유하고 있는 사람들은 그것을 극복할 수 있다는 것을 충분히 인정할 수 있을 것입니다.

더 이상 여러분이 행하고 보고 느끼는 것 또는 여러분 자신의 존재 때문에 스스로를 정죄하지 마십시오. 다가올 일들의 영역 속으로 들어가십시오. 현재 삶 속에 기쁨이 없을 때, 여러분은 미래에 무한한 기쁨이 있음을 알 수 있습니다. "오, 그러나 그것은 너무 먼 나라 애깁니다"라고 말하지 마십시오. 그렇지 않습니다. 이 설교를 듣는 사람들 중에 많은 사람들이 60살, 70살 또는 80살 이상의 나이를 먹은 노인들일 수 있습니다. 그리스도와 함께 하게 될 여러분의 시간은 그리 멀지 않습니다. 여러분의 삶의 연한은 잠깐이기 때문입니다. 우리들 가운데 어떤 사람은 중년의 나이일 수도 있겠지요. 그렇다고 해도 우리는 이미 인생의 절반을 살았기 때문에, 우리의 인생이 곧 끝이 오리라는 점을 인정해야 합니다. 그리고 많은 사람들이 건강한 젊은 시절에 졸지에 죽음을 맞이할 수도 있기 때문에 우리는 언제든 우리의 소망하는 땅에 들어갈 수 있습니다.

우리는 앞으로 10년 뒤에 무엇을 할 것인지 걱정할 필요가 없습니다. 왜냐하면 아마 그때쯤이면 우리는 약속된 안식에 들어가 있을지도 모르기 때문입니다. 우리는 그의 성전에서 밤낮으로 하나님을 섬기고(계 7:15), 말할 수 없는 기쁨 속에서 그분의 얼굴을 볼 것입니다. 비록 우리들 가운데 어떤 이들은 지금부터 50년 동안 하늘로부터 추방당할 운명 속에 있다손 치더라도, 그 시간은 순식간에 지나갈 것입니다.

우리는 여기 이 땅에 사는 동안 시간들이 나무나 빠르게 지나가기 때문에 최선을 다해 하나님의 영광을 위해 살아야 합니다. 여러분은 작년 이맘때를 기억하지 않습니까? 그날은 다시 돌아오지 않을 것입니다. 젊은이들은 1년이 긴 시간이라고 생각하지만, 노인들은 다른 견해를 갖고 있습니다. 검은 머리가 파뿌리 되어가는 지금 우리에게는 세월들이 더 이상 길게 느껴지지 않습니다. 저에게는 시간의 축들이 너무 빠르게 돌아가 뜨거울 정도로 세월은 참으로 빠릅니다.

두려움은 "오, 너무나 짧아"하고 외칩니다. 그러나 소망은 "아니야, 세월은 빨리 지나가야 해. 그래야 우리가 그만큼 빨리 안식할 수 있으니까"라고 대답합니다.

우리와 하늘 사이는 단지 한 발 사이밖에 안됩니다. 우리는 땅에서 일어나는 일들에 대해 걱정할 필요가 없습니다. 우리는 급행열차를 타고 창문 밖으로 불쾌한 장면들을 보는 사람들과 같습니다. 그것에 대해 생각할 시간도 없이 지나가 버립니다. 그리고 비록 그들이 그 길을 따라 어떤 불쾌감을 느낀다고 해도, 비록 그들이 1등 칸 차표를 끊어놓고 3등 칸으로 들어갔다고 해도, 그 시간이 너무 짧기 때문에 걱정하지 않습니다. 그들은 "괜찮아. 우리는 곧 마지막 정거장에 도착하고, 금방 터미널에 있을 거야"라고 말합니다.

우리는 우리 자신을 미래 속으로 투사해야 합니다. 우리는 그곳에 우리를 보내기 위해 지나친 상상력을 발휘할 필요는 없습니다. 우리는 소망으로 그 거리를 뛰어넘어 위에 있는 보좌들에 앉을 수 있습니다. 최소한 오늘만이라도 여러분은 어둡고 세상적인 마음의 근심을 거두고, 밝고 환한 영원을 바라보시기 바랍니다. 오, 이 세상의 혼탁한 강들을 떠나 하늘의 기쁨의 순수한 샘으로부터 흘러나오는 수정같이 맑은 물들로 이루어진 소망의 강 속에 뛰어들어가십시오.

우리의 소망의 결과

이제 우리는 우리의 소망의 결과에 대해 살펴보아야 합니다. 본문은 이에 대해 다음과 같이 말씀합니다: "참음으로 기다릴지니라." 우리는 기다리고 기다려야 합니다. 그러나 그것은 죄수가 사형집행일을 기다리고 있는 것과는 다릅니다. 우리는 신랑이 결혼식 날을 기다리는 것처럼 기다립니다. 우리는 인내하며, 변함없이, 간절하게 그리고 순종함으로 기다립니다. 기쁨은 확실히 임할 것이고, 우리는 그것을 추호도 의심하지 않습니다. 그러므로 우리는 마치 하나님이 자신의 약속을 어기고 무의미하게 우리를 지체시킨 것처럼 생각하고 불평하고 투덜대지 않습니다. 아니, 하나님이 정하신 때가 가장 좋은 시점이고, 우리는 그 시간에 만족합니다.

우리는 주님이 정하신 시간 외에 다른 어떤 시간에 떠나지 않도록 여기서 질질 끌며 시간을 보내기를 바라지 않습니다. 영국의 우편 개혁자인 로울랜드 힐(Rowland Hill)은 이미 죽어 하늘에 간 친구들에게 편지를 보내기 위해 죽어가고 있는 한 늙은 친구를 찾아갔습니다. 그는 장난스럽게 주님이 자신을 잊지 않고, 적당한 시기에 그를 집으로 돌아오도록 해 주실 것을 바란다는 소망의 말을 덧붙였습니다. 그러나 그는 실제로 뒤에 남겨질 수 있으리라고 생각하지 않았습니다.

유명한 존 던(John Donne)의 마지막 표현 중에 다음과 같은 글이 있었습니다: "만약 제가 죽지 않는다면 저는 불행한 사람입니다." 우리가 그 안에서 영원히 살도록 되어 있다면 그곳은 참으로 놀라운 세계입니다. 이런 놀라운 현실을 상상해 보십시오.

저는 몇 년 전에 자기는 결코 죽지 않을 것이며, 어떤 순간에 노쇠한 육체를 벗어버리고 회춘하여 새로운 인생의 단계 속에 들어갈 것이라고 말하는 한 사람을 만났습니다. 그는 친절하게도 나에게 와서 내가 어떻게 하면 자기와 똑같은 축복을 누릴 수 있는지에 대해 말해 주었습니다. 그러나 저는 지상에서 영원히 살 생각이 없었기 때문에 그의 제안은 제게는 결코 달콤한 유혹이 되지 못했습니다. 그는 내게 말하기를 청춘을 되찾아 젊은 이로서 수십 년을 더 살 수 있다고 했습니다. 하지만 저는 값이 얼마든 그 호의를 거절했습니다. 저는 그렇게 할 마음이 전혀 없습니다. 현세에 대해 저를 가장 안심하게 만드는 안목은 현세는 영생으로 바뀌게 될 것이라는 것입니다.

여기 이 지상에서 누릴 수 있는 가장 즐거운 인생에 관한 가장 즐거운 생각은 그것이 위에 있는 차원이 다르고, 더 나은 상태로 인도한다는 것으로 제게는 생각됩니다. 저는 불행하거나 불만스럽지 않지만, 제 영혼과 육체가 완전하게 되리라는 놀라운 소망과 하나님과 대면하여 교제하게 되리라는 확실한 전망을 갖고 있기 때문에 그 기쁨을 앗아가는 일에 대해 어찌 말할 수가 있겠습니까?

그렇습니다. 영생은 확실히 주어질 것입니다. 그러므로 우리는 참음으로 그것을 기다려야 합니다. 사탄이 우리를 공격할 때, 유혹이 우리를 쓰러뜨리기 위해 다가올 때, 고통이 우리에게 엄습할 때, 의심이 우리를 혼란스럽게 할 때, 우리는 견고하게 서서 이 일시적인 시험을 견뎌야 합니다. 왜냐하면 우리는 곧 그 시험의 사정거리에서 벗어나게 될 테니까요. 완전한 날은 곧 올 것입니다. 그날은 반드시 오고, 그날이 오면 우리는 더 이상 고통을 기억하지 않을 것입니다. 우리는 기쁨으로 충만하고, 우리의 천국은 우리를 품고 우리는 천국을 품을 것입니다.

그런데 만일 여러분이 하나님을 믿지 않는다면, 여러분의 소망이 무엇인지 저에게 말해 주십시오. 그것을 세상에 알려 누구든 그것을 평가하도록 해 봅시다. 여러분의 소망은 무엇입니까? 장수하는 것입니까? 예, 그 다음에는요? 유명해지는 것입니까? 예, 그 다음에는 무엇입니까? 이 세상에서 죽을 때까지 자녀들이 행복하게 사는 것입니까? 예, 좋습니다. 그리고 그 다음에는 또 무엇이 있습니까? 많은 자손들의 할아버지가 되는 것입니까? 예, 그러면 그 다음에는요? 최대한 나이가 많이 먹을 때까지 일하다 평화롭게 은퇴하는 것? 예, 그러고 나면요? 막이 내립니다. 제가 그 막을 올려 보지요. 무덤이군요. 그리고 하나님의 심판대 앞입니다. 여러분의 영은 정죄를 받습니다. 부활의 나팔소리가 울려 퍼집니다. 최후의 운명이 올 것입니다. 그리고 몸과 영혼은 지옥에서 영원히 고통을 받게 될 것입니다.

그리스도 없이는 여러분은 그 이상의 더 나은 전망이 없습니다. 저는 여러분이 여러분의 눈을 열고 일어날 일들을 보게 되기를 간절히 바랍니다. 주님이 여러분에게 자비를 베푸시고, 하늘의 소망을 주시기를 바랍니다. 그리스도를 믿는 여러분들에 관해 말한다면, 여러분은 오늘부터 영생의 노래를 부르십시오. 여러분의 순례자 인생은 소망의 노래로 더욱 복되게 될 것입니다.

2

우리 영혼의 닻

하나님은 약속을 기업으로 받는 자들에게 그 뜻이 변하지 아니함을 충분히 나타내시려고 그 일에 맹세로 보증하셨나니 이는 하나님이 거짓말을 하실 수 없는 이 두 가지 변하지 못할 사실로 말미암아 앞에 있는 소망을 얻으려고 피난처를 찾은 우리에게 큰 안위를 받게 하려 하심이라 우리가 이 소망을 가지고 있는 것은 영혼의 닻 같아서 튼튼하고 견고하여 휘장 안에 들어가나니 그리로 앞서 가신 예수께서 멜기세덱의 반차를 따라 영원히 대제사장이 되어 우리를 위하여 들어가셨느니라 ― 히브리서 6:17-20

믿음은 은혜의 축복들을 받는 길로 하나님이 정하신 방법입니다. 복음의 중심 메시지 가운데 하나는 "믿는 사람은 … 구원을 얻을 것이라"(막 16:16)입니다. 피조물의 이적들, 하나님의 계시의 드러냄, 그리고 섭리의 사역들은 모두 살아계신 하나님을 믿는 믿음의 원리를 창출하고 자극하도록 의도된 것들입니다. 하나님은 어떤 것을 계시하실 때, 우리가 그것을 믿기를 바라십니다. "너희로 예수께서 하나님의 아들 그리스도이심을 믿게 하려 함이요 또 너희로 믿고 … 생명을 얻게 하려 함이니라"(요 20:31)는 사실은 성경의 모든 책들에 해당됩니다.

만일 하나님이 어떤 사실을 숨기신다면, 그분은 우리가 그분을 믿도록 하시기 위해 그렇게 하시는 것입니다. 우리가 이미 알고 있는 것은 믿음에 대한 여지를 거의 남겨놓고 있지 않습니다. 반대로 말하면 우리는 우리가 모르는 것에 대해 그분을 의지해야 한다는 것입니다. 섭리는 우리에게 다양한 시험들을 제공하고, 그 모든 시험들은 우리의 믿음을 현실화시키거나 증가시키기 위한 목적으로 주어집니다. 동시에 기도응답에서, 섭리는 우리에게 하나님의 신실하심에 대한 다양한 증거들을 제공하고, 이 증거들은 우리의 믿음을 새롭게 하는데 도움이 됩니다.

이와 같이 하나님의 행위와 말씀들은 사람들이 믿음의 은혜 속에 들어가도록 하기 위해 협력합니다. 그러나 여러분은 거짓 교사들의 교훈을 통해 복음의 메시지는 "누구든 의심하는 자가 구원을 받으리라"는 것이고, 사람의 정신이 영원히 미정 속에 있는 것만큼 유익하거나 고귀한 사실은 있을 수 없다고 착각할 수 있습니다. 왜냐하면 그는 그 어떤 것에 대해서도, 심지어는 하나님 자신에 대해서까지도 확실한 진리는 없다고 믿기 때문입니다.

성경은 믿음의 영웅들을 칭찬하고 찬미합니다. 그것은 그들의 묘비명에 "이 사람들은 다 믿음을 따라 죽었다"(히 11:13)고 적고 있습니다. 그러나 현대의 변질된 복음은 믿음을 조롱하고, 최근의 시대 사상에 영합하는 새로운 풍조를 낳고 있습니다. 우리 믿음의 선진들이 모든 믿음의 기초로서 가르쳤던, 하나님의 말씀의 진리성을 단순하게 믿는 믿음이 지금은 "현대적 사고"를 주도할 능력이 있는 소위 지식인들에게 평가절하되어 무시를 당하고 있는 것처럼 보입니다.

그리스도를 주님으로 고백하는 일부 목사들이 이 산당에 나아가 절을 하고, 도처에 의심의 씨앗을 뿌려놓음으로써 지성적이고 철학적인 사람들에게 인기를 얻기 위해 열심히 노력하고 있는 것은 참으로 수치스럽습니다. "의심의 축복론"은 예수 그리스도의 복음을, 어둠이 빛을 반대하거나 사탄이 그리스도를 반대하는 것처럼, 반대합니다. 그것은 그들의 마음을 하나님의 법에 복종시키기를 거부하는 교만한 사람들의 양심을 무디게 만들기 위해 고안되었습니다.

하나님을 믿는 믿음을 가지십시오. 믿음만이 본질상 최고의 질서에 속하는 덕이니까요. 사람이 성령의 은혜를 통해 증거 받을 수 있는 영원자를 믿는 단순한 믿음 이상으로 탁월한 덕은 결코 없습니다. 믿음은 본질상 덕 자체일 뿐 아니라 모든 덕의 근원입니다.

하나님을 믿는 사람은 활동에 힘을 얻고, 고통을 견딜 수 있는 능력을 얻으며, 사랑에 전념하고 열정적으로 순종하며 열심히 봉사할 수 있는 권능을 얻습니다. 믿음은 인간의 인격을 아름답게 만들 수 있는 모든 것이 자라나는 뿌리입니다. 선행에 결코 반대되지 않으면서, 믿음은 선행이 흘러나오는 무한한 샘입니다. 그리스도를 고백하는 사람에게서 믿음을 제거해 보십시오. 그러면 그의 힘의 원천이 제거될 것입니다. 삼손이 그의 머리를 잘라버리니 힘을 쓸 수도 없고, 자기 원수들에게서 자신을 방어할 힘도 사라져 버린 것처럼 말입니다.

"오직 의인은 믿음으로 말미암아 살리라"(롬 1:17). 믿음은 기독교의 생명력에 본질적이고, 믿음을 약화시키는 것은 영적 능력의 중심 원천을 약화시키는 것입니다. 나의 형제들이여, 우리는 이것을 우리 자신의 경험을 통해 알고 있을 뿐만 아니라 하나님의 말씀도 그것을 선포하고 있고, 전체 인류 역사도 똑같은 진리의 실례들을 보여 주고 있습니다. 믿음은 능력입니다. 사람들이 실수할 때에도, 그들이 그 실수가 진실이라고 믿었다면, 진리를 알고는 있었지만 전심으로 그것을 믿지 못한 사람들보다 그들은 더 큰 능력을 보여 주었을 것입니다. 어떤 사람이 그의 동료들을 다룰 때 갖고 있는 영향력은 그의 신념이 자신의 영혼에 대해 갖고 있는 확신의 힘이 넘칠 때 훨씬 더 크게 나타납니다.

만일 어떤 사람에게 전심으로 그것을 믿도록 진리를 가르친다면, 여러분은 그에게 세계를 움직일 수 있는 힘과 도구를 준 것입니다. 오늘날까지 온 땅은 마틴 루터의 발 아래 떨고 있습니다. 왜 그렇습니까? 그가 강력한 믿음을 갖고 있었기 때문입니다.

루터는 살아있는 성도였습니다. 그가 싸워야 했던 사람들은 단순한 논쟁가들, 제사장들, 추기경들 그리고 단순히 죽은 전통들을 다루던 교황들이었습니다. 그러므로 그는 그들의 주장을 단호하게 그리고 가차 없이 반박했습니다. 그는 하나님으로부터 배운 것을 온 몸과 마음으로 믿었습니다. 요한계시록 2:27은 "그가 철장을 가지고 그들을 다스려 질그릇 깨뜨리는 것과 같이 하리라"고 말씀합니다. 그것이 마틴 루터가 취한 방법이었습니다. 철장으로 질그릇을 깨뜨리는 것같이 그는 당시의 위선자들을 박살 냈습니다.

과거 역사를 통해 대대로 진리였던 것은 지금도 가장 확실한 진리입니다. 우리가 강하게 되는 비결은 '오직 믿음으로만' 입니다. 그것은 참으로 분명합니다. 열린 마음을 갖고 있고, 고도의 지성을 소유하거나 진지한 불신앙을 거부하는 높은 수준의 자질들 속에 탁월한 능력이 나올 수 있지만, 저는 그것을 분별할 수가 없습니다. 저는 그런 것들을 성경 속에서 발견하지 못합니다.

성경은 현실적 동기에서든 그것을 계발하기 위한 이유에서든 불신앙을 기뻐하지 않습니다. 우리는 경험을 통해 불신앙이 인생의 투쟁을 위한 힘이나 복잡한 인생에 대한 지혜를 제공한다는 사실을 보지 못했습니다. 참된 믿음과 달리 불신앙은 어떤 허위에 의해 인도를 받는 경향이 있습니다. 불신앙은 현재에 대한 위로를 주지 못하고, 미래에 대한 그 전망도 결코 위로가 아닙니다.

스스로의 지적 능력을 자랑하는 사람들이 영원히 그들 자신과 다른 사람들을 좌절시켜버릴 웅대한 지역을 지상에 만들어놓았다는 것을 성경은 어디에도 암시하지 않습니다. 우리는 회의론자들이 새로운 속임수를 짜내고, 하나님의 계시에 대한 새로운 반론들을 제기할 수 있는 천상의 연구소를 만들어 놓았다는 것을 성경에서 전혀 읽을 수 없습니다. 불신앙의 자리는 있지만, 그곳은 천국이 아닙니다.

그런데 불확실한 내용이 전혀 없는 본문을 보면, 우리는 주님이 우리가 불안한 상태에 있기를 바라지 않는다는 것을 분명히 알 수 있습니다. 그분은 우리가 모든 불확실성과 의심 속에서 벗어나기를 바라십니다. 인간들의 법칙에 따르면 사실은 정직한 사람이 그것을 맹세하면 성립됩니다. 마찬가지로 우리는 성경에서 "하나님은 약속을 기업으로 받는 자들에게 그 뜻이 변하지 아니함을 충분히 나타내시려고 그 일을 맹세로 보증하셨나니"라는 말씀을 읽습니다.

인간적인 믿음의 연약함을 감안하신 그분은 자신이 선포하신 것을 맹세로 보증하셨고, 또한 우리에게 영원하신 하나님에 관한 약속과 맹세를 통해 이중으로 보증이 되는 복음을 주셨습니다.

확실히 하나님이 손을 높이 드시고 자신이 약속하신 것에 대해 맹세하실 때 천사들은 크게 놀랐을 것이고, 그들은 이와 같이 주님이 자신의 언약에 대해 보증을 주신 것 때문에 그때부터 모든 투쟁에 종말이 있을 것이라는 것에 대해 결론을 갖고 있었을 것입니다.

성경본문의 의미를 파헤칠 때, 저는 여러분에게 그 본문의 은유적인 특징을 바로 파악하도록 인도하고자 합니다.

이 세상은 바다 — 결코 정지상태가 없는 불안하고, 흔들리고, 위험스러운 곳 — 와 같습니다. 인간사는 바람에 의해 흔들리고 밀려드는 파도에 비유될 수 있습니다. 우리는 바다 위에 떠있는 배들이고, 그 변화와 움직임에 좌우됩니다.

기류에 따라 헤매고, 바람에 의해 흔들리고, 폭풍에 의해 밀려다니기 십상입니다. 우리는 진정한 육지, 곧 마른 땅에 아직 도달하지 못했습니다. 여기서 육지는 하나님의 백성들에게 임할 영원한 안식을 의미합니다. 하나님은 우리가 "온갖 교훈의 풍조에 밀려 다니지"(엡 4:14) 않기를 바랍니다. 그러므로 그분은 우리가 폭풍을 헤쳐 나갈 수 있도록 우리에게 아주 튼튼하고 견고한 소망의 닻을 기꺼이 허락하셨습니다.

이 성경 구절에서 저는 닻의 이미지에 의해 주어지는 진리의 요소에 초점을 맞추고자 합니다. 만일 여러분이 닻의 의미를 안다면, 여러분은 그것이 그 쥐는 손에 따라 여러분을 안전하게 지켜 주게 되리라는 것도 느낄 수 있을 것입니다.

그리고 만일 여러분이 앞에 있는 그 닻을 붙잡고 있지 못하다면, 여러분은 먼저 그것을 바닷속으로 던져 넣음으로써 남은 생애 동안 이 안전장치가 여러분의 믿는 마음속에 확실하게 가져다주는 강력한 위로를 느낄 수 있게 해달라고 기도하는 바입니다.

닻의 목적

물론 닻의 목적은 바람과 조류로 말미암아 배가 선로에서 이탈하게 되거나 위험한 상태에 빠지게 되었을 때, 한 지점에 배를 견고하게 고정시킵니다. 하나님은 우리에게 우리의 마음이 안전하게 진리, 거룩 그리고 인내를 견지하도록 — 그것을 단순히 지키도록, 우리가 그분에게 고정되도록 — 의도된 어떤 진리들을 주셨습니다.

파선으로부터 지켜줌

배는 왜 안전하게 고정시킬 필요가 있을까요? 가장 중요한 이유는 파선을 막기 위해서입니다. 망망대해 위에서 배는 그 흔들림이 아무 문제를 일으키지 않는 잔잔한 바다 위에서는 닻이 필요 하지 않습니다. 그러나 닻이 전적으로 필수불가결한 장비가 되는 날씨가 있습니다. 강풍이 해안에 강한 힘으로 불어 닥쳐, 그 선로를 유지할 수 없고, 암초가 있는 해안으로 밀려 갈 위험에 빠질 때, 닻은 무궁한 가치를 지닙니다. 만일 배를 닻에 매달 수 없다면, 순식간에 배는 파편 몇 조각만 남기고 파선할 것입니다. 배는 산산조각 나고 모든 선원들은 익사하고 말 것입니다. 이때가 바로 강력한 닻이 필요할 때이고, 그때 배는 강풍을 이겨낼 것입니다.

우리 하나님은 자기 백성들이 파선하는 것을 바라지 않습니다. 그러나 우리는 시험이 다가올 때 그것에 견고하게 맞설 수 없다면 파선하게 될 것입니다. 사랑하는 형제들이여, 만일 온갖 교훈의 풍조가 여러분 주위에서 요동한다면, 여러분은 곧 예수님과 진리로부터 멀어져 표류하게 되고, 믿음은 파선하게 될 것입니다. 그렇게 되면 여러분은 주님으로 하여금 여러분을 잃어버리게 하는 희생을 치르게 할 것입니다. 그러나 그분은 너무나 비싼 대가를 치르고 여러분을 샀고, 그러기에 여러분은 암초에 부딪혀 박살나기에는 너무나 값진 존재입니다. 그래서 그분은 사탄의 유혹, 여러분의 죄악된 본성, 그리고 세상의 시험이 여러분을 공격할 때, 소망이 영혼의 안전하고도 견고한 닻이 될 수 있도록 영광스러운 안전장치를 마련하셨습니다.

우리에게는 이 닻이 얼마나 크게 필요할까요! 우리는 사람들이 악한 자의 오류에 빠져 불의한 자의 속임수에 빠지며, "세상에서 소망이 없고 하나님도 없는"(엡 2:12) 표류자로서 영원히 버림받은 것을 봅니다.

언젠가 인생의 커다란 물결 위에서 항해할 때가 있다면, 만일 그것이 여러분이 계속 확고하게 붙잡고 있는 영원한 진리가 아니라면, 여러분의 영은 영원한 흑암 속으로 벌써 떨어졌을 것이고, 교만한 물결이 이보다 오래 전에 영혼을 덮쳤으리라는 것을 알아야 합니다. 강한 파도가 일어났을 때, 여러분의 빈약한 배가 바다 밑바닥으로 침몰하는 것처럼, 그것은 여러분에게 나타날 것입니다. 그리고 그때 하나님의 변하지 않는 사랑과 확고한 신실함이 아니었다면, 여러분의 마음은 완전히 좌초되고 말았을 것입니다. 그럼에도 불구하고 오늘 여기서 여러분은 은혜에 의해 첨가되고, 자비에 의해 준비되고, 하늘의 지혜에 의해 지배되고, 성령의 권능에 의해 힘을 얻게 될 것입니다. 폭풍이 결코 엄습하지 못하게 하는 닻이 있음을 감사하십시오. 아니 오히려 그것을 여러분에게 주신 하나님께 감사하십시오. 여러분의 배는 영광의 항구를 향해 항해중입니다.

우리를 평강으로 지켜줌

닻은 또한 재난으로부터 배를 지키는데 필요합니다. 왜냐하면 비록 그것이 파선되지 않았다고 해도, 바람이 부는 방향에 따라 여기서 저기로, 남과 북으로, 요동하는 것은 불행한 일이기 때문입니다. 마찬가지로 외부의 영향으로 조종을 받는 사람은 불행합니다. 그는 미풍 속에서 새의 깃털처럼 날아다니든지 아니면 강풍에 밀려다니는 어떤 물건들처럼 땅을 따라 굴러

다닙니다. 우리는 평화를 유지하고 영혼이 안식할 수 있도록 견고하게 지탱시킬 닻이 필요합니다. 저는 우리에게 하자 없이 보증된 견고하고도 확실한 진리가 있다는 사실에 대해 하나님을 찬양합니다. 이 진리들은 폭풍이 우리를 괴롭히고 당황시키지 않도록 마음속에 강력하게 작용합니다.

본문은 "큰 안위"(strong consolation)에 관해 말씀합니다. 그것은 굉장한 진리가 아닙니까? 우리는 환난의 때 폭풍에 대해 우리를 안전하게 붙들고 있고, 우리를 지탱시켜 주는 안위, 그것도 큰 안위, 말하자면, 환난이 맹렬한 폭풍처럼 막강한 힘으로 덮쳐올 때, 강력한 닻처럼 강력한 유혹의 상대자를 압도하고, 우리로 하여금 모든 것을 이기도록 승리를 지켜 주는 큰 안위를 갖고 있다는 것입니다. 그래서 큰 믿음을 갖고 있는 사람은 지극히 평화롭습니다.

> 할렐루야! 나는 믿노라!
> 이제 어지러운 세상에서 견고하게 서리라,
> 나의 영혼은 닻을 발견하고
> 폭풍의 밤은 과거가 되었으니.

잃어버린 목적지로부터 우리를 지켜줌

닻은 또한 잃어버린 선로로부터 우리를 지켜 주는데 필수적입니다. 배가 가고자 하는 항구를 향해 잘 나아가고 있는데, 갑자기 바람이 변화를 일으켜 배 정면으로 맞바람이 불어온다고 생각해 보십시오. 그 거친 바람을 이겨낼 수 없다면, 배는 출발했던 항구로 다시 돌아가든지 아니면 원하지 않은 다른 항구로 가야 하는 위험에 처하게 될 것입니다. 그리하여 배는 닻을 내립니다. 선장은 "어차피 배가 여기까지 왔는데, 되돌아갈 수는 없어. 닻을 내리고 여기 멈춰 있어야겠다"고 결정을 내립니다.

성도들은 때때로 자기들이 떠나왔던 땅, 즉 옛 생활습관으로 되돌아가고 싶은 유혹을 받습니다. 그들은 자기들이 배운 것들을 거부하고 그것들은 주님을 통해 배운 것이 아니라고 결론짓고 싶은 마음이 어느 정도 있습니다. 우리의 옛 본성은 우리를 움켜쥐고, 뒤로 끌고가며, 마귀 또한 우리가 뒷걸음치도록 획책합니다. 그때 우리에게 그것을 물리칠 수 있는 안전장치가 없다면, 우리는 그 땅으로 되돌아가고 말 것입니다.

어떤 유력한 실력자들은 우리로 하여금 세상에 확실한 것은 아무것도 없다고 믿도록 가르쳤습니다. 그들은 비록 검정색은 검정색이지만, 그것은 아주 검정색은 아니고, 비록 흰색은 흰색이지만, 그것은 아주 흰색은 아니다(그리고 어떤 관점에서 보면, 분명히 검은 것은 희고, 흰 것은 검다!)라고 말합니다.

만일 영원한 실재들, 신적 확실성, 무오한 진리들은 없다는 것이 증명될 수 있다면, 우리는 즉각 우리가 알고 있거나 알고 있다고 생각하는 것을 포기해야 하고, 단순한 의견을 소유한 방랑자로서 사변의 바다를 여기저기 헤매고 다닐 수밖에 없을 것입니다. 그러나 우리가 성령을 통해 가르침 받은 진리를 소유하고 있다면, 우리는 그것으로부터 절대로 표류할 수 없습니다. 그리고 우리는 비록 사람들이 우리의 고집을 보고 바보들이라고 욕한다 할지라도 결코 표류하지 않을 것입니다.

사랑하는 형제들이여, 불확실성으로부터 파생된 사랑과 은혜를 열망하지 마십시오. 구원하는 진리가 있고, "멸망하게 할 이단"(벧후 2:1)도 있습니다. 예수 그리스도는 동시에 예와 아니오가 아닙니다. 그분의 복음은 하늘의 꿀맛과 지옥의 쓴맛을 섞어 놓아 좋거나 나쁜 맛을 내는 혼합체가 아닙니다.

고정된 원리들과 계시된 사실들이 엄연히 존재합니다. 인간 경험을 통해 하늘의 사실들에 관해 알고 있는 사람들은 그들의 돛을 내리고, 그것이 다 내려왔다는 말을 들으면, 기쁨으로 이렇게 말합니다: "나는 진리를 알고 그것을 믿는다. 이 진리 안에 나는 안전하게 그리고 확고하게 서 있다. 바람이 거칠게 불어올지 모르지만, 그것이 나를 이 정박지로부터 움직이도록 할 수 없을 것이다. 나는 성령의 가르침을 통해 얻은 것은 무엇이든 내가 살아 있는 한 단호하게 붙잡고 있을 것이다."

우리를 신실하고 유익하게 지켜줌

나아가 그 닻은 우리가 신실하고 유익하게 할 수 있도록 하는데 필수적입니다. 오늘은 이것 내일은 저것이라고 쉽게 요동하고 쉽게 믿어버리는 사람은 변덕스럽습니다. 그가 다음에 어디에 있을지를 아는 자가 누구일까요? 그가 젊은 사람들에게 또는 믿음이 연약한 자들에게 또는 참으로 다른 어떤 사람들에게 무슨 도움이 될까요? 바람에 밀려다니고 흔들리는 바다의 물결처럼, 그가 주님의 사역에 어떤 도움을 줄 수 있으며, 그가 다른 사람들에게 어떻게 좋은 영향을 미칠 수 있겠습니까? 그 자신이 믿음이 없습니다. 그런데 어떻게 다른 사람들을 믿음으로 인도할 수 있겠습니까? 저는 정통신학을 알고 있지만 실제로 그것을 믿지 않는 정통 그리스도인이 이단에 속한 사람보다 하나님을 불신하게 하는데 훨씬 더 큰 책임이 있다고 생각합니다. 다르게 말하면 저는 잘못된 진리를 진지하게 믿는 사람은 무성의하게 그리고 은밀한 불신앙을 갖고 진리를 믿는 사람보다 타인들에게 훨씬 더 적은 영향을 미친다고 봅니다.

후자는 경건한 사람으로 묵인됩니다. 왜냐하면 그는 신자를 자처하기 때문이지요. 그러나 그러기에 그는 그리스도의 몸에 어떤 해를 끼칠 수 있는 우려가 있습니다. 여러분은 그가 교회의 보호 아래 경건을 훼손하는 자라고 말할지도 모릅니다. 이런 사람은 어떤 확신도 갖고 있지 못합니다. 그는 다만 "희망할" 뿐이고, "의지할" 뿐이며, 진리를 변증할 때, 양편 모두의 입장을 동시에 취하는 사람임을 자처하고, 그래서 그는 결국 상대방과 입맞춤하면서 동시에 칼로 찌르는 사람이 되고 맙니다.

요약하면 하나님은 우리가 파선하지 않고 평화를 유지하며, 요동하는 바다가 우리를 방해하지 못하고, 신실함과 온전함을 유지할 수 있도록 우리를 안전하게 고정시키는 닻을 허락하셨습니다. 이 진리들은 우리를 향하신 하나님의 은혜와 지혜의 결과입니다. 그러므로 우리는 지극하신 은혜로 우리를 보살피시는 주님께 감사합시다.

닻의 본질

우리는 닻을 만드는 것이 아주 중요한 작업임을 기억해야 합니다. 닻을 만드는 작업은 아주 책임이 막중한 작업입니다. 만일 그가 자신의 닻을 부실하게 또는 나쁜 재료를 써서 만든다면, 폭풍을 만났을 때 그 배의 선장이 얼마나 불쌍하게 되겠습니까? 닻은 쉽게 구부러지는 주물이나 금속으로 만들어지지 않습니다. 그것은 강하게 용접되고, 강하게 압축된 단단한 철로 만들어지는데, 그것은 가장 열악한 상황 속에서 주어지는 모든 압박과 중압을 견딜 정도로 강합니다. 만일 이 세상에 있는 어떤 것이 강해야 한다면, 그것은 바로 닻이 되어야 할 것입니다. 그 이유는 거기에 안전과 생명이 달려있기 때문입니다.

마찬가지로 우리의 영적 닻이 무엇으로 이루어져 있는지를 알아보아야 하겠습니다. 본문은 "이는 하나님이 거짓말을 하실 수 없는 이 두 가지 변하지 못할 사실로 말미암아 앞에 있는 소망을 얻으려고 피난처를 찾은 우리에게 큰 안위를 받게 하려 하심이라"고 말씀합니다. 우리의 천국 닻은 두 개의 큰 날 곧 두 개의 신적 사실을 포함하고 있고, 이것들은 각각 고정축으로서 역할을 합니다. 그리고 신적 사실이라는 것 외에, 그것들은 분명히 "변하지 못할 사실" 곧 변할 수 없는 것들로 분명히 언급되고 있습니다.

변하지 못할 사실

닻의 첫 번째 날은 하나님의 약속으로서, 그것은 참으로 확실하고 견고한 사실입니다. 우리는 어떤 사람을 정직하고 믿을 만한 사람이라고 알고 있으면, 그의 약속을 쉽게 받아들입니다. 그러나 그는 자신의 약속을 이해하는 것을 잊을 수도 있고, 또는 그 약속을 지킬 수 없을 수도 있습니다. 그러나 이런 일들이 주님에게는 일어날 수 없습니다. 그분은 자신이 말씀하신 바를 잊어버릴 수도 없고, 그대로 하지 못할 수도 없습니다. 여호와의 약속은 얼마나 틀림없는 사실이 될까요! 만일 여러분이 주의 말씀을 오직 믿기로 했다면, 여러분의 믿음은 확실히 흔들리지 아니할 것입니다.

주님은 약속을 말씀하실 때 그것을 결코 취소하지 않으십니다. 왜냐하면 "하나님의 은사와 부르심에는 후회하심이 없느니라"(롬 11:29)고 말씀하고 있기 때문입니다. 그분이 실천할 의향이 없으면서 하신 말씀이 있습니까? 그분이 지키시지 않을 어떤 것을 약속하신 적이 있습니까? 그분은 변하시지 않고, 그분의 약속은 대대로 존재합니다.

영적 닻의 두 번째 날은 하나님의 맹세하심으로서, 이것은 또 다른 변하지 못할 사실입니다. 그것이 어떻게 변경될 수 있겠습니까? 사랑하는 형제들이여, 저는 하나님의 맹세하심, 그분의 엄숙한 다짐, 그분의 스스로에 대한 서원과 같은 신성한 주제에 관해 감히 뭐라 말할 엄두가 나지 않습니다. 그 엄위하심, 경외감, 이에 대한 확실성을 상상해 보십시오!

하나님은 그분의 이름의 명예를 거셨는데, 그렇다면 이런 상황 속에서 그분이 자신의 공약을 취소하고 자신의 선언을 부정한다는 것은 상상할 수 없는 일입니다. 아니 정반대로,

> 복음이 내 영을 감싸고 있네.
> 신실하고 불변하신 하나님은
> 맹세와 약속과 피로써
> 내 소망의 기초를 놓으시네.

그렇다면 이것들은 두 개의 신적 보증으로, 닻의 날처럼 우리를 안전하게 붙들고 있습니다. 누가 감히 하나님의 약속을 의심합니까? 누가 뻔뻔스럽게도 그분의 맹세를 불신할 수 있습니까?

나아가 본문은 하나님이 자신의 약속과 맹세에 관해 거짓말하는 것이 불가능하다고 말씀합니다. "이는 하나님이 거짓말을 하실 수 없는 이 두 가지 변하지 못할 사실로 말미암아" 하나님이 거짓말쟁이라는 것은 하나님의 진정한 개념과 모순됩니다. 거짓말하는 하나님은 언어상의 모순으로

자기 모순입니다. 그것은 불가능합니다. 하나님은 참되신 분이어야 합니다. 그분의 본질에서 참되고, 그분의 생각에서 참되고, 그분의 목적에서 참되고, 그분의 행위에서 참되며, 그분의 약속과 맹세에서 확실히 참되셔야 합니다. "이는 하나님이 거짓말을 하실 수 없는 이 두 가지 변하지 못할 사실로 말미암아." 오, 사랑하는 형제들이여, 우리가 이 사실들로 인해 가지는 보증은 얼마나 복된 것일까요! 만일 소망이 이런 보증을 신뢰하지 않는다면, 도대체 무엇을 신뢰할 수 있을까요?

약속

그러나 우리가 약속과 맹세에 관해 말할 때 실제로 언급되는 내용은 무엇일까요? 약속은 아브라함에게 주어진 약속으로서, 그 내용은 그의 후손이 축복을 받고, 이 후손에 속하는 땅의 모든 족속들 또한 축복을 받을 것이라는 것입니다. 이 약속이 누구에게 주어졌다구요? 후손이 누구라구요? 첫 번째로 그 후손은 예수님이고, 예수님은 모든 족속들에게 축복을 베푸실 것입니다. 그래서 사도 바울은 로마서 4:13-16에서 이 약속이 육의 자손이 아니라 영의 자손에게 주어진 것임을 우리에게 보여 주었습니다. 그러면 누가 영에 따라 아브라함의 후손입니까? 그야 물론 그들은 믿는 자들입니다. 왜냐하면 아브라함은 믿음의 조상이자 하나님의 약속의 조상이고, 따라서 아브라함의 믿음에 속한 모든 자들에게 주어진 것이기 때문입니다. 그리스도와 그리스도를 믿는 모든 자들에게, 언약은 확실하고, 따라서 주님은 그들을 영원토록 축복하고 축복하실 것입니다.

맹세

그리고 맹세는 무엇일까요? 그것은 창세기 22:16-18에 기록되어 있는 대로, 아브라함이 독자 이삭을 하나님께 제물로 바친 이후 그에게 주님이 맹세하신 것을 가리킨다고 볼 수도 있습니다. 그러나 저는 시편 110편에 기록된 맹세를 가리키는 것이 더 적절하다고 보는데, 제가 이렇게 말하면 여러분이 제 의견에 동조하리라고 저는 생각합니다. 저는 여러분이 이 구절을 깊이 주목하기를 원합니다. "여호와는 맹세하고 변하지 아니하시리라 이르시기를 너는 멜기세덱의 서열을 따라 영원한 제사장이라 하셨도다"(4절). 이번 설교의 본문 20절에서 "그리로 앞서 가신 예수께서 멜기세덱의 반차를 따라 영원히 대제사장이 되어 우리를 위하여 들어가셨느니라"고 계속 말씀하고 있기 때문에, 저는 이것이 바로 그 가리키는 바라고 생각합니다.

사랑하는 형제들이여, 저는 여러분이 이 닻의 진정한 의미를 파악하기를 바랍니다. 닻의 강한 날 가운데 하나는 하나님이 믿는 자들을 축복하겠다고 약속하셨다는 것입니다. 그분은 아브라함의 후손, 즉 믿는 자들이 복을 받을 것이고, 복이 될 것이라고 선언하셨습니다. 그 닻의 또 다른 날은 영혼을 똑같이 강하게 하고 붙들어 줄 수 있는 것입니다. 그것은 주 예수님이 우리를 위하시는 영원하신 대제사장 되심을 선언하신, 제사장직에 대한 맹세입니다.

그분은 아론과 같은 평범한 제사장이 아니십니다. 그분은 잠시 제사장으로 시작해서 끝내신 분이 아니었습니다. 반대로 그분은 "시작한 날도 없고 생명의 끝도 없으신"(히 7:3) 분이십니다. 그분은 영원히 살아계십니다. 그리스도는 휘장 안으로 들어가셔서 자신의 희생제사 사역을 다 이루시고, 그 사역이 완전하고 그의 제사장 직분이 영원히 완전한 상태로 유지되기 때문에, 하나님의 오른편에 영원히 앉아계십니다. 이것이 우리 영혼을 위한 복된 닻입니다.

우리의 대제사장이 휘장 안으로 들어가셨고, 우리의 의와 평화의 왕이 우리를 위해, 우리를 대표해서 하나님 보좌 앞에 계신다는 것을 알고 있다면, 우리는 영원히 그분 안에서 안전하게 거할 것입니다. 그의 백성들을 위해 보혜사 자신이 만드신 것 이상으로 더 좋은 닻이 있을 수 있을까요? 약속의 기업을 바라는 것 이상으로 더 강력한 위로가 있을 수 있을까요?

우리가 닻을 붙잡고 있음

우리 자신이 닻을 붙잡고 있는 힘을 또한 주목해 봅시다. 닻이 아무리 좋은 것이라고 해도 우리가 그것을 꼭 붙잡고 있지 아니하면 그것이 있다는 것이 아무 도움이 되지 않습니다. 닻은 튼튼하고 단단한 손잡이를 갖고 있을 수 있지만, 닻과 배를 연결하는 닻줄이 있어야 합니다. 옛날에는 섬유로 된 줄을 사용하는 것이 통상적이었습니다만, 끊어질 염려가 있기 때문에 큰 배에는 적당치 않았습니다. 그러므로 그들은 닻줄로 쇠사슬을 사용합니다. 여러분의 영혼과 소망 사이의 견고하고 본질적인 관계를 갖고, 여러분과 절대로 분리될 수 없는 진실로 여러분 자신과도 같은 확신을 갖는 것은 놀라운 사실입니다.

본문은 닻을 붙잡는 것에 대해 명백히 말씀합니다: "앞에 있는 소망을 얻으려고 피난처를 찾은 우리에게 큰 안위를 받게 하려 하심이라." 우리는 개인적으로 소망을 붙들지 않으면 안됩니다. 소망은 유용하지만, 우리는 그것을 붙들되, 강하게 붙들 필요가 있습니다. 닻과 마찬가지로 닻줄도 그것에 붙어있기 위해 고리를 거쳐야 합니다. 마찬가지로 믿음도 영생에 대한 소망을 꼭 붙들어야 합니다. '붙잡다'에 해당하는 헬라어 동사의 의미는 "강한 힘을 통해 우리의 소망을 붙들고, 더 큰 힘이 우리로부터 그것을 끌어당기려고 할 때, 우리가 그것을 놓치지 않도록 그것을 붙잡는 것"을 의미합니다. 우리는 견고한 진리를 견고하게 붙들어야 합니다.

사랑하는 형제들이여, 어떤 사람들은 희미한 소망을 갖고 있고, 그래서 그들은 그것을 붙들고 있으면서도 확신을 갖고 있지 못하는 것처럼 보입니다. 저는 그것이 그렇게 되는 것이 당연하다고 생각합니다. 저로서는 확실한 것을 배우기를 바라고, 그래서 제가 배운 것을 확신하게 해달라고 기도합니다. 오, 노련한 전사가 그의 칼을 꼭 붙잡는 것처럼 진리에 대해서도 그렇게 하기를 바랍니다. 그는 싸우고 정복한 후에도 그의 손에서 칼을 놓을 수 없었습니다. 왜냐하면 마치 그것이 거기에 붙어버린 것처럼 그의 손이 칼에서 떨어지지 않았기 때문입니다. 그리스도에 관한 진리가 여러분의 진정한 자아 속에 스며들어 있기 때문에 그것을 여러분으로부터 떼어내기 위해서는 여러분의 몸을 잘라내야 하는 것처럼 그것을 붙잡는 것은 복된 일입니다. 여러분의 안전한 닻을 붙들고 있는 한, 여러분은 안전하다는 것을 확신하십시오.

"그러나 우리가 그것을 실제로 붙들 수 있습니까?"라고 어떤 사람은 묻습니다. 이에 대한 저의 대답은 우리로 하여금 "소망을 얻도록" 하기 위해서 "우리 앞에 있다"고 말씀하는 본문입니다. 여러분은 여러분 앞에 그것이 있기 때문에 그것을 붙잡을 수 있습니다. 여러분이 매우 힘이 없고 배가 고프다고 생각해 보십시오. 만일 여러분이 어떤 사람의 집에 갔는데, 집주인이 "앉으라!"고 해서 식탁에 앉았는데, 여러분 앞에 맛있는 고기와 과일 그리고 다른 음식들이 풍성하게 차려져 있다면, 그것들을 먹는데 주저하고 망설이겠습니까? 아니지요. 여러분은 집주인이 그것들을 여러분 앞에 차려 주었기 때문에 그것들을 먹을 자유가 있다고 생각할 것입니다.

복음에 대한 초청도 이와 똑같습니다. 여러분의 소망은 여러분 앞에 있습니다. 그것이 어떤 이유로 거기에 있습니까? 여러분이 그것으로부터 되돌아가도록 하기 위해서입니까? 물론 아니겠죠. 그것을 붙잡도록 하기 위해서입니다. 왜냐하면 우리가 어디서 진리를 접하든 그것을 붙잡는 것이 우리의 의무요 특권이기 때문입니다. 죄인이 그리스도를 붙잡기 위해 필요한 모든 권한은 하나님이 그분을 우리 죄를 위한 화목제물로 삼으셨다는 사실 속에서 발견됩니다.

여러분이 폭풍 속에서 배를 타고 있고, 닻을 바라보고 있다고 상상해 봅시다. 여러분은 "이 닻을 사용해도 됩니까?"라고 묻습니까? 아니지요. 그것은 사용하라고 거기에 있는 것입니다. 저는 여러분에게 장담하고 말하는데, 무서운 폭풍 속에서 닻을 사용하지 않고서도 살아남은 배의 선장은 없습니다. 그리고 그는 그것에 관해 아무 질문도 하지 않습니다. 닻은 배에 속해 있는 것이 아닙니다. 그것은 상품의 하나로서 선상에 있을 수도 있습니다. 하지만 그는 그것에 관해 아무 질문이 없었습니다. 다만 그는 "배는 구조되어야 합니다. 여기 닻이 있습니다. 저는 그것을 배 밖으로 던지겠습니다"라고 했습니다. 하나님이 주 예수 그리스도의 복음 안에서 여러분에게 허락하신 은혜의 소망에 대해 이같이 하십시오. 당장 그리고 영원히 그것을 붙드십시오.

더욱이 우리가 닻을 붙드는 것은 현재의 일이 되어야 하고, 의식적인 문제가 되어야 함을 주의하십시오. 왜냐하면 우리는 "이 소망을 가지고 있는 것은"이라는 말씀을 보기 때문입니다. 우리는 우리가 그것을 갖고 있음을 알고 있습니다. 만일 누구든 은혜를 통해 자신이 이 놀라운 소망을 갖게 된 것을 모르고 있다면, 마음을 편하게 가질 권리를 가진 사람은 아무도 없습니다. 여러분은 "나는 이 소망을 갖고 있다"고 말할 수 있기를 바랍니다.

그런데 닻과 똑같은 금속으로 만들어진 닻줄을 갖고 있는 것은 복된 일입니다. 마찬가지로 우리의 믿음이 그것이 붙잡고 있는 진리와 똑같은 신적 속성에 속할 때, 그것은 참으로 복된 일입니다. 우리가 소망으로 하나님이 주신 약속을 붙잡기 위해서는 하나님이 주신 소망이 필요합니다. 그 정확한 과정은 하나님의 약속을 하나님이 주신 확신으로 붙잡는 것입니다. 오, 우리가 보배로운 그리스도를 믿는 보배로운 믿음을, 그분의 보배로운 피를 믿는 보배로운 확신을 갖고 있다면 얼마나 좋을까요! 하나님이 그것을 여러분에게 허락하고, 여러분은 지금 이 순간 그것을 경험할 수 있기를 바랍니다.

닻이 우리를 붙잡고 있음

배는 닻줄에 의해 안전하게 닻을 붙잡습니다. 그러나 동시에 가장 중요한 일은 닻이 그 스스로의 힘으로 배를 붙잡고 있다는 것입니다. 그것은 바닷속 맨 밑 땅 끝까지 닿아있기 때문에, 배를 강하고 견고하게 지탱시킵니다. 사랑하는 형제들이여, 여러분은 여러분을 붙잡아 주는 소망에 대해 얼마나 알고 있습니까? 그것이 만일 유익한 소망이라면, 그것은 여러분을 안전하게 지탱시켜 줄 것입니다. 여러분은 그것으로부터 떨어져 나갈 수 없을 것입니다. 그 대신 여러분이 시험당하거나 영혼이 침체에 빠졌을 때, 여러분이 시련과 고통 속에 있을 때, 여러분이 소망을 붙잡고 있는 것은 의무일 뿐만 아니라 아울러 그것이 여러분을 붙잡아 줄 것이기 때문에 그것은 여러분의 권리이기도 합니다.

사탄이 여러분을 유혹하여 "포기하겠다"고 말할 때, 무한한 깊이로부터 나오는 보이지 않는 힘이 "그러나 나는 너를 절대로 포기하지 않을 것이다. 내가 너를 붙잡고 있다. 아무것도 너를 여기서 떼 낼 수 없을 것이다"라고 말할 것입니다. 사랑하는 형제들이여, 우리의 안전은 우리가 하나님을 붙드는 것보다 하나님이 우리를 붙들어 주시는 것에 훨씬 더 크게 의존합니다. 하나님을 믿는 우리의 소망 곧 그분이 자신의 약속과 맹세를 반드시 이루실 것이라는 것은 우리를 붙들어 주는 강력한 힘을 갖고 있습니다. 그것은 세상, 육체 그리고 마귀가 우리를 떼어내려고 그 모든 수고를 다할 때보다 훨씬 더 강력합니다.

우리 영혼의 닻은 얼마나 강하게 우리를 붙들고 있을까요? "우리가 이 소망을 가지고 있는 것은 영혼의 닻 같아서 튼튼하고 견고하여." 그것은 그 고유의 본질상 튼튼합니다. 복음은 속이기 위해 고안된 허구가 아닙니다. 하나님이 그것을 말씀하셨고, 그것은 사실들의 집합체입니다. 그것은 순수하고 조금도 제한이 없는 진리입니다. 그 위에는 하나님의 확실한 도장이 찍혀 있습니다. 그러기에 이 닻은 견고합니다. 그것은 박혀 있는 장소에서 절대로 움직이지 않습니다. 그것은 그 본질상 튼튼하고, 그 사용성에서 견고합니다. 그러므로 그것은 실제로 안전합니다. 만일 여러분이 영생을 위해 그리스도를 믿고, 하나님이 자신의 말씀대로 행하실 것이라고 기대한다면, 여러분의 소망은 여러분을 지켜 주고, 믿음의 입장에서 흔들리지 않도록 여러분을 지탱시켜 줄 것을 확신하지 못하겠습니까?

사랑하는 형제들이여, 이 닻을 사용한 결과는 여러분을 크게 만족시킬 것입니다. 그것은 여러분이 결코 흔들리지 않도록 외부의 공격을 막아 줄 것입니다. 닻을 올리고 있는 동안에는 배가 크게 흔들리고, 선객들은 배멀미로 크게 시달릴지 모르지만, 닻이 매여 있는 지점으로부터 배는 결코 움직이지 않을 것입니다. 배의 선객들은 불안감을 느끼겠지만, 결코 조난은 당하지 않을 것입니다. 은혜를 통해 갖는 확실한 소망은 여러분에게서 내면적 갈등까지 완전히 사라지게 하지는 못할 것입니다. 아니 그 이상으로 그것들이 더 심해질지도 모릅니다. 그것은 또한 여러분을 외적 시험들로부터 보호해 주지 못할 수도 있습니다. 실제로 그것은 그것들을 더 불러들일 수도 있습니다. 그러나 그것은 실제적인 모든 위험으로부터 여러분을 구원해 줄 것입니다.

예수님을 믿는 모든 신자의 상태는 배가 거칠게 흔들릴 때 "선장님, 우리가 정말 위험합니다. 어떻게 해야 할까요?"라고 묻는 선상의 초보 선원들과 아주 비슷합니다. 그는 아무 대답을 듣지 못하고, 그래서 다시 묻습니다: "선장님, 당신은 두렵지 않습니까?" 그때 노련한 선원이 퉁명스럽게 한마디 합니다: "그래, 나 역시 엄청 겁난다. 그러나 위험하지는 않다." 그것은 종종 우리에게도 일어나는 일입니다. 바람이 불고 폭풍이 휘몰아칠 때, 크게 겁이 납니다. 그러나 위험하지는 않습니다. 우리는 크게 흔들릴 수 있지만 아주 안전합니다. 왜냐하면 우리는 튼튼하고 견고해서 움직이지 않는 영혼의 닻을 갖고 있기 때문입니다.

닻의 보이지 않는 힘

다른 무엇보다도 닻에는 "휘장 안에 들어가게 하는" 보이지 않는 힘이 있습니다. 우리의 소망은 우리가 그것을 느낄 수 있을 만큼 우리에게 힘을 줍니다. 그것은 연을 날리는 소년과 같습니다. 연은 볼 수 없는 지점인 구름 위까지 올라가지만, 그는 그것이 끌어당기는 힘을 느끼기 때문에 연이 그곳에 있다는 것을 압니다. 여러분은 배 위에 있을 때, 닻이 끌어당기는 힘을 느끼고 바람이 거칠게 불수록 닻이 여러분을 끌어당기는 힘도 더 강하게 느낍니다.

사람이 닻을 볼 수 있을 때, 곧 얕은 물가에서 힘없이 흔들리고 있을 때 그것은 아무 일도 하지 않습니다. 닻은 사용 중일 때 우리의 시야에서 벗어납니다. 그것은 텀벙하고 물 속으로 빠져 들어갑니다. 아래로 내려갈수록, 물고기들 사이에 철이 견고하게 놓여지고, 시야에서 완전히 사라집니다.

우리는 우리 영혼의 닻을 볼 수 없습니다. 그것은 우리가 볼 수 있는 동안에는 아무 소용이 없습니다. 우리의 확고한 소망은 하늘로 사라지고, 우리를 자기에게로 끌어당기고 잡아당깁니다. 그것은 활동하는 동안에는 보이지 않습니다. 그렇지만 그것은 끌어당기고, 우리는 하늘의 힘을 느낄 수 있습니다.

여러분의 소망은 어디에 있습니까? 여러분은 볼 수 있기 때문에 믿습니까? 그것은 전혀 믿는 것이 아닙니다. 여러분은 느낄 수 있기 때문에 믿습니까? 그것은 감정입니다. 그것도 믿는 것이 아닙니다. 그러나 "보지 못하고 믿는 자들이 복이 있습니다"(요 20:29). 복 있는 자는 자신의 감정에 반해서 믿고, 자기의 소원에 반해서 소망하는 사람입니다. 소원에 반해서 소망하는 것, 불가능한 것을 믿는 것, 보지 못하는 것을 보는 것은 희한한 일입니다. 그렇게 할 수 있는 사람은 신앙의 비결을 알고 있는 사람입니다. 우리의 소망은 보이지 않습니다. 그것은 물결치는 파도 속에 있습니다. 또는 본문에서 말씀하는 것처럼 "휘장 안에" 있습니다. 저는 너무 세밀하게 유추를 시도하려고 하지 않습니다만, 선원은 그의 닻이 물 속 휘장 안에 있다고 말할 수 있습니다. 왜냐하면 물의 휘장은 그와 닻 사이에 있고, 그러므로 그것은 감추어져 있습니다. 이것은 "보지 못하였으나 (우리가) 사랑하는"(벧전 1:8) 하나님을 믿는 우리의 확신입니다.

> 바람이 불고, 물결이 굽이칠지라도
> 소망이 내 영혼의 닻이다.
> 그러나 너무 가느다란 끈 때문에
> 보이지 않는 소망이 하나님을 의존할 수 있을까?
> 그러나 견고하고 튼튼해서, 그것은 결코 끊어질 수 없다.
> 그것은 휘장 안으로 깊이 들어가고.

미지의 땅에 굳게 정착하며,
나를 내 아버지 보좌에 굳게 붙들어 매리라.

비록 우리의 닻이 눈에 보이지 않는다고 할지라도, 그것이 아주 강한 힘을 갖고 있고, "휘장 안으로 깊이 들어가는" 것에 대해 하나님께 감사하십시오. 성도가 하나님을 향해 "당신이 약속하셨습니다. 그러므로 말씀대로 행하십시오"라고 부르짖을 수 있을 때, 그가 하나님에 대해 갖고 있는 것과 비교할 수 있는 것이 무엇이 있을까요?

이 이상으로 강한 힘은 없습니다: "주여, 당신이 그렇게 맹세하셨습니다. 당신은 당신의 약속을 되돌릴 수 없습니다. 당신은 당신을 믿는 자가 모든 죄로부터 의롭게 된다고 말씀하셨습니다. 저는 당신을 믿습니다. 그러므로 당신이 말씀하신 대로 어서 행하시옵소서. 저는 당신이 거짓말하실 수 없음을 알고 있습니다. 당신은 그리스도는 영원히 제사장이라고(히 5:6) 선언하셨습니다. 그리고 저는 저를 위해 충분한 속죄를 이루신 저의 대제사장으로서 그분을 믿습니다. 그러므로 저는 당신의 약속을 의지합니다. 예수님의 희생으로 말미암아 저를 용납해 주옵소서. 당신은 당신의 독생자가 중보하는 영혼을 거절하실 수 있습니까? 그분은 자신을 통해 하나님께 나아가는 자들을 끝까지 구원하실 수 있습니다. 왜냐하면 그분은 항상 살아계셔서 그들을 위하여 간구하고 계시기(히 7:25) 때문입니다. 나의 주여, 이것이 제가 당신을 붙들고 있는 힘입니다. 이것이 제가 깊은 곳에 던지는 닻 곧 당신의 기이한 본질의 신비로운 속성들입니다. 저는 당신을 믿습니다. 당신이 저의 소망을 결코 부끄럽게 하지 않으리라고 믿습니다."

여러분은 그분의 약속과 맹세를 의지할 때, 살아계신 하나님을 얼마나 강하게 붙잡는 것일까요! 그러므로 여러분은 야곱이 여호와의 사자를 붙잡은 것처럼 그분을 붙잡으십시오. 그러면 여러분은 확실히 그분의 손에서 축복을 이끌어낼 것입니다.

그 다음 닻이 해저에서 큰 힘을 갖고 있을 때, 배가 더 강하게 끌어당기면 당길수록 닻의 지탱하는 힘은 더 탄탄하게 된다는 것을 유념하기 바람니다. 닻이 내려져 단단한 암초 위로 떨어지면, 전혀 힘을 발휘할 수 없다는 것을 상상해 보십시오. 그러나 조만간에 그것은 암초에서 미끄러져 내리고 바다 맨 밑바닥 땅에 닿고, 흙 속으로 파고 들어갑니다. 줄이 닻을 당기면 당길수록, 그 날은 닻이 잠길 때까지 더 깊은 곳으로 내려가고, 그것이 잡아당겨질수록 그것은 더 깊은 곳으로 내려갑니다. 마지막으로 닻은 "그래, 북풍아, 네가 원하는 대로 불어라! 내가 배를 가게 하기 전에는 너는 바다 밑바닥을 갈라놓을 수 없을 것이다"라고 말하는 것처럼 보일 정도로 큰 힘을 갖고 있습니다.

환난의 시간들은 우리의 소망을 근본 진리에 더욱 집중하도록 만듭니다. 여러분은 고통을 알지 못할 수도 있습니다. 만일 항상 부자로 살았다면, 여러분은 곤궁함을 겪어보지 못했을 것입니다. 만일 한평생 건강하게 살았다면, 여러분은 견디기 어려운 질병을 앓아보지 못했을 것입니다. 만일 그렇다면 여러분은 고통 속에 있는 사람들이 갖고 있는 영광의 소망을 절반도 붙잡지 못하게 됩니다. 기독교 교회 안에 있는 불신앙의 많은 부분은 그리스도를 주로 고백하지만 그 신앙이 시험을 거치지 못한 사람들로부터 나옵니다. 여러분은 그것을 거칠게 다루어야 할 때, 견고한 복음을 원합니다. 부지런히 갈망하는 사람은 생크림만 먹고는 살 수 없습니다. 그는 자기를 자라게 하는 영양가 있는 음식을 먹어야 합니다. 마찬가지로 시험을 당하는 사람은 진정한 복음을 갖고 있어야 하고, 그것이 참되다는 것을 믿어야 하며, 그렇지 않으면 자기의 영혼이 굶주려 죽을 것이라는 사실을 느낍니다.

그런데 본문을 보면, 하나님은 맹세를 하고, 만일 하나님이 약속을 하신다면, 우리는 가장 견고한 보증을 갖고 있는 것이 아닐까요? 의인은 상상할 수 있는 가장 강력한 믿음으로 그 신실하고 거룩하신 삼위일체 하나님을 의지합니다. 그러므로 더 큰 환난이 올 때마다 그만큼 더 강하게 믿고, 여러분의 배가 깊은 바닷속에서 흔들릴 때마다 더 강한 확신을 갖고 믿습니다. 여러분의 머리가 아프고, 가슴이 심히 두근거릴 때, 지상의 모든 즐거움이 사라졌을 때 그리고 죽음이 임박했을 때, 더 굳게 믿으십시오. 여러분의 하늘 아버지께서는 절대로 거짓말하시는 분이 아님을 더욱 굳게 확신하십시오. 그렇습니다. "사람은 다 거짓되되 오직 하나님은 참되십니다"(롬 3:4). 이처럼 여러분도 주님이 여러분이 충분히 누리기를 바라는 강력한 위로를 받게 될 것입니다.

우리의 중보자

본문은 다음과 같은 참으로 보배로운 사상으로 결론을 맺고 있습니다. 비록 우리의 소망이 눈에 보이는 것은 아니지만, 우리는 우리의 소망이 그 힘을 두고 있는 보이지 않는 그곳에 위대하신 한 친구를 갖고 있다는 것. 곤경에 처할 때마다 선원은 닻을 가지고 바다 밑바닥으로 내려가 배가 튼튼히 서 있기를 간절히 바랄 것입니다. 그런다고 그는 결코 그렇게 할 수 없습니다. 하지만 우리는 우리를 위해 모든 것을 준비하시기 위해 가신 한 친구를 갖고 있습니다. 우리의 닻은 휘장 안에 있습니다. 그곳은 우리가 볼 수 없는 곳입니다. 그러나 예수님은 거기 계시고, 우리의 소망은 불가불 그 분의 인격 및 사역과 관련되어 있습니다.

우리는 나사렛 예수님이 죽으시고 장사되고, 무덤으로부터 살아나셔서 40일 동안 그의 제자들 앞에서 활동하신 다음 승천하셨다는 사실을 알고 있습니다. 우리는 이것을 역사적 사실로 확신합니다. 우리는 또한 그분이 모든 믿는 자들이 포함된 아브라함의 씨로서 천국에 들어가신 것을 알고 있습니다. 그분이 거기 계시기 때문에 우리는 안심하고 따라갈 수 있습니다. 그분이 풍성한 추수의 첫 열매가 되시기 때문입니다

우리의 대제사장

본문에 따르면, 우리 주 예수님은 우리의 "대제사장"으로서 휘장 안에 들어가셨습니다. 그런데 휘장 안에 들어가신 대제사장은 우리를 위해 지성소 안으로 들어가셨습니다. 대제사장 멜기세덱은 완전한 축복과 구원을 이

루는데 무한한 능력을 갖고 있는 자입니다. 예수 그리스도는 죄를 위해 피의 희생제물 곧 자기 자신을 드리셨고, 지금 그분은 하나님 아버지 보좌 우편에 앉아 계십니다. 사랑하는 형제들이여, 그분은 우리의 닻이 들어가 있는 곳에서 다스리고 계십니다. 우리는 그리스도의 완성된 사역, 그분의 부활의 능력 그리고 그분의 영원하신 왕권에 의존합니다. 우리가 어떻게 이것을 의심할 수 있겠습니까?

우리의 선구자

우리는 그 다음으로 예수님이 "선구자"로서 휘장 안에 들어가셨다는 것을 깨닫게 됩니다. 다른 사람들이 그분 뒤를 이어 그곳에 들어가지 못한다면, 그분이 왜 선구자로 불립니까? 그분은 그 길을 열어놓기 위해 들어가셨습니다. 그분은 개척자요, 위대한 군대의 지도자요, 죽은 자들의 첫 열매가 되십니다. 그리고 만일 그분이 선구자로서 하늘로 가셨다면 그분에게 속해 있는 우리 또한 그분을 따라 가게 될 것입니다. 그 생각이 우리의 마음을 기쁘게 합니다.

우리는 또한 선구자로서 우리 주님이 우리를 위해 들어가셨다고 듣습니다. 즉 그분은 우리의 명단을 가지고 들어가셨습니다. 예수님이 하늘로 올라가셨을 때, 그것은 마치 그분이 모든 천사들과 모든 시편들과 모든 악기들과 모든 면류관들을 바라보며 "나는 나의 구속받은 자들의 이름으로 이 모든 것을 갖고 있다. 나는 그들의 대표자이고, 그들의 이름으로 하늘의 처소에서 활동할 것이다"라고 말하는 것과 같았습니다. 확실히 예수님은 만물의 소유자로서 천국에 계시기 때문에 우리 각자는 또한 때가 되면 그분의 기업을 상속받게 될 것입니다.

우리 주 예수님은 자신의 중보를 통해 우리를 천국으로 인도하십니다. 우리가 잠깐만 기다리면 그분이 계시는 곳에서 그분과 함께 있게 될 것입니다. 그분은 우리의 귀향을 간청하시고, 오래지 않아 그것은 실현될 것입니다. 선원은 배가 안전하게 되기 전에는 그의 닻이 배로 다시 오는 것을 바라지 않습니다. 왜냐하면 그것은 폭풍 속에서, 문제가 아주 심각하게 벌어진 상황 속에서 필요하기 때문입니다.

우리의 닻은 우리에게 결코 다시 돌아오지 아니하고, 우리를 본향으로 인도할 것입니다. 그것은 우리로 하여금 몰아치는 파도 아래로 침몰시키지 않고 위로 황홀한 기쁨으로 자기에게 끌어당깁니다. 여러분은 그것을 느끼지 못합니까? 나이를 많이 먹은 여러분들은 바야흐로 본향에 더 가까워졌다는 것을 느끼지 못합니까? 많은 줄들이 여기 있는 우리를 잡아당기고 있습니다. 그러나 아마 그것들이 여러분에게는 더 적을지도 모르겠습니다. 어쩌면 여러분의 사랑하는 아내가 먼저 갔거나 여러분의 사랑하는 남편이 먼저 가 지금 없을지도 모르겠습니다. 여러분의 친구나 여러분의 자녀들 중에도 많은 사람들이 갔을지 모릅니다. 이 일이 일어날 때 그것은 우리를 위로 이끄는데 도움을 줍니다. 만일 이것이 여러분에게 현실이 된다면, 저는 바로 지금 이 순간 여러분이 바다에서 표류하는 배로부터 공중으로 날아오르는 독수리로 변화되는 것처럼 느껴야 한다고 생각합니다. 아마 여러분은 다음과 같이 찬송하면서 날개를 타고 하늘로 붕 떠오르기를 종종 원했을 것입니다.

> 오 우리는 지금 우리의 인도자를 붙잡을 수 있네!
> 오 말씀이 주어졌네!
> 오라, 만군의 주여, 파도를 가르시면,
> 우리 모두 하늘에 당도하리라!

저의 닻줄은 최근에 더욱 짧아졌습니다. 그 대부분의 줄이 사라졌습니다. 처음 믿었을 때보다 저의 소망이 더 가까워졌습니다. 매일 저의 소망은 현실로 나아가고 있습니다. 이 상태에서 우리의 즐거움은 하늘을 찌를 듯해야 합니다. 단지 몇 주나 몇 달 또는 몇 년 있으면 우리는 하늘에 거하게 될 것입니다. 거기서 우리는 더 이상 우리를 강하게 붙들어 주는 닻이 필요하지 않을 것입니다. 그러나 우리는 영원히 우리가 고난의 바닷속에서 흔들리고 있는 동안 우리의 불안한 마음을 위해 은혜롭게도 희한한 닻을 내려 주신 하나님을 찬미할 것입니다.

이것을 감사합시다. 만일 닻이 없다면 여러분이 어떻게 할 것 같습니까? 폭풍은 곧 옵니다. 저는 먹구름이 몰려오는 것을 봅니다. 저는 멀리서 들려오는 허리케인 폭풍 소리를 듣습니다. 여러분은 어떻게 하시겠습니까? 주님께 그리스도 예수 안에서 여러분 앞에 세워두신 소망으로 즉각 피할 수 있도록 도움을 청하십시오.

3

밤에 부르는 노래

하나님 곧 우리 하나님이 우리에게 복을 주시리로다 하나님이 우
리에게 복을 주시리니 — 시편 67:6 -7

"하나님 곧 우리 (자신의) 하나님"이라는 말만큼 기분 좋은 말이 세상
에 있을까요! 그 사랑스러운 이름을 야곱의 하나님에게 첫 번째로 둔 사
람의 마음속에는 얼마나 사랑스럽고 활력 넘치는 감정이 가득 할까요! 수
천 년을 두고 이스라엘의 다정다감한 시인이 만군의 주 여호와에 관해 이
같이 노래했지만, 그 이름은 믿는 자들의 귀에는 아직도 새롭고, 언제나 고
귀하게 들립니다. "하나님 곧 우리 하나님." 저는 그 이름이 제 영혼을 너
무 황홀하게 하기 때문에 다시 찬송하지 않을 수가 없습니다. '우리' 라고
하는 말은 항상 그 말과 관련되어 있는 당사자 주위에 유쾌한 향기를 풍
기는 것처럼 보입니다. 어떤 시인은 자신의 고향을 이와 같이 노래했습니
다:

영혼이 이미 죽어버린 사람도 거기서는 살아 숨을 쉬리라,
"여기가 나의, 나의 고향이라"고
누군들 자신에게 말하지 아니하였을까?

그곳이 황무지 곧 광야든 아니면 방대한 평지든 간에, 모든 인간들은 그들의 조국을 사랑하고, 그들이 타국에 살 때는 조국에 대한 향수병에 시달리는 법입니다. 그것은 우리가 자랐던 집에 관해서도 똑같습니다. 여러분의 옛집은 가난한 사람들이 사는 지역에 있을지 모르지만, 그곳은 그래도 여러분 자신의 집이고, 여러분이 어렸을 때 부모의 팔에 안겨 있었던 난롯가에는 수많은 추억들이 쌓여 있습니다.

이처럼 우리의 모든 친족들은 그들이 우리 가족이라는 사실 때문에 우리에게는 사랑스러운 존재들입니다. 아버지는 항상 은 같은 말이지만, 우리 아버지, 우리 자신의 아버지 ─ 그 이름은 얼마나 더 풍요롭고, 금 같은 말로 들릴까요! 우리 자녀, 우리 형제, 우리 남편, 우리 아내 ─ 이 말들은 굉장히 달콤한 말입니다. 구약성경은 하나님으로부터 히브리어로 기록된 유대인들의 책 구약성경과 헬라어로 기록되어 이방인들에게 주어진 헬라인들의 책 신약성경은 무한한 가치가 있는 보물들입니다. 그러나 우리나라 말로 번역되고 전체적으로 더 잘 번역된 우리 자신의 영어번역 성경들은 우리에게 두 배로 더 사랑스럽습니다. '우리'라는 말의 친근함 때문에 우리 교회 성도들은 찬송가를 "우리 찬송가"로 부르는데, 아마 그것은 그들의 진한 애정이 그 책에 스며들기를 바라는 마음 때문에 그럴 것입니다.

그러나 제가 "우리 (자신의) 하나님"에 관해 무엇을 말할 수 있을까요? 단어들만으로는 이 세 마디의 말 곧 "우리 자신의 하나님"(our own God) 속에 내포되어 있는 그 깊은 기쁨과 즐거움을 다 표현하지 못합니다. 그분은 그분의 속성에도 불구하고 그리고 그분의 존재와 인격에도 불구하고, 그분 자신이 우리에게 주신 영원한 언약에 따라 영원무궁토록 우리의 기업입니다. "내 심령에 이르기를 여호와는 나의 기업이시니"(애 3:24). 또한 그분은 우리가 그분을 선택했다는 점에서 "우리 하나님"입니다. 우리는 이 선택을 자유롭게 행했지만, 그분의 영원하신 영의 인도를 받았고, 따라서 우리가 우리 자신의 파멸을 선택했을 수도 있다면, 우리는 그분이 먼저 우리를 택하셨기 때문에 그분을 선택하도록 은혜로 인도를 받은 것입니다.

그분은 "우리 하나님"이십니다. 믿을 우리의 하나님, 사랑할 우리 하나님, 모든 어둡고 고단한 밤에 달려갈 우리 하나님, 밝고 환한 모든 날들에 교제를 나눌 우리 하나님, 우리를 생명으로 인도하실 우리 하나님이십니다. 그분은 죽음 속에서 우리의 도움이시요, 영원 속에서 우리의 영광이십니다. 그분은 우리의 길을 인도하기 위해 자신의 지혜를, 우리의 발걸음을 보호하기 위해 자신의 능력을, 우리의 삶을 위로하기 위해 자신의 사랑을, 왕의 부요함보다도 더 큰 부요함으로 우리를 부요하게 하기 위해 자신의 모든 속성을 우리에게 제공하시는 "우리 하나님"이십니다. 순수한 마음으로 정직하게 무한한 여호와 하나님의 보좌를 바라보고 그분을 "나의 하나님"이라고 부를 수 있는 사람은 희랍의 웅변가 데모스테네스의 입술에서 흘러나오는 어떤 것보다 또는 로마의 연설가 키케로의 혀로부터 떨어지는 어떤 말보다 더 웅변적인 사실을 말한 것입니다. "우리 하나님"이 친숙하게 들리는 사람들은 다른 모든 사람들보다 복된 사람들입니다.

> 우리 하나님! 그 소리가 얼마나 유쾌한가!
> 다시 불러도 얼마나 즐거운가!
> 그들의 주님이 환영할 수 있는 심령들은
> 기쁨으로 뛰어오르리라!

저는 시편기자가 이 웅장한 시편에서 이 표현을 그가 사모했던 축복에 대한 일종의 변론과 보증으로 사용했다고 생각합니다. "하나님이 우리에게 복을 주시리로다"는 진술은 진실한 말씀으로, 그것은 당연한 진리로 믿어져야 합니다. 그러나 "우리 하나님이 우리에게 복을 주시리로다"라는 진술은 큰 두려움 속에 있는 사람들에게 확신을 더해 주는 말씀입니다. 그것은 그 이마에 확신의 띠를 두르도록 합니다. 그것은 그 자신의 증거로 덧입혀져 있습니다. 만일 주님이 그분 자신을 우리 하나님으로 만들기에 충분한 은혜를 베푸셨다면, 그분은 헛되이 그렇게 하신 것이 절대로 아닙니다. 그 안에는 강력한 사랑의 의지가 들어있습니다. 자신의 사랑의 부드러움으로 그분은 "나는 그들의 하나님이 되고 그들은 내 백성이 되리라"(겔 37:27)

고 말씀하셨기 때문에, 그것은 그리스도 예수 안에 있는 말할 수 없는 축복을 우리에게 베풀겠다는 목적이 있는 것이 틀림없습니다. 그 표면에는 우리가 이 즐거운 이름 속에서 이해하도록 촉구 받는 강력한 의미가 들어 있고, 그것을 생각하면 생각할수록, 우리는 그것을 그만큼 더 볼 것입니다.

"하나님이 우리에게 복을 주시리로다"라는 말씀은 제 귀에는 아득히 먼 곳에서 제 영혼의 가장 깊은 곳까지 음악의 율동으로 울리는 종처럼 울려 퍼졌습니다. 이와 똑같은 천사의 멜로디가 그리스도 예수를 믿는 사랑하는 모든 성도들의 귀에 울려 퍼질 수 있기를 바랍니다. "하나님 곧 우리 하나님이 우리에게 복을 주시리로다 하나님이 우리에게 복을 주시리니."

하나님이 우리에게 복을 주신다는 진리를 예증하기 위해 저는 여러분에게 세 가지 감정들을 의인화시켜 소개함으로써, 그것들이 우리가 하나님을 믿도록 얼마나 감동시키는지를 보여 주고자 합니다.

두려움

하얀 얼굴을 한 두려움은 도처에서 출몰할 수 있습니다. 두려움은 모든 것들 속에서 나타나고, 믿음의 침대 속에 끼어들어 소망의 축제를 수라장으로 만듭니다. 두려움은 마치 상주하는 손님처럼 어떤 사람들에게 머무르고, 마치 사랑하는 친근한 친구인 것처럼 행세합니다.

이 은혜로운 성경 본문에 대해 두려움은 우리에게 뭐라고 말할까요? 두려움은 이렇게 의혹을 제기합니다: "하나님이 진짜 우리를 축복하실까? 최근에 그분은 그 손을 거두셨다. 희망적인 많은 징조들이 있었지만, 그것들은 우리를 실망시켰다. 우리는 오랫동안 축복을 고대했고, 그 징조를 보았다고 생각했다. 그러나 그것은 오지 않았다. 우리는 부흥과 부흥의 소문들에 관해 들었다. 하나님의 말씀을 권능으로 설교한 사람들이 일어났고, 어떤 지역에서는 많은 회심자들이 있었다. 그러나 아직도 대부분 우리는 축복을 받지 못했다. 하나님은 과거에 하셨던 것처럼 우리를 초청하지 아니하셨다."

"우리는 아침에 구름을 보면 비가 올 것을 예측했다. 우리는 이슬을 보면 습기를 기대했다. 그러나 이것들은 자취를 감추었고, 우리는 여전히 축복을 받지 못한 상태에 있다. 과거에 겪었던 무수한 실망들 때문에 우리는 축복은 오지 않을 것이라는 두려움을 갖지 않을 수 없다."

이에 대한 제 대답은 이렇습니다: "두려움아, 내 말을 듣고 위로를 받으라. 네가 그렇게 성급하고 경솔하게 주님의 뜻을 잘못 판단하면 어떡하느냐? 그분이 자신의 약속을 망각하고 기도의 음성을 듣기를 거부하실 어떤 이유가 있는가? 자연을 예로 들어보자. 구름은 현재 몇 주 동안 매일 하늘에 걸쳐 있었고, 나는 아주 가끔 '오늘은 확실히 비가 와서 그동안 건조했던 들판이 생기를 얻겠다'고 했다. 그러나 오늘까지 비는 오지 않았다. 하지만 비는 곧 올 것이다."

"하나님의 자비도 이와 똑같다. 그것이 오늘 임하지 않을 수 있고, 내일 그것을 보지 못할 수 있다. 그러나 '주의 약속은 어떤 이들이 더디다고 생각하는 것 같이 더딘 것이 아니라'(벧후 3:9). 그분은 자신이 정하신 때가 있고, 자신의 스케줄 앞에 서거나 뒤에 서지 않을 것이기 때문에 정확하게 시간을 지키실 것이다. 때가 이르러 그의 백성들의 기도에 응답하시면, 축복의 소나기가 쏟아질 것이다. 온갖 은혜로운 축복들이 그분의 오른손으로부터 내려올 것이다. 그분은 '우리에게 복을 주시기' 위해 하늘 문을 여시고 영광 중에 내려오실 것이다."

그러면 두려움은 이렇게 대답하겠지요: "그래, 하지만 우리는 무수한 축복의 모조품을 보았을 뿐이다. 우리는 한때의 강렬한 흥분이 놀라운 결과를 일으키는 것처럼 부흥을 보았다. 그러나 그 흥분은 곧 사라지고, 그 결과는 허물어졌다. 우리는 나팔소리와 사람들의 거듭된 오만한 큰 소리를 들어보지 않았는가? 그리고 그것은 단지 완전한 교만과 허영에 불과하지 않았는가?"

두려움이 말하는 것은 슬프게도 사실입니다. 수많은 부흥의 역사들이 가짜였다는 것은 의심할 여지가 없습니다. 기독교 교회 안에는 허다한 무의미, 놀라운 허세가 판을 치고 있고, 그것은 참으로 해로운 것입니다. 부흥이라는 말은 그 말에 주어진 부정적 의미 때문에 어떤 곳에서는 무익한 것이 되고 말았습니다. 그러나 이것이 영광스럽고 진정한 부흥이 주님의 임재를 통해 아직 주어지지 않는 이유는 아닙니다. 이것은 제가 간절하게 바라고 열렬하게 기도하고 있는 것입니다.

조나단 에드워즈(Jonathan Edwards)가 활동하던 당시 뉴잉글랜드 전역을 휩쓸었던 부흥을 생각해 보십시오. 아무도 그것을 가짜라고 혹평할 수 없습니다. 그것은 지상에서 일어날 수 있었던 하나님의 어떤 역사보다 참되고 실제적인 역사였습니다. 어느 누구든 조지 휘트필드(George Whitefield)와 존 웨슬리(John Wesley)의 사역을 단지 일시적인 운동이나 덧없는 어떤 현상으로 취급할 수는 없습니다. 하나님은 자신을 계시하셨고, 놀라운 방법으로 은혜를 베풀고 계셨습니다. 더욱이 이 하나님의 사역의 결과는 오늘날 우리 시대에도 여전히 존재하고 있고, 심지어는 주 예수 그리스도가 오실 때까지 계속 남아있을 것입니다. 그러므로 우리는 하나님이 이미 다른 시대에 그것들을 우리에게 허락하셨기 때문에 그분은 그의 백성들에게 실제적이고 실질적인 과정을 통해 복을 주실 것입니다. 그분은 전쟁의 최전방에 오셔서 그의 원수들이 결코 저항할 수 없는 막강한 능력이 예수 그리스도의 복음 속에 있음을 보여 주실 것입니다.

"그래, 두려움, 그대는 과거의 잘못된 사건들로부터 교훈을 받기 위해 그것들을 회고해 볼 수는 있다. 그러나 그것들을 실망과 절망의 이유로 보는 것은 안된다. 왜냐하면 '하나님 곧 우리 하나님이 우리에게 복을 주실 것이기' 때문이다."

그러면 두려움은 이렇게 대답합니다: "하지만 선을 암시하는 대신에 악을 지시하는 가짜 축복이 현재 얼마나 많이 일어나고 있는가! 복음을 담대하고 단순하게 선포하는 사람들은 별로 많지 않다. 반면에 자신들의 철학이나 미신으로 복음을 대적하는 사람들이 압도적으로 많다."

"그러나 두려움아, 들어보라. 비록 우리들 가운데 일부에게만 주실지 몰라도, '하나님은 우리에게 복을 주실 것이다.' 하나님의 구원은 사람의 많고 적음에 좌우되지 않는다. 수는 문제가 아니다. 그분의 종 기드온이 미디안 족속과 싸울 때의 상황을 상기해 보라. 그는 수천 명을 데리고 나가 싸우지 않았다. 왜? 만군의 여호와를 위한 군대로서는 너무 많았기 때문에. 그는 물을 마실 때 무릎을 꿇지 않고 물을 핥아먹은 몇백 명을 데리고 나가 싸워 승리했다. 그리고 심지어는 이들조차도 빈 항아리와 횃불과 나팔을 제외하면 어떤 무기도 사용하지 않았다. 기드온은 단지 이 작은 것들을 가지고 미디안 대군을 격퇴시켰다."

"전능성이 그분의 뜻을 이루기 위한 도구가 되기에는 부족하다고 말하지 말라. 그분은 원한다면 해안의 모래들로 복음 선포자를 만드실 수도 있다. 그리고 만일 자신의 사랑에 관해 말해 줄 혀들이 필요하다면, 그분은 돌들을 취해 예수 그리스도의 설교자를 만드시거나 나뭇잎을 취해 예수님의 증거자를 만드실 수 있다. 무엇보다 필요하고 가장 중요한 것은 도구가 아니다. 우리에게 가장 필요한 것은 그 도구를 움직이는 능력으로서, 그것은 가장 약한 것을 강하게 만들고, 심지어는 가장 강한 것도 약하게 만들어버린다."

저는 언젠가 기독교가 어떤 지역에서는 처음부터 잘하지 않으면 성장을 기대할 수 없다는 말을 들었습니다. 그리고 그 지적은 교회지도자로 추측되는 사람으로부터 나온 것이겠지요! 정말 처음부터 잘해야지요! 여러분이 기독교를 어떤 지역에 적용시킬 때, 그것이 구하는 유일한 일은 그 영적 무기들을 자유롭게 이용할 수 있어야 한다는 것입니다. 그리고 거부당하는 곳에서도 그것은 여전히 승리합니다. 만일 기독교가 그 고유의 본질적 힘을 발휘하고, 이 세상의 임금과 그 세력들에 의해 방해를 받지 않는다면, 그것은 그 본연의 길로 나아갈 것입니다.

그런데 저는 방금 복음이 방해받지 않아야 된다고 말했습니다. 그러나 그들이 원한다면 국가들도 복음을 반대할 것입니다. 그래도 우리의 믿음은 그 반대를 극복할 것입니다. 또 국가들이 기독교 옹호정책을 포기하고, 모든 영적 생활을 마비시키는 치명적인 정책을 펼친다고 해도, 자유를 주시는 하나님의 진리는 확실히 승리할 것입니다. 그때 우리는 떨지 아니할 것입니다. 우리는 떨 필요가 없습니다. 하나님의 종들은 가난할 수 있습니다.

그들은 재능이 없을 수도 있습니다. 그들은 숫자상 얼마 되지 않을 수도 있습니다. 그러나 하나님, 우리 하나님이 우리에게 복을 주실 것입니다. 우리가 12사도들만큼 숫자가 적다는 것 또는 그들만큼 배운 것이 없다는 것은 문제가 아닙니다. 그들은 옛날 로마제국을 시종일관 뒤흔들어 놓았고, 거대한 우상숭배 체계를 완전히 파괴시켰습니다. 오늘날의 기독교도, 하나님이 능력으로 함께 하신다면, 그 연약함 속에서도 그분이 용감하게 싸우시고, 원수의 군대들을 물리칠 것이기 때문에 초대 교회 당시와 같이 똑같은 역사를 이룰 것입니다.

그러나 두려움은 늘 불평할 기회를 찾습니다. 그러므로 두려움은 이렇게 말합니다: "미래, 그 어둡고 암울한 미래! 이 악한 세대로부터, 이 뒤틀린 사람들로부터, 우리가 적그리스도의 영에게 잡아먹히거나 불신앙의 나락으로 떨어지도록 하는 것 외에, 무엇을 기대할 수 있단 말인가?"

두려움에 따르면, 우리의 전망은 참으로 소름이 끼칩니다. 그러나 저는 두려움의 시각을 사용하지 않으면 이러한 시대의 징조들을 분별하지 못한다고 생각합니다. 그러나 두려움은 그렇게 말하고, 그 말 속에는 진실이 들어 있습니다. 그러나 비록 이것이 그렇다고 해도, 하나님, 우리 하나님이 우리에게 복을 주시리라는 믿음에 의해 우리의 마음은 평정을 회복할 것입니다. 그분이 어떻게 변화시킬까요? 그분은 과거에 그분의 교회를 도우셨습니다. 그런데 왜 지금은 아니겠습니까? 교회가 무시를 당하고 있습니까? 교회는 항상 그랬습니다. 교회가 타락했습니까? 그것은 과거에 자주 그랬습니다. 그러나 하나님은 교회를 찾고 교회를 회복시키셨습니다. 왜 지금은 아니겠습니까? 우울한 예상과 두려움 대신, 가장 낙관적인 기대를 가질 이유가 있다고 저는 봅니다. 그러나 우리는 하나님의 약속을 의지하고, 하나님, 곧 우리 하나님이 과거에 그렇게 하셨던 것처럼, 오늘날 우리 시대에도 우리에게 복을 주실 것을 믿어야 합니다.

갈릴리 호수 위에 불어 닥친 폭풍으로 흔들렸던 배를 상상해 보십시오. 확실히 그 배에 대해서는 두려운 전망이 놓여 있었습니다. 오래지 않아 그 배는 암초에 부딪혀 파도 속으로 침몰할 것입니다. 그러나 이것은 사실이 아니었습니다. 그 배에 탄 사람들을 사랑하시는 분이 그분의 발밑을 유리처럼 단단하게 받쳐주는 파도 위를 걸어서 오셨기 때문입니다.

그분은 그들이 죽도록 방관하지 아니하셨습니다. 바다의 파도 위를 걸어서 오신 분은 바로 예수님이셨습니다. 그분이 배 안으로 오시자 즉각 배를 흔들리게 했던 파도는 물러가고 불던 바람은 잠잠해져 깊은 평온이 찾아왔습니다.

마찬가지로 교회 역사상 가장 어두운 시대에 예수님은 적절한 때에 항상 교회에 닥친 환난의 파도 위를 걸어오셔서 교회의 평강을 회복시키셨습니다. 그러므로 두려워하지 맙시다. 오히려 두려움을 던져버리고, 기쁜 기대감으로 즐거워합시다. 무엇을 두려워하겠습니까? "하나님이 우리와 함께 계심이니라"(사 8:10). 그 말씀은 마귀들을 도망치게 하고, 악의 모든 세력들을 뒷걸음질치게 만드는 선전포고가 아니겠습니까? "임마누엘이라 … 하나님이 우리와 함께 계시다"(마 1:23).

누가 감히 그것에 대항한단 말입니까? 누가 유다 지파의 사자를 이기겠습니까? 그들은 자기들의 힘과 창으로 대항할 수 있을지 모르지만, 만일 하나님이 우리를 위하시면, 누가 우리를 대적할 수 있겠습니까? 또는 누가 우리를 대적한다면, 그들이 어떻게 설 수 있겠습니까? 하나님은 우리 자신의 하나님이십니다. 그분이 자신의 교회가 수렁 속에 빠져 짓밟히도록 하시겠습니까? 그리스도의 신부가 포로로 잡혀가겠습니까? 그분이 피로 값주고 산 사랑하는 성도들을 원수의 손에 맡기시겠습니까? 하나님은 절대로 그렇게 안하십니다! 그분은 하나님이시기 때문에, 그분이 우리를 위하시기 때문에, 그분이 우리의 하나님이시기 때문에, 우리는 우리의 깃발을 꽂고 즐겁게 노래합니다:

> 내가 아는 것은 내게 은혜를 베푸신
> 그분을 내가 찬양하리라는 것,
> 내 얼굴에 기쁨이 넘치네,
> 실로 그분이 나의 하나님이시기에.

욕망

이제 저는 욕망이라는 두 번째 감정을 소개함으로써 완전히 다른 노래를 부르고자 합니다.

힘 있게, 초롱초롱한 눈으로, 그리고 따스한 마음을 갖고 욕망은 이렇게 말합니다: "그래, 하나님은 우리에게 복을 주시는 분이다. 하지만 우리가 지금 축복을 소유하고 있는 한에서만 그렇다. 우리는 그것에 배고프고 목마르다. 우리는 그것을 구두쇠가 금을 탐내는 것처럼 갈망한다. 그러나 어떤 종류의 축복이 임하고, 어떻게 하나님이 우리에게 복을 주실 것인가?"

이에 대한 제 대답은 이렇습니다: "하나님이 그의 백성들에게 복을 주시게 되면, 그분은 그분이 소유하고 있는 '모든' 은혜를 주실 것이다. 왜냐하면 언약의 보고 속에는 어떤 것만이 아니라 모든 것이 들어있고, 교회의 어떤 필요에 대해 약간의 도움이 아니라 그 모든 필요를 다 채울 만큼 넘치는 도움이 주어질 것이기 때문이다. 주님은 그의 교회에 복을 주실 때, 그 모든 성도들에게 부흥의 은혜를 주실 것이다. 그들은 그 전의 인생보다 더 고상하고, 더 수준 높고, 더 복된 인생을 살기 시작할 것이다."

성령의 최고의 선물 가운데 하나는 교회에 힘을 주고 그 성도들을 활력 있게 하는 것입니다. 이것이 참으로 필요합니다. 저는 오늘날 그리스도인들에게는 이것이 부족하다고 생각합니다. 저는 아주 열심 있는 그리스도인들 중에 천국과 거리가 먼 자들도 있다고 봅니다. 그러나 다른 그리스도인들은 열심과는 거리가 너무 멀어서 더 강력한 영적 상태 속에 들어가야 할 필요가 있습니다. 많은 교회들이 신랑이 금방 오지 않을 것이기 때문에 잠자고 있던 마태복음 25장에 나오는 어리석은 처녀들과 흡사합니다. 너무 무감각하고, 하나님에 대한 사랑이 극히 부족하고, 그분의 경고에 대해 별로 집중하지 않으며, 사람들의 영혼을 불쌍히 여기고, 그들을 위해 기도하는 마음이 거의 없습니다. 주님이 그의 교회를 방문하실 때, 첫 번째 결과는 그의 사랑받는 자들의 생명의 거듭남일 것입니다. 그 다음 축복은 교회 밖에 있는 사람들이 회심하고 그들이 교회의 구성원으로 참여할 때 다시 주어질 것입니다.

저는 구원받은 죄인들을 볼 때 하나님이 우리에게 복을 주실 것이라고 생각합니다. 목사들은 교회가 부흥하지만 거기서 회심자를 보지 못하면 크게 속고 있는 것입니다. 저는 회심자의 숫자가 제가 섬기는 교회에서 줄어든다면, 도저히 편안한 마음을 갖지 못할 것 같습니다. 만일 하나님이 그의 교회에 돌아오신다면, 우리는 우리의 좌우에 서 있는 수많은 사람들에 대해 "우리가 저들을 구원받도록 한 것이 무엇인가?" 하고 말할 것입니다. 놀란 교회는 자기가 낳은 무수한 자녀들을 보고 "누가 나를 위하여 이들을 낳았는고?"(사 49:21) 그리고 "저 구름 같이 저 비둘기들이 그 보금자리로 날아가는 것같이 날아오는 자들이 누구냐?"(사 60:8)는 감격스러운 칭찬을 들을 것입니다. 이 두 가지 축복 — 교회가 깨어있고, 영혼들이 회심하는 것 — 이 임할 때, "여호와께서 자기 백성에게 힘을 주심이여 여호와께서 자기 백성에게 평강의 복을 주시리로다"(시 29:11)라는 하나님의 말씀은 성취될 것입니다.

교회는 강해져서 회심자들이 그 대적들을 거부할 능력을 갖게 될 것입니다. 교회는 그 사역의 결과들을 역력히 보고 담대해질 것입니다. 교회는 믿음이 증거로 다시 채워질 것이기 때문에 의심을 멈출 것입니다. 그때 평화가 임할 것입니다. 젊은 회심자들은 새로운 기쁨의 홍수 속에 들어갈 것입니다. 그들의 새로운 피는 교회의 옛 피가 그 혈관 속에서 고동치게 할 것입니다. 젊은이들과 늙은이들이 함께 즐거워하며 넘치는 평화 속에서 뛰어놀 것입니다. 만일 여러분이 이런 교회의 성도라면, 축복은 계속되고 증가할 것이며 모든 교회는 그들에게 말할 수 없는 기쁨으로 즐거움을 선사하시는 이스라엘의 하나님으로부터 축복을 받을 것입니다.

그런데도 불구하고, 욕망은 "나는 축복이 무엇인지 알고 있다. 그러나 하나님이 어느 정도 그것을 주시고, 우리는 얼마나 그것을 기대할 수 있을까?"라고 말합니다.

이에 대한 제 대답은 이것입니다: "하나님은 자기를 믿는 여러분의 신뢰의 양에 따라 그것을 주실 것이다."

우리는 복이 하늘로부터 주어지기 시작하면 곧 크게 만족하게 됩니다. 우리는 단지 하나나 두 개의 화살을 쏘았을지라도 이스라엘 왕 요아스처럼 멈춥니다. 그리고 우리는 선지자 엘리사의 말로 비난받아 마땅합니다: "왕이 대여섯 번을 칠 것이니이다 그리하였더면 왕이 아람을 진멸하기까지 쳤으리이다"(왕하 13:19). 우리는 컵을 가장자리까지 가득 채울 수 있음에도 불구하고 몇 방울로 만족합니다. 우리는 그것들을 받을 만한 믿음만 있다면, 물통들과 강들과 바다를 가질 수 있는데도, 어리석게도 단지 물 한 바가지로 만족하고 맙니다. 단지 6명만이라도 우리 각 교회에서 주일예배를 통해 회심했다면, 우리는 크게 감사하며 즐거워하겠지만, 그들이 6백 명이 아니라는데 대해 부끄러운 마음을 가져서는 안됩니까?

빈약한 기대 때문에 이스라엘의 거룩하신 자의 역사를 제한하는 자는 바로 우리가 아닙니까? 우리는 그분의 전능성에 밑줄을 긋고, "너는 여기까지 도달할 수 있는가"라고 말할 수 있습니까? 우리가 한계가 없고 제약이 없다고 알고 있는 무한하신 분과 함께한다는 이유로 우리의 욕망을 크게 하고, 우리의 소망을 더 높이는 것이 어리석은 일입니까? 요셉 당시 애굽에서 일어났던 그 유명한 7년간의 풍년을 무색하게 하는 풍년을 왜 기대하지 못합니까? 이스라엘 백성들이 약속의 땅 가나안에서 수확했던 것들을 능가하는 포도송이를 왜 기대하지 못할까요? 우리는 왜 그리도 생각이 그토록 좁고, 인색하고, 미약합니까?

우리는 더 큰 일을 고대해야 합니다. 왜냐하면 우리가 주님을 믿는다면, 더 큰 일을 기대하는 것이 당연한 일이기 때문입니다. 저는 설교할 때마다 그 권능이 건물을 뒤흔들고, 오순절 역사처럼 불신자들 수천 명이 하나님께 돌아올 날을 그려봅니다. 오순절은 하나님의 권능의 최고의 증거가 아닙니까? 아무려면 첫 열매가 추수때 수확보다 더 크겠습니까? 어떻게 그럴 수 있습니까? 우리는 만일 하나님이 그의 교회를 다시 찾아오실 것을 믿고 또 그분이 그렇게 역사하실 것을 믿는다면, 민족들이 한 날에 구원받는 역사를 목격하게 될 것입니다.

부상당한 사슴처럼 고통스럽게 절뚝거렸던 예수 그리스도의 복음은 갑

자기 강력한 천사처럼 날개를 달고, 온 하늘을 날아다니며 예수 그리스도가 주와 하나님이 되신다고 선포할 것입니다. 안 그렇습니까? 그분이 우리가 구하거나 생각하는 모든 것에 더 넘치도록 능히 하실(엡 3:20) 분이라면, 누가 강력한 소망을 갖지 못하는 것을 합리화시킬 수 있습니까?

저는 욕망이 "그래, 나는 복이 무엇이고, 그것이 어느 정도 주어질 수 있다는 것도 안다. 그러나 그것을 어떻게 얻을 수 있고, 언제 주어질 것인가?"라고 하는 말을 들을 수 있습니다.

"'하나님 곧 우리 하나님이 우리에게 복을 주시는' 때가 언제입니까?"라는 질문에 대해 답변하는데 본문이 도움이 되기 때문에 본문을 간단하게 다시 살펴보기 원합니다. 시편 67편은 "하나님은 우리에게 은혜를 베푸사"(1절)라는 말씀으로 시작합니다. 그 기도는 과거의 잘못을 자복하는 회개하는 백성들의 음성입니다. 하나님은 교회가 잘못을 인정하고 겸손하게 나올 때, 교회를 축복하시고, 복음을 따라 회개할 때, 교회는 은혜의 보좌 앞에 서서 "하나님은 우리에게 은혜를 베푸사"라고 부르짖을 것입니다.

우리는 주님이 교만하고 자만에 빠져있는 교회, 강퍅하고 무감각한 교회에 복을 주시리라고 기대해서는 안됩니다. 교회가 자신의 결함을 느끼고 겸비해질 때, 하나님은 기꺼이 교회를 은혜로 선대하실 것입니다. 저는 첫번째 구절의 문맥에서 하나님은 그의 백성들이 자기 죄를 자복할 때뿐만 아니라 기도할 때에도 그들을 축복하신다는 결론을 얻습니다. 그 기도는 절실하고 겸손하며 믿음이 있습니다. 그러므로 그것은 하나님의 보좌에 신속하게 나아갑니다. "하나님은 우리에게 은혜를 베푸사 복을 주시고 그의 얼굴빛을 우리에게 비추사"(시 67:1). 이 번민하는 욕망들은 어느 정도 축복을 상실했다고 느끼고, 그것이 회복될 때까지 결코 편안히 있지 못하는 교회의 번민의 한 부분이 될 것입니다. 우리는 전체 교회가 절박성과 인내심을 갖고 중보자 역할을 감당할 때, 축복을 받으리라고 확신합니다.

기도는 진실한 사람들에게 최고의 보루입니다. 저는 이것을 증명할 수 있습니다. 우리 교회에서는 모든 성도들이 숲 속의 나무들이 바람에 흔들리는 것처럼, 도전받는 기도회를 갖고 있고, 그 결과 영혼의 회심을 통해 하나님의 살아계심이 항상 증명되었습니다. 우리에게 기도할 때 최고의 순간은 새신자들을 즐겁게 수확할 때입니다. 모든 교회는 간절하게 기도해야 하고, 그렇지 않으면 교회는 풍성한 단비의 소리가 대지를 적시는 것을 기대할 수 없습니다. 저는 교회가 그 죄를 자복하기 위해 깨어나기를 바라고, 사람들의 영혼을 위한 기도의 투쟁을 벌이도록 깨어나기를 요청합니다. 그러면 주 하나님은 높은 곳에서 우리를 찾으실 것입니다. 성령이여, 오셔서 당신의 잠자는 백성들을 깨워 주옵소서! 게으른 수많은 성도들을 일깨우셔서 당신의 능력을 맛보게 하사 우리에게 승리의 밝은 날이 임하게 하소서!

시편 67편은 계속될수록 기도보다는 찬양에 관해 더 많이 말씀합니다. "하나님이여 민족들이 주를 찬송하게 하시며 모든 민족들이 주를 찬송하게 하소서 … 땅이 그의 소산을 내어 주었으니"(3, 6절). 교회는 하나님을 찬양하는 일에 더욱 힘써야 합니다. 우리가 은혜를 받을 때, 그것을 가볍게 그리고 감사 없이 받으면, 우리는 더 기대할 것이 없습니다. 그러나 우리가 받은 모든 은혜로 말미암아 아무 가치 없는 우리에게 그것을 베푸신 하나님을 찬양할 때, 우리는 곧 더 많이, 많이, 많이 받을 것입니다.

찬양은 보편적이어야 합니다: "모든 민족들이 주를 찬송하게 하옵소서." 그것은 즐겁고 진솔해야 합니다. 각 성도는 찬양을 통해 즐거워하고, 전심으로 찬양해야 합니다. 우리 모두는 언제 찬양을 위해 일어날까요? 주님의 모든 택자는 언제 그분의 영광스러운 이름을 그 본분을 다해 찬양하게 될까요? 우리가 직장에서, 집에서, 그리고 모든 곳에서 하나님을 찬양하는 노래를 부를 때가 언제입니까? 기도와 찬양이 신성하게 결합될 때 그리고 교회가 하나님의 축복을 받기 위해 전적으로 집중할 때, 하나님, 곧 우리 하나님이 우리에게 복을 주실 것입니다.

저는 교회가 커다란 은혜를 받을 때, 특별히 신령한 성도들에게 주어질 어떤 증거들이 있는데, 이것들은 그들에게 축복이 임할 것을 보증한다고 확신합니다. 엘리야는 비가 한 방울도 떨어지기 전에 "큰 비 소리"(왕상 18:41)를 들을 수 있었고, 헌신적인 하나님의 자녀들 역시 은혜가 임하기 전에 벌써 은혜의 때가 오고 있음을 확신했습니다. 어떤 사람들은 사람들의 몸이 특별히 날씨의 변화에 민감하게 반응하여 날씨를 미리 예측할 수 있는 것처럼, 하나님의 역사에 특별히 민감하게 반응합니다. 콜럼버스가 낯선 지상의 새들과 떠다니는 해초와 나뭇조각들을 보고 육지에 도착한 것처럼, 기독교 사역자도 작은 징조들을 보고 종종 놀라운 축복의 시간이 다가오고 있음을 확실히 느낍니다. 그는 자기가 왜 그렇게 그것을 확실하게 느끼는지 다른 사람들에게 거의 말할 수 없지만, 그에게는 그 징조들만으로도 완전히 충분합니다.

그것은 마치 무감각과 세속화의 물결이 물러가고 있음을 우리에게 알려주기 위해 비둘기들이 우리의 손안으로 날아드는 것과 같습니다. 그것들은 우리에게 감람나무 잎사귀를 물고와 은혜가 우리 백성들 중에 확실하게 임하리라는 것을 암시합니다. 그리고 이것은 우리에게 하나님이 교회에 은혜를 베푸실 때가 진실로 다가왔다는 것을 알려줍니다. 여러분은 옛날 선지자가 자리에서 일어나 벽에서 수금을 취해 그 현을 정돈한 다음, 익숙하지 않은 현들 위에 손을 올려놓고, 특별한 힘과 즐거움으로 그 현들을 켜는 것을 본 적이 있습니까? 그때 여러분은 그에게 "주님께 집중한 늙은 연주자, 음유시인인 당신은 어떻게 그렇게 즐겁게 수금으로 노래를 연주하십니까?"라고 묻지 않겠습니까? 그러면 그는 "나는 저 앞에 전쟁에서 승리하고 돌아오는 주인의 승리의 깃발을 보기 때문입니다. 그것은 교회요, 교회는 자기를 사랑하는 분을 통해 승리자보다 더 우월한 존재입니다. 나는 천사들의 날개가 흔들리는 소리를 듣습니다. 그들은 회개하는 사람들을 보고 즐거워하고, 교회는 그 영광이 회복되고 그 자녀들이 많은 것으로 말미암아 감사합니다." 하늘의 빛으로 빛을 받은 성도들은 다가오는 은혜의 그림자를 느끼고, 아득히 은혜의 마차가 굴러오는 바퀴소리를 듣습니다.

물론 이런 징조들을 느끼기에는 극히 미미할지 모르지만, 많은 성도들에 의해 구별될 수 있는 다른 징조들이 있습니다. 예를 들면, 주님이 그의 백성들이 하나님의 초청에 대해 특별하고 압도적인 갈증을 느낄 때, 그들이 마치 교회가 지금 하고 있는 것보다 더 멀리 나아갈 수 없다고 느낄 때,

그들이 고귀한 일에 대해 초조와 두근거림과 그리움과 갈망과 갈증을 느끼기 시작할 때, 그들에게 복을 주실 것이라는 아주 확실한 표지입니다.

저는 모든 그리스도인들이 확실한 변화가 없으면 절대 만족하지 않는 성도들이 되도록 하나님께 기도합니다. 그리고 이 불만족이 그리스도인들의 마음속에서 일어날 때, 그것은 하나님이 그의 백성들이 더 큰 축복을 받아들일 수 있도록 그들의 마음을 더 크게 확대시키는 확실한 징조입니다. 그렇다면 이 준비된 신자들은 강력한 흥분에서 오는 거룩한 갈망, 거룩한 목적에서 오는 고뇌, 그들이 과거에 맛보지 못했던 신비한 열망 등을 경험할 것입니다. 이것들은 그들이 결코 저항할 수 없는 충동들로 바뀌게 될 것입니다. 이전에 주님에 관해 아무 말도 할 수 없었던 사람들이 갑자기 말할 수 있게 됩니다. 중보자 역할을 잘 감당하지 못했던 또 다른 사람들도 힘 있게 기도하는 자가 될 것입니다. 오랫동안 말라있던 눈에 눈물이 있을 것입니다.

우리는 과거에 뒤에 머물러 있던 신자들이 죄인들과 과감하게 대화를 나누고, 그들에게 복음을 전해 회심시키는 열심을 보여 주는 것을 발견합니다. 이와 같은 하나님의 손의 감동들, 이같이 항상 복되신 그분의 영의 거룩하고 신비로운 고동들은 그분이 그의 교회를 크게 축복하기 원하신다는 것을 보여 주는 표지입니다. 그리고 사랑하는 성도들이여, 누구든 자신 속에 축복을 방해하는 것이 있는지 자신을 살피기 시작할 때, 교회의 각 성도가 하나님이 자기를 찾도록 자신의 마음을 표현하고, "저에게서 당신의 역사를 방해하는 모든 것을 제거하고, 저를 더 큰 일을 위해 준비시켜 주시며, 저를 당신의 영광을 높이는 곳에 두심으로써 제가 당신에게 헌신하도록 인도하옵소서"라고 외칠 때, 우리는 다윗 왕처럼 "뽕나무 꼭대기에서 걸음 걷는 소리"(삼하 5:24)와 같은 소리를 들을 것입니다. 또한 우리는 꽃들이 피는 것을 보면, 새들의 노래하는 때가 다가오고 있고, 봄과 여름이 가까이 왔다는 것을 알게 됩니다.

하나님께서 우리에게 이 은혜로운 징조들을 더 많이 보여 주시기를 바랍니다! 저는 그것들을 현재 우리의 삶 속에서도 얼마든지 보리라고 생각합니다. 아마 제 소원이 제 생각의 모태가 되겠지만, 저는 하나님이 현재에도 그의 교회를 찾아오시는 충분한 표지들을 본다고 생각합니다. 그러나 우리는 그것을 믿어야 합니다. 그것을 받아들여야 합니다. 우리는 기도와 찬양과 수고와 분투를 하나로 조화시킴으로써 이 기대에 따라 사역해야 합니다. 만일 우리가 그렇게 한다면, 이것이 일어나는 해는 하나님의 놀라우신 권능이 보일 것이기 때문에, 마지막에 있을 그 놀라운 해 곧 우리 주님의 날, 은혜의 해, 지상에 천국이 세워지는 바로 그날에 대한 보증이 될 것입니다.

소망

마지막으로 저는 여러분에게 이 두 가지보다 훨씬 더 아름다운 것 곧 매혹적이고 시원한 눈을 가진 처녀, 소망을 소개합니다. 여러분은 그녀의 독보적인 노래를 들어보신 적이 있습니까? 젊었을 때, 그녀는 잘 조율된 수금의 반주에 따라 계속 노래 부르는 법을 배웠습니다. 그녀의 매혹적인 발라드가 여기 있습니다: "하나님이 우리에게 복을 주시리로다. 하나님이 우리에게 복을 주시리로다." 그녀는 종종 밤에 이 노래를 들려주고, 그러면 어두운 하늘에 별들이 갑자기 빛을 밝혔습니다. "하나님이 우리에게 복을 주시리로다." 그녀는 폭풍이 몰아치는 와중에도 이 노래를 부르는 것으로 알려져 있고, 마음을 진정시키는 그 노래는 고요한 바다에서도 울려 퍼졌습니다.

옛날에 힘 있는 일꾼들은 군주에 의해 오래된 숲을 밭으로 경작하는데 — 나무를 잘라내고, 곡식의 씨를 뿌리고, 군주에게 큰 이득을 주도록 — 파견되었습니다. 이 일꾼들은 용감하고 강하고 일에 대한 의욕으로 충만했습니다. 그들은 확실히 그들의 모든 힘을 다 쏟아 일을 했습니다. 한 용감한 일꾼이 근면이라는 이름으로 불렸습니다. 강철 같은 근육을 가진 인내라는 일꾼은 그의 형제로서 함께 그곳에서 오랫동안 힘든 일을 조금도 지치지 않고 거뜬히 감당했습니다. 또 열정과 불굴의 힘으로 무장한 열심이 그들을 돕기 위해 함께 있었습니다. 열심은 친척인 자기부인과 친구인 끈기와 함께 일했습니다. 그들은 모두 일하러 나갔고, 거기서 그들의 수고에 힘을 복돋아 주는 소망이라는 사랑스러운 자매를 만났습니다. 그리하여 그들은 엄청난 일을 해냈습니다. 숲의 나무들은 거대했지만, 그들은 열심히 도끼를 휘둘러 그것들을 땅에 쓰러뜨렸습니다. 하나씩 하나씩 나무들은 쓰러져 갔고, 그들의 수고는 끝이 없고 쉼이 없었습니다.

밤에 휴식을 취하게 되었을 때, 그들은 낮의 작업이 그리 힘들지 않다고 생각되었습니다. 왜냐하면 그들이 문턱을 넘어 들어갈 때 인내가 그들의 이마에 흐르는 땀을 닦아 주어 용기가 다시 생겼고, 자기부인도 달콤한 목소리로 "하나님 곧 우리 하나님이 우리에게 복을 주시리로다 하나님이 우리에게 복을 주시리니" 하고 노래를 불러 주어 힘이 다시 솟아났기 때문입니다. 그들은 그 노래의 선율에 맞추어 거대한 나무들을 잘랐습니다. 그들은 하나씩 하나씩 나무들을 잘라내고 밭을 넓혀갔습니다. 그들은 땅으로부터 거대한 나무뿌리들을 캐냈습니다. 그들은 땅을 팠습니다. 그들은 곡식의 씨앗을 뿌렸습니다. 그런 다음 그들은 수확의 때를 기다렸습니다. 그들은 종종 힘이 빠지기도 했지만 그때마다 은사슬과 금족쇄로 말미암아 그들은 쓰러지지 않고 견딜 수 있었습니다. 그들은 "하나님 곧 우리 하나님이 우리에게 복을 주시리로다" 끊임없이 들려오는 달콤한 노래를 들으면서 지탱했습니다. 소망이 그 노래를 결코 멈추지 않았기 때문에 그들은 수고를 멈추지 않았습니다. 노랫소리가 분명히 그리고 아침, 저녁으로 끊임없이 "하나님 곧 우리 하나님이 우리에게 복을 주시리로다 하나님이 우리에게 복을 주시리니" 하고 울려 퍼졌기 때문에 그들은 잠시나마 힘이 빠져 힘들어했던 것을 부끄러워하고, 절망에 사로잡혔던 것을 겸연쩍어 했습니다.

여러분은 이 비유의 의미를 알고 있을 것입니다: 여러분은 그 노래를 알고 있습니다. 오늘 여러분의 영혼에 그 노래가 들리기를 바랍니다! 우리는 이 큰 일을 감당하기에는 숫자가 너무 적습니다. 정말 너무 적습니다. 그러나 하나님이 우리에게 복을 주실 것이고, 그러기에 우리는 충분히 많습니다. 우리는 약하고, 별로 지식도 없습니다. 우리는 경험도 적고 지혜도 부족합니다. 그러나 하나님이 우리에게 복을 주실 것이고, 그러므로 우리는 충분히 지혜롭고 충분히 강합니다. 우리는 죄로 가득 찬 무가치한 존재로서, 변덕스럽고 유약합니다. 그러나 하나님이 우리에게 복을 주실 것이고, 그러기에 우리의 무가치함은 그분의 은혜의 보석으로 정련되어 빛나게 될 것입니다. 하나님이 우리에게 복을 주실 것입니다 — 여기에 축복을 보증하는 영광스러운 약속이 있습니다. 그 약속은 반드시 지켜질 것입니다. 왜냐하면 그것은 그리스도 예수 안에서 '예'와 '아멘'이 되기(고후 1:20) 때문입니다.

민족들은 메시아 앞에 무릎을 꿇도록 되어 있습니다. 에티오피아는 그 팔을 벌려 그 왕을 영접해야 합니다. 하나님은 우리에게 복을 주실 것입니다. 그분은 자기 백성들을 축복하셨습니다. 애굽은 하나님이 이스라엘의 원수들을 어떻게 멸하셨는지 선포해야 합니다. 가나안은 그분이 열왕들을 어떻게 쳐서 죽였는지, 강력한 왕들을 어떻게 쓰러뜨리고 자기 백성들에게 그 땅을 기업으로 주셨는지 증거해야 합니다. 우리에게 자기 아들을 아끼지 아니하고 내주신 이가 "어찌 그 아들과 함께 모든 것을 우리에게 주시지 아니하겠느냐?"(롬 8:32). 그분은 우리와 영원히 함께 하실 자신의 성령을 우리에게 주셨습니다. 그런데 어떻게 그분이 우리에게 필요한 도움이나 본질적인 축복을 주시기를 거부할 수 있을까요?

본문은 거룩한 사역에 충성하고 있는 그리스도인 각자를 위한 노래입니다. 그것은 열심 있는 주일학교 모든 교사들을 위한 노래입니다. 만일 여러분의 사역 속에서 선한 것이 없고 오히려 실망감만 더하다면, 침체되어 있는 여러분의 영을 소생시킬 수 있는 시편이 여기 있습니다: "하나님이 우리에게 복을 주시리로다." 멈추지 말고 학생들에게 더 열심히 복음을 가르치십시오. 이것은 척박한 땅을 경작하지만 아직 그 수확을 보지 못한 사역자에게 신선한 청량제가 됩니다. "하나님이 우리에게 복을 주시리로다." 정력적인 수고를 멈추지 마십시오. 여러분의 사역을 회고해 보십시오. 왜냐하면 여러분은 축복이 오고 있는 것을 바라만 보아도 크게 즐거워할 만한 다가올 축복을 소유하고 있기 때문입니다.

각 사역자는 그의 주님이 그에게 정해 주신 섬김의 사역에 매진하며, 이 낙원의 새가 "하나님이 우리에게 복을 주시리로다"라고 그의 귀에 아름답게 들려주는 노래를 들어야 합니다. 사울 왕 앞에서 연주하던 다윗의 수금처럼, 그것은 절망을 몰아냅니다. 제사장들의 은나팔처럼, 그것은 희년을 선포합니다. 오, 만일 그렇다면, 이스라엘의 숫양의 뿔처럼, 그것은 여리고를 무너뜨릴 것입니다.

저는 "하나님이 우리에게 복을 주시리로다"라는 노래가 여러분을 자극하고, 여러분을 감동시키며, 여러분이 강한 군대처럼 돌진하도록 만들기를 원합니다. 하나님이 우리와 함께 하십니다. 그분은 우리에게 복을 주실 것입니다. 그런데 왜 우리가 열심을 품지 않겠습니까? 왜 여러분은 그렇게 지쳐 있습니까? 왜 여러분은 사람의 손의 힘에 의지합니까? 왜 여러분은 게으릅니까? 왜 여러분은 잠만 자고 있습니까? 왜 여러분은 원수들을 그렇게 두려워합니까? 하나님이 우리에게 복을 주실 것입니다. 십자가 군사들이여, 속히 일어나 승리를 움켜쥐십시오! 농부들이여, 수확을 거두어들이십시오! 항해자들이여, 순풍이 불어올 때, 어서 돛을 올리십시오! 하나님이 우리에게 복을 주실 것입니다. 오, 제단의 불은 이미 우리의 입술에 닿았습니다(사 6:5-7). "하나님이 우리에게 복을 주시리로다"라는 본문의 황금송보다 우리에게 불타는 석탄을 가져다주는 더 좋은 도구가 어디에 있을까요?

이제 마지막으로 저는 여러분에게 경고 한마디 하고자 합니다. 주님이 단수가 아니라 복수로 "우리" 그리스도인들에게 복을 주신다면, 단수 "나"에게 왜 복을 주시지 않겠습니까? 은혜의 소나기가 있는데, 그것이 여러분 위에 떨어지지 않는다면 어떻게 하겠습니까? 그분이 자기 백성들에게 선하신 역사에 대한 징조를 허락하시는데, 여러분을 제외시킨다면, 괜찮겠습니까? 그것이 과거에 일어난 것이라면 그럴 수 있습니다. 그리고 만일 이 두려운 가능성이 여러분에게 현실이 된다면, 그것은 참으로 비극이 될 것입니다. 왜냐하면 기드온 이야기에서 보는 것처럼, 땅이 젖어있을 때 양털은 말라있었던 것처럼, 아무것도 없기 때문입니다. 다른 사람들이 구원받는 동안 상실한 자들만큼 크게 상실한 것은 없습니다.

조심하십시오. 왜냐하면 이것이 여러분의 현실이 될 수 있으니까요! 그러나 이것은 으레 그렇게 되는 것은 아닙니다. "너희는 여호와를 만날 만한 때에 찾으라 가까이 계실 때에 그를 부르라"(사 55:6). 그분은 용서를 베풀 만한 충분한 능력을 갖고 계시고, 구하는 자에게 자유롭게 베푸실 것입니다. 그분이 여러분에게 구하는 것은 여러분이 그분의 아들을 믿는 것이 전부입니다. 그분을 믿는 믿음을 달라고 성령께 구하십시오. 그분을 믿으십시오! 그분의 보배 피의 공로를 의지하십시오. 그러면 여러분은 그분이 은혜를 베푸실 때 절대로 제외되지 아니할 것입니다. 아니, 오히려 여러분은 특별히 "하나님 곧 우리 하나님이 우리에게 복을 주시리로다. 하나님이 우리에게 복을 주시리니"라고 유쾌하게 찬송할 것입니다.

4

기억의 축복

이것을 내가 내 마음에 담아 두었더니 그것이 오히려 나의 소망이
되었사옴은 — 예레미야애가 3:21

기억은 자주 절망의 하인입니다. 절망하는 마음은 과거로부터 모든 부정적인 암시를 받고 현재의 우울한 상태에 대해서만 생각합니다. 기억은 베옷을 입고 쑥과 독한 물을(렘 9:15) 섞은 잔을 그 주인에게 내놓으며 서 있는 종과 같습니다. 로마신화에 나오는 사자(使者)의 신, 머큐리처럼 기억은 그의 발뒤꿈치 위에 날개를 달고, 우리가 이미 불안하게 잠들어있는 베개에 새로운 가시들을 채우고, 채찍에 맞아 이미 피를 흘리고 있는 우리의 마음에 새로운 혈관을 묶어버리기 위해 분주하게 움직입니다.

그러나 이렇게 할 필요는 없습니다. 지혜는 기억을 위로의 천사로 바꿀 것이니 말입니다. 그 왼손에 그토록 많은 어둡고 우울한 징조들을 들고 있는 똑같은 기억이 그 오른손에는 희망으로 가득 찬 징조들을 나르기 위해 훈련받을 수 있습니다. 그것은 꼭 철모를 쓸 필요는 없습니다. 그것은 별들로 장식된 금띠를 두를 수도 있습니다. 존 번연(John Bunyan)의 「천로역정」에 보면, 그리스도인이 의심의 성에 갇혔을 때, 기억은 유명한 거인이 그의 포로들을 무섭게 내려치는 곤봉을 만들었습니다. 그들은 그들이 얼마나 올바른 길에서 떠나 있는지, 그들이 그렇게 하지 않도록 얼마나 경고를

받았는지, 그리고 그들의 더 나은 본성에 반대하여 얼마나 초장 옆길에서 방황하고 있었는지 기억해냈습니다. 그들은 그들의 과거의 모든 악행들, 죄들, 악한 생각들 그리고 악한 말들을 기억해 냈고, 이 모든 것들은 곤봉 속에 있는 매듭들처럼 그 연약한 고난 받는 지체들에게 쓰라린 상처와 흠집을 남겨 놓았습니다.

그러나 어느 날 밤 그들을 후려갈겼던 똑같은 기억이 그들을 자유롭게 하는데 도움을 주었습니다. 왜냐하면 그것은 그리스도인의 귀에 뭔가 부드러운 음성으로 속삭였기 때문입니다. 그때 그는 조금 놀라서 "내가 자유를 누릴 수 있을 때 악취가 풍기는 토굴 속에 누워 있는 것은 얼마나 어리석은 일인가! 나는 약속이라 불리는 내면의 옷 주머니 속에 열쇠를 갖고 있다. 그것이 의심의 성의 굳게 잠긴 자물통을 열 것이라고 나는 확신한다"고 부르짖었습니다. 따라서 그는 손을 그의 옷 주머니 속에 넣고, 큰 기쁨에 젖어 열쇠를 꺼내 자물통 속으로 밀어 넣었습니다. 그리고 번연이 묘사한 것처럼, 그 성의 큰 철문의 자물통이 "지독하게 단단했지만" 열쇠는 그것과 다른 모든 것들까지 열어놓았습니다. 그래서 이 복된 기억 행위로 말미암아 가난한 그리스도인과 소망은 자유를 얻게 되었습니다.

본문이 예레미야의 기억의 한 행위를 기록하고 있음을 주목하기 바랍니다. 예레미야애가 3:20에서, 선지자는 기억이 그를 절망으로 이끌었다고 했습니다. "내 마음이 그것을 기억하고 내가 낙심이 되오나." 그런데 본문에서 그는 이 동일한 기억이 자기에게 생기를 주고 위로가 되었다고 했습니다: "이것을 내가 내 마음에 담아 두었더니 그것이 오히려 나의 소망이 되었사옴은."

그렇다면 우리는 만일 우리가 우리의 기억들을 조금만 잘 활용한다면, 아주 심각하고 암울한 고난 속에 있을 때 즉각 위로의 등불을 비출 수 있는 성냥을 그을 수 있는 일반원리로 삼을 수 있습니다. 하나님은 신자들이 기쁨을 회복하도록 새 일을 만드실 필요가 없습니다. 만일 그들이 과거의 잔재들을 기도하면서 샅샅이 살핀다면, 거기서 현재의 빛을 발견할 수 있습니다. 또 만일 그들이 진리의 책과 은혜의 보좌 앞으로 나아간다면, 그들의 불꽃은 예전처럼 밝게 타오를 것입니다. 저는 이 일반원리를 세 부류의 그리스도인들의 상황에 적용해 보고자 합니다.

심각한 고민 속에 있는 성도

첫 번째 부류는 심각한 고민 속에 있는 성도입니다. 이는 영광의 기업을 위해 흔히 겪는 상황입니다. 그리스도인은 아주 오랫동안 평탄함 속에 있는 경우가 드뭅니다. 예수 그리스도를 믿는 신자는 무수한 환난을 거치면서 천국을 상속받습니다. 예레미야애가 3장에 보면, 여러분은 예레미야의 마음속에 사라지지 않고 기억으로 남아있는 문제들의 항목을 확인할 수 있는데, 그것이 결국엔 그에게 위로를 주었습니다. 첫 번째 위로는 우리의 현재의 고통이 아무리 심각할지라도, 그것은 결코 우리를 진멸시키지 않을 주님의 자비 때문(22절)이라는 사실입니다. 이것은 확실히 작은 시작입니다. 여기서 위로는 그리 크지 않지만, 아주 연약한 사람이 피라미드 계단의 맨 밑바닥에 있을 때, 그가 만약 그 계단을 올라가려고 한다면, 그에게 처음부터 가파른 계단을 오르도록 해서는 안됩니다. 처음에 계단을 오르도록 하기 위해서는 그에게 작은 짐을 주어야 합니다. 그리고 더 큰 힘이 생기면, 그때 그는 더 큰 발걸음으로 올라갈 수 있을 것입니다.

그러므로 혹시 여러분이 갈 수 있는 곳을 한 번 상상해 보십시오. 무덤의 음침한 입구를 통과하여 혼란만 가득하고 질서라곤 흔적조차 없는 죽음의 그림자의 계곡과 같은 어둠의 영역까지 낮아지십시오. 거기서 여러분은 앞뒤로 돌진하는 것처럼 들려오는 무수한 죄책들의 신음소리와 고통 속에 있는 영들의 울부짖는 소리를 분별할 수 있습니까? 여러분은 그들의 서글픈 부르짖음과 그들의 무섭게 이를 가는 소리를 들으십니까? 여러분의 귀는 그 사슬들의 부딪히는 소리를 듣기 위해 서 있을 수 있습니까? 여러분의 눈은 그 불꽃 같은 진노를 보기 위해 서 있을 수 있습니까? 그들은 영원히, 영원히, 영원히 하나님의 임재로부터 차단되어 있고, 악마들과 절망 속에서 갇혀 있으리라! 그들은 절망하는 미치광이의 꿈이 그 고뇌를 결코 상상할 수 없을 정도로 두려운 비참의 불꽃 속에 놓여있습니다. 하나님은 그들을 던져버리고, 저주가 그들 위에 있음을 선포하시고, 그들을 영원히 흑암의 고통 속에 두셨습니다. 이것이 여러분의 운명이 될 수도 있습니다. 여러분의 현재 입장을 그들의 입장과 비교해 보십시오. 그러면 여러분은 어떤 상황에서든 슬퍼하기보다는 찬송을 부를 이유가 있습니다. 살아 있는 사람이 어찌 원망할 수 있습니까?(애 3:39)

여러분은 베니스에서 운하의 수위표 아래에 있는 보기만 해도 역겨운 토굴을 보신 적이 있습니까? 좁고, 어둡고, 질식할 것 같은 통로를 통해 꼬불꼬불한 길을 따라 가면, 사람이 몸을 굽히지 않고는 똑바로 설 수 없이 기어서 들어가야 되는 자그마한 방이 나오는데, 그곳은 궁정의 기초석들이 놓여 있는 곳으로서 햇빛이 전혀 들어오지 않습니다. 그 방들은 춥고, 불결하고, 습기와 곰팡이로 검게 얼룩져 있으며, 열병이 서식하는 곳이고, 죽음의 장소입니다. 그러나 그곳들은 영원히 불타고 있는 지옥과 비교해 보면 그래도 사치스러운 곳입니다. 만일 그들이 잠시라도 죄악된 양심과 하나님의 진노로부터 피할 수만 있다면, 그들의 눈꺼풀 위에 자라는 머리털과 함께 처연한 불행 속에 누워 있는 것은 상실된 영혼들에게는 그래도 특별한 사치가 될 것입니다. 형제들이여, 여러분은 이런 토굴 속도 아니고 지옥에도 있지 않습니다. 그러므로 용기를 내십시오. 그리고 예레미야 선지자가 예레미야애가 3장에서 했던 것처럼, "여호와의 인자와 긍휼이 무궁하시므로 우리가 진멸되지 아니함이니이다"(22절)라고 말하십시오.

이것은 여러분에게는 별로 큰 위로가 아닐 수도 있습니다. 그러나 만일 이 자그마한 불꽃이 아주 작은 열을 내는데 불과하다면, 그것은 더 좋은 것으로 여러분을 인도할 수 있습니다. 여러분이 그 앞에 앉아 그 따스함과 포근함을 느끼기를 바라며 난로에 불을 피울 때, 여러분은 처음부터 나무로 불을 피우지 않을 것입니다. 여러분은 먼저 불쏘시개를 사용하고, 그 다음에 활활 타오르는 불꽃을 위해 단단한 나무를 집어넣을 것입니다. 마찬가지로 얼핏 보면 아주 가볍고 사소한 것처럼 보일 수도 있는 이러한 생각은 현재 슬픔 속에서 벌벌 떨고 있는 여러분에게는 중대한 위로의 불을 붙일 수 있는 불쏘시개가 될 수도 있습니다.

더 좋은 것이 우리를 기다리고 있습니다. 왜냐하면 예레미야는 어쨌든 계속되는 어떤 자비가 있다는 것을 우리에게 상기시키고 있기 때문입니다. "여호와의 인자와 긍휼이 무궁하시므로 우리가 진멸되지 아니함이니이다 이것들이 아침마다 새로우니 주의 성실하심이 크시도소이다"(애 3:22-23). 여러분은 부도가 나 거리에 나앉을 수도 있고, 아주 가난하게 되어 초라한 몰골이 될 수도 있습니다. 이것은 참으로 불행한 일이지만, 만일 여러분이 건강하다면, 감사하십시오. 지금 즉시 병원에 가보십시오. 거기서 벌어지는 장면들을 살펴보십시오. 한 환자 옆에 앉아서 그의 고통과 질고에 대한 이야기를 들어보십시오. 그러면 여러분은 확실히 "내가 비록 현재 가난하지만, 나는 불평할 질병이 없으니 하나님께 감사하고, 따라서 나는 기꺼이 그분의 자비를 찬양하리라" 생각하면서 병원 문을 나설 것입니다.

병에 걸려 있고, 약한 육체를 질질 끌며 다니고 있습니까? 그렇다면 어둡고 비참한 게토(슬럼가)로 함께 가봅시다. 그곳은 사람들이 도시의 심장부에서 가난에 지쳐, 비참한 어둠 속에서 고달픈 생활을 하고 있는데, 아무도 그들을 동정하지 않습니다. 만일 여러분이 너무 빈약해서 충분한 영양을 공급하지 못하는 그들의 초라한 음식을 보고, 그들의 유일한 안식처인 비참한 집을 본다면, 여러분은 가난에 찌든 그 불결한 소굴로부터 달아나며 "나는 내 병을 얼마든지 감수할 수 있다. 왜냐하면 나는 최소한 불결함과 기근과 헐벗음보다는 낫기 때문이다"라고 외칠 것입니다. 여러분의 상황이 고통스러울 수 있지만, 그보다 훨씬 더 악한 상황 속에 있는 다른 사람들도 있습니다. 만일 여러분이 눈을 뜨고 그렇게 하기를 선택한다면, 여러분은 언제나 최소한 감사의 이유를 발견할 수 있을 것입니다. 여러분은 아직 가장 깊은 불행의 늪에 빠져있지는 않습니다.

누워 잠을 잘 침대도 없고 덮을 이불도 거의 없는 두 아들을 둔 가난한 한 여인에 관한 아주 감동적인 이야기가 있습니다. 살을 에는 한파 속에서 그들은 거의 얼어 죽게 되자 엄마는 돌쩌귀로 지하실의 문을 떼어서 한 구석에 웅크리고 잠을 잘 수 있는 공간을 만들어 아들들을 위해 외풍과 추위를 어느 정도 막을 수 있도록 했습니다. 그녀가 자기들이 얼마나 불행한 처지에 있는지 불평하자 "엄마, 그들 앞에 지하방 문 조각마저 없는 어린아이들은 어떤지 알아?" 하고 아들들 가운데 하나가 그녀에게 속삭였습니다. 거기서도 여러분은 감사의 이유를 발견하는 아이의 마음을 볼 것입니다. 그리고 우리는 비록 최악의 상황에 빠진다 해도 여전히 그분의 인자가 우리를 진멸하시지 않고 아침마다 새롭게 하시는 하나님께 감사함으로써 그분을 앙망할 것입니다. 다시 말해 이것은 그리 높은 계단은 아니고, 여전히 그것은 다른 계단보다 약간 더 높은 계단으로, 약한 사람도 그곳에 쉽게 올라갈 수 있습니다.

예레미야애가 3장은 우리에게 세 번째 위로의 원천을 제공합니다. "내 심령에 이르기를 여호와는 나의 기업이시니 그러므로 내가 그를 바라리라"(24절). 여러분은 많은 것을 잃어버렸을지라도, 기업은 잃지 않았습니다. 하나님은 여러분의 전부이고, 그러므로 만일 여러분이 하나님을 제외한 모든 것을 잃어버렸다고 할지라도, 하나님은 여러분의 전부이기 때문에, 아직 여러분의 전부가 남아있습니다. 하나님이 우리의 기업의 단지 한 부분이 아니라 우리의 영혼의 전체 기업입니다. 우리 마음의 모든 풍요가 그분 안에 집결되어 있습니다. 우리 아버지께서 살아계시는데, 우리가 어떻게 슬퍼할 수 있겠습니까? 우리의 보물이 하늘에 있는데, 우리가 어떻게 빼앗길 수 있겠습니까? 한낮에 해가 밝게 빛나고 있는데, 불타는 촛불을 들고 있다고 상상해 보십시오. 그런데 누군가 그 촛불을 혹 불어 꺼버렸습니다. 그러면 촛불이 꺼진 것 때문에 주저앉아 울어야 할까요? 아니지요. 해가 빛나고 있는 동안에는 그럴 필요가 없습니다. 하나님이 저의 기업이고, 만일 제가 이 땅에서 주어지는 위로를 약간 잃어버린다고 해도, 저는 불평하지 않을 것입니다. 그 이유는 그래도 여전히 하늘의 위로는 남아있기 때문입니다.

극히 오만하고 교만한 한 영국 왕이 런던 시민들과 갈등을 겪게 되었습니다. 그는 가공할 협박을 가함으로써 맞서는 시민들에게 경고하려고 했습니다. 그는 그들이 조심하지 않는다면, 런던 자치구인 웨스트민스터로부터 왕궁을 다른 데로 옮겨버릴 것이라고 했습니다. 그러자 용감한 메이어 경이 그렇게 되면 왕의 권위가 템즈 강으로부터도 제거되는지 여부를 문의하기에 이르렀습니다. 왜냐하면 강이 흐르고 있는 한, 왕의 권위는 그 흐르는 곳에도 미칠 수 있었기 때문입니다.

마찬가지로 세상은 우리에게 "너희는 희망을 가질 수 없다. 너희는 기뻐할 수 없다. 환난이 올 것이고, 역경이 임할 것이다"라고 경고합니다. 이에 대해 우리는 "그대가 우리 주님을 제거할 수 없는 한, 우리는 불평하지 않을 것이다"라고 대답합니다. 지혜자는 "철학자는 음악이 없어도 춤출 수 있다"고 말했습니다. 그리고 하나님을 믿는 진실한 신자들은 외적 위로가 그들에게 없어도 즐거워할 수 있습니다. 하녀의 아들 이스마엘처럼, 병에서 마실 물이 떨어진 사람은 목마름 때문에 불평해야 합니다(창세기 21:9-15을 참조하십시오). 그러나 약속의 아들, 이삭처럼 우물가에 사는 사람은 궁핍함을 겪지 않을 것입니다. 주님은 우리의 확실한 소유, 우리의 영원한 기쁨의 유산이기 때문에 우리가 깊은 고통 속에 있을 때에도 하나님이 우리에게 즐거움을 베푸시기를 바랍니다. 우리는 지금 약간 높은 소망의 수준까지 왔지만, 더 올라갈 다른 계단이 있습니다.

이어서 선지자는 하나님은 자기를 찾는 모든 사람들에게 항상 선하시다는 또 다른 위로의 통로를 우리에게 상기시키고 있습니다. "기다리는 자들에게나 구하는 영혼들에게 여호와는 선하시도다"(렘 3:25). 그분은 과거에 행하셨던 것보다 더 가혹하게 우리를 치실 수 있지만, 만일 우리가 참된 기도를 드릴 수 있다면, 우리는 그분이 채찍에서 입맞춤으로 금방 전환하실 것이라는 사실을 확신할 수 있습니다. 매우 궁박한 처지에 있는 거지가 어떤 유명한 사람 문 앞에 서 있는 또 다른 거지를 볼 때, 그는 다른 거지가 문을 두드리는 동안 그 상황을 지켜 보다가 문이 열리고 그 거지가 후한 대접을 받는다면, 그 역시 담대하게 그 문을 두드리게 될 것입니다.

여러분은 슬프고 괴롭습니까? 주님은 자기를 찾는 사람들에게 선하십니다. 수많은 사람들이 그의 문으로부터 나오지만, 냉대를 받고 불평할 이유를 갖고 나오는 사람은 하나도 없습니다. 왜냐하면 모든 경우에 그분은 좋은 것으로 갈급함을 채워 주셨기 때문입니다. 그러므로 그분이 후히 베푸시고, 절대로 흠을 찾지 아니하실 줄 믿고 담대하게 나아가 문을 두드리십시오.

기도는 온갖 딜레마 또는 모든 난제를 극복할 수 있는 원천입니다. 「천로역정」을 보면, 그리스도인이 영혼의 도시에 갇혔을 때, 그것은 추운 겨울 속에 있고, 그 길은 아주 험난했지만, 기도를 통해서 그 길을 쉽게 통과할 수 있었습니다. 비록 모든 지상의 길들이 너무 열악해서 도저히 통과할 수 없다고 해도, 비록 우리가 왕에게 나아가는 길이 완전히 끊어져 건너 뛸 만한 간격이 없을 정도로 영혼에게 완전히 포위를 당한 상태라 해도, 위로 향하는 길은 항상 열려 있다는 것을 저는 감히 보장하겠습니다. 어떤 원수도 거기에 바리케이드를 칠 수 없습니다. 어떤 봉쇄선도 우리 영혼과 은혜의 보좌가 있는 정박소 사이를 항해할 수 없습니다. 기도의 배는 온갖 유혹, 의심 그리고 두려움을 통과하여 하나님의 보좌를 향해 곧장 항해할 수 있고, 그것이 단지 슬픔과 신음과 탄식과 함께 항구를 떠났다고 해도, 풍성한 축복의 짐을 싣고 돌아올 것입니다. 그렇다면 여러분은 소망이 있습니다. 항상 기도할 수 있으니 말입니다.

> 은혜의 보좌는 지금도 열려 있고,
> 여기서 우리 영혼을 돌려보내리.

우리는 더 깊은 기쁨의 물 속으로 들어가고 있고, 그래서 우리는 또 한 계단 올라가야 하는데, 여기서도 우리는 고통 받는 것이 유익이라는 사실로부터 더 큰 위로를 받을 것입니다. 예레미야애가 3장은 우리에게 "사람은 젊었을 때에 멍에를 메는 것이 좋으니"(27절)라고 말합니다. 어린아이에게 약을 먹이기 위해서는 어르고 달래야 합니다. 아이는 너무 아프고, 그의 엄마는 그 약이 그를 회복시킬 것이라고 확신하고 있지만, 아이가 "싫어, 그건 너무 쓰단 말이야. 나는 약을 삼킬 수가 없어요"라고 합니다. 어른들은 이같이 설득할 필요가 없습니다. 약이 쓰다는 것이 그들에게는 아무 것도 아닙니다. 그들은 약이 가져올 건강에 대해 생각하고, 그래서 그것을 먹고, 겁을 내지도 않습니다. 그런데 어린아이라면, 그래서 고통이 가져다줄 열매를 기억하도록 재촉 받지 않는다면, 울음을 터뜨리고 불만을 토로할 것입니다. 그러나 만일 우리가 그리스도 예수 안에서 어른이라면, 그리고 "하나님을 사랑하는 자에게는 모든 것이 합력하여 선을 이루리라"(롬 8:28)는 사실을 배웠다면, 우리는 약이 담긴 컵을 아주 즐겁게 그리고 기꺼이 마실 것이고, 그것 때문에 하나님께 감사할 것입니다.

만일 영적 연단의 금광이 저에게 주어진다면, 고통의 갱로 속으로 내려가는 것이 왜 두렵겠습니까? 만일 역경의 어둠 속에서 신실하신 나의 하나님이 기쁘게 하늘을 보석들로 장식하신 빛나는 약속들을 기꺼이 헤아릴 수 있다면, 저의 번영의 태양이 서산에 진다 해도 제가 울어야 할 이유가 어디 있겠습니까? 태양아, 사라져라. 그대가 없어도 우리는 수만의 태양들을 볼 수 있고, 그대의 눈을 어지럽히는 빛이 소멸된다 해도, 우리는 그대의 빛에 의해 우리로부터 숨겨진 어둠 속에서 세계를 볼 것이니까. 많은 약속이 보이지 않는 잉크로 씌어졌는데, 환난의 불이 그 글들을 판독하도록 할 때까지는 우리는 그것을 읽을 수가 없습니다. "고난당한 것이 내게 유익이라 이로 말미암아 내가 주의 율례를 배우게 되었나이다"(시 119:71). 사랑하는 형제들이여, 이스라엘은 가난한 상태로 애굽에 들어갔지만, 은과 금의 보석들을 가지고 나왔습니다. 이스라엘 백성들은 벽돌 화로에서 고생을 하고, 쓰라린 속박을 당했지만, 그들은 그것을 통해 더 좋아졌다는 것이 진실입니다. 그들은 그들의 모든 환난을 통해 더욱 부요하게 되었습니다.

한 어린아이가 많은 꽃들을 심어놓았지만 전혀 자라지 못한 작은 정원을 갖고 있었습니다. 아이는 그 꽃들을 부드럽게 그리고 조심스럽게 다루었습니다. 그러나 그것들은 제대로 자라지 않았습니다. 그래서 아이는 씨를 뿌렸고, 그 결과 그것들은 싹이 났지만, 곧 시들어 죽어버렸습니다. 그때 아이는 자기 아버지의 정원사에게 달려갔고, 그것을 본 정원사는 아이에게 "내가 너를 위해 네가 원하는 꽃은 무엇이든 잘 자랄 수 있도록 멋진 정원을 만들어 줄게"라고 말했습니다. 그는 곡괭이를 가져왔고, 그 끔찍한 곡괭이를 본 아이는 자기의 작은 정원에 대해 염려가 되었습니다. 정원사가 곡괭이로 땅을 파자 땅이 움직이고 흔들리기 시작했습니다. 왜냐하면 그의 곡괭이가 거의 정원 전체를 차지하고 있는 커다란 돌덩어리와 부딪혔기 때문입니다. 작은 꽃들은 모두 파내 버려졌고, 정원은 한동안 아수라장이 되었습니다. 작은 소녀는 크게 상심하여 울었습니다. 그는 그녀에게 자기가 멋진 정원을 만들어 주겠다고 약속하고, 그동안 모든 식물의 뿌리가 자라는 것을 막았던 그 돌덩어리를 파내고는 생생하고 화려한 꽃들로 정원을 가득 채웠습니다. 이와 똑같은 방법으로 주님은 오셔서 여러분의 현재의 위로의 흙을 몽땅 파헤치고 영적 번성의 밑바닥에서 여러분의 영혼이 자라는 것을 막고 있었던 큰 돌을 제거하셨습니다. 작은 소녀가 울었던 것처럼 여러분은 울지 말고, 그 복된 결과들로 말미암아 위로를 받고, 아버지의 자비로운 손길에 감사하십시오.

이제 한 계단 더 올라가 봅시다. 그러면 확실히 우리는 기뻐할 충분한 이유를 갖게 될 것입니다. 예레미야애가 3장은 우리로 하여금 이 환난들이 영원히 계속되는 것은 아님을 가르쳐 줍니다. 그에 합당한 결과들을 낳을 때, 그것들은 제거될 것입니다. 왜냐하면 "주께서 영원하도록 버리지 아니하실 것이기"(31절) 때문입니다.

누가 여러분에게 밤은 결국 낮이 되지 못하리라고 말했습니까? 누가 여러분에게 바다는 진흙과 모래의 방대한 자국만 남겨둘 때까지 물이 빠져나갈 것이라고 했습니까? 누가 여러분에게 겨울은 항상 혹한으로 채워지고 눈과 얼음 그리고 폭설과 더 심한 삭풍만 계속된다고 했습니까? 누가 여러분에게 이렇게 말했습니까? 여러분은 낮이 오면 밤이 오고, 물이 줄면 비가 오며, 겨울 뒤에는 봄과 여름이 온다는 것을 모르고 있습니까? 알고 있다면 소망을 가지십시오! 항상 소망을 잃지 마십시오. 왜냐하면 하나님은 여러분을 절대로 버리지 아니하실 테니 말입니다. 여러분은 여러분의 하나님이 이 모든 일들의 와중에도 여러분을 사랑하신다는 것을 알고 있지 않습니까?

산은 밤에는 어둠에 묻혀 있지만, 낮이 되면 그 실체를 드러내고, 하나님의 사랑은 여러분들에게 가장 행복한 순간들에 주어졌던 것과 같이 지금 이 순간도 똑같이 주어집니다. 아버지는 시종일관 시련만 주시지는 않습니다. 하나님은 여러분만큼 채찍을 싫어하십니다. 그분은 여러분이 그것을 기꺼이 받아들일 만하고, 그것이 결국 여러분의 유익이 될 때에만 그것을 사용하기 원하십니다. 여러분은 천사들과 함께 야곱의 사다리를 올라가 그 꼭대기 보좌에 앉아계신 분 — 여러분의 언약의 하나님 — 을 뵙게 될 것입니다. 그러나 여러분은 영광의 광채에 싸여, 시간의 시험들을 잊어버리든지 아니면 시험을 통해 여러분을 인도하셔서 결국 여러분에게 유익을 주신 하나님께 감사하는 것만 기억하게 될 것입니다. 나아와 밤에 노래를 부르십시오(욥 35:10). 불꽃 속에서 기뻐하십시오. 사막이 백합화같이 피어나게 하십시오(사 35:1). 사막이 여러분의 풍성한 기쁨으로 울려 퍼지도록 하십시오. 왜냐하면 이 가벼운 고통들은 곧 사라질 것이고, 이후에는 영원토록 주님과 함께 누리는 여러분의 행복이 결코 줄어들지 아니할 것이기 때문입니다.

그러므로 사랑하는 형제들이여, 기억은, 영국 시인 코울릿지(Coleridge)가 노래한 것처럼, "기쁨의 소중한 원천"이 될 수 있고, 성령이 그것을 자신의 사역에 사용할 때, 그것은 지상의 위로자들 가운데 가장 중심적인 것이 될 것입니다.

구원을 상실했다고 생각하는 사람들

저는 기억의 원리를 자기는 구원을 상실했다고 생각하는 성도들에게 적용하고자 합니다. 목회사역을 감당할 때, 가능한 한 극단을 피하고, 진리의 좁은 길을 견지하는 것이 저의 습관입니다. 저는 예정론과 자유의지론 다 믿습니다. 그리고 저는 그 산들 사이에 있는 좁은 길을 따릅니다. 그것은 다른 모든 진리에 대해서도 마찬가지입니다. 저는 의심은 죄가 아니라고 생각하는 사람들이 있다는 것을 압니다. 하지만 그들의 생각에 유감을 표합니다. 또 저는 어떤 믿음이든 믿음이 있는 곳에서는 의심은 불가능하다고 주장하는 다른 사람들이 있다는 것도 압니다. 저는 그들에게도 동조할 수 없습니다. 저는 "예수 더 알기 원함은"으로 시작하는 참으로 귀하고 아름다운 찬송을 조롱하는 사람들에 관해 들은 적이 있습니다. 그러나 저도 종종 그렇게 찬송하기 때문에 그것을 감히 조롱할 수 없습니다. 저는 그렇게 되지 않기 원하지만 어쩔 수 없이 의심이 나를 혼란시킬 때가 있다는 것을 고백하지 않을 수 없습니다. 신자들의 의심과 두려움에 관해 우리가 취할 수 있는 참된 입장은 다음과 같은 것입니다: 이런 일들은 죄악이고, 장려할 것이 아니라 피해야 합니다. 그러나 대부분의 그리스도인들은 크든 작든 그것들을 겪게 마련이고, 그것들은 믿음이 부족한 증거가 아니라고 봅니다. 왜냐하면 믿음이 아주 좋은 그리스도인들도 그런 일들을 겪기 때문입니다.

만일 여러분이 불안한 생각들과 투쟁을 하고 있다면, 저는 먼저 여러분이 과거에 있었던 일들 때문에 염려하지 않도록 권면합니다. 아마 여러분은 멈추어서 기억이 여러분에게 말하도록 해야 할 것입니다. 여러분은 예수님이 여러분을 처음 만나셨던 장소, 그 지점을 기억하십니까? 글쎄요, 여러분은 그분이 여러분을 자신의 잔칫집으로 이끄셨던 그 행복한 순간을 기억하십니까? 그분이 은혜로 여러분을 구원하신 그때를 기억할 수 있습니까? 시편기자가 말하는 것처럼, "내가 어려울 때에 나를 구원하셨도다"(시 116:6). "주는 나의 도움이 되셨음이라"(시 63:7). 여러분은 과거에 이런 상황 가운데 참으로 난감한 고난 속에 있을 때를 생각했을 것입니다. 여러분은 그것들을 통과한 이유를 갖고 있습니다. 여러분은 지금 그것들 속에서 아무런 위로를 발견할 수 없습니까?

몇년 전 아프리카 최남단에서 큰 폭풍으로 말미암아 조난당한 포르투갈 국적의 한 배가 가까스로 남쪽 해안에 상륙했을 때 그 배의 사람들은 그곳에 폭풍봉이라 이름 붙였습니다. 그러나 그 해안에서 더 대담한 선원들에 의해 항해가 성공적으로 이루어지자 그들은 그곳을 희망봉이라고 불렀습니다. 여러분의 경험 속에서 여러분은 많은 폭풍봉을 만났지만, 그것들을 모두 헤치고 나와 지금은 그것들이 여러분에게 희망봉이 되었습니다. "주는 나의 도움이 되셨음이라 내가 주의 날개 그늘에서 즐겁게 부르리이다"(시 63:7)는 말씀을 잊지 마십시오. 시편기자처럼 "내 영혼아 네가 어찌하여 낙심하며 어찌하여 내 속에서 불안해 하는가 너는 하나님께 소망을 두라 그가 나타나 도우심으로 말미암아 내가 여전히 찬송하리로다"(시 42:5).

저는 제가 천국에 있다고 생각할 정도로 제 영혼이 하나님과의 달콤한 교제를 가졌던 미살(6절)과 같은 산들을 기억합니다. 저는 한 순간에 제 영이 구주의 이름을 부르면서 가장 높은 황홀의 경지에 도달했을 때, 제 영혼 속에 있었던 참으로 두려웠던 고뇌의 순간들을 생각해 봅니다. 은밀히 기도할 때 주님의 식탁에 있던 시간들이 있었는데, 그때 그분의 말씀이 들렸고, 저는 이렇게 말할 수 있었습니다:

> 내 영혼은 자발적으로
> 이와 같은 자리에 머무르고
> 영원한 행복을
> 그곳에 앉아 노래하네.

저는 이 모든 일들을 상기하며 소망을 갖습니다. 그 이유는 다음과 같습니다:

> 예수가 한 번 내 위를 비추자
> 그때부터 예수는 영원히 내 것이라

하나님은 처음에 사랑하시고 나중에 미워하시는 분이 아닙니다. 그분의 뜻은 결코 변하지 않습니다. "내가 너를 내 손바닥에 새겼다"(사 49:16)고 말씀하신 분이 과거에 자기에게 사랑을 받았던 사람들을 잊거나 내팽개친다는 것은 불가능합니다.

그러나 어쩌면 그것이 여러분에게 위로가 되지 않을지도 모르겠습니다. 저는 다른 사람들이 주님이 그들에게 참되신 분임을 발견했다는 사실을 여러분에게 상기시켜 드리고 싶습니다. 그들은 하나님께 부르짖었고, 그분은 그들을 구원하셨습니다. 아마 그들 가운데 하나가 당신의 어머니였을지도 모릅니다. 아마 그녀는 지금 천국에 있을 것이고, 당신은 지금 여기서 수고하며 분투하고 있습니다. 어머니가 죽기 전 당신에게 하신 말씀을 여러분은 기억하지 않습니까? 그녀는 하나님은 자신에게 신실하시고 진실하신 분이었다고 말했습니다. 그녀는 당신 하나만 낳고 과부가 되었습니다. 그런데도 그녀는 하나님이 자기에게 그리고 당신과 당신의 가난한 어린 가족들 모두에게 그 간구를 들어 주시는데 얼마나 넉넉한 분이신지 말해 주었습니다. 당신은 어머니의 증거를 믿습니까? 어머니의 믿음을 보고 어머니의 하나님을 믿지 않을 수 있겠습니까?

여러분에게 증거를 보여 줄 수 있는 옛날 그리스도인들이 있습니다. 그들은 살아계신 주님 앞에서 산 지 5, 60년이 지난 후, 정확한 날짜를 지적할 수 없지만, "그때 하나님은 믿을 수 없었어." 또는 "그때 하나님은 나에게 곤고한 날만 주셨어"라고 말합니다. 저는 젊지만, 어느 정도 고통스러운 많은 환난들을 겪었고, 그래서 저는 말할 수 있습니다 — 그리고 그것을 말하지 않을 수 없습니다. 왜냐하면 만일 제가 말하지 않는다면, 나의 배은망덕한 침묵에 대해 돌들이 부르짖을 것이기 때문입니다 — 그분은 신실하신 하나님이고, 그분은 그의 종들을 기억하시니까요. 여러분도 본문의 말씀을 따라 "이것을 내가 내 마음에 담아 두었더니 그것이 오히려 나의 소망이 되었습니다"라고 말할 수 있지 않겠습니까?

비록 여러분이 현재 하나님의 자녀가 아니라고 할지라도, 여러분의 내면을 주목해 보면, 거기서 희미하지만 성령의 손길의 흔적을 볼 것이라는 것, 이것을 기억하십시오, 그러면 아마 이것이 여러분에게 위로가 될 것입니다. 그리스도의 완전한 형상은 없지만, 연필이 그 윤곽, 목탄 스케치를 그리고 있음을 볼 수 없습니까? "그게 무슨 뜻입니까?"라고 여러분은 물을 것입니다. 여러분은 그리스도인 되기를 원하십니까? 여러분은 하나님을 향한 욕구가 조금이라도 있습니까? 여러분은 시편기자처럼 "내 마음과 육체가 살아계시는 하나님께 부르짖나이다"(시 84:2)라고 말할 수 있습니까? 오, 제 영혼 속에 빛나는 기독교적 은혜를 한 번도 맛볼 수 없었을 때, 저는 이것을 가지고 위로를 받아야 했습니다. "제가 주님처럼 되기 전에는 결코 만족할 수 없다는 것을 압니다."

"내가 한 가지 아는 것은 내가 소경으로 있다가 지금 보는 그것이니이다"(요 9:25) ─ 적어도 내 자신의 결함과 공허함과 비참함을 알도록 충분히 확인해 보십시오. 저는 제가 더 원하는 것과 제가 더 가지지 않으면 만족할 수 없다는 것을 느끼기에 충분한 영적 생명이 있습니다. 그럼요, 당연히 성령 하나님은 그와 같이 역사하셨던 곳에서 반드시 더 크게 역사하실 것입니다. 그분이 선한 사역을 시작하신 곳에서 우리는 그분이 그것을 행하시고, 우리 주 예수 그리스도의 날까지 완전히 이루실(빌 1:6) 것이라고 듣습니다. 그것을 기억하십시오. 그러면 여러분은 소망이 있을 것입니다.

저는 여러분이 성경에는 여러분의 상황을 정확하게 묘사하고 거기에 어울리는 약속이 있음을 알기를 원하지만, 여러분이 그것을 찾기 위해서는 성경을 읽고 기도해야 합니다. 이것을 잘 예증하는 이야기가 있습니다. 한 젊은이가 그의 아버지의 재산 전체를 상속받도록 되어 있었습니다. 그러나 반대자가 나타나 그의 권리를 반박했습니다. 사건은 법정으로 갔고, 이 젊은이는 자기가 그에 대한 모든 적법한 권리를 갖고 있음을 확신했지만, 그는 그것을 입증할 수 없었습니다. 그의 법률 변호사는 그에게 증거가 더 필요하다고 말했습니다. 그러나 그는 증거를 확보하는 방법에 대해서는 말해 주지 않았습니다. 젊은이는 그의 아버지가 서류를 보관하기 위해 사용했던 낡은 금고를 찾아보았습니다. 금고를 비우고 샅샅이 서류들을 살펴보던 중에, 그는 허름한 양피지 한 장을 발견했습니다. 그는 두근거리는 마음으로 붉은 끈을 풀었습니다. 아, 그런데 바로 거기에 그가 원했던 바로 그것 그에게 재산을 완전히 상속한다는 내용을 담은 그의 아버지의 유언장이 있었습니다. 그는 그것을 갖고 담대한 마음으로 법정으로 갔습니다.

그런데 우리가 의심을 가지고 있을 때, 성경을 찾아보고, 결국 우리가 "바로 그것이야 — 그 약속은 나를 위해 주어진 것이야"라고 말할 수 있을 때까지 그것을 읽어보는 것은 유익한 일입니다. 아마 그것은 바로 다음과 같은 말씀일 것입니다: "가련하고 가난한 자가 물을 구하되 물이 없어서 갈증으로 그들의 혀가 마를 때에 나 여호와가 그들에게 응답하겠고 나 이스라엘의 하나님이 그들을 버리지 아니할 것이라"(사 41:17). 또는 그것은 바로 이것입니다: "원하는 자는 값없이 생명수를 받으라"(계 22:17). 여러분도 성경을 통해 찾아내기를 권합니다. 그러면 여러분 — 가난하고, 의심 많고, 절망하는 그리스도인 — 은 곧 어떤 보배로운 양피지를 만날 것입니다. 말하자면 성령 하나님은 여러분을 위해 불멸성과 생명에 관한 권리를 행사하실 것입니다.

만일 이런 기억들이 여러분에게 충분치 않다면, 저는 또 한 가지 가지고 있는 것이 있습니다. 저는 여러분에게 새로운 사실을 말하는 것은 아니지만, 그것은 지금까지 하늘로부터 전해진 것 중 최고의 사실로서, "그리스도 예수께서 죄인을 구원하시려고 세상에 임하셨다"(딤전 1:15)는 것입니다. 여러분은 일천 번이나 들었고, 그것이야말로 여러분이 지금까지 들었던 것 중 최고의 노래입니다. 만일 제가 성도가 아니라면, 저는 죄인이고, 만일 제가 어린아이처럼 은혜의 보좌에 다가갈 수 없다면, 저는 죄인으로서 갈 것입니다.

어떤 왕이 정해진 기회에 그 도시의 모든 거지들을 초청해 대접하곤 했습니다. 그의 주위에는 화려한 의복을 입은 왕가 손님들이 앉았습니다. 거지들은 누더기를 걸치고 그들과 똑같은 식탁에 앉았습니다. 그런데 어느 날 왕가 손님들 가운데 하나가, 입을 수 없을 정도로 비단 제복이 찢어져 버리는 일이 벌어졌습니다. 그는 "나는 오늘 옷 때문에 왕의 잔치에 참석할 수 없다"고 느꼈습니다. 그는 그 생각이 미치자 울면서 주저앉고 말았습니다. 그러나 그는 곧 생각을 바꾸었습니다: "내일, 왕이 잔치를 배설하면, 어떤 사람들은 아름다운 옷을 입고 행복하게 조신으로 참석할 것이다.

그러나 또 다른 사람들은 크게 환영을 받되, 누더기를 걸치고 있겠지. 글쎄, 내가 왕의 얼굴을 뵙고 왕의 식탁에 앉아 있을 수 있다면, 거지들 사이에라도 끼어 있어야겠다." 그래서 그는 비단 옷이 찢어져 버린 것을 별로 슬퍼하지 않고, 누더기 옷을 입고 거지 차림을 했습니다. 그리고 그는 진홍색의 고급 의복을 입고 있는 것과 똑같은 기분으로 즐겁게 왕을 알현했습니다. 저의 영혼은 이것을 무수히 경험했고, 아울러 여러분에게도 똑같이 해보도록 권하는 바입니다. 만일 여러분이 성도로서 올 수 없다면, 죄인으로 오십시오. 그저 오기만 하십시오. 그러면 여러분은 기쁨과 평화를 얻을 것입니다.

영국 북부 한 석탄 채굴 갱에서 애처로운 사고가 일어났습니다. 상당히 많은 수의 광부들이 갱 밑에 내려가 있었는데, 그 갱의 꼭대기가 무너져 내렸습니다. 갱은 완전히 막혀버리고 말았습니다. 그 밑에 있었던 광부들은 어둠 속에서 서로 껴안고 찬송하며 기도했습니다. 그들은 마지막으로 숨을 쉴 수 있는 공기가 있는 곳으로 모여들었습니다. 그곳에 그들은 모여앉아 공기가 공급되지 않는 탓에 불이 꺼질 때까지 찬송을 불렀습니다. 그들은 완전한 어둠 속에 있었습니다. 그러나 그들 가운데 한 사람이 그 갱과 몇 년 전에 작업했던 폐쇄된 갱이 연결되어 있다는 것을 들은 적이 있다고 했습니다. 그는 그것이 사람이 바닥 위에 바짝 엎드려 내내 기어들어가지 않으면 통과할 수 없는 아주 좁은 통로라고 했습니다. 통로는 아주 길었지만, 그들은 그곳을 기어서 통과하기 시작했습니다. 드디어 그들은 다른 갱 바닥에 있는 빛으로 나왔고, 그들의 목숨은 구원을 받았습니다.

만일 성도로서 그리스도를 따르는 길이 막혀버린다면, 만일 제가 갱 위로 곧장 올라가지 못하고 하늘 아버지의 빛을 볼 수 없다면, 죄인들이 갔고, 가난한 강도들이 갔고, 창기들이 갔던 오래된 방법, 낡아빠진 길이 있습니다. 저는 겸손하게 바닥에 납작 엎드려 벌레처럼 기어갈 것입니다. 저는 아버지를 뵐 때까지 기어가 "아버지, 저는 당신의 아들이라 일컬음을 감당치 못하겠나이다. 제가 아버지 집에서 살 수만 있다면, 저를 품꾼의 하나로 쓰소서"라고 외칠 것입니다. 여러분은 가장 비참한 상황 속에 있을 때, 여전히 죄인으로 올 수 있습니다. "그리스도 예수께서 죄인을 구원하시려고 세상에 임하셨다"(딤전 1:15). 이것을 기억하십시오. 그러면 여러분은 소망을 가질 수 있습니다.

하나님을 찾는 사람들

아마 여러분은 하나님을 찾고 있고, 자신이 구원받을 수 없다는 두려움으로 크게 고통을 받고 있을지 모르겠습니다. 저는 그런 여러분에게 소망을 줄 수 있는 하나의 일반적 진리를 제시하고자 합니다.

무엇보다 먼저 여러분 가운데 어떤 이들은 선택교리에 대해 혼란을 겪고 있을 것입니다. 저는 그것을 믿고, 그것을 기꺼이 받아들이고 있습니다. 그것이 여러분을 아무리 크게 혼란시킨다고 해도 여러분은 그것이 진리임을 안심하고 확신할 수 있기를 바랍니다. 여러분이 그것을 좋아하지 않는다고 해도 그것은 엄연한 진리입니다. 그것은 여러분이 좋아하거나 좋아하지 않는 것, 여러분이 생각하거나 생각하지 않는 것에 관한 의견의 문제가 아니라는 것을 명심하십시오. 여러분은 성경으로 돌아가야 하고, 만일 여러분이 거기서 그 진리를 발견한다면, 여러분은 그것을 믿어야 합니다. 제가 이것에 관해 말하는 바를 정말 유념하십시오. 여러분은 그들을 지옥에 보내는 것이 하나님의 뜻이라는 단순한 이유만으로 지옥에 갈 사람들이 있다는 개념을 갖고 있습니다. 그것이 아주 악한 자들이기 때문에 지옥에 간다는 개념은 배 밖으로 던져버리십시오. 그런 개념은 성경에서 발견할 수 없습니다.

물론 그가 하나님이 그렇게 되도록 결정하셨기 때문에 정죄를 당했다고 알고 있다면, 그의 양심 속에서 지옥을 맛보게 될 것입니다. 그러나 이것은 결코 사실이 될 수 없습니다. 왜냐하면 지옥의 진정한 본질은 죄요, 죄를 의지적으로 범하는 의식이기 때문입니다. 만일 죄를 괴로워하는 사람들의 마음에 다음과 같은 확신이 없다면, 지옥의 어떤 불꽃도 일어날 수 없을 것입니다: "나는 내 의무를 알고 있었지만 그렇게 하지 못했어. 나는 의도적으로 하나님을 반역해 죄를 범했고, 나는 그분이 하라고 하거나 하지 말라고 하신 것 때문이 아니라 내 자신의 죄 때문에 여기 있는 거야." 그러므로 만일 여러분이 하나님이 아무 분별없이 사람들을 지옥에 보내신다는 부정적인 생각을 떨쳐버린다면, 여러분은 위로의 길에 들어설 수 있을 것입니다.

또한 선택교리가 어떻든 간에, 복음은 곤고한 죄인들을 자유롭게 초청한다는 것을 기억하십시오. "원하는 자는 값없이 생명수를 받으라"(계 22:17). 그런데 여러분은 "나는 그 둘을 조화시킬 수 없다"고 말할 수 있습니다. 여러분이 할 수 없는 다른 일들이 너무나 많습니다. 비록 여러분은 몰라도 하나님은 이 두 사실이 어디서 만나는지 알고 계십니다. 그래서 저는 여러분이 구원받기 전에 철학자가 될 때까지 기다리지 않기를 바랍니다. 만일 여러분이 그렇게 한다면, 여러분은 완강하게 덕스러운 바보가 됨으로써 지혜롭게 되고자 한다면, 여러분은 지옥에 있는 자신을 발견하게 될 것이고, 그때 여러분의 지혜는 아무런 유익이 없다는 것을 알아야 합니다.

하나님은 여러분에게 그리스도와 믿는 자들은 모두 구원을 받으리라는 약속을 신뢰하라고 말씀하십니다. 여러분이 그리스도를 믿는다면, 난점들을 그냥 두십시오. 그러면 여러분은 현재 여러분이 알고 있는 것보다 그것들을 훨씬 더 잘 이해할 수 있는 능력을 얻게 될 것입니다. 복음교리를 이해하기 위해서 여러분은 그리스도를 먼저 믿어야 합니다. 그리스도가 뭐라고 말씀하십니까? "나로 말미암지 않고는 아버지께로 올 자가 없느니라"(요 14:6). 선택은 아버지의 몫입니다. 아버지는 죄인들을 택하십니다. 그리스도는 속죄를 이루십니다. 그러므로 여러분은 아버지 곧 선택의 하나님을 이해하기 전에 속죄의 희생제물인 그리스도에게 나아가야 합니다. 아버지께 먼저 나아가려고 하지 마십시오. 그분이 여러분에게 말씀하시는 대로 아들에게 먼저 나아가십시오.

또 비록 선택교리에 대한 여러분 자신의 견해가 진리라고 할지라도, 여러분이 주님을 찾음으로써 잃어버릴 것은 아무것도 없습니다.

그렇게 해보려고 했지만,
내가 한다면 나는 멸망당할 수밖에 없네.
내가 떨어진다면 어찌 될지 알고 있네,
나는 영원히 죽을 것이라.

그러나 내 왕이 심판하실 때,
내가 자비를 구하고 죽는다면,
죽게 된다고 해도 즐거운 것은
죄인은 결코 죽지 않기 때문이라.

비록 여러분이 멸망당한다 해도 그리스도를 믿으십시오. 그러면 여러분이 그분을 믿는 한 절대로 멸망당하지 않을 것입니다.

그런데 비록 그 난제가 제거된다고 해도, 어떤 사람이 "예, 그러나 제 것은 큰 죄에 해당됩니다"라고 말하는 것을 저는 상상할 수 있습니다. 이것을 염두에 두십시오. 그러면 여러분은 소망을 가질 것입니다: "그리스도 예수께서 죄인을 구원하시려고 세상에 임하셨다 하였도다 죄인 중에 내가 괴수니라"(딤전 1:15)고 바울은 말했습니다. 바울은 죄인들의 괴수였습니다. 그런데도 그는 자비의 문을 통과했습니다. 괴수보다 더 큰 죄인은 있을 수 없습니다. 괴수가 통과했다면 여러분도 통과할 수 있습니다. 만일 죄인들의 괴수가 구원받았다면, 왜 여러분은 안되겠습니까? 왜 여러분이 안되겠습니까?

저는 영국의 플리머스 항구에 있는 솔트에쉬 다리가 건설된 뒤 한 번도 건너가 보지 못한 한 여인에 관한 이야기를 들은 적이 있습니다. 그녀는 그 다리의 안전성을 믿지 못했습니다. 그녀는 그 위로 기차가 수없이 다니는 것을 보았습니다. 어떤 때는 수백 톤의 짐에도 견뎠지만, 그녀는 머리에 충격을 받았고, 사람들이 그곳을 건널 때, 어떻게 그렇게 한없이 담대한지 놀랐다고 했습니다. 다리가 완전히 비어있고, 그 위에 기차가 없을 때, 그 위로 걸어갈 수 있는지 그녀는 질문을 받았습니다. 그러자 그녀는 조금씩 용기를 내어 걸어갔습니다. 그러나 그녀는 그동안 내내 두려움에 떨었는데, 그것은 자신의 무게가 그 다리를 무너뜨리지 않을까 하는 염려 때문이었습니다. 그것은 수백 톤의 무게에도 견딜 수 있었지만, 그녀는 그것이 자기를 감당할 수 없을 것이라고 생각했습니다. 그것은 여러분에게도 똑같은 경우가 될 때가 많습니다. 그리스도께서 하나님의 진노를 저 멀리 던져버린 거대한 다리는 여러분이 범한 큰 죄의 무게를 감당하고도 남을 것입니다. 왜냐하면 그것은 이미 그곳을 통과하는 수많은 사람들을 견뎌냈고, 앞으로도 무수한 죄인들을 그들의 영원한 안식의 해안으로 실어 나를 것이기 때문입니다. 그것을 기억하십시오. 그러면 여러분은 소망을 가질 수 있습니다.

"그러나 나는 도저히 용서받을 수 없는 죄를 범했다고 생각합니다"라고 어떤 사람이 말하는 것을 저는 듣습니다. 사랑하는 형제들이여, 저는 여러분이 그리리라고는 믿지 않습니다. 저는 여러분이 한 가지 사실을 기억하기를 바랍니다. 용서받을 수 없는 죄는 죽음에 이르는 죄입니다. 죽음에 이르는 죄는 양심을 죽게 하는 죄를 의미합니다. 그 죄를 범한 사람은 그 후부터는 어떤 양심도 갖지 못합니다. 그는 그 시점부터 죽은 것입니다. 그런데 여러분은 어떤 감정을 갖고 있습니다. 여러분은 죄로부터 구원받기 바라는 생명으로 충만합니다. 여러분은 예수님의 보배 피로 씻음 받기 원하는 생명으로 충만합니다. 여러분은 용서받을 수 없는 죄를 범하지 않았습니다. 그러므로 소망을 가지십시오. 성경은 "사람에 대한 모든 죄와 모독은 사하심을 얻되"(마 12:31)라고 말씀합니다.

그러나 여러분은 "오, 나는 회개할 수 없습니다. 나의 마음은 너무 완악합니다"라고 대답합니다. 예수 그리스도는 회개와 죄 사함을 베푸시기 위해 높이 달리셨다는 것을 기억하십시오. 그리고 여러분은 회개를 받기(receive) 위해 그분께 나아올 수 있습니다. 여러분은 그것을 그분께 가져올 필요가 없습니다. 회개 없이 나아오십시오. 그리고 그분에게 회개를 달라고 구하십시오. 그러면 그분은 주실 것입니다. 만일 영혼이 부드러움과 상냥함을 구한다면, 그것은 심지어 지금도 어느 정도 그 부드러움과 상냥함을 갖고 있고, 또 오래지 않아 충분하게 그것을 가질 수 있다는 것은 전혀 의심의 여지가 없습니다.

"오, 그러나 나는 구원받기에는 일반적으로 부적합하고 무력합니다"라고 여러분은 말하겠지요. 그런데 사랑하는 형제들이여, 저는 여러분이 예수 그리스도는 죄인들을 구원하기에 일반적인 적합성과 능력을 갖고 있다는 것을 기억하기를 원합니다. 저는 여러분에게 무엇이 필요한지 모르지만, 그리스도는 그것을 갖고 계신다는 것은 압니다. 저는 여러분의 질병에 대해 충분히 모르지만, 그리스도는 그것을 고치실 수 있는 위대한 의사라는 사실은 압니다. 저는 여러분의 본성이 얼마나 강퍅하고 완고하고 우준하고 무지하고 맹목적이고 무감각한지 모르지만, "(그리스도는) 하나님께 나아가는 자들을 온전히 구원하실 수 있다"(히 7:25)는 것은 압니다. 여러분이 갖고 있는 것은 그것이 해결되지 않으면 손해라는 것을 빼고는 그 문제를 해결할 만한 것이 아무것도 없습니다. 여러분이 구원받기 위해 어떻게 해야 하는지의 문제에 대한 진정한 답변은 하나님의 순수한 어린양의 피 흘리신 몸 속에 있습니다. 그리스도는 자신 속에 구원에 관한 모든 것을 갖고 있습니다. 그분은 알파요 오메가입니다. 그분은 여러분에게 구원을 시작해 놓고 멸망하도록 놔두시지는 않습니다. 또한 그분은 여러분이 먼저 시작해야 하는 것을 완결시키기 위해 시작하신 것도 아닙니다. 그분이 기초이자 절정입니다. 그분은 여러분과 함께 푸른 잎사귀로 시작해서 여러분과 함께 풍성한 이삭으로 마칠 것입니다.

오, 저는 마지막 날에 죽은 자들을 깨우는 하나님의 나팔소리와 같은 음성을 갖기 원합니다. 만일 제가 한 문장으로 그것을 표현할 수 있다면, 그것은 다음과 같은 문장이 될 것입니다: "여러분의 도움은 그리스도 안에서 발견된다." 여러분에 관해 말한다면, 여러분의 인간적 본성 속에서 도움받을 만한 것은 전혀 찾을 수 없다는 것입니다. 돌리십시오. 이 암담한 타락의 이 절망하는 몸덩어리로부터 여러분의 눈을 돌리십시오. 그리고 그리스도를 바라보십시오. 그분은 인간의 죄책을 위한 화목제물입니다. 그분의 의는 죄인들의 모든 죄를 덮어버리고 하나님 앞에서 그들이 용서받을 수 있도록 만드는 의입니다. 있는 그대로 곧 추하고 더럽고 악하고 불결하고 불량한 그대로 그분을 바라보십시오. 예수 그리스도께서 여러분을 구원하실 것을 믿으십시오. 여러분이 이것을 기억하는 한, 여러분은 "부끄럽게 하지 않고"(롬 5:5) 영원히 견딜 만한 소망을 가질 것입니다.

저는 여러분에게 위로의 말과 적합한 말을 전하고자 했습니다. 또 그것들을 쉽게 이해할 만한 말로 표현하고자 했습니다. 그러나 오, 보혜사여, 우리가 당신 없이 어떻게 그렇게 할 수 있겠습니까? 당신이 우리의 근심을 제거해 주셔야만 합니다. 영혼을 위로하는 것은 하나님 고유의 사역입니다. 저는 이제 구주께서 친히 하신 약속의 말씀을 이번 설교의 결론으로 전하고 설교를 마치고자 합니다: "내가 아버지께 구하겠으니 그가 또 다른 보혜사를 너희에게 주사 영원토록 너희와 함께 있게 하리니"(요 14:16). 그분이 자신의 영광과 우리의 영원한 위로를 위해 우리와 함께 계시도록 기도합시다.

5

모두가 희망 없이 바라볼 때

예수께서 대답하여 이르시되 … 그를 이리로 데려오라 ― 마태복음 17:17

우리의 주 예수 그리스도께서 이 땅에 계셨을 때, 그분의 나라는 천국과 지옥을 망라할 정도로 광대했습니다. 비록 천국 문 입구에 계셨지만, 우리는 그분이 영광 속에서 모세와 엘리야와 함께 대화를 나누시는 것을 보았고, 그로부터 몇 시간 후에는 지옥의 함정을 용납하지 않으시고 악한 영과 직면해 계시는 주님을 봅니다.

그것은 족장들로부터 귀신들까지, 선지자들로부터 마귀들까지 망라하는 긴 여정입니다. 그러나 그분이 다른 곳에서 영화롭게 되도록 그분에게 자비가 임하고, 권능이 임했습니다. 그분이 낮아진 모습(그분의 비하)을 취하고 계실 때에도 주님이신 그분은 얼마나 영광스러운 분이실까요! 지금도 그분은 얼마나 영화로우신 분일까요! 그분의 선하심은 한이 없으십니다. 진실로 그분은 땅 끝에서 바다 끝까지 지배권을 갖고 계십니다. 그분의 통치권은 인간의 삶의 최극단까지 미치고 있습니다. 우리의 주님이자 주인이신 그분은 그의 원수를 정복했다는 신자들의 외침을 즐겁게 들으십니다. 그리고 동시에 그분은 자아에 대한 신뢰를 전적으로 포기하고 자기 능력으로 구원받기를 바라는 죄인의 절망적인 신음소리를 기꺼이 들어주십니다. 어떤 순간에는 그분이 전쟁에서 승리한 결과로 주어지는 면류관을 받고 계시고, 또 어떤 순간에는 그분이 상한 심령들을 치유하고 그들의 상처를 싸매 주고 계십니다.

죽어가면서 그의 안식에 들어가는 승리한 신자의 모습과 그가 핍박한 구주로부터 자비를 구하고 있는 다소의 사울의 첫 번째 통회하는 모습 사이에는 커다란 차이가 있습니다. 그러나 주님의 마음과 눈은 이 두 모습을 다 주시하고 있습니다. 우리 주님의 변형 사건은 그분으로부터 귀신을 쫓아내는 능력을 박탈하지도 않았고, 그분이 인간의 질병들을 고쳐 주시면서 자신을 최고라고 생각하거나 신통하다고 느끼도록 하지도 않았습니다. 그러므로 하나님의 보좌 우편에 계신다는 이유로 하늘의 영광은 이 땅의 비참함으로부터 그분의 관심을 돌리도록 하지도 않았고, 눈물 골짜기인 이 세상에서 그분을 찾는 연약한 자들의 탄식과 눈물을 외면하도록 하지도 않았습니다.

귀먹고 말 못하게 하는 귀신 들린 아이를 고치신 사건을 다루고 있는 본문에서 주님이 말씀하신 진술의 문맥은 굉장히 중요한 말씀입니다. 모든 죄는 영혼이 사탄의 지배 아래 있다는 것을 보여 주는 증거들입니다. 회개하지 아니한 모든 사람들은 사실 어떤 의미에서 마귀에게 사로잡혀 있습니다. 그는 그들의 마음속에 자신의 보좌를 세웠고, 거기서 그들의 육체의 부분들을 다스리고 지배하고 있습니다. "지금 불순종의 아들들 가운데서 역사하는 영"(엡 2:2)은 바울이 어둠의 임금에게 붙여 준 이름입니다. 그러나 이러한 마귀의 소유는 모든 경우에 똑같지는 않고, 비록 항상 동일하신 주님에 의해 이루어진 것이라 해도, 사탄을 쫓아내는 것은 항상 똑같은 방식으로 진행되는 것은 아닙니다.

우리는 우리가 죄 가운데 살 때, 죄에 대해 열광하는 마음을 갖고 범죄에 빠지지 않은 것에 대해 하나님을 찬양합니다. 우리는 폭풍 속에서 밀려다니는 물건들처럼 흔들리지 않고, 그것을 억제하고 외적 예절의 범주 안에서 행동하게 된 것을 하나님께 감사합니다. 우리는 또한 우리의 죄를 자각하고 경각심을 가지며, 사탄의 철장 아래 떨어졌을 때 우리가 완전한 절망과 엄청난 흑암의 공포 그리고 어떻게든 견뎌야 하는 내적인 고뇌 속에 떨어지지 않은 것을 감사합니다. 그리고 예수님이 우리를 구원하시기 위해 오셨을 때, 비록 우리가 사탄에 의해 크게 방해를 받기는 해도, 교만에 빠져 입에 거품을 물지 않고, 완고한 정욕에 빠져 들지도 않았습니다. 그리고 마가복음에 묘사된 귀신들린 아이의 이 특별한 사건처럼, 격렬한 절망에 사로잡혀 거꾸러지는 일도 없었습니다. 주님은 자신의 황금열쇠로 친절하게 우리의 마음을 여시고, 우리의 영의 방으로 들어오셔서 그 방을 차지하셨습니다.

대부분 그의 백성들의 영혼 속에서 이루어지는 예수님의 정복은, 비록 똑같은 능력에 의해 이루어진다고 해도, 우리가 지금 고찰하고 있는 사건의 경우보다는 훨씬 더 조용하게 이루어집니다. 우리는 이에 대해 은혜의 하나님께 감사해야 합니다. 그러나 때때로 사탄이 폭동을 일으키고, 그의 악한 힘이 최후의 발악처럼 보이는 이와 같이 희귀하고 특별한 사건들이 있습니다. 이것들은 또한 주 예수님이 강력한 사랑으로 이 세상의 임금을 보좌에서 끌어내리고 그를 발로 짓밟아 다시는 활동하지 못하도록 하시는 사건들로서, 여기서 그분은 자신의 엄청나고도 탁월한 능력을 보여 주십니다. 만일 이처럼 고통 받는 사람이 있다면 저는 그가 도움을 받아 의롭게 되리라고 봅니다. 왜냐하면 다음과 같은 말씀이 우리에게 주어졌기 때문입니다:

> 만일 어떤 사람이 양 백 마리가 있는데 그 중의 하나가 길을 잃었으면 그 아흔아홉 마리를 산에 두고 가서 길 잃은 양을 찾지 않겠느냐(마 18:12).

저는 하나님으로부터 멀리 떨어져있는 사람들에게 성령의 기름부음의 역사가 임하여 가까이 나아갈 수 있도록 기도하고, 속박의 사슬에 매여 있는 사람들은 아들이 자유롭게 하면 참으로 자유롭게 될 것이기(요 8:36) 때문에 그들이 주 안에서 자유롭게 될 수 있기를 기도합니다.

우선 저는 주님의 도우심을 받아 본문에 기록된 애처로운 사건의 의미에 관해 말씀드리고자 합니다.

희망 없는 상황

그리스도의 육체에 대한 이적들은 그분의 영적 사역의 예표들입니다. 그분이 자연계에서 행한 이적들은 영적 세계에서 이루어지는 이적들의 모형입니다. 외적이고 자연적 사실은 내적이고 영적 사실의 상징입니다. 그렇다면 아버지에게 이끌려 고침받기 위해 주님 앞에 온 귀신들린 아이는 그를 사로잡고 있는 영이 악한 자로 불리고 사탄은 항상 악질적이지만, 분명히 죄를 많이 범해 초래한 질병의 경우는 아니고, 정신의 커다란 공포와 혼란 그리고 어떤 사람들 속에서는 악한 자에 의해 고통과 위험에 빠지게 된 광적인 절망의 한 실례입니다.

때때로 사람이 완전히 자기 통제력을 잃어버리는 광기의 압도적인 공격을 받아 생긴 질병들을 관찰해 보십시오. 간질병 환자의 발작은 모든 방향으로 약한 사지를 떨어댑니다. 우리는 낙심, 오해, 불신 그리고 절망으로 말미암아 때로는 극복할 수 없는 분노를 일으키는 우울증 환자들을 보았습니다. 그들은 이 악한 불청객들을 받아들였다기보다는 오히려 그것들의 희생자라고 볼 수 있습니다. 마가가 설명하는 것처럼 귀신이 "그를 잡습니다"(막 9:18). 마찬가지로 이같이 절망하는 사람들은 절망이라는 거인에 의해 사로잡히고 끌려간 것입니다. 귀신들은 그들을 잡아채고, 그들을 마른 땅으로 몰아넣습니다. 그들은 쉬기를 구했고, 아무것도 찾지 못했습니다. 그들은 위로받기를 거절했고, 병자들처럼 그들의 영혼은 어떤 음식도 거부했습니다. 그들은 자신들의 우울증을 이겨낼 힘을 보여 주지 못했습니다 — 그들은 저항할 생각도 못했습니다. 그들의 발걸음은 뒷걸음치고, 완전히 스스로를 불행의 늪으로 끌고 갔습니다. 자신의 때가 짧다는 것을 알고 있고 예수님이 신속하게 구원의 역사를 펼치시기 위해 오셨음을 잘 깨닫고 있는 사탄은 자신의 힘없는 종들에게 가차 없는 악덕으로 채찍질을 가해서 구원자가 이르기 전에 어떻게든 그들을 완전히 파멸시키려고 획책합니다.

본문에 나오는 불쌍한 희생자는 때때로 극도의 고통 곧 입에 거품을 물고 쓰러지고, 땅에 뒹굴면서 울부짖을 정도로 큰 고통에 시달렸습니다. 때로는 겁나는 발작 속에서 그는 자신의 몸에 상처를 냈고, 착란증세로 인해 자기 주변에 있는 물건들을 마구 집어던졌고, 그것은 또 다른 상처의 원인이 되었습니다. 단지 그것을 경험해본 사람들만이 죄의 가책에 대한 고통이 원수의 유발에 의해 괴롭힘을 당할 때와 같다는 것을 느낄 수 있습니다. 우리들 가운데 어떤 사람들은 어느 정도 이것을 거쳤고, 그것이 땅에서 겪는 지옥이라는 것을 납득할 수 있습니다. 우리는 하나님의 진노의 손의 무게가 얼마나 무거운지 느꼈습니다.

우리는 성경을 읽지만 그 안에서 우리의 상황에 어울리는 약속을 하나도 발견하지 못합니다. 그 대신 모든 번개와 같은 마치 저주가 그것으로부터 번쩍거리는 것처럼, 모든 면들이 위협으로 불타고 있는 것처럼 보입니다. 심지어는 가장 선택할 만한 구절들도, 마치 그것들이 "간섭하지 마라. 이 위로는 너를 위한 것이 아니다. 너는 이것과는 아무 상관이 없다"고 말하는 것처럼 우리에 대해서는 반대하는 말씀으로 보였습니다. 우리는 교리와 교훈과 약속들 그리고 심지어는 십자가 자체에 대해서까지 흠집을 냈습니다. 우리는 기도했고, 우리의 참된 기도는 우리의 불행을 증가시켰습니다. 우리는 은혜의 보좌에 대해서도 상처를 냈습니다. 우리는 우리의 기도를 주님에 대해 내뱉는 부질없는 불쾌한 소리들로 간주합니다. 교회에 가면 설교자는 우리에게 눈살을 찌푸리는 것 같고, 우리의 상처를 소금으로 문질러대고 우리의 상황을 악화시키는 것 같습니다. 심지어는 성경읽기와 찬송가와 기도들도 우리를 반대하기 위해 동맹을 맺은 것처럼 보이고, 그래서 우리는 그 전보다 더 큰 절망감을 안고 집으로 돌아갑니다.

저는 여러분이 이와 같은 정신상태를 거치지 않기를 바랍니다. 왜냐하면 그것은 지옥 자체와 방불하고, 가장 끔찍한 일들 가운데 하나이기 때문입니다. 이런 곤경 속에서 사람들은 욥과 같이 부르짖습니다.

그런즉 내가 내 입을 금하지 아니하고 내 영혼의 아픔 때문에 말하며 내 마음의 괴로움 때문에 불평하리이다 내가 바다니이까 바다 괴물이니이까 주께서 어찌하여 나를 지키시나이까 혹시 내가 말하기를 내 잠자리가 나를 위로하고 내 침상이 내 수심을 풀리라 할 때에 주께서 꿈으로 나를 놀라게 하시고 환상으로 나를 두렵게 하시나이다 이러므로 내 마음이 뼈를 깎는 고통을 겪느니 차라리 숨이 막히는 것과 죽는 것을 택하리이다 내가 생명을 싫어하고 영원히 살기를 원하지 아니하오니 나를 놓으소서 내 날은 헛 것이니이다(욥 7:11-16).

저는 이 비참한 상태를 최후로 벗어나는 기쁨은 천사들이 기쁨으로 노래하는 것과 같음을 하나님께 감사를 드립니다. 그러나 어두운 밤을 견디는 동안은 참으로 그것이 흑암의 공포입니다. 순교자를 고문대 위에 올려놓거나 아니면 그를 위험한 쇠사슬로 꽁꽁 묶어놓고 그를 불에 태워보십시오. 그때 그의 주님이 그에게 미소만 지어 준다고 해도, 그의 고통은 하나님의 진노에 대한 의식으로 시커멓게 타버린 영혼의 고통과는 비교할 바가 못됩니다. 이런 사람은 예레미야애가의 내용에 공감하고, 다음과 같이 부르짖습니다:

나를 어둠 속에 살게 하시기를 죽은 지 오랜 자 같게 하셨도다 나를 둘러싸서 나가지 못하게 하시고 내 사슬을 무겁게 하셨으며 내가 부르짖어 도움을 구하나 내 기도를 물리치시며 … 활을 당겨 나를 화살의 과녁으로 삼으심이여 화살통의 화살들로 내 허리를 맞추셨도다 … 나를 쓴 것들로 배불리시고 쑥으로 취하게 하셨으며(애 3:6-8, 12-13, 15).

"사람의 심령은 그의 병을 능히 이기려니와 심령이 상하면 그것을 누가 일으키겠느냐"(잠 18:14). 용서받지 못한 죄 때문에 괴로워하는 것, 그 죄의 응보적 형벌을 두려워하는 것, 영원히 불타는 지옥을 무서워하는 것, 이것들은 사람들을 참으로 고통스럽게 하고, 인생을 무거운 짐으로 생각하도록 만드는 일들입니다.

우리는 본문으로부터 악령이 그 아이를 완전히 사로잡았을 때 그를 넘어뜨림으로써 그를 파멸시키고자 했다는 것을 깨닫습니다. 악령은 때로는 그 아이를 불에 던져 넣기도 하고, 때로는 물 속에 던져 넣기도 했습니다. 그것은 깊이 고뇌하는 심령들에게도 마찬가지입니다. 어느 날에는 그들은 진지함과 열렬함을 갖고, 간절함과 큰 관심 속에서 불타는 것처럼 보이지만, 그 다음날에는 두려운 영혼의 냉정함과 무감각 속에 침몰하여 다시 일어서는 것이 완전히 불가능하게 보이는 상태에 빠져버립니다. 어제는 지극히 민감, 오늘은 완전한 둔감 그렇습니다. 그들은 불확실합니다. 여러분은 그들을 어디서 발견하게 될지 모릅니다. 만일 여러분이 열화 같은 성급함의 위험 속에 있는 사람을 다루듯이 그들을 다룬다면, 여러분의 노력은 수포로 돌아가고 맙니다. 왜냐하면 그 다음 몇 분 안에 그들은 무관심의 물에 빠지는 위험 속에 있을 것이기 때문입니다. 그들은 극단을 향해 날아갑니다. 그들의 상황은 가마솥과 냉동고 속에서 교대로 괴로워하는 연옥 속에 있는 영혼들의 우화와 같습니다.

여러분은 이 같은 사람이 어떤 순간에는 자기는 죄인 중의 괴수라고 믿는다고 말하다가 얼마 안있어 죄로부터의 회개 사실을 부정해버리는 것을 볼 것입니다. 여러분은 어떤 순간에 그가 구주를 만날 때까지 결코 기도하기를 쉬지 않겠다고 말하는 것을 듣지만, 조금 후에는 그가 전혀 기도할 수 없고, 자기가 무릎 꿇고 기도하는 것은 아무 소용이 없다고 말하는 것을 상상할 것입니다. 이와 같은 사람들은 계속 변합니다. 그들은 날씨보다 더 변덕스럽습니다. 그들의 색깔은 카멜레온처럼 바뀝니다. 그들은 강박관념에 사로잡혀 격동과 뒤틀림으로 충만합니다. 만일 어떤 사람이 어느 시점에 한 달 동안 자기의 마음이 달보다 더 자주 변화무쌍하다는 것을 알 수 있다면, 그는 훨씬 더 인간적이 될 것입니다. 우리는 그들의 상태를 조롱하며 웃습니다. 그들의 고통은 우리가 아무리 애를 써서 위로한다고 해도 소용이 없습니다. 오직 예수 그리스도 그분만이 그들을 다룰 수 있습니다. 그분이 치명적인 질고를 다루는데 특별한 비결을 갖고 계시고, 상실된 다른 모든 것들을 소유한 사람들을 즐겁게 치유하신다고 덧붙이는 것이 유익합니다.

이 비참한 질병의 고통에 더하여, 그 아들은 귀머거리이기도 했습니다. 이 사건에 대한 마가의 설명을 보면, 예수님은 "말 못하고 못 듣는 귀신아 내가 네게 명하노니 그 아이에게서 나오고 다시 들어가지 말라"(막 9:25)고 말씀하셨습니다. 아들은 벙어리였기 때문에, 그에게는 이성적으로 판단할 능력이 전혀 없었습니다. 그 막혀 있는 귀에 소리가 들릴 리 만무였습니다. 다른 사람들에 대해 말한다면, 여러분은 그들을 부드러운 말로 설득해서 그들의 마음의 격동을 진정시킬 수 있습니다. 그러나 아무리 좋은 말이라도 이 비참하게 고통 받는 심령에게는 들릴 수 없고, 그에게는 소리나 의견을 받아들일 능력이 전혀 없었습니다. 그런데 오늘날 우리 시대에는 말이 헛소리가 되어버리는 이 같은 사람들이 없습니까? 여러분이 하나님의 약속들을 인용할 수 있고, 여러분이 용기를 줄 수도 있고, 여러분이 교리를 설명해 줄 수도 있습니다. 그러나 그것은 그들에게 아무 소용이 없습니다. 그들은 자기들이 시작했던 곳에서 끝납니다. 다람쥐 쳇바퀴 돌 듯 그들은 결코 성공하지 못합니다.

오, 비참하게 고통 받는 심령의 뒤틀리고 왜곡된, 복합적이고 일그러진 정신이여! 그들에게 예수를 믿으라고 말하는 것은 너무 쉬운 일입니다. 하지만 비록 그들이 여러분의 말을 이해한다고 해도, 거듭 설명해 주어야 할 정도로 그것은 애매한 말이기 때문에 여러분은 그 설명을 더 분명하게 밝혀 주어야 합니다. 그들 자신을 예수 그리스도의 피에 던지고, 그분이 이루신 사역을 의지하라고 말해 주는 것은 모든 사실들 가운데 가장 단순한 사실입니다. 어린아이에게 알파벳은 더 단순할 수가 없지만, 그들에게는 그것들조차 분명하지 않습니다. 그들이 여러분의 말을 이해하는 것처럼 보이지만, 곧 옆길로 새고 맙니다. 확신을 갖고, 동시에 의심과 두려움을 다 일소한 것처럼 보이지만, 30분 후에 그들을 만나면, 여러분이 벽에 대고 말을 하고, 귀머거리와 대화를 나누었다는 것을 알게 될 것입니다. 오, 얼마나 고통스러운 상황입니까! 사람의 도움이 아무 소용이 없는 이런 사람들에게 주님이 자비를 베푸시기를 바랍니다! 귀머거리의 귀를 듣게 하고, 그 음성으로 죽음과 같은 적막이 드리워진 절망의 감옥에 달콤한 위로의 말씀을 다시 들려 주시는 분, 강하신 주님을 통해 도움을 베푸신 하나님을 찬양합시다.

설상가상으로 그 고통 받는 아들은 벙어리였던 것으로 보입니다. 그는 귀신에게 잡혀 발음이 분명한 말을 할 수 없었습니다. 귀신이 그를 떠났을 때 그가 부르짖은 것으로 보면, 모든 언어기관들은 전혀 이상이 없었지만, 말하는 법을 배우지 못한 경우로 보입니다. 알아들을 수 없는 종류의 말이었습니다. 언어기관은 있었지만, 가슴이 터질 듯한 고통의 울부짖음 소리 외에는 알아들을 수 있는 말이 하나도 없었습니다.

이와 같은 "영적 벙어리"인 사람들이 많습니다. 그들은 자신의 상태를 설명할 능력이 없습니다. 만일 그들이 말을 한다면, 그들이 말하는 것은 알아들을 수 없습니다. 그들은 다섯 마디마다 모순된 소리를 질러댈 뿐입니다. 그들은 자기들이 믿고 있는 바가 맞다고 말하지만, 그들이 여러분에게 서로 모순 되는 거짓말을 하고 있다고 생각할 수 있습니다. 그들의 경험은 모순의 연속이요, 그들의 말은 그들의 경험보다 훨씬 더 모순적입니다.

어느 정도 긴 시간 그들과 대화하는 것은 굉장히 어렵고, 때로는 불가능합니다. 그것은 고도의 인내를 요구합니다. 그리고 만일 그것이 듣는 자에게 고도의 인내를 요구한다면, 그 비참한 당사자에게는 얼마나 더 힘든 일이겠습니까! 그들은 기도하지만, 그것을 감히 기도로 구하지 못합니다. 그 대신 그들에게 그것은 갈매기나 제비의 지저귀는 소리와 같습니다. 그들은 의지할 데 없는 자신의 연약한 마음속에 있는 것들에 대해 하나님과 대화하지만, 그것이 끝났을 때 그들이 과연 기도했는지 의심이 될 정도로 혼란스럽고 혼동이 됩니다. 그것은 고통의 울부짖음 — 쓰라리고 괴로운 외침 — 이지만, 그것을 말로 파악할 수는 없습니다. 그것은 두려움의 신음소리로서, 성령의 말할 수 없는 탄식이요 갈망이지만(롬 8:26), 그들 스스로는 그 의미를 거의 모르고 있습니다.

여러분은 이 괴로운 사건의 진상을 듣고 몸서리를 칠지 모르겠지만, 저는 아직 이 슬픈 이야기의 결론을 내리지 않았습니다. 만일 여러분이 이와 같은 사건을 겪은 적이 없다면, 하나님께 감사하십시오. 그러나 동시에 이러한 마음의 상태에 있는 사람들을 불쌍히 여기고 기도해 주십시오. 그들에게 위대하신 치유자에 대한 희망을 주시기를 하나님께 간구하십시오. 그분이 오셔서 그들을 구원해 주시기를 위해 기도하십시오. 왜냐하면 그들의 곤경은 사람의 능력 밖의 것이기 때문입니다.

귀신들린 아이의 아버지는 예수님께 자신의 아들의 허약한 상태를 말씀드렸습니다. 이런 엄청난 고통의 짐을 짊어지고 있고, 끊임없는 고통 속에서 결코 잠마저 편안하게 잘 수 없는 사람에게 어떻게 다른 방법이 있을 수 있겠습니까? 그토록 뒤틀리고 파멸된 상태 속에서는 사람의 힘이 오랫동안 유지될 수 없는 것이 당연합니다. 절망은 영혼을 크게 약화시킨다는 것을 기억하십시오. 저는 절망이, 완전히 지쳐 고통 받는 자가 다윗처럼 "내 진액이 빠져서 여름 가뭄에 마름 같이 되었나이다"(시 32:4)라고 고백할 때까지 육체도 약화시킨다는 것을 알고 있습니다.

죄책감을 느끼는 것, 다가올 형벌을 두려워하는 것, "임박한 진노"(마 3:7)에 대한 무서운 경고를 듣는 것, 죽음을 겁내고 매순간 죽음을 바라보는 것, 그러나 그 무엇보다 하나님을 불신하고 그분에 대해 반역한 일들을 써넣는 일이야말로 사람의 육체를 고갈시키고, 그 영혼을 시들게 하는 핵심 요인입니다. 존 번연은 그의 책 「넘치는 은혜」(*Grace Abounding*)에서 사막의 나무처럼 완전히 고갈된 상태에 빠진 사람에 대해 묘사하고 있는데, 그는 그것이 찾아왔을 때, 자기에게서 조금도 선한 것을 찾을 수가 없었습니다. 번연은 무수한 불신앙의 파도 위에서, 한 순간도 안식하지 못하고 끊임없이 억측과 의심과 불길한 예감으로 혼란스러워하고 갈등 속에 빠져 흔들거리는 마음을 묘사하고 있습니다. 그런데 만일 이런 종류의 공격들이 한 순간도 멈추지 않고 끊임없이 지속된다면, 만일 불신앙의 발작들이 조금도 멈추지 않는다면, 사람의 마음은 완전히 핍절되고 말 것이 확실합니다. 그는 죽을 것이고, 그의 완고한 불신앙의 결과로 가야 할 영원한 처소, 곧 지옥으로 떨어질 것입니다.

귀신 들린 아이의 사건에서 가장 처절한 요소는 이 모든 악한 상태가 오랫동안 지속되어 왔다는데 있습니다. 예수님은 그 아이의 이런 상태가 언제부터 그랬는지 물으셨고, 그 아버지는 "어릴 때부터"라고 대답했습니다. 때때로 하나님은 우리가 이해하지 못하는 이유로 시험받는 영혼에 대해 오랫동안 지속되는 깊은 고통을 허락하십니다. 저는 그런 사람이 얼마나 많은 세월에 걸쳐 그 고통을 겪어야 하는지 모르지만, 확실히 그 중 어떤 사람들은 인생이 거의 끝날 때까지 불신앙과 싸우다 인생의 황혼기에 가까스로 믿음과 영적 깨달음이 주어집니다. 자기가 어둠 속에서 죽어야 한다고 생각될 때, 성령이 그들에게 나타나시고, 그들은 용기를 얻고 위로를 얻습니다.

청교도들은 허니우드(Honeywood) 여사의 특별한 체험을 주님이 그의 택자들을 구원하시는 특수한 사례의 하나로 인용하곤 했습니다. 해가 거듭될수록 그녀는 우울증과 절망의 수렁 속에서 헤매었습니다. 그러나 그녀는 굉장히 이적적인 방법으로 하나님의 은혜의 섭리에 의해 구원을 받았습니다. 그녀는 길쭉한 베네치아 산 유리그릇을 하나 집은 다음 "유리가 박살나 깨지는 것처럼 나도 산산조각이 난다"고 말하고는 그것을 마룻바닥에 힘껏 내던졌습니다. 그런데 희한하게도, 그녀도 놀라고 모든 사람들도 놀랄만하게, 저도 그 이유를 모르겠지만, 유리는 조금도 조각이 나지 않았고 전혀 깨지지 않았습니다. 무엇보다 먼저 그 상황 속에서 그녀는 한줄기 빛을 보았고, 그 후부터 자신을 주 예수님께 던졌습니다. 때때로 특별한 빛이 특수한 어둠 속에 비칩니다. 하나님은 그의 발이 철저하게 사슬로 묶여있고, 그 후 오랜 세월 속박 속에 있었던 심연의 감옥으로부터 죄수를 해방시켜 결국엔 완전하고도 통쾌한 해방을 허락하셨습니다.

이 사건에 대해 한 가지 더 말할 것이 있습니다. 제자들은 귀신을 쫓아내는데 실패했습니다. 다른 경우에 그들은 성공했었습니다. 그들은 주님께 "귀신들도 우리에게 항복하더이다"(눅 10:17)라고 했습니다. 그러나 이 때에는 전혀 승리하지 못했습니다. 그들은 최선을 다했습니다. 그들은 어느 정도 믿음이 있었습니다. 그렇지 않다면 귀신을 쫓아내려고 시도하지도 않았을 것입니다. 하지만 그들의 믿음은 그 위급한 상황에서는 아무 소용이 없었습니다. 서기관들과 바리새인들이 주변에 몰려들어 그들을 조롱하기 시작했습니다. 만일 제자들 가운데 하나가 귀신을 쫓아내는데 성공했더라면, 그들은 크게 감사했을 것입니다. 그러나 그들은 패배했고, 실망했습니다. 그들 앞에 있던 불쌍한 병자는 발작을 일으키고 고통 속에서 몸부림을 쳤지만, 그들은 그에게 티끌만큼도 위로를 주지 못했습니다.

오랫동안 고통을 겪던 영혼이 하나님의 집을 찾아 갔지만 아무런 위로를 발견하지 못했을 때, 영적으로 갈등 속에 있던 사람이 도움을 구했지만 목사나 다른 그리스도인들로부터 아무런 도움을 받지 못했을 때, 기도를 드렸지만 응답이 없었을 때, 눈물로 호소했지만 아무 소용이 없었을 때, 다른 사람들에게 위로를 주었던 책이 자기에게는 별로 도움이 되지 못했을 때, 수많은 사람들을 변화시킨 가르침들이 자기에게는 효과가 없었을 때, 사실은 그때가 가장 고통스러운 상황입니다. 그러나 인간적인 수단들이 모두 아무 소용이 없게 된 실례들이 많습니다. 바다의 파도를 잔잔하게 하거나 천둥소리를 잠잠하게 하는 것만큼 고통스러워하는 불쌍한 영혼을 위로하는 것 역시 사람의 힘만으로는 불가능합니다. 악령과 성령이 처절하게 분쟁을 일으키고, 악령이 그 모든 악의들을 노골적으로 드러냄으로써 사람에게 극도의 고통을 일으키는 사람들이 있지만, 그러나 저는 성령이 그 구원의 능력을 발휘하여 그 지옥 같은 상황으로부터 그를 이끌어내 주님의 이름으로 찬양하도록 역사하실 것을 믿습니다.

여러분이 만일 주님을 모른다면, 스스로 "나는 이 일들에 관해 아무것도 모르는 것을 하나님께 감사한다"고 생각할 수도 있습니다. 그러나 이것을 하나님께 감사하기 전에 멈추십시오. 왜냐하면 이 상태가 악하고 비참한 상태가 된다고 해도, 여러분이 영적 민감성을 완전히 상실한 채 있는 것보다는 그것이 훨씬 더 낫기 때문입니다. 여러분이 많은 사람들이 행하는 — 마귀들이 그들을 지옥의 길로 이끄는 달콤한 잠 — 것처럼 지옥으로 서서히 미끄러져 들어가는 것보다는 모든 발걸음마다 불타는 뜨거움 속에서,

괴롭고 상처가 많은 상태에서 천국에 들어가는 것이 백 번 낫습니다. 결국 하나님이 간섭하신다면, 그것이 궁극적으로 믿음 안에서 기쁨과 평화가 될 것이기 때문에 내면의 갈등으로 고통을 당하고 괴로움을 겪는 것은 그리 큰 일이 아닙니다. 그러나 "평강이 없을 때" 사람의 귀에 대고 "평강하다, 평강하다"(렘 6:14) 노래하는 것은 참으로 두려운 일이 아닐 수 없고, 여러분이 벗어날 길이 없는 갱 속에 갇혀 표류하는 것을 발견하는 것은 영원히 두려운 일입니다.

감사하는 대신에 두려워해야 합니다. 여행객들이 알프스 산 정상에서 자주 느끼는 경탄할 만한 예언적 고요함은 여러분의 것입니다. 모든 것이 잔잔합니다. 새들도 노래 부르는 것을 멈추고 낮게 날며, 두려움으로 움츠러듭니다. 꽃들 사이의 벌들의 윙윙거리는 소리도 잠잠해집니다. 그의 엄위하신 왕권이 그들에게 미침으로써, 놀라운 고요함이, 마치 죽음이 모든 것을 침묵시키는 것처럼, 시간을 지배합니다. 여러분은 확실히 어떤 일이 일어날지 느끼지 못합니까? 천둥이 준비되고, 번개가 곧 그 강력한 불을 터뜨릴 것입니다. 땅은 진동하고 단단한 정상들도 해체될 것입니다. 모든 자연이 맹렬한 폭풍 아래 흔들릴 것입니다. 그 장엄한 고요함이 오늘 여러분의 것이 될 것입니다. 폭풍이 몰아닥칠 것이니 절대로 그 안에서 기뻐하지 마십시오. 회오리바람과 재난이 여러분을 쓸어버리고, 완전히 파괴할 것입니다. 지금 마귀에게 고통당하는 것이 영원히 그분에게 고통당하는 것보다 낫습니다.

유일한 대책

지금까지 저는 여러분 앞에 아주 고통스러운 주제를 다루었습니다. 제가 여러분에게 유일한 대책을 명심하도록 설명할 때 성령이 저를 돕도록 기도합니다.

제자들은 좌절에 빠졌습니다. 그러나 주님은 좌절하지 않고 "그를 내게로 데려오라"고 말씀하셨습니다. 우리는 어려운 상황에 직면했을 때 가능한 모든 수단을 다 동원해야 합니다. 나아가 우리는 그것들이 통상적으로 갖고 있는 것보다 더 큰 효력을 발휘하도록 해야 할 의무가 있습니다. 우리 주님은 우리가 다른 수단들을 통해 얻는 능력보다 훨씬 더 큰 능력을 갖도록 해주는 수단으로서 기도와 금식을 정하셨습니다. 그리스도인들의 일반적인 방책으로서는 결코 일어나지 않을 변화가 있습니다. 우리는 기도를 더 많이 해서 우리의 몸이 자기부정을 통한 통제 아래 있도록 할 필요가 있습니다. 우리가 기도와 금식을 통해 하나님과 밀접한 교통을 할 때, 고민스러운 상황들을 더욱 잘 다스릴 수 있습니다. 하나님의 교회는 그 자녀들이 더욱 자주 기도하고 금식한다면 이 불의한 세대와 씨름하는데 필요한 힘을 더 크게 얻을 것입니다.

기도와 금식이라는 이 두 가지 복음적 규정들 속에는 강력한 힘이 있습니다. 첫 번째 힘은 우리를 하늘과 연계시키는 것입니다. 두 번째 힘은 우리를 세상과 분리시키는 것입니다. 기도는 우리를 하나님의 잔치석상으로 인도합니다. 금식은 세상의 문란한 식탁들을 뒤엎습니다. 기도는 우리에게 하늘의 떡을 먹도록 이끕니다. 그리고 금식은 우리의 영이 멸망의 떡으로 가득 찬 상으로 가지 못하도록 합니다.

그리스도인들은 영적 활력을 최대한 가능하게 일으켰을 때, 그들 속에 역사하시는 하나님의 영을 통해 마귀들을 물리칠 수 있을 것입니다. 그러나 심지어는 그 모든 것에도 불구하고 더 성숙한 그리스도인은 기도와 금식이 문제를 해결하는 것처럼 보이지 않는 태산 같은 어려움들에 봉착할 수 있을 것입니다. 이 어려움들은 제자들이 그렇게 한 것처럼, 즉각 주님 앞에 가지고 나와 그분의 개인적 능력으로 다루어져야 합니다. 주님은 부드럽게 우리에게 "그를 내게로 데려오라"고 명령하십니다.

저는 이 본문대로 삶에 적용시켜보라고 여러분에게 권면할 때, 예수 그리스도는 지금도 살아계신다는 사실을 상기시켜 드리고 싶습니다. 그 진리는 무척 단순하지만 여러분은 그것을 꼭 상기해야 합니다. 우리는 아주 종종 목사들이나 예배들 또는 성도들을 바라봄으로써 교회의 힘을 평가합니다. 그러나 교회의 힘은 거기에 있는 것이 아니라 성령 안에 있고, 항상 살아계신 주님 안에 있습니다. 예수 그리스도는 죽으셨고, 그것은 진리입니다. 그러나 그분은 다시 살아나셨고, 우리 주님이 지상에 계셨을 때 고통 속에 있던 사람들이 그분께 나아간 것처럼 오늘날 우리도 똑같이 그분께 나아갈 수 있습니다. 이적은 멈추었다고 말합니다. 자연적 이적은 있을 수 있지만, 영적 이적은 있을 수 없습니다. 우리는 다른 종류의 능력은 갖고 있지 않습니다. 그리스도는 어떤 종류의 이적이든 행하실 수 있는 권능을 갖고 계시고, 그분은 지금도 기꺼이 그의 교회 가운데 영적 이적을 행하실 수 있습니다. 저는 주님이 제가 말할 수 있고 제 사역 가운데 일어나는 모든 상황에 대해 상의할 수 있는 살아계신 그리스도, 제 영혼과 다른 사람들의 영혼 속에 일어나는 모든 어려움을 내놓을 수 있는 살아계신 구원자로서 생각할 때 참으로 즐겁습니다. 그분이 죽어 장사되었다고 생각하지 마십시오! 그분을 죽은 자들 가운데서 찾지 마십시오! 예수님은 살아계시고, 그분이 여기 이 땅에 계셨을 때처럼 고통과 슬픔의 모든 사건들을 처리하실 수 있습니다.

또한 예수님이 권위의 자리에 계시는 것도 잊지 마십시오. 그분이 이 땅에 계셨을 때, 귀신들을 이기는 권능을 갖고 계셨습니다. 그러나 하늘에서 그분은 더욱 큰 권능을 갖고 계십니다. 여기 이 땅에 계실 때 그분은 그의 신성의 광채가 가리어져 있었지만, 지금 하늘에서 그분의 영광은 엄청난 광채를 발하고 있고, 모든 지옥이 그분의 권능의 엄위함을 고백하고 있습니다. 아무리 강하다 해도 만일 예수님이 단지 말씀만 하시거나 심지어는 바라보시기만 해도 두려워 떨지 않을 귀신은 결코 없습니다. 오늘날에도 예수님은 마음과 양심의 주인이십니다. 자신의 은밀한 권능을 통해 그분은 우리 각자의 마음속에 역사하실 수 있습니다. 그분은 우리를 낮추거나 높일 수 있습니다. 그분은 우리를 내던지거나 들어올릴 수 있습니다.

어떤 상황도 그분에게는 어려운 것이 없습니다. 우리는 단지 우리의 필요를 그분께 가지고 가기만 하면 됩니다. 그분은 살아계시고 — 권능의 자리에 살아계시고 — 우리 심령의 모든 욕구들을 이루어주실 수 있습니다. 더욱이 예수님은 감찰의 자리에서 살아계시고, 거기서 은혜롭게 간섭하심니다. 저는 우리가 그분을 그의 교회의 슬픔을 전혀 보지 못하는 멀리 계신 분으로 생각하도록 유혹받는다는 것을 압니다. 그러나 사랑하는 형제들이여, 제가 여러분에게 말하는 것은 그리스도의 영예는 그분이 산에서 내려와 그 사람과 그의 귀신들린 아들을 만났을 때 그랬던 것처럼 이 순간 그의 종들의 패배나 승리와 직결되어 있습니다. 하늘 보좌로부터 예수님은 그의 종들의 사역을 바라보시고, 그때 그들이 패배당하는 것을 보신다면, 자신의 복음의 영예를 위해 질투하시고, 과거에 하셨던 것처럼 지금도 즉각 간섭하셔서 승리를 지켜 주십니다. 우리는 그저 우리 주님을 우러러보기만 하면 됩니다. 그분은 구약성경에서 보는 것처럼 거짓 신 바알이 그랬던 것처럼 주무시지 않습니다. 그분은 우리의 고통에 무감각하거나 우리의 슬픔에 무관심하시지 않습니다. 복의 근원이신 주님, 당신은 위로하실 수 있고, 구원하기에 충분히 강하십니다! 우리는 당신 앞에 우리를 괴롭히는 문제를 내놓기만 하면 되고, 그러면 당신은 당신의 사랑을 따라 그것을 처리하실 것입니다.

우리는 또한 우리에게 주시는 한 경고로서 예수 그리스도는 우리에게 자신을 살아있고, 강하고, 돕는 분으로 인식하고, 그것으로 자신을 믿어주기를 바라신다는 것을 기억해야 합니다. 우리는 우리가 믿음이 부족해서 놓치는 것을 알지 못합니다. 우리는 어떤 사람들이 희망이 없는 상태 속에 있다는 것을 믿고, 그러기에 우리는 그리스도의 영예를 깎아내리고 그들에게 상처를 줍니다. 우리는 부단히 그들을 그분에게 소개하지 않고, 어떤 경우에는 포기해 버립니다. 우리는 이스라엘의 거룩하신 분을 제한합니다. 우리는 그분의 영을 슬프게 하고, 그분의 거룩하신 마음을 근심시킵니다. 그러나 만일 어린아이들이 자기 아버지를 믿는 것처럼, 우리는 아브라함과 같은 믿음으로 결코 흔들림 없이 예수님을 신뢰하고, 그분이 약속하신 것을 또한 이루시고, 우리는 본문에 나오는 사람이 곧 낮의 빛 가운데로 인도받았던 것과 같은 사건들을 눈으로 보게 되리라고 확신합니다. "기쁨의 기름"으로 슬픔을 대신하고, "찬송의 옷으로 그 근심을 대신할"(사 61:3) 것입니다.

지금 저는 진지하게 고통 속에 있는 사람들의 부모와 친척들 그리고 그런 자를 친구로 갖고 있는 사람들에게 그들의 사랑하는 고통 받는 자를 반드시 예수님께 데려오라고 권면합니다. 그분을 의심하지 마십시오 — 여러분이 의심한다면 그분을 실망시킬 것입니다. 속히 그분에게 나아와 그분 앞에 병든 자를 내려놓으십시오. 그리고 비록 여러분이 기도하는 동안 그 병이 나아지기보다는 더 악화된다 할지라도, 주저하지 마십시오. 여러분은 무한하신 하나님의 아들을 대하고 있고, 그렇다고 두려워할 필요는 없습니다. 여러분은 의심해서는 안됩니다. 하나님이 여러분에게 우리의 일상적인 모든 고통들, 특히 우리의 영혼에 관한 문제들을 주 예수님께 갖고 나아오도록 은혜를 베푸시기를 빕니다.

확실한 결과

그 사람의 아들이 우리 주님 앞에 나아왔을 때, 그 병은 완전히 희망이 없는 것처럼 보였습니다. 그는 귀머거리에 벙어리였습니다. 주님이 그를 어떻게 다루셨습니까? 거기다 그는 입에 거품을 물고 쓰러져 땅 위에 뒹굴었습니다. 하나님의 능력이 어떻게 펼쳐지기 시작했습니까? 저는 그의 아버지가 "무엇을 하실 수 있거든 우리를 불쌍히 여기사 도와주옵소서"(막 9:22)라고 말한 것이 놀랍지 않습니다. 제가 앞에서 말했던 것처럼, 대부분 다른 경우에는 예수님의 음성이 그 사람의 영을 진정시켰습니다. 그러나 그 음성은 그의 귀가 막혀 있었기 때문에 그의 마음속에 들릴 수가 없었습니다. 구주는 그 전까지 모든 증상들이 전혀 희망이 보이지 않는 아주 고질적인 병을 가진 사람 앞에 서신 적이 없었습니다. 그러나 그 병은 영적인 질병이 분명했습니다. 왜냐하면 한 순간도 지체하지 않고 주님께서 불결한 영을 향해 "말 못하고 못 듣는 귀신아 내가 네게 명하노니 그 아이에게서 나오라"(25절)고 말씀하셨기 때문입니다.

그리스도는 권위를 가지고 귀신들에게 명령하실 힘이 있습니다. 그것들은 감히 불복종하지 못했습니다. 구주는 "다시 들어가지 말라"(25절)고 덧붙이셨습니다. 예수님이 고치시면 그 고치심은 영원합니다. 일단 영혼이 감옥에서 벗어나면, 다시는 그곳으로 돌아가지 못합니다. 만일 그리스도께 서 "내가 용서하노라"고 말씀하시면, 죄는 사해집니다. 만일 그분이 평화를 말씀하시면, 평화가 멈추지 않는 강물처럼 임할 것입니다. 그것은 영원한 사랑의 바닷속으로 녹아들 때까지 계속될 것입니다. 치유에 대한 희망이 없었지만, 예수님이 그 치유의 손을 내밀었을 때, 치유는 절대로 확실했습 니다. 만일 여러분이 깨어지고 낙담한 상태 속에 있다면, 여러분이나 제가 할 수 있는 것은 아무것도 없습니다. 그러나 그분이 할 수 없는 것은 아무 것도 없습니다. 오직 그분께 나아가십시오. 그러면 한마디로 그분이 여러 분에게 평강 곧 여러분이 영원한 안식 속에 들어갈 때까지 멈추지 않고 계속될 평강을 주실 것입니다.

그럼에도 불구하고 우리는 그리스도의 말씀은 비록 그것이 승리를 갖고 있지만, 완강하게 거부를 당했다는 기록을 읽습니다. 마귀는 자기 때가 얼 마 남지 않았다는 것을 알기 때문에 크게 분노했습니다. 그는 불쌍한 희생 자를 갈갈이 찢어놓았고, 자신의 모든 악마적 힘을 그에게 행사했습니다. 불쌍한 아이는 입에 거품을 물고 쓰러져 땅바닥에 나뒹굴었습니다. 마귀의 이 끔찍한 역사가 끝나자 아이는 마치 죽은 자처럼 나가 떨어졌습니다. 종 종 처음에 그리스도의 음성은 사람의 영혼에 그전보다 더 격렬한 고통을 주는 원인이 되기도 합니다. 그것은 예수님이 그를 괴롭히기 때문이 아니 라 사탄이 그분에게 반란을 일으켰기 때문입니다. 시험 당한 연약한 사람 은 심지어 마치 죽은 자처럼 절망 속에 빠질 수도 있습니다. 그를 둘러싸 고 있는 사람들은 "그가 죽었다"고 외칠 수 있지만, 그때에도 부드러움과 사랑으로 가득 찬 치유의 손길이 그를 만질 때, 그는 살아날 것입니다.

만일 언젠가 여러분이 죽은 사람처럼 되어야 한다고 생각된다면, 만일 여러분의 마지막 소망이 사라진다면, 만일 여러분 앞에 "오직 무서운 마음 으로 심판과 맹렬한 불을 기다리는 것"(히 10:27) 외에는 아무것도 남아 있는 것이 없다면, 그때에는 예수님이 간섭하실 것입니다. 여러분은 그리 스도로부터 너무 멀리 떨어져나갈 수 없다는 교훈을 배우십시오. 여러분의 한계는 단지 여러분에게만이며 그분에게는 아님을 믿으십시오. 아무리 큰 죄와 아무리 깊은 절망이라도 결코 예수님의 능력을 좌절시킬 수 없습니다. 비록 당신이 지옥의 입구에 있다고 해도, 그리스도는 당신을 거기서 잡아당길 수 있습니다. 비록 죄가 당신을 뜨거운 불꽃이 번쩍거리는 지옥문으로 이끈다고 해도, 그때 예수님을 바라본다면, 그분은 당신을 구원하실 것입니다. 만일 당신이 죽음의 문턱에 있을 때 그분에게 나아간다면, 영원한 자비가 당신을 받아줄 것입니다.

어째서 사탄이 뻔뻔스럽게도 사람들을 절망에 빠뜨립니까? 확실히 그가 감히 그렇게 하는 것은 그의 극악무도한 배도의 하나입니다. 여러분을 돕기 위해 전능하신 하나님이 계시는데 절망합니까? 하나님의 아들의 보배 피가 죄인들을 위해 드려졌는데, 절망합니까? 하나님이 기쁘게 은혜를 베푸시는데, 절망합니까? 소망의 은종이 "수고하고 무거운 짐 진 자들아 다 내게로 오라 내가 너희를 쉬게 하리라"(마 11:27)고 울리는데, 절망합니까? 인생이 계속되고 있는데, 은혜의 문이 크게 열려 있는데, 은혜의 사자들이 오라고 부르고 있는데, 절망합니까? "너희의 죄가 주홍 같을지라도 눈과 같이 희어질 것이요 진홍 같이 붉을지라도 양털 같이 희게 되리라"(사 1:18)는 하나님의 말씀을 갖고 있는데, 절망합니까?

감히 죄인에게 절망에 대한 생각을 집어넣는 것은 극악무도한 배도라는 사실을 거듭 말씀드립니다. 그리스도께서 구원할 수 없습니까? 그런 일은 결코 있을 수 없습니다. 그리스도께서 사탄에 의해, 죄에 의해 정복을 당하셨습니까? 불가능합니다. 죄인이 그 질병들을 위대하신 의사로부터 고침 받기에는 그것들이 너무나 많습니까? 비록 사람이 가질 수 있는 온갖 질병들이 여러분 속에 다 들어 있고, 사람이 가질 수 있는 모든 죄가 여러분 위에 쌓여있고, 불경죄와 살인죄와 사기죄와 간음죄와 가능하거나 상상할 수 있는 모든 죄를 여러분이 저질렀다고 해도, 하나님의 사랑하시는 아들이신 예수 그리스도의 보배 피가 여러분을 모든 죄로부터 깨끗하게 하실 것입니다. 만일 여러분이 오직 주님만 신뢰한다면 — 그분이 믿을 만하고 여러분의 신뢰를 받을 만하다면 — 그분은 지금이라도 여러분을 구원하실 것입니다. 그런데 왜 지체하고, 왜 의문을 제기하고, 왜 숙고하고, 왜 주저하고, 불신하고, 의심합니까? 그분의 품에 안기십시오. 그분은 여러분을 거절하지 않으십니다. 왜냐하면 그분이 "내게 오는 자는 내가 결코 내쫓지 아니하리라"(요 6:37) 말씀하셨기 때문입니다.

오직 주님만이 여러분을 구원하실 수 있습니다. 여러분에게 복음에 관해 전하는 것은 저의 책임이지만, 저는 그리스도께서 자신의 영을 통해 권능으로 오시지 않는 한, 여러분이 그것을 듣지 않으리라는 것을 알고 있고, 또는 여러분이 그것을 듣는다고 해도, 그것을 거절하리라는 것을 압니다. 오, 그분이 오늘 오셔서 여러분 안에 있는 악령에게 "너 악한 영아, 그에게서 나오고 다시 들어가지 말라. 내가 내 보배피로 그를 구속했으니 그를 놓아 줘라"고 말씀하시기를 바랍니다. 사랑하는 형제들이여, 저는 성령 하나님이 철창을 부수고, 놋문을 열고, 원수의 포로들이 자유를 얻기까지 이 말씀들을 주시기를 기도합니다. 주님이 자신의 이름을 위해 이 포로들을 축복하시기를 소원합니다.

6

우리 안에 계시는 그리스도

소망이 우리를 부끄럽게 하지 아니함은 우리에게 주신 성령으로
말미암아 하나님의 사랑이 우리 마음에 부은 바 됨이니 ― 로마서
5:5

오순절 성령강림은 하나님의 사랑이 성령으로 말미암아 그의 마음속에
부어질 때 각 성도의 마음속에서 반복됩니다. 저는 여러분에게 이에 대한
예증을 역사 속에서 찾아 보여 주고자 합니다. 주님의 제자들은 그분이 십
자가에 달려 죽으셨을 때 깊은 슬픔에 잠겨 있었습니다. 그들이 그분의 죽
으심과 요셉의 무덤에 장사되심에 대해 생각했을 때 그들에게 찾아온 고
통은 굉장히 큰 것이었습니다. 그러나 잠깐 동안 인내와 연단이 끝나자 그
들의 소망은 되살아났습니다. 왜냐하면 그들의 주님은 죽은 자로부터 살아
나셨고, 그들은 하늘로 승천하시는 그분을 보았기 때문입니다. 그들의 소
망은 영광 속에 들어가신 주님에 관해 밝게 빛났고, 그들은 주님이 다시
오시고, 그들과 승리를 나눠 가지실 것이라는 약속을 받았습니다. 그 소망
이 그들 마음속에 새겨지고 때가 되자 그들은 성령의 강림을 체험했고, 그
결과 그들은 신적 권능이 부어져 하나님의 능력으로 충만했습니다. 그들은
담대해졌습니다. 그들은 그들의 소망을 부끄러워하지 않았고, 베드로와 다
른 제자들의 설교를 통해 그것을 선포했습니다. 성령이 그들에게 임재했

고, 그리하여 그들은 두려움 없이 주 예수님을 그들의 "영광의 소망"(골 1:27)으로 선포했습니다.

진실로 역사는 돌고 도는 법입니다. 우리 주님의 역사는 그의 전체 백성들이 겪게 되는 경험의 첫 열매입니다. 첫 열매에 일어난 것은 어느 정도 하나님의 모든 백성들에게도 일어납니다. 우리는 이 설교의 본문이 들어있는 로마서 5장 첫 부분에서 탁월한 실례를 발견합니다. 3절은 우리가 당하는 환난 ― 고뇌, 십자가 짊어짐 ― 을 다루고 있습니다. 그 구절은 계속해서 우리의 인내와 연단으로부터 때가 되면 복된 소망이 일어남을 말씀합니다. 우리는 주님의 부활을 통해 생명을 얻고, 우리의 슬픔은 사라집니다. 그분은 고통의 무덤으로부터 우리를 일으키십니다. 그리고 우리는 성령의 강림을 받고 오순절을 체험합니다. "우리에게 주신 성령으로 말미암아 하나님의 사랑이 우리 마음에 부은 바 됨이니." 저는 여러분이 이것의 의미를 알고, 지금 당장 그것을 경험하기를 바랍니다.

성령의 내주를 체험한 결과로서 우리의 소망은 더 분명해지고 확실한 보증을 받고, 우리는 소망과 그 실체이신 주님에 관해 충분히 그리고 담대하게 증거하도록 인도를 받습니다. 저는 여러분이 부끄럽지 않음을 이미 증명한 성도들이기를 바랍니다. 만일 그렇지 않다면 저는 여러분이 그렇게 되기를 바랍니다. 우리 하나님은 우리를 은혜로 부르셨고, 그의 자녀들에게 최고의 선물이신 성령을 부어주셨습니다. 우리 안에 거하시는 성령은 우리에게 하나님의 사랑을 깨닫고 느끼게 하시며, 지금 우리는 그분이 우리에게 알려 주신 것 외에는 다른 사람들에게 말하거나 가르칠 수 있는 것이 없습니다. 따라서 축소판으로 우리는 자신의 개인사 속에서 초대교회의 역사의 한 부분을 반복했습니다. 여러분은 이 사건 속에서 뿐만 아니라 다른 모든 사건 속에서도 신자의 삶은 그리스도의 삶의 축소판이라는 것을 발견할 것입니다. 태초에 "우리의 형상을 따라 우리가 사람을 만들자"(창 1:26)고 말씀하신 분은 사람을 그의 아들의 형상 안에서 "새로운 피조물"(고후 5:17)로 만드실 때에도 그리스도를 모델로 삼으십니다.

이제 우리는 우리의 영적 체험의 신비에 관해 잠시 살펴보아야 합니다.

제가 조금 전에 언급한 로마서 5장의 구절은 내면생활의 작은 지도와 같습니다.

> 다만 이뿐 아니라 우리가 환난 중에도 즐거워하나니 이는 환난은 인내를, 인내는 연단을, 연단은 소망을 이루는 줄 앎이로다 소망이 우리를 부끄럽게 하지 아니함은 우리에게 주신 성령으로 말미암아 하나님의 사랑이 우리 마음에 부은 바 됨이니(롬 5:3-5).

이 구절은 그들 자신의 마음속에 그것을 대문자로 새겨놓은 하나님의 백성들에게만 충분히 이해될 수 있습니다. "환난은 인내를 이룬다"고 사도는 말했습니다. 이것은 거듭나지 아니한 자연인에게는 진리가 아닙니다. 통상적으로 "환난은 성급함을 이루고" 성급함은 연단의 열매를 맺지 못하며, 낙심으로 썩어버립니다. 사랑하는 자녀를 무덤 속에 묻거나 재산을 졸지에 다 날려버리거나 육체의 견딜 수 없는 고통으로 괴로워하는 사람들에게 물어보십시오. 그러면 그들은 여러분에게 고통의 자연적 결과는 섭리에 대한 노여움, 하나님에 대한 반발 그리고 의심, 불신, 비판과 같은 온갖 종류의 악을 일으킨다고 말할 것입니다. 그러나 마음이 성령으로 말미암아 거듭날 때 일어나는 변화는 얼마나 놀라울까요! 아니 그때 비로소 "환난은 인내를 이룹니다."

환난을 당해보지 않은 사람은 결코 인내를 이룰 수 없습니다. 천사들은 고난을 겪을 수 없기 때문에 인내를 보여 줄 수 없습니다. 우리가 인내를 소유하고 이루기 위해서는 시험을 당하는 것이 필수적이고, 큰 인내는 큰 시험을 통해서만 이루어질 수 있습니다. 여러분은 욥의 인내를 들으셨을 것입니다. 그가 인내를 배운 것은 그의 가축들 또는 낙타들 또는 그의 자녀들과 함께 잔치를 벌이고 있을 때였습니까? 아닙니다. 진실로 그는 잿더미 위에 앉아 깨진 질그릇 조각으로 자신의 몸을 긁어댈 때, 그리고 자녀들의 죽음으로 억장이 무너졌을 때 그것을 배웠습니다. 인내는 고통의 깊은 바닷속에서만 발견되는 진주입니다. 그리고 단지 은혜만이 거기서 그것을 발견해 수면 위로 가지고 나와서 믿음의 목에 그것을 장식할 수 있습니다.

그런데 인내는 하나님의 속성을 배우는데서 개인적 연단을 우리에게 제공합니다. 다르게 말하면 우리가 더 많이 인내하고 하나님을 믿는 믿음을 더 크게 시험받을수록 우리는 그분의 사랑을 그만큼 더 크게 입증하고 그분의 지혜를 그만큼 더 크게 깨닫게 된다는 것입니다. 인내하지 못하는 사람은 은혜의 지속적 능력을 믿을 수는 있지만 그것을 결코 경험할 수는 없습니다. 여러분은 하늘의 도선사의 기술을 익히기 위해서는 바다에 들어가 보아야 하고, 바람과 파도를 제압하는 주님의 능력을 알려면 폭풍과 맞닥뜨려 보아야 합니다. 그분이 잠잠케 하신 폭풍이 없다면 충만한 능력을 소유하신 주님을 어떻게 볼 수 있겠습니까? 우리의 인내는 우리 하나님의 진실, 신실하심, 사랑 그리고 권능에 대한 경험적 지식이 우리 안에 있을 때 이루어집니다.

우리가 인내에 고개를 숙이면, 하늘의 도우심을 기쁨으로 경험하게 됩니다. 사람이 풍부한 경험을 쌓는 것만큼 풍부한 재산을 소유하는 것이 어디에 있을까요? 경험은 교사입니다. 이것은 하나님의 자녀들을 위한 진정한 학교입니다. 저는 고통의 막대기 없이는 배울 수 있는 것이 아무것도 없다고 생각합니다. 확실히 우리는 개인적인 경험이 있었던 일들에 대해 가장 잘 압니다. 그것이 우리에게 소용이 있기 전에는 고통의 뜨거운 인두로 우리를 불태우는 진리가 필요하지 않습니다. 그 후에 우리를 괴롭게 할 수 있는 자는 아무도 없습니다. 왜냐하면 우리의 마음이 주 예수의 상표를 붙이고 있기 때문입니다. 이것이 인내가 연단을 이루는 방법입니다.

이어서 성경이 연단은 소망을 이룬다고 말씀하는 것은 굉장히 특수한 표현입니다. 그것은 의심의 여지가 많다는 의미에서 특수하다는 것은 아닙니다. 그것은 연단을 통해 하나님의 신실하심과 사랑을 알고 있는 신자의 소망만큼 밝은 소망은 없기 때문입니다. 그러나 이 무거운 환난, 이 괴로운 고통, 이 고통스러운 질책이 우리에게 특별히 밝은 빛, 이 소망의 샛별, 이 영원한 영광의 날의 전조를 가져오지 못한다면 오히려 이상하게 보이지 않습니까? 사랑하는 형제들이여, 하나님의 역사는 놀랍게도 우리가 아무 가치가 없다고 생각했던 금속으로부터 순수한 금을 뽑아냅니다.

주님은 자신의 은혜를 따라 자기 백성들을 위해 환난의 타작마당 위에 방석을 깔아놓습니다. 그리고 거기서 우리는 룻기에 나오는 보아스처럼, 휴식을 취합니다. 그분은 밀려오는 고통의 노호소리를 음악으로 바꾸십니다. 그분은 슬픔의 바다 물결로부터 "부끄럽지 않은" 소망의 밝은 영을 일으키십니다. 그러므로 본문의 이 구절은 영적인 사람의 내적 삶으로부터 나온 최고의 진리입니다. 그것은 우리의 영적인 삶의 신비 가운데 하나입니다. 우리는 그것을 영적인 안목으로 읽을줄 알아야 합니다.

그런데 본문은 하나님의 집과 천국의 문 외의 다른 것에 대해 묘사하지 않습니다. 여러분은 그 안에서 삼위일체 하나님을 경배하는 성전을 볼 수 있습니다. 로마서 5:5, 6을 읽어보고, 거기서 삼위일체 하나님의 세 위격이 언급되고 있음을 주목해 보십시오.

우리에게 주신 성령으로 말미암아 하나님의 사랑이 우리 마음에 부은 바 됨이니 우리가 아직 연약할 때에 기약대로 그리스도께서 경건하지 않은 자를 위하여 죽으셨도다.

은혜로우신 한 분 안의 세 분! 삼위일체 하나님은 그리스도인을 만드는데 필수적입니다. 삼위일체 하나님은 그리스도인이 힘을 내도록 하는데 필수적입니다. 삼위일체 하나님은 그리스도인을 완성시키는데 필수적입니다. 그리고 삼위일체 하나님은 그리스도인의 영광의 소망을 낳는데 필수적입니다.

저는 우리로 하여금 삼위일체 하나님께 가까이 나아가도록 이끄는 이 본문을 언제나 좋아합니다. 그 말씀들은 저로 하여금 찬송시로 하나님을 찬양하도록 자극합니다.

태초부터 있었고, 지금도 있고,

또 앞으로 영원무궁토록 있을
성부와 성자와 성령께
영광을 돌리나이다.
아멘

　유일하신 참 하나님, 곧 삼위일체 하나님에 대해 특별한 경배를 드리고, 사람의 마음이 쉽게 그렇게 하고 싶어 하도록 부르심을 받는 것은 아주 소중한 일입니다. 믿음으로 우리는 구속받은 무수한 사람들과 더불어 크게 영광스러운 보좌 앞에 무릎을 꿇고, 영원히 살아계신 그분을 예배합니다. 우리는 우리를 구속하신 삼위일체 하나님을 생각할 때 전심으로 그분을 찬양합니다. 하나님의 사랑은 성부 하나님에 의해 우리에게 주어지고, 성자 하나님의 죽으심 속에서 나타나고, 성령 하나님에 의해 우리 마음속에 부어집니다. 오, 삼위일체 하나님과 교제하는 감격은 얼마나 클까요! 우리는 여호와 하나님의 거룩하신 엄위 앞에 무릎을 꿇어야 하고, 본문에 나타난 것처럼 우리는 성령을 통해 그 진리를 배우고, 그것을 통해 그분의 성전으로 들어갈 수 있어야 합니다.

　본문에서 우리는 "소망이 우리를 부끄럽게 하지 아니함은 우리에게 주신 성령으로 말미암아 하나님의 사랑이 우리 마음에 부은 바 됨이니"라는 말씀을 읽습니다. 사도는 영광의 소망에 이를 때까지 나아갔습니다. 그는 그 높은 곳에 이르렀을 때, 그것에 관해 뭔가 말하지 않을 수 없었습니다. 가끔 그러는 것처럼 그는 자신의 중심 주제에서 벗어나 우리에게 신자의 소망에 관한 빛나는 말씀들을 제시했습니다.

　그는 먼저 우리의 소망 ― "부끄럽게 하지 아니하는 소망" ― 의 확신에 대해 설명합니다. 이어서 그는 우리의 확신의 이유에 대해 설명하는데, 저는 여러분이 오늘 그것을 누리기를 바랍니다. 왜냐하면 하나님의 사랑이 성령을 통해 우리 마음속에 부어졌기 때문에 우리는 결코 소망 중에 낙심하지 아니할 것을 확신할 수 있기 때문입니다. 이어서 사도는 이 확실한 소망의 결과 곧 우리가 그리스도의 복음에 대해 결코 부끄러워하지 않는 것과 우리가 그것을 세계 속에 증거하게 될 것에 대해 말씀합니다.

우리의 소망에 대한 확신

어떤 사람들은 소망이 없습니다. 또는 그들은 자기들이 의롭게 될 수 있다는 소망을 갖는 것을 부끄러워합니다. 성경을 부정하는 사람들에게 미래에 대한 소망이 있는지 한 번 물어보십시오. "나는 개처럼 죽을 것이고, 내가 죽으면 그것으로 모든 것은 끝이다"라고 그들은 대답할 것입니다. 만일 제가 그와 같은 불행한 생각을 갖고 있다면, 저는 확실히 그것을 세상에 자랑하고 다니지는 않을 것입니다. 수많은 청중들을 모아놓고 그들에게 "친구들이여, 저를 기뻐해 주십시오. 우리는 곧 개와 고양이같이 죽을 테니 말입니다"라고 말하지는 않을 것입니다. 그것은 결코 축하받을 일이 아닙니다.

불가지론자들은 아무것도 모릅니다. 그러므로 저는 그가 무(無)에 대한 소망을 갖고 있다고 생각합니다. 저는 이런 태도 속에서 그것을 열광적으로 주장하는 그런 모습을 보지 못합니다. 만일 제가 그것 외에 다른 소망은 없다면, 저는 그것을 부끄러워할 것입니다. 로마 가톨릭 교도의 최고 소망이 죽을 때 최후의 의로운 자로 판단 받는 것입니다. 그러나 그동안 그는 연옥의 정화시키는 불 속에 들어가 있어야 할 것입니다. 저는 그 장소에 대해서는 많이 아는 바가 없습니다. 왜냐하면 성경에서 그런 곳에 대해 말씀하는 것을 한 번도 본 적이 없기 때문입니다. 그러나 그곳을 잘 알고 있는 사람들은 그들이 그곳을 만들어내 그 열쇠를 소장하고 있기 때문에, 그곳을 아주 끔찍한 곳으로 묘사하고, 심지어는 대주교나 추기경들도 그곳에 가야 할 곳으로 생각합니다. 저는 개인적으로 한 저명한 추기경의 영혼이 영원한 안식에 들어갈 수 있도록 기도하기 위해 신자들의 기도회가 열리는 것을 보았습니다. 만일 이것이 교회 지도자의 운명이라면, 평범한 신자들은 어디로 가야 할까요? 이 소망 속에는 별로 취할 만한 진리가 들어있지 않습니다. 저는 사람들에게 "제 말을 듣고 기뻐하십시오. 우리는 죽으면 연옥에 들어가게 될 것입니다"라고 말하기 위해 그들을 집합시킬 마음이 들지는 않습니다. 그들은 진정한 기쁨의 근거를 결코 보지 못했습니다. 저는 그것에 관해 떠벌일 생각은 없지만, 만약 누가 그것에 관해 묻는다면, 저는 핵심은 피하고, 그것은 성직자들에게 더 크게 보장된 것으로 알 수 없는 미스터리라고 했을 것입니다.

그러나 우리는 우리의 소망을 부끄러워하지 않습니다. 우리는 몸을 떠나 있는 그리스도인들은 주와 함께 있다(고후 5:8)는 사실을 믿습니다. 우리는 그 계획하신 자와 지으신 자가 하나님이신(히 11:10) 터가 있는 성을 바라봅니다. 우리는 영광과 불멸성과 영생에 대한 소망을 결코 부끄러워하지 않습니다.

우리의 소망의 대상은 부끄럽지 않다

나아가 우리는 소망의 대상도 부끄러워하지 않습니다. 우리는 천국이 육욕적이고 세속적인 쾌락으로 이루어진 곳이라고 보지 않습니다. 우리는 이슬람교에서 말하는 관능적인 즐거움으로 가득 찬 낙원을 믿는 것도 아닙니다. 만일 그렇다면 우리는 우리의 소망을 크게 부끄러워해야 할 것입니다. 우리가 상상하는 천국은 순수하고, 거룩하고, 영적이고, 순전한 행복이라는 것입니다. 거짓 선지자는 이것만으로는 자기를 따르는 자들을 꾈 수 없다고 생각했습니다. 그러나 우리의 소망은 바로 이것입니다: 우리 주님은 그의 거룩한 모든 천사들과 함께 재림하셔서 "그때에 의인들은 자기 아버지 나라에서 해와 같이 빛나리라"(마 13:43).

만일 우리가 주님 재림 전에 죽는다면, 예수 안에서 잠을 자고, 그분과 함께 영복을 누릴 것을 믿습니다. "오늘 네가 나와 함께 낙원에 있으리라"(눅 23:43)는 말씀은 단지 강도만 위한 말씀이 아니고 십자가에 못 박히신 구주께 그 영혼을 부탁한 우리 모두를 위한 말씀입니다. 그분이 오실 때 우리는 영광의 부활을 기대합니다. 그분이 하늘로부터 큰 소리와 함께, 하나님의 천사장의 찬송과 나팔소리와 함께 재림하실 때, 우리의 영들은 몸과 결합될 것이고, 완전하고 부활한 인격체로 그리스도와 함께 살 것입니다. 우리는 그날부터 영원히 그분과 더불어 살 것을 믿고 확신합니다. 그분은 우리에게 자신의 보좌, 자신의 면류관 그리고 자신의 나라에 참여할 권리를 허락하실 것입니다 ― 영원무궁토록! 우리가 약속된 축복에 관해 말하면 말할수록 영광의 소망이 결코 부끄럽지 않다는 것을 그만큼 더 크게 느끼게 될 것입니다.

민음의 궁극적인 상급, 의인의 삶의 궁극적인 보상은 우리가 그것을 바라보는 기대에 따라 즐거워하는 바로 그것입니다. 우리의 영광스러운 소망은 순결함과 완전함을 포함합니다. 모든 죄로부터의 자유와 모든 덕의 소유를 포괄합니다. 우리의 소망은 우리가 우리의 완전하신 주님처럼 될 것이고, 그분이 자신의 영광을 우리가 볼 수 있도록 그분이 계시는 곳에서 그분과 우리가 함께 할 것이라는 것입니다. 우리의 소망은 "이는 내가 살아 있고 너희도 살아있겠음이라"(요 14:19)는 주님의 약속에 따라 성취됩니다. 우리는 존재하는(exist) 것으로 그치지 않고 살(live) 것인데, 여기서 산다는 것은 또 다른 차원의 고상한 삶을 가리킵니다. 우리의 삶은 우리 영 속에 영원무궁토록 하나님이 사시는 삶이 될 것입니다. 우리는 이 소망을 부끄러워하지 않습니다. 우리는 그것을 얻기 위해 앞으로 달려갑니다.

우리의 소망의 근거는 부끄럽지 않다

우리의 소망은 하나님의 엄숙한 약속들에 의존하는데, 그것들은 그분이 그의 선지자들과 사도들을 통해 우리에게 주신 것이고, 그분의 사랑하는 아들의 인격과 사역 속에서 확증된 것입니다. 예수 그리스도께서 죽으시고, 죽은 자로부터 살아나셨기 때문에, 믿음으로 그분과 하나가 된 우리 역시 죽은 자로부터 다시 살아나 그분과 함께 살 것을 확신합니다. 그리스도께서 부활하신 사실은 우리가 부활할 것이라는데 대한 보증이고, 그분이 영광 속에 들어가신 사실은 우리의 영광에 대한 보증입니다. 왜냐하면 우리는 하나님의 계획과 은혜로 말미암아 그분과 하나가 되었기 때문입니다.

모든 인류는 아담 안에서 태어났기 때문에 우리는 모두 아담과 함께 타락했습니다. 마찬가지로 우리는 지금 예수 안에 있기 때문에 예수와 함께 살아나고 다스릴 것입니다. 하나님은 죽은 자의 하나님이 아니라 산 자의 하나님이십니다. 그분은 아브라함, 이삭, 야곱의 하나님이시고, 그러기에 이 사람들은 지금도 살아있습니다. 우리는 믿음 안에서 죽은 자들에 대해서도 똑같은 사실을 믿습니다.

그들은 존재를 결코 멈춘 적이 없고, 그분 안에서 항상 살아있습니다. 우리의 소망은 절대로 희미한 방법으로 영의 불멸성과 의인의 미래의 상급을 증거하는 추론 위에 세워진 것이 아닙니다. 오히려 우리의 소망은 하나님의 말씀 위에 세워져 있고, 그 말씀은 영생에 관한 진리를 분명하고 명쾌하게 진술함으로써 추호도 의심의 여지를 남겨놓지 않습니다. 만일 성경이 거짓이라면, 우리는 우리의 소망을 포기해야 합니다. 그러나 우리는 "교묘히 만든 이야기"(벧후 1:16)를 따른 것이 아니고 우리 주님의 부활과 승천을 직접 목격한 신실한 증언자들의 증거를 받았기 때문에, 우리는 성경의 기록을 믿고, 우리의 소망을 부끄러워하지 않는 것입니다. 하나님이 약속하신 것은 확실하고, 하나님이 행하신 것은 그것을 충분히 확증합니다. 그러므로 우리는 전혀 두렵지 않습니다.

우리의 소망을 붙잡는 것은 부끄럽지 않다

그런데 어떤 사람들은 "허허, 당신이 영광 속에 들어갈 것이라고, 당신이 정말?" 하고 빈정거리며 우리에게 말할 수 있습니다. 그때 우리는 "그럼요, 우리는 들어갑니다. 우리의 확신은 확실한 근거 위에 서 있기 때문에 우리는 당신의 비난을 결코 부끄러워하지 않습니다"라고 대답합니다. 우리의 기대는 인간의 공로와 같은 교만한 주장 위에 세워져 있는 것이 아니라 신실하신 하나님의 약속 위에 세워져 있습니다. 그분은 "믿는 자는 영생을 가졌나니"(요 6:47)라고 말씀하셨습니다. 우리는 그분을 믿습니다. 그러기에 우리는 영생을 소유하고 있음도 압니다. 그분은 "의롭다 하신 그들을 또한 영화롭게 하셨다"(롬 8:30)고 선언하셨습니다.

우리는 믿음으로 말미암아 의롭게 됩니다. 그러므로 우리는 영화롭게 될 것입니다. 우리의 소망은 단순한 감정 위에 기초되어 있는 것이 아니라 하나님이 영생을 그의 아들 예수 그리스도를 믿는 모든 사람들에게 약속하셨다는 진리 위에 기초되어 있습니다. 우리는 주님이 "아버지여 내게 주신 자도 나 있는 곳에 나와 함께 있어 아버지께서 창세전부터 나를 사랑하시므로 내게 주신 나의 영광을 그들로 보게 하시기를 원하옵나이다"(요 17:24)라고 기도하신 것을 알고 있습니다.

우리는 아버지께서 우리에게 예수를 주셨다는 것을 믿습니다. 왜냐하면 우리는 그분을 믿도록 인도를 받았고, 그 믿음이 하나님의 선택에 대한 확실한 표시이자 증거가 되기 때문입니다. 그러므로 우리는 그리스도의 것으로서 그분이 있는 곳에서 그분과 함께 살 것을 기대합니다.

우리는 또한 주님의 말씀 속에서 "그를 믿는 자마다 멸망하지 않고 영생을 얻을 것이라"(요 3:16)는 말씀을 읽습니다. 그러므로 우리는 그 약속을 붙잡고, 우리가 영생을 소유하고 있음을 압니다. 이것은 아주 엄밀한 논리적 증명으로 생각됩니다. 그것이 허위가 아니고, 하나님께서 믿는 자는 영원히 살 것이라고 말씀하신 것이 사실이라면, 우리가 영생을 기대하는 것은 결코 환상이 아닙니다. 하나님의 말씀은 영생이 있다는 것을 가장 확실하게 말씀하고, 우리는 그것으로부터 나오는 모든 주장들을 믿음으로 붙잡고 있는 것을 부끄럽게 여기지 않습니다. 우리는 하나님이 우리와 모든 다른 믿는 자들에게 자신의 약속을 지키시는 분임을 단호하게 믿습니다.

우리의 소망의 확실성은 부끄럽지 않다

사랑하는 형제들이여, 덧붙여 우리는 우리의 소망이 반드시 이루어질 것이라는 절대적 확실성을 부끄러워하지 않습니다. 우리는 만일 참으로 우리가 믿음으로 의롭게 되고 하나님과 화목을 이룬다면, 우리는 절대로 또는 영원히 시들지 않을 영광의 소망을 소유할 것이라는 것을 믿습니다. 우리는 버림받고 은혜로부터 떨어져나가리라는 것을 결코 생각하지 않습니다. 왜냐하면 "그가 친히 말씀하시기를 내가 결코 너희를 버리지 아니하고 너희를 떠나지 아니하리라"(히 13:5)고 하셨기 때문입니다.

우리는 우리가 홀로 떨어져 있으리라고 기대하지 않습니다. 그렇게 되면 우리가 확실하고 분명한 파멸 속에 있음을 의미하기 때문입니다. 오히려 우리는 우리 안에서 착한 일을 시작하신 이가 그리스도 예수의 날까지 이루실 줄을(빌 1:6) 기대합니다.

우리 안에 이 소망을 심어놓으신 분이 때가 되면 그것을 이루심으로써 그 소망을 정당화시키실 것입니다. 그분은 우리가 장수해야 한다면 장수하도록 우리를 보존하실 것입니다. 또 그분은 우리가 죽을 때가 되면 우리 안에 살아있는 소망을 존속시키실 것입니다. 그리고 그분은 우리가 먼지와 재로 무덤 속에 흩어져 있을 때에도 우리를 기억하실 것입니다.

"누가 우리를 … 우리 주 그리스도 예수 안에 있는 하나님의 사랑에서 끊을 수 있으리요"(롬 8:35, 39). 또 이런 말씀도 있습니다: "믿고 세례를 받는 사람은 구원을 얻을 것이요"(막 16:16). 그리고 이것은 반드시 그렇게 될 것입니다.

믿는 자는 "길에서 망하지"(시 2:12) 않을 것입니다. 하나님은 "나를 경외함을 그들의 마음에 두어 나를 떠나지 않게 하고"(렘 32:40)라고 말씀하시지 않았습니까? 그분은 그의 자녀들이 넘어지고 쓰러지도록 하지 않을 것입니다.

그분은 "내가 그들(내 양)에게 영생을 주노니 영원히 멸망하지 아니할 것이요 또 그들을 내 손에서 빼앗을 자가 없느니라"(요 10:28). 우리는 예수님을 믿는 우리의 신뢰가 결코 배반당하지 않을 것입니다. 아무도 "나는 주 예수 그리스도께서 나를 지켜 주리라 믿었지만 그분은 그렇게 하시지 않았다. 나는 내 영적 생명을 보존받기 위해 예수님을 믿었지만, 그분은 나를 보존해 주시지 않았다"고 말할 수 없을 것입니다. 절대로. 우리는 우리의 소망을 부끄러워 아니할 것입니다.

우리의 확신의 이유

저는 여러분에게 믿는 자들 특히 시험을 당하고 연단 받고 있는 신자들이 갖는 확신 ― 부끄럽게 아니하는 소망으로 가득 찬 ― 에 대해 말씀드렸습니다. 여기서 저의 두 번째 목적은 이 확신의 이유에 대해 초점을 맞추는 것입니다. 그 좋은 소망을 소유하고 있는 신자들은 왜 그것 때문에 기뻐하게 될까요?

하나님의 사랑

이 소망의 핵심 이유들 가운데 하나는 바로 하나님의 사랑입니다. 저는 천사들 사이에 앉아 저의 가장 사랑하시는 분의 얼굴을 뵙는 그날을 바라봅니다. 저는 제 안에 있는 어떤 것 때문에 또는 저에 의해 만들어질 수 있는 어떤 것 때문이 아니라 하나님의 한이 없으신 사랑 때문에 이것을 기대합니다. 저는 하나님에 대한 저의 사랑이 아니라 저에 대한 하나님의 사랑을 믿습니다. 우리는 그분이 우리를 사랑하시기 때문에 그분을 믿습니다. 그분은 우리를 너무 사랑하셔서 우리에 대해 절대로 실패하지 않으실 것이기 때문에 그분이 우리의 소망을 이루실 줄을 확신합니다.

우리의 모든 소망이 시작되는 지점은 하나님의 사랑으로부터입니다. 그리고 우리의 모든 소망을 좌우하는 것도 하나님의 사랑입니다. 만일 하나님 아버지의 사랑이 아니었더라면, 은혜 언약은 결코 없었을 것입니다. 만일 그분의 무한한 사랑이 없었더라면, 속죄의 희생제물도 결코 없었을 것입니다. 만일 그분의 적극적인 사랑이 없었더라면, 우리에게 생명을 주고 거듭나게 하는 성령도 주어지지 않았을 것입니다. 만일 그분의 변함없는 사랑이 없었더라면, 우리 안에 있는 모든 좋은 것들은 금방 사라지고 말 것입니다. 만일 전능하신 사랑, 변함없는 사랑, 한이 없는 사랑이 없었더라면, 우리는 그 멀고 먼 땅에서 그 아름다우신 왕의 얼굴을 뵐 소망이 사라지고 말 것입니다. 그분은 우리를 사랑하고, 그러기에 그분은 영원히 우리를 인도하시며, 우리를 먹이시며, 우리를 세우실 것입니다. 여러분의 마음은 이것을 고백하지 않습니까? 만일 그 사랑이 한 순간이라도 지체된다면, 만일 그것이 여러분에게서 잠시 동안이라도 멈추어 있다면, 그러면 여러분은 어디에 있겠습니까? 하나님의 사랑이 그분을 믿는 우리의 소망의 주요 이유입니다.

사랑하는 성도들이여, 우리에게 주신 성령으로 말미암아 하나님의 사랑이 우리 마음에 부어졌다는 것이 확신의 실제적인 이유임을 명심하십시오. 성령은 모든 신자의 마음속에 내주하시며, 많은 은혜의 활동들을 행하십니다. 다른 일들 중에서도 그분은 자신이 내주하고 있는 마음속에 하나님의 사랑을 부어 주십니다. 저는 여러분에게 이에 대한 예증을 보여 주고자 합니다. 값비싼 향수가 가득 들어있는 화려한 상자가 방안에 있다고 합시다. 아직 냄새를 풍기지 않는 향수가 상자 안에 들어있습니다. 그것은 극상품 향수지만, 아직 아무도 그 향기를 맡아보지 못했습니다. 신자의 마음속에 들어있는 하나님의 사랑은 이 희귀한 향수와 같습니다. 그것이 부어질 때까지는 느껴지지 않습니다. 성령은 그 상자를 취해 그 뚜껑을 열고, 하나님의 사랑의 달콤한 향기를 흘러나오게 해서 신자를 완전히 채웁니다. 이 사랑은 그의 전존재 속으로 침투하고, 스며들고, 들어가서 자리를 잡습니다. 장미의 향기가 부어지면, 상쾌한 향기가 흘러나와 온 방안을 채웁니다. 그런 것처럼 헌신적인 신자는 하나님의 사랑을 반영하고, 성령은 그의 묵상을 도우시고, 그 묵상의 주제가 그의 마음, 기억, 상념, 이성 그리고 감정을 가득 채우도록 역사하십니다. 그것이 집중해야 할 주제로서, 어떤 좁은 범주 안에서 향료의 맛을 볼 수 있는 것이 아니라 그 이상의 다양한 영역으로 확대됩니다.

더욱이 향수가 후각을 즐겁게 하는 것처럼, 하나님의 사랑은 성령의 능력을 통해 부어질 때, 우리의 감정에 아주 특별한 달콤함을 선사합니다. 사랑의 주님의 모든 옷은 몰약과 침향과 육계의 향기가 있습니다(시 45:8). 하나님의 사랑과 비교할 만한 달콤함이 어디에 있을까요? 영원하고 무한하신 분이 실제로 인류를 사랑하시되, 그토록 큰 사랑으로 사랑하신다는 것은 참으로 놀랍고도 유쾌한 진리입니다. 그것은 완전한 기쁨을 주는 백합이 피어나는 뿌리입니다. 이것은 그 안에 있는 모든 자가 기뻐할 상아궁입니다. 여러분은 그것에 의해 정복되고 도취되기 전에는, 그리고 "아미나딥의 수레"(아 6:12)처럼, 부지중에 그것을 의식하기 전에는 그 사랑을 느끼지 못할 것입니다.

또한 향수는 공기 중에 흩어지고 방안에 있는 모든 사람들을 즐겁게 하지만 그것은 여전히 남아있습니다. 여러분은 향수를 버릴 수 있지만, 그래도 상쾌한 향내는 오랫동안 그 냄새로 가득 채웠던 방안에 남아있을 것입니다. 어떤 향기는 영원히 머물러 있을 수도 있습니다. 아마 여러분은 다른 날 방안에 있는 장롱으로 갔을 때에도 라벤다향의 상쾌한 내음을 맡을 수 있을 것입니다. 비록 작년부터 그 안에 향낭을 두지 않았어도 말입니다. 향내는 지속적입니다. 순수한 향수 몇 방울이 온 방안을 향내로 가득 채우고, 향수병이 그 방에서 사라진 뒤에도 오랫동안 남아 있습니다.

하나님의 사랑이 사랑을 발산시키는 기술의 대가이신 성령으로 말미암아 마음속에 들어와 부어질 때, 그것은 그 마음속에 영원히 거하게 될 것입니다. 다른 모든 것이 제거될 수 있지만, 사랑은 남습니다. 우리는 세상 일로 분주할 때 잠시 하나님의 사랑을 잊을 수 있을지는 모르지만, 그 분주함에서 벗어나면 곧 그 사랑을 느끼게 됩니다. 하나님의 사랑의 달콤한 향내는 죄의 지독한 악취를 제거하고, 그 상쾌한 즐거움을 맛본 마음을 절대로 포기하지 않습니다.

그 유추를 바꾸어 표현한다면, 성령을 통해 마음속에 부어지는 하나님의 사랑은 충만한 축복들로 가득한 비구름과 같습니다. 왜냐하면 비구름은 그것이 떨어지는 모든 메마른 땅에 무수한 빗방울이 담긴 소낙비를 쏟아 부음으로써, 시들어져 가는 식물들이 그 머리를 쳐들도록 만들어 하늘이 보내준 축복을 즐거워하기 때문입니다. 잠시 후면 그 비가 내린 지점으로부터 온화한 수증기가 피어올라 하늘로 올라가고 그 결과 신선한 구름이 만들어집니다. 하나님의 사랑은 이와 똑같은 방법으로 우리 마음속에 부어져서 우리의 영이 그것을 마시고 그 새 생명이 기쁨의 꽃을 피우고 거룩의 열매를 맺을 때까지 우리의 본성 속에 스며들 것입니다. 그러고 나면, 우리가 부르는 감사의 찬양이 여호와의 성전 제단에서 피어오르는 향연처럼 피어 올라갈 것입니다. 사랑은 우리 안에 쏟아 부어지고, 그 보답으로 그것은 우리의 마음이 사랑하도록 역사합니다.

이러한 유추를 떠나서라도, 성령을 통해 마음속에 하나님의 사랑이 광범위하게 부어진다는 것은 다음과 같은 사실을 의미합니다: 그분은 우리에게 그 사랑에 대한 열렬한 감사와 의식을 갖도록 하신다는 것. 우리는 그것에 관해 듣고, 그것을 믿으며, 그것에 관해 묵상했습니다. 마지막으로 우리는 그 위대함에 압도당합니다. "하나님이 세상을 이처럼 사랑하사 독생자를 주셨으니"(요 3:16). 우리는 이 사랑을 평가할 수 없습니다. 우리는 그것에 의해 감동을 받습니다. 우리는 경이와 감탄으로 충만합니다. 그 위대함, 그 유일함, 그 독특함, 그 무한함 — 이 모든 것들은 우리를 놀라게 합니다. 이처럼 놀라운 사랑이 우리 마음속에 부어졌습니다.

그렇다면 우리는 진실로 그분의 사랑을 개인적으로 소유해야 합니다. 우리는 "그분이 나를 사랑하셨고, 그분은 나를 위해 자신을 내놓으셨다"고 찬미합니다. 우리는 하나님의 사랑이 인류 전체를 위한 사랑일 뿐만 아니라 우리 개인을 위한 사랑이고, 우리는 지금 우리 발끝까지 씻음을 받았다고 느끼기 시작합니다. 우리를 향하신 이 특별한 사랑을 믿을 때, 우리는 즐겁게 춤출 준비를 하게 됩니다. 믿음은 그것이 진리임을 인식하고, 그래서 우리는 "높은 소리 나는 제금으로 (주님을) 찬양합니다"(시 150:5). 이것은 당연히 사랑의 반응으로 이어져야 하고, 사람의 마음은 이것을 느껴야 합니다. "우리가 사랑함은 그가 먼저 우리를 사랑하셨음이라"(요일 4:19). 전에는 그것을 의심했습니다. 그러나 지금은 결코 그것을 의심할 수 없습니다.

만일 우리가 베드로처럼 "네가 나를 사랑하느냐"(요 21:15)는 질문을 세 번에 걸쳐 받았다면, 우리는 겸손하게 하지만 아주 단호하게 이렇게 대답해야 합니다: "주님, 모든 것을 아시오매 내가 주님을 사랑하는 줄을 주께서 아시나이다"(17절). "주여, 저는 당신을 사랑하지 않고는 살 수 없습니다. 저는 주님을 사랑하지 않는다면 차라리 태어나지 않은 것이 더 좋다고 일천 번이라도 말하겠습니다. 비록 제가 원하는 것만큼 주님을 사랑하지 못하고 주님에 대한 더 큰 사랑을 소망할지언정, 저는 참으로 그리고 진실로 주님만 사랑합니다. 주님은 제가 하는 일을 다 아시고, 제가 그것을 부인한다면 저는 제 양심을 속이는 것이 될 것입니다." 이것이 여러분 안에 거하시는 성령을 통해 여러분의 마음속에 쏟아 부어진 하나님의 사랑을 소유하고 있다는 말의 진정한 의미입니다. 그러므로 그것을 알고, 그것을 누리며, 그것을 감사하고, 그것을 기뻐하십시오. 그리고 그 신적 영향력 아래 있으십시오. 이 달콤한 향기가 내 가장 깊은 영혼 속으로부터 절대로 제거되지 않기를 바랍니다!

그리스도는 경건하지 않은 사람들을 위해 죽으셨다

그 다음, 사도 바울이 아주 특기할 만한 언어로 감동을 준 특별한 은혜를 주목하기를 바랍니다. 그는 우리에게 계속해서 자기가 받은 놀라운 감동을 말하고 있습니다. "우리가 아직 연약할 때에 기약대로 그리스도께서 경건하지 않은 자를 위하여 죽으셨도다"(롬 5:6). 그렇습니다. 하나님이 경건하지 않은 사람들을 위해 자기 아들을 죽음에 내놓으셨다는 것이 언급되어야 할 두 번째 요점입니다. 하나님이 자기를 사랑하는 사람들을 사랑하셨다는 사실, 하나님이 거룩해지기 위해 애쓰는 그의 거듭난 백성들을 사랑하셨다는 사실은 참으로 유쾌한 일입니다. 하지만 모든 생각 중에 가장 감동적인 생각은 그분이 우리 안에 선한 것이 아무것도 없는데도 불구하고 우리를 사랑하셨다는 것입니다.

그분은 땅의 기초가 놓이기 전부터 우리를 사랑하셨습니다. 그분은 우리가 타락한 것과 상실된 것을 아시고, 그분의 사랑은 그분으로 하여금 자신의 아들을 우리를 위해 죽음에 내놓으시기로 결심하게 하셨습니다. 예수님은 우리가 선하기 때문이 아니라 악하기 때문에 오셨습니다. 그분은 우리의 의 때문이 아니라 죄 때문에 자신을 죽음에 내주셨습니다. 하나님을 사랑으로 이끈 동기는 인간 피조물 속에 있는 과거 또는 미래의 어떤 미덕 때문이 아니라 단순히 사랑의 하나님의 선하신 기쁨 때문이었습니다. 하나님 속에 사랑이 솟아났습니다. 그 사랑이 하나님의 마음속에 크게 자리 잡았습니다.

> 주님은 타락으로 파멸된 우리를 보셨네.
> 그러나 그 모든 것에도 불구하고 우리를 사랑하셨네.

그분은 우리가 그분을 싫어할 때에도 우리를 사랑하셨습니다. 그분은 우리가 그분을 반대할 때에도, 우리가 그분을 저주할 때에도, 우리가 자기 백성들을 핍박하고 그분의 길을 모독할 때에도 우리를 사랑하셨습니다. 얼마나 놀라운 사실입니까! 오, 성령이 그 진리를 우리 마음속에 심고 우리로 하여금 그 힘을 느끼도록 하셨다는 것은 얼마나 놀라운 일일까요! 저는 감히 우리를 향하신, 아니 우리 안에 그것을 쏟아 부으시는 그 넓으신 하나님의 사랑을 말로 다 표현할 수가 없습니다. 하지만 성령은 그것을 하실 수 있고, 그때 성령은 우리로 하여금 그 사랑에 사로잡히게 하시며, 겸손하게 하셔서 지존하신 하나님을 찬양하도록 얼마나 충만하게 하실까요!

그러므로 사도는 우리를 향하신 하나님의 망극하신 사랑을 우리에게 상기시키는 것으로 만족하지 않았습니다. 그는 또한 그리스도께서 우리를 위해 죽으셨다는 사실을 잊지 않기를 바랐습니다. 사랑하는 형제들이여, 그리스도께서 하늘에서 우리를 사랑하셨다는 것은 위대한 일이었습니다. 그분이 육신을 입고 땅에 내려오셔서 베들레헴에서 태어나신 것도 위대한 일이었습니다. 그분이 우리를 위해 순종의 삶을 사셨다는 것도 놀라운 일이었습니다. 하지만 그분이 죽으셔야만 했다는 것, 이것이야말로 사랑의 희생의 클라이맥스요, 사랑의 산의 정상입니다.

세계의 어떤 경치는 처음 몇 번은 우리를 놀라게 하고 그 다음부터는 그저 그렇습니다. 그러나 그리스도의 십자가는 우리를 점차 더 놀라게 합니다. 우리가 그것에 대해 알면 알수록 그것은 그 지식을 능가합니다. 2천

년 동안 구원받은 성도들에게 갈보리의 희생은 그것을 처음 보았을 때보다 훨씬 더 큰 경이입니다. 하나님 자신이 우리의 본성을 취해야 했다는 것, 그리고 그 본성 속에서, 자신의 원수들인 우리를 구원하시기 위해, 시범적으로 사형당하는 악당처럼, 그분이 죽임을 당하셔야 했다는 것은 하나님의 권위가 아닌 다른 권위로서 우리에게 이야기되었다면, 도저히 믿을 수가 없었던 사실입니다. 그것은 완전한 이적이고, 만일 여러분이 성령을 통해 여러분의 마음속에 부어질 때까지 그것이 여러분을 소유하도록 할 것이라면, 여러분은 이것과 비교하여 알고, 믿고, 또는 찬미할 만한 일이 전혀 없음을 느낄 것입니다. 그리스도의 십자가 이상으로 우리의 관심을 끌 수 있는 것은 아무것도 없습니다. 많은 지식의 분야를 연구할 수 있지만, 십자가에 달리신 구주에 관한 지식은 모든 학문의 정수(精髓)로 계속 존재할 것입니다.

그리스도는 자신의 생애를 통해 우리를 구원하실 것이다

나아가 사도는 주님은 우리가 화목되었기 때문에 우리를 영원히 사랑하지 않으면 안된다고 말하는 데까지 나아갔습니다. 그는 다음과 같이 말했습니다: 만일 하나님이 우리가 자신의 원수들이었을 때에도 우리를 사랑하신다면, 우리가 그분의 친구가 되었을 때에는 확실히 우리를 끝까지 사랑하실 것이다. 만일 우리가 반역했을 때에도 예수님이 우리를 위해 죽으셨다면, 우리를 화목시킨 지금은 더더욱 우리를 거절하지 못하실 것이다. 만일 주님이 원수들을 화해시키기 위해 죽으셨다면, 확실히 그분은 화해한 자들을 보존하실 것이다.

여러분은 이 전체 논리를 어떻게 보십니까? 그것들은 우리가 우리의 영광의 소망을 견지하고, 그것을 부끄러워하지 않을 만한 아주 충분한 이유들입니다. 위대하신 하나님이 그분의 사랑의 놀라우신 위대성을 느끼게 하실 때, 의심과 두려움은 몽땅 사라집니다. 우리는 그분의 사랑의 속성으로부터 추론하는데, 그것은 우리가 과거부터 보았던 것이고, 미래에도 그분이 우리를 절대로 포기할 수 없는 그런 사랑입니다. 그런데 어떻게 우리를 위해 죽으시고, 그 다음에 우리를 떠나시겠습니까? 어떻게 우리의 구속을 위해 자신의 심장의 피를 흘리신 분이 우리가 상실된 자로 살아가도록 두시겠습니까? 죽음을 통해 자신의 속죄의 피를 흘리신 예수님께서 우리에게 자신을 드러내시고 — 그분이 세상에 대해 하시지 않은 어떤 것 — 그래서 이 모든 것을 뒤로 하고 우리에게 "저주를 받은 자들아 나를 떠나라"(마 25:41) 말씀하시겠습니까? 불가능합니다! 그분은 절대로 변하지 않으십니다. 우리의 소망은, 그 아치의 모퉁잇돌로서, "어제나 오늘이나 영원토록 동일하신"(히 13:8) 예수 그리스도의 변하지 않는 사랑을 갖고 있습니다. 성령은 그리스도 예수 안에서 하나님의 사랑을, 그 어떤 것도 우리를 그것으로부터 분리시킬 수 없음을 아주 확실하게 느낄 정도로 우리 마음 속에 쏟아 부으셨습니다. 그리고 우리가 그것으로부터 분리되지 않는 한, 영광에 대한 우리의 소망은 영원하신 분의 보좌만큼이나 확실합니다.

사도는 또한 우리에게 "우리가 화목하게 되었다"(롬 5:11)는 사실을 상기시켰습니다. 우리는 이미 우리가 하나님과 하나라는 것을 느낍니다. 주 예수님의 희생을 통해 우리는 하나님과 평화하게 됩니다. 우리는 그분을 사랑합니다. 그분과 우리의 다툼은 종결되었습니다. 우리는 그분을 즐거워합니다. 우리는 그분을 영화롭게 하기를 원합니다. 그런데 이 즐거운 화목의 느낌은 은혜와 영광에 대한 만족스러운 보증입니다. 영광의 소망은 예수 그리스도로 말미암아 하나님과 화목된 마음의 황금등불 속에서 활활 타오르고 있습니다. 우리는 지금 하나님과 완전한 화목을 이루고 있기 때문에, 우리 안에서 완전한 날의 서광인 천국이 시작됩니다. 은혜는 아직 피지 않은 봉오리 속의 영광입니다. 하나님과의 화목은 완전한 거룩과 완전한 행복의 씨앗입니다.

만일 우리가 거룩의 지배 아래 있다면, 만일 우리가 견지해야 할 것이 아무것도 없다면, 만일 그것이 우리의 거룩하신 주님의 마음에 반대된다는 것을 우리가 알고 있다면, 우리는 그분이 우리를 용납하시고, 우리 안에 그분의 생명이 존재하며, 결국에는 그분의 영광 속에 들어갈 것이라는 사실을 보증 받을 수 있습니다. 자신의 원수들을 자신의 진실한 친구들이 되도록 하신 분이 이 은혜로운 사역이 중단되지 않도록, 또는 자신의 거룩한 목적이 실패하지 않도록 하실 것입니다. 우리가 현재 하나님 안에서 즐거워하는 것은 그분 안에서 우리가 누리는 무한한 기쁨의 보증입니다. 그러므로 우리는 우리의 소망을 부끄러워하지 않습니다.

성령은 우리 안에서 활동하신다

이것에 관해 한 가지만 더 생각해 보겠습니다. 사도는 하나님의 사랑과 그것이 우리 마음속에 쏟아 부어졌다는 사실을 언급할 뿐만 아니라 이것을 이루시는 신적 인격에 대해 언급하십니다. 우리의 마음속에 하나님의 사랑이 부어지는 일은 우리 안에 거하시는 성령에 의해 일어난 일이었습니다. 이것은 오직 성령에 의해서만 일어날 수 있었습니다. 여러분은 마귀의 역사를 통해 하나님의 사랑에 들어갈 수 있었습니까? 여러분은 자신의 타락된 본성의 힘을 통해 하나님의 사랑에 대해 감동을 받고 큰 기쁨 속에 들어가게 되었습니까? 스스로 판단해 보십시오! 자기 마음속에 부어진 하나님의 사랑을 느꼈던 사람들은 의심 없이 "이것은 하나님의 손이다. 성령이 내 안에 이것을 행하셨다"고 말할 수 있습니다. 오직 성령만이 그것을 행하실 수 있습니다. 어떤 사람은 말하기를 "나에게 능력 있는 설교를 들을 수 있는 권리가 있음을 하나님께 감사드립니다"라고 할 수 있습니다. 그것은 사실일 수 있지만, 여러분은 마음속에 하나님의 사랑을 결코 느끼지 못할 수도 있습니다. 설교자들은 설교를 통해 폭넓은 사랑을 전할 수 있습니다. 하지만 그들은 회중들의 마음속에 그것을 폭넓게 흘려보낼 수는 없습니다. 인간의 웅변보다 더 큰 신적 권능이 내면의 본성을 다루어야 합니다.

아마 여러분은 사랑의 달콤한 맛에 마음을 빼앗겨 방안에 홀로 있거나 길가를 걸어본 적이 있었을 것입니다. 오, 하나님의 사랑은 얼마나 달콤할까요! 얼마나 놀랍고, 측량할 수 없고, 불가해한 아버지의 사랑일까요! 오,

우리의 참된 영혼이 그 사랑으로 불타오르고, 우리의 무정한 본성이 인간 영혼을 사랑하시는 위대하신 그분에 대한 사랑으로 불타오를 때 얼마나 이것을 느낄까요! 성령을 제외하고 누가 이렇게 할 수 있을까요? 그리고 그 은사와 부르심에 "후회가 없으신"(롬 11:29) 하나님의 자유로운 은사가 아니라면 우리가 어떻게 성령을 소유하게 되었을까요? 하나님은 주시고 빼앗지 않습니다. 그분의 은사는 영원히 우리의 것입니다. 만일 성령이 여러분에게 주어졌다면, 그분이야말로 하나님의 사랑의 보증이 아니겠습니까? 신약성경은 그분을 보증금 곧 유산에 대한 현금지불과 같은 것으로 묘사하지 않습니까? 보증금은 나머지 모든 재산에 대한 보증이 아닙니까? 성령은 너무 불완전하기 때문에 그 목적을 이룰 수 없는 문서에 그 도장을 찍었습니까? 절대로 아니지요. 만일 성령이 여러분 안에 거하신다면, 그분은 영원한 기쁨의 보증이십니다. 그분의 신적 내주를 통해 은혜가 주어지는 곳에, 영광은 따라오는 법입니다. 성령이 사람 속에 들어오시면, 그분은 그곳을 자신의 처소로 삼습니다. 그분은 우리 주님의 얼굴을 영원히 뵙기 위해 하늘로 들려 올라갈 때까지 우리 안에 거하실 것입니다.

우리가 확신하는 소망의 결과

확신하는 소망은 내적 기쁨을 낳습니다. 그의 영광의 소망이 이미 맛본 하나님의 위대하신 사랑으로 말미암아 자기가 결코 잘못되지 않으리라는 것을 알고 있는 사람은 한밤중에도 음악을 들을 것입니다. 그가 가는 곳이 어디든 산과 언덕들이 노래하기 시작할 것입니다. 그는 특별히 환난의 때에 "하나님의 영광을 바라고"(롬 5:2) 즐거워하게 될 것입니다. 그는 그 이름이 "보혜사"(요 14:16)이신 성령을 통해 그의 마음속에 특별히 하나님의 사랑이 부어졌기 때문에 가장 깊은 고통 속에서도 가장 깊은 위로를 누리게 될 것입니다. 그리고 그는 징계의 채찍이 은혜 속에 뿌리를 두고 있다는 것, 그의 실패는 아버지의 사랑에 안겨진다는 것, 그의 고통과 수고는 은혜의 목적에 따라 관할되고 있다는 것을 깨닫게 될 것입니다. 우리가 고통당할 때 하나님은 우리가 그분만큼 지혜롭고 사랑이 있다면 우리 스스로 바라지 않을 것이기 때문에 우리에게 아무것도 행하시지 않습니다. 나의 친구들이여, 여러분은 행복해지기 위해 금이 필요하지 않습니다. 여러분은 금을 얻기 위해 건강이 필요한 것도 아닙니다. 만일 여러분이 하나님의 사랑을 알고 느끼기만 한다면, 기쁨의 원천들이 여러분에게 쏟아질 것입니다 ─ 그때 여러분은 행복의 잔치에 초대받을 것입니다.

우리의 내면의 기쁨은 그것과 함께 우리의 소망의 선포 속에 거룩한 담대함의 은혜를 가져옵니다. 그리스도인들은 불신자들에게 어쩌다 한 번씩 충만한 소망의 기쁨을 보여 주는 것이 아닙니다. 우리는 가장 좋은 제복을 아직 입지 않고 있으나 주님의 섬김에 대한 충만한 기쁨을 말하고, 또는 우리 주님이 마지막 날 지불할 상급에 대해 충분히 말합니다. 우리는 심지어 우리가 하나님의 땅 위에서 가장 행복한 사람들이 되는 이유를 갖고 있어도, 슬퍼할 때가 있습니다. 저는 우리가 우리의 마음속에 부어진 하나님의 사랑이 있음에도 불구하고 그 사랑을 충분히 경험 하지 못하는 것에 대해 염려합니다. 만일 향수가 우리 안에 있다면, 그것은 우리 주변에 있는 사람들에게 느껴져야 할 것입니다. 여러분은 향수공장을 지나갈 때, 즉각 그 은은한 향기를 느끼게 됩니다. 우리는 우리의 즐거운 소망의 향내를 불신자들이 알도록 해야 합니다. 우리는 특별히 우리를 조롱하는 것처럼 보이는 사람들에게 말해 주어야 합니다. 왜냐하면 저는 그들 가운데 어떤 사람들은 우리가 영향력을 행사하기가 좋다는 것을 경험을 통해 배웠기 때문입니다.

여러 번에 걸쳐 한 새신자가 불신 친구에게 자신의 커다란 변화와 새로운 기쁨의 역사에 대해 말해 주는 편지를 썼습니다. 그러자 그 친구는 냉소와 조롱이 섞인 마음으로 그 편지를 아예 읽지도 않았습니다. 그러나 얼마 후 그는 그것을 새삼스럽게 생각하게 되었고, 스스로 말하기를 "이 안에 뭔가가 있을지도 몰라. 나는 친구가 말하는 기쁨에 대해서는 낯설지만, 지금 큰 낙심 속에 있기 때문에 무엇이든 기쁨이 필요해"라고 했습니다. 불신자들은 무엇이 자기에게 필요한지 모르는 바보들이 아니라는 것을 말쏨드립니다. 그들은 자기들의 마음속에 불안이 드리워져 있음을 압니다. 그들은 이 공허한 세상이 그들에게 줄 수 있는 것보다 뭔가 더 좋은 것을 갈구합니다. 이것 때문에 그들은 선한 것에 대해 배우는 순간, 그것을 받아들이는 일들이 자주 일어납니다. 비록 그들이 하나님을 갈망하지 않는다고 할지라도, 저는 그들로 하여금 여러분 자신이 먹고 있는 것 이상의 양식을 구하도록 만드는 더 좋은 길을 알고 있지 못합니다. 제3자는 그의 입이 해갈되어, 갑자기 식욕이 나는 것을 느낄 것입니다.

탕자의 비유에서 종들은 집에 돌아온 둘째 아들에게 제일 좋은 옷을 입히고, 손에 가락지를 끼우고, 발에 신을 신기라는 명령을 받았습니다. 그러나 아버지는 그들에게 아들을 데리고 가 실컷 음식을 먹이도록 명령하지 않았습니다. 아버지는 "우리가 먹고 즐기자"(눅 15:23)했습니다. 그는 그의 굶주린 아들이 다른 사람들이 음식을 먹는 것을 보고서야 비로소 먹기 시작할 것을 알았습니다. 하나님의 가족이 된 사람들이 즐거운 교제 속에서 먹고 마시며, 혼인잔치에서 주님과 혼인할 때, 가난한 배고픈 형제는 여러분과 함께 하기를 원할 것이고, 그는 그렇게 하는데서 큰 힘을 얻을 것입니다.

우리는 그것에 대해 결코 부끄러워하지 않고 참된 경건 속에 들어가야 되겠습니다. 그런즉 영광의 소망을 갖고 있는 여러분이여, 와서 모든 사람들이 여러분이 그것을 부끄러워하지 않는다는 것을 보여 주십시오. 다른 사람들에게 새를 유인하는 것처럼 행동하십시오. 즉 여러분의 행복한 삶을 보여 줌으로써 그들이 예수님께 매력을 느끼도록 하십시오. 주님은 여러분의 마음속에 부어 주신 사랑을 여러분이 퍼뜨리기를 바라십니다. 여러분의 마음속에 있는 향수가 여러분의 집, 여러분의 직장, 여러분의 대화 그리고 여러분의 모든 삶 속에서 향내를 풍기도록 하십시오! 여러분을 만나는 모든 사람들에게 "여러분 안에 계신 그리스도, 곧 영광의 소망"(골 1:27)을 보여 주기를 바랍니다.

제 4 권

찬양의 실천

The Practice of Praise

1

넘치는 찬양의 이유

그들이 주의 크신 은혜를 기념하여 말하며 주의 공의를 노래하리
이다 — 시편 145:7

시편 145편을 "다윗의 찬송시"라고 부릅니다. 여러분은 이 시편 전체를 통해 다윗이 하나님을 크게 찬송하기를 바라는 간절한 욕구를 갖고 있음을 역력히 느낄 것입니다. 그래서 그는 다양한 표현들을 사용해 자신의 거룩한 열정을 천명했습니다. 그 시편을 여러분의 눈으로 직접 확인해 보면, 다음과 같은 말씀들을 발견하게 될 것입니다: "내가 주를 높이고 영원히 주의 이름을 송축하리이다"(1절), "내가 날마다 주를 송축하며 영원히 주의 이름을 송축하리이다"(2절), "여호와는 위대하시니 크게 찬양할 것이라"(3절), "대대로 주께서 행하시는 일을 크게 찬양하며"(4절), "주의 존귀하고 영광스러운 위엄과 주의 기이한 일들을 나는 작은 소리로 읊조리리이다"(5절), "사람들은 주의 두려운 일의 권능을 말할 것이요"(6절). 여러분은 마지막 구절에 이르기까지 이와 비슷한 다른 말씀들도 보게 될 것입니다: "내 입이 여호와의 영예를 말하며 모든 육체가 그의 거룩하신 이름을 영원히 송축할지로다"(21절).

다윗은 여호와께서는 찬양받을 가치가 있다는 것을 선언하는 것으로 또는 그분에 대한 찬양이 마음속에 느껴져야 한다는 것을 주장하는 것으로

만족하지 않았습니다. 그는 그것이 공개적으로 언급되고, 널리 선언되고, 분명히 표현되고, 노래로 즐겁게 선포되어야 한다고 강조했습니다. 성령을 통해 감동받은 이 영감 받은 시편기자는 모든 육체와 하나님의 모든 지으신 것들이 지존자에 대한 찬양을 선포해야 함을 촉구했습니다. 우리는 그 촉구에 반응하고 있습니까?

찬양에 대한 그의 구상을 살펴보면, 다윗은 하나님의 위엄 곧 영광스러운 왕에 대해 처음 다섯 절을 할애하고 있습니다. 그의 눈은 존귀하신 보좌의 영광스러운 광채로 압도된 것처럼 보입니다. 그래서 그는 "주의 존귀하고 영광스러운 위엄을 나는 작은 소리로 읊조리리이다"(시 145:5)라고 외쳤습니다. 이어서 그는 위엄의 보좌의 권능과 그 정당한 규례들을 수행시키는 능력에 대해 숙고하고, 그래서 6절에서 이렇게 외쳤습니다: "사람들은 주의 두려운 일의 권능을 말할 것이요 나도 주의 위대하심을 선포하리이다"(6절). 여기서 그는 간단하지만 존엄하신 전능자의 위엄과 권능을 동시에 선포하고 있습니다. 그러나 자신의 생각들을 하나님의 은혜에 맞추었을 때, 그는 자기가 다루고 있는 주제와 그것을 오래 간직하고 싶은 자신의 욕구를 강조하는 말들을 사용하여 그것을 더욱 확대시키고 있습니다: "그들이 주의 크신 은혜를 기념하여 말하며"(7절).

이제 우리의 소원은 우리 역시 무한하신 여호와의 이름을 얼마든지 아무 제한이나 한계가 없이 찬양하고 찬미할 수 있고, 특별히 그분의 크신 은혜를 크게 선포하기 위해 우리의 마음을 확대시키고 우리의 입을 더 크게 열 수 있다는 것입니다. 성도들이 모이는 집회를 통해 "그들이 주의 크신 은혜를 기념하여 말하리라"는 본문은 진리가 될 수 있습니다. 또한 그것을 명백한 말로 표현함으로써 우리 모두는 더 높은 수준으로 올라가 유쾌한 음악과 함께 그분의 의로우심을 노래할 수 있습니다.

저는 여러분이 그 목적 곧 제가 여러분이 공감하고 있다고 믿고 있는 목적을 보기를 소원합니다. 누구든 와서 주님을 찬양하십시오. 그 초청이 너무 방대합니까? 9절을 보십시오: "여호와께서는 모든 것을 선대하시며 그 지으신 모든 것에 긍휼을 베푸시는도다 여호와여 주께서 지으신 모든 것들이 주께 감사하며 주의 성도들이 주를 송축하리이다"(9-10절). 저는 주님의 초청에 제한을 두지 않겠습니다. 여러분 모두가 그분의 은혜의 강물을 마시기 때문에 여러분은 할 수 있는 한 최대한 그분을 찬양해야 합니다.

그러나 그의 성도들에게만 주어지는 특별한 초청이 있습니다. 와서 영적으로, 내적으로, 그리고 명명백백하게 그분의 이름을 송축하십시오. "레위 족속아 여호와를 송축하라 여호와를 경외하는 너희들아 여호와를 송축하라"(시 135:20). 여러분의 마음 중의 마음으로 그분을 높이고, 경배하고, 위대하게 하십시오. 왜냐하면 "주의 성도들이 주를 송축하리이다"(시 145:10)라고 기록되어 있기 때문입니다. 진실로 이것은 아무 뜻 없이 기록된 말씀이 아닙니다. 우리의 영혼이 우리 안에서 움직이시는 대로 오늘 주님을 송축하십시오.

우리는 우리가 살펴보고 있는 목적을 더 확실하게 알기 위해 두 가지 사실에 초점을 맞출 것입니다. 첫 번째 초점은 하나님의 은혜에 대한 그분의 찬양의 풍부한 표현들을 확고하게 유지하는 방법이고, 두 번째 초점은 이 풍부한 표현들을 확고하게 유지하기를 바라는 동기들입니다.

넘치는 찬양을 지니는 방법

우리는 하나님의 은혜에 관한 신적 찬양의 풍부한 표현들을 유지하는 방법을 발견해야 합니다. 본문은 우리에게 풍부한 찬양에 관한 정신적 철학을 제공하고, 그것은 우리에게 이런 찬양을 유지할 수 있는 방법을 보여줍니다. 그 단계들은 고상한 철학적 논리를 전개하는 것과 같습니다.

하나님의 은혜를 주의 깊게 관찰하라

첫째로 우리는 세심한 관찰을 통해 넘치도록 찬양해야 할 이유를 확인하게 될 것입니다. 본문을 보십시오: "그들이 주의 크신 은혜를 기념하여 말하며." 기억을 되살리기 위해서는 먼저 관찰이 있어야 합니다. 사람은 그가 결코 경험하지 못했던 것을 기억하지 못합니다. 이것은 누구에게나 해당됩니다. 그러므로 요점은 사실상 본문 속에 함축되어 있습니다. 인상에 따라 사실 또는 진리가 마음속에 세워지고, 거기에 비례해서 그것이 기억 속에 내재하는 것이 가능합니다. 만일 설교를 듣는다면, 여러분이 그 후 기억하는 것은 설교를 듣는 동안에 여러분의 마음속에 아주 강하게 부딪혀 온 내용입니다. 그때 여러분은 "나는 그것을 적어 두어야겠다. 너무 감동적이었기 때문에 그것을 잊고 싶지 않다"고 말합니다. 여러분이 연필을 사용하든 안하든, 기억은 여러분의 소원에 순종하고, 그것을 여러분의 마음판에 새겨놓습니다.

우리를 향하신 하나님의 역사도 이와 똑같습니다. 만일 그분의 은혜를 기억하기 원한다면, 우리는 그것이 우리에게 강한 인상을 남기도록 해야 합니다. 우리는 그것을 주목하고, 그것을 숙고하고, 그것을 묵상하며, 그것을 평가하고, 또 그것이 우리 마음속에 적절한 영향을 미치도록 해야 합니다. 그러면 우리는 그것을 무리하게 기억하려고 애쓸 필요가 없습니다. 왜냐하면 우리는 당연한 일처럼 기억할 것이기 때문입니다. 분명히 그리고 깊이 새겨진 인상은 쉽게 사라지지 않고, 후에도 그것을 기억할 것입니다. 그러므로 넘치도록 하나님을 찬양하기 위한 첫 번째 사실은 그분의 은혜를 세밀하게 살피는 것입니다.

그 다음 우리는 관찰해야 할 대상이 무엇인지 알아야 합니다. 아주 많은 사람들이 그 복된 관찰 대상에 대해 무지합니다. 그들은 섭리의 축복을 받지만, 그 속에 나타나있는 하나님의 손길을 보지 못합니다. 그들은 그분의 자비하심을 받고 자라고, 그분의 보호하심을 통해 인도를 받지만, 그들이 받는 모든 것을 자기 자신 아니면 다른 대상에 귀속시킵니다. 하나님이 그들의 사고 전체를 차지하지 못하고, 그래서 그분의 은혜는 고려되지 않습니다. 그들은 하나님의 은혜를 주의하여 살피지 못하기 때문에 그것에 대한 기억이 없습니다.

참으로 어떤 사람들은, 하나님의 은혜를 관찰하기는커녕 오히려 그분의 은혜에 대해 불평하고, 그분이 쓸데없이 엄격하다고 상상합니다. 비유에 나오는 무익한 종처럼, 그들은 "주인이여 당신은 굳은 사람이라"(마 25:24)고 말합니다. 또 다른 사람들은 성경에 기록되어 있는 것처럼, 자신이 심판석에 앉아 자신을 인도해온 온 땅의 심판자를 심판합니다. 여호와의 은혜를 부정하면서 그들은 아브라함과 이삭과 야곱의 하나님이 아닌 다른 하나님 곧 문명이 발달한 이 시대에 딱 맞아 떨어지는 신을 세우려고 시도합니다. 그러나 우리는 여호와 곧 아브라함과 이삭과 야곱의 하나님, 구주 예수 그리스도의 아버지, 다른 분이 아닌 오직 그분만을 경배합니다. 오늘날 많은 사람들이 구약성경의 하나님을, 현대철학자들의 견해에 따라, 제우스와 같은 구시대적인 신에 지나지 않는다고 보고 우리 조상들은 모르는 새로운 신들을 경배합니다. 그러나 지금 우리는 다윗과 같이 "이 하나님은 영원히 우리 하나님이시니"(시 48:14). "오라 우리가 굽혀 경배하며 우리를 지으신 여호와 앞에 무릎을 꿇자 그는 우리의 하나님이시요 우리는 그가 기르시는 백성이며 그의 손이 돌보시는 양이기 때문이라"(시 95:6-7)고 말합니다.

주님이 구약성경과 신약성경에 계시하신 것이 전혀 차이가 없고, 그것을 하나의 거대한 체계로서 간주할 때, 우리는 그분 안에 은혜가 충만하다는 것을 발견하게 됩니다. 우리가 절대로 부정할 수 없는 그 엄위하신 공의와 더불어 우리는 충만한 은혜를 발견하고, 하나님은 사랑이라는 사실을 즐거워합니다. 그분은 은혜로우시고 사랑으로 충만하기 때문에 노하기를 더디 하시고 항상 커다란 자비를 베푸십니다. 우리는 그분에 대해 불평할 이유가 하나도 없습니다. 우리는 그분의 다루심 또는 그분의 속성이 변하리라고 생각하지 않습니다. 그분은 우리의 충만한 기쁨이십니다. 온 마음이 그분을 생각하는 것으로 즐거워합니다. "여호와여 신 중에 주와 같은 자가 누구니이까"(출 15:11).

그 다음 우리는 많은 사람들이 믿으려고 애쓰지 않는 사실 곧 창조와 섭리와 구속의 하나님, 천국과 시내 산과 갈보리 산에서 하나님이신 여호와 안에 커다란 은혜가 있다는 것을 고찰해 보아야 합니다. 우리는 그분이 자신을 알려 주신 그대로 그분에 관해 철저하게 알아야 합니다. 우리는 그분의 커다란 은혜를 계속 살펴보고 그것을 마음속에 깊이 기억할 수 있도록 해야 합니다.

만일 그렇게 하려고만 한다면, 우리는 매일 그분의 은혜를 발견할 기회를 갖는데 부족함이 없을 것입니다. 저는 그것을 다 기록할 수 없기 때문에 그 목록을 작성할 엄두가 나지 않을 정도로 그분의 많은 행위들 속에서 그것이 보입니다. 그분의 은혜는 온갖 피조물 속에서 보입니다. 그것은 매일 햇빛 속에서도 빛을 발하고 있고, 이슬방울 속에서도 반짝이고, 모든 꽃들 속에서도 미소를 짓고 있고, 산들바람 속에서도 속삭이고 있습니다. 무수한 생명 형태들이 존재하고 있는 땅, 바다 그리고 공기가 주님의 은혜로 충만히 채워져 있습니다. 해와 달과 별들도 주님이 선하신 분임을 증거하고, 땅의 모든 사물들이 그 증거를 반영하고 있습니다. 그분의 은혜는 또한 만물을 지배하는 섭리 속에도 나타나 있습니다. 타락한 영들이 불평하도록 놔두십시오. 은혜는 하나님의 나라에서 그 존귀를 받게 될 것입니다. 그리고 거기서 악과 고난은 그 훼방꾼들입니다. 하나님은 자신의 모든 피조물에게 선을 행하시지만 특별히 그의 영원한 사랑의 대상들에게 그렇게 하십니다. 왜냐하면 그분은 "모든 것이 합력하여 선을 이루도록 하시는"(롬 8:28) 분이기 때문입니다.

그러나 우리는 은혜의 영역 속에서 가장 고귀한 하나님의 선하심의 역사를 볼 수 있습니다. 택하심 속에 나타나 있는 은혜와 함께 시작하도록 합시다. 구원의 은총, 성령의 사역, 부르심, 양자됨 그리고 성도의 견인과 영화 등을 따라가 보십시오. 그러면 여러분을 깜짝 놀라게 하는 커다란 은혜들을 보게 될 것입니다. 구원의 왕국 속에 머물러 보십시오. 그러면 여러분은 은혜의 강, 아니 은혜의 바다를 보게 될 것입니다. 저는 이 일들에 대한 기억이 여러분의 마음속에 남겨져 있기를 바라고, 또 여러분이 그분의 구원의 경이들 속에 나타나 있는 주님의 크신 은혜에 대한 기억을 충분히 입술로 자랑하기를 바랍니다. 여러분이 말하도록 하는 것이 제 계획은 아니지만, 여러분이 스스로 말하도록 도전받기를 바랍니다.

하나님의 은혜의 위대하심을 관찰하라

시편 기자가 강조하고 있고, 또 우리가 받아야 할 요점은 하나님의 은혜의 위대하심입니다. 그 은혜의 위대하심은 은혜 받은 사람을 자세히 살펴보면 알 수 있습니다. "어찌하여 저에게 이같이 행하시나이까?" 하고 감사하는 영혼은 종종 고백할 것입니다. 하나님이 자기 백성들 가운데 어떤 사람들에게 선을 베푸시는 것은 그분의 자비를 보여 주지만, 바로 나를 그 사람들 가운데 한 사람으로 삼으시고 그렇게 다루시는 것은 그분의 은혜가 상상을 초월합니다. "주 여호와여 나는 누구이오며 내 집은 무엇이기에 나를 여기까지 이르게 하셨나이까 … 주 여호와여 이것이 사람의 법이니이다"(삼하 7:18-19). 그것은 아무 가치 없고 크게 범죄하고 다만 진노의 대상일 수밖에 없는 사람들에게 찾아오기 때문에 크신 은혜입니다. 배은망덕한 사람들에게, 그 어떤 합당한 돌이킴이 주어질 수 없는 사람들에게, 아니 슬프게도 아무리 애써도 결코 돌이킬 수 없는 사람들에게 은혜를 베푸시는 하나님을 찬양합니다. 제가 제 자신을 짐승 같은 피조물로 생각할 때, 주님 당신의 크신 은혜를 고백하기가 쉽습니다.

하나님의 은혜의 위대하심은 시혜자이신 그분의 위대하심을 생각할 때 더 분명해집니다. "사람이 무엇이기에 주께서 그를 생각하시며 인자가 무엇이기에 주께서 그를 돌보시나이까"(시 8:4). 하나님 자신이 자기 백성들을 축복하신다는 것, 그분이 자기 백성들을 구원하시기 위해 사람의 몸을 입고 오셨다는 것, 그분이 우리 안에 거하고 우리와 함께 살면서 우리에게 환난 중에 진정한 도움을 베푸는 하나님이 되신다는 것은 사랑의 기적입니다. 이것이 크신 은혜가 아닙니까? 저는 그분이 천사들로 하여금 우리를 보좌하도록 하셨다는 데서 그분의 무한하신 사랑을 충분히 이해할 수 있었습니다. 하지만 이보다 더 놀라운 일은 "나 여호와는 포도원지기가 됨이여 때때로 물을 주며 밤낮으로 간수하여 아무든지 이를 해치지 못하게 하리로다" 사 27:3)라고 기록되어 있는 말씀입니다. 오, 얼마나 인간에 대한 크나큰 배려이며, 인간에 대한 돌보심인가! 단지 그 한 지류가 아니라 모든 은혜의 샘으로부터 여러분은 하늘의 기업을 마실 것입니다.

하나님이 여러분의 산업이자 여러분의 잔의 소득이십니다(시 16:5). 여러분은 다른 피조물들과는 차원이 다릅니다. 창조주께서 여러분의 것입니다. 여러분의 마음속에 그분의 은혜에 대한 기억이 생생하게 살아있지 않습니까?

크신 은혜는 어떤 면에서 악으로부터 우리를 구원하시는 역사 속에서 더욱 분명하게 드러납니다. 뼈마디마다 극심한 고통으로 아파본 사람이 아니면 누구도 건강의 축복을 모르는 법입니다. 회복을 경험한 후에야 그는 여호와 라파 곧 치료하시는 하나님을 찬양합니다. 죄책 때문에 파멸을 경험하고 가책 때문에 고통을 겪은 사람이 아니라면 아무도 구원이 무엇을 의미하는지 모릅니다. 여러분은 하나님에 의해 정죄 받아 그분의 존전으로부터 내던져진 여러분 자신을 느껴본 적이 있습니까? 깜짝 놀란 양심 속에서 지옥의 고통이 시작되었습니까? 죄책감에 시달리는 영혼이 짙은 구름과 어둠으로 가리어져 있는 동안 여러분은 살기보다 오히려 죽기를 더 바란 적이 있습니까? 만일 그렇다면, 주님이 여러분의 죄를 제거하고 "네가 죽지 아니하리라"(삼하 12:13)고 말씀하셨을 때, 그분이 여러분을 감옥으로부터 꺼내 발에 채운 사슬을 끊고 반석 위에 발을 세우셨을 때, 여러분의 입술로부터는 새 노래가, 그것도 영원한 찬양의 노래가 흘러나올 것입니다. 그때 여러분을 구원하신 것이 참으로 크신 은혜임을 깨닫지 않겠습니까?

우리는 바다 밑바닥이 어떤지 상상할 수 있습니다. 우리는 그곳의 가장 낮은 곳에서 해초가 죽은 사람의 머리통들을 둘러싸고 있는 상황을 짐작할 수 있습니다. 그러나 저는 요나가 파도에 휩쓸려 바다 밑바닥에 가라앉았을 때 무엇을 경험했는지 상상하는 것은 참으로 빈약할 수밖에 없다고 봅니다. 주님이 그의 생명을 구덩이에서 건지셨을 때(욘 2:6) 그는 죽음으로부터 구원받았다는 것을 알고 하나님의 크신 은혜에 대한 강력하고도 생생한 기억을 갖게 되었습니다.

시편 기자가 "여호와의 인자하심과 인생에게 행하신 기적으로 말미암아 그를 찬송할지로다"(시 107:8)라고 우리에게 말할 때는 폭풍 속에서입니다. 만일 제가 그런 상황 속에 있었다면, 저의 전 생명이 산들바람이 아름다운 꽃들을 거의 건드리지 아니할 정도로 잔잔한 여름날 저녁처럼 잔잔하게 되기를 바랐을 것입니다. 저는 평안한 제 영혼의 고요함이 다시는 깨뜨려지지 않기를 바랐을 것입니다. 그러나 만일 그렇게 되었더라면, 저는 주님의 크신 은혜에 대해서는 거의 알지 못했을 것입니다. 시편 107편의 행복한 시인은 감사의 노래를 집에 편안히 앉아있는 사람들이 아니라 광야에서 방황하는 사람들에게, 항상 자유 속에 있는 사람들이 아니라 포로로 잡혀있는 사람들에게, 원기왕성한 사람들이 아니라 죽음의 문턱에서 거의 벗어날 수 없는 사람들에게, 그리고 투명한 바다 위에 서 있는 사람들이 아니라 소용돌이치는 파도 위에서 흔들리고 있는 사람들에게 불렀습니다.

의심할 여지 없이 우리는 그 깊고 두려운 구덩이에 빠져보지 않았다면, 하나님의 크신 은혜를 깨닫지 못했을 것입니다. 여러분은 사업이 거의 부도가 나 간신히 위기를 모면했을지도 모릅니다. 그때 여러분은 그분의 크신 은혜에 대해 하나님을 찬양했을 것입니다. 의사들이 여러분의 사랑하는 자녀의 치료를 포기하고 사랑하는 아내가 병이 들어 거의 죽기 직전의 상태에 빠진 후 가까스로 목숨을 건졌습니다. 바로 여기서 여러분은 가장 깊은 자비를 발견합니다. 그러므로 이제부터 여러분의 기억 속에 있는 이 크신 은혜를 미래의 찬양의 시편 재료로 삼으시기 바랍니다.

하나님의 크신 은혜를 생각하라

이것이 하나님의 크신 은혜를 판단하는 유일한 길은 아닙니다. 여러분은 받은 축복의 실제적인 크기를 헤아리는 것으로 그것을 판단할 수도 있습니다. 그분은 왕처럼 베푸시는 분입니다 — 아니, 그분은 유일하신 하나님이 주실 수 있는 것만큼 주십니다. 사랑하는 형제들이여, 하나님은 여러분에게 단지 주조된 금화 몇 개를 던져 주신 것이 아니라 여러분에게 광산 자체를 주셨습니다. 그분은 말하자면 시원한 물 한 컵을 주신 것이 아니라 여러분에게 흘러넘치는 샘을 주시고 우물 자체를 주셨습니다. 하나님 자신이 우리의 것입니다: "내 심령에 이르기를 여호와는 나의 기업이시니"(애 3:24).

만일 여러분이 하나님이 여러분에게 주신 것에 대해 작은 목록표를 만들어야 한다면, 다음과 같이 적으십시오: 그분은 나에게 그의 백성의 이름과 자격을 주셨다. 그분은 나에게 그의 아들의 권리와 본성을 주셨다. 그분은 나의 모든 죄를 완전히 용서해 주셨고 지금 나는 그것을 소유하고 있다. 그분은 나에게 의의 옷을 입혀 주셨고, 지금 나는 그 옷을 입고 있다. 그분은 나를 자기에게 나아오게 하시고 나에게 은혜의 보좌에 들어오는 것을 허락하셨다. 그분은 나에게 이 세상과 다가올 세상을 주셨다. 그분은 나에게 자기가 갖고 계신 모든 것을 주셨다. 그분은 나에게 자기 아들을 주셨다. 그런데 그분이 어떻게 나를 거절하실 수 있겠는가? 오, 그분은 유일하신 하나님이 하실 수 있는 모든 것을 나에게 주신 것이다.

하나님의 은혜의 크심은 내 입술로 다 말할 수가 없습니다. 내 자신에 관해 말한다면, 옛 속담이 말하는 것처럼, 저는 제가 주님을 알고 있는 것만큼 그분에 대해 말할 뿐입니다. 여러분이 뭐라고 말하든 저는 어렸을 때부터 지금까지 나의 왕이신 나의 하나님의 은혜 외에는 말할 것이 아무것도 없습니다. 그분은 그 자비로 저를 놀라게 했습니다. 그분은 그 사랑으로 저를 완전히 자지러지게 했습니다. 그분은 그 달콤한 사랑으로 제 영혼을 거의 기절시켰습니다.

그러나 그분은 매를 아끼지 아니하고 또 아끼지 아니하실 것입니다. 그것 때문에 역시 그분의 이름은 찬양받아야 합니다. "우리가 하나님께 복을 받았은즉 화도 받지 아니하겠느냐"(욥 2:10)고 욥은 말했습니다. 그러나 우리는 그것을 넘어서서 악이 그분의 손으로부터 나올 때는 그것이 악이 아니라는 것을 확신해야 합니다. 그분이 정하신 것은 모두 선합니다. 우리는 그것이 왜 그런지 알 수 없지만, 그것은 사실입니다. 우리의 하늘 아버지는 선으로부터 더 나은 것을 일으키고, 무한히 그렇게 하실 수 있습니다.

그분은 우리의 인생길을 더 높고 높은 수준으로 인도하시고, 급기야는 가장 높은 사랑의 정상으로 이끄십니다. 우리의 길은 항상 자비로 충만한 더 높은 정상을 향해 위로 나아갑니다. 그러므로 그분을 더욱 크게 찬양하십시오. 주님의 이름을 더욱 크게 높이십시오.

사랑하는 형제들이여, 저는 여러분의 영혼에 대해 선을 베푸시는 하나님의 은혜를 주의 깊게 관찰하도록 권면합니다. 눈으로 보는 것과 보지 못하는 것 사이에는 커다란 차이가 있습니다. 많은 사람들이 눈을 갖고 있지만 여전히 보지 못하는 상태에 있습니다. 그들 앞에 하나님의 은혜가 흐르고 있지만, 그들은 "그것이 어디에 있느냐?"고 묻습니다. 그들은 그것을 누리고 있음에도 불구하고 "그것이 어디 있느냐?"고 의심합니다. 그들은 식탁에 앉아 그것을 먹고 있습니다. 그들은 그것을 그들의 온 몸에 걸치고 있습니다. 그것이 그들의 가슴 속에서 고동치고 있습니다. 그러나 그들은 "그것이 어디 있느냐?"고 궁금해 합니다. 그렇게 눈이 멀어서는 안됩니다. "소는 그 임자를 알고 나귀는 그 주인의 구유를 알건마는"(사 1:3). 우리는 들의 짐승들보다 더 우둔해서는 안되겠습니다. 우리는 주님을 알고 그분의 크신 은혜를 기억해야 합니다.

부지런히 기억하라

저는 본문이 위대한 찬양의 철학을 담고 있다고 말했습니다. 이제 저는 두 번째로 그것을 부지런히 기억하는 것이 필요하다고 말씀드리는 바입니다. 관찰을 통해 마음속에 새겨진 것은 기억 속에 붙들어 매야 합니다. 기억은 두 가지 사실 속에 있습니다: 첫째로, 인상을 보존할 때, 둘째로, 미래에 그것을 회상할 때. 저는 다소간 우리에게 일어나는 모든 일은 기억 속에 보존되지만, 여러분이 그것을 회상하기 원할 때 희미한 인상들을 다시 만들어내는 것은 쉽지 않다고 생각합니다. 저는 우리의 마음속에 기억할 수 있는 일들이 많다는 것을 압니다. 하지만 그것들을 원하는 즉시 생각해 낼 수는 없습니다. 저에게 어떤 생각들을 정리할 수 있는 시간을 15분만 주십시오. 그러면 저는 "오 예, 저는 그것을 소유하고 있습니다. 그것은 제 마음속에 들어 있었습니다. 하지만 그때 저는 그것을 상기할 수가 없었습니다"라고 말할 것입니다. 기억은 사실들을 수집한 후 그것들을 재생합니다. 우리 앞에 있는 문제들은 기억을 통해 기록됩니다. 그러나 그 서판이 잘못된 지점에 있을 수 있습니다. 완전한 기억은 어느 순간에든 그것을 이끌어낼 수 있는 정확한 지점에 그 서판을 보존하는 법입니다.

저는 드디어 여러분이 처음에 정확하게 시작할 수 있는 개념을 가지고 관찰을 얻게 되었습니다. 생생한 인상들을 얻음으로써, 여러분은 그것들을 더 잘 보존할 수 있고, 더 잘 상기할 수 있습니다. 우리는 우리가 잊어버린 것에 대해서는 아무 말을 할 수가 없습니다. 따라서 우리는 주님의 크신 은혜에 관해 강한 기억을 갖기 위해서는 면밀한 관찰을 수행할 필요가 있습니다.

하나님의 말씀에 정통하라

우리는 하나님의 은혜에 관한 기억을 어떻게 강화시켜야 할까요? 첫째로, 우리는 그분의 은혜가 기록되어 있는 성경에 정통해야 합니다. 사람은 자기가 살던 시대가 아니라 그가 태어나기 수백 년 전에 일어난 사실을 기억한다고 말할 수 있습니다. 그는 그 사실이 기록된 문서를 보고 그것을 기억합니다. 어떤 의미에서 이것은 기억의 범주 안에 있는 것입니다. 그것은 기록되고 상기될 수 있기 때문에 사람의 기억 곧 인류의 공동 기억 안에 있습니다. 사랑하는 형제들이여, 하나님의 말씀에 정통하십시오. 그분의 크신 은혜에 대한 과거의 기록들로 여러분의 기억을 채우십시오. 복음서 저자들의 전체 기사를 흡수하십시오. 모세와 예언서 저자들의 성경을 무시하지 마십시오. 잘 기록되어 있는 주님의 은혜를 알 때까지 시편, 솔로몬의 아가 등에 빠지십시오.

은혜에 대한 그분의 말씀과 행적을 가까이 두십시오. 말하자면 그것들은 여러분의 마음의 인자가 되므로 그것들을 여러분의 손가락 끝에 두십시오.

그러면 여러분은 "마음에 가득한 것을 입으로 말하는"(마 12:34) 법이기 때문에 그분의 은혜에 대한 기억을 충분히 말할 수 있을 것입니다.

세례를 받고 성찬에 참예하라

그 다음 만일 여러분이 기억을 강화시키기를 원한다면, 기념의식을 잘 지키십시오. 기독교 교회 안에는 두 가지 기념의식이 있습니다. 여러분의 구주의 죽으심과 장사 그리고 부활을 기념하는 기념의식이 있는데, 이것이 바로 성도가 받는 세례로서, 우리는 이 의식을 행할 때 주 그리스도와 함께 장사지내고 부활합니다. 주님이 슬픔에 잠기고 고뇌에 빠져 있었을 때 행하셨던 고난의 행위를 기념하는 의식을 잊지 말아야 하는데, 그것은 그분이 여러분에게 그것을 지키도록 명령하셨기 때문입니다.

성찬에 관해 말한다면, 그것을 결코 무시하지 말고 종종 행하십시오. 그것은 그분이 오실 때까지 그분의 죽으심을 계속해서 선포하는 의식입니다. 그분은 자신을 기억하도록 하기 위해 이것을 명하셨습니다. 보배 같은 기념의식을 소중히 여기십시오. 국가의 큰 행사들은 어떤 정해진 의례를 통해 미래 세대들이 그것을 기억하도록 마련된 것입니다. 주의 만찬은 그것들 가운데 한 종류입니다. 그러므로 여러분이 그분의 크신 은혜를 잊지 않도록 성찬을 꼭 지키시기 바랍니다. 유대인들이 유월절 어린양을 통해 출애굽 구원사건을 어떻게 기억했는지 보십시오. 그들이 그 피를 뿌린 후 그것을 어떻게 먹었는지 주목하십시오. 그들이 그 자녀들에게 애굽 탈출을 통해 주어진 구원 속에 하나님의 은혜가 얼마나 충만하게 베풀어졌는지를 어떻게 말해 주었는지 그리고 오늘 본문에서 보는 것처럼 그들이 성찬 후 어떻게 하나님의 크신 은혜에 대해 찬송했는지를 기억하십시오. 그렇게 여러분은 역사적 기록들과 기념의식들을 경건하게 준수함으로써 그것들에 대한 여러분의 기억을 강화시키기를 바랍니다.

개인적 경험들을 소중히 여기라

그 다음 여러분에게 일어난 일을 기억하는 데에 가장 중요한 것은 자신의 개인적 경험입니다. 저는 종교가 여러분에게 어떤 영향을 미치지 않는다면, 그것에 대해 한마디도 하지 않겠습니다. 기도의 능력은 얼마나 클까요! 그렇지 않습니까? 여러분은 기도응답을 받아본 적이 있습니까? 여러분은 천사들과 씨름하고 승리한 적이 있습니까? 그런 적이 없다면 여러분은 어떻게 기도에 관해 알겠습니까? 여러분은 정통교회에 속한 교인들입니다. 하지만 은혜의 교리가 여러분의 영혼 속에서 은혜의 교리가 되지 못한다면, 여러분이 개인적으로 그것을 맛보고 소화시키지 못했다면, 어떻게 그것에 관해 알겠습니까? 그렇게 되면 기억할 것이 아무것도 없을 것입니다.

오, 사랑하는 형제들이여, 여러분은 거듭나지 않았습니까? 그렇다면 그분의 크신 은혜를 기억해야 합니다. 여러분은 그리스도 안에서 죄로부터 깨끗하게 되어 의롭다 함을 얻지 않았습니까? 그렇다면 그분의 크신 은혜를 기억해야 합니다. 여러분은 심령이 새롭게 되어 죄를 미워하고 거룩 가운데 거하게 되었습니까? 그렇다면 혈과 육이 여러분에게 계시하지 못한 어떤 사실을 알고 있기 때문에, 그것을 기억하고 있어야 합니다. 모든 개인에게 주어진 은혜는 여러분의 개인적 기억으로 기록되어 있어야 합니다.

하나님의 은혜와 주변의 대상들을 연결시키라

저는 기억술의 연습 또는 기억을 강화시키는 비결은 어떤 대상들을 연결시키는데 있다는 얘기를 들은 적이 있습니다. 어떤 사람들에 따르면 우리는 한 개념을 다른 개념과 연결시키고, 그것을 우리가 볼 수 있는 어떤 것과 연계시킴으로써 그 의미를 기억하게 된다고 합니다. 현재 사건에 대해 이 방법을 적용시켜 봅시다. 하나님의 은혜를 여러분 주변에 있는 대상들과 연결시켜 기억하십시오. 예를 들면 침대를 밤의 파수꾼처럼 여러분을 지켜주시는 하나님의 은혜를 기억하는데 사용하십시오. 또 식탁을 일상의 필요를 채우시는 하나님의 은혜를 기억하는데 연상하여 사용해 보십시오.

저는 아침에 옷을 입을 때 그 옷을 심지어는 그같이 단순한 일을 하는데도 제 손이 할 수 없는 일이 있을 때를 기억하는데 사용하곤 합니다. 우리 주변에 있는 모든 것들이 우리가 그렇게 할 수만 있다면 하나님의 사랑의 기념물들이 됩니다. 하나님의 은혜의 어떤 행위들을 기억하기 위해 여러분의 방에 있는 가구들을 연상할 수 있습니다. 큰 고통 속에서 하나님을 붙잡고 씨름할 때 앉았던 낡은 의자가 은혜의 응답을 받았을 때를 기억하는 도구가 될 수 있습니다. 여러분은 그것을 잊을 수 없을 것입니다. 여러분은 거기서 했던 기도만큼 다른 곳에서는 아마 기도하지 못할 것입니다. 여러분은 그 특별한 의자에 애착이 많았을 것입니다. 여러분의 손때가 묻은 성경책 — 여러분에게 특별한 책 — 은 지금은 다 낡아빠졌지만, 특별한 의미가 있습니다. 그럼에도 불구하고 똑같은 약속들로부터 하늘의 별과 같이 빛이 비치고, 그래서 그것은 여러분의 기억을 돕는데 사용됩니다.

저는 풍성한 찬송에 대해 도전을 준 한 가난한 사람을 기억합니다. 제가 병원에 입원해 있는 그를 방문하자 그는 "당신은 이 방을 당신의 말로 가득 채우는 것처럼 보입니다. 당신이 한 말을 나는 전부 기억합니다. 내가 여기 있는 한, 저는 당신이 한 말을 기억할 것입니다"라고 했습니다. 마찬가지로 우리는 그분의 사랑의 환경들인 다양한 장소, 상황, 시간 그리고 사람들을 바라봄으로써 하나님이 우리를 위해 행하신 것들을 기억해야 합니다. 오, 그러면 하나님의 은혜에 대한 기억이 얼마나 더 풍성해질까요!

하나님의 축복들을 정리하라

기억은 때때로 정리를 통해 도움을 받습니다. 여러분이 하녀를 시켜 잡화점에서 다양한 물건들을 사오도록 심부름을 시킬 때, 사올 물건들의 목록을 일목요연하게 적어 주지 않으면, 그녀는 틀림없이 어떤 물건을 잊고 사오지 못할 것입니다. 하나님의 은혜들을 정리하는 것을 주의하십시오. 할 수 있는 한 그것들을 일일이 생각해 보십시오. 그래서 그것들을 여러분의 기억 속에 고정시키십시오.

다른 기억 장치들을 사용하라

다른 경우 말하자면, 기억력이 좋지 않을 때, 사람들은 기억하기 좋도록 그 사실들을 메모지에 적어두기를 좋아합니다. 저도 종종 그렇게 합니다. 그때 저는 그것을 찾지 못하는 곳에 그 종이를 둔 적도 있었습니다. 실이 손가락을 묶는 것처럼 다양한 기억 장치들은 기억을 묶어 놓았습니다. 저는 여러분이 하나님의 사랑을 이런저런 수단들을 통해 기억하고자 할 때, 어떤 방법을 사용하는지 염려하지 않습니다. 그분의 은혜에 대해 기록을 해두십시오. 여러분은 돈을 잃어버린 날을 잊어버립니까? "아니오, 절대로 못잊습니다." 여러분은 불길한 금요일이나 불길한 월요일이 끼인 달의 날을 기억합니다. 여러분은 불길한 기억의 공책에 지울 수 없이 기록된 악한 날을 갖고 있습니다. 여러분은 하나님이 여러분에게 특별한 사랑을 베푸신 날도 그렇게 기억합니까? 여러분은 그렇게 해야 합니다. 특별한 은혜와 각별한 축복을 받은 날을 주의 깊게 메모해 두십시오. 그리하면 여러분은 언젠가 "(주의) 크신 은혜를 기념하여 말하는" 날이 올 것입니다.

하나님의 사랑을 말하라

찬양을 충만하게 만드는 처음 두 과정은 관찰과 기억입니다. 그 다음은 말하는 과정입니다. "그들이 기념하여 말하며." 말은 샘처럼 솟아오르거나 끓어오르는 개념을 포함합니다. 그것은 하나님의 사랑에 관한 거룩한 능변을 의미합니다. 우리는 주변에서 굉장히 말을 잘하는 사람들을 만납니다. 하지만 그들 가운데 많은 사람들이 사탄이 지시하는 말을 하는데 익숙한 무익한 사람들입니다. 만일 그들이 우리 앞에서 작금의 화제에 대해 유창하게 말하고 있다면, 그들이 얼마나 말을 잘하느냐 하는 것은 아무 가치가 없습니다. 여러분의 입을 크게 여십시오. 그리고 찬양을 토해 내십시오. 찬양하되, 찬양의 강물을 쏟으십시오. 쏟아 놓으십시오! 가능한 한 최선을 다해 말하십시오. "그들이 주의 크신 은혜를 기념하여 말하며." 즐거운 연사

(演士)가 되는 것을 멈추지 마십시오. 그들은 영원히 말해야 합니다.

그들은 과장하지 않습니다. 아니 과장할 수 없습니다. 여러분은 그들이 열광주의자라고 말할지 모르지만, 그들은 전혀 들떠 있지 않습니다. 그들은 더 흥분하고 더 열정적으로 말하도록 해야 합니다. 계속 그렇게 하십시오. 멈추지 말고 그렇게 하십시오. 무엇이든 더 크게, 더 거창하게, 더 열렬하게 말하십시오. 여러분은 진리를 넘어설 수 없습니다. 유창한 능변으로 다 표현하지 못할 진리가 많습니다. 본문은 거룩한 능변을 요청하고, 저는 여러분이 하나님의 은혜를 말할 때 얼마든지 그렇게 하기를 권면합니다.

"그들이(주의 크신 은혜)를 기념하여 말하며." 즉 그들은 그것을 말하는데 끊임이 없었습니다. 그들은 항상 하나님의 은혜에 관해 말할 것입니다. 여러분이 그들의 가정을 방문해 보면, 그들은 지체 없이 자기에게 베푸신 하나님의 은혜에 관해 말하기 시작할 것입니다. 여러분이 밤에 그들에게 작별 인사를 하면, 그들은 그 좋아하는 주제 곧 하나님의 은혜에 관한 말로 마지막 인사를 할 것입니다. 그들은 그 말을 계속 반복하겠지만, 그것이 그들에게는 아무런 문제가 아닙니다. 여러분은 참으로 이 좋은 일에 대해 아무리 많이 말해도 지나칠 수 없습니다. 성전의 찬양대원들이 계속 반복해서 "그 인자하심이 영원함이로다"(시 136)를 합창하는 것처럼, 우리는 우리의 찬양을 반복해야 합니다. 어떤 하나님의 자비는 너무 크고 달콤해서 비록 우리가 영원토록 다른 은혜를 받지 못한다고 해도, 이 한 가지 은혜만 회상하는 것으로도 영원히 찬양하기에 충분합니다. 하나님의 사랑의 그 광대함은 너무 커서 그 한 가지 사랑만으로도 우리가 들을 수 있는 전부가 되기에 족합니다. 이 두 가지 계시를 동시에 취하는 것은 마치 하나님이 이미 하나만으로도 온 세상을 충분히 빛으로 채우고 있음에도 불구하고 두 개의 태양을 만드신 것처럼 차고 넘칠 것입니다. 오, 그 한없는 기쁨으로 주님을 찬양하십시오. 이 행사를 위해 여러분의 모든 능력을 동원하십시오. 그렇게 "(그분의) 크신 은혜를 기념하여 말하십시오."

여러분의 기억 속에 그에 대한 자료들이 들어있지 않으면 결코 찬양할 수는 없습니다. 반면에 여러분의 기억은 알고 있는 것을 말하지 않는다면 곧 사라지고 말 것입니다. 여러분은 학교에 가서 공부할 때, 배운 것을 소리 내어 읽어봄으로써 그것을 효과적으로 기억하게 될 것입니다. 그때 여러분의 귀가 눈을 돕습니다. 하나님의 은혜를 말하는 것은 그것을 기억하는데 굉장히 도움이 됩니다. 우리는 가르치면서 배웁니다. 진리를 말로 표현함으로써 우리는 마음속에 그 감동을 더 깊이 새겨 넣는 법입니다.

하나님의 은혜와 공의에 대해 찬송하라

이제 저는 이 감동적인 과정의 마지막 단계에 이르렀습니다. 우리가 기념하여 말했다면, 그 다음에는 찬송으로 나아가야 합니다. 고대 희랍 신화에 따르면 기억의 여신 므네모시네는 음악의 신인 뮤즈의 어머니입니다. 확실히 하나님의 사랑에 대한 아름다운 기억이 있는 마음은 곧 찬송을 토해내도록 되어 있습니다. 그러나 본문에서 놀라운 것은 기쁨 때문에 단순한 말에서 찬송으로 나아갈 때, 또 다른 주제가 나타난다는 것입니다. "그들이 … 주의 공의를 노래하리이다." 마음이 감동에 젖어 찬양으로 가장 소중한 진리의 주제를 선택할 때, 그것은 은혜와 더불어 공의를 그 주제로 선택한다는 것입니다. 그 멜로디는 얼마나 달콤할까요: "인애와 진리가 만나고 의와 화평이 서로 입맞추었으며"(시 85:10).

속죄는 마음의 시편의 정수입니다. 여러분은 우리의 위대하신 대속자인 예수님의 영광스러운 행위를 언급하는 얘기가 나오면 마음이 뜨거워지지 않습니까? 파르나수스[1]는 갈보리로 끝장이 났고, 카스탈리 샘[2]은 마르고, 예수님의 상처 입은 몸이 다른 찬송의 샘을 열어놓았습니다. 우리에게 베푸시는 하나님의 섭리의 모든 축복들의 은혜를 우리는 감사함으로 낭송하지만, 우리 주 예수 그리스도께서 피 흘리고 죽으심으로써 "불의한 자를 대신하고, 그들을 하나님 앞으로 인도하신"(벧전 3:18) 은혜에 관해 말할

---

1) 아폴론 신과 뮤즈 신이 살았다는 희랍 중부 지역에 있는 영산으로 시적 영감의 본산을 가리킨다.
2) 파르나수스 산의 신천(神泉)으로 시적 영감의 원천을 말한다

때, 우리의 찬송은 한없는 높이로 솟아오릅니다. 비교할 수 없는 지혜로 하나님은 엄정한 공의가 적용되도록 정하셨지만, 그리스도를 믿는 자들은 선하다고, 무한히 선하다고 판단 받을 수 있게 되었습니다. 그러므로 황금 수금들이 다 낡아 못쓰게 될때까지 여러분의 찬송 소리를 높이기를 바랍니다.

지금까지 우리는 풍성한 찬양의 비결을 설명했습니다. 그렇게 할 수 있도록 성령이 우리를 도우시기 바랍니다.

넘치는 찬양으로 이끄는 동기들

이제 우리는 넘치는 찬양으로 이끄는 동기들을 간단하게 살펴볼 차례입니다. 이 동기들은 아주 가까운 곳에 있습니다.

강력한 욕구

첫 번째 동기는 우리는 찬양을 할 수밖에 없다는 것입니다. 하나님의 은혜는 우리가 그것에 관해 말하도록 요청합니다. 만일 주 예수께서 그의 백성들에게 자신의 은혜에 대해 침묵하라고 명령하셨다면, 그들은 그 명령에 거의 순종할 수 없었을 것입니다. 그들은 병에서 고침 받은 사람처럼, 그분이 행하신 놀라운 역사를 퍼뜨릴 것입니다. 그러나 그분의 이름을 찬송하십시오. 그분은 우리에게 침묵하라고 말씀하지 않았습니다. 그분은 자신의 크신 은혜를 기념하여 말하도록 허용하셨습니다. 만약 우리가 그분의 사랑에 관해 말하지 않는다면, 우리가 가는 길을 따라다니며 길의 돌들이 소리를 지를 것입니다.

하나님의 은혜를 받은 사람들 중에 어떤 이들은 하나님의 은혜에 대해 거의 말하지 않습니다. 왜 그렇습니까? 저는 여러분이 왜 그렇게 조용한지 놀랍습니다. "오, 저는 말해야 합니다. 만약 그렇게 하지 않으면 제 속은 터지고 말 것입니다"라고 한 젊은이는 말했습니다. 마찬가지로 우리도 때때로 증거를 억제하고 있으면 우리의 몸속에서 불이 일어나는 감정을 느끼곤 합니다. 우리가 내면에서 느끼는 것을 말하는 것은 거룩한 본능이 아닐까요? 그 소식은 아무리 지킨다고 해도 손해 볼 것이 없는 기쁜 소식입니다. 여러분의 거듭난 본성의 거룩한 성향을 충분히 만족시키십시오. 여러분의 영혼은 "말하라"고 합니다. 만일 에티켓이 여러분에게 "침묵하라. 사람들은 너를 광신자로 생각할 것이다"라고 말한다면, 그것을 조금도 염려하지 말고 더 크게 외치십시오. 만일 사람들이 여러분을 광신자로 생각한다면 그렇게 생각하도록 놔두십시오. 연주할 곡이 여러분 자신을 찬양하는 곡이라면 조용히 오르간을 연주하십시오. 하지만 하나님을 찬양하는 것이라면 힘껏 건반을 두드리십시오. 천둥 같은 음악이라도 그분의 무한하신 은혜를 찬송하는 데는 크게 부족합니다.

경쟁적인 소리들

하나님을 넘치도록 찬양해야 하는 또 하나의 동기는 다른 목소리들이 그 소리를 못듣게 할 만큼 너무 소란스럽기 때문입니다. 세계가 얼마나 시끄러운지 이 소리들은 하나님을 찬양하는 소리와 갈등을 일으키고 불화를 일으키고 있습니다. "여기야!"라고 어떤 사람들이 외치면 또 다른 사람들은 "저기 있다!"고 외칩니다. 이 소음들은 하나님의 백성들이 계속 반복해서 그 찬양소리를 발하지 않는다면, 그 소리가 들리지 않을 정도로 소란스럽습니다. 우리 하나님을 반대하여 말하면 말할수록, 우리는 그분을 찬성하는 음성을 높여야 할 것입니다.

여러분이 어떤 사람이 저주하는 소리를 들을 때마다 "하나님을 찬송할지어다"라고 더 크게 외치는 것은 지혜로운 일입니다. 그가 일곱 번 저주하면 일곱 번 찬송하고, 그리하여 그 찬송소리를 그가 듣도록 하십시오. 그러면 아마 그는 여러분이 그렇게 하는 것을 알기를 원하게 될 것이고, 그때 그는 자신이 저주하는 것에 대해 물을 기회를 여러분에게 줄 것입니다. 그는 여러분이 자신의 이유에 대해 설명하는 것과는 달리 그 자신의 이유를 설명하는데 어려움을 느낄 것입니다. 만일 여러분이 하나님을 저주하는 말을 듣는 것과 비례해서 여러분의 찬양의 소리를 높인다면, 그만큼 하나님의 거룩하신 이름에 가해졌던 상처를 충분히 상쇄할 것입니다. 여러분이 충분히 찬양하지 않으면, 하나님에 대한 찬양은 욕설과 저주와 무의미한 말과 죄와 무익한 말들의 거대한 더미 속에 묻혀버리고 말 것입니다. 최소한 그 중 얼마만이라도 들을 수 있도록 찬양의 수위를 높이십시오.

우리 자신의 유익

주님을 찬양하는 것은 우리 자신에게 유익이 되기 때문입니다. 과거에 하나님이 베푸신 은혜를 생각하고 그분을 찬양하기 시작할 때, 우리가 과거를 얼마나 밝게 보는지 보십시오. 우리가 "고난당하는 자는 나로다"(애 3:1)라고 말할 때, 우리는 기억의 잔에 쑥과 담즙을 채웁니다(19절). 그러나 우리는 고난 중에 하나님의 은혜를 발견할 때, 승리의 깃발이 되어 우리의 눈물을 닦아 준 손수건을 접고, 우리 하나님의 이름을 부르며 거룩한 찬양으로 그분의 깃발을 흔듭니다.

현재 여러분이 하나님의 자비에 관해 생각한다면, 그것은 얼마나 다르게 보일까요! 사람은 식탁에 앉아 있어도 차려져 있는 음식이 별로 맛이 없다면 그것을 먹지 않습니다. 그러나 만일 그가 배고픈 가난한 사람이라면, 맛을 가리지 않고 먹을 것이고, 그 어떤 것보다 그 은혜를 감사할 것입니다. 제가 잔소리꾼이라고 부르는 어떤 그리스도인들은 항상 흠을 찾아내는 데 열심입니다. 아무리 세계에서 좋은 일이 일어나도 그들은 그것을 좋다고 말하지 않습니다. 오, 사랑하는 형제들이여. "주의 크신 은혜를 기념하여 말하십시오." 그러면 여러분은 불평하거나 투덜댈 것은 하나도 없고 오직 기뻐할 것만 있을 것입니다.

미래에 만일 우리가 하나님의 은혜를 기억한다면, 얼마나 기쁘게 그 속으로 들어갈 수 있을까요! 어제만큼 내일도 똑같은 은혜가 있고, 젊었을 때만큼 늙었을 때에도 똑같은 은혜가 있습니다. 나를 축복하신 동일하신 하나님이 내가 아기로서 엄마 품에 있을 때와 마찬가지로 백발이 되었을 때에도 축복하십니다. 그러므로 지체하거나 의심하지 말고 미래를 바라보면서 주님의 사랑을 충분히 선포하기를 바랍니다.

다른 사람들의 유익

다시 말해 우리가 이와 같이 찬양해야 하는 이유는 그것이 다른 사람들에게도 유익이 되기 때문이라고 생각합니다. 만일 여러분이 하나님의 은혜에 관해 충분히 말을 한다면, 여러분은 이웃들에게 그만한 유익이 될 것을 확신하십시오. 많은 사람들이 자기 친구들을 통해 하나님의 은혜를 들을 때 위로를 받습니다. 평안한 모습으로 그들의 길의 시험들을 슬퍼해 주십시오. 우울한 신자들과 함께 앉아 그 불행을 조금이라도 위로해 주십시오. 그러면 사람들이 여러분의 힘의 원천을 나누어 달라고 요청하는 것을 보게 될 것입니다.

> 여기 우리를 슬프게 하는 결핍들이 많지만
> 모든 슬픔은 하늘로 올라가리라.

와츠(Watts) 박사는 이와 같이 노래했는데, 저는 그가 진실을 말하고 있다고 생각합니다. 그러나 이와 같은 방법으로는 문제들이 거의 해결되지 않습니다. "하나님이 너희와 함께 하심을 들었나니 우리가 너희와 함께 가려 하노라"(슥 8:23)고 말씀하고 있기 때문입니다. 만일 사람들이 "이 사람들은 너무 불행해서 차라리 천국에 올라가는 것이 낫다"고 말한다면, 그것이 합당합니까? 우리는 하늘나라에 가는 것을 소망할 수 있습니다. 왜냐하면 그곳은 분명히 지금 우리가 살고 있는 곳보다 훨씬 좋은 곳이니까요. 그러나 그렇게 되면 그들은 천국에서도 불행당하지 않을까 의심할 수 있습니다. 사랑하는 형제들이여, 여러분은 경건할 때 크게 불행하지 않았습니다. 그러므로 그렇게 생각하지 마십시오.

　반대로 웃는 얼굴로, 생기 있는 눈빛을 하고 주님의 은혜에 관해 더 많이 말하십시오. 그리고 채찍 아래 있는 노예나 속박 아래 있는 죄수들처럼 세상을 살지 말고 주님의 은혜로 자유한 자로서 사십시오. 우리는 행복해야 할 영광스러운 이유를 갖고 있습니다. 그렇게 하면, 우리는 곧 사람들이 "이것이 무엇입니까? 이것이 참된 종교입니까? 나는 종교를 갖고 있는 사람들은 감옥 안에 갇혀 살고, 그 모든 세월을 슬픔과 탄식 속에서 산다고 생각했습니다"라고 말하는 소리를 듣게 될 것입니다. 그들은 여러분이 행복하게 사는 모습을 볼 때, 그리스도에게 나아올 마음을 갖게 될 것입니다. 거룩하고 행복한 삶을 사는 것은 그만한 유익이 있습니다. 그분의 이름을 영원무궁토록 찬양하십시오. "(주의) 크신 은혜를 기념하여 말하십시오." 그러면 여러분은 그리스도에게 많은 것을 가져올 것입니다.

　이런 행복은 또한 고통 받고 있는 그리스도인 친구들과 동료들에게도 공통적인 도움을 줄 것입니다. 세계에는 무수히 많은 불행들이 있고 — 예전보다 지금은 더 그렇습니다. 많은 사람들이 갖가지 이유로 슬픔 속에 있습니다. 그러므로 사랑하는 형제들이여, 과거보다 지금 더 행복하십시오. 지금은 하늘나라로 갔지만 하나님의 훌륭한 사람이었던 우리의 사랑하는 옛 친구 드랜스필드는 안개가 자욱한 11월 어느 주일 아침에 설교하기 전 으레 교회사무실에 들어가 있을 때, "목사님, 날씨가 울적합니다. 우리는 다른 때보다 오늘 더 주님을 기뻐해야 하겠습니다. 우리 주변에 있는 모든 것들은 어둡지만, 그 안과 위에 있는 것들은 밝습니다. 저는 오늘 우리가 드리는 예배가 아주 행복한 예배가 되기를 바랍니다"라고 했습니다. 그는 마치 한여름의 열기로 우리를 인도하는 것처럼 나와 악수를 하면서 미소를 지어보였습니다. 날씨가 흐리면 어떻습니까? 날씨가 좋을 때보다 더 크게 주님을 찬양하십시오. 우리는 과거 애굽인이 당했던 흑암 속에 있지 않습니다. 태양은 지금도 여전히 비치고 있고, 우리는 그것이 떨어져 사라지지 않을 것을 확신합니다. 따라서 우리는 병이 들면 영원히 병들지 아니할 것을 생각하고 하나님께 감사해야 합니다. 왜냐하면 그 거주자들이 결코 병들지 않는 처소가 있기 때문입니다. 오늘날 만일 여러분의 수금이 버드

나무에 걸려 있다면, 얼른 그것을 내리십시오(시 137:1-4). 만일 여러분이 해야 할 만큼 주님을 찬양하지 못했다면, 지금이라도 어서 그렇게 하십시오. 여러분의 입을 깨끗이 씻고 부진한 사업과 울적한 날씨 등에 대해 불평했던 불쾌한 냄새를 제거하십시오.

여러분의 입술을 유쾌한 찬양의 합창으로 정결하게 하십시오. 만일 어떤 사람이 저에게 자기는 하나님의 축복과는 거리가 먼 죄인이라고 고백한다고 해도, 저는 당장 제사장이 되어 그에게 사죄를 선포할 것입니다. 저는 이전에 그렇게 해본 적이 한 번도 없지만, 필요하면 그렇게 할 수 있다고 생각합니다. 할 수 있는 한 최대한 하나님을 찬양하십시오. 그렇게 하십시오. "나는 이 점에 대한 모든 한계를 넘어서 있다"고 스스로 다짐하십시오. 왜냐하면 하나님을 가치 있게 하는 것에는 한계가 없고, 그분은 영원토록 찬양받기에 합당하신 분이기 때문입니다.

하나님의 영광

마지막으로, 우리는 그것이 하나님을 영화롭게 하는 길이기 때문에 찬양해야 합니다. 그분은 이미 스스로 무한하신 분이기 때문에 우리가 그분의 영광을 확대시킬 수는 없습니다. 그러나 우리가 그분에 관한 진실을 단순히 말하는 것으로도 그것은 더 크게 알려질 수 있습니다. 여러분은 하나님을 영화롭게 하기를 바라지 않습니까? 여러분은 온 땅이 그분의 영광으로 가득 채우는데 인생을 바치지 않겠습니까? 그렇습니다. 만일 물이 바다를 덮음 같이 땅을 그분에 대한 찬양으로 덮을 수 없다면, 여러분은 적어도 그 홍수의 한 부분을 이루는데 여러분의 몫을 감당해야 할 것입니다.

찬양을 멈추지 말고 "해 돋는 데에서부터 해 지는 데에까지 여호와의 이름을"(시 113:3) 찬송하고 찬미하십시오. 만일 우리 모두가 찬양으로 하나가 된다면, 하늘과 땅 모든 곳에서 그분의 이름이 높이 들릴 것입니다. 말하자면 우리 발 아래에서 그것이 높이 들리고, 아울러 그것과 함께 우리 자신까지도 높이 들리는 것을 보게 될 것입니다. 그때 우리는 하늘을 꿰뚫고 있는 가장 높은 산꼭대기에 서 있게 될 것입니다. 우리는 천사들 중에 함께 있으면서, 그들이 느끼는 것을 느끼고, 그들이 하는 것을 하고, 그들이 황홀지경에서 "보좌에 앉으신 이와 어린양에게 찬송과 존귀와 영광과 권능을 세세토록 돌릴지어다"(계 5:13) 하고 부르는 영원한 할렐루야를 똑같이 부르게 될 것입니다.

2

더욱더욱 찬송하리이다

나는 항상 소망을 품고 주를 더욱더욱 찬송하리이다 ― 시편 71:14

죄가 인간을 정복했을 때, 그것은 소망을 품은 사람들을 뺀 나머지 모든 절망자들을 파괴시켰습니다. 그 슬픔과 죄악에 빠진 인간들에게 소망은 계속 노래합니다. 예수 안에 있는 신자들에게는 절망자들과의 대경주가 남아있습니다. 왜냐하면 우리는 영광의 소망, 살아있는 소망, 영원하고도 신적인 소망을 품고 있기 때문입니다. 우리의 소망이 존재하는 한, 우리의 찬양도 계속됩니다: "나는 항상 소망을 품고 주를 찬송하리이다."

죽어가는 소망은 스러져가는 찬송을 부릅니다. 기대가 점차 희미해질수록 음악 역시 그만큼 힘이 빠집니다. 그러나 불멸의 영원한 소망은 매일 아주 강렬한 빛을 발산하는 불꽃을 피우고, 항상 힘차게 일어서기에 족한 새 힘을 모으는 찬양의 노래를 부릅니다. 여러분의 믿음과 여러분의 소망을 잃지 않도록 하십시오. 왜냐하면 그렇지 않으면 하나님께서 찬양할 기회를 빼앗아가 버리기 때문입니다. 그분이 그분의 보증된 자산인 찬양을 자기에게 돌리도록 여러분의 믿음에 대해 약속하신 선한 일들을 여러분이 얼마나 소망하는지에 따라 예수 그리스도를 통해 그분에게 받아들여지고, 여러분의 당연한 권리가 될 것입니다.

다윗은 하나님을 찬양하는데 결코 게으름을 피우지 않았습니다. 참으로 그는 이스라엘에서 가장 아름다운 시인이자 여호와를 향한 최고의 지휘자 였습니다. 그러나 그는 그분을 더욱더욱 찬양하기를 맹세했습니다. 이미 많은 일을 하는 사람들은 통상 그 이상 일을 할 수 있는 사람들입니다. 다 윗은 늙었습니다. 그는 젊고 원기가 왕성했을 때보다 나이 들어 연약해졌 을 때 더욱 하나님을 찬양했습니까? 비록 그는 목소리 크기로는 별로 힘 을 쓸 수가 없었지만, 마음의 열렬함은 아직도 힘이 넘쳤습니다. 그의 찬양 에 소리는 없었지만, 진지한 열심이 있었습니다. 또한 그는 시편 71편을 쓸 때, 환난 속에 있었습니다. 그러나 그의 주님에 대한 사랑의 경배는 역 경의 때라고 해서 순경의 때보다 못하지 않았습니다. 그에게는 결코 후퇴 란 있을 수가 없었습니다.

다윗은 젊어서 그의 아버지의 자녀였을 때에도 주님을 경배했습니다. 손 에 수금을 들고 나무 그늘 밑에서 그는 그의 지팡이와 막대기가 그의 안 위가 되는 여호와를 자신의 목자로서 경배했습니다. 그는 사울에게 쫓기는 도망자 신세였을 때 아둘람과 엔게디 굴속에서 여호와의 이름을 불렀습니 다. 훗날 그가 이스라엘 왕이 되었을 때에도 그의 시편들은 무수히 쏟아졌 고, 그의 수금의 현은 구원의 하나님을 찬양하는데 매일 사용되었습니다.

그 열렬한 시인이 어떻게 찬양의 달인이 될 수 있었을까요? 여호와의 언약궤 앞에서 밤새도록 춤을 춘 그를 보십시오. 그토록 큰 기쁨과 큰 열 정이 어디서 나타날 수 있을까요? 그럼에도 불구하고 그는 "나는 … 주를 더욱더욱 찬송하리이다"라고 말합니다. 그의 환난은 인생의 말년까지 계속 되었고, 그의 연약함도 마찬가지였습니다. 그러나 그 모든 것에도 불구하 고 그는 결코 불평하지 않았고, 그는 자신의 찬양을 영원히 거할 땅에서 계속될 때까지 더 높이 부르기로 다짐했습니다.

사랑하는 형제들이여, 저는 제 말이 여러분에게 도전이 되도록 성령이 역사하기를 기도합니다. 우리의 주제는 우리가 하나님을 더욱더욱 찬양하 도록 하는 것입니다. 저는 여러분에게 하나님을 찬양하도록 억지로 강요하 는 것은 아닙니다. 저는 이 전제가 많은 경우에 큰 실수를 일으킬 것이 염 려되지만, 여러분이 그렇게 하는 것을 당연히 생각하기를 바랍니다. 하나님을 전혀 찬양하지 않는 사람들은 그분을 더욱더욱 찬양하도록 권면 받을 필요가 없습니다. 저는 지금 기꺼이 하나님을 찬양하는 사람들에게 말하고 있습니다. 여러분이 다윗과 같이 결심하십시오: "나는 … 주를 더욱더욱 찬송하리이다."

하나님을 찬양해야 할 다양한 이유들

여기서 우리의 첫 번째 작업은 우리 스스로 하나님을 찬양하겠다는 결심을 하도록 하는 것입니다. 우리는 왜 하나님을 더욱더욱 찬양해야 할까요? 저는 제 주변에서 이에 대한 다양한 변론들을 발견합니다. 셀 수 없을 정도로 제 주변에 많은 이유들이 존재하기 때문에 그것을 골라서 말해야 합니다.

현재 우리의 찬양의 결핍

우리가 과거보다 앞으로 하나님을 더 잘 찬양할 수 있다고 생각하는 것은 변명에 불과합니다. 왜냐하면 우리는 오늘날까지 그분을 그리 잘 찬양하지 못했기 때문입니다. 우리 신자들이 하나님을 영화롭게 하는 데에 해 왔던 것은 그분에게 드려야 할 것과 비교해 보면 너무나 형편없었습니다. 인간적으로 생각해 보면, 우리 각자는 이것을 솔직히 인정해야 합니다. 사랑하는 형제들이여, 주님이 여러분에게 베푸신 것을 생각해 보십시오. 몇 년 전만해도 여러분은 죄와 죽음과 파멸 속에 있었습니다. 그러나 그분이 여러분을 구원하셨습니다. 여러분은 여러분 안에 첫 번째로 죄 사함의 기쁨을 선사하셨던 그분을 위해 더욱 잘하고, 그분을 더욱 사랑하고, 그분을 더욱 잘 섬기려는 기대가 없었습니까? 여러분이 받았던 축복에 대해 어떤 보응을 갖고 있습니까? 그것이 참으로 적합하고 적절합니까? 보배로운 이삭으로 가득 차 추수를 기다리고 있는 들판을 보십시오. 저는 농부가 얼마나 비싼 소작료를 지불하고, 경작을 위해 얼마나 많은 수고를 하고, 거름을 주어 땅을 얼마나 기름지게 하고, 씨를 뿌리는데 얼마나 정성을 다하고, 잡초를 제거하는데 얼마나 큰 힘을 썼는지에 대해 듣습니다. 이 모든 수고가 있은 다음에 소득을 낳는 추수가 있고, 그때 비로소 농부는 만족합니다.

저는 또 다른 밭을 바라봅니다. 그것은 제 마음의 밭입니다. 그리고 여러분의 밭도 똑같습니다. 하나님이 그것을 위해 무엇을 심으셨습니까? 그분은 전능하신 능력으로 우리 마음의 황무지를 개간하셨습니다. 그분은 그곳에 산울타리를 치고, 그곳을 갈아 젖히고, 가시들을 잘라내었습니다. 그분은 물이 없어 메말라 있던 그곳에 물을 부으셨습니다. 왜냐하면 그리스도의 흘리신 피가 원래의 저주를 제거하기 위해 그곳을 적셨기 때문입니다. 하나님의 아들이 자신의 모든 것을 바쳐 이 메마른 황무지를 정원으로 만드셨습니다. 이때 이루어진 모든 일들은 일일이 계산하기 어렵습니다. 더더욱 무엇이 일어날 수 있었는지에 대해서는 아무도 말할 수 없습니다.

그러나 추수가 무엇입니까? 그것은 사용된 수고에 비례합니까? 수고가 보답됩니까? 비록 우리가 손으로 얼굴을 가린다거나 얼굴이 홍조가 된다고 해도, 그것이 문제에 대한 가장 적절한 대답인지는 의심스럽습니다. 여기저기서 시들어 있는 잎사귀는 무한하신 사랑의 경작지에 대해서는 빈약한 보답입니다. 그러므로 우리는 단호한 결심을 부끄러워하고, 결연한 정신으로 "무한하신 은혜의 도움을 받아, 나는 어쨌든 지독한 게으름뱅이였지만, 이제는 부지런히 움직일 것이다. '나는 … 주를 더욱더욱 찬송하리이다'"라고 말해야 합니다.

찬양의 유익

제가 염두에 두고 있는 또 다른 변론은 다음과 같습니다: 우리는 지금까지 하나님을 찬양할 때, 우리 스스로 지루함을 느끼지 않고, 유익과 즐거움 속에서 항상 찬양했다는 것입니다. 저는 하나님을 위한 찬양에 대해서도 거짓으로 말하지 않았습니다. 그러나 저는 제가 지금까지 경험한 가장 행복했던 순간은 하나님을 위한 찬양의 시간을 가질 때였다는 것을 입증할 수 있습니다. 저는 영원한 보좌 앞에서 경배할 때에도 천국 가까이 가 본 적이 없었습니다. 저는 모든 그리스도인들이 똑같다고 생각합니다. 지 상에서의 모든 즐거움 — 저는 그것들을 무시하지는 않습니다만 — 중에 는 찬양의 즐거움과 비교할 만한 것이 없습니다. 난롯가에서 느끼는 따스 한 행복, 가족들 간의 사랑이 주는 고귀한 행복 등과 같은 것들도 경배의 기쁨 곧 지존자에게 가까이 나아가는 데서 오는 환희와는 비교가 되지 않 습니다. 땅은 기껏해야 물을 내놓을 뿐이지만, 이 신적 찬양은 가나의 혼 인 잔치에서 포도주와 같습니다.

가장 순전하고 가장 유쾌한 즐거움은 하나님을 영화롭게 하고 그분을 영원토록 즐거워하는 데서 오는 즐거움입니다. 그런데 만일 하나님의 찬 양이 여러분을 사로잡고 있지 않다면, 어서 흥미와 열정으로 찬양을 회복 해서 "나는 … 주를 더욱더욱 찬송하리이다"라고 고백하십시오. 만일 어떤 사람이 자기는 주님을 예배할 때 지루함을 느낀다고 생각한다면, 그분에 대한 찬양은 당신이 그것을 결코 멈추고 싶지 않을 만큼 큰 자유와 환희 와 즐거움을 준다고 그에게 말해 주십시오. 만일 사람들이 하나님을 예배 하는 것을 노예생활이라고 부른다면, 저로서는 영원히 노예로 생활하기를 바라고, 주님의 이름을 지울 수 없는 낙인으로 내 몸에 찍어놓기 바랍니 다. 저는 제 귀가 주님 집의 문설주에 붙어있기를 원하고, 절대로 그곳을 떠나지 않기를 바랍니다(출애굽기 21:2-6을 참조하십시오.). 제 영혼은 기 쁘게 이렇게 노래합니다:

> 주여, 당신의 은혜가 족쇄처럼,
> 나의 방황하는 마음을 당신께 매어두게 하소서.

이것이 저의 소원입니다 — 하나님의 존귀하심에 더욱더욱 복종하는 것, 그리고 여기에 이것이 덧붙여질 것입니다 — 그리스도를 위해 아무것 도 아닌 존재가 되는 것, 이것이 저의 전부입니다 — 주님 당신을 내 존재 가 허락되는 한 찬양하는 것.

하나님의 다양한 은혜

우리가 찬양해야 할 세 번째 이유는 쉽게 제시할 수 있습니다. 확실히 우리는 세월이 갈수록 하나님의 누적된 은혜들을 받기 때문에 과거보다 지금 더욱 하나님을 찬양해야 합니다. 심지어는 현세적인 은혜에 속하는 것들까지도 우리는 크게 받았습니다. 이것들로부터 시작해 보십시오. 그러면 더 높이 찬양하게 될 것입니다. 여러분 가운데 어떤 이들은 자신에게 아낌없이 베풀어진 현세적인 축복들을 쉽게 상기할 수 있을 것입니다. 오늘날 여러분은 야곱이 "내가 내 지팡이만 가지고 이 요단을 건넜더니 지금은 두 떼나 이루었나이다"(창 32:10)라고 말했을 때와 똑같은 상황 속에 있습니다.

여러분이 처음에 부모의 집을 떠나 고생길에 들어서면, 돈도 없고 먹을 것도 없습니다. 하지만 지금 세상에서의 상황과 위치가 어떻습니까? 하나님이 큰 자비를 베푸셔서 여러분을 높은 자리로 인도하셨습니다! 요셉은 감옥에서 보좌로 위치가 바뀌었습니다. 다윗은 양사(羊舍)에서 궁정으로 자리를 옮겼습니다. 여러분이 받았던 것들을 되돌아보십시오. 그러면 주님이 자신의 권리를 여러분에게 주신 것을 깨닫게 될 것입니다. "가난한 자를 진토에서 일으키시며 … 귀족들과 함께 앉게 하시며"(삼상 2:8). 여러분은 평범하고 별 볼일 없는 존재들이었지만, 지금 그분의 자비가 여러분을 유명하고 가치 있는 자리에 두셨습니다. 이것이 아무것도 아닙니까? 여러분은 하늘의 상급을 무시합니까? 여러분은 이것 때문에 주님을 더욱더욱 찬양하지 않습니까? 확실히 여러분은 그렇게 해야 하고, 그렇게 하지 않으면 안됩니다. 만일 그렇게 하지 않는다면 배은망덕으로 말미암아 몰락의 저주를 느끼게 될 것입니다.

어쩌면 하나님의 섭리가 그와 같은 방법으로 정확하게 여러분을 다루지 않았는지 모르지만, 그에 상응하는 은혜와 지혜가 또 다른 형식으로 여러분에게 주어졌습니다. 아마 여러분은 승진하지 못하고 시작했을 때와 똑같은 위치에 계속 머물러 있을지 모르지만, 여러분은 여러분의 업무를 처리할 능력을 갖게 되었고, 건강과 힘을 갖고 그 자리를 지키며, 먹을 것과 입을 것을 공급 받았습니다. 무엇보다도 먼저 여러분은 자족하는 마음을 갖고 긍정적인 눈으로 보는 축복을 받았습니다. 사랑하는 내 형제들이여, 그것이 감사하지 않습니까? 그런데도 여러분은 하늘 아버지를 더욱더욱 찬양하지 않겠습니까?

우리는 우리를 세속화시키는 지점에서 받은 현세적인 축복을 지나치게 강조해서는 안됩니다. 하지만 저는 그것들을 우리가 평가절하해서 그 축복들에 대해서는 감사하지 못하게 될 것 같은 생각이 들어 말씀을 드리는 것입니다. 우리는 하나님의 도우시는 은혜에 대한 감각이 떨어질 정도로 그것들을 지나치게 낮게 평가하는 것을 조심해야 합니다.

우리는 종종 크신 은혜들에 대해 말해야 합니다. 지금 그렇게 하십시오. 여러분에게 질문을 하나 하고 싶습니다: 여러분은 여러분이 받은 크신 축복들을 계산할 수 있습니까? 저는 제게 주어진 것들을 계산할 수 없습니다. 그런데 여러분은 그 목록을 작성하는 것이 쉽다고 생각하는 것 같습니다. 저는 그 작업이 도저히 끝날 수 없는 작업임을 발견합니다. 저는 언젠가 침대에 우리 몸을 편안히 맡길 수 있는 것이 얼마나 크신 은혜인가를 생각하게 되었습니다. 여러분들 가운데 아마 공감하시는 분이 있을 것입니다. 그러나 제가 고통 없이 침대에 들어갈 수 있음을 발견했을 때, 기뻐서 손뼉을 쳤다고 말할 때 이것은 조금도 거짓말이 아닙니다. 지금도 저에게는 서서 곧바로 걸을 수 있다는 것이 얼마나 큰 은혜인지 모릅니다. 우리는 단지 자녀의 축복이나 건강의 축복과 같은 일, 이십 가지 정도의 커다란 은혜들만 있다고 무심코 생각합니다. 그러나 때를 따라 돕는 은혜 속에서 우리에게 일어나는 다양한 작은 문제들 역시 하나님의 사랑의 크신 은총의 하나이고, 그것들이 사라지면 큰 불행이 주어질 것이라는 것을 알아야 합니다. 그런즉 여러분이 우물에서 물을 길어 올릴 수 있을 때, 찬송하십시오. 항아리에 물이 넘치도록 채워지면 "더욱더욱" 하나님을 찬양하십시오.

그러나 우리가 받은 영적 은혜에 대해 생각할 때에는 더욱더욱 하나님을 찬양해야 하지 않을까요? 우리가 이 놀라운 은총을 받은 것은 얼마나 큰 은총일까요! 10년 전 여러분은 그때까지 받은 언약의 축복들 때문에 하나님을 찬양했습니다. 그렇다면 지금은 얼마나 더 많은 은혜가 누적되어 여러분에게 베풀어졌을까요? 어둠 속에서 얼마나 자주 일으킴을 받으셨습니까? 얼마나 많이 기도의 응답을 받았을까요? 얼마나 많이 딜레마 속에서 길을 찾게 되었을까요? 얼마나 많이 교제의 즐거움을 누렸습니까? 얼마나 자주 예배드리다 은혜를 받았습니까? 갈등 속에서 해결을 받은 적이 얼마나 많습니까? 무한하신 사랑의 계시는 얼마나 많이 받습니까? 양자됨과 함께 상속을 통해 받을 모든 축복들이 더해졌습니다. 칭의와 함께 용납하심의 모든 보증이 더해졌습니다. 회심과 함께 내주하시는 모든 능력들이 더해졌습니다.

기억하십시오. 요셉이 은잔을 벤자민의 부대 속에 넣어두었을 때까지 그것은 그곳에 없었던 것처럼, 자비의 주님이 영적 은혜를 주시기 전까지는 그것도 여러분 속에 없었습니다. 그러므로 주님을 찬양하십시오. 더욱 크게 찬송을 부르십시오. 큰 소리 나는 제금으로 그분을 찬양하십시오(시 150:5). 우리는 그분의 크신 자비를 잴 수 없기 때문에 우리는 최대한 우리 하나님을 찬양해야 합니다. "나는 … 주를 더욱더욱 찬송하리이다."

하나님의 성실성

우리는 여기서 좀 더 나아가야 합니다. 우리 모두는 대대로 하나님의 성실성, 불변성 그리고 신뢰성을 증명했습니다. 우리가 하나님을 대적하여 범죄함으로써 우리의 죄의 짐을 짊어지고 있을 때 이 속성들을 증명했습니다. 우리는 주님이 우리에게 허락하시는 헤아릴 수 없는 축복들을 통해 그것들을 증명했습니다. 이 모든 경험이 아무 결과 없이 끝나겠습니까? 이 놀라운 은혜가 있는데도 그만한 감사가 없어도 되겠습니까? 하나님은 너무 은혜로우시기 때문에 매 순간 주어지는 그분의 사랑은 우리에게 평생 동안 찬양을 요청합니다.

모든 그리스도인은 은혜 안에서 자라가기 때문에 하나님에 관한 더 깊은 개념을 갖고 있어야 한다는 것을 잊어서는 안됩니다. 우리가 아무리 하나님에 대한 최고의 개념을 갖고 있다고 할지라도, 그것이 그분의 영광을 나타내는 데에는 무한히 부족합니다. 그러나 성숙한 그리스도인은 하나님에 대해 처음에 자기가 갖고 있던 개념보다 더 분명한 개념을 갈수록 갖게 됩니다.

그런데 하나님의 위대하심은 항상 찬양을 요청합니다. 역대상 16:25을 보십시오. "여호와는 위대하시니" 그 다음이 어떻게 이어집니까? "극진히 찬양할 것이요." 만일 제가 하나님을 전보다 더 크신 하나님으로 경험했다면, 저의 찬양은 더 극진해질 것입니다. 만일 제가 나의 아버지로서 그분을 전보다 더 자상하신 분으로 경험했다면, 만일 제가 그분의 공의에 대한 두려움을 과거보다 지금 더 크게 느꼈다면, 만일 제가 그분이 구속을 계획하신 그분의 지혜의 광채에 대해 더 분명한 견해를 갖게 되었다면, 만일 제가 그분의 영원하고 변함없는 사랑에 대한 생각이 더 깊어졌다면, 이 모든 지식은 저에게 "나는 … 주를 더욱더욱 찬송하리이다"라고 말하도록 할 것입니다.

저는 여러분이 진지하게 이렇게 기도할 수 있기를 바랍니다: "내가 주께 대하여 귀로 듣기만 하였사오나 이제는 눈으로 주를 뵈옵나이다 그러므로 내가 스스로 거두어들이고 티끌과 재 가운데서 회개하나이다'(욥 42:5-6). 당신을 향한 저의 찬양은 한없이 높이 울려 퍼질 것입니다. 당신의 보좌에까지 제 노래는 울려 퍼질 것입니다. 저는 말하자면 단지 당신의 옷자락만 뵙겠지만, 당신은 반석 곧 예수님의 갈라진 틈 속에 저를 숨기셨고, 당신의 영광이 제 앞을 통과했나이다. 저는 심지어 스랍들이 찬양하는 것만큼 당신을 찬양하고 당신의 이름을 찬송하며 보좌 앞에 있는 사람들과 똑같이 할 것입니다."

우리는 그 모든 실제적인 결과가 우리로 하여금 "나는 … 주를 더욱더욱 찬송하리이다"라고 부르짖도록 하지 못한다면, 그리스도의 학교에서 별로 배우지 못한 것입니다.

우리가 천국에 가까이 나아감

여기저기서 모은 수천 가지 생각들 가운데 계속해서 하나를 선택한다면, 우리가 하나님을 더욱더욱 찬송해야 할 또 다른 필수적인 이유는 그분을 끝없이 완전하게 찬양하기 원하는 지점으로 더 가까이 나아가고 있기 때문임을 상기시켜 드립니다. 교회의 벽은, 회중은 아버지의 집에 관해 크게 노래하고 연합하여 찬송할 때만큼 더 즐겁게 울리는 경우가 없습니다.

천국은 진실로 우리 영혼의 유일한 가정이고, 우리는 그 집에 이르기 전까지는 안식한다고 결코 느끼지 못할 것입니다. 우리가 천국에서 안식할 수 있는 한 가지 이유는 거기서 우리는 창조의 목적을 영원히 성취할 수 있기 때문입니다. 천국에 더 가까이 나아가고 있습니까? 그렇다면 저는 천국에서 할 일을 더 잘하게 될 것입니다. 저는 곧 수금을 잡고 그래서 조심스럽게 그것을 켜겠습니다. 저는 보좌 앞에서 찬송할 노래를 연습해야 합니다. 비록 천국의 말들이 이 세상에서 시인들이 조합할 수 있는 어떤 말보다 더 달콤하고 더 풍요롭다고 할지라도, 천국의 원래의 찬송은 여기서 우리가 여호와께 드리는 찬송과 똑같을 것입니다:

그들은 위에서 찬송으로 어린양을 찬양하고,
우리는 아래에서 찬송으로 그분을 찬양하리라.

그들의 찬양의 본질은 그분이 고난을 받으시고 피를 흘리신 것에 대한 감사입니다. 그것은 또한 우리의 양의 본질이기도 합니다. 그들은 아무 자격 없는 사람들에게 주어진 무조건적 은혜에 대해 임마누엘의 이름을 찬양하고, 우리 역시 똑같습니다.

사랑하는 형제, 자매들이여. 저는 여러분을 축하합니다. 그 이유는 여러분은 거의 가정을 갖고 있기 때문입니다. 지금보다 더 풍성한 찬양을 드리십시오. 영광의 땅이 더 밝게 빛나도록 여러분의 발걸음을 재촉하십시오. 여러분은 진주 문에 더 가까이 나아갑니다. 부족함이 많다고 해도, 계속 찬송하십시오. 찬송이 무한한 하모니로 조화될 때까지 더 부드럽고 더 크게 찬송하십시오.

하나님의 원수들의 뻔뻔스러움

우리가 하나님을 더욱더욱 찬양해야 하는 또 다른 이유를 말할 필요가 있을까요? 만일 제가 해야 한다면, 저는 하나님의 원수들이 그분의 영예를 끌어내리는데 지극히 열심이기 때문에 하나님을 찬양하는데 그만큼 더 열심을 내도록 힘쓰겠습니다. 지금은 하나님을 조롱하는 자들이 굉장히 뻔뻔스러운 때입니다. 저는 프랑스 혁명가가 "파멸된 하나님"에 관해 쓴 글을 보면서 분노를 느꼈습니다. 그들로 하여금 최소 10년 사이에 하나님으로부터 등을 돌리게 하고 또 그 이론들을 종교적으로 믿게 만든 그들의 철학의 전제들 — 무신론의 승리를 선포하는 것으로 독신적(瀆神的)인 뻔뻔한 주장 — 을 읽을 때, 저는 더욱 큰 슬픔을 느낍니다.

그러나 어쩌면 프랑스 혁명가들은 우리가 여기서 말하는 것보다 훨씬 더 진지하게 자기들의 견해를 말할 것입니다. 왜냐하면 우리 중에는 성경이 그 명백한 가르침을 부정하는데도 불구하고 성경을 무시하는 불신사상이 팽배해 있기 때문입니다. 또한 우리는 가장 나쁜 것 곧 그리스도를 인간 제사장으로 밀어내고, 의식들을 모든 것보다 높이고, 위대하신 속죄사역을 아무것도 아닌 것으로 만드는 미신을 소유하고 있습니다. 그런데 이런 견해를 취하는 사람들은 잠만 자고 있는 것도 아니고 그 노력을 게을리 하고 있는 것도 아닙니다. 슬프게도 우리는 너무 잠잠하고, 우리가 믿는 종교에 관해 미온적이지만, 이 사람들은 자기들의 신념, 아니 그들의 불신앙을 선전하는데 대단한 열심들입니다. 이렇게 가면 조만간 그들은 바다와 땅을 그들의 개종자로 덮어버리게 할 것입니다. 사탄의 종들의 이같은 열심을 생각할 때, 우리는 우리 스스로를 꾸짖고, "바알에게는 그토록 열렬한 추종자들이 있는데, 여호와에게는 잠자는 신봉자들밖에 없다. 내 영혼아, 분발하자! 내 영혼아, 깨어나라! 즉시 일어나 너의 하나님을 더욱더욱 찬양하라"고 말해야 합니다.

하나님을 향한 우리의 열망과 갈망

그러나 제가 여러분에게 생각나는 많은 변론들 가운데 몇 가지를 제시하고 있지만, 하나님을 알고 사랑하는 여러분의 마음속에 하나님을 찬양하려는 열망과 갈망이 이미 있기 때문에 찬양에 대한 다른 이유들을 제시할 필요가 별로 없다는 생각이 저를 즐겁게 합니다. 만일 여러분이 공예배에 시간을 내지 못해 참석하지 못한다면, 여러분은 하나님의 집에서 행해지는 집회를 갈망하고, 제비가 그 처마 밑에 둥지를 짓는 것을 부러워합니다. 만일 여러분이 그리스도의 교회를 위해 감당해야 할 봉사를 할 수 없다면, 시간들이 참으로 부질없이 느껴집니다. 자신을 보내신 이의 뜻을 이루는 것이 주님의 양식이고 음료인 것처럼(요 4:34), 그 뜻을 행할 수 없을 때에도 여러분은 먹을 양식과 마실 음료를 박탈당한 사람과 같고, 그때 여러분 속에는 채울 수 없는 갈증이 솟아날 것입니다. 그리스도인이여, 여러분은 하나님을 찬양하기를 열망합니까? 저는 여러분이 지금 "오, 나는 그분을 더 잘 찬양할 수 있기를 바란다"고 갈망하는 감정을 확실히 느낍니다.

아마 여러분은 주님을 위해 해야 할 일이 있는 위치에 있을 것입니다. 그렇다면 여러분은 마음으로 "더욱 더 그분을 찬양하기 위해 이 일을 하기를 얼마나 바랐던가!" 하고 말할 것입니다. 아니면 여러분은 스스로는 그 일을 거의 할 수 없는 상태이기 때문에 하나님께서 그 무엇보다 더욱 봉사할 수 있도록 여러분을 변화시켜 주기를 바랄지도 모르겠습니다. 무엇보다도 저는 여러분이 죄로부터 벗어나고 하나님을 더욱더욱 찬양하는데 방해가 되는 모든 것을 제거해 주기를 바란다고 믿습니다. 과연 그렇지요. 그렇다면 저는 여기서 변론할 필요가 없습니다. 왜냐하면 이미 여러분의 마음이 찬양의 이유를 보여 주고 있기 때문입니다.

저는 이 점을 예증하는 한 이야기를 하고 싶습니다. 제가 아는 한 사람이 있는데, 그는 오랫동안 궁정합창단에서 대원으로 사역했던 사람입니다.

그 즐거운 사역을 할 때 그는 누구보다 행복했습니다. 그는 그 사역에 종사할수록 그 직분을 더 소중히 여겼습니다. 그런데 어느 날 그는 합창단에서 퇴출당해 더 이상 활동할 수 없게 되었습니다. 그는 자격이 있다고 항변했지만 거절당했습니다. 아마 왕이 그 때문에 화를 냈을지 모릅니다. 아니면 그는 노래를 불성실하게 불렀을지도 모르겠습니다. 아마 그는 어떤 다른 문제를 일으켰을지도 모릅니다. 아니 어쩌면 단장이 그가 빠졌을 때 합창단의 찬송이 더 좋았다고 생각했을지도 모릅니다. 어떤 일 때문인지 모르지만, 제가 아는 것은 그것이 그의 마음속에 깊은 갈망이 되었다는 것입니다.

그는 가끔 찾아가 다시 복귀시켜 달라고 빌었습니다. 하지만 그는 그때마다 거부를 당했고, 때로는 욕까지 먹었습니다. 약 3개월 후, 이 불행한 대원은 그의 뼛속에 이 불 같은 욕망을 묻어두고, 더 이상 그것을 분출할 수 없게 되었습니다. 이제 궁정음악은 그와 상관이 없게 되었습니다. 그렇다고 할지라도 그가 즐거워했던 노래가 사라진 것은 아니지만 그는 그 자리를 되찾기를 간절히 소원했습니다. 저는 그가 얼마나 간절하게 염원하는지에 대해 말할 수 없습니다. 드디어 행복한 시간이 왔습니다. 왕은 그가 다시 노래를 부를 수 있도록 허락했습니다. 그는 크게 감사했고 저는 그가, "전하, 다시 복귀했으니 이제 '나는 계속 그리고 더욱더욱 당신을 찬양하기를 바라고, 또 찬양할 것입니다'"라고 말하는 소리를 들었습니다.

하나님을 찬양하는 방해물을 제거함

이제 또 다른 요점을 주목해야 합니다. 우리는 성령의 능력 안에서 하나님을 더욱더욱 찬양하는 것을 방해하는 모든 훼방을 물리쳐야 합니다.

우리의 무감각

가장 치명적인 일 가운데 하나는 몽상 또는 무감각입니다. 그리스도인은 이런 상태에 쉽게 빠집니다. 저는 심지어 공예배를 드릴 때에도 이것이 나타나는 것을 봅니다. 우리는 자주 예배를 기계적으로 드립니다. 신앙을 고백하는 많은 그리스도인들이 그와 같은 무감각에 빠지고 거기에 젖어 삽니다.

하나님을 더욱더욱 찬양하는 대신에, 그들이 할 수 있는 일이란 오래된 긴장을 푸는 정도입니다 — 그리고 그것도 거의 못합니다. 우리는 이 모든 무감각으로부터 벗어나야 합니다. 확실히 만일 사람을 완전히 깨워 정신을 바짝 차리게 하는 시간이 있다면, 그것은 하나님을 찬미하고 찬송할 때일 것입니다. 하나님의 보좌 앞에서 잠자는 천사나 거룩한 찬송을 부르는 동안 꾸벅꾸벅 졸고 있는 그룹들은 생각만 해도 어리석은 자들입니다. 이처럼 천국의 위엄을 모독하는 일이 땅 위에서 일어나야 합니까? 아닙니다. 우리는 우리 마음을 향해 "깨어나라!"고 외쳐야 합니다.

세속적 방심들

그 다음 방해물은 마음이 나뉘는 것입니다. 만일 우리의 생각이 이 세상에 대한 생각으로 나뉜다면, 우리가 아무리 결심을 굳게 한다 할지라도, 하나님을 더욱더욱 찬양하는 것이 불가능합니다. 비록 제가 "나는 … 주를 더욱더욱 찬송하리이다"라고 말한다고 할지라도, 저는 돈 버는 일에 마음이 좌우로 나뉜다면 또는 더 큰 사업에 대해 불필요하게 마음을 쓰고 있다면, 저의 행동은 결심을 실망시키는 결과로 나타날 것입니다. 저는 사업을 하지 말라고 말하는 것이 아닙니다.

아무리 사업을 크게 확장한다 할지라도 하나님을 더욱더욱 찬양할 수 있는 인생의 시기가 있습니다. 그러나 제가 알기로는 어떤 상태에서는 하나님을 굉장히 잘 찬양하지만 다른 경우에는 그렇게 하지 못하는 사람들이 있습니다. 그들은 자신들을 과장하는 모습이 있습니다. 그들은 방문교육을 하며 주일학교에서 가르치는 것을 포기했습니다. 또는 다른 종류의 기독교 사역에 대해서도 마찬가지였습니다. 왜냐하면 돈 버는 일에 그들의 모든 힘이 집중되어 있었기 때문입니다. 사랑하는 형제들이여, 만일 이 세상에서 무엇이든 얻고자 한다면 그것은 극히 작은 것이고, 그 대신 하나님을 찬양하는 데에는 손해를 볼 것입니다. 우리는 나이를 먹을수록 우리의 힘을 한 가지 일 곧 살아서 하는 일 중 가장 가치 있는 일인 하나님을 찬양하는 일에 더욱더욱 집중시키는 것이 지혜롭습니다.

잘못된 자아 개념

하나님을 더욱 찬양하는 것을 훼방하는 또 다른 큰 방해물은 자기만족입니다. 다시 말해 이것은 우리가 쉽게 빠질 수 있는 한 상태입니다. 스스로 나는 아주 괜찮은 사람이라고 생각하는 것이 우리의 실제적인 신념 ─ 고개를 끄덕일 정도로 인정하는 사실은 아니지만 ─ 입니다. 그러나 이 모든 것에도 불구하고 우리의 마음속에는 우리가 존경받을 만한 사람들로서 대체로 아주 똑똑하다는 확신이 있습니다.

자신을 다른 그리스도인들과 비교함으로써 우리는 자신과 하나님을 동시에 찬양할 정도로 자신이 믿을 만한 존재라고 생각하게 됩니다. 물론 저는 이런 생각을 단호하게 거부하지만, 사실은 이것이 우리 마음이 때때로 말했던 것이 아닙니까? 이런 불쾌한 생각 때문에 죄인은 스스로 만족하는 실수를 하게 됩니다.

자기만족이 마지막 과정입니다. 사랑하는 형제들이여, 왜 여러분을 주변의 부패한 사람들과 비교합니까? 만일 여러분이 자신을 다른 사람들과 비교하려면, 지난날의 신앙의 거인들과 비교하십시오. 그래서 잘못된 습관들을 완전히 버리십시오. 바울은 우리 자신으로 자신을 비교하는 것은 어리석은 일이라고 말하기 때문입니다(고린도후서 10:12을 보십시오.). 우리들과는 비교도 할 수 없이 독보적으로 높으신 우리 주님과 비교하십시오. 아니, 우리는 감히 자신을 칭찬해서는 안됩니다. 우리는 겸손하게 자신을 낮추고 주님을 더욱더욱 찬양하도록 결단해야 합니다.

과거 공적에 의존함

과거의 영광에 의존하는 것이 또 다른 위험입니다. 우리는 젊었을 때 하나님에 대해 더 큰 열심을 냈습니다. 언젠가 저는 몇 년 전 굉장히 많은 꿀을 생산해내서 큰 자랑거리가 되었던 한 그리스도인의 집에서 게으름뱅이 일꾼들을 만났습니다. 또 저는 오늘 노 젓기를 멈추고 잠시 쉬는 선원들을 봅니다. 그러나 그들은 과거 몇 년 전에 그들이 배에 대해 가졌던 열렬한 의욕을 말해 주자 깜짝 놀랐습니다. 우리는 전에 여러 번에 걸쳐 그들을 보았습니다. 그때 그들은 유능한 노잡이였습니다. 이들이 처음에 가졌던 열심을 잃어버린 것은 얼마나 불쌍한 일일까요! 그것은 교회에도 유익이 되지만, 그들 자신에게도 똑같이 유익이 될 것입니다. 하나님이 "과거를 생각해 보라. 나는 20년 전에 너에게 큰 은혜를 베풀었다. 그것들을 따라 살라" 하셨다고 생각해 보십시오. 영원하고 항상 사랑이 풍성하신 성령께서 "나는 30년 전에 너를 통해 큰일을 행했다. 나는 이제 물러가고 더 이상 역사하지 않겠다"라고 말씀했다고 상상해 보십시오. 그러면 여러분은 어디에 있게 되겠습니까? 예, 만일 여러분이 영원한 샘들 위로 계속 새롭게 끌어올려지려면, 만물의 근원되시는 분을 찬양하십시오.

깊은 고통

그 다음 우리가 하나님을 찬양하는 것을 방해하는 모든 것들을 차단하셔서 하나님이 우리를 도우시기를 바랍니다. "나는 더 이상 하나님을 찬양할 수 없어. 나는 지금 절망 속에 있어"라고 말할 만큼 지금까지 가난이나 육체의 고통 때문에 질고 속에 있거나 침체 상태에 빠져 있는 사람이 있습니다. 사랑하는 형제들이여, 하나님이 여러분을 자신의 뜻에 복종시켜 주시기를 소원합니다. 그리고 고통이 커지면 커질수록 여러분의 찬송도 더 풍성해질 것입니다.

저는 한 노인으로부터 제 마음을 감동시키는 짧지만 아름다운 이야기를 들었습니다. 한 가난한 과부와 그녀의 어린 아들이 배고픔을 참고 구걸하면서 함께 앉아 있었습니다. 아이는 엄마의 얼굴을 바라보며, "엄마, 하나님은 우리가 굶어죽도록 두지 않으실거야, 그렇지?" "그럼, 내 아들아. 나는 그분이 그렇게 하리라고 생각하지 않는다"고 말했습니다. 그러자 아이는 "엄마, 만일 하나님이 그렇게 하신다고 해도, 우리는 살아있는 한 그분을 찬양해야 해요. 그렇죠, 엄마?" 이미 백발이 된 사람들은 아이가 말한 대로 말하고, 또 덧붙여 다음과 같이 말할 수 있습니다: "그가 나를 죽이시리니 내가 희망이 없노라 그러나 그의 앞에서 내 행위를 아뢰리라"(욥 13:15), "우리가 하나님께 복을 받았은즉 화도 받지 아니하겠느냐"(욥 2:10), "주신 이도 여호와시요 거두신 이도 여호와시오니 여호와의 이름이 찬송을 받으실지니이다"(욥 1:21), "나는 … 주를 더욱더욱 찬송하리이다."

일상생활 속에서 하나님을 찬양하는 법

아주 간단하게 말하면 우리는 하나님을 찬양하겠다는 결심을 실천해야 합니다. 저는 여러분에게 그것에 대한 변론을 제시했고, 그 방해물을 제거하기 위해 노력했습니다. 그런데 그것을 실천하는데 대해서는 아무런 도움을 주지 못했습니다. 우리는 어떻게 하나님을 더욱더욱 찬송할 수 있을까요?

마음을 준비하라

열심이 있는 사람은 "나는 오늘 오후에 어떤 새로운 일을 해야겠다"고 합니다. 하지만 잠시 멈추십시오. 만일 여러분이 하나님을 찬양하기 원한다면, 무엇보다 먼저 여러분 자신과 함께 시작하는 것이 유익이 되지 않습니까? 시인은 "나는 하나님을 더욱 찬양하리라"고 했습니다. 그러나 그의 악기의 현들은 더러웠습니다. 그는 먼저 그것들을 깨끗하게 닦는 것이 좋습니다. 현들이 그 적당한 팽팽함을 유지하지 못한다면, 그것은 연주를 시작하기 전에 고쳐야 합니다. 만일 우리가 하나님을 더욱 찬양하려면, 소년이 수영장 안으로 뛰어드는 것처럼 — 머리를 먼저 — 해서는 안됩니다. 아닙니다. 먼저 여러분의 마음을 준비하기 바랍니다. 성령의 도우심을 받아 하나님을 찬양하는데 적합하도록 여러분의 영혼을 준비시켜야 합니다. 그것은 어리석은 일이 결코 아닙니다. 그러므로 먼저 여러분의 방으로 들어가십시오. 들어가서 과거의 죄를 고백하십시오. 그리고 여러분이 그분을 찬양할 수 있도록 더욱 큰 은혜를 베풀어달라고 구하십시오.

개인적 헌신의 수준을 높이라

만일 우리가 하나님을 더욱더욱 찬양하기를 원한다면, 우리는 우리의 개인적인 헌신의 도를 더 높여야 합니다. 하나님은 실제로 헌신적인 기도와 경배를 통해 크게 찬양받습니다. 설교는 열매가 아닙니다. 그것은 씨를 뿌리는 것입니다. 참된 찬송이 열매입니다. 저는 이것을 다음과 같이 말해 봅니다: 밀의 푸른 잎사귀가 설교라면, 밀 이삭은 우리가 부르는 찬송과 우리가 하나가 되는 기도이다. 생명의 참된 결과는 하나님을 찬양하는 것이다. "사람의 제일된 목적은 하나님을 영화롭게 하고 그를 영원토록 즐거워하는 것"이라고 요리문답서는 말하는데, 저는 이 이상 더 좋은 해답을 찾을 수 없습니다.

우리의 개인적인 헌신을 통해 하나님을 영화롭게 할 때 우리 존재의 진정한 목적에 부응하게 됩니다. 만일 우리가 하나님을 더욱 찬양하기를 원한다면, 우리의 개인적 헌신이 더 높은 수준에 이를 수 있도록 은혜를 구해야 합니다. 저는 우리가 하나님과 더불어 사는 개인적 삶의 힘에 비례하여 우리의 인격이 힘을 얻고, 사람들 사이에서 그분을 위해 행하는 우리의 사역에 힘이 된다는 것을 경험을 통해 압니다. 우리는 이것을 특별히 유념해야 하겠습니다.

매일 그리고 어디서든 하나님을 찬양하라

그러나 다시 "물론 나는 당신이 말한 것에 관심이 있습니다. 나는 개인 기도와 영성훈련에 종사하겠습니다. 그러나 어떤 유익한 일을 시작하기 원합니다"라고 열심 있는 청년들이 하는 얘기를 저는 듣습니다. 여러분은 확실히 옳지만, 조금 기다리십시오. 저는 여러분에게 다음과 같은 질문을 하고자 합니다: 여러분은 일상적인 삶 속에서 이루어지는 자신의 개인적인 행위 속에 하나님에 대한 찬양이 얼마나 크게 자리 잡고 있는지 아십니까? 우리가 하나님을 찬양하기 위해 교회 건물로 나아와야 한다고 생각하는 것은 커다란 착각입니다. 여러분은 일터에서, 부엌에서, 침대에서 하나님을 찬양할 수 있습니다. 주일만이 하나님을 찬양하는 유일한 날이라고 생각하는 것은 엄청난 착각입니다. 월요일, 화요일, 수요일, 매일 그리고 어디서든 그분을 찬양하십시오. 거룩한 백성들에게는 모든 곳이 거룩한 장소요, 거룩한 사람들에게는 모든 활동들이 거룩한 활동들입니다. 그들이 거룩한 동기로 행하고, 그들의 마음이 하나님을 향한다면 말입니다. 가게나 공장에서 일하거나 농장에서 씨를 뿌리거나 간에, 사람들이 아니라 주님을 향해 이루어진 일들은 모두 참된 예배입니다.

저는 제가 알고 있는 한 여성에 대해 이야기하는 것을 좋아합니다. 교회 등록에 관해 물을 때 저는 그녀에게 "회심했습니까?" 하고 물었습니다. 그러자 그녀는 "목사님, 그러기를 바랍니다"라고 대답했습니다.

"당신이 진정 하나님의 자녀가 되는 것은 무엇으로 말미암는다고 생각합니까?"

"예, 목사님, 저는 과거와 많이 달라졌습니다."

"그 변화가 무엇입니까?"

"모르겠습니다. 모든 것들이 바뀌었습니다. 그러나 특별한 일 하나가 있습니다. 저는 지금 항상 방석 아래를 청소합니다."

오랫동안 그녀의 방석 아래에는 먼지가 쌓여 있었습니다. 그런데 지금은 그렇지가 않습니다. 어떤 일이 양심적으로 행해졌을 때, 그것은 그에게 마음의 변화가 있었다고 믿을 만한 아주 충분한 근거가 됩니다.

집안에서 먼지가 숨겨져 있을 만한 곳으로는 방석이 있습니다. 직장에서 근무하는 사람이 방석 아래 있는 먼지를 청소할 때, 그가 습관을 자제하고 하나님이 정죄하는 악들을 피할 때, 그는 내면에 은혜의 흔적을 갖고 있는 것입니다. 오, 그리스도의 모범을 따라 행하는 행동을 갖기 바랍니다. 만일 어떤 사람이 거룩한 삶을 살았다면, 그가 비록 설교하지 않았다고 해도, 또는 심지어 찬송을 부르지 않았다고 해도 그는 하나님을 찬양한 것입니다. 양심에 입각한 삶을 더 많이 살수록 하나님을 찬양하는 삶도 더 커지는 것입니다.

하나님을 더 잘 섬기라

이러한 내면적 문제들을 고려한다면, 우리는 하나님을 실제적으로 섬기는 행동을 더욱 증가시켜야 합니다. 우리는 그리스도인으로서 성경공부, 전도 등과 같은 일들을 해야 합니다. 그러나 우리는 모든 것을 더 잘해야 합니다. 더 많이 수고하고 더 잘 감당해야 합니다. 우리 가운데 누가 최선을 다해 수고하고 최선을 다해 감당하고 있습니까? 우리는 더 부지런히 움직여야 합니다. 우리에게 주어진 시간을 최대한 사용할 만큼 충분히 그렇게 하고 있는지 생각해 보십시오. 우리는 우리가 더 잘 하는 것을 해야 합니다. 어떤 기독교 교회들은 더 이상 목사도 필요 없고, 힘도 필요하지 않습니다. 모래사장 위를 가볍게 뛰면 별로 흔적이 남지 않습니다. 하지만 힘차게 뛰면 매번 깊은 발자국이 남습니다. 우리가 하나님을 섬길 때, 힘차게 뛰어간다면 시간의 모래 위에는 깊은 발자국을 남기게 될 것입니다.

"무슨 일을 하든지 마음을 다하여 주께 하듯 하고"(골 3:23). 무엇을 하든 그 일속에 여러분을 던지십시오. 여러분의 온 마음을 다해 그 일을 하십시오. "너는 마음을 다하고 뜻을 다하고 힘을 다하여 네 하나님 여호와를 사랑하라"(신 6:5). 오, 이와 같이 하나님을 섬길 수 있기를! ― 이것이 그분을 더욱더욱 찬양하는 것이 되리라!

저는 사람이 하나님을 위해 행하는 일들을 통해 얼마나 크게 하나님을 찬양하게 되는지 여러분이 항상 말할 수 있어야 한다는 것은 아니지만, 그렇다고 그것이 나쁜 방법이라고 보지는 않습니다. 그의 팔을 보면 사람의 마음을 판단할 수 있다는 말은 고대 의사인 히포크라테스의 유명한 격언입니다. 그는 환자의 마음을 그의 팔뚝의 고동을 통해 판단했습니다. 전체적으로 보면 예외가 있을 수 있지만 여러분은 사람이 하나님을 위해 행하는 일을 통해 그의 마음이 하나님을 위해 진실로 얼마나 고동치고 있는지를 파악할 수 있습니다. 하나님의 능력으로 부지런히 일하고 있는 사람은 더 부지런히 일하십시오. 그리고 덜 부지런히 일하고 있는 사람은 그 부지런함의 강도를 좀 더 높이십시오. 저는 여러분이 그렇게 그분을 더욱더욱 찬양하기를 기도합니다.

하나님에 대한 찬양을 말로 하라

만일 우리가 하나님에 관한 찬양을 우리의 일상적인 대화 속에서 행한다면 — 우리가 집안에 앉아있거나 외출할 때 그분에 관해 더 말을 많이 한다면 — 우리는 그분을 더 잘 찬양할 수 있게 됩니다. 만일 우리가 성결하게 살고, "그런즉 너희가 먹든지 마시든지 무엇을 하든지 다 하나님의 영광을 위하여 하라"(고전 10:31)는 말씀에 순종한다면, 우리는 그분을 더 잘 찬양하게 됩니다.

하나님에 대한 찬양을 노래로 하라

우리는 우리의 경건한 섬김에 노래를 더한다면 그분을 더 잘 찬양하게 됩니다. 세상은 노래판입니다. 수많은 사람들이 그들 나름의 노래를 부릅니다. 저는 요즘 대중들에게는 자기가 좋아하는 노래를 부르는 것이 최고의 취미라고 말하고자 합니다. 그들 가운데 많은 사람들이 아무 가치 없는 바보처럼 굉장히 부조리하고 무의미한 노래를 부릅니다. 그러나 이런 일들이 사람들로부터 들려오고, 부질없는 노래들이 도처에서 울려 퍼질 것입니다. 그런데 왜 우리는 — 다윗이 쓴 위대한 시편들, 쿠퍼, 밀턴, 와츠와 같은 시인들이 쓴 고귀한 찬송시들을 갖고 있는 — 그들처럼 노래 부르지 못할까요? 우리는 시온의 노래를 불러야 합니다. 그들은 소돔의 노래를 즐겁게 부릅니다. 우리는 고모라의 울부짖는 무의미한 소리들을 제거하고 새 예루살렘의 멜로디로 채워야 합니다.

찬양의 중요성

마지막으로 저는 이 설교에서 여러분에게 제시하고자 했던 주제 곧 찬양의 중요성을 마음속에 새기기 위해 노력할 것을 주문합니다. "나는 … 주를 더욱더욱 찬송하리이다." 왜 여러분 가운데 어떤 이들은 하나님을 전혀 찬양하지 못할까요! 여러분이 오늘 밤 당장 죽는다고 생각해 보십시오 그러면 어디로 갈까요? 천국으로? 여러분에게 천국은 어떤 곳입니까? 찬양하지 않는 여러분에게 천국은 있을 수 없습니다. 제가 지금까지 들은 바로는 천국은 오직 하나님을 찬양하는 사람들만 사는 곳입니다. 천국의 환경은 감사, 찬양 그리고 경배입니다. 여러분은 이것을 조금도 모르지요. 그러므로 하나님이 여러분을 위해 천국을 만드는 것은 가능하지 않습니다. 하나님은 죄악된 영혼을 축복하고, 진리와 공의를 위반하는 것 말고는 모든 것을 하실 수 있습니다.

여러분은 찬양하거나 아니면 불행해지거나 해야 합니다. 여러분은 여러분을 지으신 하나님을 경배하든지 아니면 버림받은 존재가 되든지 둘 중 하나를 선택해야 합니다. 그분이 여러분에게 진노의 불을 밝히거나 진노의 형벌을 그 위에 던지는 것이 아닙니다. 여러분의 비참한 상태는 자신 속에서 시작됩니다. 왜냐하면 찬양할 수 없는 것이 가장 끔찍한 지옥이기 때문입니다. 하나님을 찬양하는 것이 천국입니다. 찬양에 빠질 때 우리는 완전한 행복에 도달하지만, 감사가 완전히 결여되면 기쁨도 완전히 사라지게 됩니다.

오, 주님을 찬양하지 못하는 여러분들에게 변화가 일어나기를 바랍니다. 그것도 오늘 일어나기를! 갱신의 역사가 지금 일어날 수 있기를! 성령의 능력은 여러분의 돌 같은 마음을 한 순간에 인간적인 마음으로 변화시켜서 차갑고 무정한 마음 대신 감사로 두근거리는 마음을 만들 것입니다. 여러분은 십자가상의 그리스도께서 죄인들을 위해 죽으신 것을 알고 있지 않습니까? 여러분은 그 공의로운 사랑을 보고, 이 사랑에 대해 감사의 마음을 느낄 수 없습니까? 오, 만일 예수님만 바라보고 그분만 신뢰한다면, 여러분은 영혼 속에 생명의 불꽃이 일어나는 것을 느낄 것입니다. 그 결과 찬양이 시작되고, 그때 여러분은 행복한 삶을 시작하는 것이 가능합니다. 여러분이 하나님을 더욱더욱 찬양할수록 행복한 삶도 그만큼 확대되고 축복으로 채워질 것입니다.

그러나 사랑하는 그리스도인들이여, 저는 "이같이 말하나 여러분에게는 이보다 더 좋은 것 곧 구원에 속한 것이 있음을 확신합니다"(히 6:9). 저는 하나님이 여러분에게 힘에 힘을 더해 인도해 주시기를 기도합니다. 왜냐하면 그것이 의로운 자의 길이기 때문입니다. 여러분은 은혜 안에서 자라가기를 바랍니다. 왜냐하면 생명은 자라감으로 증명되는 것이기 때문입니다. 여러분은 그 모든 길을 찬송하면서 천국을 향해 가는 순례자처럼 가야 합니다. 종달새가 우리에게 모두가 가야 할 것의 마지막 그림이자 실례로서 이야기될 수 있습니다. 우리는 날아올라야 합니다. 우리의 기도는 "더 가까이, 나의 하나님 당신께"가 되어야 합니다. 우리의 모토는 "더 높이, 더 높이!"가 되어야 합니다. 올라갈 때 우리는 노래를 불러야 하고, 우리의 노래는 천국을 향해 더 크게, 더 분명하게, 더 충만하게 울려 퍼져야 합니다. 사랑하는 성도들이여, 위로 향하십시오. 높이 날아오를 때 찬송하십시오. 영광 속에 들어갈 때까지 찬양하십시오. 아멘.

3

아침과 밤에 부르는 찬송

아침마다 주의 인자하심을 알리며 밤마다 주의 성실하심을 베풂
이 좋으니이다 ─ 시편 92:2

랍비들은 이 시편이 아담이 낙원에서 부른 찬송이라는 개념을 가지고
있습니다. 우리는 그것이 사실이라고 믿을 이유들은 없고, 그 반대로 그것
이 사실이 아니라고 믿을 이유들은 많습니다. 아담이 아직 홀로 존재하는
타락하기 전인 상태에서 타락한 인간들과 바보들 그리고 우후죽순처럼 솟
아나는 악인들에 관해 찬송할 수 있었다고 상상하는 것은 가능하지 않습
니다. 그러나 적어도 이 시편의 처음 부분은 우리의 입술보다는 아담의 입
술로부터 나왔다고 보는 것이 더 합당하다고 볼 수 있습니다. 밀턴은 아담
의 입을 빌려 다음과 같이 노래했습니다:

이것들은 선의 아버지, 전능자, 당신의 영광스러운 역사입니다.
이 우주는 당신의 작품입니다.
얼마나 놀라운 장관이요, 얼마나 경이로운 당신이십니까!

밀턴은 이 시편을 똑같이 아담이 부른 것으로 보았습니다:

여호와께 감사하며 주의 이름을 찬양하고 아침마다 주의 인자하심을 알리며 밤마다 주의 성실하심을 베풂이 좋으니이다 여호와여 주께서 행하신 일로 나를 기쁘게 하셨으니 주의 손이 행하신 일로 말미암아 내가 높이 외치리이다(시 92:1-4).

유대인들은 오랫동안 안식일에 드려지는 회당 예배에서 이 시편을 사용했습니다. 이 시편은 외견상으로는 전혀 그렇지 않지만 안식일에 아주 적합한 시편입니다. 내용으로 보면 이것은 안식일에 대한 암시가 거의, 아니 전혀 없습니다. 그러나 다른 날들보다 바로 그날에 세상적인 모든 일들을 초월해서 하나님에게 우리의 생각들이 모아지기 때문에 우리는 이것이 안식일에 적합하다고 말할 수 있습니다. 이 시편은 경배의 마음을 노래하고, 그래서 우리는 그것을 주일 예배 때 사용할 만합니다. 그것은 우리에게 숭고한 묵상의 주제 ― 여호와, 여호와에 대한 묵상 ― 를 제공하고, 우리는 그 묵상을 통해 그분의 하신 일을 뛰어넘어 그분과 우리를 향하신 그분의 은혜를 경배하게 됩니다. 오, 우리가 함께 모이는 주일에는 언제나 찬양의 정신으로 모이고, 지존자의 이름을 감사하는 것이 얼마나 감격스러운 일인지를 느껴야 합니다. 저는 우리가 다른 성도들과 함께 모일 때마다 항상 "여호와여 주께서 행하신 일로 나를 기쁘게 하셨으니 주의 행하신 일로 말미암아 내가 높이 외치리이다"라고 말할 수 있도록 기도합니다.

이 시편의 두 번째 구절에는 아침과 밤에 드려지는 희생양에 대한 제사가 함축되어 있음이 분명합니다. 하나님의 영의 인도를 받은 유대인들의 마음속에 특별히 그리스도를 상기시키는 제사로서 일년에 한 번씩 드리는 유월절 대축제와 다른 절기 및 금식들 외에도, 매일 아침과 밤에 어린양 제사가 드려졌는데, 이것은 그들로 하여금 일상적으로 범하는 죄를 날마다 사함 받아야 함을 상기시키는 효과가 있었습니다. 그때마다 죄를 기억하고, 아직 제공되지 않았지만 단번에 죄를 제거하는 영원한 대제사를 보았습니다(히 10:3-12을 참조하십시오.). 그러나 지금 우리는 아침마다, 밤마다 어린양 제사를 드릴 필요가 없고, 희생제사를 계속 드리는 것은 우리에게는 굉장히 불경스럽고 신성모독적인 행위입니다. 오늘날 우리는 단번에 드려진 그리스도의 영원한 희생제사를 거듭 기억하고, "세상 죄를 지고 가는 하나님의 어린양"(요 1:29)을 보지 않고 아침마다 깨어서는 안되고 또는 우리 죄를 위해 십자가에 피 흘려 돌아가신 그분에게 우리의 눈을 새롭게 맞추지 않고 밤에 잠이 들어서도 안됩니다.

그러나 본문은 우리에게 찬양에 관해 말씀하고 있습니다. 찬양은 신자들의 지속적인 사역이 되어야 합니다. 그것은 천국에서 가장 즐거운 사역입니다. 그것은 땅에서도 가장 즐거운 사역이 되어야 합니다. 우리는 본문을 통해 찬양은 오직 천국에 거하시는 분에게 드려져야 하고, 우리는 삼위일체 하나님을 영원토록 경배해야 하지만, 그 통일성 속에 다양성이 있다는 것을 배워야 한다고 생각합니다. 우리는 오직 주님만을 찬송합니다. 우리에게는 그분을 찬송하는 것 외에 다른 음악이 없습니다. 그러나 우리는 언제나 똑같은 형식으로 그분을 찬송하지 않습니다. 다양한 악기 — 탬버린, 비파, 수금 등 — 가 있는 것처럼, 찬송에도 다양한 주제들이 있습니다. 아침에 드리는 찬송과 밤에 드리는 찬송이 있고, 어떤 때에는 그분의 사랑을 찬양하고, 또 어떤 때에는 그분의 신실하심을 찬양합니다. 저는 성도들이 자기들이 하나님 앞에 있음을 고백하는 찬송을 드리는데 더욱 힘쓰기를 바랍니다.

저는 때때로 교회 성도들이 공예배를 드릴 때, 단순히 말하자면, 아무 생각 없이 예배드리는 것을 봅니다. 우리의 찬송의 적절한 타이밍은 아무 생각 없이는 지켜질 수 없습니다. 경건이 침체에 빠지면 찬송도 아주 느려지는 경향이 있습니다. 우리의 찬송은, 마치 곡조가 그 부르는 자를 지배하는 것처럼, 너무나 자주 기계적인 노래가 되는데, 저는 그것이 무척 염려스럽습니다.

어떤 사람들의 태도는 찬송은 부르지만 그 찬송이 그들의 마음을 통과하지 않고, 감사의 날개를 따라 하나님에게까지 올라가지 못하는 것을 보여 줍니다. 저는 또한 성도들이 예배 마지막 부분에 찬송할 때 — "할렐루야"나 "여호와를 찬양하라" — 아무 생각이 없이 바보처럼 흐리멍텅하게 앉아 있으면, 그들을 다시 일으켜 세우고 그렇게 마음이 잠자는 모습을 취하는 것은 크게 예의에 어긋난 행동이라고 슬픈 마음으로 지적해 줍니다. 저는 태도나 자세 자체에 대해 염려하는 것이 아닙니다. 그들에게 마음이 없는 것을 지적하는 것이고, 여러분 또한 그렇습니다. 어떤 예배에서든 사랑하는 마음과 거룩한 헌신의 마음을 갖는 것 이상으로 하나님의 귀에 들리는 아름다운 찬송은 없다는 것을 깊이 명심하십시오. 만약 좋다면 오르간 앞에서 아름다운 음악을 연주할 수 있습니다. 또는 목소리를 통해 똑같이 아름다운 노래를 부를 수 있습니다. 그러나 거기에 마음이 들어가지 않는다면, 악기나 목소리는 더 이상 하나님에 대한 음악이 아닙니다. 나아가 영혼이 찬양으로 불타오르지 않는다면, 마음은 아무것도 아니고 진정한 인간도 아닙니다.

개인적으로 찬양을 드릴 때도 우리는 그 찬양에 대해 더욱 집중해서 몰두해야 하고, 이 거룩한 행동에 우리의 온 힘을 다 쏟아야 합니다. 우리는 기도하려고 무릎을 꿇기 전에 스스로 "제가 무엇을 기도해야 하나요? 저는 기도하기 위해 침대 옆에 무릎을 꿇겠습니다. 제가 구해야 할 것을 멈추어 생각하면 안되나요? 제가 무엇을 원하고, 구해야 할 약속이 무엇이며, 하나님이 제가 원하는 것을 들어주실 것이라고 기대할 수 있는 것은 왜일까요?"라고 묻지 않습니까? 우리가 생각하는데 시간을 더 쓴다면 더 잘 기도하지 않겠습니까?

우리는 찬양할 때에도, 우리의 찬양이 허둥지둥 혼란한 상태에 빠지지 않도록 하고, 준비된 마음으로 드려야 합니다. 저는 음악가들이 연주하기 전 악기를 조율하는 것을 압니다. 또한 그들은 대중 앞에서 연주하기 전 리허설을 통해 철저하게 준비를 합니다. 마찬가지로 우리의 영혼도 하나님을 찬양할 때 그 주제를 연습해야 합니다. 우리는 공적으로든 사적으로든 우리의 생각들이 주목하는 찬양의 제목들을 갖고 — 우리에게 아무 가치가 없는 것을 주님께 내놓는 것이 아니고, 때를 따라 적절한 감사의 제목들에 기초된 경배를 그분의 보좌 앞에 쏟아놓는 뜨거운 마음을 가지고 — 주님 앞에 나아가야 합니다. 이것이 시편 기자가 우리에게 하고 싶었던 중심 주제입니다. "아침마다 주의 인자하심을 알리며 밤마다 주의 성실하심을 베풂이 좋으니이다." 그것은 단순한 찬양이 아니고, 다양한 찬양 곧 정해진 시간에 분명한 제목들이 있는 찬양입니다.

아침에 드리는 경배

우리는 본문으로부터 먼저 아침에 드리는 경배에 관한 주제를 고찰해야 합니다. 그 다음 두 번째로 밤에 드리는 경배에 관한 주제에 초점을 맞추어야 합니다. 우리는 이 두 가지를 다 실천해야 합니다.

경배 드리기에 가장 적절한 시간

첫 번째로 아침에 드리는 경배에 대해 살펴보겠습니다. "아침마다 주의 인자하심을 알리며." 아침만큼 하나님을 찬양하는데 좋은 시간은 있을 수 없습니다. 아침에는 주변의 모든 환경이 쾌적합니다. 심지어는 우리가 살고 있는 집의 벽돌과 기둥의 삭막한 모습까지도 이 여름 아침 햇살의 미광 앞에서는 노래 곧 가사 없는 노래처럼 보이고, 아니 오히려 소리 없는 음악처럼 보입니다. 시골의 야외를 보십시오. 풀잎마다 이슬방울로 반짝반짝 빛날 때, 모든 나무들이 마치 밝아오는 새벽에 사파이어가 그 빛을 발하는 것처럼 반짝거릴 때, 수많은 새들이 일어나 합창으로 그 조물주를 찬양할 때, 그 모든 힘과 그 모든 마음을 거룩한 노래의 경배 속에 쏟아 붓는 이 모든 것들을 볼 때, 아침의 열쇠가 찬양의 손에 들려 있는 것이 확실합니다. 아침 햇살이 그 눈꺼풀을 들고 환하게 비쳐올 때, 감사의 마음이 저절로 우러나게 됩니다. 우리 자신은 침대에서 새로운 마음으로 기상을 하고, 우리가 온전한 정신 상태라면, 간밤에 잠을 주신 것에 대해 감사할 것입니다.

밤은 우리의 피곤한 머리에 휴식을 주고

> 천사는 그 방을 지키시네.
> 우리는 깨어나 침대가 우리의 무덤이
> 아니 된 것을 찬미하네.

매일 아침은 일종의 부활입니다. 우리가 죽을 때 영혼이 그 육체를 벗어버리듯이 밤이 되면 우리는 옷을 벗고 잠자리에 들지만, 아침이 우리를 깨웁니다. 만일 그때가 주일 아침이라면, 우리는 작업복을 입지 않고 미리 준비해 둔 주일 예복을 찾습니다. 또 그때 깨어나지 못하고 죽는다고 할지라도, 우리는 주의 형상으로 만족하게(시 17:15) 될 것입니다. 그때 우리는 더 이상 흙이 묻은 땅의 옷을 입지 않고, 우리 주 예수님처럼 아름답고 찬란한 예복을 입은 존재로 변형될 것입니다. 그런데 매일 아침이 우리에게 오는 것처럼, 사실상 우리는 우리를 둘러쌌던 밤을 통과하여 무덤에 있었던 상태에서 부활하고 죽음의 형상으로부터 구원받는 것이기 때문에 아침마다 감사를 표현해야 합니다. 위대한 부활의 아침이 멀리서 들려오는 나팔 소리와 함께 임하는 것처럼, 매일 아침, 마치 마지막 때 우리에게 임하는 부활처럼, 기쁨의 찬송 소리와 함께 우리를 깨워야 합니다.

> 잠자는 동안 나를 안전하게 지키시고
> 나에게 새 힘을 주신 당신을 전심으로 찬양합니다.
> 주여, 내가 죽음으로부터 깨어날 때
> 영원한 생명에 참여할 수 있도록 허락하소서.

"아침마다 주의 인자하심을 알리며." 아침마다 우리는 활력으로 충만합니다. 우리는 밤이 가까이 오면 피곤하게 될 것입니다. 아마 한낮의 더위 속에서 우리는 힘이 다 소진될 것입니다. 그러므로 우리는 활력이 있는 아침 시간에 하나님을 찬양해야 하겠습니다. 어떤 시인이 다음과 같이 말한 것처럼 말입니다:

꽃은 봉오리 맺을 때
가장 가치 있는 희생을 한다.

우리는 주님께 그날의 봉오리 곧 그 처녀시절의 아름다움, 그 더럽혀지지 않은 순결함을 드려야 합니다. 밤에 관해 여러분이 말하고 싶은 것도 말하십시오 ― 밤이 헌신에 특별히 좋은 시간이라는 점에 대해서도 많은 이유들이 있습니다. 그러나 아침은 선택된 시간입니다. 아침은 여왕 같은 시간이 아닙니까? 아침이 동방 군주들의 왕관 속에 번쩍거리는 것들보다 얼마나 더 순전한 금강석으로 장식되어 있는지 보십시오. 부자가 되려면 일찍 일어나야 한다는 옛 속담도 있습니다. 확실히 하나님에 대해 부요하기를 바라는 사람은 그렇게 해야 합니다. 이슬은 한낮에는 떨어져 사라집니다. 한낮의 염려, 걱정 그리고 피곤함 속에 있는 사람의 영혼은 이슬과 신선함을 유지하기가 어렵습니다. 그러나 아침에는 이슬이 흠뻑 적셔질 때까지 우리의 양털 위에 떨어질 것입니다. 그리하여 주님 앞에서 그것을 짜고, 그분께 우리 아침의 활력, 우리 아침의 신선함과 열심을 드리는 것이 좋습니다.

우리 인생의 아침

제가 말을 길게 하지 않아도 여러분은 아침에 하나님을 찬양하는 것이 얼마나 좋은지를 깨달았으리라고 생각합니다. 그러나 저는 본문의 아침을 우리가 매일 맞이하는 아침으로 한정하지 않습니다. 왜냐하면 그것은 우리 인생 전체의 아침에도 적합하기 때문입니다. 우리가 젊었을 때 곧 우리 인생의 날들 가운데 첫 부분은 하나님의 은혜를 선포하는 데 사용되어야 합니다. 사랑하는 젊은 그리스도인들이여, 여러분은 젊었을 때 회심하게 된 축복만큼 여러분의 인생에서 일어날 수 있는 최고의 축복은 없음을 확신하기 바랍니다. 저는 15살때 하나님을 알게 된 것에 대해 감사를 드립니다. 그러나 20살때 회심했다고 말하는 한 아일랜드인은 21년 전으로 돌아가고 싶다고 했는데, 저도 종종 같은 심정을 느꼈습니다. 오, 하나님께 드려졌던 그 첫 순간, 헌신을 다짐했던 이성적인 생각의 첫 순간, 영적 진리를 실천하기로 마음먹었던 판단 행위의 첫 순간, 그리고 우리를 사랑하셔서 자신을 우리를 위해 내어주신 대속주를 향한 주체할 수 없는 사랑의 충동의 첫 순간이 다시 가능해질 수만 있다면 얼마나 좋을까요! 후회하는 마음으로 가득 찬 지금 이 자리에 그 복된 회상의 순간들을 채운다면 얼마나 복 될까요!

그리스도인 인생의 첫 부분은 그 자체로 특별한 매력이 있는 시기입니다. 어떤 면에서냐 하면 다음과 같은 점 때문입니다:

인생의 첫 부분이 최고라네.
그때는 피가 뜨겁기 때문이라네.

물론 저는 인생의 후반부가 더 성숙하고 더 원숙하다는 것을 압니다. 가을에 맺어진 열매는 맛이 좋습니다. 그러나 이른 열매 — 처음 익은 열매 — 바구니, 이것이야말로 하나님이 바라시는 것입니다. "아침마다 주의 인자하심을 알리는" 자들은 복이 있으리라.

가장 밝은 인생의 시기

본문은 또한 우리에게 아침만큼 밝은 인생의 시기를 의미하는 것으로 볼 수 있습니다. 우리는 인생 속에서 상승과 하락, 밀물과 썰물, 아침과 밤을 경험합니다. 그런데 우리 인생의 가장 밝은 날에 하나님의 인자하심을 알리는 것은 우리의 의무이자 특권입니다. 여러분 중의 어떤 이들은 인생이 너무 험해서 살아온 대부분의 날들이 캄캄한 밤이었다고 생각할지도 모르겠습니다. 우리 가운데 또 어떤 사람들은 정직하게 말해 이런 믿음에 동조할 수 없을 것입니다. 그러나 아닙니다. 우리의 아침이 얼마나 많은지 하나님을 찬양하십시오. 결국 우리에게는 기쁨과 즐거움의 날들이 수없이 많았습니다 ─ 우리가 슬픔의 땅에 거하면서 기대할 수 있었던 것보다 무한히 더 ─ 오, 여기서 즐거운 날들이 있을 때, 우리는 항상 하나님의 인자하심을 표현함으로써 그날들을 성별해야 합니다.

만일 어떤 사람들이 형통하지만 그것을 소유하고 있지 않다면 그들을 부러워하지 마십시오. 예를 들어 그들이 돈을 많이 번다면 ─ 글쎄요, 그들이 "행복하다"고 말할지 모르겠습니다. 그들이 "행복하다"고 생각할까요? 만일 그들이 그 절반도 못 벌던 때가 있었을 것이고, 그때 그들은 오히려 더 행복했을지도 모릅니다. 농부들은 그 이상 더 많은 수확을 거둘 수 없을 때, 논밭이 추수할 곡식으로 가득 찼을 때, "좋아, 대풍년이야"라고 말할 것입니다. 그러나 그것이 말할 수 있는 전부입니까? 그것은 하나님의 것을 얼마나 강탈한 도둑질일까요! 이런 얘기는 모든 방향에서 너무나 흔하게 들리고 있고, 아울러 강력하게 거부되어야 할 말입니다. 우리가 오랫동안 기쁨, 평강 그리고 형통의 길에 들어서 있다면, 그렇게 말하지 말고 이 모든 것이 하나님이 하신 것처럼 말하고 우리 자신에 대해서는 아무것도 한 것이 없는 것처럼 말해야 합니다.

저는 언젠가 저를 기쁘게 하는 한 묘비를 보았습니다. 저는 전에는 그와 같은 묘비명을 본 적이 없었습니다. 그것은 80세에 죽은 한 여인의 것으로 생각됩니다. 그녀에 관한 비문의 내용은 "한평생 행복하게 산 것을 감사하는 이가 잠들다"였습니다. 그런데 그것이 우리가 말해야 하는 것이지만, 우리는 마치 사는 것이 불쌍한 것처럼, 마치 우리가 쟁기 아래 깔려있는 달팽이나 소금통 속에 박혀있는 달팽이보다 못한 존재인 것처럼 말합니다. 우리는 우리의 삶은 매장지이고, 매 순간 호흡은 고통인 것처럼 푸념합니다. 그러나 그것은 사실이 아닙니다. 이런 태도는 선하신 주님을 욕보이는 것입니다. 우리를 창조하신 주님을 찬미하십시오. 우리의 인생은 은혜로 충만합니다. 그렇습니다. 참으로 무한한 자비입니다. 인생의 슬픔과 고통에도 불구하고 도저히 계산할 수 없는 기쁨과 축복이 있습니다. 주님의 인자하심을 드러내도록 우리에게 주어지는 아침이 있습니다. 다시 한번 그 시간들 ─ 매일의 아침들, 우리 인생의 아침들, 밝고 번성하는 날들의 아침 — 을 보십시오.

하나님의 인자하심

시편기자는 이 경우 찬양의 최고 주제는 여호와의 인자하심이라고 주장합니다. "아침마다 주의 인자하심을 알리며." 비록 시편기자가 이 인자하심을 아침에 할당하고 있지만, 저는 진실로 이것이 낮과 밤 모두에 가장 적합한 주제라고 생각합니다. 진실로 그것은 모든 날들을 충분히 만족시킬 것입니다. 지금까지 "인자"라는 말과 같은 다른 말이 있었습니까? 저는 가끔 프랑스 사람들이 자기들의 언어에 대해 하는 말을 듣는데, 저는 프랑스 말이 굉장히 아름다운 언어라는 것을 인정합니다. 독일 사람들은 자기들의 모국어에 대한 자부심이 대단히 강합니다. 웨일스인 친구들이 자기들의 발음하기 어려운 언어를 자랑하면서 그것이 낙원에서 사용되었던 바로 그 언어라고 말하는 것을 들었습니다. 그러나 저는 감히 말하건대 하늘 아래 어떤 언어도 "인자"라는 말보다 더 은혜로운 말은 없다고 주장하는 바입니다.

그 말에는 두 가지 은혜가 담겨 있습니다. 그 말 안에는 서로 연결된 은혜의 긴 사슬이 들어있습니다. "인자"는 모든 두려움들을 꼼짝 못하게 하는 마력이 들어있는 종류의 말입니다. 메소포타미아라는 말을 설명할 때 청중들을 눈물 흘리도록 감동시켰다는 조지 휘트필드에 관한 얘기가 있습니다. 저는 그가 "인자"라는 말을 사용함으로써 그렇게 했다고 생각합니다. 지금 여러분의 입술 아래 그 말을 두십시오. 그 말이 그곳에 있게 하십시오. "인자"는 곧 친절을 가리킵니다. 그리고 친절은 "가까움"(kinnedness)을 의미합니다. 어떤 사람들은 가까움 — 우리가 우리 친척(kin)에 대해 느끼는 감정 — 이 그 말의 근본 의미라고 말합니다. 왜냐하면 피는 물보다 진하고, 우리는 남에게 할 수 없는 행동을 우리 친족들에게는 할 수 있기 때문입니다. 그런데 하나님은 우리를 자기 가족으로 만드셨습니다. 그분의 사랑하는 아들을 통해 그분은 우리를 자신의 가족으로 삼으셨습니다.

우리는 하나님의 자녀입니다. "하나님의 상속자요 그리스도와 함께 한 상속자입니다"(롬 8:17). 우리의 위대하신 형제인 예수 그리스도로 말미암아 하나님과 우리 사이엔 "가까움"이 있습니다.

그러나 그 말은 여기까지 이해한 것으로는 단지 절반의 이해에 불과합니다. 왜냐하면 그 말은 친애(親愛: lovingkindness 곧 친절+사랑)를 의미하기 때문입니다. 외과의사는 환자의 몸을 어느 정도 함부로 그리고 대수롭지 않게 다루는 것 같지만, 관절이 어긋나거나 부러지면 그것을 원상태로 회복시킵니다. 그러나 만일 그가 아주 부드럽게 치료에 임하고, 사자의 심장을 여성의 손으로 어루만진다면, 그는 특별히 인자를 보여 주는 것입니다. 어떤 사람이 전쟁터에서 부상을 당해 앰뷸런스에 실려 병원으로 후송됩니다. 그것이 친절입니다. 그러나 만일 그 부상당한 병사의 어머니가 병원에 와서 그녀의 아들을 간호할 수 있었다면, 그녀는 아들에게 친절보다 훨씬 강한 인자를 보여 준 것입니다. 한 아이가 차도에서 차에 치자 그를 병원으로 데리고 가 치료를 받도록 했습니다. 그것은 의심할 여지 없이 참으로 커다란 친절입니다. 그러나 무엇보다 아이의 엄마에게 보내야 합니다. 왜냐하면 그녀는 그 아이에게 인자를 보여 줄 것이기 때문입니다. 마찬가지로 주님은 우리를 다루십니다. 그분은 아버지의 심정으로 우리에게 필요한 것을 주십니다. 그분은 가장 부드러운 방법으로 우리에게 필요한 것을 해 주십니다. 그것은 친절입니다. 그것은 가까움입니다. 그러나 그것은 또한 그 두 가지가 합쳐진 것입니다. 그것은 친애(친절+사랑)입니다. 하나님의 진정한 마음은 이 말씀 속에 낱낱이 기록되어 있는 것으로 생각됩니다. 우리는 그것을 하늘에 계신 우리 아버지 외에 다른 사람에게는 거의 충분히 적용할 수 없습니다.

그런데 우리가 아침에 부르는 노래의 주제가 여기 있습니다. 이 주제를 노래할 소망으로 어디서 시작해야 합니까? 그것은 끝이 없는 주제입니다. 인자는 시작이 없는 곳에서 시작합니다. 그것은 시작을 갖고 있지 않았습니다. "내가 영원한 사랑으로 너를 사랑하기에 인자함으로 너를 이끌었다 하였노라"(렘 31:3). 그러므로 영원한 사랑은 우리가 찬송을 시작해야 하는 출발점입니다. 그 영원한 사랑은 그 준비가 무한했습니다. 우리가 지음 받기 전 주님은 우리를 위해 언약을 정하셨고, 자신의 독생자를 통해 진노로부터 우리를 구원하시기 위해 그를 내어 주시기로 작정하셨습니다. 하나님 우리 아버지의 인자는 예수 그리스도 안에 나타났습니다. 오, 우리는 이것에 대해 얼마나 항상 말해야 할까요!

저는 우리가 서로 만날 때 즉시 "당신은 그의 사랑하는 아들의 은혜 안에서 하나님이 베푸시는 인자에 관해 생각해 보셨습니까?"라고 말하지 못하는 이유가 이상합니다. 참으로 그것이 우리에게는 9일의 이적이 아니라는 것이 아주 희한한 일입니다. 그것은 우리의 삶의 모든 날들을 놀라움으로 가득 채워야 합니다. 그런데 만일 놀라운 어떤 일이 벌어지면 누구든 그 사람의 입은 그것으로 충만합니다. 우리는 즉각 그것에 관해 말하고, 그러면 우리의 이웃들은 마치 아덴 사람들처럼 열심히 귀담아 듣습니다. 그때 우리의 입술은 하나님의 놀라우신 인자로 가득 채워져야 합니다. 우리가 그 이야기를 다 말하지 못할 수도 있기 때문에 우리는 아침 일찍 예수 그리스도의 크신 은혜 안에 표현된 영원한 사랑을 자세히 말해야 합니다.

만일 우리가 이 일에 대해서는 이미 말해 버려서 다른 것들에 대해 말하기 원한다면, 우리를 예수님 앞으로 인도하심으로써 우리 각자에게 베푸신 하나님의 인자에 관해 말해야 합니다. 각 사람의 삶 자체가 얼마나 놀라운 역사입니까! 저는 만일 우리의 삶 가운데 어느 하나라도 충분히 기록된다면, 어떤 로맨스보다 더 아름다운 이야기가 되리라고 생각합니다.

저는 종종 석양의 모습을 보면서 다음과 같은 생각을 했습니다: "만일 어떤 화가가 그 장면을 그림으로 묘사한다면, 나는 하늘이 그가 묘사한 대로 보인다고 말하지 못하겠다. 그것은 참으로 이상하고 독특한 장면이다." 마찬가지로 만일 우리의 인생 가운데 어떤 장면이 충분히 기록된다면, 많은 사람들이 "그것은 그렇게 될 수 없었다"고 할 것입니다. 예를 들면 아마 여러분은 헌팅던(Huntingdon)의 「신앙의 저장소」를 읽어보았을 것입니다. 많은 사람들이 "오, 그것은 무의미의 저장소입니다"라고 말합니다. 그러나 저는 그것이 정확하고 진리의 특징들을 표상하고 있다고 믿습니다.

그는 최선의 방법으로 반드시 모든 진상을 적나라하게 우리에게 말할 수는 없었겠지만, 자신이 쓴 모든 내용을 실제 경험했다고 저는 봅니다. 많은 다른 사람들의 인생이 정확하게 기록될 수만 있다면, 자신의 인생만큼 똑같이 놀라웠을 것입니다. 그렇다면 여러분 자신에 대해 특별히 하나님이 베푸신 친애에 대해 말하십시오. 여러분 외에 다른 듣는 귀가 없다면 하나님의 귀에라도 들리도록 다음과 같은 놀라운 사건이 어떻게 일어났는지를 거듭 말하십시오.

> 당신이 하나님의 양떼로부터 벗어나 방황할 때
> 예수님은 당신을 찾아오셨습니다.

그분의 은혜가 어떻게 여러분을 그분에게 이끌고, 그래서 영생으로 인도하셨는지를 말하십시오. 그리고 거듭나게 하신 하나님의 인자에 대해 노래하십시오. 하나님의 은혜를 기억하십시오. 그것을 배은망덕의 무덤 속에 사장시키지 마십시오. 그것이 감사의 빛으로 반짝거리도록 하십시오. 저는 여러분이 이것을 하루를 기분 좋게 하는 지금 이 복된 아침에 그렇게 하기를 바랍니다. 시편 기자는 여러분이 그것과 함께 하루를 시작하기를 원했습니다. 왜냐하면 여러분이 그것을 완결시키기 위해서는 하루 온종일이 필요하기 때문입니다. 참으로 여러분은 인생의 한평생과 모든 시간 곧 영원이 필요합니다. 저는 다음과 같이 표현한 애디슨(Addison)에게 동조합니다 — 약간의 과장이 들어있기는 하지만.

> 그러나, 오, 영원도 너무 짧다.
> 당신의 찬양을 온전히 선포하기에는

여러분이 다루고 있는 주제 — 하나님의 인자 — 가 얼마나 복된 주제일까요! 그것은 말하기에는 두려운 주제입니다. 신자들이 그들 자신의 공적과 은혜를 추켜세우고 자랑한다고 들을 때, 저는 지혜자의 말씀을 기억

합니다: "타인이 너를 칭찬하게 하고 네 입으로는 하지 말며"(잠 27:2). 다른 무엇보다도 어떤 사람이 자기가 성화(聖化)에 큰 진보를 이루었다고 말할 때, 그것은 잘못된 말이고, 그가 겸손이라는 말의 의미를 깨닫지 못했다는 것을 분명히 보여 줍니다. 저는 친구들의 눈이 열리기를 바라고, 그들이 지금까지 그들을 속여온 마귀의 밥에서 벗어나기를 소원합니다. 치명적인 악인 영적 자만심을 피하기를 바라고, 그것이 더 이상 우리 가운데 악덕으로 자리 잡지 않기를 바랍니다. 아니, 우리의 입술이 자신에 대한 찬양이 아니라 하나님에 대한 찬양으로 가득 채워지도록 합시다.

우리는 또한 우리의 혀가 항상 슬픔으로 채워지지 않도록 해야 합니다. 만일 여러분의 집안에 죽은 자가 있다면, 왜 여러분은 아름답지 못한 모습을 지켜보라고 모든 친구를 항상 초청해야 합니까? 아닙니다. 그보다는 하나님이 자신의 사랑으로 말미암아 여러분을 위해 행하신 것을 말하십시오. 힘없이 병석에 몸져 누워 고통과 궁핍으로 굉장히 고생하는 한 노파에게 자주 불려 다니며 그 불평을 들어 주어야 했던 한 목사님에 관해 들은 적이 있습니다. 그는 그녀의 류머티즘에 관한 진상을 수없이 들었습니다. 그는 그것에 관해 무려 50번이나 들었습니다. 드디어 그는 그녀에게 이렇게 말했습니다: "사랑하는 자매님, 저는 당신을 깊이 사랑합니다. 저는 당신의 고통을 듣는 것이 절대로 불쾌하지 않습니다. 그러나 당신은 때때로 주님이 당신에 대해 행하시는 역사 — 당신에게 즐거움을 준 역사 곧 그분이 그 고통 속에서도 당신을 어떻게 도우시는지에 대한 역사 — 에 관해서도 저에게 들려 줄 수 있기를 바랍니다. 지금부터는 고통에 대해서는 더 적게 말하고, 축복에 대해서는 더 많이 들려 주십시오. 우리는 은혜로우신 주님께 '아침마다 주의 인자하심을 알리겠다'고 결심해야 합니다."

하나님의 인자하심을 선포함

지금까지 우리는 때 — 아침 — 와 주제 — 인자 — 를 살펴보았습니다. 이제 우리는 그 주제를 다루기 위한 방법을 주목해야 합니다. 시편 기자는 하나님의 인자에 관해 우리가 알고 있는 바를 선포해야 한다고 합니다.

아침마다 모든 그리스도인은 자리에서 일어나기 전 침대에서 먼저 그것을 선포해야 합니다. 그는 밤 동안 그리고 일생 동안 주님이 베풀어 주신 은혜에 관해 감사함을 표현해야 합니다. 아니 가능하다면 그는 가족들에게 그것을 증거해야 합니다. 그는 가족들을 모아놓고 주님을 예배하며 그분의 인자를 찬양해야 합니다. 그리고 그리스도인은 세상에 나아가서도 하나님의 인자를 선포해야 합니다. 저는 만나는 누구에게든 그것에 관해 말해야 한다고 주장하는 것은 아닙니다 — 어떤 사람들에게 그것은 돼지 앞에 진주를 던지는 것과 같습니다. 하지만 우리가 말하고, 행하고, 보여 주는 그 증거는 참된 것이 될 것입니다.

그리스도인은 가장 즐거운 사람이 되어야 합니다. 그리하여 다른 사람들이 "그는 뭐가 그리 행복한가? 그는 부자도 아니고 항상 건강한 사람도 아니다. 그는 고민거리가 있다. 그러나 그는 인생의 모든 짐을 기꺼이 짊어지고 그 험로를 아주 가볍게 통과하는 것 같다"라고 말하도록 해야 합니다. 유쾌한 대화를 통해 우리는 아침에 하나님의 인자를 선포해야 합니다. 어떤 사람은 "아, 하지만 침체상태에 빠졌을 때 당신은 어떻게 합니까?" 하고 물을 것입니다. 그것을 숨길 수만 있다면 숨기십시오. 여러분의 주님이 "이는 금식하는 자로 사람에게 보이지 않고"(마 6:18)라고 말씀하신 것처럼 하십시오. 슬픈 모습이 경건의 표시라고 생각해서는 안됩니다. 그것은 종종 위선을 의미합니다. 다른 사람들의 즐거움 때문에 자신의 슬픔을 감추는 것은 기독교 최고의 미덕인 자기부인의 사랑을 의미합니다.

우리는 만나는 모든 사람들에게 "찬송의 제사"(히 13:15)를 드려야 합니다. 그러나 우리가 하나님의 백성들 가운데 있을 때, 바로 그때가 온전한 번제를 드릴 때입니다. 친척들과 함께 있을 때 우리는 달콤한 사탕 상자를 안전하게 열어놓을 수 있습니다. 우리는 주님의 인자를 이해할 수 있는 형제를 만났을 때, 경건의 즐거움을 그에게 말해 주어야 합니다. 우리는 불경건한 자의 눈에는 결코 보여 줄 수 없는 보물들을 갖고 있습니다. 왜냐하면 그들은 그것을 평가할 능력이 없기 때문입니다. 그러나 우리가 하나님이 눈을 열어 주신 사람을 만났을 때, 보물 상자를 열어 놓고 "형제여, 하나님이 우리를 위해 행하신 일을 즐거워합시다. 그분의 인자와 그분의 종인 저에게 보여 주십시오. 과거에 베푸셨던 그분의 놀라운 은혜에 대해서도 말해 주십시오"라고 하십시오.

사랑하는 형제들이여, 저는 여러분에게 좋은 아침에 할 일에 대해 말했습니다. 만일 하나님의 영이 우리를 그렇게 하도록 돕는다면, 우리는 하나님에 대한 찬양으로 달콤한 냄새를 풍기는 호흡으로 우리의 방을 가득 채우게 될 것입니다. 우리는 염려 없이, 아니 더더욱 화내는 일 없이 세상 속으로 들어가야 합니다. 우리는 조용히 우리의 사역을 수행하고, 묵묵히 그리고 행복하게 우리의 걱정거리를 해결할 것입니다. 여호와로 인하여 기뻐하는 것이 우리의 힘입니다(느 8:10).

여러분이 아침에 하나님의 얼굴을 뵙기 전에는 사람들의 얼굴을 보지 않는 것은 좋은 습관입니다. 또한 세속적 업무를 보기 전에 항상 천국에 관한 업무를 먼저 보는 것도 좋은 습관입니다. 오, 하나님에 관한 사랑으로 아침에 목욕하는 것은 얼마나 즐거운 일일까요. 그 안에서 목욕하고 감사로 가득 찬 거실에 나올 때 여러분의 옷은 거룩의 몰약과 알로에와 계피 냄새를 향기롭게 풍길 것입니다.

우리 모두 이렇게 하고 있습니까? 저는 우리가 너무 바쁘고 또는 너무 게으른 것이 염려스럽습니다. 우리는 좀 더 일찍 일어날 수 없을까요? 만일 우리가 침대에서 몇 분만 더 시간을 할애한다면, 그 몇 분이 하루 전체에 얼마나 큰 영향을 미칠까요. 교통수단에 대한 확신이 없이 여행을 시작하는 것은 항상 좋지 않은 결과를 초래합니다. 마찬가지로 시간을 절약한 답시고 여행자가 여행할 때 결정적인 손해를 가져올 점검을 생략하는 일이 종종 벌어집니다. 일 분이 아니라 백 분이라도 먼저 거쳐야 할 주의가 없다면 손해를 보게 마련입니다. 만일 여러분이 그날 하루 안전하기를 바란다면, 아침에 조심스럽게 살피십시오. 여러분이 끝맺음을 잘하기 원한다면 시작을 잘하십시오. 하루의 키는 항해하기 원하는 지점에 바르게 두어야 함을 유념하십시오. 크게 나아가든 적게 나아가든 여러분은 올바른 방향에서 시작해야 합니다. 아침 시간은 일반적으로 그날의 지표입니다.

밤에 드리는 경배

이제 우리는 두 번째 부분으로 나아갈 차례입니다. 시편 기자는 "밤마다 주의 성실하심을 베풂이 좋으니이다"라고 말합니다.

하나님을 찬양하도록 선택된 시간

사랑하는 형제들이여, 밤은 하나님의 성실하심을 찬양하도록 특별히 선택된 시간입니다. 어떤 사람은 "오, 저는 그 시간에는 피곤합니다"라고 말할 것입니다. 예, 그럴 수 있겠지요. 그러나 우리가 하나님을 찬양하는데 너무 피곤하다고 우리의 상태를 끌어내리는 것은 슬픈 일입니다. 하나님의 거룩한 자는 다른 사람들이 "기도할 수 있느냐?"고 물을 때 으레 "하나님께 감사합니다. 저는 기도하지 못할 만큼 피곤한 적이 없습니다"라고 말하는 법입니다. 만일 우리에게 어떤 일이 일어날 수 있다면 그리스도에 대한 섬김의 일도 일어나야 합니다. 우리 안에는 참된 기도의 생각에 불을 붙이는 열정이 있어야 합니다. 하나님 찬양에 대한 생각은 우리의 피곤한 힘을 일깨우고, 하루의 마지막 순간까지 하나님의 영광을 빼앗기지 않도록 할 것입니다.

하루의 마지막 순간은 조용하고 은은하고 헌신에 적합합니다. 하나님은 사람이 타락하기 전 날이 서늘할 때에 에덴동산을 거니셨고, 아담은 그분을 만나기 위해 나아갔습니다. 이삭은 저물 때에 들에 나갔고, 거기서 축복을 받았습니다. 밤은 낮의 안식으로 주님을 위한 시간이 되어야 합니다.

하나님의 성실하심

이제 밤에 행해져야 할 주제에 대해 살펴볼 차례입니다. 그 주제는 성실하심입니다. "밤마다 주의 성실하심을 베풂이 좋으니이다." 왜 밤이 그렇습니까? 밤에 우리가 하나님에 관해 더 많은 경험을 가져왔기 때문에 그렇습니다. 우리는 아침에 가졌던 것보다 더 많은 경험을 밤에 갖습니다. 그러므로 우리는 밤에 하나님의 성실하심에 대한 찬송의 능력을 더 크게 갖고 있습니다. 우리는 이제 그때에 대해 살펴보고 성취된 약속에 대해 고찰하게 됩니다. 제가 여러분에게 오늘을 주목하라고 요청해도 될까요? 여러분은 하나님이 여러분을 향해 지켜 주신 약속들을 알고 있지 않습니까? 그러므로 그분의 성실하심을 선포하십시오. 양식이 여러분에게 주어졌습니다. 그분은 그것을 주신다고 약속하셨습니다. 그분은 그것을 주셨습니다. 여러분이 알고 있는 것보다 훨씬 더 무한히, 돌보심의 역사가 여러분에게 임하게 될 것입니다.

인도 또한 여러분이 절대로 실족하지 않는 곳으로 허락되었습니다. 조명이 여러분에게 주어지고, 유혹의 때와 침체의 때에 위로 역시 주어졌습니다. 하나님은 여러분에게 오늘 놀라운 은혜를 베푸셨습니다. 만일 그분이 여러분에게서 취하신 것이 있다면, 계속해서 그분의 이름을 찬미하십시오. 그것이 그분이 주신 유일한 것이니까요. 그분은 그것을 취할 권리를 갖고 계시는 분입니다. 하루를 돌아보십시오. 그러면 여러분은 하나님이 행하시겠다고 약속하신 것을 따라 여러분에게 행하신 역사를 발견하게 될 것입니다. 여러분이 환난 속에 있다면, 그렇다고 말씀하십시오. 그분이 "세상에서는 너희가 환난을 당하나"(요 16:33)라고 말씀하시지 않았습니까? 그분이 언약의 지팡이에 관해 말씀하시지 않았습니까? 환난도 그분의 성실하심을 증거합니다.

각 날에 대한 성취된 약속들을 주의 깊게 살펴보십시오. 하루의 특별한 은혜들을 회상함으로써 그날을 결론지어보는 것은 좋은 습관입니다. 저는 각 날의 사건들을 상세히 일기로 기록하는 것은 믿지 않습니다. 왜냐하면 어떤 사건은 기록하기 쉽지만 그렇지 못한 사건들이 있고, 또 어떤 사건들은 진실하게 기록이 되기도 하지만 또 그렇지 못한 사건들도 있기 때문입니다. 저는 종교적 일기라기보다는 오히려 과장이나 거짓이 담긴 기록 외에 아무것도 아니라고 생각합니다. 그것은 쉽게 자기기만에 빠집니다. 그러나 대부분의 날들은, 비록 전부는 아니라 해도, 우리가 그것을 바로 느끼기만 한다면, 하나하나의 사건들이 하나님의 섭리를 보여 줍니다. "섭리를 인식하는 자는 인식해야 할 섭리밖에 있을 수 없다"고 합니다. 흘러가는 우리가 우리의 날들 속에 담겨 있는 놀라운 일들을 부주의하게 넘겨버림으로써 많은 기쁨을 놓쳐버려서는 안된다고 저는 생각합니다. 무감각한 사람은 야생화 속에 담겨 있는 아름다움을 거의 보지 못하는 법입니다:

앵초가 강가에 피어있네,
그에게 그것은 다만
노오란 앵초일 뿐이네.

생각이 깊지 못할 때 우리는 우리 주위에 있는 무수한 은혜를 보지 못합니다. 그 은혜들은 우리에게 사소한 것으로 그 이상 아무것도 아닙니다. 오, 우리는 우리의 자세를 바꾸어야 하고, 하나님이 베푸신 것에 대해 더 깊은 생각을 해야 합니다. 그때 우리는 밤마다 그분의 성실하심에 관해 노래를 부르게 될 것입니다.

여러분은 본문에서 "마다"라는 말을 보지 않습니까? 본문은 "아침(마다) 주의 인자하심을 알리며"[1]라고는 말하지 않습니다. 물론 그 의미는 그렇지 않지만 말입니다. 밤에 관해서는 마다(every)가 크게 강조되고 있습니다. 추운 밤이 되었습니다. 그분이 겨울을 약속하지 않으셨습니까? 그래서 겨울이 왔습니다. 추위는 단지 그분의 성실하심을 입증합니다. 어두운 밤이 되었습니다. 그러나 그것은 단지 밤과 낮이 계속될 것이라고 말씀하신 그분의 언약의 한 부분입니다. 밤과 겨울이 없다고 생각해 보십시오. 하나님이 땅에 대해 주신 약속이 어디로 가겠습니까? 그러나 계절의 변화

---

1) 흠정역 영어성경과 우리말 개역성경은 '아침마다'(every morning)로 되어 있지 않고 '아침에'(In the morning)로 되어있다. 그러나 본서에서 인용하고 있는 개역개정판 성경은 '아침마다'로 되어 있다.

속에서 기온이 날마다 바뀌고, 빛과 어둠이 매번 교차하는 것은 다만 하나님의 성실하심을 보여 주는 증거입니다. 만일 여러분이 지금 즐거움으로 가득하다면, 그것은 여러분에게 사랑과 은혜를 베푸시겠다는 약속에 대한 하나님의 성실하심을 말해 주는 것입니다. 그러나 만일 반대로 여러분이 고통으로 가득 차 있다면, 그것도 하나님의 성실하심을 보여 주는 것입니다. 왜냐하면 지금 여러분은 그것을 증거할 기회를 갖고 있는 것이기 때문입니다. 그분은 여러분을 그냥 두시지 아니할 것입니다. 그분의 말씀은 "네가 물 가운데로 지날 때에 내가 너와 함께 할 것이라 강을 건널 때에 물이 너를 침몰하지 못할 것이며"(사 43:2)라고 말씀합니다. 이 약속이 성실하게 성취되리라는 것을 믿으십시오.

인생의 밤

사랑하는 형제들이여, 나이를 먹어 인생의 밤에 가까이 있는 사람들은 주님의 성실하심을 선포하기에 특별히 더 적합한 위치에 있습니다. 젊은 사람들은 그분의 인자하심에 대해 더 잘 말할 수 있지만, 노년에 있는 사람들은 그분의 성실하심에 대해 더 잘 말할 수 있습니다. 여러분은 4, 50년에 걸쳐 받았던 하나님의 은혜에 관해 말할 수 있고, 여러분은 그분이 여러분을 절대로 잘못되게 하지 않는다는 것을 견고하게 확신할 수 있습니다. 그분은 자신의 모든 말씀에 진실하셨습니다. 그래서 저는 여러분에게 그에 대한 증거를 소멸시키지 말라고 강력하게 권고합니다. 만일 젊은 사람들이 침묵한다면, 그들은 죄책감을 느낄 것입니다. 그러나 그들은 언젠가 다른 날에 말할 수 있는 기회가 또 있을 것입니다. 하지만 그리스도인으로서 이미 나이를 많이 먹은 여러분들은 침묵할 경우에 진실로 죄를 범하게 되는 것입니다. 왜냐하면 여러분은 하나님의 성실하심에 대해 증거할 기회를 이 세상에서는 더 이상 갖지 못할 것이기 때문입니다. 그런즉 여러분의 눈이 죽음으로 감길 때가 되기 전 지금 당장 증거하십시오. 하나님의 성실하심은 밤마다 백발이 된 종들의 최고의 목표입니다.

하나님의 성실하심을 선포함

하나님의 성실하심을 선포하는 것은 진실로 우리의 중요한 의무입니다. 오, 사랑하는 형제들이여, 우리는 하나님의 성실하심을 온 세상에 선포해야 합니다. 저는 때때로 성도들의 최후의 견인 교리에 대해 사람들이 의심하는 것을 의아하게 생각합니다. 그 교리에 대해 의심하는 이유를 저는 이렇게 생각합니다: 실족하는 자칭 그리스도인들이 눈에 띄고, 누구나 그들에 관해 알고 있기 때문이다. 만일 고상한 모습을 보여 주는 자칭 그리스도인이 자신의 자랑거리를 악의적인 목적으로 삼는다면, 그것은 도처에서 말이 나올 수밖에 없습니다. 그들은 가드에서 그것에 관해 말하고, 아스글론 거리에서 그것을 공표합니다(사무엘하 1:20을 참조하십시오).

한편 올바른 길을 가는 수많은 참된 성도들도 물론 그들 스스로에 관해 더 많이 말할 것입니다. 그러나 저는 하나님을 헐뜯는 자들의 수고가 수포로 돌아가도록 그들이 때때로 하나님의 무한하신 인자하심과 변함없는 성실하심에 관해 더 많이 말하기를 바랍니다. 그러면 세상은 주님이 미리 아신 자기 백성들을 저버리지 않고 그들의 연약함을 강하게 하고 그들을 돌보신다는 사실을 알 수 있게 될 것입니다. 만일 그리스도인들이 감사하는 마음으로, 담대하게, 적극적으로, 그리고 끊임없이 전파해야 할 한 가지 주제가 있다면, 그것은 그들에 대한 하나님의 성실하심입니다. 사탄은 많은 시험받는 자들의 마음속에 그것을 죽은 목표로 심어놓습니다. 그러므로 여러분은 여러분의 증거의 힘을 하나님의 성실하심에 두고, 시험당한 성도들이 그분이 절대로 그의 백성들을 포기하지 않는다는 사실을 알 수 있도록 해야 합니다.

교회로 말한다면, 우리 교회는 연합해서 하나님이 얼마나 성실하신 분인지를 선포했습니다. 우리 교회의 역사는 굉장히 이적적이었습니다. 교회가 규모가 작고 연약했을 때 하나님은 우리에게 역사하셨습니다. 그때 우리는 부흥하기 시작했고, 아울러 우리는 기도하기 시작했습니다. 얼마나 기도를 많이 했을까요! 확실히 우리의 기도가 많을수록 하나님도 더 크게 우리를 축복하셨습니다. 우리는 지금 거의 20년 동안 중단 없이 축복을 받았습니다. 우리는 어려움이 많았지만 꿋꿋하게 우리의 길을 갔습니다. 하나님의 이름으로 교회는 레바논의 백향목이 자라는 것처럼 지속적으로 꾸준히 성장했습니다. 지금까지 하나님은 항상 우리 교회의 기도를 들어주셨습니다. 우리가 지은 교회 건물은 기도응답의 결과였습니다. 기도는 우리의 습관이고, 우리를 축복하는 것은 하나님의 습관입니다.

오, 우리는 기도할 때나 찬양할 때 결코 지치거나 약해져서는 안됩니다. 만일 그렇게 되면 우리는 하나님이 아니라 우리 스스로 제한되고 말 것입니다. 하나님은 자신이 정하신 방법으로 우리가 자신을 증거하는 한 우리를 떠나지 않을 것입니다. 만일 우리가 진지한 자세로 중보와 감사의 기도를 중단 없이 드린다면, 그것이 하나님이 기뻐하시는 일이라면, 우리 교회들은 세월이 흐를수록 더 크게 성장하고 부흥할 것입니다. 우리는 사람들을 교회로 이끌 만한 인간적인 매력이 없습니다. 우리는 세련된 음악, 아름다운 옷, 그림으로 장식된 창문, 화려한 예배 행렬 등과 같은 것으로 그들의 구미를 맞출 수 없습니다. 우리는 결코 과장된 수식 없이, 어떤 사람이 자기 친구에게 말하는 것처럼 단순히, 예수님의 복음을 선포했습니다. 하나님은 그것을 축복하셨고, 지금도 그것을 축복하십니다.

사랑하는 형제들이여, 여러분 각자는 여러분 자신이나 여러분의 교회에 대해 하나님이 여러분에게 성실하신 것을 말할 수 있습니다. 그것을 자녀들에게도 말해 주십시오. 그들에게 하나님께 나아가면 여러분을 구원하신 것처럼 그분이 죄인들을 구원하실 것이라고 말해 주십시오. 그것을 이웃들에게도 전해 주십시오. 그들에게 만일 우리가 그분에게 우리 죄를 자백하면 그것을 용서해 주시고 모든 불의에서 우리를 구원하시는 성실하고 의로우신 분이라는 것을 말해 주십시오(요한일서 1:9을 참조하십시오).

불안해하는 모든 사람들에게 예수님이 자기에게 나아오는 자들을 결코 내쫓지 아니하리라는 것(요 6:37)을 말해 주십시오. 또 모든 찾는 자들에게 그들이 찾는 대로 찾을 것이고, 두드리는 자에게는 두드리는 대로 은혜의 문이 열릴 것이라는 것을 말해 주십시오(마 7:7-8). 크게 절망하고 낙심하는 사람들에게 예수 그리스도는 죄인들, 아니 심지어는 그 괴수까지도 (딤전 1:15) 구원하기 위해 세상에 오셨음을 말해 주십시오. 그분의 성실하심을 밤마다 알려 주십시오.

드디어 여러분에게 마지막 밤이 오고, 야곱처럼 그 발을 침상에서 거둘 때 여러분의 최후의 증거는 주님의 성실하심에 집중되어야 합니다. 영광 속에서 늙은 여호수아처럼 여러분의 인생도 "너희의 하나님 여호와께서 너희에게 대하여 말씀하신 모든 선한 말씀이 하나도 틀리지 아니하고 다 너희에게 응하여 그 중에 하나도 어김이 없음을 너희 모든 사람은 마음과 뜻으로 아는 바라"(수 23:14)고 말하면서 마감하기 바랍니다. 사랑하는 형제들이여, 주님은 여러분을 축복하시고, 여러분 모두가 자신의 인자하심과 성실하심을 알 수 있도록 허락하실 것입니다. 아멘.

4

받으실 만한 찬양과 서원

하나님이여 찬송이 시온에서 주를 기다리오며 사람이 서원을 주
께 이행하리이다 기도를 들으시는 주여 모든 육체가 주께 나아오
리이다 — 시편 65:1 –2

시온에 하나님께 희생제사를 드릴 제단이 세워졌습니다. 선지자들이 하
나님으로부터 다른 곳에서 희생제사를 드리도록 명령받은 경우를 제외하
고는, 번제는 오직 그곳에서만 드려졌습니다. 높은 곳에서 하나님을 예배
하는 것은 하나님의 명령에 반하는 것이었습니다.

너는 삼가서 네게 보이는 아무 곳에서나 번제를 드리지 말고 오직
너희의 한 지파 중에 여호와께서 택하실 그 곳에서 번제를 드리고 또
내가 네게 명령하는 모든 것을 거기서 행할지니라(신 12:13-14).

이런 이유로 요단 동편에 거하던 지파들은 기념 제단을 세웠을 때, 그
제단을 희생제사를 드리는 곳으로 사용하겠다는 목적을 포기했습니다. 그
들은 분명히 다음과 같이 선언했습니다.

우리가 번제나 소제나 다른 제사를 위하여 우리 하나님 여호와의

성막 앞에 있는 제단 외에 제단을 쌓음으로 여호와를 거역하고 오늘 여호와를 따르는 데에서 돌아서려는 것은 결단코 아니라 하리라(수 22:29).

이 오래된 모형의 성취로서 우리는 지금 "장막에서 섬기는 자들은 먹을 권한이 없는 제단을 갖고 있습니다"(히 13:10). 유물론적 의식주의를 고수하는 자들은 우리가 드리는 영적 예배를 드릴 수 없습니다. 그들은 우리의 영적 제단에서 먹을 권한이 없고, 그들이 영원히 먹고 살 수 있는 다른 권한도 없습니다. 오직 하나의 제단 — 우리 주 예수 그리스도 — 만 있을 뿐입니다. 다른 모든 제단들은 거짓 제단들이고, 우상숭배적 장치들입니다. 돌이든 나무든 또는 놋이든 그것들은 폐기된 유대교적 요소들에 집착하는 사람들이 가지고 노는 장난감 아니면 거짓 성직자들이 사람의 아들과 딸들을 속이기 위해 가지고 있는 다른 기구들에 불과합니다.

손으로 만들어진 거룩한 장소는 지금 폐기되고 없습니다. 그것들은 전에는 진리의 모형이었지만, 실체가 온 지금 그림자는 사라졌습니다. 하나님이자 사람이신 대속주의 영광스러운 인격이 시온에 있는 성전과 희생제사의 유일한 참 제단의 중심부에 자리를 잡고 있습니다. 그분은 교회의 머리, 교회의 심장, 교회의 제단, 제사장 그리고 전부가 되십니다. "그에게 모든 백성이 복종하리로다"(창 49:10). 이스라엘 각 지파들이 광야에서 성막을 중심으로 모였던 것처럼 우리는 그분을 중심으로 모입니다.

교회가 함께 모일 때, 우리는 그것을 시온 산 위에 모인 회집과 비교할 수 있습니다. 주의 지파들은 이스라엘을 증거하기 위해 그곳에 올라갔습니다. 거기서 찬송이 울려 퍼졌고, 각각의 예배자들은 모두 하나가 되었습니다. 찬양이 천국으로 올라갔을 때, 그것은 각자가 올리는 찬양이었을 뿐만 아니라 그들 모두의 연합 찬양이기도 했습니다. 그래서 그리스도가 중심인 곳, 그분의 유일한 희생제사가 드려지는 곳이 모든 제물들이 드려지는 제단이고, 교회가 그 제단을 중심으로 연합해서 그 유일한 희생제사를 드리며 기뻐하는 곳에서 우리는 진정한 시온을 발견하게 됩니다. 만일 그리스도의 유일하고도 완전한 희생제물을 중심에 두고 그분의 이름으로 모이는 우리가 예수 그리스도를 통해 여호와께 온전히 기도와 찬양을 올려드린다면, 우리는 "시온 산과 살아계신 하나님의 도성인 하늘의 예루살렘과 천만 천사와 하늘에 기록된 장자들의 모임 속에 들어가게 됩니다"(히 12:22-23). 이곳이 시온이고, 이곳에는 저 멀리 있던 이방인들의 섬 가운데 있는 집도 포함이 됩니다. 참으로 우리는 "하나님이여 찬송이 시온에서 주를 기다리오며 사람이 서원을 주께 이행하리이다"라고 말할 수 있습니다.

우리는 간절한 마음으로 다음 두 가지 사실을 주목해야 합니다: 첫째는 우리가 드리기를 바라는 거룩한 예배에 관한 것이고, 둘째는 하나님이 우리에게 베푸시는 격려의 힘에 관한 것입니다: "기도를 들으시는 주여 모든 육체가 주께 나아오리이다."

거룩한 예배를 드림

첫 번째로 우리는 하나님께 드리기를 원하는 거룩한 예배에 대해 고찰해야 합니다. 그것은 두 가지 요소를 갖습니다: 찬양 — 기다림의 찬양 — 과 서원 — 그 이행을 약속하는 서원 — 이 그것입니다.

찬양이 경배의 주요소다

무엇보다 먼저 우리는 찬양에 관해 생각해 보아야 합니다. 이것은 천국 경배의 첫 번째 요소입니다. 천국 곧 그 영광의 세계에서 가치 있게 생각되는 것은 땅에서도 경배의 주요 요소가 되어야 합니다. 비록 우리가 이 지상에서 사는 동안 무수하게 많은 필요들로 말미암아 기도를 멈추어서는 안되지만, 우리는 찬양을 잊을 정도로 기도만 해서는 안됩니다. "나라가 임하옵시며 뜻이 하늘에서 이루어진 것같이 땅에서도 이루어지이다"(마 6:10)라는 말씀은 필요들로 신음하고 있기 때문에만 드려져서는 안됩니다. 우리는 "오늘 우리에게 일용할 양식을 주시옵고"(11절)라고도 부르짖어야 합니다. 그것은 교회의 예배가 오직 구슬픈 탄식소리가 될 수밖에 없는 악한 상황에서도 드려져야 합니다. 승리에 대한 감사의 제목들은 항상 교회의 엄숙한 집회를 통해 하늘로 올라갑니다.

"예루살렘아 여호와를 찬송할지어다 시온아 네 하나님을 찬양할지어다"(시 147:12). "할렐루야 새 노래로 여호와께 노래하며 성도의 모임 가운데에서 찬양할지어다 이스라엘은 자기를 지으신 이로 말미암아 즐거워하며 시온의 주민은 그들의 왕으로 말미암아 즐거워할지어다"(시 149:1-2). 그것은 해와 달이 계속되는 한, 영원한 규례로 지켜져야 합니다: "하나님이여 찬송이 시온에서 주를 기다리오며." 찬양에 대한 생각을 멈추지 마십시오. 왜냐하면 거룩한 천사들과 성도들은 찬양을 완전하게 드리는 것을 평생의 즐거움으로 삼았기 때문입니다. 심지어는 주님도 "감사(Praise)로 제사를 드리는 자가 나를 영화롭게 하나니"(시 50:23)라고 말씀하셨습니다.

우리는 그동안 찬양을 공적 예배의 한 부분으로만 평가절하하는 경향이 있었습니다. 하지만 그것은 절대로 부차적인 일이 아닙니다. 우리는 기도회라는 말은 자주 듣지만 찬양회라는 말은 듣지 못합니다. 우리는 기도를 위해 특별한 시간을 정해놓고 가질 정도로 기도의 의무를 소중히 여기지만, 찬양의 의무에 대해서는 그렇지 못합니다. 저는 "가족 기도회"라는 말은 들어보지만, "가족 찬양회"라는 말은 지금까지 들어보지 못했습니다. 저는 여러분이 개인기도에 몰두하는 것을 압니다. 그러나 여러분은 주님에 대한 개인적인 감사나 사적인 경배에도 그만큼 부지런하십니까? 우리는 범사에 감사해야 합니다(살전 5:18). 그것은 다음과 같이 말씀하는 것만큼 중요한 성경적 개념입니다: "다만 모든 일에 기도와 간구로 너희 구할 것을 감사함으로 하나님께 아뢰라"(빌 4:6).

저는 종종 기도와 찬양은 공기 중에서 숨을 들이쉬고 내쉬는 것과 같고, 내면의 생명이 유기적으로 유지되는 영적 호흡이라고 했습니다. 우리는 기도할 때 천국 공기를 들이쉽니다. 그리고 하나님을 찬양할 때 그 들이쉰 것을 다시 내뿜습니다. 나아가 만일 우리가 영적으로 건강하기 원한다면,

우리는 감사로 충만해야 합니다. 나무 뿌리와 같은 기도는 양분을 구하고 찾습니다. 그 열매와 같은 찬양은 포도원 주인에게 소득을 제공합니다. 기도는 우리 자신을 위한 것이고, 찬양은 하나님을 위한 것입니다. 우리는 너무 이기적이어서 한쪽으로만 치우쳐서 다른 한쪽에 실패해서는 안됩니다. 찬양은 우리가 좋아하는 무한한 열매를 위해 좁은 길을 돌아가는 것입니다. 우리는 우리가 부를 수 있는 최고의 음악 곧 간절한 영혼의 음악으로 그것을 표현하는데 게을러서는 안됩니다. "여호와를 찬송하라 여호와는 선하시며 그의 이름이 아름다우니 그의 이름을 찬양하라"(시 135:3).

모든 찬양은 하나님께 드려야 한다

본문에서 언급되고 있는 찬양을 보면, 성도들이 함께 모일 때마다 가장 큰 관심사가 하나님의 시온에 대해 있었음을 주목해야 합니다. 첫째, 찬양이 오직 하나님께만 드려졌다는 것을 주의하십시오. "하나님이여 찬송이 시온에서 주를 기다리오며." 찬양을 받을 만한 자격이 있는 것처럼 보이거나 그렇게 생각되는 사람이나 다른 어떤 존재에 대해서가 아니라 오직 여호와께만 전적으로 찬양을 드릴 수 있기를 바랍니다. 저는 때때로 찬양이 한 여인(성모 마리아)을 위해 준비되고, 찬양이 성인들에게 드려지기 위해 준비되고, 찬송과 기도가 고인이 된 순교자들과 하나님의 능력을 갖고 있는 것으로 간주되는 고백자들에게 드려지는 하나님의 집으로 불리는 장소에 가본 적이 있습니다. 로마에 가면 그렇습니다. 그러나 시온에서는 그렇지 않습니다. 그분의 진실한 교회는 하나님께, 오직 하나님께만 찬양을 올려야 합니다.

비록 개신교 신자들이 이 치명적인 오류를 범하지 않는다고 해도, 저는 그들이 다른 죄악에 빠지지 않을까 염려가 됩니다. 왜냐하면 우리가 예배 드릴 때 너무나 자주 우리 자신을 경배하기 때문입니다. 우리는 찬송의 선율과 방식을 그 본질보다 더 중시함으로써 종종 그렇게 합니다. 저는 오르간, 성가대 그리고 솔리스트들이 회중 앞에서 찬송할 때, 성도들의 마음이 오직 찬양 받기에 합당하신 주님께 향하지 못하고 음악 그 자체에 몰두하는 것이 걱정스럽습니다. 하나님의 집은 그분을 거룩하게 하기 위해 준비되어야 함에도 불구하고, 너무나 자주 그곳은 오페라 하우스가 되어 버리고, 그리스도인들은 경배하는 성도가 아니라 관객이 되어버립니다. 정말 크게 조심하지 않으면, 복음의 순수성을 빼면 아무것도 없는 가장 단순한 예배 속에서도 똑같은 일이 일어날 수 있습니다. 왜냐하면 그 경우 우리는 졸면서 아무 생각 없이 말씀이나 순서에 무관심할 수 있기 때문입니다. 영으로 노래하는 것 이것만이 합당한 찬양으로 드려지는 것입니다. 우리는 스스로를 즐겁게 하려고, 곧 우리의 멜로디 능력이나 화음에 대한 우리의 재능을 과시하기 위해 모이는 것이 아닙니다. 우리는 영원무궁토록 홀로 영광을 받으시기에 합당하신 위대하신 왕의 발 앞에 우리의 경배를 보여 드리기 위해 모입니다. 참된 찬양은 하나님, 오직 하나님의 것입니다.

무엇보다 찬양의 몫을 무시하는 목사가 여러분의 존경 인물이 되지 않도록 주의해야 합니다. 목사가 여러분의 유일한 제사장이라는 케케묵은 생각에서 벗어나야 합니다. 설교자 이상으로 보지 마십시오. 아니면 여러분은 실망하게 될 것입니다. 육체의 팔 이상으로 바라보면 그것이 여러분을 완전히 실족시킬 것입니다. 저는 여러분에게 지상 최고의 설교자에 대해 "하나님께 찬양을 드리십시오. 왜냐하면 우리는 이 사람이 죄인이라는 것을 알고 있기 때문입니다"라고 말해 줄 수 있습니다. 만일 여러분이 우리 목사들을 미신적으로 숭배한다고 생각된다면, 우리는 바울과 바나바처럼 우리의 옷을 벗고 다음과 같이 외칠 것입니다.

여러분이여 어찌하여 이러한 일을 하느냐 우리도 여러분과 같은 성정을 가진 사람이라 여러분에게 복음을 전하는 것은 이런 헛된 일을 버리고 천지와 바다와 그 가운데 만물을 지으시고 살아계신 하나님께로 돌아오게 함이라(행 14:15).

우리가 예배의 향을 피워야 하는 대상은 어떤 사람에 대해서도, 어떤 제사장에 대해서도, 인간들의 어떤 지위에 대해서도 아니며, 하나님 외의 하늘이나 땅의 어떤 존재에 대해서도 아닙니다. 오직 하나님에 대해서만 시온의 모든 찬양을 올려야 합니다.

우리의 찬양 가운데 어떤 것은 전혀 상달되지 못하고 그것이 마치 바람 속에 흩어져버리듯 사라져버릴 것이 두렵습니다. 우리가 반드시 하나님을 믿고, 체험하는 것은 아닙니다. "하나님께 나아가는 자는 반드시 그가 계신 것과 또한 그가 자기를 찾는 자들에게 상 주시는 이심을 믿어야 할지니라"(히 11:6). 이것은 기도만큼 찬양에 대해서도 사실입니다. "하나님은 영이시니 예배(Praise)하는 자가 영과 진리로 예배(praise)할지니라"(요 4:24). 왜냐하면 "아버지께서는 자기에게 이렇게 찬양(praise)하는 자들을 찾으시기(23절) 때문입니다. 만일 우리가 우리의 눈과 마음을 그분을 향해 들지 않는다면, 우리는 단지 말씀을 오용하게 되고, 시간을 허송하게 됩니다. 우리의 찬양은 만일 만군의 주 여호와께 경건하고 진지하게 드려지지 아니하면 드려지지 않는 것만 못합니다. 표적 없이 화살을 쏘는 것은 헛된 일입니다. 우리가 부르는 거룩한 찬송은 오로지 하나님의 영광을 목표로 해야 합니다.

끊임없이 하나님을 찬양하라

그 다음 우리의 찬양은 지속적으로 드려야 한다는 것을 주목해야 합니다. "하나님이여 찬송이 시온에서 주를 기다리오며." 어떤 번역자들은 본문의 주요 개념이 '연속성'에 있다고 생각합니다. 찬양은 계속 존재하고 오래 지속되는 것입니다. 시온은 집회가 끝날 때 해체되는 것이 아닙니다. 우리는 건물 안에 거룩을 남겨두고 나오지 않습니다. 왜냐하면 그것은 벽돌이나 기둥 속에 있는 것이 아니고 오직 성도의 살아있는 모임 속에 있기 때문입니다.

예수여, 당신의 백성들이 만나는 곳,

거기서 그들은 당신의 속죄소를 봅니다.
그들이 당신을 찾는 곳, 그곳에 항상 당신은 계시고,
모든 장소가 거룩한 곳입니다.

당신은 벽들로 가둘 수 없고
겸손한 마음속에 존재합니다.
그들이 오는 곳에 당신도 오고
그들의 가정으로 당신도 따라 갑니다.

하나님의 백성들은 교회이기를 멈추지 않기 때문에 공동체로서 주님을 끊임없이 찬양해야 합니다. 그들의 모임은 찬양으로 시작되고, 찬양으로 끝나고, 항상 찬양의 정신으로 인도되어야 합니다. 우리가 갖는 모든 모임은 항상 "거룩한 관유와 향품으로 정결한 향을"(출 37:29) 풍기는 영적 향의 제단 곧 겸손, 보은, 사랑, 성결 그리고 거룩한 기쁨으로 이루어진 감사의 찬송이 되어야 합니다. 그것은 오직 주님께만 드려야 하고, 밤낮 없이 무시로 드려야 합니다.

"그 인자하심이 영원함이로다"(시 136:1). 그래서 우리의 찬양은 영원히 계속되어야 합니다. 그분은 새벽 동틀 때를 즐겁게 만드십니다. 우리는 해가 떠오르는 것에 대해 경건한 시와 찬송으로 찬미해야 합니다. 그분은 저녁 해질 때를 기쁘게 만드십니다. 그분이 우리의 저녁 찬양을 듣도록 해야 합니다. "대대로 주께서 행하시는 일을 크게 찬양하며 주의 능한 일을 선포하리로다"(시 145:4). 그분의 인자하심을 멈추게 할 수 있다면, 우리가 어느 정도 찬양을 철회할 핑계가 될 수 있을 것입니다. 그러나 비록 그것이 그렇게 보인다고 할지라도, 주님을 사랑하는 사람들은 욥처럼 "우리가 하나님께 복을 받았은즉 화도 받지 아니하겠느냐 … 주신 이도 여호와시요 거두신 이도 여호와시오니 여호와의 이름이 찬송을 받으실지니이다"(욥 2:10; 1:21)라고 말할 것입니다.

우리의 찬양은 지속적이고, 계속적이고, 상시적이며, 영속적이어야 합니다. 파러(Farrar) 대주교는 자신의 집에서 하나님을 끊임없이 찬양했다는데, 그것은 참으로 지혜로운 모습이었습니다. 그의 가족은 24명이나 될 정도로 대가족이었기 때문에, 그는 각자 한 사람씩 하루 한 시간씩 특별히 기도와 찬양에 종사하도록 정해 놓았고, 그 결과 그는 온종일 예배에 둘러싸여 살았습니다. 우리는 아마 그렇게 할 수 없을 것입니다. 그렇게 하는 것은 우리 편에서는 미신처럼 보이니까요. 그러나 하나님을 찬양하며 잠에 빠져 들고, 그분을 묵상하기 위해 밤에 일어나고, 또 우리가 아침에 일어날 때 하루 동안 그분의 임재하심에 대한 기대로 우리의 마음의 고동을 느끼기 위해서는 이것이 우리에게 요청됩니다. 우리는 그렇게 되기 위해 애를 써야 합니다.

일할 때나 여가를 즐길 때나 하루 종일 영혼은 자발적으로, 마치 새들이 노래하는 것처럼, 꽃이 공중에 향내를 풍기는 것처럼, 햇빛이 땅을 밝게 비추는 것처럼, 찬양을 쏟아놓는 것을 소원으로 가져야 합니다. 우리는 육체와 피로 찬양을 간직하는 찬양의 화신이 되어야 합니다. 이 유쾌한 의무를 우리는 쉬임없이 소원해야 하고, 끊임없이 요구해야 합니다. "하나님이여 찬송이 시온에서 주를 기다리오며." 하나님에 대한 찬양은 만물이 흥망성쇠하는 외부 세계로부터도 오갈 수 있습니다. 왜냐하면 그것은 달 아래에도 있는데, 그 안에는 흔들림이 있기 때문입니다. 그러나 하나님 안에 거하고 영생을 소유하고 있는 그분의 백성들, 그들 중에 그분에 대한 찬양은 영원히 존재해야 합니다.

참된 찬양은 하나님을 기다린다

그러나 또 다른 요점은 본문의 외면에 분명히 나타나 있습니다. "찬송이 주를 기다리오며"는 찬양이 겸손한 것이어야 함을 암시하고 있습니다. 신하들은 왕의 궁전에서 "기다립니다." 그곳에서 주어진 사명을 감당하기 위해 사신들은 대기하고 있고, 시종들은 복종할 채비를 하고 기다리고 있고, 조정 대신들은 성은에 보답하고, 하명을 받들기 위해 보좌 주위에 좌정하고 있습니다. 우리의 찬양은 사신들과 같은 신분으로 대기하면서 하나님의 뜻이 무엇인지를 듣기 위해 기다리고 있어야 합니다. 왜냐하면 이것이 그 분을 찬양하는 것의 본질이기 때문입니다.

더욱이 참된 찬양은 주 하나님이 우리에게 행할 일을 말씀하실 때까지 경건한 공경심을 멈추지 않고 하나님의 뜻을 실제 행동으로 나타내는데 있습니다. 그분을 청종하며 기다리는 것이 참된 찬양입니다. 찬양은 그 주인의 명령에 즐겁게 복종하는 종들로 간주될 수 있습니다. 하나님과 부적절한 관계를 맺는 것과 같은 일들이 있습니다. 이 시대는 다른 어떤 시대보다 더 부패한 시대임이 틀림없습니다. 왜냐하면 오늘날은 하나님과의 친밀한 관계가 거의 없기 때문입니다.

공예배는 굉장히 형식적이고, 엄숙하며, 냉담합니다. 루터가 누렸던 것과 같은 하나님과의 친밀한 만남이 우리에게는 얼마나 적은지요! 그러나 아무리 우리가 하나님께 가까이 나아갈지라도 그분은 여전히 하나님이시고, 우리는 그분의 피조물일 따름입니다. 진실로 그분은 "우리 아버지"시지만, 그분은 또한 "하늘에 계신 우리 아버지"(마 6:9)라는 것을 항상 염두에 두어야 할 것입니다. "우리 아버지" — 그러므로 그분은 가깝고 친밀하신 분입니다. "하늘에 계신 우리 아버지" — 그러므로 우리는 그분의 존전에서 겸손하게 엄숙하게 무릎을 꿇어야 합니다. 버릇없이 구는 친밀함이 있습니다. 반면에 결코 건방지게 굴지 않고 겸손한 자세로 아주 부드럽게 다가서는 또 다른 친밀함도 있습니다. "찬송이 주를 기다리는 것"은 종의 옷을 입고 종의 귀로 들으며, 종의 마음으로 순종하는 것입니다. 찬양은 그분의 발 앞에 엎드려 자신은 언제나 무익한 종이라고 느끼는 것입니다.

찬양은 침묵일 수 있다

그러나 사랑하는 형제들이여, 아마 여러분은 이 구절에 대한 다른 번역이 있다는 것을 알고 있을 것입니다. "찬송이 주를 기다리오며"는 "찬양이 주에 대해 침묵하며" 또는 "찬양이 주 앞에서 침묵하며"라고 해석될 수 있습니다. 가장 초기의 라틴 주석가들 가운데 하나는 그것을 "찬양과 침묵은 주께 속해 있다"고 번역합니다. 저는 스페인 왕의 성경에서 그것이 "오 여호와여, 천사들의 찬양은 단지 주 앞에서 침묵일 뿐입니다"라고 번역하고 있다고 들었습니다. 우리가 최선을 다할 때 우리의 최고의 찬양은 하나님 앞에서 오직 침묵이고, 우리는 죄를 자복하며 그분을 찬양해야 합니다. 오, 시인이 다음과 같이 쓴 것처럼 우리 역시 그렇게 할 수 있기를 바랍니다:

그분의 천둥소리만큼 크게 그분을 찬양하고,
그분의 보좌만큼 높게 그분을 찬송하리라!

그러나 우리는 이렇게 할 수 없습니다. 우리의 음성이 아무리 크게 높아지고, 우리의 마음이 아무리 크게 즐거울지라도 우리는 그분을 다 찬양하지 못합니다. 그분의 본질과 영광이 받으실 것과 비교해 보면, 우리의 가장 진지한 찬양은 침묵 외에 다른 것이 없었습니다. 오, 여러분은 종종 그것이 그렇다는 것을 느끼지 않습니까? 형식적 예배로 만족하는 사람들은 찬송을 정확하게 부르면, 자기가 찬양을 잘했다고 생각합니다. 그러나 영으로 하나님을 예배하는 사람들은 자기가 그분을 충분히 찬미할 수 없다고 생각합니다. 그들은 자기가 부르는 찬송을 쑥스러워하고, 자기가 그분의 영광을 더럽혔던 것을 슬퍼하며 성도들의 모임으로부터 물러납니다.

오, 그분의 신적 위엄을 올바르게 생각하는 넉넉한 마음이면 얼마나 좋을까요! 그 다음에 생각을 적절한 언어로 옷 입힐 수 있는 표현의 은사를 받으면 얼마나 좋을까요! 그리고 고상한 음성으로 말할 수 있도록 무수한 물과 같은 목소리를 가진다면 얼마나 좋을까요! 아아, 슬프도다! 하지만 우리는 우리가 원했던 만큼 주님을 찬양하기 위해서는 우리의 죄악에 대해 겸비해져야 합니다:

말들은 단지 공기이고, 혀는 단지 흙일 뿐,
그분의 사랑만이 신성하다.

그렇다면 우리는 하나님의 영광을 사람들에게 어떻게 선포할 수 있을까요? 우리가 최선을 다 했을 때, 우리의 찬양은 그분의 선하심의 은덕과 그분의 위대하심의 웅대함 앞에서 그저 침묵일 뿐입니다. 그러나 하나님이 받으실 만한 찬양은 그 자체로 다양한 형식들로 표현됩니다. 시온에서 드리는 하나님에 대한 찬양이 있고, 그것은 종종 말로 표현됩니다. 그러나 시온에서 드려지는 찬양이 가끔 침묵으로 드려지기도 합니다. 말로 찬송할 수 없는 사람들이 있습니다. 그러나 어쩌면 하나님 앞에서 그들이 최고로 찬송하는 사람들일 수도 있습니다. 제가 알기로는 아주 거칠고 전혀 음에 맞지 않게 찬송하는 — 말하자면, 우리 귀에 — 사람들도 있습니다. 그러나 하나님은 아주 부드럽게 악기에 맞추어 노래 부르는 사람들의 목소리보다 그들의 목소리를 더 기쁘게 받으실 수 있습니다.

항상 신실한 한 늙은 부인이 옆에 앉아 부르는 찬송을 듣던 한 경건한 남자에 관한 이야기가 있습니다. 그러나 그 부인은 큰 목소리로 아주 듣기 싫은 찬송을 불렀습니다 — 일반적으로 음치인 사람들이 부르는 것처럼 — 참다못해 그는 그녀에게 제발 그렇게 큰 소리로 찬송하지 말라고 간청했습니다. 그러나 그녀가 "그것은 내 마음으로부터 나오는 것이에요"라고 말했을 때, 신실한 하나님의 사람은 그 간청을 취소하고 "계속 찬송하세요. 나는 당신이 찬송을 멈추기를 바라지 않습니다"라고 했습니다.

찬양이 마음으로부터 나올 때, 누가 그것을 막고자 하겠습니까? 심지어는 옛날 감리교 신자들이 외쳤던 구호 곧 "할렐루야"와 "영광"이라는 말도, 열정적으로 외쳐지자 금지당하지 아니했습니다. 왜냐하면 "만일 이 사람들이 침묵하면 돌들이 소리 지를"(눅 19:40) 것이기 때문이었습니다. 하지만 찬송을 부르는 사람들 아니, 찬송을 잘 부르는 사람들도 입술을 봉하고 그들의 영으로 더 잘 찬송할 때가 있습니다. 거품을 일으키고 부글부글 끓어오르는 어떤 독한 술들이 술통을 묶고 있는 테를 폭발시켜버리는 것처럼, 때때로 우리는 입술과 혀로 부르는 찬양의 통로를 벗어나 우리 영혼의 더 큰 통로가 필요한 법입니다. 우리는 우리의 모든 신경과 힘줄이 수금의 현들로 사용되기를 바라고, 우리 몸의 모든 기공들이 감사의 입술로 사용되기를 원합니다. 오, 우리의 머리털 하나가 또는 우리의 혈관 속에 있는 피 한 방울이 특별히 지존자를 경배하는 것이 아니라 우리의 몸의 전 구조들이 그분을 찬양할 수 있다면 얼마나 좋을까요! 이러한 찬양의 욕망이 가장 열렬할 때, 우리는 침묵 속에 빠지고, 말할 수 없는 경외감으로 떨게 됩니다. 침묵은 우리의 찬양이 됩니다.

거룩한 숭배는 우리의 찬송을 억제시키고,
찬양은 우리의 혀를 자제시키네.

우리가 공예배를 드릴 때 자주 침묵의 달콤한 맛을 느낀다면 아마 더 좋을 것입니다. 저는 침묵이 잦을수록 더 유익하다고 확신합니다. 모든 성도들이 하나님 앞에 무릎을 꿇을 때 때때로 하나가 되어 지키는 침묵은 잘 조화를 이룬 어떤 찬송이나 잘 부르는 노래보다 훨씬 더 충분하게 헌신의 감정을 표현한다고 봅니다. 예배의 한 부분으로서 규칙적으로 침묵을 지키는 것은 가식적이고 형식적인 것이 될 수 있지만, 가끔 한 번씩 아니 좀 더 자주 예배에 침묵을 포함시키는 것은 유익하고 효과적일 것입니다. 그러므로 우리는 침묵을 통해 하나님을 찬양해야 하고, 우리는 항상 우리의 찬양이 하나님의 은혜와 비교할 때, 오직 침묵뿐임을 고백해야 합니다.

찬양은 기대하며 기다린다

저는 본문 속에서 찬양은 하나님을 기대감을 갖고 기다린다는 개념이 들어있음을 덧붙이고자 합니다. 우리는 하나님을 찬양할 때, 그분을 더 빨리 보기를 기대하고, 그리하여 그분을 기다립니다. 우리는 왕을 찬미하지만, 그분께 더 가까이 나아가기를 바랍니다. 우리는 우리가 보았던 것들로 말미암아 그분을 찬송하고, 그 이상 보기를 기대합니다. 우리는 그분의 궁전 밖에서 그분을 찬양합니다. 왜냐하면 우리는 곧 그분과 하늘 궁정에 함께 거할 것이기 때문입니다. 우리는 예수님 안에서 자신을 계시하신 것을 인하여 그분을 영화롭게 하고, 나아가 그리스도와 같이 되기를 기대하며 그분이 계시는 곳에 그분과 함께 있기를 기대합니다. 저는 현재의 저로서 그분을 찬양할 수 없을 때에는 미래의 저를 생각하며 그분을 찬양합니다. 저는 현재에 관해 둔하고 무감각하게 느낄 때에도 즐거운 찬송의 언어로 그분을 찬송하며 다음과 같이 말할 것입니다:

> 내 입술로 새 노래를 부르고
> 오랫동안 애창하는 노래들로 삼으리.
> 아직 맛보지 못한 모든 은혜를 생각하며
> 주님께 영광을 돌리리라.

저의 찬양은 단지 감사의 빚을 갚을 것만 있는 과거에 대한 감사만 있는 것이 아닙니다. 저의 믿음은 미래에 대한 기대도 포함하고 있고, 하나님이 자신의 목적을 이루실 것도 기다립니다. 그래서 저는 아직 임하기 전인 은혜에 대해서도 찬양을 드리기 시작할 것입니다.

우리는 하나님을 찬양해야 할 많은 이유가 있다

우리는 잠깐 동안 각자 자기 자신에 대한 이유로 하나님을 찬양해야 합니다. 우리는 공통적인 은혜를 받습니다. 우리는 그것들을 공통적이라 부르지만, 오, 그것들은 얼마나 무한한 가치가 있을까요! 병석에 누워있지 아니하고 함께 모일 수 있는 건강은 금자루보다 더 귀하다고 생각합니다. 정신병원에 갇혀 있지 않고 온전한 이성을 갖고 있다는 것도 그렇습니다. 우리 자녀들이 아직 우리와 함께 있고, 사랑하는 가족들이 아직 우리와 함께 하고 있는 것도 무한한 감사의 조건입니다. 먹을 음식이 있고, 입을 옷이 있는 것도 그렇습니다. 우리의 인격을 모독당하는 것으로부터 보호받는 것도 마찬가지입니다. 오늘 대원수의 유혹으로부터 보존 받은 것도 한없는 찬양의 조건입니다. 이 모든 일들은 하나님의 은혜로서, 이 모든 것들로 말미암아 우리의 찬양은 하나님을 기다릴 것입니다.

저는 시편 본문 그 다음 구절 자체에 의해 제시된 사상을 취하는데, 여기서 여러분은 이중적으로 하나님을 찬양하게 될 것입니다. "죄악이 나를 이겼사오니 우리의 허물을 주께서 사하시리이다"(시 65:3). 무한한 사랑이 비록 우리가 더럽고 불결한 존재임에도 불구하고 우리를 완전히 깨끗한 존재로 만들었습니다. 우리는 씻음 받았습니다 — 값으로 헤아릴 수 없는 보혈로 말입니다. 이것 때문에 그분을 찬양하십시오! 계속해서 다음 구절을 보겠습니다: "주께서 택하시고 가까이 오게 하사 주의 뜰에 살게 하신 사람은 복이 있나이다"(4절). 하나님께 가까이 나아가는 축복은 참으로 선택받은 은총이 아닙니까? 선택적 사랑으로 말미암아 "전에 멀리 있던 우리가 그리스도 예수 안에서 그리스도의 피로 가까워졌다"(엡 2:13)고 느끼는 것이 가벼운 사실입니까?

"주께서 택하신 사람은 복이 있도다." 영원히 택함 받은 여러분은 침묵할 수 있겠습니까? 하나님이 다른 사람들보다 특별히 사랑을 베푸신 것에 대해 여러분의 입술은 찬송하기를 거절할 수 있습니까? 그럴 수 없습니다. 여러분은 주님이 야곱을 자기에게 이끄시고 이스라엘을 그의 특별한 보배로 삼으신 것으로 말미암아 그분을 특별히 찬미해야 합니다.

본 시편을 자세히 읽어보면, 우리가 그의 백성들이 사는 곳에 거처를 갖고 있음을 인하여 하나님을 찬양하게 됩니다: "주의 뜰에 살게 하신 사람은"(시 65:4). 우리는 조금 있다 던져지거나 버려지지 않고 하나님의 자녀들로서 보장된 기업을 갖고 있음을 인하여 하나님을 찬미해야 합니다. 우리는 자녀로서 그분의 집에 거하는 것에 대해 만족하고 있음을 인하여 그분을 찬양합니다. "우리가 주의 집 곧 주의 성전의 아름다움으로 만족하리이다"(4절). 그러나 저는 단순히 버드나무에 걸려 있는 수금을 내려야 할 수많은 이유들을 갖고 있다고 여러분에게 말씀드립니다(시편 137:1-4을 참조하십시오.). 저는 그것을 거기 걸어놓고 방치해야 할 이유가 없다고 봅니다. "그리스도께서 우리를 위하여 자신을 버리실 정도로 우리를 사랑하신 것"(엡 5:2)에 대해 찬양해야 할 이유들은 무수히 많습니다.

"여호와께서 우리를 위하여 큰일을 행하셨으니 우리는 기쁘도다"(시 126:3). 저는 기도회에서 이 유쾌한 구절이 기도에 잘못 사용되는 것을 들은 기억이 납니다: "여호와께서 우리를 위하여 큰일을 행하셨으니 우리는 기쁘도다(기쁘기를 바라는도다)." 오, 성경의 본문을 헐뜯고 난도질하고 가감하는 것은 얼마나 무서운 일인지요! 만일 우리가 성경을 개정해야 한다면, 그것은 모르면서 아는 척하는 무식한 사람들에 의해서가 아니라 학자들에 의해서 수행되어야 합니다. 진실로 "기쁘기를 바라는도다"입니까? 이것은 하나님이 "우리를 위하여 큰일을 행하셨을" 때 그분께 드리는 순수한 감사입니다. 만일 이 큰일들이 행해졌다면, 우리의 영혼은 기뻐해야 하고, 기뻐할 수밖에 없습니다. 그것들은 하나님의 모든 은혜로 말미암아 그분께 감사가 넘쳐야 합니다.

여러분이 한 서원을 기억하고 이행하라

그것은 우리의 거룩한 희생제사의 첫 부분을 차지합니다. 우리는 두 번째 주제 곧 서원에 대해 주의 깊게 살펴보아야 합니다. "사람이 서원을 주께 이행하리이다."

요즘 우리는 서원을 잘 하지 않습니다. 서원이 굉장히 빈번하게 행해졌던 시대가 있었습니다. 우리가 더 똑똑한 사람들이었더라면 아마 서원을 더 자주 했을 것입니다. 또 우리가 더 어리석은 사람들이었더라면, 역시 서원을 더 자주 했을 것입니다. 실천이 미신에 의해 너무 남용되는 탓으로 헌신이 그것의 절반은 부끄럽게 만들어버립니다. 그러나 우리들 대부분은 어쨌든 종종 서원을 함으로써 우리 자신을 속박시킵니다. 저는 제가 원하는 것만큼 지키지 못한 서원이 있었음을 고백합니다. 저는 저를 값 주고 사신 그분께 제 자신 곧 몸과 마음과 영혼을 바쳤고, 그 서원은 헌신을 초과하거나 잉여적인 것으로 만들지 않았습니다 — 그것은 저의 유일한 "영적 예배"(롬 12:1)였습니다. 여러분도 그렇게 했습니다. 여러분은 여러분의 신랑의 사랑을 기억합니까?

예수께서 그토록 보배롭게 존재하던 순간 여러분은 그분과 혼인관계에 들어갔습니다. 여러분은 영원무궁토록 그분의 것이 되도록 그분께 여러분 자신을 내어드려야 합니다. 그 서원을 실천하는 것이 예배의 한 부분입니다. 지금 그것을 다시 새롭게 하십시오. 여러분의 한 부분이고, 여러분이 섬겨야 할 그분께 자신을 다시 복종시키십시오. "밧줄로 절기 제물을 제단 뿔에 맬지어다"(시 118:27)라고 말하십시오. 오, 제단 뿔에 희생제물을 또 다른 밧줄로 매기를 바랍니다! 육체가 문제와 싸우고 있습니까? 그러면 그것을 더욱 단단하게 붙들어 매어 하나님의 제단으로부터 멀어지지 않게 하십시오.

사랑하는 형제들이여, 우리들 가운데 많은 사람이 실제로 세례 받는 순간에 아주 엄숙한 서원을 합니다. 우리는 "세례를 받음으로 그(그리스도)와 함께 장사되었습니다"(롬 6:4). 우리가 거짓으로 세례 받은 것이 아니라면, 우리는 그리스도 안에서 죽었고, 그분과 함께 장사되었다고 서원한 것입니다. 우리는 또한 우리가 그분과 함께 부활할 것도 고백했습니다. 그런데 세상은 그것에 대해 죽은 사람들이 살아야 하고, 그분과 함께 부활한 사람들에게 그리스도의 생명이 없어야 되겠습니까? 우리는 그때 그 순간 영적으로 엄숙한 장례식을 가진 것입니다. 저는 여러분이 그 장면을 잊지 않도록 기도합니다. 그렇게 할 때 여러분의 서원이 이미 이루어진 것이 될 수 있도록 진지하게 하나님께 구하십시오. 찬송가 작가인 필립 도드리지(Philip Doddridge)는 그것을 다음과 같이 잘 표현했습니다:

> 너희 구주의 죽음에 들어가는 세례를 받을 때
> 너희 영혼은 죄에 대해 죽고,
> 너희 주님 그리스도와 함께 다시 살며,
> 그리스도와 함께 하늘로 올라가리라.

우리가 하나님의 교회에 자신을 연합시킬 때에도 우리는 이런 서원을 했습니다. 우리와 우리가 섬겨야 할 교회와 우리가 거룩하게 생활함으로써 그리스도의 영광을 추구하고, 신앙을 선전함으로써 교회를 확장시키고, 그 연합을 추구하고 우리의 사랑과 친교를 통해 다른 성도들과의 연합과 위로를 추구하는 것과 같은 내용에 대해 서약이 있었습니다. 우리가 그리스도 안에서 교회의 성장과 발전을 위해 교회에 헌신하지 않는다면 교회와 연합할 권리가 없었습니다. 우리가 그리스도 안에서 교회 가족들과 교제하고 연합 속에 들어갔을 때 이미 약속된 계약과 언약이 있었습니다. 그것에 대해 어떻게 생각합니까? 우리는 하나님이 보시기에 서원을 이루었다고 말할 수 있습니까? 예, 우리는 어느 정도 우리의 서약에 대해 약속을 지켰습니다. 오, 그것으로 충분하기를 바랍니다!

우리들 가운데 어떤 이는 전 생애를 하나님의 일에 종사하도록 하나님의 부르심을 받아 헌신했을 때 또 다른 서원을 한 것입니다. 비록 우리가 직급을 취하지 않고, 안수식 ― 왜냐하면 우리는 사람이 정한 제사장으로서의 성도가 아니기 때문에 ― 을 거치지는 않았을지라도, 하나님의 교회의 사역자가 되는 사람은 자신의 전 생애를 그 사역에 바치고 그의 몸과 마음과 영혼은 그리스도의 진리 속에 던져버렸다고 암묵적으로 받아들입니다. 오, 이 서원이 교회 목사들에 의해 충분히 이루어지기를 바랍니다. 장로들과 집사들은 직분을 받을 때, 교회가 왜 직분자로 세웠는지 알고 있습니다. 교회는 그들에게 거룩과 열심을 기대했습니다. 성령의 인도를 통해 여러분은 감독자가 되어 하나님의 양 무리를 쳐야 합니다. 여러분의 직분은 여러분의 의무를 증명합니다. 여러분은 서원을 실천해야 합니다. 그 서원을 이루셨습니까? 여러분은 그것을 시온에서 주님께 이루셨습니까?

서원은 고통과 실패를 겪을 때 경건한 사람들에게 견딜 수 있는 기회를 제공했습니다. 다음 찬송시가 그렇게 말하지 않습니까?

> 성도들이 주님의 집을 가득 채울 때,
> 나의 제물들도 드려지리라.
> 고통 속에서도 내 영혼은 변함없고
> 나의 열심은 서원들을 이루리라.

> 지금 나는 주님의 것, 영원히 주님의 것,
> 나의 목적은 흔들림이 없으리라!
> 주님의 손이 내 고통의 굴레를 풀어 주시고
> 나를 그분의 사랑으로 붙드시리라.
>
> 여기 주님의 법정에서 나의 서원은 지워지고
> 주님의 부요한 은혜가 기록되리라.
> 너희 성도들아, 내가 주님을 포기한다고 해도,
> 지금 나를 들으시는 분을 증거하라.

고난의 때에 여러분은 "만일 내가 지금 일어서고, 내 생명이 연장된다면, 결코 헛되게 살지 않으리라" 했습니다. 여러분은 또 "만일 내가 이 큰 환난으로부터 구원받는다면, 하나님을 위해 더욱 성별된 삶을 살 것이다" 했습니다. 또 다른 때 여러분은 "만일 주님이 나를 그의 얼굴 빛 앞으로 인도하시고, 나를 이 침체 상태로부터 벗어나게 하신다면, 나는 그분을 이전보다 더욱 열심히 찬양할 것이다"라고 했습니다. 여러분은 이 모든 것을 기억하지 않습니까? 최근에 병에서 회복된 저는 여러분처럼 스스로 다짐했습니다. 저는 오직 주님의 듣는 자가 되기를 소원했습니다. 그때 저는 스스로를 격려하면서 "저는 당신께 마음으로 다짐합니다. 당신과의 서원을 이루겠나이다"라고 했습니다.

사랑하는 형제들이여, 우리 가운데 어떤 이들은 즐거울 때, 예컨대 첫 아이가 태어났을 때, 아내가 질병에서 고침 받았을 때, 우리가 받은 은혜로운 역사가 있을 때, 사업이 번창할 때, 또는 하나님의 얼굴의 광채가 우리의 놀라는 눈앞에 펼쳐졌을 때, 서원을 했습니다. 야곱이 그 희한한 꿈에서 깨어났을 때 베개 삼았던 돌을 취해 그 꼭대기에 기름을 붓고 지존자께 서원을 했던 것처럼 우리도 서원하지 않았습니까? 우리는 모두 우리의 벧엘을 갖고 있습니다. 우리는 하나님이 우리를 들으시고, 우리가 즐거울 때 그분께 했던 서원을 이루어야 한다는 것을 명심해야 합니다.

그러나 저는 여러분의 비밀 노트의 은밀한 기록들을 열어보고 싶지는 않습니다. 여러분은 여러분이 소리 내어 읽기를 원하지 않는 기록들을 제출해야 했습니다. 만일 여러분의 인생이 기록되었다면, "이 사건들은 공개되어서는 안된다. 그것들은 단지 내 영혼과 하나님 사이에만 있었던 사건들이다"라고 말할 것입니다. 여러분과 그리스도 사이에는 사람들에게 드러나서는 안되는 어떤 순결하고도 감동적인 사랑에 관한 기록들이 있습니다. 여러분이 그때 "나는 내 사랑하는 자에게 속하였고 내 사랑하는 자는 내게 속하였으며"(아 6:3)라고 말한 것을 잊었습니까? 여러분 앞에 펼쳐졌던 그분의 모든 은혜를 보았을 때 얼마나 많이 약속했습니까? 지금 저는 "여러분의 진실한 마음을 일깨워 생각나게 해야"(벧후 3:1) 합니다. 그리고 저는 여러분에게 마음의 찬양과 실천된 서원이라는 두 가지 제물을 갖고 주님께 나아가도록 권면합니다. "나와 함께 여호와를 항상 송축함이여 내 입술로 항상 주를 찬양하리이다"(시 34:3).

복된 격려

이제 저는 하나님께 가지고 나아가는 두 가지 제물에 대해 말씀하는 본문에서 우리에게 주어진 복된 격려에 관해 몇 마디만 덧붙이려고 합니다. 여기서 본문은 "기도를 들으시는 주여 모든 육체가 주께 나아오리이다"라고 말씀합니다. 여기서 하나님이 기도를 들으신다는 사실을 주목하십시오. 어떤 면에서 기도는 가장 저급한 예배의 한 형식입니다. 그러나 그분은 그것을 받으십니다. 그것은 하늘의 예배가 아니고, 그것은 약간 이기적입니다. 찬양은 올라가는 것으로 수준 높은 예배에 속합니다. 그것은 하나님으로부터 은혜를 받은 영혼의 언어로서, 주님을 향한 그 사랑을 고백으로 만듭니다. 찬양은 고상한 면이 있습니다.

그리고 만일 기도를 하나님이 들으신다면, 찬양 역시 들으실 것이라는 것을 주목하기 바랍니다. 만일 말하자면 기도라는 약한 날개로 하늘에 계신 지존자의 보좌에까지 도달한다면, 찬양이라는 천사의 날개로서는 하나님의 존전에 얼마나 잘 도달할 수 있을까요. 기도는 하나님에게 들려집니다. 그러므로 우리의 찬양과 서원 역시 들릴 것입니다. 이것은 아주 큰 격려입니다. 왜냐하면 들리지 않는데도 기도한다면 그것은 참으로 두려운 일이고, 찬양이 받아들여지지 않는데도 찬양한다면 그것은 참으로 실망스러운 일이기 때문입니다. 그렇다면 무슨 소용이 있겠습니까? 그러나 만일 기도가 그렇게 들리고, 찬양은 가장 확실하게 들려진다면, 우리는 계속 감사를 유지해야 합니다. "감사(찬양)로 제사를 드리는 자가 나를 영화롭게 하나니"(시 50:23).

또한 본문에 따르면 모든 기도는 만일 그것이 참된 기도라면 하나님께 들려진다는 것을 주목하십시오. 왜냐하면 그것이야말로 시편 기자가 "모든 육체가 주께 나아오리이다"라고 말한 이유이기 때문입니다. 오, 그 말씀이 저는 얼마나 감사한지요! 저의 빈약한 기도 — 그것을 하나님이 거절하실까요? 아닙니다. 그분이 "모든 영이 내게 나아오리라"고 말씀하셨는데도 그렇게 두려워해야 할까요. 보십시오, 사랑하는 형제들이여. 그분은 말하자면 항상 더 좋게 대하시고, 그분의 무한하신 사랑으로 우리의 기도를 바라보시고 그것을 있는 그대로 — 연약함, 곤궁으로부터 오는 부르짖음, 부패한 육체 — 인식하십니다. 그리고 그분은 "모든 육체가 (내게) 나아오리라"고 말씀하십니다. 저의 애통하는 기도, 신음하는 기도는 그분에게 상달될 것입니다. 비록 그것이 제게는 육체의 일로 보이지만, 그럼에도 불구하고 그분의 영을 통해 제 안에 감동됩니다. 비록 음성은 거칠고 때때로 힘이 빠져 있기도 하지만 저의 찬송은 그분에게 들릴 것입니다. 저의 노래가 크게 불완전해서 비록 신음소리만 흘러나오더라도 그것 역시 주님께 도달될 것입니다. 기도는 그것이 진실하게 드려진다면, 그 모든 약점에도 불구하고 예수 그리스도를 통해 하나님께 받아들여질 것입니다. 그렇다면 우리의 찬양과 우리의 서원도 마찬가지일 것입니다.

다시 말해 기도는 항상 그리고 습관적으로 하나님께 받아들여집니다. "기도를 들으시는 주여." "어떤 경우에 그것을 들으셨다"거나 "어떤 경우에 그것을 들으실 수 있다"가 아닙니다. 그분은 항상 기도를 들으십니다.

만일 그분이 항상 기도를 들으신다면, 그분은 항상 찬양도 들으십니다. 하나님이 저의 찬양을 들으신다고 생각하면 — 비록 그것이 어린아이의 찬양이거나 무가치한 죄인의 찬양일지라도 — 즐겁지 않습니까? 그것이 불완전함에도 불구하고 항상 받으신다는 것이 기쁘지 않습니까? 오, 저는 오늘 다른 찬송을 불러볼 것입니다. 저는 내일은 새로운 찬송을 부를 것입니다. 저는 고통을 잊어버릴 것입니다. 저는 한동안 나의 모든 염려를 잊어버릴 것입니다. 만일 제게 있는 것들로 말미암아 소리 내어 찬송할 수 없다면 저는 제 마음의 종을 울려댈 것입니다. 저는 제 영혼을 찬양으로 가득 채울 것입니다. 주님은 항상 제 찬송을 들어 주시기 때문에 만일 입술로 찬송을 부를 수 없다면, 영으로 그분을 찬송할 것입니다.

여러분은 여러분이 하는 것을 받아 주지 못하는 사람을 위해서 일을 하는 것이 어렵다는 것을 압니다. 많은 아내들이 "오, 그것은 어렵습니다. 제 남편은 결코 좋아하지 않을 것입니다. 저는 제가 할 수 있는 한 다 했습니다. 그러나 그는 그 사랑의 행위에 대해 아무런 관심도 없었습니다"라고 했습니다. 그러나 여러분이 아주 작은 일을 했을 때에도 그것을 크게 생각하고, "당신의 사랑이 참으로 고맙소!"라고 말하는 사람을 섬기는 것은 참으로 쉽습니다. 아, 연약한 하나님의 자녀들이여, 주님은 여러분의 찬양을, 여러분의 서원을, 여러분의 기도를 크게 생각하십니다. 그러므로 찬양을 게을리 하지 마십시오. 끊임없이 그분을 찬미하십시오.

나아가 우리는 "모든 육체가 주께 나아오리이다"라는 말씀으로 아직 끝나지 않습니다. 주님이 기도를 들으시기 때문에 모든 육체가 나아올 것입니다. 또한 저의 모든 찬양도 들려지고, 모든 육체의 찬양도, 진실하다면, 하나님께 도달할 것입니다. 땅의 위대한 것들이 찬양을 선포하고, 연약한 자들의 그 한없는 연약함도 찬양을 선포할 것입니다. 왜냐하면 그분은 그들을 결코 거절하지 않으실 것이기 때문입니다.

주님, 당신은 "모든 육체가 (내게) 나아오리라"고 말씀하시고, "하지만 너 같은 사람은 아니지?"라고 말씀하시겠습니까? 당신은 저를 제외시켰습니까? 사랑하는 형제들이여, 하나님이 여러분을 거부하실 것을 두려워하지 마십시오. 저는 여러분에게 한 여인을 소개하고 싶습니다. 그녀는 선하고 진실하고 믿음이 좋은 여인으로서 기도할 때 "주여, 나는 당신이 포기한 두 번째 사람이 되어도 만족합니다. 하지만 절대로 첫 번째가 될 수는 없습니다"라고 간구했습니다. 주님은 모든 육체가 자기에게 나아오라고 말씀하시고, 그것은 그분이 그들 — 모든 부류의 사람들, 모든 계급의 사람들 — 이 나아올 때 그들을 받아들일 것이라는 것을 의미합니다. 그래서 그분은 만약 제가 나아온다면 저도, 기도한다면 제 기도도, 찬송한다면 제 찬송도, 제가 서원을 이룬다면 그 서원도 절대로 거부하지 않으실 것입니다. 그러므로 나아오십시오. 나아와 우리가 주님을 찬양합시다. 우리가 경배하며 고개를 숙입시다. 우리가 창조주 하나님 앞에 무릎을 꿇읍시다. 왜냐하면 "우리는 그가 기르시는 백성이며 그의 손이 돌보시는 양이기"(시 95:7) 때문입니다.

마지막으로 사랑하는 형제들이여, 여러분의 인생길에 어려움들이 있을 수 있습니다. 죄가 여러분을 방해할 수 있고 연약함이 또한 그럴 수 있습니다. 그러나 "우리의 허물을 주께서 사하실 것이라"(시 65:3)는 약속이 있습니다. 연약함은 여러분에게 제동을 걸겠지만, 하나님의 도우심의 말씀을 기억하십시오: "주께서 … 가까이 오게 하사 주의 뜰에 거하게 하신 사람은 복이 있나이다"(4절). 그분은 여러분을 돕기 위해 오셔서 여러분을 이끄실 것입니다. 그리하여 연약함은 하나님의 은총으로 극복됩니다.

아마 공허함이 여러분을 방해할 수도 있을 것입니다. "우리가 주의 집 곧 주의 성전의 아름다움으로 만족하리이다"(4절). 하나님이나 여러분을 만족시키는 것은 여러분의 선행이 아닙니다. 하나님의 은혜가 만족시키는 것입니다. 나아오십시오. 나아오실 때 여러분의 죄악을 그대로 갖고 오십시오. 여러분의 연약함을 그대로 안고 나아오십시오. 여러분의 공허함을 그대로 간직한 채 나아오십시오. 전에 하나님께 나아온 적이 한 번도 없더라도 나아오십시오. 나아와서 여러분의 죄를 하나님께 고백하고 자비를 구하십시오. 여러분은 구하는 것 외에 다른 길이 없습니다. 나아와서 자비가 한이 없으시기 때문에 영원토록 참아 주실 그분을 믿으십시오. 그분에 대해 부정적으로 생각하지 말고 나아와서 그분의 발 앞에 무릎을 꿇으십시오. 만일 여러분이 멸망한다면 거기서 멸망을 당하십시오. 나아와서 여러분의 슬픔을 토로하십시오. 여러분의 마음을 그분 앞에 털어놓으십시오. 여러분의 본성의 그릇을 뒤집어엎고, 마지막 한 방울까지 쏟아버리십시오. 그리고 그분의 충만한 은혜로 가득 채워 주시기를 기도하십시오. 예수님께 나오십시오. 그분이 여러분을 초대하십니다. 그분이 여러분을 받아 주실 것입니다.

여러분의 부르짖음이 거룩하신 분의 귀에 상달될 것입니다. "그러나 나는 전에 기도해본 적이 없어요"라고 여러분은 말하겠지요. 모든 일은 시작이 있는 법입니다. 오, 여러분의 시작이 지금 나아오는 것이 되기를 바랍니다. 여러분이 나아오는 것은 기도를 잘 하기 때문이 아닙니다. 주님이 기도를 은혜로 들으시기 때문입니다. 그러므로 모든 육체가 나아올 것입니다. 여러분은 환영받습니다. 아무도 여러분의 길을 가로막을 수 없습니다. 나아오십시오! 지금이 은혜의 초청 시간입니다.

주님의 사랑의 줄이 여러분을 끌어당겨 주실 것입니다. 여러분은 지금 그분에게 끌려가기를 바랍니다. 십자가를 경유해서 나아오십시오. 나아와 예수를 믿고, 보배로운 대속의 희생제물 안에서 안식하십시오. 그분은 "내게 오는 자는 내가 결코 내쫓지 아니하리라"(요 6:37)고 말씀하셨습니다. 우리 주님의 은혜가 여러분과 함께 하기를 빕니다. 아멘.

5

기도의 능력과 찬양의 기쁨

> 너희도 우리를 위하여 간구함으로 도우라 이는 우리가 많은 사람
> 의 기도로 얻은 은사로 말미암아 많은 사람이 우리를 위하여 감사
> 하게 하려 함이라 우리가 세상에서 특별히 너희에 대하여 하나님
> 의 거룩함과 진실함으로 행하되 육체의 지혜로 하지 아니하고 하
> 나님의 은혜로 행함은 우리 양심이 증언하는 바니 이것이 우리의
> 자랑이라 ― 고후 1:11-12

사도 바울은 아시아에서 끊임없이 위험에 처했지만, 특별한 섭리를 통해
구원을 받았습니다. 에베소에서 큰 환난을 당했을 때 곧 데메드리오와 그
의 은장색(은세공업자) 동료들이 자기들의 사업이 곤경에 처하자 큰 소동
을 일으켰을 때, 바울의 목숨은 큰 위협을 받았습니다. 이에 대해 바울은
다음과 같이 썼습니다: "우리가 힘에 겹도록 심한 고난을 당하여 살 소망
까지 끊어지고"(고후 1:8). 바울은 이런 위험으로부터 목숨을 보존하게 된
것을 전적으로 하나님의 은혜로 돌렸습니다. 또한 그가 돌에 맞아 죽은 줄
알고 성 밖에 내던져진 경우를 보아도, 그가 "죽은 자를 다시 살리시는 하
나님"(고후 1:9)의 축복을 받았다고 보는 것은 아주 당연합니다.

더구나 바울은 하나님이 과거에 이같이 자기를 구원하셨다는 사실로부
터 현재에도 여전히 자기를 도우시는 분이며 또한 미래에도 똑같이 함께

하실 것이라고 논증했습니다. 바울은 산수의 대가로, 그의 믿음은 항상 철저한 계산법에 따라 진행되었습니다. 우리는 여기서 그가 신자의 3수법에 따라 진술하는 내용을 발견하게 됩니다: 그는 과거로부터 현재로, 현재에서 미래로 그의 믿음을 적용시킵니다. 우리가 살펴보고 있는 본문의 바로 앞 구절은 이 3수법에 따라 결론에 이르는 탁월한 실례 가운데 하나입니다: "그가 이같이 큰 사망에서 우리를 건지셨고 또 건지실 것이며 이후에도 건지시기를 그에게 바라노라"(고후 1:10).

하나님은 "어제나 오늘이나 영원토록 동일하시기"(히 13:8) 때문에, 과거에 보여 주신 그분의 사랑은, 우리의 상황이 어떠할지라도, 우리의 삶이 아무리 험난할지라도, 그리고 우리의 시야가 아무리 어두울지라도, 현재 그분의 자비에 대한 명확한 보증이 되며, 똑같이 내일 그분의 신실하심에 대한 확실한 증거가 됩니다. 만일 우리가 "그분이 행하셨고, 행하시고, 또 행하실 것"이라는 법칙에 따라 추론한다면, 우리가 받는 위로는 결코 감소되지 않을 것입니다. 고난을 당한 성도들이여, 용기를 내십시오. 만일 여러분이 관계하는 하나님이 변덕스러운 분이라면, 여러분의 영혼은 괴로움으로 가득할 것입니다. 그러나 그분은 "어제나 오늘이나 영원토록 동일하신 분"이기 때문에, 그분의 은혜는 날마다 반복되고, 그리하여 여러분은 그분 안에서 더욱 편한 마음으로 안식할 것입니다. 그분의 신실하심을 매번 새롭게 경험함으로써 그분의 은혜를 믿는 여러분의 확신도 견고해질 것입니다. 복되신 성령께서 우리가 항상 변함없는 주님의 신실하심을 더욱 확신할 수 있도록 가르쳐 주시기를 바랍니다.

비록 바울이 하나님의 손길, 오직 하나님의 손길만이 자기를 구원하셨다는 것을 인정했다고 해도, 그는 간접적 원인들을 부정하거나 무시할 만큼 어리석지는 않았습니다. 아니, 오히려 그는 먼저 모든 위로의 하나님을 찬양한 다음에 많은 사랑하는 성도들의 진실한 중보기도를 감사한 마음과 함께 기억하고 있었습니다. 하나님에 대한 감사를 사람에 대한 감사를 소홀히 하는 핑계로 삼아서는 안됩니다. 전능자가 바울 사도를 이방인들로부터 지켜 주신 것은 사실이지만, 그분은 기도에 대한 응답으로 그렇게 하신 것입니다.

이 택함 받은 그릇은 악한 자들의 막대기에 의해 깨지지 않았습니다. 하늘의 하나님의 그 넓으신 손이 그를 지켜 주셨기 때문입니다. 그러나 고린도교회 성도들과 도처에 있는 하나님의 사람들이 합심된 기도를 드림으로써 은혜의 보좌를 움직였기 때문에 그 손이 펼쳐진 것이었습니다. 이런 성공적인 기도에 대해 바울은 본문에서 감사와 함께 "너희도 우리를 위하여 간구함으로 도우라"고 말합니다. 그리고 바울은 "이는 우리가 많은 사람의 기도로 얻은 은사로 말미암아 많은 사람이 우리를 위하여 감사하게 하려 함이라"고 말함으로써, 성도들에게 그들의 기도에 대해 감사하기를 바라고 있습니다. 계속해서 그는 자기들의 믿음에 불성실한 어떤 사람들과 같지 아니하고, 그가 거룩함과 진실함으로 말씀을 선포했다는 것을 그의 양심이 분명히 했기 때문에 그들에게 감사를 촉구한다는 사실을 덧붙였습니다.

우리는 첫 번째로 합심기도의 능력을 인정해야 합니다. 두 번째로 우리가 다른 신자들과 화합하여 드리는 찬양을 존중해야 합니다. 그리고 세 번째로 우리들만 아니라 진지하게 영혼들을 위해 수고하는 하나님의 모든 사역자들에게 공히 속해 있는 우리의 통쾌한 권리를 사용해야 합니다.

합심기도의 능력

그런데 무엇보다 먼저, 사랑하는 형제들이여, 합심기도의 능력을 인정하는 것은 우리의 의무이자 특권입니다. 하나님은 기꺼이 우리의 기도를 통해 하나님의 고귀한 자비가 우리에게 흘러들어오는 풍성하고 즐거운 강으로 만드실 것입니다. 기도는 하늘에 있는 요셉의 풍성한 창고를 여는 황금 열쇠입니다. 그것은 "그래도 이스라엘 족속이 이같이 자기들에게 이루어 주기를 내게 구하여야 할지라"(겔 36:37)는 자비로운 언약에 기록되어 있습니다. 구하지 않아도 주어지는 자비가 있습니다. 왜냐하면 하나님은 그분을 구하지 않는 사람들에 의해서도 발견되기 때문입니다. 그러나 오직 구해서 받고, 찾아서 찾아내고, 두드려서 들어가는 사람들에게만 주어지는 다른 자비들이 있습니다.

기도의 목적

왜 하나님은 우리에게 기도를 명하실까요? 그것을 알아내는 것은 어렵지 않습니다. 왜냐하면 기도는 사람으로 하여금 가장 겸손한 경배의 자세를 취하도록 함으로써 하나님을 영화롭게 하는 일이기 때문입니다. 피조물은 기도할 때 창조주를 겸손하게 인정하고, 그분을 온갖 좋은 은사와 온전한 선물(약 1:17)을 주시는 분으로 고백합니다. 기도하는 자의 눈은 높이 들려 주님의 영광을 바라보지만, 그 무릎은 겸손하게 자신의 연약함을 인정하면서 땅에 꿇습니다. 비록 기도가 최고의 경배 형식은 아니지만 — 만약 그렇다면 그것은 하늘의 성도들에 의해서도 계속되었을 것입니다. 그것은 가장 겸손한 자세를 보여 주고, 따라서 불완전한 육체가 완전하신 분의 영광을 선포하는 데는 가장 적합한 방식입니다.

우리가 관계를 표시하는 "우리 아버지"라는 이름에서부터, 유일하신 참하나님께 돌리는 "나라와 권세와 영광"(마 6:9, 13)이라는 표현에 이르기까지 주기도문의 각 문장은 지존자의 영광을 나타냅니다. 겸손한 기도자의 탄식과 눈물은 그룹과 스랍들이 계속해서 "거룩하다 거룩하다 거룩하다"(사 6:3)고 외치는 소리와 마찬가지로 하나님이 참으로 받으시는 간구가 됩니다. 왜냐하면 그 본질상 개인의 허물을 진실하게 고백하는 모든 고백은 오직 만군의 주의 무한하신 완전성에 대해 드려지는 존숭이기 때문입니다. 주님은 휘장 앞에 있는 거룩한 향으로부터 끊임없이 피어오르는 향연보다는 우리의 기도에 의해 더욱 높임을 받는 것입니다.

더구나 기도 행위는 우리에게 우리의 무가치함을 깨닫게 해 주는데, 그것은 우리와 같은 교만한 존재들에게는 결코 작은 축복이 아닙니다. 만일 하나님이 우리에게 그분의 자비를 구하는 기도를 드리도록 하지 않고 우리에게 자비를 베푸신다면, 우리는 우리가 얼마나 미천한 존재인지 결코 깨닫지 못할 것입니다. 하지만 참된 기도는 우리가 요구하는 것들의 명세

서요 필요한 것들의 목록이며, 은밀한 상처들을 공개하는 것이요 숨겨진 가난을 드러내는 것입니다. 그것은 하나님의 부요함을 요청하는 것이지만, 동시에 우리의 공허함을 고백하는 것입니다. 그리스도인의 가장 건강한 상태는 항상 비어있어서 그 채우심을 늘 주님께 의존하는 것, 곧 항상 자아 안에서는 가난하고 예수 안에서는 부요한 것, 인간적으로는 물처럼 연약하지만 하나님을 통한 능력으로 위대한 일을 행하는 것이라고 저는 생각합니다. 그러므로 기도 행위는 한편으로는 하나님을 경외하면서 다른 한편으로는 자신을 피조물의 위치 곧 티끌 속에 두는 것입니다.

기도는 본질상, 그것이 가져오는 응답과는 상관없이, 그리스도인에게는 커다란 유익입니다. 경주자가 매일 연습을 통해 경주를 위한 힘을 기르는 것처럼, 우리는 기도의 거룩한 행위를 통해 인생의 대경주를 위한 힘을 얻게 됩니다. 기도는 하나님의 새끼 독수리에게 날개를 달아줌으로써 그들이 구름 위의 산까지 날아오르게 하는 능력을 제공할 것입니다. 기도는 하나님의 군사들에게 갑옷을 입히고 그들의 근육을 단련시켜 전투에 내보내는 것입니다. 진실한 기도자는, 경주를 위해 잘 준비된 강한 경주자처럼, 즐겁게 그의 기도에 임할 것입니다. 기도는 여호수아의 칼 이상으로 아말렉을 패배시킨 모세의 들어올려진 손입니다. 그것은 수리아의 패배를 예언하는 선지자의 방에서 발사된 화살입니다. 기도는 성도들을 하나님의 속성들로 덧입히는 것이고, 인간의 연약함에 하나님의 능력을 두르는 것이고, 인간적인 어리석음을 하늘의 지혜로 바꾸는 것이며, 고민하는 유한한 인생들에게 영원하신 하나님의 평강을 제공하는 것입니다. 주여, 당신이 놀라운 사랑으로 허락하신 고귀한 선물, 은혜의 보좌에 대해 감사를 드립니다. 우리가 그것을 잘 사용하도록 도와주옵소서!

기도의 배에 실려 하늘로부터 우리에게 운반되는 은혜들이 많은 것처럼, 합심기도의 함대들을 통해 우리에게 전달되는 특별한 은혜들은 더욱 많습니다. 하나님은 자신의 외로운 엘리야들과 다니엘들에게 많은 좋은 것들을 주실 것입니다. 그러나 만일 "너희 중에 두 사람이 땅에서 합심하여 무엇이든지 구하면"(마 18:19). 하나님의 풍성한 응답에는 제한이 없을 것입니다. 베드로는 온 교회가 그를 위하여 간절히 기도하지 않았더라면, 아마 옥에서 풀려나는 기적은 없었을 것입니다. 모든 제자들이 불의 혀가 강림하기를 기다리며 "다같이 한 곳에"(행 2:1) 모여 있지 않았더라면, 오순절 성령강림사건은 결코 일어나지 않았을 것입니다.

합심기도의 목적

하나님은 한 사람의 기도자에 대해서도 기쁘게 응답하시지만, 때로는 이렇게 말씀하시는 것처럼 보일 때도 있습니다: "너는 내 앞에 나아와 나의 자비를 간구할 수 있다. 그러나 너의 형제, 자매들이 너와 함께 기도하지 아니하면 나는 너의 얼굴을 보지 않을 것이다." 사랑하는 형제들이여, 왜 그렇습니까? 저는 이것이 우리의 은혜로우신 주님이 성도들의 연합을 특별히 귀하게 여기시기 때문이라고 생각합니다. "성도들이 서로 교통(교제) 하는 것을 믿사오며"라는 사도신경의 한 고백은 기독교의 위대한 신조 가운데 하나이지만, 그것을 진실로 이해하고 있는 사람은 얼마나 드물까요! 하나님의 백성들 사이에는 참된 연합과 같은 일이 있습니다. 우리는 각자 다른 이름들로 불리지만, "하늘과 땅의 왕이신 분의 종들로서 우리는 하나입니다."

우리는 그리스도인 형제들의 도움과 사랑을 무시해서는 안됩니다. 어거스틴은 말하기를 "가난한 자는 부자를 위해 존재하고, 부자는 가난한 자를 위해 존재한다"고 했습니다. 저 역시 성숙한 성도들은 연약한 성도들을 위해 존재한다는 것과 연약한 성도들은 성숙한 성도들에게 특별한 축복을 가져다준다는 것을 확신합니다. 몸 전체는 조화가 있습니다. 각 관절은 다른 모든 관절들에 서로 연결되어 있고, 몸 전체는 모든 관절이 제공하는 것에 따라 상합되어 있습니다. 사람의 몸 안에는 해부학자들도 거의 이해하지 못하는 어떤 선(腺)들이 있습니다. 그러나 만일 이 선들이 제거된다면, 몸 전체는 말할 것도 없이 극도의 고통을 받을 것입니다.

마찬가지로 사랑하는 성도들이여, 우리는 종종 "나는 저들의 목적을 잘 모르겠습니다. 나는 저 그리스도인이 하는 일이 얼마나 유익한지 모르겠습니다"라고 말하는 신자들을 만날 수 있습니다. 그러나 만일 외견상 아무 도움이 안되는 성도가 사라지면, 몸 전체는 고통을 받게 되고, 기관 전체가 흔들리며, 심장부는 약화될 것입니다. 이것이 아마 하나님의 사랑의 그 부요한 선물이 합심기도를 드리는 사람들에게 오직 허락되는 이유가 아닐까 싶습니다. 그러므로 우리는 몸 전체의 유용성을 깨달아야 하겠고, 하나님의 은혜가 하나님의 백성들 사이에 베풀어지고 날마다 유지되는 것이 유기적인 연합에 있음을 인정해야 할 것입니다.

사랑하는 형제들이여, 가장 힘이 없고 가장 무익한 지체가 몸 된 교회의 힘을 더하게 할 수 있다는 것이 얼마나 유쾌한 생각입니까? 우리가 다 설교할 수 없고, 우리가 다 지도자가 될 수 없으며, 우리 모두가 금과 은을 줄 수는 없습니다. 그러나 기도하는 데는 모두 가담할 수가 있습니다. 은혜 받은 지 단지 2, 3일밖에 안되었다고 해도, 기도할 수 없는 회심자는 아무도 없습니다. 예수 안에 있는 자매가 비록 병석에 꼼짝 못하고 누워있는 환자라고 해도 기도할 수 없는 성도는 아닙니다. 질병, 나이, 무명의 신분, 학력 또는 가난이 성도로 하여금 기도하지 못하도록 할 수는 없습니다. 이 것이 바로 교회의 부요함입니다. 우리는 하나님께 드리는 예물을 받기 위해 헌금함을 교회 입구에 두거나 헌금바구니를 돌릴 수 있습니다. 그러나 교회 안에는 우리 모두가 우리의 사랑의 중보기도를 그 안에 떨어뜨릴 수 있는 영적 금고 곧 주님의 보고가 또한 있음도 기억하기 바랍니다. 심지어는 두 렙돈밖에 없는 과부도 이 보고에 그 예물을 던져 넣을 수가 있습니다.

그렇다면 사랑하는 형제들이여, 성도들이 합심하여 기도할 때 특별히 받게 되는 하나님의 자비가 있기 때문에, 하나님의 백성들 사이에 어떤 연합과 교제가 있어야 하는지 주목하기 바랍니다. 우리가 얼마나 이 연합의 유대에 관해 느껴야 하고, 서로를 위해 기도해야 할까요! 교회가 기도와 간구를 위해 함께 만나는 것만큼 그 의무를 다하는 것은 없을 것입니다. 어떤 사소한 이유로 기도회에 빠지는 성도들은 몸 전체에 대해 얼마나 큰 손해를 끼치는지 반성할 필요가 있습니다. 기도회는 모든 다른 모임과 기관들에 대해 큰 힘을 불어넣어 주는 아주 소중한 모임입니다. 시간을 투자하지 않고, 수고를 아끼면서 자주 기도회에 참석할 수 있는 성도가 있습니까? 여러분이 손해를 본다면 어떻게 하겠습니까? 여러분은 이 손해를 다른 날 여러분이 보충하면 만회될 것이라고 생각 안하십니까? 비록 그 손해가 채워지지 않는다고 해도, 어떤 일시적인 손해를 상쇄하고도 남을 만한 영적 유익이 없을까요? "모이기를 폐하는 어떤 사람들의 습관과 같이 하지 말라"(히 10:25)는 말씀을 잊지 마십시오.

사역자들을 위한 합심기도

이제 우리는 더 깊이 나아가 고찰해야 합니다. 이 합심기도는 특별히 하나님의 사역자들을 위해 마련되어야 합니다. 이 대중기도회는 특히 그들을 위해서 준비된 것입니다. 바울도 그것을 요청했습니다: "형제들아 너희는 우리를 위하여 기도하기를"(살후 3:1). 하나님의 모든 사역자들은 세상 끝날까지 이것이 자기들의 힘의 은밀한 원천임을 항상 고백할 것입니다. 성도들의 기도는 목회자들의 능력으로 나타날 것입니다. 저는 왜 교회의 다른 누구보다 목회자가 성도들의 열렬한 기도를 원하는지를 여러분에게 보여 주고 싶습니다. 그의 위치야말로 가장 위험한 자리가 아니겠습니까?

자기 수하 군대들에 대한 사탄의 명령은 "너희는 작은 자나 큰 자나 큰 자와 더불어 싸우지 말고 오직 이스라엘 왕(하나님의 사자)과 싸우라"(왕상 22:31)는 것입니다. 사탄은 일단 그가 하나님의 사역자들 가운데 하나를 쳐서 그 마음을 상하게 할 수만 있다면 큰 혼란이 올 것이라는 것을 알고 있습니다. 왜냐하면 만일 지도자가 죽는다면 그 무리들은 뿔뿔이 흩어질 것이기 때문입니다. 가장 치열한 전투는 지도자 주변에서 벌어지는 법입니다. 거기서 전부(戰斧:전쟁용 도끼)는 투구를 찍고, 화살은 갑옷 위로 날아듭니다. 원수는 일단 지도자로부터 투구를 잘라 그 머리를 드러내도록 할 수만 있다면, 그가 큰 타격을 받아 깊은 좌절에 빠질 것이라는 것을 압니다.

무장한 성도들이여, 사역자들 주위에 포진합시다! 십자가 군사들이여, 싸움이 치열하니, 사역자들의 방어를 위해, 집결하십시오. 여러분이 목회의 직무를 담당하도록 우리를 선택했다면, 순간순간 전투 속에 있는 우리 주변에 견고하게 서 있기를 여러분에게 요청합니다. 제가 로테르담에서 돌아올 때 낮은 조수와 강한 바람 때문에 항해하기가 극히 위험한 뮤즈항의 입구에 있는 모래톱을 가로질러 항해하고 있을 때, "모든 승무원들은 갑판 위로!"라는 명령이 떨어졌음을 알았습니다. 저는 목회자의 생명이 극히 위험한 상황에 직면해 있다고 생각하고, "모든 승무원은 갑판 위로, 모든 사람은 기도합시다" 하고 외쳤습니다. 심지어는 가장 연약한 성도들까지도 간구에 충실했습니다.

더구나 이처럼 위험한 위치에 서 있는 목회자는 무거운 책임감을 짊어지고 있습니다. 사람은 누구나 어느 정도 자기 형제를 지키는 사람이 되어야 합니다. 그러나 만일 그 역할을 충실히 감당하지 못하는 하나님의 파수꾼들에게는 화가 있을 것입니다. 왜냐하면 그들의 손에는 영혼들의 피가 묻어있기 때문입니다. 만일 그들이 복음을 충분히 그리고 충실하게 전파하지 못한다면, 하나님은 그들의 문 앞에서 사람들을 멸망시킬 것입니다. 하나님의 사역자들은 주님이 올려놓은 이 짐으로 말미암아 가슴이 찢어질듯한 고통 속에서 부르짖을 때가 많이 있습니다.

배가 모래톱 사이를 항해하고 있을 때, 저는 선장이 바닷속으로 측심연[1]을 던졌다는 것을 알았습니다. 어떤 사람이 왜 선원들로 하여금 그 일을 하도록 하지 않느냐고 물었을 때, 그는 이렇게 대답했습니다: "바로 지금 이 지점에서 나는 내 자신이 그것을 던지는 것 외에는 어떤 사람도 믿지 못하겠습니다. 왜냐하면 우리 배와 바다 사이에는 불과 6인치(15 cm)밖에 거리가 없기 때문입니다." 참으로 우리는 배가 한 번이나 두 번 정도 뭔가에 부딪혀 크게 흔들리는 것을 느꼈습니다. 마찬가지로 복음 전도자도 때

---

1) 바다의 깊이를 재는데 쓰는 기구로서 굵은 줄의 끝에 납덩이가 매달려 있다.

로는, 그가 있어야 할 모습으로 있는다면, 청중들 때문에 고민에 빠져 대리인을 세워 그의 직무를 감당하도록 하지 못하고 사람들의 영원한 운명을 위해 개인적으로 수고하지 않으면 안될 때가 있을 것입니다. 그는 심지어 지금 사람들의 영혼에 대한 부담으로 힘들어하기 때문에 복음을 전하는 자신조차도 믿지 못하고 하나님께 도우심을 요청할 수 있습니다. 그런 우리들을 위해 기도해 주십시오. 만일 하나님이 여러분에게 우리를 허락하신다면, 여러분이 기꺼이 그 선물을 받아들인다면, 여러분이 기도해 주지 않아 우리가 곤고에 빠지고 연약해지지 않도록 하나님과 우리를 똑같이 무시하지 않기 바랍니다.

나아가 목회자를 보호하는 것은 교회의 가장 중요한 목적 가운데 하나입니다. 배에서 한 사람의 선원을 잃는다면, 그것은 그에게나 여러분에게나 아주 안좋은 일입니다. 그런데 만일 기관사가 쓰러지거나 선장이 갑자기 병에 걸렸다면, 또는 조타수가 다쳤다면, 그러면 배는 어떻게 되겠습니까? 그런 것처럼 기도가 교회의 모든 성도들을 위해 드려져야 한다고 해도, 그 직무가 차지하고 있는 비중 때문에 첫 번째 가장 중요한 기도의 대상은 바로 목사입니다.

여러분 자신보다 그에 대해 기도하는 것이 얼마나 더 중요한지 꼭 기억하십시오. 만일 여러분이 개인적인 교훈을 위해 영적 식탁을 마련해야 한다면, 그는 말하자면, 모든 손님들에게 진수성찬을 맛보도록 하기 위해 공적 식탁을 준비해야 합니다. 그의 주님이 그에게 풍성한 재료를 주시지 않는다면 어떻게 이것을 준비하겠습니까? 여러분은 집 안에서 촛불처럼 빛을 드러내야 합니다. 하지만 목사는 바다 먼 곳에서도 보일 수 있는 등대가 되어야 합니다. 그러므로 그의 주님이 도와주시지 않는다면, 하늘로부터 그에게 새로운 기름이 공급되지 않는다면, 그가 어떻게 밤새도록 불을 밝힐 수 있겠습니까? 그의 영향력은 여러분보다 훨씬 더 강합니다. 만일 그것이 악을 위해 사용된다면, 그는 그 그늘 아래 있는 모든 것들에게 해독을 끼치는 치명적인 독나무가 될 것입니다. 그러나 하나님이 그를 별로 만드신다면, 그의 광선은 그 따사로운 영향력으로 모든 나라와 모든 시대를 복되게 할 것입니다. 만일 이것을 조금이라도 믿는다면, 저는 여러분이 여러분의 목회자를 위해 간절하게 그리고 끊임없이 기도함으로써 그를 돕기를 부탁드립니다.

열심 있는 기도

본문에서 "(함께) 도우라"(helping together)라는 말은 그 원어를 분석해 보면, 아주 열심 있는 수고를 함축하고 있습니다. 어떤 사람들의 기도는 그 안에 수고가 없습니다. 그러나 하나님이 받으시는 기도는, 기도자가 삼손처럼, 자비의 문에 들어가는 것을 거부당하느니 차라리 그것들을 흔들어 뽑아버리려고 애쓰는 실제적인 노동자의 기도입니다. 우리는 짐을 단지 손가락 끝으로 건드리기만 하는 형식적 기도를 원하지 않습니다. 우리는 열심이라는 짐을 어깨에 메고, 그들의 소원이 거부당하지 않기 위해서 하는 실제적 기도가 필요합니다. 우리는 어떤 사람들이 기도회에서 생색내기 위해 하는 기도 곧 자비의 문에서 장난으로 문을 두드리고 달아나는 그런 기도를 원하지 않습니다. 그 대신 우리는 그의 간청이 허락되기를 바라는 마음으로, 곧 자비의 문이 열리고 그의 모든 필요들이 충족될 때까지 그 문 앞에 서 있는 사람이 하는 노크를 원합니다.

자신의 마음의 욕구가 거부당하지 아니하고 관철될 때까지 천국을 침노하여 빼앗기를 원하는 사람의 강렬한 열정이야말로 목회자들이 그의 성도들에게 간절히 바라는 기도입니다. 종교개혁자 필립 멜란히톤(Philip Melanchthon)은 여자들과 어린아이들이 대부분인 무명의 가난한 직공들이 종교개혁을 위해 기도하려고 함께 모였다는 소식에 큰 위로를 받았습니다. 멜란히톤에게는 그것이 견고한 위로의 근거였던 것입니다. 여러분은 종교개혁이 성공한 것은 루터뿐만 아니라 들에서 일하면서 시편을 노래했던 수많은 가난한 사람들과 그 성공을 위해 중보기도 했던 무수한 하인과 하녀들 덕택임을 부인할 수 없을 것입니다. 우리는 종교개혁을 영국에 소개하는데 큰 공을 세운 저명한 히브리학자 파울루스 파기우스(**Paulus**

Phagius)에 관해 듣습니다. 후배 학자들에 대한 그의 가장 절실한 간구는 그들이 하나님이 축복을 쏟아 부어 주시는 것으로 응답하실 때까지 지속적으로 기도하는 것이었습니다.

하나님이 우리에게 베푸신 모든 축복, 메트로폴리탄 교회에서 일어난 모든 부흥은 하나님께 나아와 뜨겁고 열렬하게 기도한 성도들의 기도 덕분이라고 저는 여러 번에 걸쳐 말했습니다. 이 한 몸을 이루는 교회가 하늘을 움직이는 때가 있었습니다. 하나님이 듣지 않으신다면 차라리 죽는 것이 더 낫다고 느꼈을 때, 어머니가 그의 자녀에게 하는 것처럼 우리가 우리 교회를 가슴에 품었을 때, 우리가 사람들의 영혼의 거듭남을 갈망하고, 그 산고를 느꼈을 때가 우리에게는 있었습니다. 교회가 날마다 성장하고, 많은 사람들이 복음을 듣기 위해 우리의 말에 귀를 기울이는 것을 볼 때, 우리는 "하나님께서 행하신 일이 어찌 그리 크냐"(민 23:23)고 진실로 말할 수 있습니다. 그런데도 기도를 멈추어야 하겠습니까? 우리의 대제사장이신 그분께 "이제 그만하면 됐다"고 말해야 하겠습니까? 그런데도 우리가 제단에서 빨갛게 달아오른 숯을 꺼내 타고 있는 향을 꺼버려야 하겠습니까? 그런데도 우리가 아침과 저녁으로 기도와 찬양의 어린양들을 제단 앞에 희생제물로 가져오는 것을 거부해야 되겠습니까?

무장하고 활을 짊어지고 있는 하나님의 자녀들이여, 여러분의 교회를 위해 싸워야 할 전쟁의 날에 등을 돌리고 도망을 치겠습니까? 여러분 앞에서 홍해가 갈라지고, 요단강이 나누어집니다. 여러분은 그 깊은 물 사이를 행진하는 것을 거절하겠습니까? 하나님이 여러분 앞서 행하십니다. 왕 되신 그분의 음성이 여러분의 군대 한복판에서 들립니다. 그런데도 여러분은 겁을 먹고 땅을 차지하러 올라가는 것을 거부하겠습니까? 그런데도 여러분은 첫사랑을 잃어버리겠습니까? 여러분의 교회 입구에 이가봇(삼상 4:21, 영광이 없다는 뜻)이라고 새겨지도록 하겠습니까? 하나님이 여러분을 포기했다는 말씀을 들으시겠습니까? 그렇게 되지 않으려면, 어서 돌아와 무릎을 꿇고 전심을 다해 기도하십시오! 그렇게 되지 않으려면, 다시 한 번 간절한 기도를 시작하십시오! 그렇게 되지 않으려면 — 선이 패하고 악이 승리하는 것을 여러분이 원하지 않는다면 — 손을 모으고 항상 살아계셔서 우리를 위해 중보의 기도를 드리시는 그분의 이름으로 축복이 다시 임하도록 간구하십시오. "너희도 우리를 위하여 간구함으로 도우라."

연합 찬양의 중요성

이제 저는 찬양에 대해 말씀드리고자 합니다. 찬양은 항상 응답받은 기도 다음에 와야 합니다. 땅의 감사의 안개는 하늘의 사랑의 태양이 땅을 따뜻하게 비추는 것처럼 피어올라야 합니다. 주님이 여러분에게 은혜를 베푸시고 여러분의 간구의 음성에 귀를 기울여 주신 적이 있습니까? 그렇다면 살아있는 한 그분을 찬양하십시오. 여러분의 기도에 응답하시고 여러분의 마음의 소원을 이루어 주신 그분에 대한 찬송을 거부하지 마십시오. 하나님의 자비에 대해 입을 다물고 있는 것은 끔찍한 배은망덕의 죄를 범하는 것이고, 배은망덕은 가장 악한 죄 가운데 하나입니다. 사랑하는 형제들이여, 저는 여러분이 주님으로부터 병을 고침 받은 후 그것을 주님께 감사하지 못한 아홉 명의 문둥병자들처럼 악하게 행동하지 않으리라고 믿습니다.

찬양의 목적

하나님에 대한 찬양을 망각하는 것은 우리에게 돌아올 유익을 거부하는 것입니다. 왜냐하면 찬양은, 기도와 마찬가지로, 영적인 사람에게는 굉장히 유용하기 때문입니다. 찬양은 고급스런 건강 운동입니다. 여호와 앞에서 다윗처럼 춤을 추는 것은 혈관의 피 순환을 빠르게 하고, 심장박동을 더 건강하게 촉진시킵니다. 다윗이 이스라엘 온 백성에게 떡 한 개와 고기 한 조각과 건포도떡 한 덩이씩 나누어 준 것처럼, 찬양은 우리에게 대향연을 제공합니다.

찬양은 그리스도인이 감당해야 할 의무 가운데 가장 신성한 사역입니다.

천사들은 기도하지 않았습니다. 그러나 그들은 밤낮으로 찬양하는 것을 멈추지 않았습니다(요한계시록 4:8을 참조하십시오). 우리가 자비를 베푸신 하나님을 찬양하면 그 유익이 우리 형제들에게도 미칩니다: "내 영혼이 여호와를 자랑하리니 곤고한 자들이 이를 듣고 기뻐하리로다"(시 34:2). 우리가 다음과 같이 찬양하면, 이와 비슷한 상황에 처한 다른 사람들이 위로를 얻을 것입니다: "나와 함께 여호와를 광대하시다 하며 함께 그의 이름을 높이세 … 이 곤고한 자가 부르짖으매 여호와께서 들으시고 그의 모든 환난에서 구원하셨도다"(시 34:3-6). 입을 닫고 있는 그리스도인들은 교회의 명예를 크게 실추시키는 자들입니다. 교회 안에는 마귀가 재갈 물려 입을 막아버린 성도들이 있는데, 그들이 지금까지 만들어내고 있는 가장 큰 소리는 침묵하기 위해 입술을 깨무는 소리입니다. 저는 그들의 혀도 하나님을 찬양하는 노래를 부를 수 있기를 바랍니다.

여기서 한 단계 더 깊이 나아갑시다. 찬양은 유익하고 유쾌한 것으로 사람에게는 복을 주고, 하나님에게는 영광을 돌리는 것이기 때문에, 여럿이 함께 드리는 연합 찬양은 특별히 그 의미가 큽니다. 연합 찬양은 연주회에서 부르는 음악과 같습니다. 한 악기의 소리는 아주 감미롭습니다. 그러나 관악기와 현악기를 비롯한 수백 개의 악기들이 결합될 때, 오케스트라는 아주 감동스러운 조화의 극치를 이룹니다. 한 명의 그리스도인의 찬양은 한 가닥의 향처럼 하나님 앞에 열납됩니다. 그러나 많은 사람들이 연합하여 드리는 찬양은 유향으로 가득한 향로처럼 하나님 앞에서 그 연기를 피우는 것입니다. 연합 찬양은 천국의 전조입니다. 왜냐하면 천국의 연합총회에서 그들은 한마음과 한목소리로 오직 하나님만을 찬양할 것이기 때문입니다.

> 그들의 혀의 수가 일만일지라도,
> 그들의 모든 기쁨은 오직 하나일세.

연합 찬양은 그리스도인 자신에게도 큰 유익을 줍니다. 그것이 얼마나 많은 짐들을 가볍게 해 주었을까요? 저는 찬양의 소리를 들으면 마음이 뜨거워집니다. 때로 듣기에 좀 느리다고 느껴질 때, 저는 성가대원들에게 템포를 좀 빠르게 하라고 요청하고, 그렇게 함으로써 장엄한 찬양의 굽이치는 곡조는 그 충만한 힘을 발휘할 수 있게 됩니다. 그러나 비록 결점이 많음에도 불구하고, 제 마음에는 우리 교회 성가대에서 듣는 음악과 같은 음악은 없습니다. 저의 네덜란드 친구들은 과도한 긴장이 풀어져 잠이 저절로 올 정도로 아주 느리게 주님께 찬양합니다. 그러나 거기에도 많은 사람들의 목소리가 어우러져 웅대한 찬양의 조화를 이룹니다. 저는 하나님의 백성들이 진실한 마음으로 찬양을 부른다면, 좀 잘 못 부른다고 하더라도 그것을 듣는 것을 좋아합니다. 오, 모든 사람의 영혼이 박자를 치고, 모든 사람의 혀가 곡조를 부르고, 각 찬송자가 회중들이 감사와 사랑으로 충만한 기분을 느끼도록 하는 고귀한 찬양의 외침은 얼마나 은혜로울까요! 하나님을 예배하는 진실한 마음들의 연합 속에는 우리의 마음을 크게 즐겁게 하는 감동이 있습니다. 이 마음들이 찬송으로 표현될 때, 그 아름다운 소리들은 참으로 달콤합니다.

저는 교회가 한 주일에 한 번 정도 찬양집회를 가져야 한다고 생각합니다. 우리는 최소한 매주 한 번씩 밤에 기도회를 갖고, 많은 교회들이 매일 새벽 기도회를 갖습니다. 그런데 왜 우리는 찬양집회는 갖지 않을까요? 계절마다 처음부터 끝까지 찬양만 드리는 그런 예배가 따로 있었으면 좋겠습니다. 한 번 그렇게 해봅시다.

목회자를 위한 찬양

특별히 목회자들을 위해 합심기도를 드려야 한다고 말씀드린 것처럼 연합찬양도 똑같이 드려져야 한다고 말씀드리고 싶습니다. 온 교회가 목회자들을 통해 하나님이 교회에 은혜를 베풀어 주시는 것에 대해 하나님께 찬양을 드리고 감사해야 합니다. 사도 바울이 얼마나 그것을 강조하는지 들어보십시오: "이는 우리가 많은 사람의 기도로 얻은 은사로 말미암아 많은 사람이 우리를 위하여 감사하게 하려 함이라." 사랑하는 형제들이여, 우리를 위해 수고하는 목회자들을 허락하신 것에 대해 하나님께 찬양해야 합니다. 왜냐하면 그들이 죽어버리면 그들과 함께 그들의 수고도 사라져 버리기 때문입니다. 루터와 칼빈이 살아있을 때, 종교개혁이 얼마나 크게 박차가 가해졌는지를 보면 놀랍습니다. 그러나 그들이 죽자 그것은 크게 위축되고 말았습니다. 훌륭한 사람들의 정신도 어느 정도까지만 계승되는 법입니다. 이 시대의 하나님의 교회들은 사사시대의 이스라엘 백성들과 같습니다. 사사들이 죽자 이스라엘 백성들은 또 다시 우상숭배에 빠졌습니다. 이것은 오늘날도 똑같습니다. 하나님이 목회자를 사용하시는 동안 교회는 성장합니다. 그러나 그가 죽으면 불꽃처럼 타올랐던 열심도 연기 속으로 사라집니다. 백에 아흔 아홉은 아니더라도, 열에 아홉 정도는 교회의 부흥은 목회자의 활동에 달려있습니다. 하나님은 우리를 겸손하게 하시려고 그렇게 하십니다. 그러므로 여러분의 목회자가 목숨이 붙어있는 것에 대해 감사해야 합니다.

우리는 목회자가 좋은 인격을 갖추고 있으면 그것에 대해서도 감사해야 합니다. 왜냐하면 목회자가 타락하면 그것은 너무나 큰 불명예이기 때문입니다. 존경받는 유명한 아무개 목회자가 불미스러운 일로 신문에 난 슬픈 기사들을 보면, 누구든 "얼마나 충격적인 일인가! 그런 세례 시행자들이 있다는 것은 얼마나 불행할까!"라고 말하게 됩니다. 우리의 자유는 질서가 필요 없을 정도로 완전하지는 않습니다. 아무리 그래도 그에게 말씀을 듣기 위해 교회를 찾는 성도들에게 그는 최소한 목회자입니다. 그러므로 여러분은 일신의 영광을 위해 목회자를 사칭하는 위선자들이 있을 수 있다는 것을 알아야 합니다. 만일 진실한 목회자가 변질되지 않고 자신의 성실함을 유지한다면, 그로 인해 여러분은 하나님께 끊임없이 감사해야 합니다.

만일 목회자가 풍성한 물을 흘려보내는 샘처럼 맛있는 양식을 공급해 준다면, 만일 하나님이 그에게 양들을 먹이도록 그의 보물창고로부터 옛 것과 새 것을 골고루 가져가도록 허락하신다면, 여러분은 그에 대해 심심한 감사가 있어야 합니다. 만일 목회자가 계속 온전함을 유지한다면, 만일 그가 철학의 길이나 편협한 교리의 길로 빠지지 않는다면, 그것 때문에 여러분은 감사해야 합니다. 만일 하나님이 성도들에게 그의 가르침을 듣도록 인도하신다면, 또 그때 무엇보다 영혼들이 회심하고, 성도들이 변화된다면, 하나님께 영광을 돌리고 그분을 찬양하기를 결코 멈추어서는 안됩니다.

저는 지금 여러분이 이미 알고 있는 어떤 사실에 대해 언급하고자 합니다. 이것은 여러분이 심정적으로 동조는 하지만, 그리 크게 중요시하지는 않는 그런 사실처럼 보입니다. 그러나 만일 여러분이 근래에 잠시 동안이라도 네덜란드에 살고 있었다면, 여러분은 아마 이것을 크게 평가했을 것입니다. 그곳을 여행하는 동안 저는 경건한 사람들과 함께 한 집에 머물렀는데, 저는 그들과 달콤한 교제를 나누었습니다.

그런데 그들은 자기들의 예배 처소에서 예배를 드릴 수 없는 하나님의 사람들이었습니다. 왜냐구요? 그들은 이렇게 말합니다: "목사님, 대부분의 목사님들 — 개혁교회 소속 목사들뿐만 아니라 네덜란드에 사는 모든 목사들 — 이 성경의 모든 말씀을 부정하는 곳에서 우리가 어떻게 예배를 드릴 수 있겠습니까? 칼빈주의나 루터주의 교리들을 비판하고, 강단에서 그리스도의 부활의 실재성을 부정하고 예수님의 승천은 단순한 영적 비유에 불과하다고 주장하는 배반자들의 설교를 어떻게 들을 수 있겠습니까?"

50년 전부터 네덜란드에서는 불신앙이 지배하고 있습니다. 만일 그 흐름들이 이런 식으로 퍼지도록 방관한다면, 우리도 곧 그들처럼 될 것입니다. 네덜란드 목회자들은 진리를 사랑하는 사람들(그리고 진리의 말씀을 듣기를 바라는 수많은 사람들이 있습니다)이 교회에 출석하는 것을 완전히 막아버릴 정도로 거짓 진리를 취하는데 앞장서고 있습니다. 그들은 매 주일 설교를 통해 그 자리에 참석한 사람들에게 이단적이고 사이비적인 교리들을 받아들이도록 가르치고 있습니다.

만일 하나님이 과거에 영국에서 복음을 담대하게 그리고 명백하게 설교하는 목사님들을 제거해 버리셨다면, 여러분은 옮겨버린 촛대를 다시 제자리로 돌려달라고 하나님께 애원할 것입니다. 우리는 감사하게도 영국에 관해 "그 모든 죄악에도 불구하고 나는 여전히 그대를 사랑하노라"고 말할 수 있습니다. 우리에게는 진리로부터 미끄러지도록 하는 교파에 속하는 사람들이 거의 없습니다. 그들은 그리스도의 교회들과 비교해 보면 양동이 속의 물 한 방울입니다. 우리 중에는 우리가 바라는 칼빈주의자가 아닌 사람들도 있습니다. 그러나 성경의 영감성을 문제 삼거나 이신칭의 진리를 의심하는 사람들은 결코 없습니다. 우리에게는 여전히 복음의 전체 진리를 설교하는 신실한 목회자들이 있습니다.

여러분의 목회자들에게 감사하십시오. 만일 여러분이 네덜란드의 어떤 신자들과 같은 위치에 있다면, 여러분은 아마 이렇게 부르짖었을 것입니다: "주님, 저희에게 당신의 예언자들을 되돌려 주옵소서. 저희에게 빵이나 물의 기근은 보내실지라도, 말씀의 기근은 보내지 마옵소서."

저는 얼마 전 방문했다 돌아온 네덜란드에서 아주 곤란한 일을 겪었을 때 저를 도와주신 하나님을 찬양합니다. 그 나라에서 그 많은 사람들 중에서 특별히 저에게 베풀어 주신 사랑을 인하여 하나님을 찬양합니다. 저는 저에 대한 찬양이 아니라 그분에 대한 찬양을 말씀드리는 것입니다. 왜냐하면 "만일 하나님이 저에게 수확을 거두도록 하신다면, 저는 밀이삭만 거두는 것이 아니라 그 전부를 거둘 것이라는 것"을 확신했기 때문입니다. 제가 갔던 네덜란드 모든 곳에서 만났던 수많은 사람들 — 하나님이 저의 번역된 설교집을 통해 그들의 영혼을 축복하신 것 때문에 내가 누군지도 모르고 내 얼굴을 보기 원하고, 한결같이 형제 같은 사랑으로 저를 대접하고 눈에는 눈물이 글썽해서 네덜란드 말로 제 머리 위에 모든 축복을 기원했던 사람들 — 을 발견했습니다.

저는 약 50여 명 또는 100여 명 정도의 사람들에게 설교하기를 원했습니다. 그러나 그 대신 대성당이 그리 크지 않다고 생각될 정도로 많은 사람들이 모여들었습니다. 이것 때문에 저는 크게 놀랐고, 또한 하나님께 감사하고 그분을 즐거워하게 되었습니다.

저는 모든 상류계급 사람들 사이에서 하나님이 저에게 베풀어 주신 사랑으로 말미암아 감사를 드립니다. 가난한 사람들은 저에게 몰려들어 제가 힘들어 지칠 때까지 악수를 할 정도로 저를 환영했습니다. 그러나 네덜란드 여왕의 마음을 감동시키도록 저를 보내 주신 하나님을 찬양합니다. 한 시간 이상 저는 여왕과 평화에 관한 대화를 나누는 특권을 누렸습니다. 저는 여왕과 대화를 나누기를 바라지 않았습니다. 그것은 여왕의 뜻이었습니다. 그렇지만 저는 여왕에게 오직 그리스도에 관해 말씀을 전하고, 오직 예수님에 관해 설교할 수 있도록 허락하신 하나님을 찬양했습니다. 또한 저는 저를 도와주신 주님을 기뻐했습니다. 저는 그 고귀한 영부인을 떠났지만, 하나님에 관한 소중한 진리를 선포하는데 실패하지 않았습니다.

저는 모든 교파 지도자들이 저를 진심으로 초청해 주신 것에 대해 감사했습니다. 토요일날 암스테르담에서 저는 아침에는 메노파 교회에서, 저녁에는 구화란 개혁 교회에서 설교를 했습니다. 그 다음 날 주일 아침에는 영국 장로교회에서 저녁에는 화란 자유 교회에서 설교를 했습니다. 때로는 저는 대성당에서 설교했는데, 그때 그곳에는 가난한 사람들뿐만 아니라 그 지역의 귀족과 지주들도 참석했습니다. 그런데 그들은 영어를 훨씬 더 잘 습득할 수 있는 능력이 있었지만, 배울 기회는 거의 없었던 사람들이었습니다.

여기저기 방문하는 동안 저는 주님이 설교하도록 저를 항상 도우신다는 것을 느꼈습니다. 저는 그때만큼 제 인생에서 영의 활력과 심령의 충만성을 느껴본 적이 없었습니다. 저는 하루에 두 번씩 매일 설교했음에도 불구하고 돌아올 때 전혀 지치거나 피곤하지 않았습니다. 아니 오히려 처음 출발할 때보다 힘이 더 넘쳤고 활력이 충만했습니다. 저는 저의 번역된 설교집을 통해 은혜를 받고 변화된 그 많은 영혼들과 배에까지 따라와 눈물을 흘리며 "겨울 전에 어서 오시오"(딤후 4:21)라고 인사하면서 다시 한 번 설교하러 와 달라고 눈물을 흘리며 축복을 기원하던 사람들로 인해 하나님께 영광을 돌렸습니다.

물론 여기에는 약간의 자기 중심적인 고백이 혼합되어 있을 수 있습니다. 그러나 주님은 그것이 그런지 그렇지 않은지 아시겠지만, 저는 그것을 잘 모릅니다. 저는 철학이 크게 지배했던 땅에서 그분이 저를 도우셔서 단순한 교리학자로서 말씀을 전한 것이 아니라 그리스도를, 오직 그리스도만을 아주 단순하게 설교하도록 도우신 그분의 이름을 찬양합니다. 사랑하는 형제들이여, 함께 기뻐해 주십시오. 만일 여러분이 그렇게 안한다면, 저만 혼자 기뻐해야 합니다. 하지만 어떤 찬양의 덩어리라도 그것을 전부 저 혼자 먹기에는 너무나 큽니다.

기도와 찬양에 대한 목회자의 주장

저는 사도 바울이 고린도후서 1:12에서 저와 여러분의 목회자를 위해 기도와 찬양을 드려야 하는 이유로서 언급한 즐거운 권면을 다루고자 합니다:

> 우리가 세상에서 특별히 너희에 대하여 하나님의 거룩함과 진실함으로 행하되 육체의 지혜로 하지 아니하고 하나님의 은혜로 행함은 우리 양심이 증언하는 바니 이것이 우리의 자랑이라.

복음에 대한 단순한 제시

결국 우리 양심이 증거하는 바로는 사람이 받는 위로는 하나님의 완전한 구원 다음에 오는 것이 틀림없습니다. 목회자에게는 그가 복음을 단순하게 선포했다는 것이 얼마나 큰 증거가 되는지 모릅니다. 단순하게 복음을 설교하는 데는 두 가지 국면이 있습니다. 하나는 두 마음 곧 말과 의미를 다르게 설교하지 않는다는 것, 또 하나는 노 젓는 사람들처럼 한 곳을 바라보면서 다른 곳으로 끌고 가지 않는다는 것. 아니 그것은 한 마음을 갖고 하나님의 영광과 사람들의 구원을 바라면서 기록된 그대로의 정확한 의미를 설교하는 것입니다. 그렇다면 복음을 단순하게 — 어려운 말 쓰지 않고, 미사여구를 사용하지 않고, 짐짓 연설조로 꾸미거나 수사학적인 표현으로 윤색하지 않고 — 설교한다는 것은 얼마나 큰 축복일까요! 반면에 과시적인 능변으로 강단을 오염시키는 목사의 인생은 얼마나 저주받은 것일까요! 그가 영혼들을 구하기 위해 만드는 확실한 사실들보다 언어구사력을 과시하기에 급급할 때 그의 임종의 자리는 얼마나 절망스러울까요! 하나님의 진리를 단순하게 다룬 것을 말할 수 있는 양심만이 평안을 누릴 것입니다.

바울은 또한 자신이 복음을 진실하게 — 즉 자기가 깨닫고 느낀 그대로, 곧 아무도 그가 거짓을 선포했다고 비난할 수 없을 정도로 — 선포했다고 말했습니다. 이 말에 대한 헬라어 단어는 그 안에 햇빛의 의미를 함축하고 있습니다. 그는 햇빛 속에 드러내기를 원한 것 또는 햇빛이 자기를 곧장 통과해 비추는 것을 그대로 선포한 하나님의 참된 사역자였습니다. 우리들 가운데 어느 누구도 투명한 유리컵처럼 될 수 없다고 저는 생각합니다 — 우리 대부분은 약간의 색깔은 다 갖고 있기 때문에 — 그러나 가능한 한 채색된 물질을 제거하고 복음의 빛이 의의 태양으로부터 오는 그대로 자기를 통과하여 곧장 비출 수 있도록 애쓰는 사람은 행복합니다.

바울은 단순성과 진실성으로 선포했습니다. 거기에 그는 "육체의 지혜로 하지 아니한다"고 덧붙였습니다. 오, 저는 육체의 지혜로 행하는 것들에 관한 얘기를 참으로 많이 들어왔습니다. 저는 영국이 배우기를 원했던 소중한 교훈들을 지난 2주 동안 네덜란드에서 배웠습니다. 네덜란드에는 신학적 오류를 범하고 있는 3개의 학파가 있습니다. 각 학파는 그 동료의 배후를 뛰어넘고 있습니다. 그들 중 어떤 이는 성경에 나오는 사실들은 단순히 신화일 뿐이라고 말합니다. 그들 중 다른 이들은 성경에는 많은 실수가 담겨 있기는 하지만, 부분적으로 유익한 사실들이 기록되어 있다고 주장합니다. 또 다른 사람들은 한술 더 떠 성경의 영감성에 관해 말하면 성경을 내팽개쳐 버립니다.

비록 그들이 성경을 가지고 설교하고 성경을 의존하기는 해도, 그들은 단지 교육받지 못한 사람들을 교화시키는 데만 그것을 사용할 뿐이라고 말하면서 평범한 사람들을 위해서 쓰일 뿐이라고 주장합니다(저는 여기에 생계를 유지하기 위해서라는 말을 덧붙여야 한다고 생각합니다). 교회가 이 정도까지 전락했으니 얼마나 슬픈 일일까요! 칼빈주의의 진정한 본보기였던 구화란 개혁교회는 우리가 취하는 모든 교리들을 망라한 신조를 견고하고 확실하게 견지하고 있었습니다. 그러나 지금은 허탄한 자유주의로 나아가 길을 잃고 헤매고 있습니다. 우리가 얼마나 열심히 육체의 지혜를 물리쳐야 할까요!

사랑하는 형제들이여, 저는 여러분 가운데 일부는 목사의 설교를 듣고 메시지를 잘 표현하는데 신경을 쓰도록 요구하지나 않을까 염려됩니다. 여러분은 그가 어느 정도 표현의 재능을 보여 주지 않으면 잘못한다고 꼬집을 것입니다. 그러나 이것은 죄가 아닐까요? 저는 거의 죄라고 생각합니다. 때때로 저는 우리가 설교의 재주는 덜 주목하고 선포되는 복음의 내용을 더 주목해야 하지 않을까 생각합니다.

설교자의 말을 잘하는 능력이 우리가 더 큰 유익을 받는 절대조건은 아닙니다. 우리는 어떤 종류의 교육도 받지 못한 예수님 당시 제자들처럼 어부 시절로 되돌아가는 것이 좋겠다고 생각해 봅니다. 단지 하나님의 단순성을 왜곡시키는데 도움이 될 뿐인 온갖 세상 지식을 그들에게 제공함으로써 잘못된 길로 나아가는 것보다는 차라리 아무것도 배우지 않음으로써 진리를 단순하게 선포하도록 하는 것이 더 낫다고 봅니다. 그래서 저는 본문에서 "육체의 지혜로 하지 아니하고"라는 말씀을 좋아합니다.

그리고 이제 저는 제 의견 — 내 양심이 증언하는 것처럼 — 을 사도 바울이 자랑하는 이 자랑에 두고자 합니다. 저는 하나님의 복음을 단순하게 설교했습니다. 저는 그것을 진실하게 전했습니다. 진리를 찾는 모든 심령들이 다 알아듣도록 말입니다. 저는 한 가지 특별한 이유로 그것을 육체의 지혜로 전하지 않았습니다. 그것은 저는 제 나름의 지혜는 전혀 갖고 있지 못했기 때문에 주님의 단순한 증거를 따를 수밖에 없었다는 것입니다. 그러나 만일 제가 어떤 일을 한 것이 있다면, 그것은 하나님의 은혜로 말미암아 한 것입니다. 만일 어떤 성공이 있었다면, 그것은 그렇게 행하도록 역사하신 은혜가 있었기 때문입니다.

성도의 유익을 위한 목회자의 수고

"특별히 너희에 대하여." 저의 설교는 수많은 지역에서 행해졌고, 저의 증거는 전세계를 통해 선포되었지만, 특별히 그것은 우리 교회 성도들에게 집중되었습니다. 저는 그들에게 경고했습니다. 저는 그들에게 간청했습니다. 저는 그들에게 권면했습니다. 저는 그들에게 호소했습니다. 저는 그들에게 변증했습니다. 저는 그들 때문에 눈물도 흘렸습니다. 저는 그들을 위해 기도했습니다. 그들 중 어떤 이들에게 저는 그리스도 안에서 영적 부모였습니다. 그들 중 많은 이들에게 저는 젖을 먹이는 보모와 같았습니다. 그들 중 어떤 이들에게는 복음의 교사이자 훈도였습니다. 그래서 저는 그들 모두가 그리스도 예수 안에서 진실한 친구이기를 바랍니다. 그러므로 저는 그들의 목사인 저를 위해 기도해 주기를 요청합니다.

비록 기도를 통해 자기들의 목회자들을 기억하는 사람들이 많이 있지만, 그들의 수고가 특별히 "여러분에 대하여" 주어지는 한, 그들을 위해 특별히 기도해 주도록 저는 여러분에게 부탁을 드립니다. 어떤 사람들은 제가 여러분이 목회자들을 위해 기도하지 않는다고 말하는 것에 대해 자기를 모욕한다고 생각할지 모르겠습니다. 저는 여러분이 잘못한다고 말하는 것이 아닙니다. 다만 어떤 사람들은 자기 목회자들을 위해 중보기도하고 하나님께 감사하는 것을 잊고 있다는 것을 지적하는 것입니다. 그들을 위해 계속 기도하십시오! 주님이 여러분에게 여러분의 훈계와 가르침을 위해 그들을 주신 것에 대해 즐거워하십시오!

또 교회의 성도들 가운데에는 아직 구원받지 못한 영혼들이 있을 것입니다. 아직 회심하지 못한 상태에서 목사의 설교를 듣고 있는 사람들도 있을 것입니다. 그들의 구원을 위해 하나님께 간구하십시오. 아직 깨어지지 못해 강퍅한 마음을 가진 성도들도 있을 것입니다. 망치로 그것을 부수어 달라고 하나님께 구하십시오. 아직 녹아내리지 못한 사람들이 있다면, 말씀이 불처럼 역사하게 해달라고 하나님께 기도하십시오. 능력을 더해 달라고 하나님께 여러분의 목회자들을 위해 기도하십시오. 교회는 아직도 잠에서 깨어나기 위해 하나님의 큰 음성을 원하고 있습니다. 하나님이 지명하여 보내신 모든 종들을 축복해 달라고 구하십시오. 그분의 나라가 임하고, 그분의 뜻이 하늘에서 이루어진 것처럼 땅에서도 이루어지기를 그분께 강력하게 구하십시오.

저는 여러분 모두가 예수님을 믿도록 위해서 기도합니다. 마찬가지로 여러분도 그렇게 하지 않으면 기도하거나 찬양할 수 없습니다. 오, 여러분 모두가 예수님을 믿기를 바랍니다! 기억합시다. 이것이 구원을 위한 유일한 길임을. 예수를 믿으십시오. 왜냐하면 "그를 믿는 자는 심판을 받지 아니하는 것이요 믿지 아니하는 자는 하나님의 독생자의 이름을 믿지 아니하므로 벌써 심판을 받은 것이니라"(요 3:18). 예수를 믿으십시오. 그러면 여러분은 구원을 받을 것입니다. 그분의 사랑으로 말미암아 여러분이 그리스도를 영접하기를 간절히 기원합니다. 아멘.

6

평생에 할 일

그러므로 우리는 예수로 말미암아 항상 찬송의 제사를 하나님께
드리자 이는 그 이름을 증언하는 입술의 열매니라 — 히 13:15

이 구절이 전체 문맥에서 차지하고 있는 위치를 살펴보는 것이 유익합
니다. 관련 구절들은 본문의 보석을 빛내주기 위해 금과 같은 역할을 하고
있습니다. 여기서 우리는 하나님 앞에서 가져야 할 신자의 위치에 대한 말
씀을 보게 됩니다. 그분은 모든 세속 규례들을 폐하셨고, 모세 율법의 의식
규정들에 대해서는 관심이 없으셨습니다. 모든 외적 모형들의 실체이신 예
수 안에서 신자가 된 우리들은 더 이상 금이나 돌로 만든 제단에서 제사
를 드리지 않습니다. 우리의 예배는 영적 예배이고, 또한 그것이 우리의 제
단입니다:

그리스도께서 죽으셨으니, 우리는 제단을 세우지 않는다.
더 이상 우리는 제사 기구를 진열하지 않는다.

정말 그렇습니까? 우리는 희생제사를 드리지 않아도 됩니까? 그렇습니
다. 이제 그것과는 상관이 없습니다. 우리는 하나님께 항상 제사를 드리도
록 부르심을 받습니다. 아침과 저녁에 어린양을 드리고, 정해진 거룩한 날

에 소와 양을 죽여서 희생제사를 드리는 대신에, 우리는 하나님께 지속적으로 찬송의 제사를 드려야 합니다. 외적 규례들은 폐기시키고 지금 우리는 내적이고 영적 예배에 온전하게 드려져야 합니다. 사랑하는 형제들이여, 여러분의 소명을 알고 있습니까?

더구나 신자는, 만약 그가 바람직한 자리에 있으려면, 지금 그의 주님처럼 "영문 밖으로" 나가야 합니다. "그런즉 우리도 그의 치욕을 짊어지고 영문 밖으로 그에게 나아가자"(히 13:13). 이것이 무슨 뜻일까요? 우리가 영문 밖으로 나간다면, 우리는 어떻게 됩니까? 우리는 사람들과 하나님으로부터 배척을 받습니까? 우리는 세상에 속해 있지 않기 때문에 흥분하고 다투어야 합니까? 아닙니다. 오히려 반대로 우리는 더 고상한 목적을 열렬하게 추구하고, 하나님의 찬송과 영광을 위해 우리의 흐트러진 마음을 추슬러야 합니다.

우리는 주님이 그러셨던 것처럼 사람들의 조롱 속에 있습니까? 우리가 "그분이 당하신 수모를 겪는 것"이 당연합니까? 우리는 절망 속에 나가떨어져야 합니까? 우리는 이 무거운 짐을 짊어지고 고꾸라져야 합니까? 아닙니다. 진실로 우리는 영예를 잃은 반면에 우리 하나님께 영예를 돌려야 합니다. 우리는 그리스도를 위해 조롱당할 가치가 있다고 생각되면 기꺼이 그렇게 해야 합니다. 우리는 하나님을 항상 찬송해야 합니다. 우리 입술의 열매는 그분의 이름을 더욱 담대하게 고백하는 것이 되어야 합니다. 우리는 더욱더욱 진지하게 그분의 영광과 은혜를 선포해야 합니다. 조롱이 쓰다면, 찬양은 달콤합니다. 우리에게 달콤한 꿀의 바다에서 쓰디쓴 방울들이 떨어질 것입니다. 악이 우리를 손상시키는 것처럼 우리의 이름이 무시를 당한다면, 우리는 더더욱 주님께 그분의 이름에 합당한 영광이 돌려질 수 있도록 해야 합니다. 원수가 우리를 끊임없이 조롱한다면, 우리의 유일한 반응은 주 우리 하나님께 끊임없이 "찬송의 제사"를 드리는 것이 되어야 합니다.

또한 사도는 "우리가 여기에는 영구한 도성이 없다"(히 13:14)고 말했습니다. 그렇습니다, 그렇다면 우리는 세상으로부터 찬송으로 관심을 바꾸

어야 합니다: "항상 찬송의 제사를 하나님께 드리자." 만일 이 세상의 모든 것이 지나가는 것이라면, 지나가게 합시다. 그러나 우리는 찬송을 멈추어서는 안됩니다. 만일 만물의 끝이 가까이 왔다면, 끝나게 놔둡시다. 그러나 살아계신 하나님에 대한 우리의 찬송은 끝없이 세상에 남아 있어야 합니다. 만일 여기 이 땅에서의 시민권을 위협하는 결과들을 피할 수 없는 상태가 되면, 우리는 천국 시민권을 사용해야 할 것입니다. 새로운 사회주의를 건설하고 소유물을 분배하는 것은 우리가 할 일이 아닙니다. 우리는 이 세상에 속하지 않는 나라 곧 하늘에 있는 영원한 하나님의 나라에 속해 있습니다. 정치가들의 이상을 추구하는 것은 우리의 몫이 아닙니다. 우리의 몫은 하나님이 정하신 제사장들로서 희생제사를 드리는 것입니다. 우리는 이 세상에 속해 있지 않기 때문에 다가올 세상을 추구하고 그리스도 안에 있는 성도들이 영원히 다스릴 나라를 지향하는 것이 우리의 몫입니다.

사랑하는 성도들이여, 그렇다면 여러분은 본문이 그 문맥 속에서 굉장히 파격적인 말씀이라는 것을 보아야 합니다. 그러나 적절하게 조명해 본다면, 그것은 가장 합당한 말씀이라고 볼 수 있습니다. 우리가 세상에서 사는 삶이 이상한 나라에서 살고 있는 이방인들처럼 느껴지면 느껴질수록 우리는 함께 살고 있는 하나님을 찬양하는데 그만큼 더 심혈을 기울여야 합니다. 우리는 세상에 대해서 십자가에 못 박히고, 세상은 우리에 대해서 십자가에 못 박혔기 때문에, 우리는 유일한 믿음과 기쁨이 되시는 하나님을 찬양하는데 시간을 투자해야 합니다. 오, 세상이 어떻게 돌아가든 하나님을 끊임없이 찬양하고 결코 그분을 찬양하기를 지체하지 마십시오.

사랑하는 형제들이여, 이번 설교에서 제가 특별히 전하고자 하는 것은 예수 그리스도로 말미암아 하나님이 왕과 제사장을 삼으신 여러분들로 하여금 거룩한 직분을 감당하도록 도전을 주는 것입니다. 그 목적을 위해 저는 첫 번째로 그리스도인이 감당해야 할 희생제사에 대해 묘사하고, 두 번째로 그 본질을 검토하고, 세 번째는 그 실천을 추천하며, 마지막 네 번째는 그것을 당장 시작하도록 권고할 것입니다.

희생제사에 관한 설명

그리스도에 의해 제공된 희생제사

첫째로 성도와 관련하여 저는 그리스도의 희생제사를 설명하겠습니다. "그러므로 우리는 예수로 말미암아." 우리가 하나님께 드리는 모든 희생제사는 항상 그리스도와 함께 시작됩니다. 우리는 예수님 없이는 한 걸음도 앞으로 나아갈 수 없습니다. 위대하신 중보자 없이는 우리는 하나님께 나아갈 수 없습니다. 그리스도와 상관이 없다면 하나님이 받으시기에 합당한 기도는 없고, 그분은 어떤 희생제사도 기뻐하시지 않습니다. "그러므로 우리는 예수로 말미암아." 우리는 "성문 밖에서 고난을 받으신"(히 13:12) 예수님 없이는 입을 벌리는 것을 인정받을 수 없습니다.

우리의 고백의 대상인 대제사장은 우리를 성전 문으로 인도하십니다. 우리는 그분의 손에 희생제물을 드리고, 그러면 그분은 우리를 위해 그것을 내놓으실 것입니다. 여러분은 그렇게 되지 않기를 바라지 않을 것이라고 저는 확신합니다. 만일 그분 없이 어떤 것을 행할 수 있다면 여러분은 그렇게 하는 것에 두려움을 느낄 것입니다.

그분이 여러분과 함께 있을 때 여러분은 오직 안전함을 느끼고, 여러분은 "사랑하는 자 안에"(엡 1:6) 있게 됩니다. 여러분의 거룩한 제사가 시작될 때 여러분의 눈이 우리 주님을 향해 돌려진 것에 대해 감사하십시오. 여러분은 항상 희생제사를 드리면서 예수님을 바라보아야 합니다. 보라, 우리의 위대하신 멜기세덱이 우리를 만족시키리라! 우리는 그분에게 모든 것의 십일조를 드려야 하고, 그러면 천 배로 갚아 주시는 축복을 받습니다. 우리는 가인이나 어리석은 자들의 희생제사가 되지 않도록 그분으로부터 벗어난 제물을 드려서는 안됩니다. 그분은 제물과 드리는 자 모두를 성결하게 만드는 제단이십니다. 그러므로 우리의 희생제사는 그분으로 말미암아 하나님께 드려지는 찬송과 자선의 제사가 되어야 합니다.

지속적인 제사

그 다음 이 희생제사는 끊임없이 드려져야 한다는 것을 주목하기 바랍니다. "그러므로 우리는 예수로 말미암아 항상 찬송의 제사를 하나님께 드리자." 본문을 주의 깊게 살펴보기 바랍니다. 여러분은 "우리는 주일에 하나님을 찬송하도록 교훈받는다"고 말해서는 안됩니다. 저는 여러분에게 이렇게 가끔씩 의무를 수행하라고 권면하지 않았습니다. 본문은 "항상"이라고 말하고, 그것은 일주일 내내를 의미합니다. 저는 여러분에게 "그분은 우리가 잠에서 깬 아침과 잠자기 전 밤에 하나님을 찬송해야 한다고 말씀합니다"라고 말하지 않았습니다. 물론, 그때에도 실수 없이 찬송해야 하겠지요. 그러나 그것이 제가 여러분에게 권면하는 것은 아닙니다.

"그러므로 우리는 예수로 말미암아 항상 찬송의 제사를 하나님께 드리자" ─ 말하자면, 쉬지 말고. 우리는 "쉬지 말고 기도하라"(살전 5:17)는 구절과 비교해서 "쉬지 말고 찬양하라"고 말해야 합니다. 여기뿐만 아니라 저기, 아니 모든 곳에서 우리는 주 우리 하나님을 찬양해야 합니다. 우리는 행복한 상태에 있을 때뿐만 아니라 침체와 고통 속에 있을 때에도 찬양해야 합니다. 향단으로부터 풍기는 향연(香煙)은 천국을 향해 밤낮으로, 태초부터 종말까지 올라가야 합니다. 우리가 하나님을 찬양하기 위해 성도들의 회합 속에 있을 때뿐만 아니라 죄인들이 모이는 허영의 시장(Vanity Fair)을 건너뛰도록 부르심 받을 때에도 찬양해야 합니다. "내가 여호와를 항상 송축함이여"(시 34:1). 하나님과의 교제의 향기로 가득 찬 은밀한 골방에 홀로 있을 때뿐만 아니라 들에, 거리에 그리고 바쁘고 시끄러운 공장에 있을 때에도 찬양해야 합니다.

여러분은 그분에 대한 찬양을 항상 말할 수는 없지만, 그분을 찬양하는 삶을 항상 살 수는 있습니다. 하나님을 찬양하는 데 드려지는 마음은 산중턱까지 솟아오르는 샘물처럼 그 예정된 과정을 따라 계속 흘러갈 것입니다. 하나님에 대한 감사로 흠뻑 적셔진 영혼은 찬양의 신성한 향기를 계속 쏟아냄으로써, 모든 곳의 공기를 꿰뚫을 뿐만 아니라 영적 코를 갖고 있는 모든 사람들에게 달콤한 향기를 풍길 것입니다.

하나님에 대한 찬양을 정당하게 지연시킬 수 있는 시간은 절대로 있을 수 없습니다: "그러므로 우리는 예수로 말미암아 항상 찬송의 제사를 하나님께 드리자." 이것은 특별한 사람들 — 목사, 장로, 집사 그리고 특별사역자들 — 뿐만 아니라 모든 신자들에 의해서 이루어져야 합니다. 사도는 "드리자"고 했습니다. 따라서 그는 영문 밖으로 그분과 함께 나가기 위해 그리스도의 위대하신 희생제사에 참여한 우리 모든 사람들에게 처해 있는 각각의 자리에서 그분과 함께 서서 하나님을 향한 찬송의 제사를 쉬지 말고 드리도록 촉구하고 있습니다. 그렇다면 여러분은 다음과 같은 두 가지 중요한 요점을 보아야 합니다: 항상 그리고 예수로 말미암아 항상.

찬송의 제사

사도는 계속해서 희생제사가 무엇인가를 우리에게 말해 줍니다. 그것은 "찬송의 제사"입니다. 찬송은 마음의 예배 또는 경배입니다. 경배는 지상에서 드리는 예배 중 최고의 예배입니다. 우리는 여호와 곧 살아계시고 참되신 유일하신 하나님께 모든 영예와 영광을 돌립니다. 우리는 그분의 사역을 볼 때, 그분의 말씀을 들을 때, 그분의 은혜를 맛볼 때, 그분의 섭리를 느낄 때, 그분의 이름에 관해 생각할 때, 우리의 영혼은 그분 앞에 가장 낮은 자세를 취하고 그분을 영광의 주님으로서 높여야 합니다. 우리는 경배의 정신을 항상 견지해야 합니다. 왜냐하면 이것이 가장 순수한 의미의 찬양이기 때문입니다.

찬양은 하나님을 마음으로 의탁하고 마음으로 만족하는 것입니다. 의탁은 경배가 실제적으로 적용된 결과입니다. 우리는 세상 속에서 하나님을 의탁하고, 그분이 만물을 잘 다스리는 것을 믿으며, 그분이 명하신 모든 것을 그대로 행하기로 결심해야 합니다. 왜냐하면 그분의 인격과 그분의 명령은 우리에게 가혹한 것이 아니기 때문입니다. 우리는 주님이 스스로를 즐겁게 계시한 대로 그분을 즐거워합니다. 그 계시는 주어진 그대로 존중되어야 합니다. 우리는 하나님이 계신다는 사실을 믿을 뿐만 아니라 "그가 자기를 찾는 자들에게 상 주시는 이심을"(히 11:6) 믿습니다. 우리는 만일 우리의 사역에 직접적인 보상이 없다고 해도 하나님을 찬양해야 합니다. 왜냐하면 우리는 그분이 불의한 분이 아니고, 우리의 믿음의 활동을 결코 잊지 아니하신다는 것으로 만족하기 때문입니다.

우리는 하나님이 행하거나 정하시는 어떤 것과 모든 것으로 완전히 만족함으로써 그분을 찬양해야 합니다. 우리는 그분과 관련된 모든 것 속에서 신성한 즐거움을 취해야 합니다. 그분이 "(우리의) 큰 기쁨의 하나님"(시 43:4)이 되셔야 합니다. 여러분은 하나님을 즐거워하는 것이 무엇을 의미하는지 아십니까? 아신다면 항상 만족하면서 그분을 끊임없이 찬양하십시오. 하나님이 인생 곧 그 영혼과 머릿속에 함께 하실 때 인생은 더 이상 슬픔이 아닙니다. 우리가 하나님을 알고 있고 그분의 사랑을 맛보고 있는 한 그것은 고통스럽고 고생스러운 상태에서도 살 만한 가치가 있습니다. 그분이 오직 우리에게 하나님이 되시고, 우리에게 자신을 아버지와 하나님으로 부르도록 허락하신다면 그분에게 선한 것을 행하도록 합시다.

찬양은 마음의 즐거움으로서, 감사와 경이에 빠지는 것입니다. 주님은 제게는 제가 주님을 찬양하지 않고는 못견딜 정도로 또는 마치 제가 제 안에 불을 담아두고 있는 것처럼 느낄 정도로 큰일을 행하셨습니다. 저는 여러분에 관해서도 그렇게 말할 수 있습니다. 왜냐하면 여러분 역시 여러분을 위해 "그분이 큰일을 행하셨기"(욜 2:20) 때문입니다. 주님은 여러분을 크게 선대하셨습니다. 땅이 생기기 전 그분은 여러분을 택하셨고, 여러분과 언약을 맺으셨습니다. 그분은 그 아들을 여러분에게 내주셨습니다. 그분은 세상이 아니라 여러분에게 자신을 계시하셨습니다. 지금도 그분은 여러분이 "아바 아버지"(롬 8:15)라고 부를 때마다 여러분 속에 새로운 영을 창조하십니다.

확실히 여러분은 그분을 찬양해야 합니다! 여러분이 그분을 높이지 않는다면 여러분의 마음의 갈망을 어떻게 충족시킬 수 있을까요? 여러분의 감사는 땅보다 하늘이 높은 것만큼 여러분보다 훨씬 더 높이 올라가야 합니다. 여러분의 영혼의 배는 이 사랑의 바다에서 발견되었고, 그 깊이는 50길이나 되었습니다. 그 돛대머리 위로 높고 높은 영원한 자비의 대양이 은혜의 거대한 파도와 함께 넘실거리고 있습니다. 여러분은 무한한 사랑의 심연 속으로 삼키움을 당합니다. 여러분은 숭배에 대한 경이와 감동으로 흡수됩니다. 레아가 유다를 낳았을 때 "내가 이제는 여호와를 찬송하리로다"(창 29:35)라고 외치는 것과 같습니다.

여기에 덧붙여 여러분은 여러분 속에 하나님에 대한 깊은 사랑이 불타오를 때 마음에서 우러나오는 찬양이 있지 않습니까? 여러분은 여러분이 하나님을 사랑하는 것만큼 다른 누구를 사랑할 수 있었습니까? 여러분은 세상에서 가장 사랑하는 사람에게 사랑의 강물을 쏟아 붓고 나면, 그 어떤 피조물도 담을 수 없는 어떤 감동을 마음속에 느끼지 않습니까? 사람의 마음은 사랑을 낳는데 한계가 없고, 우리가 어떤 존재를 사랑할 때 그 물줄기는 너무 커서 그 물을 저장소에 담기에는 역부족입니다. 오직 무한하신 하나님만이 항상 사랑하는 마음의 모든 사랑을 담을 수 있습니다. 여호와가 마음의 사랑의 유일한 대상일 때, 마음에 가장 큰 만족감이 있고, 그 감정도 가장 충만하게 됩니다. 나의 하나님, 저는 당신을 사랑합니다! 당신은 만사를 알고 계십니다. 당신은 제가 당신을 사랑한다는 것도 아십니다.

우리는 성경에서 주님에 관해 읽는 어떤 엄격한 진리 때문에 그분에 대해 불평하기보다는, 그분의 계시에 대해 우리의 이성을 굴복시킴으로써 이 진리들 안에서 그분을 경배할 수 있게 됩니다. 우리가 이해할 수 없는 것을 우리는 그럼에도 불구하고 믿습니다. 그리고 믿음으로써 우리는 그분을 경배합니다. 우리가 할 일은 전능자를 참소하는 것이 아니라 그분에게 복종하는 것입니다. 우리는 그분의 감독자가 아니라 그분의 종들입니다. 우리는 법을 정하는 자가 아니라 사랑하는 자들입니다. 그분은 선하신 분으로, 우리가 최고로 공경해야 할 만큼 선하십니다. 그리고 그분은 우리의 마음속에서 무한히 찬송을 받으실 분입니다. 우리는 그분이 어떻게 존재하셔야 하는지 헤아리지 못하지만 그분이 존재하신다는 것은 압니다. 그리고 그것만으로도 우리는 그분을 사랑하고 경배합니다.

하나님을 찬양하는 길

본문은 분명히 말로 드리는 찬양에 관해 언급하고 있습니다: "그러므로 우리는 예수로 말미암아 항상 찬송의 제사를 하나님께 드리자 이는 그 이름을 증언하는(감사하는) 입술의 열매니라." 또는 개역성경(RV)에서 번역한 것처럼 "그 이름을 고백하는 입술의 열매"입니다. 그래서 우리는 하나님에 대한 찬양을 입술로 해야 하고, 경배의 감정을 느끼는 것으로는 충분하지 않습니다. 신자들의 제사장직은 입술로 하나님을 찬양하도록 요청합니다. 우리가 현재 부르는 것보다 더 많이 노래를 부르면 안됩니까? 시편과 찬송 그리고 영가 등이 우리 가정에 충만해야 합니다. 가능한 한 가장 많이 찬송하는 것은 우리의 의무입니다.

우리는 기도하는 만큼 많이 찬양해야 합니다. 어떤 사람은 "나는 그만한 목소리를 갖고 있지 않다"고 말할 것입니다. 그렇다면 그런 목소리를 가질 때까지 그것을 계발하십시오. "그러나 나는 쉰 목소리입니다." 아, 그래요! 사람의 귀에는 쉰 목소리로 들릴 수 있겠지만 하나님께는 감미로운 음성으로 들릴 것입니다. 그분에게 음악은 심령 속에 있지, 소리 속에 있는 것이 아닙니다. 시와 노래로 주님을 찬양하십시오. 제가 알고 있는 일부 경건한 사람들은 밭에서 일할 때나 길을 걸을 때나 끊임없이 콧노래로 찬송을 부릅니다. 이들은 우리 왕의 음유시인이자 가수들입니다. 얼마나 행복한 직업일까요! 우리도 이러한 낙원의 새가 될 수 있다면! 불경건한 세상이 자기들의 쾌락의 소리들을 얼마나 많이 쏟아놓는지 들어보십시오. 종종 그들의 노래는 너무 어리석어서 아무 의미가 없습니다. 그들이 부끄러워합니까? 그렇다면 우리도 부끄러워해서는 안됩니다. 하나님의 자녀들이여, 시온의 노래를 부르십시오. 여러분의 마음이 여러분의 왕 앞에서 즐거워하도록 하십시오. "즐거워하는 자가 있느냐 그는 찬송할지니라"(약 5:13).

그러나 만일 우리가 원하는 대로 잘 또는 항상 찬송할 수 없다면, 대화로 하기 바랍니다. 우리는 나는 대화할 수 없다고 말할 수 없습니다. 아마 어떤 사람들은 말을 좀 삼가는 것이 더 좋을 수 있습니다. 우리는 확실히 쉬지 않고 말을 할 수 있기 때문에 그분의 이름을 좋게 말함으로써 "찬송의 제사"를 항상 하나님께 드려야 합니다. 그분의 놀라운 이적들에 대해 말하십시오. 우리는 "주의 크신 은혜를 기념하여"(시 145:7) 말해야 합니다. 우리는 "여호와의 인자하심과 인생에게 행하신 기적으로 말미암아 그분을 찬송해야"(시 107:8) 합니다.

여러분이 불신자들에게 여러분에게 개인적으로 역사하신 하나님에 관한 이야기를 들려준다면, 그들은 큰 관심을 가질 것입니다. 그러나 그들이 관심을 보이지 않는다고 해도, 여러분은 그에 대한 책임이 없습니다. 여러분은 기회가 있는 대로 자주 그것을 말해 주십시오. 예수님이 고쳐준 사람에게 "집으로 돌아가 주께서 네게 어떻게 큰일을 행하사 너를 불쌍히 여기신 것을 네 가족에게 알리라"(막 5:19)고 말씀하신 것처럼, 여러분도 해야 합니다. 다른 사람들의 교훈을 위해, 믿음이 있는 사람들의 확신을 위해, 그리고 믿음이 없는 사람들의 의심의 제거를 위해 말하고 또 말하십시오. 하나님이 여러분을 위해 행하신 바를 전해 주십시오.

우리의 대화가 하나님에 대한 찬양으로 더 깊은 맛을 내야 할 필요가 없습니까? 우리는 그 속에 불평의 식초는 너무 많이 넣고, 감사의 설탕을 넣는 것은 잊어버립니다. 금년에 파괴자의 입들이 수확물을 삼켜버리는 것처럼 보였을 때, 우리 동료들은 "아니오, 사태는 곧 좋아질 것입니다"라고 말합니다. 저는 그들이 그렇게 긍정적인 말을 하는 것에 대해 감사를 드립니다. 흔히 일반적인 대화를 들어보십시오: "사태는 악화될 거야. 사업이 지독히 안풀리네. 장사가 너무 안돼." 확실히 우리는 더 좋은 말을 하고, 하나님이 우리를 위해 베푸신 것에 대해 밝고 기쁘게 말해야 합니다. 우리가 끝없이 그분의 섭리에 대해 악담을 한다면, 어떻게 "항상 하나님께 찬송의 제사를 드릴" 수 있겠습니까? 그리스도인들이여, 만일 여러분이 항상 불평하도록 이끌린다면, 그것은 단지 약점을 보여 주는 부질없는 실수에 불과하므로 그것을 감사와 즐거움으로 바꾸는 것이 여러분이 취할 적절하고도 인정할 만한 자세일 것입니다. "그들 가운데 어떤 사람들이 원망하다가 멸망시키는 자에게 멸망하였나니 너희는 그들과 같이 원망하지 말라"(고전

10:10)는 주님의 말씀을 들으십시오.

찬양은 이것을 의미합니다. 곧 여러분과 저는 봄의 새들이 태양 앞에서 깨어나 노래하기 시작하는 것처럼 — 이때 새들은 온힘을 다해 노래합니다 — 하나님의 인자하심을 노래하도록 지명 받았습니다. 하나님의 합창 대원이 됩시다. 항상 주님을 찬양합시다. 심지어는 노래와 합창 교향곡을 가지고 밤낮으로 노래하는 사람들처럼 그분의 보좌 주위에서 즐겁게 찬양합시다. 이것은 여러분의 거룩하고 특권적인 직무입니다.

"글쎄요, 나는 찬양에 힘쓸 힘이 없습니다"라고 어떤 사람은 말하겠지요. 저는 여러분이 찬양에 힘을 쏟아 붓기를 바라지 않습니다. 이 찬양은 자연스러운 것이 되어야 합니다. 찬양은 입술의 열매로 불립니다. 사도가 인용했던 호세아서를 보면 "입술의 숫송아지"라고 말합니다. 그 말이 히브리어 원어상 "숫송아지"인지 그 여부에 대해서는 논란이 있습니다. 그러나 70인경의 번역자들은 그것을 확실히 "열매"로 번역하고 있습니다.[1] 이것이 더 분명하고 더 명쾌하게 보입니다. 사도는 그것을 헬라어역본으로부터 인용할 때 그것을 정확한 것으로 인정하고 있습니다.

우리의 입술은 열매를 맺어야 합니다. 우리의 말들은 잎들입니다 — 그것들은 얼마나 빨리 시들어버릴까요! 하나님에 대한 찬양은 저장되어 주님께 드릴 수 있는 열매입니다. 열매는 자연적 산물입니다. 그것은 힘을 주지 않아도 자랍니다. 그것은 나무의 자동적인 결과입니다. 그래서 찬양은 그렇게 하려는 의지가 있을 때 자동적으로 여러분의 입술로부터 자라는 것입니다. 그것이 여러분에게 자연스러운 것이 되게 하십시오. 사람들이 그분의 성스러운 이름을 모독하는 것이 자연스럽게 보이는 것처럼 거듭난 사람들이 하나님을 찬양하는 것은 자연스러운 일입니다.

이 찬양은 진지하고 진실해야 합니다. 본문의 다음 구절은 우리에게 "오직 선을 행함과 서로 나누어 주기를 잊지 말라 하나님은 이 같은 제사를 기뻐하시느니라"(히 13:16)고 말씀합니다. 선을 행하는 것이 하나님을 찬

---

1) 한글성경은 열매로 번역되어 있다.

양하는 것과 연결되어 있습니다. 많은 사람들이 말들의 홍수를 하나님께 쏟아 붓지만, 그 말들의 형식 속에 참된 감사의 물방울은 거의 없습니다. 주님의 사역에 관해 많은 염려로 압박감을 느낄 때, 저는 성도들이 교회의 경제적인 어려움에 대해 조금 더 관심을 갖기를 소망해 봅니다. 저는 돈을 잘 버는 사람들이 교회 사역의 다른 부분들을 도와준다면, 크게 안도할 것입니다. 주님을 섬기는데 자신의 물질을 사용하는 것이 그리스도인의 기쁨이 되어야 합니다. 우리는 올바른 마음을 갖고 있다면 우리에게 도움을 요청하는 사람의 필요를 무시해서는 안됩니다. 우리는 가서 "도움이 필요한 일이 있습니까? 주님의 사역의 어느 부분이 어려움 속에 있습니까?" 하고 물어보아야 합니다.

성도들이 그런 부담을 느낄 때 돕지 않아서가 아니라 기회를 선용할 준비된 마음이 없기 때문에 특별한 사역들이 도움 없이 방치되어있는 것을 볼 때 저는 종종 아쉬움을 많이 느낍니다. 그러나 준비된 마음이야말로 참된 희생제물입니다. 저는 모든 곳에서 요구받을 때까지 기다리지 않고 교회 활동 속에서, 가난한 사람들 사이에서 또는 복음전파를 위해서 주님의 사업을 자신의 사업으로 삼는 그리스도인들을 보기를 소원합니다. 단지 말로만이 아니라 행함과 진실함으로 하나님을 찬양하는 것을 보여 줌으로써 여러분의 은사가 기쁨을 취하는 자유롭고 은혜로운 영의 역사가 되기를 바랍니다. 우리는 풍부한 은사를 가져야 합니다. 우리는 주님의 집에서 필요되는 모든 것을 살펴보고 어떤 부분에서도 부족함이 없도록 해야 합니다. 이렇게 실제적으로 하나님을 찬양하는 것은 모든 참된 신자의 필수적 직분입니다.

희생제사의 본질

둘째로 우리는 이 희생제사의 본질을 간단하게 검토해 보아야 합니다. "그러므로 우리는 예수로 말미암아 항상 찬송의 제사를 하나님께 드리자" 항상 하나님을 찬송하는 것은 어린아이처럼 그분을 믿는 믿음이 필요합니다. 여러분은 그분의 말씀을 믿어야 합니다. 그렇지 아니하면 여러분은 그분의 이름을 찬양하지 못할 것입니다. 의심은 수금의 현을 끊어버립니다. 의심은 모든 멜로디를 엉망으로 만듭니다. 그분을 신뢰하고, 그분을 의지하고, 그분을 기뻐하십시오 ― 그렇게 하지 않는 한 여러분은 그분을 결코 찬양하지 못할 것입니다. 불신앙은 찬양의 치명적인 원수입니다.

믿음은 여러분을 주님과의 인격적 교제 속으로 이끌어 줄 것입니다. 찬양을 드려야 할 자는 바로 주님이시지 우리의 동료 그리스도인들이 아닙니다. 세상에서 가장 아름다운 노래는, 설사 음악비평가들의 귀에 그렇게 들린다고 해도, 아무 가치가 없습니다. 찬양은 오로지 하나님을 위해 마련된 것입니다. "오 나의 주님, 나의 노래가 당신을 즐거워하기를! 나의 존재의 모든 부분이 그 찬양의 한 부분이 될 것입니다. 나는 주님을 향해 노래부릅니다. 오직 주님께만 말입니다." 여러분은 하나님과 교제하며 살아야 하며, 그렇지 않으면 그분을 찬양할 수 없습니다.

여러분은 또한 그분 안에서 누리는 충만한 만족감 곧 참된 즐거움이 있어야 합니다. 사랑하는 형제, 자매들이여, 여러분의 기쁨을 잃어버리지 않도록 주의하십시오. 만일 여러분이 기독교가 주는 기쁨을 잃어버린다면, 여러분은 그 능력도 함께 상실할 것입니다. 불행한 신자가 되는 것에 만족하지 마십시오. 불행한 신자는 불쌍한 피조물입니다. 그러나 그렇게 되기를 자초하는 자는 위험한 상태에 있는 것입니다. 그것을 믿으십시오. 대부분의 사람들이 생각하는 것보다 거룩한 행복에 더 가까이 나아가는 것이 중요합니다. 여러분이 주님 안에서 행복할 때 그분의 이름도 찬양할 수 있게 될 것입니다. 여러분이 그분을 찬양할 수 있도록 주님을 즐거워하십시오.

이것에 관해서는 또한 거룩한 진지함이 있어야 합니다. 찬양은 아주 거룩하고 엄숙한 일이기 때문에 희생제사로 불립니다. 제단에 희생제물을 드렸던 사람들은 공손한 침묵과 떨리는 마음을 갖고 그곳에 나아갔습니다. 우리는 경솔한 마음으로 하나님을 찬양할 수 없습니다. 그분은 하늘에 계시고 우리는 땅 위에 있습니다. 그분은 거룩하신 분이고 우리는 죄인입니다. 우리는 겸손한 마음으로 신발을 벗고, 깊은 존숭심으로 예배를 드려야 합니다. 그렇지 아니하면 그분은 우리의 희생제사를 기뻐하실 수 없습니다. 진실한 생명은 진지한 법입니다. 그것이 전능자를 찬양하는데 드려질 때 진실할 뿐만 아니라 진지해야 합니다.

항상 하나님을 찬양하기 위해 끊임없이 감사를 계발해야 합니다. 확실히 그렇게 하는 것은 어렵지 않습니다. 그냥 넘어간 모든 불행은 은혜의 역사라는 것을 기억하십시오. 사함 받은 모든 죄는 은혜가 허락된 결과입니다. 이행된 모든 의무 또한 은혜가 받아들여진 결과입니다. 하나님의 백성들은 무한하신 하나님이 주신 온갖 귀한 것이 다 들어있는 무한한 보물 상자를 가지고 있습니다.

이 모든 축복 때문에 우리는 그분을 넘치도록 찬양해야 합니다. 여러분의 찬양이 샘물처럼 충만하게 흘러넘치도록 하십시오. 그 줄기가 폭발적인 열정 속에 하늘로 솟아오르게 하십시오. 그것이 은혜의 소나기가 되어 땅으로 다시 떨어지도록 하십시오. 그것이 여러분의 일상생활의 물동이를 채우고, 다른 사람들의 인생 속으로 흘러들어가게 하십시오. 그렇게 하면 빛나는 기쁨의 폭포수가 계속해서 흘러나올 것입니다.

찬양을 위해 여러분은 주 하나님에 대한 깊고 열렬한 경배가 필요합니다. 아버지를 경배하십시오. 그분의 사랑에 대해 많이 생각하십시오. 그분의 완전하심과 친숙하십시오. 완전히 사랑하는 자이신 하나님의 아들을 경배하십시오. 그분의 온유하심, 자기부인, 사랑 그리고 은혜를 주목할 때 여러분의 마음은 완전히 그분에게 매혹될 것입니다.

여러분을 찾아오셔서 여러분 안에 거하시고 여러분과 함께 하시는 성령의 인내와 겸손을 경배하십시오. 성화되고 순종적인 마음속에 주 하나님에 대한 찬양을 가득 채우는 것은 어렵지 않습니다. 이것이 찬양의 원료입니다. 감사로 불이 붙고 즐거움과 기쁨으로 부채를 부치며 하나님을 지혜롭게 경배하는 것은 항상 찬양을 낳을 것입니다. 하나님과 인격적인 관계를 이루고 그분을 어린아이처럼 자기 아버지로 믿고 사는 영혼은 예수 그리스도를 통하여 하나님께 항상 "찬송의 제사"를 드리는 것이 어렵지 않을 것입니다.

찬양에 대한 부르심

셋째로 저는 이 복된 찬양을 실천하도록 권면합니다. "항상 찬송의 제사를 하나님께 드리자." 그렇게 함으로써 여러분은 존재 이유를 발견하게 될 것입니다. 모든 피조물은 그 지음 받은 목적대로 행할 때 가장 행복한 법입니다. 하늘을 높이 날도록 지음 받은 새는 새장 속에서 탄식합니다. 심지어 물속에서 헤엄치며 살아야 할 물고기가 강의 제방 위에서 죽어버린 것처럼 독수리가 물 속에서 죽은 것입니다. 그리스도인들은 하나님을 영화롭게 하도록 지음 받았습니다. 우리는 그분을 찬양할 때까지 사람이 아닙니다. 여러분이 가장 행복한 순간은 열등한 모든 피조물을 보지 않고 여호와의 보좌 앞에서 경배의 즐거움과 감격스러운 찬양으로 무릎을 꿇는 순간이었습니다. 저는 그렇게 해왔다고 말할 수 있고, 또 여러분도 그렇게 하리라는 것을 의심치 않습니다. 전영혼이 찬양으로 충만할 때, 여러분의 심령이 겨냥하는 목표에 드디어 도달하게 된 것입니다. 여러분의 배는 이제 충분히 항해하게 될 것입니다. 여러분의 인생은 부드럽고 안전하게 진행될 것입니다. 이것이 앞으로 나아가야 할 길입니다. 전에 여러분이 해서는 안될 일을 하려고 했었다면 지금 여러분은 참된 길을 가는 것입니다. 여러분의 새 본성은 하나님을 찬양하도록 주어졌고, 그렇게 할 때에 안식을 발견하게 됩니다. 이 사역을 잊지 마십시오. 보잘것 없는 사역으로 자신의 지위를 떨어뜨리지 마십시오.

그것이 하나님에 대한 당연한 의무이기 때문에 그분을 찬양하십시오. 여호와께서 찬양받지 않은 상태로 있게 하셔야 합니까? 찬양은 그분이 우리에게 모든 축복을 베푸신 대가로 요청하시는 빚입니다. 우리가 그 지불을 늦추어야 하겠습니까? "사람이 어찌 하나님의 것을 도둑질 하겠느냐?"(말 3:8) 그분에 대한 빚을 갚는 일이 행복한 일이 될 때, 그것을 게을리 해서야 되겠습니까? 하나님을 찬양하는 것은 우리를 축복하는 것입니다. 우리가 그분께 영광을 돌리는데 인색해야 하겠습니까? 그분은 자신의 은혜를 베푸실 때 우리에게 인색하지 않으셨습니다. 만일 여러분에게 최근에 어떤 슬픈 일이 있었다면, 나아와 여러분의 우울한 마음을 떨쳐버리고 주님을 찬양하는 모든 악기를 드십시오. 불평과 원망이 그분의 성도들에게 용납되어서는 안됩니다. "여호와께 그의 이름에 합당한 영광을 돌리며"(시 29:2). 주님이 찬양받아서는 안됩니까? 하나님의 자녀들이 그분의 이름을 찬양하지 아니하면 확실히 돌과 바위들이 대신 일어나 찬양함으로써 그들의 침묵을 깨뜨릴 것입니다.

항상 그분을 찬양하십시오. 왜냐하면 그것이 다른 모든 것에 대해서도 여러분에게 유익이 되기 때문입니다. 찬양으로 충만한 사람은 다른 모든 거룩한 사역들에 대해서도 준비된 사람입니다. 만일 하나님을 찬양하도록 신자들에게 권면해야 한다는 것을 느끼지 못했다면, 그것은 제 육체의 고통과 연약함 때문이었을 것입니다. 저는 저의 고통이 제 말을 강조해 준다고 생각했습니다. 저는 하나님을 찬양합니다. 저는 그분을 찬양하지 않으면 안됩니다. 저는 마지막 순간까지 성령의 도우심을 받아 찬양하는 것이 저의 소원입니다. 찬양은 제가 목회하는 것을 도와주기 때문입니다.

여러분은 어떤 봉사를 할 때마다 비록 그것이 가게 문을 열고 카운터 뒤에서 기다리는 일보다 못한 일이라고 할지라도, 찬양과 감사의 마음으로 할 때 그것은 가장 좋은 일이 될 것입니다. 만일 여러분이 가정부로서 하나님을 항상 찬양할 수 있다면, 여러분은 집 안에서 위로를 얻을 것입니다. 여러분이 주인으로서 인생의 환난 속에 빠져있음에도 불구하고 여러분의 마음이 항상 하나님을 찬양한다면, 여러분의 영은 좋은 상태가 되어 주위 사람들에게 결코 악하거나 강팍한 모습을 보여 주지 아니할 것입니다. 주님을 찬양하는 것은 양식이자 약입니다. 이상한 말이지만 천국의 새들에게는 이 찬송이 날아다니는 날개의 깃털을 다듬는 것이 될 것입니다! 하나님을 찬양하는 것은 순례자의 발에 날개를 다는 것으로서, 달릴 뿐만 아니라 날아다니게 될 것입니다.

찬양은 우리를 많은 악들로부터 보호해 줄 것입니다. 마음이 하나님에 대한 찬양으로 가득 차면, 그것은 잘못을 범하거나 다른 사람들에게 교만하게 화를 내는 시간을 허락하지 않을 것입니다. 어떤 사람이 우리에게 모욕을 줄 수 있습니다. 그때 우리는 항상 하나님을 찬양하는 것으로 반응해야 합니다. 현재 우리는 해야 할 큰 일이 있고, 말다툼할 여유가 없습니다. 자기애(自己愛)와 그 자연적 본능은 찬양의 불꽃을 소멸시킵니다. 만일 여러분이 항상 하나님을 찬송한다면, 인생의 괴로움들과 환난들은 즐거운 일로 바뀔 것입니다. 찬양은 행복한 사람을 강한 사람으로 만듭니다. "여호와로 인하여 기뻐하는 것이 너희의 힘이니라"(느 8:10). 하나님을 찬양하는 것은 우리를 시냇가로 인도하여 물을 마시고 고개를 들게 하는 것입니다. 우리는 찬양하는 동안에 절대로 두려워할 필요가 없습니다. 세상의 쾌락에 매수되거나 그 위협으로 겁먹을 수 없습니다. 찬양은 천사들을 우리편으로 만듭니다. 우리는 그 안에서 충만할 것입니다.

우리는 그것이 우리를 위한 유익한 수단이 되기 때문에 하나님을 찬양해야 합니다. 저는 하나님을 찬양하는 것으로 보낸 인생은 본질상 사명자의 일생이었다고 생각합니다. 설교나 강의를 결코 해본 적이 없는 한 신실한 부인을 생각해 보겠습니다. 그녀의 일생은 조용하고, 행복하고, 유익하고, 사랑이 넘치는 일생이었습니다. 그녀의 모든 가족들은 그녀로부터 주님을 신뢰하는 법을 배웠습니다. 심지어는 그녀가 죽은 후에도 그들은 그녀의 영향력을 느꼈을 것입니다. 왜냐하면 그녀는 그 집의 천사였기 때문입니다. 그들은 그녀에게 "그가 죽었으나 그 믿음으로써 지금도 말하느니라"(히 11:4)고 할 것입니다. 찬양으로 충만한 심령은 하나님께 웅변이 됩니다. 단순히 말이 많은 것은 추풍낙엽과 같은 것으로 숨 막히는 연기 속으로 사라져 버리지 않겠습니까? 그러나 찬양은 포도원 지기에게 주어지는 은으로 만든 바구니 속의 황금열매들입니다.

이것이 그분이 사랑하는 것이기 때문에 하나님을 찬양하십시오. 그 다음 구절을 보십시오: "하나님은 이 같은 제사를 기뻐하시느니라"(히 13:16). 하나님을 기쁘시게 하는 일은 무엇이든 해야 하지 않겠습니까? 우리가 항상 복 주시는 분에게 즐거움을 나누어 드릴 수 있는 것은 너무나 선하고 복된 일입니다. 왜냐하면 그렇게 할 때 하나님은 그의 자녀들의 찬양과 선물을 크게 기뻐하실 것이라고 선언하셨기 때문입니다. 그러므로 우리는 우리의 사랑하는 아버지, 우리의 복 주시는 하나님으로부터 조금이라도 후퇴해서는 안됩니다. 제가 그분을 기뻐할 수 있습니까? 그 과정을 저에게 말해 주십시오. 저는 당장 그렇게 하겠습니다. 저는 주저하지 않고 즉각 그렇게 하기를 서두르겠습니다. 만일 제가 주저한다면 그것은 단지 두 배로 그것을 행하기 위해서 또는 더 정확하게 그것을 행하기 위해서입니다. 만일 제가 그분을 찬양할 수 있다면 그것은 영광스러운 일이고, 저를 천국에 있게 할 것입니다.

이 권면을 마감하면서 한 가지 기억해야 할 것은 찬양을 실천하는 것은 여러분에게 천국을 준비시키는 일이라는 것입니다. 다음 찬송은 그 열망을 잘 표현하고 있습니다:

> 나는 여기서 찬송을 시작하리라
> 그러면 내 영혼이 깨어나리라

여러분은 여기서 찬송을 부를 수 있습니다 — 지금 여기서 하나님을 찬양하는 할렐루야를 시작하십시오. 여러분이 그분의 얼굴을 뵙고 다시 죄에 빠지지 않을 때 그것이 얼마나 하나님을 찬양하게 될 것인지 생각해 보십시오. 지금 여기서 주님을 최고로 높이십시오. 그리고 하늘의 음악을 실천하십시오. 영광 중에 여러분은 하늘 높이 들려 올라갈 수 있지만, 찬송은 지금 여기서 그와 똑같은 일이 일어나게 할 것입니다. 그분을 찬양하십시오! 그분을 더욱더욱 찬양하십시오! 찬양의 계단으로 그분의 영광의 사다리 꼭대기까지 올라가십시오. 오, 그러면 우리의 인생은 절대로 깨뜨려질 수 없고, 오직 하나 — 하나의 시편 — 로 묶여 한 구절 한 구절 영원한 할렐루야 곡조가 되어 하늘로 올라가리라!

즉각적 실천

본문으로부터 우리가 배울 마지막 요점은 우리가 지금 당장 시작해야 한다는 것입니다. 본문에서 우리는 "그러므로 우리는 … 항상 찬송의 제사를 하나님께 드리자"는 내용을 읽습니다. 그것은 "여러분이 일을 포기하고 은퇴했을 때 또는 죽음이 가까웠을 때 결국 이 사역에 임하라"고 말하지 않습니다. 오히려 그것은 "지금 우리가 찬송의 제사를 드리자"고 말합니다.

들으십시오! 누가 말하고 있습니까? 제가 누구의 목소리를 듣고 있습니까? 저는 압니다. 그것은 사도 바울입니다. 그는 "우리가 항상 찬송의 제사를 하나님께 드리자"고 말합니다. 지금 바울이 어디에 있습니까? 그의 목소리는 한 작은 방에서 울려 퍼지고 있습니다. 제가 생각하기로는 그는 토굴 속에 갇혀 있습니다. 바울이여, 손을 높이 드십시오! 저는 쇠사슬이 흔들리는 소리를 듣습니다. 바울이 "'우리가 항상 찬송의 제사를 드리자' 로마의 감옥에 갇혀 있는, 늙은 나 바울은 여러분에게 나와 함께 하나님을 찬송하는 제사를 드리자"고 외칩니다. 바울이여, 우리도 그렇게 하겠습니다. 우리는 감옥에 갇혀 있지 않고, 모두 나이를 먹은 것도 아니고, 우리들 가운데 누구도 착고에 매여 있는 것도 아니지만, 우리도 당신과 함께 진심으로 하나님을 찬양하는데 함께 할 수 있습니다. 나아오십시오. 오셔서 우리가 하나님을 찬양합시다.

> 일어나서 주님을 찬송하라
> 너는 그의 택한 백성이니,
> 일어나서 너의 하나님 여호와를
> 마음과 힘과 음성을 다하여 찬송하라.

여러분은 바울의 음성을 들었습니다. 지금 저도 듣습니다. 저와 함께 합시다. 그래서 우리가 찬송의 제사를 드립시다. 그분의 교회와 백성들로서 우리는 주님의 손으로부터 크신 축복을 받을 것입니다. 오십시오. 그래서 우리가 마음과 손으로 함께 하며 시간과 공간을 가로질러 주님의 이름을 찬송하고 그분 앞에서 즐겁게 경배합시다. 말과 재능으로 "항상 찬송의 제사를 하나님께 드립시다." 만일 제가 여러분을 선택할 수 있다면 여러분의 이름을 부르면서 "오시오, 와서 우리가 '항상 찬송의 제사를 하나님께 드립시다'"라고 말할 것입니다. 저는 여러분들 가운데 많은 사람이 "아, 다른 누구도 그분을 찬양할 수 없다면, 우리가 할 수 있습니다. 우리가 하겠습니다"라고 반응하리라 확신합니다. 그렇습니다. 그렇습니다. 외적 표현상으로는 짐짓 꾸미는 가식이 있을 수 있기 때문에 우리는 내면적으로 즉각 예수 그리스도로 말미암아 "찬송의 제사를 하나님께 드려야" 합니다.

우리는 서로 찬양하도록 격려해야 합니다. 우리는 오늘, 내일 그리고 우리 인생의 모든 날들 속에서 하나님을 찬양해야 합니다. 만일 우리가 조금이라도 또는 냉정하게 침묵으로 서로에 대해 일관한다면, 우리는 서로 비난하는 결과에 이르게 됩니다. 그것은 불평거리가 아닙니다. 우리는 하나님을 찬양해야 합니다. 오케스트라의 지휘자가 지휘봉을 가볍게 움직여 주위를 환기시키고, 이어서 지휘를 시작하는 것처럼 저도 지금 여러분에게 주위를 환기시키고 주님께 찬송의 제사를 드리자고 자극을 주고 있습니다.

사도는 곤경 속에서 우리에게 권면합니다. 그는 우리에게 찬송의 제사를 드리도록 강권합니다. 여러분은 그가 10절에서 말했던 내용을 아십니까? "우리에게 제단이 있는데"(히 13:10). 이 제단은 실제 제단이 아니고 영적 제단입니다. 옛 율법의 제사장들이 그 위에서 희생제사를 드릴 수 있었습니까? "장막에서 섬기는 자들은 그 제단에서 먹을 권한이 없나니"(10절). 그들은 옛 율법의 제단들 위에 올려진 희생제물을 먹었습니다. 그러나 그들은 여기서는 먹을 권한이 없습니다. 의식법을 준수하고 외적 규례를 지키는 자들은 여기서 아무 권한이 없습니다. 그러나 "우리에게는 제단이 있습니다" 형제, 자매들이여, 우리는 이 제단이 주님에 의해 사용되지 않은 채 우리에게 주어졌음을 상상할 수 있습니까? 최고의 제단 위에 드려진 희생제물이 없습니까? "우리는 제단을 갖고 있습니다." 그런데 어떻게? 만일 우리가 제단을 갖고 있다면 그것이 사용되지 않은 채 방치되고 아무 제물이 없도록 놔두어서는 안됩니다. 거미들이 그 위에 거미줄을 치는 것은 안됩니다. 그것이 게으름의 먼지로 더럽혀지게 해서는 안됩니다. "우리는 제단을 갖고 있습니다." 그러면 어떻게 해야 할까요? "그러므로 우리가 항상 찬송의 제사를 하나님께 드리자." 여러분은 그 주장의 힘을 느끼지 않습니까? 그 주장에 순종하십시오.

제단과 더불어 우리는 대제사장을 소유하고 있습니다. 이 순간 영광과 아름다움으로 옷을 입으시고, 휘장 안에 서서 우리의 희생제물을 드리려고 준비하고 계시는 주 예수 그리스도가 계십니다. 그분이 거기 계시며 아무 일도 하시지 않습니까? 우리의 크신 대제사장이 자신의 희생으로부터 하나님께 드릴 것이 아무것도 없는 상태로 제단에서 기다리고 계신다고 여러분은 어떻게 상상할 수 있습니까? 아닙니다. "그러므로 우리는 예수로 말미암아 항상 찬송의 제사를 하나님께 드립니다." 하나님의 백성들이여, 여러분의 찬양을, 여러분의 기도를, 여러분의 감사예물을 가지고 나아와 그것들을 전능자께 드리십시오!

만일 본문의 전체 문맥을 따라 그것을 이해한다면 여러분은 희생제사를 더 잘 드릴 수 있게 될 것입니다. 왜냐하면 그 구절은 여러분 앞에 하나님을 찬양하도록 이끄는 많은 일들을 제시하고 있기 때문입니다. 영문 밖에서 희생제물로 드려진 고난 속의 구주를 바라보십시오! 그분의 피 흘리신 상처, 가시관의 생채기가 난 그분의 성스러운 머리, 고뇌로 일그러진 그분의 얼굴, 죄의 고통으로 터질 것 같은 그분의 마음을 응시하십시오! 여러분은 그 모습을 보고서도 주 하나님을 경배할 수 없습니까? 성취된 대속, 사함 받은 죄, 이루어진 구원, 사라진 지옥, 소멸된 죽음 그리고 여러분의 복 주시는 주인이자 주님이신 그분을 통해 이루어진 이 모든 일을 주목하십시오! 여러분은 이 모든 것을 보고도 그분을 찬양할 수 없습니까? 그분의 보배피가 여러분에게 떨어져서 여러분을 깨끗하게 만들고, 여러분을 하나님께 가까이 나아가도록 이끌며, 지존자의 무한하신 거룩 앞에 여러분이 용납 받을 수 있도록 하십니다! 여러분은 여러분에게 베풀어진 이같은 은혜를 알고서도, 그것을 가져온 보배피를 보고서도 그분의 이름을 찬양할 수 없습니까?

어쩌면 너무 멀리 떨어져 있어서 희미하게 보였는지 모르겠지만, 그렇다고 할지라도 의심하지 말고 "하나님이 계획하시고 지으실 터가 있는 성"(히 11:10)을 바라보십시오. 흰옷을 입고 깨끗하게 된 사람들이 황금 수금을 타며 찬송하고 있는 그곳에 여러분도 곧 당도할 것입니다. 얼마간 세월이 흐르면 여러분도 영화된 사람들 중에 있을 것입니다. 면류관과 수금이 여러분을 위해 준비되어 있을 것입니다. 그런데도 여러분은 여러분을 위해 예비되어 있는 천국을 위해 하나님을 찬양하고 그분을 영화롭게 하지 않겠습니까? 참으로 놀랍게 대조되는 이 두 장면 — 고난과 낙원, 낮아지신 예수님과 영광 속에 있는 예수님 — 속에 놀랍게도 여러분이 똑같이 동참하게 되는 것을 알게 될 것입니다. 확실히 만일 여러분이 하나님께 지속적으로 감사와 제사와 찬양의 제사를 드리지 않는다면 여러분은 돌보다 더 굳은 사람임에 틀림없습니다. 우리는 오늘 지금 영원토록 멈추지 않고 찬양을 시작해야 하리라!

오, 전에 하나님을 찬양해본 적이 없는 사람들은 지금 찬양을 시작하십시오! 슬프도다! 여러분 가운데 어떤 이들은 그리스도께 찬양도 없고 구주에 대한 경배도 없노라. 그러나 여러분은 그 길에 머물러서는 안됩니다. 여러분은 믿음으로 예수님을 붙잡으십시오. 그러면 그분은 여러분의 것이 될 것입니다. 그분을 신뢰하십시오 그러면 그분은 여러분의 신뢰를 정당화하실 것입니다. 주 안에서 안식하십시오. 그러면 주님은 여러분의 안식이 되실 것입니다. 여러분은 믿을 때 시간을 허비하지 말고 여러분이 지음 받고, 구속 받고, 부르심 받은 목적에 합당한 사역을 즉각 시작하십시오. 그리고 참소자에게 감사와 사랑의 달콤한 양념들을 치고, 진지함과 열렬함의 불타는 연료들을 집어넣으십시오. 그리하면 찬양이 불기둥처럼 솟아날 때 지존자 앞에서 참소자는 이리저리 흔들거릴 것입니다. 더욱 더욱 크게 영원토록 살아계신 주님을 찬양하고, 찬송하고, 경배하십시오. 여러분의 마음이 그분의 이름의 소리에 따라 춤추도록 하십시오. 그러면 여러분의 입술은 그분의 구원을 크게 선포할 것입니다.

주님이 이 순간 여러분을 그리스도를 위한 찬양의 제사장으로 기름 부어 주시기를! 아멘.

제5권

사탄, 패배당한 원수

Satan, a Defeated Foe

1

사탄은 성도들을 주의하여 본다

여호와께서 사탄에게 이르시되 네가 내 종 욥을 주의하여 보았느
냐—욥기 1:8

지상에서 일어나는 모든 일들은 얼마나 불확실할까요! 하늘이 아닌 다른 곳에 그의 보물을 두고 있는 신자는 얼마나 어리석을까요! 욥의 축복은 달밑에 숨겨놓은 것만큼 아주 안정적인 것이었습니다. 의심할 여지 없이 그에게는 헌신적이고 충실한 하인들이 그의 대가족의 일원으로 건재했습니다. 그는 갑자기 그 가치가 하락하지 않을 고정재산을 축적했습니다. 그는 소, 나귀 그리고 양들을 소유했습니다. 그는 시장에 나가 양식과 의복을 구하기 위해 그의 소유물을 교환할 필요가 없었습니다. 그는 자기 소유의 대규모 농장에서 모든 농사를 자영했고, 필요한 모든 주거활동이 자기 소유의 토지 내에서 충분히 가능했습니다. 그에게는 대대로 자손의 축복을 약속할 만큼 많은 자녀들이 있었습니다. 그의 번성은 더 바랄 것이 없을 정도였습니다. 그것은 밀물처럼 다가왔습니다. 그런데 어떻게 그것이 썰물처럼 될 수 있겠습니까?

저 위, 곧 사람의 눈으로는 볼 수 없는 하늘 저 위에서, 욥의 번성에 불행을 예고하는 장면이 있었습니다. 악의 영 곧 사탄은 무한하신 모든 선의 영 곧 여호와와 대면하고 있었습니다. 이 두 존재 사이에 특별한 대화가

이루어졌습니다.

자신의 활동에 대해 설명을 요구받자 악한 자는 그가 "땅을 두루 돌아 여기저기 다녀왔나이다"(욥 1:7) 하고 자랑함으로써, 자기의 뜻을 방해할 자를 만나보지 못했고, 자신이 자유롭게 움직이고 원하는 대로 활동하는데 반대하는 자가 아무도 없었다는 것을 은근히 강조했습니다. 그는 자신의 지배권이 미치는 곳에서는 어디서든 전혀 방해받거나 도전받지 않고 왕처럼 군림했습니다.

위대하신 하나님은 그에게 사람들 중에 적어도 사탄이 짓밟지 못하고, 그의 권세가 미치지 못할 하나의 지점이 있음을 상기키셨는데, 그곳은 곧 욥의 마음이었습니다. 철통같이 수비되고, 하늘 임금의 소유로서 철저한 충성심을 갖고 지켜지는 난공불락의 성처럼, 우뚝 서 있는 한 사람이 있었습니다. 악한 자는 족장 곧 욥의 온전함이 그의 소유 때문이고, 그가 하나님을 섬기고 죄의 동기로부터 악을 저지르지 않은 것은 하나님이 그를 선대하신 탓이라고 말함으로써 욥의 신앙을 시험하도록 여호와를 자극시켰습니다. 하늘의 하나님은 악한 자의 도전을 받아들이시고, 욥의 온전함의 이유로 생각되는 모든 축복들을 거두도록 허락하셨습니다. 하나님은 사탄에게 욥의 모든 지지대와 버팀목을 제거하도록 허락하셨고, 그 탑이 그것들 없이도 그 고유의 힘으로 서 있을 수 있는지 보셨습니다. 이로 인해 욥의 모든 소유물은 어느 날 갑자기 풍비박산이 났고, 심지어는 자녀들까지 사고로 죽어버려 위로해 줄 자 하나 남지 않았습니다.

하나님과 그의 타락한 천사 사이에 두 번째 대화가 있었습니다. 욥은 또 다시 대화의 주요 대상이 되었습니다. 다시 사탄의 도전을 받은 위대하신 하나님은 왕자가 거지가 될 때까지 그의 뼈와 살을 치도록 허락하셨습니다. 부자로서 부족한 것이 없이 행복했던 욥은 머리에서 발끝까지 종기로 고통을 겪었고, 그 고통을 벗기 위해 질그릇 조각으로 자신의 몸을 박박 긁어대는 가난하고 비참한 신세로 전락했습니다.

우리는 여기서 이 땅에서 일어나는 모든 일들의 가변성(可變性)을 보아야 합니다. "여호와께서 그 터를 바다 위에 세우심이여"(시 24:2)라는 말씀은 이 세상의 가변성에 대한 다윗의 고백입니다. 만일 세상이 바다 위에 세워진 것이라면, 세상이 그토록 자주 변하는 것에 대해 놀랄 이유가 있습니까? 하늘 아래 있는 것들에 대해서는 신뢰를 두지 마십시오. "변화"가 자연의 중심으로 기록된 것을 기억하십시오. 그러므로 "내 산은 견고하게 서 있다. 그것은 결코 움직이지 아니할 것이다"라고 말하지 마십시오. 여호와의 눈이 한 번 움직이면 여러분의 산은 먼지로 흩어질 수 있고, 그분의 발이 한 번 닿으면 그것은 밀랍처럼 녹아내리거나 연기 속으로 사라져 버릴 수 있습니다.

그러므로 그리스도께서 하나님 우편에 앉아 계신 위의 것에 여러분의 애정을 두십시오(골 3:-2). 여러분의 마음과 여러분의 보물을 "땅에 쌓아 두지 마십시오. 거기는 좀과 동록이 해하며 도둑이 구멍을 뚫고 도둑질 할 것입니다"(마 6:20).

베르나르(Bernard)의 말이 우리가 교훈 받는데 도움이 될 것입니다:

> 그것은 피조물로부터 기원하는 것이 아니라 창조주로부터 연원하는 참되고 소중한 기쁨이다. 그런데 그것은 (한 번 소유하고 나면 그때부터) 아무도 그대로부터 빼앗을 수 없다. 다른 모든 기쁨은 고통이고, 모든 즐거움은 슬픔이고, 달콤한 일들은 쓰라림이고, 모든 영광은 비천함이고, 모든 유쾌함은 비열함이 되어버리는 것과 비교해 보라.

그러나 이것이 이번 설교에서 우리가 살펴보고자 하는 주제는 아닙니다. 우리가 말하는 것 중에 단순히 서론에 속하는 것으로 알기 바랍니다. 주님은 사탄에게 "네가 내 종 욥을 주의하여 보았느냐?"고 물으셨습니다. 우리는 먼저 어떤 의미에서 악의 영은 하나님의 백성들을 주의하여 본다고 말할 수 있는지를 숙고해 보아야 합니다. 그 다음 우리는 사탄이 그들에 관해 무엇을 주의하여 보는지 고찰해야 합니다. 그리고 세 번째로 우리는 사탄보다 훨씬 위에 계신 분이 더 중요한 의미에서 우리를 주의하여 보고 있음을 성찰해 봄으로써 위로를 받아야 합니다.

사탄의 감찰

첫 번째로 사탄은 하나님의 백성들을 어떤 의미에서 주의하여 본다고 할 수 있을까요? "주의하여 본다"(consider)는 말의 성경적인 통상적 의미는 확실하지 않습니다. "주여 나의 고통을 보소서(consider)"(시 9:13), "나의 심정을 헤아려 주소서(consider)"(시 5:1), "가난한 자를 보살피는(considereth) 자에게 복이 있음이여"(시 41:1). 이상에 나오는 주의감찰 하심(consideration)은 좋은 의미로서, 지혜롭게 호의를 베풀기 위해 대상을 자비로운 마음으로 감찰하는 것을 가리킵니다. 그러나 그런 의미로 사탄은 사람들을 주의하여 보는 것이 아닙니다. 만일 그가 어떤 자비를 갖고 있다면, 그것은 자기 자신을 위해서일 것입니다.

다른 피조물을 주의하여 보는 그의 감찰은 아주 악의적입니다. 한 번의 선한 섬광으로는 그의 영혼의 검은 밤을 뚫지 못하고, 또한 우리가 하나님의 역사 곧 하나님의 지혜와 사랑과 인정으로부터 교훈을 이끌어내기 위해 그분의 역사를 주의하여 볼 때 말하는 그런 주의를 가지고 그는 감찰하지 않습니다. 그는 하나님의 사역과 그분의 백성들 속에서 보는 것으로 하나님을 경배하지 않습니다. 그에게는 "게으른 자여 개미에게 가서 그가 하는 것을 보고 지혜를 얻으라"(잠 6:6)는 훈계가 해당되지 않습니다. 오히려 그는 그리스도인에게 나아가 그의 길을 주의하여 보고, 과거보다 훨씬 더 어리석은 하나님의 원수가 됩니다.

사탄이 하나님의 자녀들에게 하는 감찰은 다음과 같습니다: 그는 그들과 자기 사이에 차이가 있음을 감찰할 때, 그들을 놀라운 존재로 간주합니다. 사탄은 자신의 철저한 악독함과 음험함을 알고 있기에 다른 사람이 어쩔 수 없이 믿음의 길로 들어설 때 놀라지 않을 수 없습니다. 반역자 사탄의 첫 번째 생각은 모든 사람들은 반역적인 존재로서 실제로 자기처럼 나락에 떨어져 있다고 믿습니다. 반역자는 모든 사람들이 자기처럼 반역자라고 생각합니다.

사탄은 그리스도인을 주의하여 보고, 그에게서 하나님과 그분의 진리를 믿는 믿음을 발견할 때, 우리가 현상 — 아마 그의 어리석음 때문에 그를 경멸하지만, 그가 어떻게 이와 같이 할 수 있는지에 대해 경탄하고 놀라는 — 을 주의하여 보는 것처럼 그를 살핍니다. 그는 이렇게 말하는 것처럼 보입니다: "나는 하나님의 의회의 왕자요 귀족으로서 내 뜻을 여호와께 복종시키지 아니했다. 나는 천국을 섬기는 것보다 지옥을 다스리는 것이 더 낫다고 생각했다. 나는 지켜야 할 본분을 지키지 못했고, 나의 보좌를 박탈당했다. 그런데 이들은 어떻게 그 자리를 지키고 있는가? 이들을 지키는 것은 도대체 어떤 은혜인가? 나는 금그릇이었지만, 깨졌다. 이들은 토기들이다. 하지만 나는 그들을 깨뜨릴 수가 없다! 나는 나의 영광을 지킬 수 없었다 — 그들의 가난으로부터, 그들의 곤궁으로부터, 그들의 핍박으로부터 그들을 들어올리고, 하나님이 나에게 베푼 것만큼 하나님이 축복을 베푸신 것도 아니고, 나를 높이신 것만큼 높임을 받지도 아니한 그들이 여전히 하나님을 신뢰하는 것은 얼마나 막강한 은혜일까!"

그는 또한 그들의 행복에 대해서도 놀랄 수밖에 없습니다. 그는 자기 자신 속에 소용돌이치는 불행의 바다를 느낍니다. 그의 영혼 속에는 깊이를 헤아릴 수 없는 고뇌의 만(灣)이 있습니다. 그는 신자들을 살펴볼 때, 위로 받을 만한 어떤 이유가 없음에도 불구하고 그들의 영혼 속에서 평강과 행복으로 충만하고, 즐거워하며 영광으로 충만한 고요함을 발견합니다. 그는 세상을 두루 돌아 여기저기 다니고, 큰 능력을 갖고 있습니다. 그에게 수종드는 많은 종들이 있습니다. 하지만 그는 영혼의 행복이 없습니다. 그는 신자의 영혼을 지배하고 있는 평화를 부러워하고 싫어합니다.

그러나 그의 감찰은 이 이상의 의미가 있습니다. 여러분은, 그가 가능한 한, 스스로 위안 삼기 위해 신자들의 흠과 실수를 찾아내기 위해 그들을 주의하여 본다고 생각하지 않습니까? 그는 이렇게 말합니다: "그들 곧 피로 값 주고 산 이들, 창세전에 택함 받은 이들은 순수하지 않다. 그들은 여전히 죄 가운데 있다. 이 양자된 하나님의 자녀들은 영광의 아들이 고개를 숙이고 마지막 숨을 쉴 때에도 그를 공격했다."

그는 하나님의 백성들의 은밀한 죄를 보고 할 수 있는 한 최고로 즐거

위하면서 얼마나 낄낄대고 있을까! 만일 그가 그들에게서 그들의 고백과 모순 되는 어떤 일 곧 자기 자신처럼 속이는 것으로 나타나는 어떤 일을 볼 수 있다면, 그는 즐거워할 것입니다. 신자의 마음속에 잉태하고 있는 각 죄는 그를 "내 아버지여! 내 아버지여!"하고 부릅니다. 그런데 그는 그의 타락한 자식들을 볼 때 아버지의 즐거움과 같은 감정을 갖습니다. 그는 그리스도인 속에서 "옛 사람"(엡 4:22)을 살피고, 그것이 그 힘을 유지하는 고집과 지배를 위해 투쟁하는 그 힘과 열정을 찬미합니다. 그는 가끔 정해진 시간에, 또는 편리한 기회에, 옛 본성이 그 모든 힘을 발휘하는 술책과 궤계를 즐겁게 관찰합니다. 그는 우리의 죄악된 육신을 주의하여 보고, 그것을 그가 부지런히 읽는 책들 가운데 하나로 삼습니다. 마귀의 눈이 바라보는 최고의 관점 가운데 하나는 그가 하나님의 진실한 자녀 속에서 발견할 수 있는 모순과 불순함입니다. 이 관점에 따라 그는 하나님의 참된 종 욥을 크게 주의하여 보았습니다.

이것은 단지 그의 감찰에 대한 출발점에 지나지 않습니다. 저는 그가 주의 백성들 그 중에서도 특히 그의 나라의 확장에 큰 장애물이 되는 교회의 유명 지도자들을 유심히 살핀다고 봅니다. 철로를 만드는데 심혈을 기울이고 있는 기술자가 산과 강들, 특히 터널 구멍을 뚫기 위해 몇 달이 걸리는 큰 산 위에 그의 눈이 완전히 고정된 것처럼, 사탄은 세상에 대한 자신의 지배권을 행사하기 위해 자신의 다양한 계획들을 주목하면서, 욥과 같은 사람들을 주의하여 봅니다.

사탄은 마틴 루터에 관해 많은 생각을 해야 했습니다. 그는 아마 다음과 같이 말했을 것입니다: "나는 그 수도사만 없었다면, 세상을 두루 돌아다닐 수 있었다. 그는 내 길을 방해하고 있다. 그 완강한 사나이는 내 나라를 미워하고 공격하고 있다. 만일 내가 그를 제거할 수만 있다면, 나는 5만 명의 평범한 성도들이 내 길을 방해한다고 해도 걱정하지 않을 것이다." 만일 하나님의 종 가운데 "그와 같은 자가 없다면"(욥 1:8), 만일 그가 다른 사람들과 확실히 두드러지고 구별된 자로 우뚝 서 있다면, 사탄은 확실히 하나님의 종을 주의하여 살필 것입니다. 목회사역으로 부르심을 받은 우리 목사들은 직분 때문에 사탄의 특별한 관심의 대상으로 주목을 받아야 합니다. 확대경으로 그 두려운 십자가 군사를 들여다 볼 때, 사탄은 제복을 입고 직분을 감당하고 있는 목사들을 특별히 주목하고, 수하의 저격병들에게 그들을 저격하는데 심혈을 기울이도록 명령합니다. 그는 "왜냐하면 만약 기수가 쓰러지면, 승리는 더욱 쉽게 우리 것이 되고, 대적들은 곧 도망치고 말 것이기 때문이다"라고 말합니다.

만일 여러분이 다른 성도들보다 사랑이 더 풍성하다면, 만일 여러분이 다른 성도들보다 하나님을 더 가까이 하는 삶을 산다면, 새들이 가장 잘 익은 열매에 모이는 것처럼, 사탄도 여러분을 공격하는데 크게 분주해질 것임을 염두에 두어야 합니다. 누가 돌과 메마른 암초로 덮인 지역과 얼음으로 덮여 있는 빙해를 차지하기 위해 다투려고 하겠습니까? 그러나 항상 수확이 풍부하고 농부의 수고가 결코 헛되지 않는 기름진 평야에 대해서는 경쟁이 치열합니다. 그래서 하나님을 크게 영화롭게 하는 사람에 대해 사탄은 아주 단호하게 전쟁을 걸어올 것입니다. 그는 할 수 있는 한 하나님의 면류관으로부터 보석을 탈취하고, 심지어는 구속주의 가슴으로부터 보석들을 빼가려고 획책합니다.

이와 같이 사탄은 하나님의 백성들을 유심히 살핍니다. 그들을 자신의 지배의 방해자들로 간주하고 그는 자신의 길에서 그들을 제거하거나 그들을 자기편으로 만들기 위한 방법들을 강구합니다. 사탄이 빛을 방해하는 한 땅은 흑암으로 덮이게 됩니다. 만일 그가 산꼭대기에서 나오는 풍성한 곡식들을(시 72:16) 소멸시킬 수 있다면, 거기에는 레바논의 삼목처럼 흔들리며 열매는 다 떨어지고 없을 것입니다. 그래서 그는 끊임없이 신실한 자들을 살필 때 그들을 사람들 사이에서 실족하도록 만들고자 하는 것입니다.

사탄이 하나님의 백성들을 살피는 이유가 그들을 실족시키는데 있음을 식별해내는 것은 그리 큰 지혜를 요구하지 않습니다. 그가 택함 받고 피로 값 주고 산 생명의 상속자들을 파멸시키고 싶어 한다는 것은 굳이 생각할 여지가 없습니다. 저의 생각은 그가 그 목적에 대해 너무 교활하다는 것입니다. 하지만 그는 하나님의 백성들을 공격했을 때 빈번하게 실패를 경험했기 때문에 택자들을 파멸시킬 수 있으리라고 거의 생각할 수 없었습니다. 여러분은 그와 밀접하게 연계되어 있는 점쟁이들이 하만에게 "모르드개가 과연 유다 사람의 후손이면 당신이 그 앞에서 굴욕을 당하기 시작하였으니 능히 그를 이기지 못하고 분명히 그 앞에 엎드러지리이다"(에 6:13)라고 말한 것을 기억할 것입니다. 그는 싸워봐야 아무 소용이 없는 왕족이 있다는 것을 익히 알고 있습니다.

만일 사탄이 어떤 영혼이 하나님의 택함 받은 자라는 사실을 확실하게 알고 있다면, 비록 그것이 그에게 두통거리가 되고 기분 나쁜 사실이라고 할지라도, 그것을 파괴하는데 시간을 낭비하지는 않을 것이라는 생각이 번쩍 스칩니다. 그러나 누가 하나님의 택함 받은 자인지 우리가 잘 모르고 있는 것처럼 사탄 역시 잘 알고 있지 못합니다. 왜냐하면 더 오랜 경험과 은밀하게 사람들을 살필 수 있는 능력을 통해 비록 우리보다 더 정확하게 판단할 수 있다고는 해도, 그 역시 우리가 행하는 외적 행동에 따라 판단할 수밖에 없기 때문입니다. 또한 하나님의 말씀의 그 비밀한 계획들도 그의 음흉한 눈은 발견할 수 없습니다. 그는 "그들의 열매로"(마 7:16) 그들을 알 뿐입니다. 우리 역시 똑같은 방법으로 그들을 압니다.

그러나 우리가 종종 판단에 실수가 있는 것처럼 그도 역시 실수할 수 있습니다. 그러기에 그는 우리 모두를 어떻게든 파멸시키려는 목표가 있을 뿐이지 그 성공의 비결을 알고 있는 것처럼 보이지는 않습니다. 그는 두루 다니며 "삼킬 자를 찾고 있습니다"(벧전 5:8). 그런데 그는 삼킬 만한 자들이 누구인지 알지 못하기 때문에 하나님의 모든 백성들을 맹렬하게 공격하는 것입니다.

어떤 사람은 "마귀가 어떻게 모든 백성들을 다 공격할 수 있습니까?"라고 물을 수 있습니다. 그는 그것을 스스로의 힘으로 하지 않습니다. 저는 우리들 가운데 많은 이들이 사탄에 의해 직접 시험 당했다고 보지 않습니다 — 우리는 그의 공격을 직접 받을 만한 사람이 못될 수도 있습니다. 하지만 그는 그의 지배와 통제 아래 무수한 수하 영들을 보유하고 있습니다.

백부장이 자신에 관해 말한 것처럼, 사탄에 대해서도 똑같이 이렇게 말할 수 있습니다: "(그가 이 영에게 말하기를) 가라 하면 가고 오라 하면 오고 내 종더러 이것을 하라 하면 하나이다"(마 8:9). 그래서 하나님의 모든 종들은 크든 작든 영들의 대원수인 사탄으로부터 그들을 파멸시키기 위한 직접적 또는 간접적 공격을 받게 될 것입니다. 그때 그는 "할 수만 있으면 택하신 자들도 미혹할"(마 24:24) 것입니다.

파멸시킬 수 없을 때 사탄의 그 다음 목표는 상대방을 괴롭히는 것에 있다는 것은 의심의 여지가 없습니다. 그는 하나님의 백성들이 행복하게 되는 것을 좋아하지 않습니다. 마귀는 목사들의 설교 중에 특별히 의심과 두려움을 증가시키고, 슬픔과 절망을 하나님의 백성의 증거로서 제시하는 설교를 크게 좋아한다고 저는 생각합니다. 그때 마귀는 이렇게 말합니다: "아, 계속 그렇게 설교해라. 너는 내 일을 참 잘하고 있다. 왜냐하면 나는 하나님의 백성들이 슬퍼하는 것을 보고 싶기 때문이다. 만일 내가 그들이 찬송하는 것을 멈추고 비참한 얼굴로 만들 수만 있다면 나는 내 사명을 충분히 완수했다고 생각할 것이다."

사랑하는 형제들이여, 우리는 우리를 겸손하게 만드는 것 같지만 실제로는 불신앙으로 이끄는 이런 위장된 유혹들을 경계해야 합니다. 하나님은 우리가 의심하고 불신하는 것을 좋아하시지 않습니다. 그분이 그분의 사랑하는 아들 예수님의 선물 속에 그 사랑을 어떻게 입증하고 계신지 보십시오. 그러므로 여러분의 모든 부정적인 추측을 버리십시오. 그리고 굳은 확신으로 즐거워하십시오. 하나님은 즐겁게 경배 받는 것을 기뻐하십니다. "오라 우리가 여호와께 노래하며 우리의 구원의 반석을 향하여 즐거이 외치자 우리가 감사함으로 그 앞에 나아가며 시를 지어 즐거이 그를 노래하자 여호와는 크신 하나님이시요 모든 신들보다 크신 왕이시기 때문이로다"(시 95:1-2), "너희 의인들아 여호와를 기뻐하며 즐거워할지어다 마음이 정직한 너희들아 다 즐거이 외칠지어다"(시 32:11), "주 안에서 항상 기뻐하라 내가 다시 말하노니 기뻐하라"(빌 4:4). 사탄은 성도들이 기뻐하는 것을 좋아하지 않습니다.

마틴 루터는 "우리는 찬송함으로써 마귀를 화나게 해야 한다"고 말하곤 했습니다. 저는 루터가 정곡을 찌르고 있다고 생각합니다. 불협화음을 좋아하는 마귀는 조화롭고 즐거워하는 찬양을 싫어하기 때문입니다. 사랑하는 형제들이여, 대원수는 앞으로 여러분을 더 이상 어떻게 할 수 없다면, 지금 여기서 괴롭히기를 원합니다. 여기서 그는 의심할 여지 없이 하나님의 영예에 치명타를 날리려고 겨냥합니다. 그는 슬픔에 빠진 그리스도인들이 종종 하나님을 불신함으로써 그분의 영예를 더럽히는 것을 잘 알고 있습니다. 그래서 그는 주님의 신실하심과 인자하심을 더 이상 믿지 않을 때까지 우리를 염려 속에 빠뜨릴 수만 있다면 우리가 하나님을 찬양하지 않을 것이라고 생각합니다. "감사로 제사를 드리는 자가 나를 영화롭게 하나니"(시 50:23)라고 하나님은 말씀하십니다. 그래서 사탄은 우리의 찬양의 뿌리에 도끼를 두고 어떻게든 하나님이 영광 받지 못하도록 획책합니다.

더더욱 사탄이 그리스도인을 파멸시킬 수 없다면 그의 사역에 얼마나 큰 손실을 받을까요? 많은 성도들이 그의 목을 부러뜨리지는 못했지만 — 그것은 불가능하다 — 그의 중요한 뼈를 몇 개 정도는 부러뜨렸고, 끝장날 때까지 절뚝거리며 걸어가게 했습니다. 우리는 전에 교회에서 아주 유명한 설교가로 잘 나갔지만 갑자기 시험에 걸려 죄를 범하고 실족해버린 사람들을 슬픈 마음으로 돌이켜 볼 수 있습니다. 교회에서 그들의 이름은 숨을 죽이고 찾아보기 전에는 찾아볼 수 없었습니다. 누구나 그들이 "불 가운데서"(고전 3:15) 구원받았다고 생각하고 기도했지만, 확실히 그들의 이전 공적은 결코 회복될 수 없었습니다. 천국의 순례 길에서 뒤로 후퇴하는 것은 아주 쉽지만, 그 뒤떨어진 발걸음을 만회하기는 정말 어렵습니다.

여러분은 순식간에 잘못에 빠져 여러분의 촛불을 꺼버릴 수도 있습니다. 그러나 여러분이 그것을 다시 켜려면 많은 시간에 걸쳐 해야 합니다. 주님을 사랑하는 형제들이여, 사탄의 공격을 조심하고 항상 견고히 서십시오. 하나님의 집의 기둥인 여러분은 교회에서 굉장히 소중한 존재니까요. 우리는 여러분을 헛되이 소모시킬 수 없습니다. 우리들 가운데 아버지 또는 어머니가 되는 여러분들을 우리는 존경합니다. 우리는 우리 대적자들이 "아하! 아하! 이것이 바로 내가 원했던 바다!"라고 외치는 소리를 들으면서 여러분이 슬퍼하고 비탄에 빠지거나 고통 속에 빠지는 것을 원하지 않습니다. 그러나 슬프도다! 우리가 "이 일을 가드에도 알리지 말며 아스글론 거리에도 전파하지 말지어다 블레셋 사람들의 딸들이 즐거워할까, 할례 받지 못한 자의 딸들이 개가를 부를까 염려로다"(삼하 1:20)라고 말할 만한 일들이 우리의 시온에서 많이 일어났습니다.

하나님은 사탄의 궤계와 그의 공격들을 대적할 수 있는 권세를 교회에 주심으로써 은혜를 베푸시기를 바랍니다. 그리하여 사탄의 가장 악랄한 역사가 펼쳐지더라도 우리에게 아무 해가 없기를 바랍니다. 우리의 요새와 보루들을 세어보고, 다시 세어보고, 세세하게 헤아려 본 후에 그는 자신의 공격이 아무 소용이 없고, 그의 폭격이 단 한 병사도 죽일 수 없기 때문에 어쩔 수 없이 후퇴하게 될 것입니다.

이 점에 대한 설명을 마치기 전에 저는 "하나님은 어째서 그의 백성들이 악한 자에게 이같이 끊임없는 악의적 공격을 받도록 허용하시는지"에 대해 살펴보기를 원합니다. 한 가지 대답은 하나님은 자신의 영광을 위해 무엇이 필요한지 알고 계시지만 자신의 문제들에 대해 설명하시지 않기 때문이라는 것이 분명합니다. 자유의지를 허락하고, 분명하게 설명되지 않는 이유로 악의 존재를 허용하셨기 때문에 그분이 행하신 것과 사탄을 파멸시키는 것이 일치하지 않는 것처럼 보일 수 있습니다. 그러나 그분은 죄와 거룩, 은혜와 궤계 사이에 치열한 백병전을 벌일 수 있도록 사탄에게 권세를 주십니다.

또한 사탄의 시험들은, 말하자면, 하나님의 백성들에게는 오히려 섬김의 기회가 된다는 것도 기억되어야 합니다. 페넬롱(Fenelon)은 그의 시험들이 자기 확신의 묵은 때를 벗겨내기 위해 문지르는 손질들이라고 했습니다. 저는 여기에 그것들은 파수꾼이 놀라 깨어 일어나도록 그의 귀에 들리는 경고의 소리라고 덧붙이고 싶습니다. 한 신학자는 세상에서 시험을 받지 않는 것보다 더 악한 시험은 없다고 했습니다. 왜냐하면 시험을 받는 한 우리는 깨어있기 때문입니다. 시험이 없는 동안 우리의 육체는 연약한 상태에 있게 마련입니다.

마음은 원이로되, 육신이 약해 우리는 잠에 빠져들게 됩니다. 어린아이들은 커다란 개가 왕왕 짖어댈 때, 그들의 아버지 품에서 절대로 떨어지지 않습니다. 마귀가 짖어대는 것은 그리스도에게 더 가까이 나아가도록 이끌 수 있고, 우리에게 자신의 연약함을 일깨워 줄 수도 있으며, 우리를 망루 위에 세우며, 다른 악들로부터 우리를 보호하는 수단이 될 수도 있습니다. "근신하라 깨어라 너희 대적 마귀가 우는 사자 같이 두루 다니며 삼킬 자를 찾나니"(벧전 5:8). 특별한 위치에 있는 목사들을 위해 열정적으로 기도해 주는 것이 허용되기 바랍니다. 사탄의 역사에 대처할 수 있도록 "형제들아 우리를 위하여 기도하라"(살전 5:25)는 명령에 순종하는 기도가 있다면 우리는 하나님의 능력으로 보호받을 것입니다. 우리는 여러분의 신실한 기도를 통해 강건해져서 끝까지 자기 사명을 다할 것입니다.

사탄의 불의한 눈

두 번째로 특별히 사탄이 하나님의 백성들을 훼방하기 위해 불의한 눈으로 주의하여 살피는 것은 무엇일까요?

사탄은 하나님이 우리를 완전하게 알고 있는 것처럼 완전하게 우리를 알고 있다고 말할 수 없습니다. 그러나 사탄은 지금까지 거의 6천 년 동안 타락한 연약한 인간들을 다루어왔기 때문에 그때까지 아주 방대한 경험을 갖고 있음이 틀림없습니다. 땅에 있는 모든 것을 두루 살피고, 가장 고상한 것이나 가장 천한 것 모두를 시험해온 그는 인간 행동의 원천들이 어떤 상태에 있는지 그리고 그것들을 어떻게 다루어야 하는지 아주 잘 알고 있습니다.

사탄은 무엇보다 먼저 우리의 특별한 약점들을 감찰하고 주의하여 살핍니다. 그는 말 장사가 말을 살피는 것처럼 위아래로 자세히 살펴봅니다. 그는 우리가 실수하는 면을 곧 포착합니다. 평범한 관찰자인 저는 말이 평원을 달리는 모습만 보고 얼마나 좋은 말인지 대충 판단할 수 있습니다. 그러나 말 장사는 제가 볼 수 없는 것을 보고 숨겨진 약점을 금방 발견해낼 정도로 말에 대해 잘 알고 있습니다. 사탄은 우리를 어떻게 살펴야 할지 알고 있고, 발끝에서 머리끝까지 한눈에 판단함으로써 이 사람에 대해 "그의 약점은 욕심이 많은 것이다" 아니면 저 사람에 대해 "그는 성급한 성격을 갖고 있다"고 말하거나 또는 어떤 사람에 대해 "그는 교만하다," 아니면 다른 사람에 대해 "그는 게으르다"는 판단을 내립니다.

불의의 눈은 약점을 파악하는데 아주 빠르고, 악의의 손은 지체 없이 그것을 이용합니다. 대원수는 우리의 성벽으로부터 약점을 발견하면, 전차를 배치하고 포위를 시작합니다. 여러분은 심지어 가장 친한 친구에게까지 자신의 약점을 감출 수 있지만, 여러분의 최대의 원수인 사탄으로부터는 그것을 감출 수 없습니다. 그는 스라소니의 눈을 갖고 단번에 여러분의 전신 갑주의 약점을 찾아냅니다. 그는 대적을 찾아 돌아다니고, 여러분은 마음의 모든 화약을 감추었다고 생각할지 모르지만, 그는 그의 대적이 숨겨둔 무기를 찾아내는 법을 알고 있습니다. 영원한 은혜가 방해하지 않는 한 그는 많은 죄를 범하도록 할 것입니다.

그는 또한 우리 마음의 상태를 유심히 살핍니다. 만일 마귀가 우리 마음이 어떤 특수한 상태에 있을 때 우리를 공격한다면, 우리는 그를 얼마든지 대적할 수 있습니다. 그는 이것을 알고 있고, 그래서 충돌을 피합니다. 어떤 사람들은 침체 상태에 있거나 낙심하고 있을 때 시험에 쉽게 빠집니다. 그때 대원수는 그들을 공격할 것입니다. 또 다른 사람들은 기뻐하거나 즐거움으로 충만할 때 불이 붙고, 그래서 불쏘시개에 불을 붙일 때가 있습니다. 어떤 사람들은 지나치게 화를 잘 내고, 이리저리 폭발할 때 함부로 말할 수 있습니다. 또 다른 사람들은 그들의 영혼이 지나치게 잔잔한 호수 같아서 마귀의 배가 항해하기에 적절한 상태에 있습니다. 용광로 앞에서 일하는 사람은 어떤 금속은 다른 온도가 아니라 특별한 온도의 열이 가해져야만 되는 것을 알고 있는 것처럼, 또 화학물질을 다루는 사람들이 일정한 온도가 되어야 어떤 액체는 끓게 되고, 또 다른 액체는 그보다 더 낮은 온도에서 비등점에 도달하게 된다는 것을 알고 있는 것처럼, 사탄도 자신의 목적을 위해 우리에게 역사해야 할 온도를 정확하게 알고 있습니다. 작은 냄비는 불 위에 놓으면 빨리 끓는 것처럼 성급한 기질을 가진 작은 사람들도 마찬가지입니다. 큰 그릇은 끓게 하려면 더 많은 시간과 열이 필요하고, 한 번 끓으면 쉽게 식거나 쉽게 가라앉지 않습니다.

원수는 물 속의 고기들을 주시하는 어부처럼 미끼를 먹이에게 드리우고, 적당한 때가 되면 고기는 대부분 미끼를 물도록 되어 있습니다. 이 영혼의 사냥꾼은 은밀하게 활동합니다. 때때로 우리는 마음의 방심 때문에 범죄에 빠지거나 덫에 걸려듭니다. 유명한 잠언가인 토머스 스펜서(Thomas Spencer)는 이 점에 대해 다음과 같이 말했습니다:

카멜레온은 파리와 메뚜기를 낚아채기 위해 풀 위에 있을 때, 자신의 색깔을 풀의 색깔과 똑같이 한다. 바닷속의 폴립은 물고기가 위험에 대한 아무 의심이 없이 과감하게 자기에게 다가오도록 돌 밑에 숨어있을 때 자신의 색깔을 그 돌의 색깔과 같도록 바꾼다. 마찬가지로 사탄은 우리가 전혀 두려워하지 않도록 자신의 모양을 바꾸고, 우리 앞에 우리의 본성이 쉽게 동조할 수 있는 모양으로 시험거리를 내놓음으로써 그의 그물 속으로 우리가 더 빨리 다가가도록 유혹할 수 있다. 그는 바람에 따라 항해하면서 우리가 본성의 약점을 따라 행동하도록 우리에게 다가온다. 신앙 문제에 대한 우리의 지식이 부족한가? 그러면 그는 우리가 잘못 생각하도록 유혹한다. 양심이 부드러운가? 그러면 그는 소심에 빠지도록 유혹한다. 양심이 황도[1]처럼 약간 비뚤어져 있는가? 그러면 그는 우리가 육체의 방탕에 빠지도록 유혹한다. 대담한 성격을 갖고 있는가? 그러면 그는 우리가 철면피가 되도록 유혹한다. 겁이 많고 회의적인 기질을 갖고 있는가? 그러면 그는 우리가 절망에 빠지도록 유혹한다. 유연한 성품을 갖고 있는가? 그러면 그는

---

1) 태양의 둘레를 도는 지구의 궤도가 천구(天球)에 투영된 궤도. 천구의 적도면(赤道面)에 대하여 황도는 약 23도 27분 기울어져 있으며, 적도와 만나는 두 점을 각각 춘분점, 추분점이라 한다.

변덕스러운 사람이 되도록 유혹한다. 우리가 좀 딱딱한 사람인가? 그러면 그는 완고한 이단자나 분파주의자나 배반자가 되도록 획책한다. 엄한 사람인가? 그러면 그는 우리가 잔인한 사람이 되도록 유혹한다. 부드럽고 온순한가? 그러면 그는 우리가 무분별한 관용이나 어리석은 연민에 빠지도록 유혹한다. 종교문제에 대해 열렬한 마음을 갖고 있는가? 그러면 그는 우리가 맹목적인 열심과 미신에 빠지도록 획책한다. 우리가 냉정한가? 그러면 그는 라오디게아 교인들의 미지근함에 빠지도록 유혹한다. 이처럼 사탄은 상황에 따라 이런저런 덫들을 놓아서 우리가 걸려들도록 유혹할 수 있다.

그는 또한 사람들 사이에서 우리의 위치를 자세히 살핍니다. 홀로 있을 때 쉽게 유혹당하는 사람들은 많지 않습니다. 그런데 그들은 마음의 무거운 짐을 짊어지고, 아주 끔찍한 범죄에 빠질 수 있습니다. 아마 우리 가운데 대부분은 함께 있을 때 더 쉽게 죄를 범할 가능성이 많을 것입니다. 어떤 모임에서 저는 죄에 빠지지 않았고, 또 다른 모임 속에서 저는 거의 위험에 빠지지 않았습니다. 아주 경솔한 사람들이 많은 곳에서 똑같은 성향을 갖고 있는 사람들은, 빠지기 쉬운 죄가 일어나는 것을 느끼지 못하고 죄에 빠짐으로써 거의 그들의 얼굴을 똑바로 쳐다볼 수 없게 됩니다. 또 다른 사람들은 너무 우울해서 자기와 똑같은 마음을 가진 형제들을 만나면, 큰 확신을 갖고 실족해버리는 결과를 초래합니다. 사탄은 여러분이 그의 공격에 노출되어 있는 장소에 있으면 그곳에서 여러분을 유혹해야 한다는 것을 알고 있습니다. 그는 성공의 확신을 갖고 공격할 순간을 위해 지켜보고 있던 지점에서, 공중에서 급강하하여 먹이를 낚아채는 새처럼 여러분에게 달려들 것입니다.

그는 세상에서 우리의 위치를 얼마나 주의하여 살필까요! 그는 한 사람을 주목하고, "그 사람은 부자다. 내가 이처럼 눈에 보이는 속임수로 그를 시험하는 것은 아무 소용이 없다. 그러나 여기에 아주 가난한 또 다른 사람이 있다. 나는 그에게 그물을 쳐야겠다"고 말합니다. 그런데 그는 또 다시 그 가난한 사람을 주의하여 보고, 이렇게 말합니다: "이제 나는 그를 이 어리석은 방법으로 시험할 수 없다. 하지만 나는 그 방법을 부자에게 써먹어야겠다." 사냥꾼이 들새를 쏘기 위해 하나의 총을 갖고 있고, 사슴이나 사냥감을 위해서는 또 다른 총을 갖고 있는 것처럼 사탄도 다양한 계층의 사람들에 대해 각각 다른 시험을 갖고 있습니다.

저는 여왕의 유혹이 하인의 마음을 괴롭혔을 것이라고 생각하지 않습니다. 반면에 하인의 유혹이 저를 아주 심각하게 할 것이라고 생각하지 않습니다. 아마 여러분은 제가 그러리라고 생각하지도 않겠지만, 저로부터 피할 수 있을 것입니다. 저는 때때로 제가 그럴 수 있을지 묻는다고 해도 여러분에 대해 참을 수 있었을 것이라고 생각합니다. 그러나 사탄은 우리 각자를 공격할 지점을 정확하게 알고 있습니다. 우리의 위치, 우리의 능력, 우리의 학력, 우리의 사회적 지위, 우리의 직업 등 — 모든 것이 그가 우리를 공격하는 통로가 될 수 있습니다.

직업이 없어 할 일이 없는 사람들도 특별한 위험에 처할 수 있습니다. 저는 마귀가 그런 여러분을 당장 처단하지 않는 것이 이상합니다. 지옥에 가게 되어 있는 가장 유력한 사람들은 땅 위에서 해야 할 일이 전혀 없는 사람입니다. 저는 그것을 심각하게 말하는 바입니다. 죄질이 나쁜 악일수록 할 일이 없는 위치에 있는 사람에게 훨씬 더 잘 일어난다고 확신합니다. 만일 제가 이런 상태에 있었다면, 악한 자에게 몸과 영혼이 시험당하리라는 두려움 때문에 당장 직장을 구할 것입니다. 게으른 사람들은 자기들을 유혹해 달라고 마귀를 유혹합니다.

우리는 해야 할 일을 갖고 있어야 합니다. 우리는 우리의 마음을 비워두어서는 안됩니다. 만일 그렇게 되면 그 자리를 마귀가 차지하게 될 것입니다. 부지런함은 우리를 은혜롭게 만들지는 못하지만, 할 일이 없는 것은 우리에게 악의 길로 이끌 수 있습니다. 언제나 해야 할 일을 갖고 있어야 합니다. 아이작 와츠가 다음과 같이 말한 것처럼 말입니다:

책을 읽든지, 일을 하든지 아니면 건강을 위해 오락을 즐기든지 나는 늘 바빠야 하리라.
그렇지 않으면 사탄은 계속해서
게으른 손들이 범하는 죄악들을 찾아내리라.

책, 일 또는 건강에 필수적인 오락들이 우리의 시간을 점유하도록 해야 합니다. 만일 제가 녹슨 철판처럼 게으름 속에 빠져있다면, 저에게 죄의 녹이 스는 것을 이상하게 생각해서는 안됩니다.

저는 아직 이 주제에 관한 말씀을 다 전하지 못했습니다. 사탄은 우리들을 주의하여 살필 때 우리가 관심을 갖고 있는 모든 대상들도 함께 살핍니다. 그는 욥의 집을 찾았을 때 도둑이 보석상의 집을 털기 위해 그 집을 살피는 것처럼 그 집을 유심히 살폈다는 것을 이상하게 생각하지 않습니다. 도둑들은 그 다음 집의 문이 어디에 있는지에 대해서도 그냥 넘어가지 않습니다. 왜냐하면 그들은 그곳에 인접해 있는 건물을 통해 보물을 운반해야 하기 때문입니다.

욥의 모든 주위를 두루 살펴서 그 내용을 그의 마음속에 깡그리 기억해 둔 다음, 마귀는 스스로 "약대, 소, 당나귀 그리고 종들이 있구나 ― 그래, 나는 이 모든 것들을 충분히 이용할 수 있다"고 생각했습니다. 계속해서 그는 이렇게 생각했습니다: "그리고 어디 보자. 그래, 3명의 딸과 7명의 아들이 있구나. 지금 그들은 모두 잔치를 벌이고 있다. 나는 그들을 어디서 잡아야 할지 알고 있다. 만일 내가 잔치를 벌이고 있는 지금 그 집을 날려버린다면, 그 아버지의 마음은 더 괴로울 것이다. 왜냐하면 '그들이 향연을 벌이고 술을 마시다 죽는 것보다는 기도하다 죽는 것이 훨씬 더 나았을텐데' 하는 아쉬움이 그의 마음속에 있을 것이기 때문이다."

마귀는 "나는 또한 그의 아내의 인간성을 조사해봐야 겠다. 나는 그녀를 원한다고 말해야겠다"고 말하고, 곧 그 작업에 착수했습니다. 아무도 욥의 아내가 했던 일을 할 수 없었습니다. 종들 가운데 누구도 그토록 신랄하게 뼈를 쑤시는 말을 할 수 없었습니다. 누구도 욥의 아내가 했던 말 ― 비록 그녀가 아주 다정스럽게 말했다고 해도 ― 과 같은 말을 할 수 있는 사람은 없었습니다. "하나님을 축복하고 죽으라"고 해야 할 부분에서 그녀는 "하나님을 욕하고 죽으라"(욥 2:9)고 했습니다. 오, 사탄이여, 그대는 욥의 재산을 집어삼켰지만, 성공하지 못했노라. 욥의 힘은 그의 소유에 있는 것이 아니라 그의 하나님 안에 있다. 그렇지 않으면 머리를 잘린 삼손처럼 그를 베어버렸을 것이다.

악한 자는 욥의 인간적인 감수성까 검열했습니다. 그래서 그는 그의 공격대상이 크게 두려워할 것으로 알고 육체의 질고를 선택했습니다. 그는 성문 밖에서 가난한 사람들이 욥을 보고 전율할 정도의 큰 질병을 그에게 일으켰습니다.

사랑하는 형제들이여, 사탄은 여러분에 관해서도 참으로 많이 알고 있습니다. 여러분에게 자녀가 있다면 사탄은 여러분이 그를 얼마나 끔찍하게 사랑하는지도 알고 있습니다. 그는 "아, 내가 그에게 상처를 입힐 수 있는 지점이 있구나"라고 말합니다. 심지어는 여러분의 결혼상대자가 지옥의 화살들이 보관되어 있는 화살통에 들어가, 때가 되면 사탄이 그 화살들을 쏠 수 있도록 활에 장전될 수도 있습니다. 급기야는 여러분의 이웃들과 여러분의 남편이나 아내까지 조심해야 합니다. 왜냐하면 사탄이 여러분을 제압하는데 얼마나 큰 이점을 갖고 있는지 여러분은 모르기 때문입니다.

우리의 습관, 우리의 기쁨, 우리의 슬픔, 우리의 은밀한 순간들, 우리의 공적 지위 등 — 모든 것이 이 치명적인 주의 백성들의 원수에 의해 공격 무기로 사용될 수 있습니다. 우리는 모든 곳에서, 곧 침대에서, 식탁에서, 집에서 그리고 거리에서 덫을 갖고 있습니다. 사람들과 함께 있는 곳에도 덫과 함정이 있습니다. 우리가 홀로 있는 곳에도 함정이 있습니다. 우리는 세상에서뿐만 아니라 하나님의 집에서도 시험을 발견할 수 있습니다. 우리의 높은 지위에도 덫은 있고, 우리의 낮은 품격 속에도 치명적인 독이 있습니다. 우리는 요단강을 건널 때까지 시험이 없으리란 기대를 해서는 안 됩니다. 우리는 요단강을 건넌 후에 원수의 표적으로부터 벗어나 있게 된 것을 하나님께 감사해야 합니다. 지옥의 개의 마지막 짖음 소리는 우리가 죽음의 강의 으스스한 물을 통과할 때까지 들려올 것입니다. 그러나 영화된 성도들의 할렐루야 소리를 들을 때 우리는 어둠의 왕자와 영원히 결별하게 될 것입니다.

더 깊이 주의하여 살핌

사탄은 주의하여 살피지만, 그의 감찰을 무력화시키는 더 깊은 감찰이 있었습니다.

전쟁할 때, 어느 한 편의 군사 전략가들과 지뢰 전문가들은 지뢰밭 밑으로 갱도를 팔 것입니다. 상대편의 지뢰밭 밑으로 갱도를 파는 것은 아주 통상적인 군사작전입니다. 이것이 바로 하나님이 사탄을 다루실 때 쓰는 작전입니다. 사탄은 지뢰밭을 설치해 놓고, 도화선에 불이 들어오면 하나님의 건물을 폭파시킵니다. 그러나 하나님이 그 밑으로 갱도를 파 놓았다면, 그는 성도들의 실수를 찾아내기 전 그 자신의 지뢰밭을 폭파시키게 됩니다.

마귀는 바보 가운데 가장 어리석은 바보입니다. 그는 많은 지식을 갖고 있지만 어떤 다른 피조물보다 지혜가 모자랍니다. 그는 땅의 짐승들보다 훨씬 더 치밀하지만 그것은 지혜가 아닌 단순한 치밀함일 뿐입니다. 그것은 참된 지혜가 아닙니다. 그것은 단지 어리석음의 다른 한 면입니다.

사탄은 욥을 시험하는 동안 그가 하나님의 목적에 따라 행동하고 있다는 사실을 거의 몰랐습니다. 왜냐하면 하나님은 사탄에게 욥의 몸에 손대는 것을 허락하지 않으셨기 때문입니다 — 아마 그때 그것은 욥이 견디어 낼 수 없는 시험이었을 것입니다. 만일 여러분이 건강한 육체를 갖고 있다면 재산 손실과 고통, 심지어는 사고까지도 아무 일이 없는 것처럼 견딜 수 있다고 생각하십니까? 그럴 수 있을 것입니다. 욥과 같은 경우도 있으니까 말입니다. 아마 질병이 먼저 오고 나머지 다른 일들이 그 후에 왔다면, 그것은 욥이 감당하기에는 너무 큰 시험이 되었을 것입니다. 그러나 원수가 그 이상 해서는 안되는 일을 알고 계신 하나님께서는 사탄에게 "여기까지만 하고 그 이상은 안된다"고 말씀하실 것입니다.

욥은 점차 그의 비천함에 익숙하게 되었습니다. 사실상 시련은 욥이 "주신 이도 여호와시요 거두신 이도 여호와시오니"(욥 1:21)라고 말한 그 쓰라린 순간에 다 끝났습니다. 그때 그 원수는 죽임을 당했습니다. 무덤에 장사되었고, 이것이 그의 죽음에 대한 조사(弔辭)였습니다: "여호와의 이름이 찬송을 받으실지니이다"(21절).

두 번째 시험이 임했을 때, 첫 번째 시험은 욥에게 두 번째 시험을 견딜 수 있는 능력을 제공했습니다. 큰 재산을 소유한 사람이 갑작스럽게 그것을 누릴 수 있는 육체의 건강을 박탈당하는 것은 먼저 모든 재산을 잃고 그 다음에 그것을 누리는데 필수적인 건강을 잃어버리는 것보다 훨씬 더 심각한 시험일 것입니다.

이미 모든 것을 잃어버렸기 때문에 욥은 다음과 같이 말할 수 있었습니다: "나는 지금 아무것도 누릴 것이 없는 것에 대해 여호와께 감사드린다. 그리고 아울러 그것을 누릴 육체의 능력이 없는 것도 그리 비참하지 않다. 나는 '내 땅에서 나는 소산들을 얼마나 바라고 나의 종들을 보기를 원했던가'라고 말하지 않는다. 왜냐하면 그들은 이미 죽었기 때문이다. 나는 내 자녀들을 다시 보기를 바라지 않는다. 그들도 이미 죽었으니까. 나는 그것들 모두에 대해 감사한다. 그들에게 이처럼 잿더미 위에 앉아 괴로워하는 비참한 아버지를 보여 주는 것보다는 그것이 더 낫다."

그는 그의 아내가 죽은 것에 대해서도 크게 감사할 수 있었습니다. 역시 그녀가 살아있을 때 특별히 감사할 축복의 조건이 없었기 때문입니다. 그의 모든 자녀들이 그 주변에 있었더라면 아마 그것보다 더 큰 시험은 없었을 것입니다. 산들의 높이를 재시는 하나님은 그의 종의 슬픔의 높이도 재고 계셨습니다.

주님은 또한 그의 종이 시험 속에서 얼마나 견딜 수 있는지 그것을 깊이 살펴보지 않으셨습니까? 사랑하는 형제들이여, 여러분은 마귀가 욥의 은혜의 화로 위에 물통을 들이붓는 동안 그 위에 은밀한 기름을 쏟아 부으신 이가 은혜의 주님이신 것을 모르고 있을 것입니다. 그분은 이렇게 말씀하셨습니다: "사탄이 크게 역사하는 그 이상으로 역사할 것이다. 만일 그가 크게 빼앗아간다면, 나는 더 많이 줄 것이다. 만일 그가 그에게 저주로 유혹한다면, 나는 그에게 나를 축복하는 사랑을 충만하게 쏟아부어줄 것이다. 내가 그를 도와주리라. 내가 그에게 힘을 주리라. 참으로 나의 의로운 오른손으로 그를 붙들리라"(이사야서 41:10을 보십시오.).

그리스도인이여, 다음 두 가지 사실을 명심하고 그것을 꿀로 만든 과자처럼 여러분의 입속에 넣고 다니기 바랍니다. 첫 번째로 여러분은 예수님이 간청하고 계시는 보좌로부터 사탄이 통과증을 받지 않는 한 시험당하지 않을 것입니다. 반면에 시험을 허락하실 때, 그분은 "시험 당할 즈음에 또한 피할 길을 내십니다"(고전 10:13). 아니면 여러분에게 그것을 능히 견딜 수 있는 은혜를 베푸실 것입니다.

두 번째로 주님은 욥이 이 시험을 통해 얼마나 성화되는지를 살펴보셨습니다. 욥은 그 이야기가 시작될 때보다 끝날 때 훨씬 더 훌륭한 사람이 되었습니다. 처음에 "그 사람은 온전하고 정직하였습니다"(욥 1:1). 그러나 그에게는 약간의 교만함이 있었습니다. 우리는 욥과 같은 사람을 비판하는 연약한 피조물입니다. 하지만 여전히 그 안에는 자기 의를 분출시키는 샘이 있었습니다. 저는 그의 친구들이 나타난 것을 생각합니다. 엘리바스와 소발은 비참한 욥이 아주 강력한 어조로 자신에 대해 변론할 수밖에 없도록 화를 돋구는 말을 하였습니다. 욥의 자기 변론 속에는 약간의 자기 의가 들어 있었습니다.

그는 우리들 가운데 어떤 이들처럼 약간 교만하지 않았습니다. 그는 최소한 세상 사람들의 눈으로 볼 때에는 크게 교만했습니다. 마귀는 욥을 가만 놔두면 그 교만이 열매를 맺고 죄에 빠질 수 있다는 것을 알지 못했습니다. 그러나 그는 너무 성급해서 그 악한 씨가 자라기도 전에 그것을 파괴해 버리고 말았습니다. 그래서 그의 시험들은 욥을 더욱 겸손하게 그리하여 더 완전하고 복된 마음의 상태로 만드는 여호와의 도구가 되고 말았습니다.

나아가 사탄이 얼마나 전능자의 심복으로 종사했는지를 주목해 봅시다. 욥은 더 큰 축복을 받을 수 있는 존재가 되었습니다. 하나님은 욥을 지극히 사랑해서 그에게 갑절의 재산을 베푸시기를 원하셨습니다. 그분은 그에게 그의 자녀들을 다시 허락하기를 바라셨습니다. 그분은 그에게 그 전보다 더 유명한 사람, 그의 이름이 모든 시대에 걸쳐 울려 퍼지는 사람, 모든 세대를 통해 회자되는 사람으로 만들기를 원하셨습니다. 그분은 우스 사람이 아니라 전세계 사람으로 그를 높이 세우고자 하셨습니다. 그분은 단지 한 이웃에게만이 아니라 전세계 모든 사람들이 욥이 시험을 견딘 사건에 대해 듣도록 하셨습니다.

누가 이렇게 하도록 하셨습니까? 누가 욥의 이름이 울려 퍼지도록 명성의 나팔을 만드셨습니까? 마귀는 용광로로 가 온 힘을 다해 수고함으로써 욥을 정금처럼 단련시켰습니다. 참으로 어리석은 마귀여! 그는 하나님이 그의 종 욥 위에 모든 시대를 통해 경이의 눈으로 바라보도록 세워놓은 주춧돌 위에서 좌초되었습니다.

결론적으로 욥의 고난과 욥의 인내는 하나님의 교회에 마지막 축복이고, 그것들은 사탄에게 엄청난 불명예를 안겨 주었습니다. 만일 여러분이 마귀를 화나게 하고 싶다면, 욥의 이야기를 그의 얼굴 앞에서 하십시오. 만일 여러분이 여러분의 확신을 더하기를 원한다면, 성령 하나님이 여러분을 욥의 인내 속으로 인도해 주기를 구하십시오.

얼마나 많은 성도들이 이 인내 이야기를 듣고 고통 속에서 위로를 받을까요! 얼마나 많은 사람들이 우스 사람의 처절한 경험을 들으며 사자 입과 곰의 발톱으로부터 구원을 받을까요! 오, 대원수여, 그대는 그대 자신이 쳐놓은 그물에 걸려들었도다! 그대는 그대 머리 위에 떨어진 돌에 박살났도다! 그대는 자신의 궤계에 스스로 속았도다! 여호와는 바보를 지혜자로 만드시고, 예언자를 미치광이로 만드셨습니다.

사랑하는 형제들이여, 우리는 하나님의 보호하심과 돌보심에 믿음으로 의탁해야 합니다. 연약함을 갖고 나아오십시오. 질병을 갖고 나아오십시오. 죽음도 갖고 나아오십시오. 그러면 우리는 예수 그리스도의 보혈을 통해 모든 일들 속에서 승리자가 될 것입니다. 그분의 영의 권능으로 우리는 최후까지 승리할 것입니다. 저는 우리가 예수님을 전폭적으로 신뢰하기를 기도합니다. 아직 그분을 신뢰하지 못하는 사람들이여, 지금 당장 그분을 믿기 시작하십시오. 그리고 오직 하나님만이 우리 모두에게 영원무궁토록 찬양받으시기를 소원합니다. 아멘.

2

분노 속에 있는 사탄

하늘에 큰 이적이 보이니 해를 입은 한 여자가 있는데 그 발 아래
에는 달이 있고 그 머리에는 열두 별의 관을 썼더라 이 여자가 아
이를 배어 해산하게 되매 아파서 애를 쓰며 부르짖더라 하늘에 또
다른 이적이 보이니 보라 한 큰 붉은 용이 있어 머리가 일곱이요
뿔이 열이라 그 여러 머리에 일곱 왕관이 있는데 그 꼬리가 하늘
의 별 삼분의 일을 끌어다가 땅에 던지더라 용이 해산하려는 여자
앞에서 그가 해산하면 그 아이를 삼키고자 하더니 여자가 아들을
낳으니 이는 장차 철장으로 만국을 다스릴 남자라 그 아이를 하나
님 앞과 그 보좌 앞으로 올려가더라 그 여자가 광야로 도망하매
거기서 일천이백육십 일 동안 그를 양육하기 위하여 하나님께서
예비하신 곳이 있더라 하늘에 전쟁이 있으니 미가엘과 그의 사자
들이 용과 더불어 싸울새 용과 그의 사자들도 싸우나 이기지 못하
여 다시 하늘에서 그들이 있을 곳을 얻지 못한지라 큰 용이 내쫓
기니 옛 뱀 곧 마귀라고도 하고 사탄이라고도 하는 온 천하를 꾀
는 자라 그가 땅으로 내쫓기니 그의 사자들도 그와 함께 내쫓기니
라 내가 또 들으니 하늘에 큰 음성이 있어 가로되 이제 우리 하나
님의 구원과 능력과 나라와 또 그의 그리스도의 권세가 나타났으
니 우리 형제들을 참소하던 자 곧 우리 하나님 앞에서 밤낮 참소
하던 자가 쫓겨났고 또 우리 형제들이 어린양의 피와 자기들이 증
언하는 말씀으로써 그를 이겼으니 그들은 죽기까지 자기들의 생

명을 아끼지 아니하였도다 그러므로 하늘과 그 가운데 거하는 자
들은 즐거워하라 그러나 땅과 바다는 화 있을진저 이는 마귀가 자
기의 때가 얼마 남지 않은 줄을 알므로 크게 분 내어 너희에게 내
려갔음이라 하더라 용이 자기가 땅으로 내쫓긴 것을 보고 남자를
낳은 여자를 핍박하는지라 그 여자가 큰 독수리의 두 날개를 받아
광야 자기 곳으로 날아가 거기서 그 뱀의 낯을 피하여 한 때와 두
때와 반 때를 양육 받으매 여자의 뒤에서 뱀이 그 입으로 물을 강
같이 토하여 여자를 물에 떠내려가게 하려 하되 땅이 여자를 도와
그 입을 벌려 용의 입에서 토한 강물을 삼키니 용이 여자에게 분
노하여 돌아가서 그 여자의 남은 자손 곧 하나님의 계명을 지키며
예수의 증거를 가진 자들과 더불어 싸우려고 바다 모래 위에 서
있더라 — 요한계시록 12:1 -17

하늘에서 무시무시한 전쟁이 일어났습니다. 우리의 영광스러운 천사장
미가엘은 용을 영원히 결박 지워 던져버렸습니다. 천상에서 악의 당사자가
우리 주 예수 그리스도의 생애와 죽음을 통해 결정적 패배를 당했습니다.
속죄가 인간의 죄에 대해 이루어졌고, 하나님과 인간 사이의 대전쟁은 해
피엔딩으로 끝났습니다. 영원한 의가 이루어졌고, 하나님의 평강이 천국에
가득 찼습니다. 그 후부터 전쟁이 여기 이 땅에서 일어났습니다. 이 땅에서
는 이 세상의 임금이 하나님과 진리의 원천에 대해 크게 다투고 있습니다.
이것은 사람들의 아들들에게 큰 화가 미치는 원인이 되었고, 그 화는 사탄
의 권세가 완전히 제거될 때까지는 결코 끝나지 않을 것입니다.

우리의 대원수 사탄은 역사할 때 사람들에게 염려와 걱정을 심어준다는
점을 주목하시기 바랍니다. 사탄은 사람들이 얼마나 어리석은지 알고 있습
니다. 또 어떤 사람들은 부주의하고 생각이 없을 수 있지만, 그는 그들을
주목하고 감시의 눈을 늦추지 않습니다. 그는 자기의 시간 또는 때가 얼마

남지 않았다는 것을 알고 있습니다. 그는 그 끝을 주목하고 있습니다. 왜냐하면 그는 시간을 낭비하거나 종말에 대해 무관심한 자가 아니기 때문입니다. 그는 자신의 나라를 존속시키고, 하나님의 백성들을 괴롭히며, 그리스도의 이름을 깎아 내릴 기회를 호시탐탐 노리고 있습니다. 그때가 얼마 남지 않았기 때문에 그는 그것을 절박하게 다루고 있습니다.

그는 예수 그리스도에게 이미 패배를 당했기 때문에 자신의 때가 얼마 남지 않았다는 것을 알고 있습니다. 요한계시록 12장에서 우리는 "철장으로 만국을 다스리고", "하나님 앞과 그 보좌 앞으로 올려간" 아이에 대해 봅니다. 그리고 우리는 하늘에서 전쟁이 일어나 마귀 곧 용과 그의 사자들이 땅으로 떨어지는 사건을 봅니다. "이제 우리 하나님의 구원과 능력과 나라와 또 그의 그리스도의 권세가 나타났으니 우리 형제들을 참소하던 자 곧 우리 하나님 앞에서 밤낮 참소하던 자가 쫓겨났고"(10절). 옛 뱀은 자기가 이미 패배를 당해 하늘로부터 땅으로 떨어진 신세로서 다시는 회복될 수 없다는 것을 잘 알고 있었습니다.

남자 아이 곧 그리스도 예수는 아직 사탄의 권세가 파괴당하지 않았을 때 그를 만나 전쟁을 벌여 승리함으로써 막강한 위치에서 떨어뜨렸기 때문에, 그는 자기의 권세가 끝장이 났고, 자기의 때가 얼마 남지 않게 된 것을 인정하지 않을 수 없었습니다. 심지어 지금도 사탄은 자기가 사슬로 묶여 있음을 느끼고, 그 사슬이 얼마 후면 자기의 몸을 옥죄어 올 것이라는 것도 알고 있습니다. 조만간 그는 땅을 더 이상 돌아다닐 수 없고 그의 감옥에 포로로 갇히는 신세가 될 것입니다. 비록 이 반역의 영이 타락은 했지만, 그는 미래를 예측할 수 있는 능력을 충분히 갖고 있습니다.

오, 그들은 절반은 깨어있는 자들과 같고, 그들의 종말을 알고 있었습니다. 저는 여러분에게 악의 영에 관해 이 사실을 주의하라고 말씀드리고, 또 이 사실로부터 여러분은 지식을 얻고, 그것을 실제적인 목표에 적용시킬 수 있을 것입니다. 왜 항상 흑암의 세력들이 빛의 자녀들보다 훨씬 더 지혜롭게 행동하는 것처럼 보일까요? 그것은 우리의 가장 악한 원수가 우리에게 교훈을 가르치는 문제를 보면 알게 될 것입니다.

사람들 중에는 아주 중요한 문제들을 마치 모르는 것처럼 행동하지만 실제로는 그것들에 대해 잘 알고 있는 사람들이 있습니다. 그들의 지식은 그들의 마음의 저장소에 낭비적으로 저장되어 있고, 실제적 목적에 사용되기에는 아무 쓸모가 없습니다.

예를 들면 우리는 죽을 수밖에 없는 우리의 운명을 알고 있지만, 마치 결코 죽지 않을 것처럼 살아갑니다. 우리들 가운데 많은 사람들이 다음과 같이 기도해야 할 필요성이 있습니다: "우리에게 우리 날 계수함을 가르치사 지혜로운 마음을 얻게 하소서"(시 90:12). 우리는 우리의 시간이 짧고 우리의 생명이 곧 끝나리라는 것을 알아야 하지만, 그것을 실제로 인식하고 살지 못합니다. 왜냐하면 죽어가는 사람이 죽은 후 어떻게 될 것인지에 대해 진지한 마음이 없기 때문입니다. 이 점에서 우리의 대원수는 우리만큼 어리석지 않습니다. 그는 자신의 때가 얼마 남지 않았다는 것을 너무도 잘 알고 있기 때문입니다.

이 지식이 그에게 어떻게 작용하고 있는지 잘 살펴보기 바랍니다. 그는 감정을 크게 자극받았습니다. 그가 가질 수 있는 가장 깊은 감정은 분노입니다. 왜냐하면 그는 도대체 사랑하는 법을 모르기 때문입니다. 그의 진정한 삶은 미워하는 삶이기 때문에, 분노야말로 그의 진정한 정신입니다. 그는 관대함과 사랑에 대해선 아무것도 모릅니다. 그래서 그의 때가 얼마 남지 않았다는 사실은 그 안에 있는 중심 감정을 자극시켰고, 그래서 그는 크게 분노하고 있습니다. 그의 악한 본성은 완전히 분기탱천했고, 그의 흥분은 소름이 끼칩니다.

우리의 시간이 짧다는 것은 우리의 마음을 얼마나 크게 자극시켜야 할까요! 우리가 이 세상에서 순례자의 인생을 살 때 얼마나 열렬한 사랑과 열심으로 살아야 할까요! 우리의 종말의 때가 가깝고 우리가 사람들 사이에서 하나님을 섬길 수 있는 시간이 짧다는 것을 알고 있다면, 우리는 불타는 열심과 뜨거운 사랑으로 살도록 자극을 받아야 합니다. 그런데도 우리는 마땅히 해야 할 바를 하도록 자극받는데 불충분합니다. 마귀들은 엄청난 분노를 느끼고 있습니다. 그런데 우리는 왜 큰 사랑에 대한 자극을 받지 못합니까? 마귀들은 우리가 구원하기 위해 열심인 것보다 훨씬 더 큰 열정을 갖고 파괴하는데 열심이지 않습니까? 우리는 절반은 죽어있는데 반해 그들은 펄펄 살아있지 않습니까?

사탄이 자기의 때가 짧다는 것을 알고 있는 결과는 단순히 감정에만 있는 것이 아닙니다. 그의 커다란 분노의 결과로는 그가 열렬한 열심을 갖고 움직인다는데 있습니다.

그의 힘은 자극을 받고, 그가 두려워하는 여자의 후손을 박해하고 그녀를 대적하여 그의 입으로 물을 강같이 쏟아놓습니다. 사탄은 그의 악이 그가 하지 못하는 것을 일으키기 때문에 스스로 할 수 있는 것은 아무것도 없습니다. 우리는 마음이 내키지 않는 일을 할 수 있지만, 그는 결코 그런 일은 하지 않습니다. 그는 끊임없는 근면과 지치지 않는 열심의 진정한 표상입니다. 그는 자기에게 허용된 시간 안에 할 수 있는 모든 일을 할 것입니다. 우리는 그가 결코 자기 때를 놓치지 않으리라 확신할 수 있습니다.

사랑하는 형제들이여, 여러분과 저는 한편으로, "밤이 오리니 그때는 아무도 일할 수 없기"(요 9:4) 때문에, 우리에게 주어진 얼마 남지 않은 시간을 통해 끊임없이 똑같은 근면의 힘을 가지고 지속적으로 하나님을 섬기도록 활동해야 합니다.

내 형제들이여, 만일 자녀들이 그리스도께 나아가기를 원한다면, 여러분은 그들에게 아버지 없이 살아야 할 날이 곧 오리라는 것을 말해 주십시오. 만일 여러분의 종업원들이 구원받기 원한다면, 그들에게 고용주가 없는 날이 곧 올 것이라는 것을 꼭 말해 주십시오. 만일 여러분의 형제가 회심하기를 바란다면, 여러분이 형제를 위해 베푸는 사랑이 아무런 힘이 되지 못할 때가 오리라는 것을 말해 주십시오.

목사들이여, 만일 교회의 성도들이 하나님의 영을 통해 구원받기를 원한다면, 여러분의 혀가 말을 할 수 없을 때가 곧 오리라는 것을 말해 주십시오. 주일학교 교사들이여, 만일 여러분이 가르치는 학생들이 선한 목자의 품에 안기기를 바란다면, 매 주일 주어진 시간에 조만간 여러분이 지금 알고 있는 곳을 영원히 더 이상 알지 못하는 때가 곧 도래할 것임을 말해 주어야 합니다.

따라서 "온 이스라엘 사람들이 각기 보습이나 삽이나 도끼나 괭이를 벼리려면 블레셋 사람들에게로 내려갔었다"(삼상 13:20)는 옛 말씀처럼, 저는 여러분에게 흑암의 왕자의 모습을 본받아 여러분의 부지런함에 박차를 가하도록 권고합니다. 우리는 사탄의 치밀함으로부터 지혜를, 그의 분노로부터 열심을 배워야 하지 않겠습니까?

그는 시대의 표적들을 분별하고, 우리가 잠자는 동안 자신을 자극시키지 않습니까? 악은 하나님의 자녀들이 게으름에 빠져 있는 동안 바다와 땅에까지 이르지 않았습니까? 하나님은 금하셨습니다. 내 형제들이여, 저는 여러분이 이제는 잠을 깨고 옛 용의 커다란 분노를 바로 파악하기를 권면합니다.

본문은 우리에게 사탄의 때가 얼마 남지 않은 것이 그의 분노를 자극했다고 가르칩니다. 우리는 "마귀의 때가 짧은 것에 비례하여 그의 힘도 증가된다"고 일반적으로 말할 수 있습니다. 그러므로 우리는 그가 극도로 분노하면 할수록 그의 때가 거의 다 되었다는 것을 보여 주는 증거로 받아들일 수 있습니다. 저는 이 안에 몇 가지 교훈이 담겨 있고, 그것들은 오른편에 있는 모든 사람들에게 위로가 될 것이라고 생각합니다. 성령이 그렇게 하시기를 바랍니다.

우리를 둘러싸고 있는 세계에서, 우리는 악의 세력들이 강해진다고 해서 세상이 완전히 잘못될 것이라고 생각해서는 안됩니다. 가라지가 무르익었다고 해서 절망 속에서 울고 있다면, 우리는 어리석습니다. 왜냐하면 그때는 밀 역시 무르익고 있지 않습니까?

진실로 죽은 자는 곧 부패하지만, 살아있는 자는 더욱 활동하는 법인데, 우리가 왜 슬퍼해야 합니까? 신성모독은 점차 강해지고, 불신 세력들은 신앙의 기초를 좀먹고, 또는 미신의 먹구름이 점차 강하게 몰려오기 때문에 우리가 전에는 보지 못했던 시대보다 훨씬 타락한 시대가 될 것이라고 결론지어서는 안됩니다.

종종 악이 더욱 흥하는 것은 선도 그만큼 또는 그보다 더 강하게 펼쳐진다는 표시이기도 합니다. 악의 절정은 종종 그 종말입니다. 여러분은 자연세계 속에서 가장 어두운 밤 시간이 지나면 곧바로 낮의 새벽이 온다는 것을 알고 있지 않습니까? 그것은 영적 세계와 도덕 세계에서도 똑같습니다. 옛 속담에 "낮이 길어지면 추위도 강해진다"는 말이 이것을 우리에게 가르쳐 주지 않습니까? 봄이 길어질수록 서리도 더 모질고 강해지는 법입니다. 썰물이 그 정점에 이르면 조수의 굴곡이 일어나는 것도 가장 작지 않습니까?

따라서 악이 최고조에 이르면, 그 종말도 가깝습니다. 역사의 사건들이 보여 주는 증거들을 보십시오. 벽돌 만드는데 짚이 주어지지 못했을 때, 모세는 억압받는 백성들을 구원하기 위해 하나님께 쓰임 받았습니다. 바로가 이스라엘 백성들이 가도록 허락하지 않아 모세의 멍에가 이스라엘의 목에 더욱 무겁게 걸쳐졌을 때, 하나님의 오른손이 들려졌고, 그분의 복수가 홍해에서 이루어졌습니다. 독재자들이 가장 포악해졌을 때 해방의 시간도 가까이 있는 법입니다. 거짓말이 아주 대담해져서 철면피가 되었을 때, 진실이 그 모습을 드러내는 법입니다.

골리앗이 성큼성큼 걸어서 이스라엘의 군사들을 짓밟을 때, 그때는 곧 돌멩이가 이미 물맷돌에 장착되고, 다윗이 그 거인을 쓰러뜨리는 시점이었습니다. 그러므로 더 큰 박해 또는 이미 존재하는 박해가 더 큰 힘으로 다가오는 것을 두려워하지 마십시오. 왜냐하면 악이 득세하는 순간이 그 파멸의 순간이 되는 역사의 사건들 속에서는 으레 그런 일들이 있을 것이기 때문입니다. 벨사살이 성전의 기명들을 더럽힐 때, 사람의 손가락이 나타나서 벽에 글을 썼습니다. 하만은 유대인들의 피를 찾기 위해 왕의 연회를 열었을 때, 그는 자기 자신을 매어달 교수대를 준비했습니다.

심지어는 역사의 마지막 순간에도 마귀는 자기 나라의 종말이 가까워지자 더욱 큰 분노를 터뜨리는 것을 볼 수 있습니다. 마지막 바로 그 순간에 그는 땅의 사방 백성 곧 곡과 마곡을 미혹하고 모아 싸움을 붙일 것입니다.

그들은 아마겟돈에서 "전능하신 이의 큰 날에 있을 전쟁"(계 16:14)을 위해 맹렬한 기세로 큰 무리로 모여들 것입니다. 그것은 마치 이스라엘의 빛이 꺼지고, 하나님의 진리가 완전히 소멸되는 것처럼 보였을 것입니다. 그러나 그 두려운 순간에 주님은 영광스럽게 승리할 것이고, 그의 대적들을 마지막 순간에 타도할 것입니다. 그리고 태양 속에 서 있는 천사는 엄격한 복수의 잔치를 위해 공중을 날아다니는 독수리들과 모든 들새들을 모아 마부들과 장사들의 육체를 갉아먹을 것입니다. 또한 "미혹하는 마귀가 불과 유황 못에 던져져서 … 세세토록 밤낮 괴로움을 받을 것입니다(계 20:10). 그리고 또한 "할렐루야 주 우리 하나님 곧 전능하신 이가 통치하시도다"(계 19:6) 하는 소리가 들릴 것입니다. 가장 큰 규모로 들리는 용의 분노의 소리는 곧 그의 통치의 종말에 대한 가장 확실한 예언이 될 것입니다.

그런데 큰 곳에서 진리인 것은 작은 곳에서도 진리입니다. 어느 나라에서든 우상숭배자들이 최후의 공격을 할 때는 얼마나 잔인한지 선교사들은 쉽게 발견할 것입니다. 우리는 거짓과 진실이 만나고, 오류가 그 마지막 공격을 가할 때는 언제나 그것들이 그 온 힘을 다해 이와 발톱을 가지고 목숨을 걸고 싸웁니다. 그들의 시간이 짧기 때문에 분노도 그만큼 큽니다. 영국의 어떤 시골 또는 도시에서 또는 어떤 다른 나라에서, 복음에 대한 박해가 극도에 이르고 사람들이 마치 말씀의 설교자를 죽이는 것처럼 보일 때마다 여러분은 그 박해의 힘이 거의 종말에 다다랐다는 것을 계산에 넣어도 될 것입니다.

광란의 발작이 있은 후 악랄한 박해는 멈출 것입니다. 고요의 시간 그리고 어쩌면 복음을 받아들일 만한 시간이 임할 것입니다. 일단 인간에 대한 악한 감정이 끓어오르면, 그것들은 다시 식을 것입니다. 하나님이 그것들을 억제하는 것에 대해 약속하지 아니하셨습니까? 오후의 태양의 타오르는 열기는 영원히 계속되지 않고, 가장 뜨거운 시점이 지나면 점차 그 열기가 식는 것처럼, 사악한 마귀가 종종 그의 악한 의도들을 이용하는 사람의 분노 역시 그와 똑같습니다.

똑같은 진리가 각 개인에게도 적용될 것입니다. 하나님이 죄인인 그를 그리스도께로 인도하시는 위대하신 사역을 그의 마음속에 시작하실 때, 예전보다 하나님을 더 싫어하고, 선한 일을 더 싫어하는 느낌이 있다고 해도, 나쁜 표시가 아닙니다. 우리는 이전보다 더 큰 죄를 범하도록 이끌린다 해도 절망할 필요가 없습니다. 사탄의 유혹의 잔인성은 그가 타도할 양들과 싸우는 힘을 가리킵니다.

그는 그 목적을 달성할 수 있다면 절대로 그 목적을 망각하지 않습니다. 그래서 그는 그들을 그의 권세 아래 굴복시키기 위해 모든 힘을 다 쏟습니다. 그는 특별히 은혜의 능력이 그들의 구원을 위해 크게 역사할 때, 더욱 부지런하고, 광포해집니다.

많은 신자들의 경우를 보면, 이 일반적인 사실이 더욱 분명히 예증됩니다. 신자의 마음속에서 전쟁이 아주 치열하게 벌어질 때가 많습니다. 그는 자기가 하나님의 자녀인지 모르고 또 모든 소망을 포기할 준비가 되어 있습니다. 그는 큰 혼란에 빠져 있기 때문에 기도하거나 찬양할 수 없습니다. 그는 두려운 마음 없이는 성경을 읽을 수 없습니다.

그는 마치 완전히 멸망당해야 할 것처럼 보입니다. 왜냐하면 그의 마음을 괴롭히는 공격이 결코 끊어지지 않고 지속적이며 또 극히 악랄하기 때문입니다. 이런 두려운 감정들은 종종 평화의 시간들 곧 은은한 행복, 거룩함 그리고 하나님과의 교제가 주는 평온함 뒤에 이어집니다. 사탄은 하나님이 선한 사람의 고뇌에 한계를 정해 놓고 계심을 압니다. 그래서 그는 자기의 시간이 얼마 남지 않았기 때문에 극도로 분을 냅니다. 개가 사람들이 자기 힘이 미치는 범주에서 곧 벗어날 것을 알기 때문에 짖는 것과 똑같은 이유로 아주 신실한 어떤 성도들은 극도의 갈등 속에서 죽었다는 것은 아주 주목할 만한 일입니다.

여러분은 로마교황과 사탄을 대적하는데 아주 용감하고 강력했던 마틴 루터가 죽어가는 침대 위에 지극히 불안한 마음으로 누워 있었다는 것을 생각하지 못할 것입니다.

그러나 그것은 다음과 같은 이유 때문이었습니다: 그의 치열한 투쟁은 마지막 투쟁이었다. 그는 정복자 이상의 존재였지만, 그의 반대자가 쓰러

질 때까지 기다리고만 있던 늙은 겁쟁이처럼 마귀는 그가 약화되고 힘이
빠질 때까지 기다릴 만큼 싸움은 치열했고, 그래서 마귀는 그를 잡아먹는
대신 그를 괴롭게 하기로 마음을 바꾸어 먹었다.

진실로 루터는 마귀를 괴롭혔고, 우리는 마귀의 악에 대해 놀라지 않습
니다. 사탄은 루터가 자기가 쏘는 불 같은 화살로부터 영영 벗어나리라는
것을 알고 있었고, 그리하여 그는 그에게 마지막 공격을 퍼부었던 것입니
다.

존 녹스(John Knox)에게도 똑같은 경우가 있었습니다. 그의 깊은 한숨
소리를 보고 그 원인에 대해 질문을 받은 그는 이렇게 대답했습니다:

나는 이전에 아주 힘없던 시절, 많은 시험을 겪고, 사탄의 공격을
크게 받았습니다. 그러나 현재 사탄은 나를 잡아먹고 나를 절단 내기
위해 아주 두렵게 다가오고, 그의 모든 힘을 다 쏟아 나를 공격했습니
다. 그가 종종 내 눈 앞에 내 죄를 내놓고, 나를 절망으로 유혹하고,
세상의 유혹들로 나를 꾀기 위해 노력했지만, 이런 무기들은 성령의
검 곧 하나님의 말씀에 의해 박살이 났고, 원수는 실패했습니다.

그러자 그는 다른 방법으로 나를 공격했습니다: 교활한 뱀이 내가
하나님의 사역을 충실하게 감당함으로써 천국과 영원한 축복을 충분
히 받을 공로를 세웠다고 나를 설득하려고 애를 썼습니다.

그러나 다음과 같은 성경 구절들을 나에게 제시해 주심으로써 이
불같은 창을 타도하고 소멸시킬 수 있게 하신 하나님께 감사드립니
다: "네게 있는 것 중에 받지 아니한 것이 무엇이냐"(고전 4:7), "내
가 나 된 것은 하나님의 은혜로 된 것이니 … 내가 한 것이 아니요
오직 나와 함께 하신 하나님의 은혜로라"(고전 15:10). 이와 같이 해
서 패배당한 자로서 사탄은 나를 떠나갔습니다.

그러므로 나는 기꺼이 나에게 승리를 주신 예수 그리스도를 통하여
나의 하나님께 감사를 드리고, 유혹자가 다시는 나를 공격하지 못할
것이라고 확신합니다. 그러나 조만간에 나는 육체의 큰 고통 또는 정

신의 갈등이 없이도 이 유한하고 비참한 인생을 예수 그리스도를 통한 복된 불멸성으로 대체할 것입니다.

여러분은 마귀가 자신의 지배 아래 두기 위해 그토록 많은 노크를 했던 사람에게 또 다른 노크를 하는데 열심이라는 것이 놀랍습니까? 그러므로 여러분에 대해 사탄이 분노하는 것에 대해 전혀 놀라지 마십시오. 또 만일 여러분 자신이 그의 권세에 꼼짝 못하는 것처럼 보인다고 해도 이상하게 여기지 마십시오. 오히려 이것 곧 그의 커다란 분노는 그의 시대가 끝날 때가 다 되었다는데 대한 징조라는 것을 기뻐하십시오. 그는 자신이 궁극적으로 패배할 것임을 알고 있기 때문에 우리에게 더욱 잔인하게 전쟁을 수행하는 것입니다.

그의 타락한 영은 사소한 악덕에도 박수를 칩니다. 만일 파괴할 수 없다면, 그는 혼란상태에 빠뜨릴 것입니다. 만일 죽일 수 없다면, 그는 상처를 입힐 것입니다.

사탄은 아주 교활하긴 하지만, 소망 없는 목적을 추구하는 데에는 아주 어리석게 행동합니다. 여자의 후손과 전쟁할 때 그는 자신이 패하리라는 것을 알고 있지만, 자신의 머리에 상처를 입으면서 그의 발꿈치를 상하게 합니다.

모든 것이 실패로 끝나리라는 것을 알면서도 그 악의를 버리지 않는 것이 사탄의 운명 — 정복할 수 없는 살아계신 하나님의 씨에 의해 영원히 정복되지만, 영원히 싸움을 멈추지 못한다는 것 — 입니다. 마귀는 진리를 그 자리로부터 끌어내리기 위해 헛되이 노력하고 있는 것입니다. 사탄의 노력은 참으로 "헛되이 수고하는 것"(갈 4:11)입니다.

사탄이 자기 때가 얼마 남지 않았다는 것을 알고 종종 커다란 분노를 발하는 대상 곧 그리스도께 나아오는 영혼 속에 이에 관한 구체적인 실례가 보인다는 점을 저는 주목하고 싶습니다. 저의 설교의 목적은 구주에 대해 깨어있고, 그분을 구하는 사람들을 위로하는 것입니다. 만일 그들이 고뇌 속에 있다면, 저는 그들이 속히 평화, 안식 그리고 소망을 발견하기를 바랍니다.

악령에 사로잡힌 연약한 사람이 그리스도께 인도를 받을 때, 우리는 "올 때에 귀신이 그를 거꾸러뜨리고 심한 경련을 일으키게 하는지라"(눅 9:42)는 말씀을 읽습니다. 그것이 대원수의 역사입니다. 그가 사람에게서 나올 때 그의 힘은 그 전보다 훨씬 더 강력해져서 가능한 한 그 영혼이 하나님과의 평화를 얻기 전에 파괴하려고 합니다.

이 주제에 관해 제가 여러분에게 위로를 주고자 할 때 거룩하신 보혜사께서 저를 도우시기를 바랍니다.

사탄은 그의 때가 얼마 남지 않았다는 것을 알고 있다

우리가 여기서 다룰 첫 번째 주제는 다음과 같습니다: 사탄은 영혼 속에 역사할 자기 때가 얼마 남지 않았다는 것을 어떻게 알고 있는가? 그는 끊임없는 악의를 지니고 자신의 권세 아래 있는 모든 영혼들을 감시합니다. 그는 파수꾼처럼 진영을 돌아다니며 그의 조직으로부터 이탈할 가능성이 있는 모든 사람들을 감시합니다.

그는 왕이 궁전에 들어가는 것처럼 사람들의 마음속에 쉽게 들어갑니다. 그들의 마음은 그가 가장 좋아하는 집이 됩니다. 그는 자기가 원하는 대로 출입하고, 편안하게 거합니다. 그는 사람의 본성을 자신의 재산처럼 생각하고, 그 안에 자신의 악한 욕망을 심어놓습니다. 슬프게도 그에게 속임을 받는 사람은 자신의 지체를 불의의 무기로 넘겨 주고, 의지적으로 그에게 미혹을 당하고 맙니다(로마서 6:13을 참조하십시오.). 인간의 모든 기능들은 사탄이 거하는 많은 방들이 되고, 그의 감정들은 사탄이 역사하는 많은 불과 용광로가 되어 버립니다.

결국 하나님의 은혜가 개입되어야 변화가 일어납니다. 거기서 20년, 30년, 40년, 50년 그리고 60년 동안 산 사탄은 자기가 그곳에서 더 이상 거주할 수 없음을 생각하기 시작합니다. 그는 자기 때가 얼마 남지 않았다는 것을 깨닫습니다. 그는 과거에 자기가 받았던 것만큼 환영받지 못한다는 것을 발견함으로써 자기 때가 얼마 남지 않았다는 것을 인식한다고 저는 봅니다. 그 사람은 죄를 사랑하고 죄를 범할 때 쾌락을 느끼지만, 지금 죄는 예전만큼 달콤하지 않고, 그 맛은 싱겁고 재미가 없습니다. 악덕의 매력은 희미해집니다. 그 쾌락은 공허해지고, 허망하며, 무의미합니다. 이것은 위대한 변화의 증거입니다.

과거에는 죄를 범할 때마다 그 영혼은 적극적으로 환대하며 그것을 맞아들이는 문 열린 집과 같았지만, 지금은 그 열심이 절반으로 줄었습니다. 심지어는 잠재하는 습관적 육욕들도 이전만큼 만족감이 없고, 그것들을 위해 준비된 것들도 없습니다. 어둠의 왕자와 그의 법정은 호의가 없고, 이것은 그가 곧 사라져야 한다는 것을 보여 주는 암시입니다. 죄가 그 달콤함을 잃어버릴 때 사탄도 그의 힘을 함께 잃어버립니다. 원수는 그 영혼이 자기에 대해 싫증이 나고, 그 매력으로부터 이탈하는 것을 보고 자신의 용의 날개가 곧 수명을 다하리라는 것을 알게 됩니다.

사탄은 이전에 받았던 대접을 받지 못할 때 자신의 퇴출이 그만큼 빠르게 다가오리라는 생각을 갖습니다. 그 사람은 과거에 죄에 대해 열심이었습니다. 그는 악덕을 추구했고, 그것을 찾아다녔으며, 자신을 유혹의 길에 두었습니다. 그때 사탄은 안심하고 그를 다스렸습니다. 그러나 이제 그 사람은 죄의 서식지를 포기하기 시작합니다. 그는 영혼을 불타오르게 하는 흥분의 잔을 포기합니다. 여러분은 그가 전에는 술집을 자주 출입하고, 노래방에서 죄로 오염된 노래들을 불렀던 곳을 떠나 예배의 자리로 나아가고, 설교를 듣는 모습을 발견할 것입니다.

마귀는 이런 변화를 좋아하지 않고, 그것을 자기 자리를 내주어야 할 경고로 받아들입니다. 그 사람은 과거에 마셨던 술을 마시지 않거나 과거에 했던 욕을 하지 않거나 모든 유혹에 쉽게 넘어가지 않습니다. 물고기는 미끼를 던지면 걸려듭니다. 그러나 깨어있는 사람은 아직 그리스도를 믿기로 결심하지 않았지만, 덫에 쉽게 빠지지 않고, 죄의 사슬에 쉽게 매이지 않습니다.

그는 잘못된 길을 가고 있지만, 그 위를 달려가지는 않습니다. 반대로 그는 멈추어서 한숨을 쉬고 악의 길로부터 떠날 수 있기를 원합니다. 그는 어떻게 장벽을 뛰어넘어 좁은 길로 들어갈 수 있는지 알기를 원합니다. 사탄은 이 모든 것을 알고 있고, 그는 스스로 "과거에 나를 위해 했던 준비가 이제는 없다. 나를 위해 일할 준비가 거의 되어 있지 않다. 그러므로 나는 내 때가 얼마 남지 않았다는 것을 안다"고 말합니다.

사탄은 마음의 문을 두드리는 소리를 사람이 들을 때 자기가 인간의 마음을 사로잡고 있을 때가 얼마 남지 않았다는 것을 아주 잘 알고 있습니다. 그는 그것이 어떤 종류의 두드림인지 알고 있습니다. 부드럽지만 저항할 수 없는 마음에 관한 두드림, 지속적이고 영속적인 참을성이 들어가기를 바라는 분의 두드림입니다.

그 두드림은 그의 손에 구멍을 뚫는 힘을 갖고 있는 분의 두드림입니다. 그것은 그 힘을 일격에 쏟아 붓는 그런 두드림이 아니라 그의 눈물과 사랑을 그 수단으로 삼는 두드림입니다. 그분은 자비의 힘, 불가항력적인 부드러운 사랑을 소유하고 있습니다. 사탄은 그분의 두드림을 듣기 때문에, 집의 거주자가 그것을 듣고, 어느 정도 문을 열어 주는 것을 느낄 때, 그는 두려워합니다. 마음이 복음을 설교하는 소리를 듣고 누그러질 때, 그는 더욱 두려워 떱니다. 만일 그 두드림이 계속되어 밤의 죽음 속에 사는 자들을 일깨운다면, 그는 "내 때가 얼마 남지 않았다"고 말합니다. 그는 자신의 오래된 머리를 깨부수는 손을 알고 있고, 그 두드림은 그에게 불길한 징조입니다.

그는 예수님의 부드러움 속에 결코 이겨내지 못하는 저항할 수 없는 힘이 있다는 것을 압니다. 그러므로 자기 소유 가운데 있는 사람들의 마음속에 복음이 들어가면 그들이 위험해진다는 것도 압니다. 그가 듣는 두드림들 사이에서 한 음성이 "문을 열어다오 내 머리에는 이슬이 내 머리털에는 밤이슬이 가득하였다"(아 5:2)고 말합니다. 그리고 그는 이 외치는 소리가 그의 힘의 몰락의 전조가 된다는 것을 알고 있습니다.

사탄에게 그의 때가 얼마 남지 않았다는 것을 보여 주는 또 다른 징조는 집의 거주자가 때때로 법정으로 몰래 가 그에 대항하여 퇴거증을 요구한다는 것을 알고 있을 때입니다. 여러분은 제가 말하는 바 ― 사람이 자신은 스스로에게서 죄를 제거할 수 없고, 자신의 힘으로 사탄을 극복할 수 없다고 느끼고, 그래서 "오 하나님, 저를 도와주소서. 오 하나님, 그리스도로 말미암아 옛 용으로부터 제 영혼을 물리쳐 주소서" 하고 부르짖을 때 ― 를 알 것입니다.

이것이 퇴거증을 요구하는 것입니다. 이것이 하늘의 법정으로 가서 위대하신 왕에게 소원을 청구하고 더 이상 영을 오염시키지 못하도록 훼방자를 제거하기 위해 사신을 보내달라고 간청하는 것입니다.

그러면 악한 자는 "아, 보라. 그가 기도하고 있는 한, 이곳은 더 이상 내가 있을 자리가 아니다"라고 말합니다. 사탄에게는 지옥의 불꽃보다 더 사나운 것이 믿음이 있는 신자의 기도입니다. 그들이 기도할 때 그는 사라져야 합니다. 사람들이 기도의 나팔소리를 울릴 때 그는 "그만!" 하고 부르짖어야 합니다. 기도의 파수꾼이 자리를 차지할 때 사탄은 그 진영에 더 이상 머물 자리가 없습니다.

사탄이 자기 때가 얼마 남지 않았다는 것을 알려 주는 또 한 가지 사실이 있습니다. 그것은 성령의 권능이 신자의 마음속에 분명히 역사하고 있을 때입니다. 빛이 오면, 죄인은 그 전에 자기가 모르고 있었던 것을 보고 알게 됩니다.

사탄은 자기가 어둠을 사랑하는 것만큼 빛을 미워합니다. 대낮의 올빼미처럼, 그는 제 자리가 없다고 느낍니다. 생명도 성령을 통해 들어옵니다. 그때 사람은 느끼고, 민감하게 되고, 회개하게 됩니다. 죽음을 사랑하고 항상 무덤 속에 거주하는 사탄은 생명으로부터 멀리 날아가려고 합니다.

성령은 사람에게 아주 은혜롭게 역사하기 위해 시작합니다. 사탄은 성령의 능력의 모든 고동을 알고 있습니다. 왜냐하면 그것은 곧 그의 능력의 끝이기 때문입니다. 그래서 그는 "나는 내가 나간 곳으로 갈 것이다. 왜냐하면 이 집은 지진으로 흔들리는 것처럼 흔들려서 나에겐 안식이 없기 때문이다"라고 말합니다. 마음의 즐거운 고동은 이 두려운 사탄으로 말미암아 얼마나 오랫동안 고통을 받았을까요! 가라, 원수여! 너의 파괴는 곧 영원히 끝장날 것이다!

사탄의 분노의 표현

두 번째로 그의 임기가 짧다는 것이 사탄의 분노를 자극하기 때문에, 우리는 그가 어떻게 그의 커다란 분노를 보여 주는지에 대해 주목해 보아야 하겠습니다. 그의 맹렬한 분노는 다양한 사람들에게 다양하게 나타납니다.

사탄은 어떤 사람들에게는 외적 박해가 가해지도록 자극함으로써 그의 커다란 분노를 보여 줍니다. 어떤 사람이 아직 그리스도인이 아니어서 실제로 회심하지 못했다고 해도, 사탄은 그가 구원받을 것을 두려워해서 그를 괴롭히도록 자신의 모든 개들을 그에게 붙여놓습니다. 연약한 영혼은 일터로 나갑니다. 비록 그의 눈이 "나는 그리스도인이야"라고 말할 수 있다고 해도 그는 확실하게 그렇게 말할 수 없습니다. 그러나 그의 동료들은 그가 참으로 예수님을 미워하는 자들 가운데 하나인 것처럼 크게 그를 공격하기 시작합니다. 그들은 그가 진지하고 건전하기 때문에, 그가 고상한 일에 대해 생각하고 그렇게 되려고 애쓰기 시작하기 때문에, 그리고 그가 복음을 듣고 최고의 사실들에 대해 관심을 갖기 시작하기 때문에, 그를 조롱합니다. 그리스도라는 아이가 태어나기 전 용은 그를 잡아먹기 위해 애를 썼습니다. 사람이 그리스도인이 되기 전에, 공중의 권세 잡은 자는 가능한 한 그를 파멸시키려고 모든 수고를 다했습니다.

마귀는 배후에서 역사함으로써 아무것도 잃지 않을 것입니다. 그는 은혜가 시작되는 순간 시작합니다. 그런데 만일 하나님의 은혜가 깨닫는 사람 속에 없고, 그의 변화가 단지 후회의 충동에 지나지 않는다면, 그는 불신자들의 조롱하는 말들에 의해 은혜의 수단들을 뒤로 제쳐놓는 것처럼 보입니다. 그러나 만일 주 예수 그리스도께서 실제로 그의 문을 두드리고, 하나님의 영이 역사하기 시작한다면, 이 반대자는 자신의 목적을 달성하지 못할 것입니다. 주님은 이 연약한 영혼이 감당할 수 없는 시험으로부터 멀리 달아날 수 있도록 그에게 날개를 달아 주실 것입니다.

저는 때때로 사탄의 역사를 불발시키고 그 반대의 목적을 성취시키는 일들을 알고 있습니다. 비록 성경의 진리들과 복음의 교리들에 관해 진지한 탐구를 했음에도 불구하고, 그것들에 대해 큰 혼란을 겪고 있는 사람을 저는 알고 있습니다. 그는 신자들보다 더 열렬한 탐구자로서 복음을 듣기 위해 내가 목사로 있는 교회에 출석하기 시작했습니다. 아직 그는 자기가 그리스도인이라고 말할 수 없었습니다. 그런데 그가 직접 세상으로부터 받아들인 반론은 성경에 대한 그의 믿음을 더 강화시켰고, 그와 진리 사이가 더 밀착되는 결과가 일어났습니다. 그의 동료들 가운데 비웃는 사람들이 이 결과를 가져오도록 했습니다.

그는 스스로 이렇게 생각했습니다: "그들은 왜 한결같이 내가 그리스도인이 될 것에 대한 이 빈약한 전제에 대해 나를 공격하는가? 만일 내가 이슬람교도나 유대인이었더라면, 그들은 나를 호기심의 대상으로 간주하고 그냥 놔두었을 것이다. 그러나 그들은 단지 내가 그리스도인이 될 우려 때문에 나에게 모욕과 분노를 가지고 대하고 있다. 도대체 왜 그런가? 이것은 뱀의 후손과 여자의 후손이 서로 대적할 것이라고 예언하는 말씀(창 3:15)으로 볼 때, 내가 진리의 길로 가고, 하나님의 말씀은 진리라는 증거가 아니겠는가?"

마귀는 그 젊은이를 반대하고, 그를 불신앙으로 이끌도록 의도된 것에 의해 오히려 그가 신자가 되었을 때, 그는 자신이 무엇을 했는지 몰랐습니다. 만일 이 세상 사람들이 우리 주 예수 그리스도의 믿음을 다른 누구보다 더 냉혹하게 반대한다면, 확실히 그 안에 특별한 어떤 것, 그들의 죄악된 길이나 그들의 교만한 소망에 반대되는 어떤 것, 하나님께 속해 있는 어떤 것이 있는 것이 틀림없습니다. 그것은 나의 젊은 친구가 자기가 받은 대접을 통해 뽑아낸 추론이었고, 그 추론은 그에게 믿음을 심어 주었습니다. 따라서 여러분은 사탄은 그의 때가 얼마 남지 않았기 때문에 각성하는 죄인을 혹독하게 핍박함으로써 종종 그의 지배권이 보존되기를 소망하는 것을 볼 것입니다.

그러나 더욱 나쁜 것은 사탄이 그의 분노를 드러내는 다른 방법입니다.

그것은 최대한 그의 입으로부터 홍수를 토해내 우리의 새로 생긴 소망을 익사시켜 버리는 방법입니다. 설교를 듣고 소망을 품은 성도가 아직 평강과 안식에 들어가기 전, 사탄은 때때로 그가 전에는 경험하지 못했던 의심, 신성모독 그리고 유혹들로 그를 시험할 것입니다. 시험당한 성도는 깜짝 놀라 혼잣말로 말하기를 "이게 도대체 웬일인가? 그리스도를 향한 나의 소망이 하나님의 역사일 수 있는가? 나는 더 악화되었다. 나는 구주를 찾기 시작할 때까지 이렇게 악한 자가 될 줄 몰랐다"고 합니다. 그러나 이것은 그 시험이 아무리 격렬하다 해도 결코 이상한 일이 아닙니다.

사탄은 성경의 영감성, 하나님의 존재, 그리스도의 신성 그리고 계시된 다른 모든 사실들에 관해 구원을 간절히 사모하는 연약한 영혼이 그 진리성을 파악하지 못하도록 모든 의심을 불어넣을 것입니다. 그 사람은 사탄이 그의 머리위에 있는지 아니면 발끝에 있는지 거의 모를 정도로 그의 생각이 혼란에 빠질 것입니다. "그들이 이리저리 구르며 취한 자같이 비틀거리니 그들의 모든 지각이 혼돈 속에 빠지는도다"(시 107:27). 그들이 성경을 읽을수록, 그리고 그들이 은혜의 수단을 주목할수록, 회의론과 무신론에 대한 유혹도 더 커집니다. 그들이 과거에 결코 알지 못했던 의심들이 심지어는 그들이 헌신을 위해 애쓰고 있는 동안에도 그들을 괴롭힐 것입니다. 이 악한 거주자는 떠나야 할 것을 알아차렸고, 여전히 그 안에 있음에도 불구하고 자신의 능력에 손상이 있음을 알고 체념합니다. 그가 연약한 영혼에 자신의 악의를 집어넣는 끔찍한 계획에 따라 어떻게 보배로운 진리들을 파괴하고 그 풍성한 소망들을 좌절시키는지 보십시오.

이때 또한 사탄은 종종 우리 본성의 가장 악한 정욕들을 일으키고, 그것들이 무법적인 방탕으로 이끌리도록 획책합니다. 깨어있는 죄인은 그가 과거에 느꼈던 것보다 더 비열하고 불결한 유혹들로 인해 혼란에 빠지는 자신을 볼 때 크게 놀랄 것입니다. 그는 그 유혹에 저항하고 물리치려고 고투할 것입니다. 그러나 그것은 너무 강렬해서 그를 무너뜨리고 흔들리게 합니다. 그는 육신이 그토록 부패되었다는 것을 거의 믿을 수 없습니다.

천국의 길을 열렬하게 구하는 사람은 이때 마치 강력한 일곱 귀신들에 의해 마비가 된 것처럼 깊은 영적 파멸의 늪에 빠져 있는 것처럼 보입니다. 그는 과거에 죄를 전혀 몰랐던 것처럼 아니면 죄의 권세 아래 완전히 붙잡혀 있었던 것처럼 느낍니다. 마귀의 세력들은 그 사람이 잠시 죄를 멈추고 있는 동안에는 마치 조용한 요새처럼 잠을 자고 있지만, 일단 그의 마음이 임마누엘의 사랑에 의해 사로잡힌 것처럼 보이면, 악마의 군사들은 가장 악랄한 방법으로 그 영혼의 모든 생각과 욕망들을 짓밟습니다.

사탄은 또 다른 방법으로 곧 악랄한 고소와 정죄의 방법을 통해 천국을 구하는 자를 공격할 수 있습니다. 그는 어떤 사람들은 참소하지 않습니다. 왜냐하면 그들이 자기의 아주 가까운 친구라고 확신하고 있기 때문입니다. 그러나 어떤 사람이 자기의 영향권 내에 있지 않다고 생각될 때, 사탄은 그 음색을 바꾸어 위협하고 정죄합니다.

그는 "뭐야, 네가 구원받는다고? 그것은 불가능하지! 네가 살아온 과정을 너는 알고 있잖아. 너의 과거의 삶을 생각해 봐"라고 외칩니다. 그 다음 그는 그 사람의 눈앞에 지옥의 실상들을 들추어냅니다. 그리고 그는 이렇게 참소합니다: "너! 그러나 너는 거룩한 척 속이면서 은혜의 수단을 붙잡으려고 하지만, 정욕에 찬 눈으로 쾌락에 집착했던 과거를 스스로 알고 있다. 네가 그리스도의 종이 되는 것은 전혀 불가능하다. 그리스도는 자신의 집안에 당신과 같은 불량아는 들여보내지 않으실거야. 위대하신 주님이 너 같은 사람을 받아들임으로써 자신의 군대를 불명예스럽게 하지 않으실거야."

「천로역정」에서 번연은 사탄을 순례자가 앞으로 더 나아갈 수 없도록 그의 길을 막고 서 있고, 자신의 지옥 굴에서 참소하는 자로 묘사했습니다. 거기서 그는 그 사람의 영혼을 참소했습니다. 그 다음 그는 온갖 불창살을 그에게 던져대기 시작했습니다. 그것들 중에는 다음과 같은 것도 있었습니다: "너는 처음에 낙심의 만에서 거의 질식당했을 때 힘을 잃었다. 너는 사자들을 보고 도망칠 만큼 거의 기력을 빼앗겼다. 너는 너의 새 주인에게 이미 불의한 자로 판명되었다."

죄로 말미암아 우리를 참소하는 마귀에 관해 잠시 생각해 보십시오. 오,

아무리 무거운 죄의 짐을 짊어진 연약한 영혼이라도 이 거짓말쟁이 고소자를 조롱할 수 있습니다. 왜냐하면 마귀는 경멸당하는 것을 싫어하지만 경멸당해도 싼 그런 자이기 때문입니다. 시온의 처녀 딸들이여, 자기 때가 얼마 남지 않은 줄 알고 크게 분노하는 사탄에 대해 그를 맘껏 조롱하십시오. 누가 우리를 송사한단 말입니까? 그가 스스로를 혐오하도록 하십시오. 그는 당연히 벌을 받아야 합니다. 그가 참소자가 되었을 때, 하나님의 자녀가 그를 조롱하기는 충분합니다. 그러나 여러분이 이와 같은 곤경 속에 있을 때 그를 조롱하기가 쉽지 않습니다. 왜냐하면 바야흐로 마음이 고뇌로 흔들리고 있을 때이기 때문입니다.

사탄은 고뇌 속에 있는 연약한 심령 속에 불경스러운 마음을 홍수처럼 쏟아 붓는다고 알려져 있습니다. 저는 불경스런 말을 들은 어린아이처럼 회상하지 않습니다. 손해의 길을 조심스럽게 피하고 헤쳐 왔기 때문에 저는 사탄으로부터 모욕적인 말을 들은 것은 단지 한두 번에 그치도록 할 수 있었다고 생각합니다. 그러나 저는 주님을 추구하는 동안 지금까지 인간의 마음속을 거쳐 온 가장 가증스러운 불경들이 제 마음속에 돌진해 들어온 때를 분명히 기억합니다. 그때 저는 제가 그런 말들을 하게 될 두려움 때문에 제 입을 손으로 틀어막았습니다. 그것들은 제가 날조해낸 것도 아니고, 제 기억으로부터 다시 만들어낸 것도 아니었습니다. 그것들은 가능한 한 나를 절망에 빠뜨리기로 결심한 사탄이 직접 심어 준 것이었습니다.

이 특별한 악조건 속에서 5년 동안 고통을 당한 존 번연의 이야기를 읽어 보십시오. 그러면 여러분은 사탄이 그에게 얼마나 "그리스도를 팔라. 그리스도를 팔라. 그리스도를 포기하라"고 닦달하는지 보게 될 것입니다. 그가 열심히 하루 일과를 감당할 때, 그의 귀에는 "그리스도를 팔라. 그리스도를 팔라"는 소리가 쟁쟁했습니다. 드디어 고통의 순간이 오자 번연은 "만일 그분이 원하시면 그렇게 하겠다"고 말했고, 그러면 사탄은 "이제 너는 완전히 끝났어. 예수는 너와 아무 상관이 없을 거야. 왜냐하면 너는 그를 포기했기 때문이지. 너는 유다야. 너는 주님을 팔아먹었어"라고 참소했습니다. 그러면 연약한 그는 주님께 눈물로 하소연하고, 다시 평화를 회복하게 되는데, 그때 약간의 다른 두려운 생각이 슬며시 들어와 그의 발꿈치를 물고 늘어집니다.

존 번연이 쉽게 실족하게 된 것은 순진하게 마귀의 종이 되었기 때문이었습니다. 대원수는 아마 갓 회심한 신자에게 하나님의 종에 대한 몇 가지 개념들을 심어 주고, 많은 사람들을 매혹시켰던 허망한 꿈을 꾸게 하고, 그리하여 그들이 봉사할 때 자기에게 넘어가지 않는다면, 감히 복수의 마음을 품을 수 없도록 지옥의 모든 세력들을 총동원해서 자기에게 꼼짝할 수 없도록 만듭니다. 그러나 번연은 그것을 피했고, 그것은 다른 사람들에게도 똑같습니다.

오, 마귀에게 사로잡힌 종들이여, 예수에게 몰래 도망치는 은혜를 받기를 바랍니다. 당장 사탄의 권세로부터 풀려나십시오. 그렇지 아니하면 그는 어떤 기회를 틈타서라도 자기의 커다란 분노가 여러분에게 미치도록 역사할 것입니다.

사탄의 공격에 대처하는 법

세 번째로 우리는 사탄의 이 모든 역사에 어떻게 대처해야 하는지를 고찰해야 합니다. 자기 때가 얼마 남지 않은 것을 알기 때문에 사탄이 그의 커다란 분노를 드러낼 때, 우리는 그를 어떻게 다루어야 할까요?

저는 먼저 그가 이 분노 속에 빠진다면, 우리는 그를 더욱 강하게 배척해야 한다고 말하고 싶습니다. 만일 그가 조용히 침묵하고 있다면, 그때에도 우리는 그의 비열한 접근을 차단해야 합니다. 그러나 그가 이 큰 분노를 드러낸다면, 우리는 그를 당장 차단해야 합니다. 용이 길길이 날뛴다면 하나님의 이름으로 그를 쳐부수어야 합니다. 만일 뒷문이나 앞문으로 그를 쫓아낼 어떤 기회가 있다면, 당장 그렇게 하십시오. 단 한 시간이라도 질질 끌거나 지체하지 마십시오. 화를 내며, 우리를 신성모독으로 이끌고, 우리를 참소하고, 우리를 유혹하며, 우리를 속이는 마귀는 마음의 위험한 지배자로서 절대로 스스로 물러나지 않습니다. 그를 쫓아내야 하되, 당장 쫓아내야 합니다. 마귀가 우리 마음속에 거하는 것보다 우리 집에 사자굴을 갖는 것이 더 낫습니다.

주님, 당신의 은혜로 지금 당장 그를 내쫓아 주십시오. 우리는 단연코 그와 전쟁하기를 결정합니다. 우리는 더 이상 지체하지 않을 것입니다. 우리는 결코 그렇게 하지 않겠습니다. 우리는 이제 조금도 질질 끌지 않을 것입니다. 그것은 우리의 삶보다 더 가치가 있습니다. 내일이 아니라 오늘 그 폭군을 쫓아내겠습니다. 잠시 후가 아니라 지금 바로 이 순간에, 오 주님, 그의 끔찍한 세력들과 함께 옛 용을 그의 보좌로부터 끌어내 주옵소서!

이것이 제가 여러분에게 주는 첫 번째 권면입니다. 하나님의 은혜로 즉시 원수를 물리치십시오.

그 다음 사실은 우리는 우리의 독자적인 노력으로는 그를 쫓아낼 수 없기 때문에 이 공중의 권세 잡은 자를 끌어낼 수 있는 힘 있는 분에게 부르짖어야 한다는 것입니다. 예수 그리스도를 바라볼 때 생명이 있습니다. 그 생명이 임하는 순간 이 흑암의 왕자는 그의 지배 영역과 지배 능력을 상실합니다. 오, 영혼이여, 오직 예수 그리스도를 바라보는 것 외에 그대가 할 일은 없노라. 여러분이 잡아먹힐 것이 염려되는 것만큼, 구원할 만한 힘이 있으신 예수님을 믿어야 할 때는 바로 지금입니다.

아모스서에서 우리는 사자 입에서 양의 두 다리나 귀 조각을 건져내는 목자(암 3:12)에 관해 말하는 본문을 봅니다. 양은 거의 잡아먹히지만, 아직 그는 사자의 입 사이에서 그의 먹이의 남은 조각들을 끌어냅니다. 만일 여러분이 양의 두 다리와 귀 조각을 건져내는 것이 가능하다고 여겨진다면, 우리의 영광스러운 목자께서 여러분을 사자의 이빨 사이에서 건져내고, 여러분을 다시 온전케 하실 것입니다. 왜냐하면 그분은 최후의 마지막 순간까지 그의 양들을 결코 잃어버리지 않으실 것이기 때문입니다.

여러분은 사탄에 대해 무엇을 할 수 있습니까? 여러분은 즐겁게 그로부터 벗어났지만, 무엇을 할 수 있습니까? 여러분은 그에 대해 주께 부르짖는 것 외에 아무것도 할 수 없습니다. 그는 힘이 있지만, 그를 전능하신 분에게 맡기십시오. 여러분을 참소하는 자, 그를 여러분의 보혜사에게 맡기십시오. 사탄이 여러분 앞에 여러분의 죄를 가지고 올 때, 그의 얼굴 앞에 속죄의 피를 던지십시오.

그를 그의 굴로 던져 넣어버리는 본문이 여기 있습니다: "그 아들 예수의 피가 우리를 모든 죄에서 깨끗하게 하실 것이요"(요일 1:7). 또 다른 본문도 있습니다: "미쁘다 모든 사람이 받을 만한 이 말이여 그리스도 예수께서 죄인을 구원하시려고 세상에 임하셨다 하였도다 죄인 중에 내가 괴수니라"(딤전 1:15). 교활한 원수와의 싸움을 끝내십시오. 옛 사기꾼에 대해 반응하지 마십시오. 만일 그가 여러분에게 여러분이 경건하지 못하다고 참소한다면, 그것을 인정하십시오. 만일 그가 여러분이 완전히 상실된 자라고 말한다면, 그것도 인정하십시오. 그리고 그 다음에 예수님의 발 아래 엎드리십시오. 그러면 그분은 여러분의 원수를 이기고 여러분에게 자유를 주실 것입니다.

여러분에게 줄 위로가 한 가지 더 있는데, 그것은 바로 이것입니다: 사탄의 분노가 크면 클수록 여러분의 연약하고 고뇌하는 마음에 그가 곧 소멸되리라는 사실을 믿는 믿음도 더 커진다는 것. 저는 사탄이 곧 멸망할 것이라고 믿는 믿음을 크게 갖는 것보다 그를 더 빨리 사라지게 하는 것은 아무것도 없다고 감히 주장합니다. 담대한 소망이야말로 그가 가장 두려워하는 무기입니다. 그에게 그가 곧 멸망당할 것이라고 말해 주십시오. 그는 여러분을 참소하고 여러분의 마음속에 독설을 퍼붓고, 여러분으로 하여금 그것이 신성모독이라고 믿도록 획책하지만 그것은 여러분의 것이 아니라 그의 것입니다. 그에게 "아, 그러나 너는 곧 멸망당할 것이다. 너는 분노하겠지만, 곧 사라져야 한다"고 말하십시오.

"나는 너의 영혼과 몸을 다 장악하고 있고, 나는 너를 이길 것이다"라고 그는 말합니다.

그러나 그에게 "그래 너는 네가 하는 대로 나를 이길 것이다. 그러나 네가 곧 퇴출되리라는 것을 모르는가?"라고 반응하십시오.

"아, 너는 실족할 것이다. 너는 실족할 것이다"라고 그는 말합니다. 그는 여러분을 마치 집어삼킬 것처럼 악을 씁니다.

그러면 이렇게 말하십시오: "내가 실족하는 것이 확실하다고 해도, 너는 내게 그렇게 말하지 못할 것이다. 너는 내 귀에 달콤하게 속삭이고 나를 파멸로 유혹할 것이다. 너는 곧 멸망당할 것이다. 나는 네가 그렇게 되리라는 것을 다 알고 있다."

"오, 네가 구원받는 것은 불가능하다. 너는 정죄 받을 것이다. 너는 가장 뜨거운 지옥의 불 속으로 던져질 것이다"라고 그는 말합니다.

이때에는 이렇게 대답하십시오: "그러나 그렇게 말하라고 너를 보낸 이가 누구냐? 너는 진실을 말하지 못했다. 너는 처음부터 거짓말쟁이였다. 너는 결국 멸망해야 하기 때문에 그렇게 말하는 것일 뿐이다. 너는 네가 멸망당하리라는 것을 알고 있다." 이같이 그에게 말해 주십시오. 그러면 그는 오래지 않아 여러분 곁을 떠날 것입니다. "나의 대적이여 나로 말미암아 기뻐하지 말지어다 나는 엎드러질지라도 일어날 것이요"(미 7:8).

여러분이 이 일들을 그에게 말할 때 그는 피할 것입니다. 여러분은 여러분이 오직 예수님과 함께 있음을 발견하게 될 것입니다. 그때 예수님은 여러분에게 "너를 고발했던 그들이 어디 있느냐"(요 8:10)고 말씀하실 것입니다. 그러면 주위를 둘러보십시오. 원수는 사라지고 없을 것입니다. 그때 또 여러분의 은혜의 주님께서 "나도 너를 정죄하지 아니하노니 가서 다시는 죄를 범하지 말라"(11절)고 말씀하실 것입니다. 주님이 지금 이 순간 그 크신 사랑으로 말미암아 우리의 대원수를 우리에게서 쫓아버려 주시기를 간구합니다. 아멘.

3

사탄의 훼방

사탄이 우리를 막았도다 — 데살로니가전서 2:18

바울과 실라 그리고 디모데는 데살로니가 교회를 방문하고 싶은 강한 열망이 있었습니다. 그러나 그들은 본문에서 말하는 단 한 가지 이유 곧 "사탄이 우리를 막았다"는 이유 때문에 그렇게 할 수가 없었습니다. 그것은 그들이 가고 싶은 마음이 없어서가 아니었습니다. 그들은 데살로니가 교회 성도들에게 가까이 나아가 그들의 얼굴을 보기를 간절히 원했습니다. 그들은 데살로니가 교회 성도들에 관해 이렇게 말했습니다:

우리가 너희 모두로 말미암아 항상 하나님께 감사하며 기도할 때에 너희를 기억함은 너희의 믿음의 역사와 사랑의 수고와 우리 주 예수 그리스도에 대한 소망의 인내를 우리 하나님 아버지 앞에서 끊임없이 기억함이니(살전 1:2-3).

그들은 데살로니가 교회를 함께 방문하고 싶은 마음이 가득했지만, 교회의 행복이 깨질 것을 염려하여 디모데만 잠시 목회자로 그곳에 파송했습니다. 그들이 갈 수 없었던 것은 보고 싶은 마음이 없어서가 아니라 가고 싶어도 갈 수가 없어서였습니다.

그들은 하나님의 특별한 섭리로 말미암아 방해받은 것이 아니었습니다. 언젠가 바울은 하나님이 허락하지 않아서 자신이 가고 싶은 곳에 가지 못한 적이 있음을 우리는 압니다. "비두니아로 가고자 애쓰되 예수의 영이 허락하지 아니하시는지라"(행 16:7). 그들은 "성령이 아시아에서 말씀을 전하지 못하게 하셔서"(6절) 그렇게 못했습니다. 그 대신 그들은 그리스도의 헤아릴 수 없는 부요함을 유럽에서 선포하도록 드로아로 내려가라는 지시를 받았습니다.

그러나 그들은 데살로니가 교회를 떠나라는 사실에 대해서는 하나님의 섭리를 전혀 느낄 수 없었습니다. 그들은 대원수로부터 훼방을 받았습니다. "사탄이 우리를 막았도다." 사탄이 어떻게 그들을 막았는지, 그것을 교리적으로 설명하기는 쉽지 않지만, 우리는 그것에 대해 합리적인 추측을 해볼 수는 있습니다. 강단에 비치되어 있는 제 성경책 여백에 보면, 어떤 주석가가 비교적 정확하게 지적하고 있는 메모가 다음과 같이 적혀 있습니다: "사탄은 베레아와 또 다른 곳에서 폭풍을 일으켜 바울을 훼방했다. 그래서 폭풍이 어느 정도 가라앉을 때까지 그의 방문은 지연될 수밖에 없었다."

그러나 저는 이것을 유일한 방해라고 생각할 수 없습니다. 왜냐하면 바울은 아주 용감해서 폭풍을 전혀 두려워하지 않았을 것이기 때문입니다. 데살로니가를 방문하려는 강한 소망을 갖고 있었던 그가 방해에 대한 두려움 때문에 그 방문을 주저했던 것은 아니었습니다. 그는 격렬한 전투의 현장을 피하지 않았고, 진실로 영웅적인 챔피언처럼 원수들이 가장 기승을 부릴 때 더 즐거워했습니다. 아마 그가 아덴에서 만난 수많은 철학자들과 이 서신(데살로니가서)이 기록된 지역으로 보이는 고린도에서 접한 명백한 이단들의 반대 때문에 그들에게 가고 싶어 했던 것으로 보입니다. 그는 전투하는 교회를 원수들에게 넘겨줄 수 없다고 생각했습니다. 그는 탐욕으로 으르렁거리는 이리들과 싸우고, 광명의 천사를 가장하고 있는 악한 자들의 가면을 벗겨야 했습니다.

사탄은 건설적인 반대라는 이유로 진리의 원수들을 선동했고, 그래서 사도와 그의 동료들은 데살로니가로 가는 길을 그 원수들에게 방해받았습니다. 사탄은 바울이 방문하는 교회들마다 분쟁과 불화를 일으켰기 때문에, 그는 해야 할 중요한 일을 제쳐두고, 그 분란들을 해결하는데 먼저 나서야 했고, 그리하여 교회 안의 다양한 분파들을 하나로 통일시켜 회복시키는데 영적 부담을 크게 느끼고 있었을 것입니다. 물론 박해나 철학적 이단이나 또는 교회의 분열을 일으키는 당사자들이 눈에 보이는 어떤 외적 기관들이라고 해도, 그 배후에는 사탄이 있었고, 확실히 그가 주동자였습니다.

여러분은 마귀가 바울과 그의 소재에 관해 왜 그토록 큰 관심을 갖고 있는지 의아해 할지도 모르겠습니다. 사탄은 왜 이 세 사람을 이 특별한 교회로부터 떼어놓는데 그토록 관심이 많을까요? 이것을 통해 우리는 목회자들의 사역이 얼마나 중요한지 다시 한 번 깨닫게 됩니다. 모든 악의 주인, 곧 공중의 권세 잡은 자는 집중적으로 겸손한 세 사람의 일거수일투족을 감찰하고 있었습니다. 그는 네로나 티베리우스 같은 로마 황제들의 활동보다 그들의 움직임에 훨씬 더 촉각을 곤두세웠습니다. 이 멸시 받는 은혜의 전달자들이 그가 가장 두려워하는 대적이었습니다. 그들은 지옥을 떨게 하는 이름을 선포했습니다. 그들은 사탄이 최강의 능력으로 치를 떨게 하는 의에 대해 선언했습니다. 이런 악의적인 눈길로 이 대원수는 그들의 매일의 행보를 철저하게 감시했습니다. 교활한 손들이 모든 면에서 그들을 얼마나 크게 방해했을까요!

사탄은 데살로니가 교회가 어리고 약했기 때문에, 그 교회로부터 이 세 사람의 사명자들을 떼어놓기 원했음을 우리는 깨닫습니다. 그래서 그는 바울이 설교를 통해 교회를 돕지 못하도록 막는다면, 이 힘없는 성도들을 신앙에서 떠나게 할 수 있으리라고 생각했습니다. 더구나 오래 전부터 그는 복음을 설교하는 것에 대해 맹렬한 분노를 드러냈고, 어쩌면 바울이 떠나갔기 때문에 데살로니가 교회에 진리를 공개적으로 선포하는 일은 더 이상 없어질 것이라고 보았을 것입니다. 그는 복음의 진리의 횃불이 사람들 사이에 또 다시 던져져서 은혜의 불꽃이 활활 타오르지 않을까 겁을 냈습니다.

게다가 사탄은 항상 그리스도인의 친교를 두려워했습니다. 그리스도인들을 갈라놓는 것이 그의 정책입니다. 성도들을 갈라놓는 일이라면 무엇이든 그는 즐거워했습니다. 그는 우리가 하는 사역 자체보다 영적 관계를 훨씬 더 중요하게 생각합니다. 연합이 강할수록 그는 그 연합을 파괴하는데 심혈을 기울입니다. 바로 그것 때문에 사탄은 바울과 그의 마음을 기쁘게 했던 성도들을 떼어놓으려고 했습니다. 그는 그들의 형제 같은 친밀감을 훼방함으로써 그리스도인의 친교와 사랑으로부터 항상 흘러나오는 연합의 힘을 감소시키려고 했습니다.

그러나 이것만이 사탄이 신실한 사람들을 훼방했던 경우는 아닙니다. 참으로 이것은 모든 시대의 성도들에게 가해졌던 그의 공격 무기였습니다. 우리는 이 한 가지 특수한 사건만으로도 사탄에 의해 방해받은 사람들에게 위로를 줄 수 있고, 그래서 우리는 이 혹독한 시험이 자기에게 일어난 것을 이상하게 생각하는 사람들에게 도움이 되고 힘이 되는 말을 전해 줄 기회를(하나님의 영이 우리로 그렇게 할 수 있도록 하신다면) 가질 수 있습니다.

사탄의 방해 습관

우리는 사탄이 어디서든 할 수 있는 한 가장 악랄하게 하나님의 일을 훼방하는 것이 그의 오래 전부터의 습관임을 명심해야 합니다.

"사탄이 우리를 막았도다"라는 사실은 천국에 있는 모든 성도들이 대원수에 대해 갖고 있는 확실한 증거입니다. "사탄이 우리를 막았도다" 이것은 역사의 페이지 위에 거룩한 이름을 올려놓거나 영원의 반석 위에 성별된 이름을 새겨 넣은 모든 사람들의 증거입니다.

성경에서 우리는 사탄이 성도 개개인의 완전한 인격을 훼방하기 위해 간섭하는 것을 발견합니다. 우스 사람 욥은 흠이 없고 하나님 앞에서 의로운 사람이었습니다. 그는 하나님을 믿는 성도가 가져야 할 완전한 모습을 갖추고 있었습니다. 참으로 욥은 대원수가 그의 행실에 대해 흠을 잡거나 감히 그에게서 잘못된 동기들을 찾아낼 수 없을 정도로 완벽한 인생을 살아왔습니다. 사탄은 욥을 살펴보았지만 그에게서 잘못된 점을 찾아낼 수가 없었습니다. 그러나 그때 그는 여호와께 나아와 "주께서 그와 그의 집과 그의 모든 소유물을 울타리로 두르심 때문이 아니니이까"(욥 1:10) 하고 넌지시 말했습니다.

사탄은 욥이 하나님으로부터 받은 축복을 저주로 바꾸기로 작정했습니다. 그리하여 그는 그를 심하게 공격했습니다. 사탄은 욥에게서 그의 모든 소유를 빼앗아 갔습니다. 악의 사자들이 번갈아가며 그에게 바싹 붙어 따라다녔고, 그들의 재난의 폭격은 그를 완전히 파산시키고, 그의 자녀들을 모두 죽여 버린 후에야 멈추었습니다. 이어서 고통에 빠진 불쌍한 아버지는 재 가운데 앉아 질그릇 조각으로 몸을 박박 긁어댈 정도로 그의 뼈와 육체를 공격받았습니다. 심지어 그때에도 욥이 그리는 인생의 그림 속에는 그런 재난을 초래할 만한 죄의 얼룩은 전혀 그려져 있지 않았고, 그는 인내심 강한 자의 흔들리지 않는 손으로 연필을 쥐고 있었습니다. 그러므로 사탄은 욥의 경건한 인격이 조금도 흔들리지 않자 다른 방법을 써서 그를 훼방하려고 시도했습니다.

사탄은 그의 아내에게 "당신이 그래도 자기의 온전함을 굳게 지키느냐 하나님을 욕하고 죽으라"(욥 2:9)고 저주하도록 자극했습니다. 이것은 욥이 훌륭한 인격을 유지하는데 참으로 가혹한 방해거리가 되었습니다. 그러나 이 인내의 사람은 하나님께 영광을 돌리고 사탄을 극복했을 뿐만 아니라 더 높은 단계의 찬란한 미덕에 이르는 디딤돌을 놓았습니다. 여러분은 욥의 인내에 관해 잘 압니다. 만일 사탄이 타오르는 고통의 불꽃으로 그것을 계발시켜 주지 않았다면, 여러분은 그것을 몰랐을 것입니다. 토기가 용광로 속에서 구워지지 않는다면, 아름다운 무늬가 그토록 오랫동안 지속적으로 유지되지 못할 것입니다. 욥이 통과한 시련은 하나님에 대한 복종과 체념을 통해 그의 탁월한 인내의 광채를 밝혀 주었습니다.

그런데 옛 원수가 탁월하게 정도를 걷는 욥의 인내를 방해하기 위해 매복해서 괴롭혔던 것처럼, 그는 우리도 똑같이 다룰 것입니다. 여러분은 자축하면서 "나는 시종일관 사탄과 멀리 떨어져 걸어왔다. 누구도 나의 신실함을 방해할 수 없다"고 말할 수 있습니다. 그러나 그렇게 자랑하지 마십시오. 왜냐하면 여러분의 장점이 오히려 시험의 대상이 될 수 있으니까요. 사탄은 여러분이 자랑하는 최고의 장점을 훼방하기 위해 자신의 무기를 발동시킬 것입니다. 만일 여러분이 여기서도 변함없이 견고한 믿음을 보여준다면, 그 믿음은 곧 공격을 받을 것입니다.

지금까지 여러분이 모세처럼 온순했다면, 여러분의 입술을 분별없이 놀리도록 유혹을 받게 될 것을 염두에 두기 바랍니다. 새들은 여러분의 논밭의 가장 좋은 열매를 쪼아 먹고, 멧돼지는 그의 엄니로 여러분의 포도원의 가장 좋은 포도넝쿨을 파헤쳐놓을 것입니다. 오, 우리가 더 탁월한 경건, 더 고상한 인격, 더 신실한 행실을 견지하고 있으면 말할 수 없이 좋겠지요! 많은 사람들이 이 모든 미덕들을 갖추기를 얼마나 바라는지 의심하지 않습니다. 그러나 슬프게도, 얼마나 자주 그것들이 우리에게 "사탄이 우리를 막았도다"라고 부르짖도록 만들까요!

그런데 이것만이 우리를 훼방하는 원수의 유일한 방법은 아닙니다. 그는 주님의 구속받은 자의 기대를 무력화시키는데 아주 진지한 노력을 하고 있기 때문에 온갖 수단과 방법을 가리지 않습니다. 여러분은 모세에 관한 유명한 기사를 잘 알고 있을 것입니다. 이스라엘 백성들이 애굽에 포로로 잡혀 있을 때, 하나님의 종은 손에 지팡이를 들고 그들을 괴롭혔던 오만한 핍박자 앞에 서 있었습니다. 여호와의 이름으로 그는 "여호와의 말씀에 내 백성을 보내라 그들이 나를 섬길 것이니라"(출 8:1)고 선포했습니다.

표적이 요구되었습니다. 지팡이가 땅으로 던져졌고, 그것은 뱀이 되었습니다. 그러나 여기서 사탄의 방해가 시작되었습니다. "얀네와 얌브레가 모세를 대적한 것같이"(딤후 3:8) 우리는 요술사들이 그들의 요술로 똑같은 이적을 행했다는 기록을 성경으로부터 읽습니다. 그것이 악마의 술법이든 아니면 손의 속임수든 간에 우리가 지금 그것을 확인할 필요는 없습니다. 다만 어떤 경우든 간에 그들은 마귀의 역사를 받았고, 그 역사에 철저하게 복종했다는 것입니다. 왜냐하면 바로의 마음이 요술사들이 모세가 행한 이적을 똑같이 행하는 것을 보고 강퍅해졌기 때문입니다.

사랑하는 형제들이여, 우리는 이것을 하나님의 말씀에 대한 사탄의 훼방의 한 형태로 보아야 합니다. 그리스도의 종들은 복음을 선포하도록 보냄을 받았습니다. 그들의 사역 속에 표적과 이적들이 충만했습니다. 그러자 악의 임금은 "내 나라가 흔들리고 있다. 그러니 나는 팔짱만 끼고 있을 수 없다"고 외쳤습니다. 곧장 그는 수많은 거짓 표적들과 이적들을 행하도록 요술사들을 보냈습니다.

거짓 이적들이 있고, 그것들은 애굽의 개구리 숫자만큼이나 많습니다. 사도들이 그리스도의 희생을 선포했습니까? 그러면 똑같이 마귀의 사도들도 대중들의 희생을 선포했습니다. 성도들이 십자가를 높였습니까? 마귀의 종들도 십자가를 지지했습니다. 하나님의 사역자들이 예수님은 교회의 유일한 머리라고 말했습니까? 마귀의 종들도 로마교회의 거짓 제사장을 예수님과 똑같은 지위에 있는 자로 선언했습니다. 로마교회는 복음을 아주 교묘하게 모방하는 악의 세력입니다. 그것은 "요술사들이 자기 요술대로 그와 같이 행하는"(출 8:7) 그런 세력입니다.

만일 여러분이 적그리스도의 영과 능력을 깊이 연구한다면, 그 탁월한 능력이 주 예수 그리스도의 복음을 참으로 교묘하게 모방하는데 집중되어 있다는 사실을 알게 될 것입니다. 도금한 금은 겉으로 보기에는 번쩍거릴 수 있고, 촛불은 그 광채로 태양을 대적하고, 양동이 속의 물은 그 힘에서 바다를 모방할 수 있지만, 단지 그 정도로만, 적그리스도의 영은 하나님의 위대하신 걸작품인 우리 주 예수 그리스도의 복음을 모방할 뿐이었습니다. 오늘날까지 하나님의 종들이 진리의 순금 조각들을 여기저기 뿌릴 때, 그 가장 악한 원수들은 거짓 임금의 형상과 이름을 악의적으로 새겨 넣은 가치 없는 동전들을 만들어 뿌리는 사람들입니다.

여러분은 역사 속에서 — 구약성경의 전체 역사는 오늘날 우리에게서 일어나는 일들의 모형이다 — 또 다른 실례를 만나게 됩니다. 하나님은 광야에서 모형과 의식을 통해 이스라엘과 인류에 대해 아주 놀라운 교훈을 주시고자 하셨습니다. 아론과 그의 자손들은 우리의 구원을 위해 대제사장 곧 주 예수 그리스도를 표상하는 역할로 지명 받았습니다. 그들이 입는 모든 의복은 상징적인 의미가 있었습니다. 그들이 사역했던 성소의 모든 기물들은 각기 나름대로의 영적 교훈을 가르쳐 주었습니다. 예배의 모든 형식들 곧 피 뿌림이나 향을 피우는 의식들은 인간들에게 보배롭고 중대한 진리를 가르쳐 주기 위해 마련되었습니다. 시내 산 아래 광야에서 얼마나 중대한 일들이 전개 되었을까요! 하나님이 스스로 선포하셨다는 것과 아론과 그의 자손들의 인격 속에 앞으로 오실 메시아의 영광이 감추어져 있다는 것은 얼마나 놀라운 사실일까요!

그런데 그때 어떤 일이 벌어졌습니까? 이 거룩한 일들 속에 사탄이 개입했습니다. 모세와 아론은 "사탄이 우리를 막았도다"라고 말할 수 있는 일을 겪었습니다. 고라, 다단 그리고 아비람은 교만하게도 제사장의 독점적 권리를 주장했습니다. 어느 날 그들은 손에 향로를 잡고 서서 하나님이 아론과 그의 후손들에게 허락하신 직분을 무례하게 행사하고 있었습니다. 그러자 밑의 땅이 갈라지고 그 입을 열어 그들을 산 채로 삼켜버렸습니다(민수기 16:1-35을 참조하십시오.). 이것은 오직 예수 그리스도만 설 수 있는 제사장직에 그들 스스로를 세우려는 사람들에 대해 주어지는 하나님의 진노의 참된 예표였습니다.

여러분은 오늘날 그와 관련된 기사를 신약성경에서 보게 됩니다. 그리스도 예수는 피의 희생제물을 제공하시는 유일한 제사장입니다. 그분은 더 이상 계속적으로 제물을 드리지 않아도 되는 희생제물을 드렸습니다. 왜냐하면 한 번의 제사로 영원히 온전하게 하는 희생제물을 드리셨기 때문입니다(히 10:14). "오직 그리스도는 죄를 위하여 한 영원한 제사를 드리시고 하나님 우편에 앉으사"(12절). 바울은 그리스도는 희생제제물을 계속적으로가 아니라 단번에 드림으로써 그분의 사역을 완성시키셨고, 그래서 지금 그분은 아버지 보좌 우편에 앉아 계신다는 사실을 강력한 변론으로 증거했습니다.

완성된 속죄와 완결된 희생제사에 대한 이 교리는 세상을 완전히 압도한 것처럼 보입니다. 그것은 사탄이 그것을 훼방하지 않고는 견딜 수 없을 정도로 하나님의 뜻을 크게 드러내는 은혜의 교리입니다. 그러므로 사탄의 훼방의 모든 손을 보십시오. 영국 성공회와 로마 가톨릭 교회의 교파들이 교회에서 고라와 다단과 아비람이 행한 죄악에 빠져 있는 것을 볼 수 있을 것입니다. 오늘날까지 그들은 스스로를 "제사장"으로 자칭하고, 교리문답서에 "제사장이 가라사대 …"라는 문구가 적힌 기도문을 낭송합니다. 이들은 거짓되게 모든 성도들에게 공통적으로 주어진 제사장직을 그들 스스로에게만 적용시킵니다.

그들 가운데 어떤 이들은 심지어 그들이 제단이라고 부르는 곳에서 매일 피 흘림이 없는 제사를 드리는 것이 가능하다고 주장합니다. 그들은 죄 사함의 권세가 있다고 주장하면서 병들거나 죽어가는 사람들에게 "내게 위임된 권위로 내가 너의 모든 죄를 사하노라" 하고 말합니다. 이것은 복음 전파에 커다란 방해가 됩니다 — 이것은 하나님의 제사장이 아닌 인간 집단이 제사장직을 수행하는 것으로 바알 종교의 제사장들이 하는 짓입니다. 따라서 예수님의 사역자들은 이런 일들을 볼 때, "사탄이 우리를 막았도다"라고 외치게 되는 것입니다.

사탄의 역사에 대한 또 다른 실례를 들어보겠습니다. 여호수아가 이스라엘 각 지파들을 인도하여 요단강을 건넜을 때, 그들은 하나님이 그들에게 기업으로 주신 땅을 공격하도록 명령을 받았습니다. 단에서 브엘세바까지, 온 땅이 그들의 것으로 주어졌습니다. 여리고성을 취한 후 그들이 이방 가나안 족속과 처음 맞닥뜨렸을 때, 하나님의 백성들은 처절한 패배를 당했습니다. "아이 사람 앞에서 도망하니"(수 7:4). 여기서 다시 한 번 우리는 "사탄이 우리를 막았도다"라는 부르짖음을 듣습니다. 여호수아는 그 땅에서 이방 족속들을 모조리 쫓아냈습니다. 그러나 아간이 전리품 중에 몇 가지 물건을 그의 처소에 감추어 두었습니다. 그 결과 그의 절도죄와 신성모독죄가 처리될 때까지 이스라엘은 전쟁에서 승리를 거둘 수가 없었습니다.

사랑하는 형제들이여, 이 사건은 기독교 교회에 대한 상징입니다. 우리는 가정에 아간이 취한 물건을 감추어 두고 있지 않아야 승리할 수 있고, 가정 구원을 이룰 수 있으며, 우리의 영적 행위들이 소기의 성과를 거둘

수 있습니다. 교회가 회심하지 아니하면 교회 속에 숨어있는 위선자들이
주님의 축복을 차단시킬 가능성이 충분합니다. 말과 행실이 모순된 성도
들, 물질적인 축복만을 신앙의 고백으로 삼는 성도들, 자신을 하나님의 백
성으로 의심치 않으나 동시에 값비싼 바벨론 의복과 금고리를 걸치고 있
는 성도들은 사실은 시온의 힘의 근육을 꺾어버리는 사탄의 사람들입니다.
그들은 하나님의 백성들로부터 승리를 차단시킵니다. 사랑하는 형제들이
여, 사탄이 얼마나 우리를 방해하는지 여러분은 얼마나 알고 있습니까?

우리는 교회로서 하나님께 감사해야 할 무수한 이유들을 갖고 있습니다.
그러나 만일 어떤 성도들이 그 감사에 무감각하고, 무관심하고, 모순적이
고, 세속적이라면 교회에 주어지는 은혜는 얼마나 줄어들까요? 사탄은 우
리를 직접 반대하거나 우리의 공동체 안에 아간 일당들을 보냄으로써 우
리를 훼방합니다.

저는 여러분에게 또 한 가지 사례를 소개하고 싶습니다. 바벨론에 의해
훼파된 예루살렘 성벽을 한 번 보시기 바랍니다. 에스라와 느헤미야가 그
중건을 단행했을 때, 마귀는 산발랏과 도비야를 격동시켜 크게 훼방했습니
다. 옛 원수의 발흥이 없으면 종교의 부흥도 없었습니다. 하나님의 교회가
세워지는 때는 환난의 때가 될 것입니다. 하나님의 종들이 활동할 때 사탄
도 그들의 수고를 무산시키기 위해 자기 수하들을 출동시킵니다.

구약성경 교회의 역사는 하나님의 역사를 훼방하기 위해 광분했던 사탄
의 수고의 역사입니다. 저는 주 예수 그리스도께서 이 땅에 오신 이후에도
상황이 똑같다는 것을 여러분이 인정하리라고 믿습니다. 그분이 땅 위에
계셨을 때 사탄은 그분을 훼방했습니다. 사탄은 그리스도의 얼굴을 향해
인격적으로 공격했습니다. 그것이 실패로 돌아가자 그는 바리새인과 사두
개인 그리고 헤롯당과 모든 부류의 사람들을 동원해서 그분을 훼방했습니
다.

사도들이 사역을 시작하자 헤롯과 유대인들이 그들을 훼방했습니다. 외
부적 핍박이 없었을 때에는, 온갖 이단과 분파들이 기독교 교회 안에서 준
동했습니다. 사탄은 끊임없이 그들을 훼방했습니다. 우리 주님이 승천하고

난 직후 정금으로 비유되는 시온의 보배로운 후손들은 흙으로 만든 주전 자처럼 시달림을 받았습니다. 영광은 떠났고, 진리의 광채는 거짓 교리들, 무관심 그리고 세속화를 통해 훼방을 받았기 때문에 그 빛이 희미해졌습니다. 종교개혁이 시작되자 하나님은 루터를 일으켜 세우셨지만, 마귀는 이그나티우스 로욜라(예수회 창시자)를 일으켜 그를 훼방하도록 했습니다. 하나님에게 그의 개혁가들, 래티머 같은 사람들(Latimers)과 위클리프 같은 사람들(Wycliffes)이 있었다면, 마귀에게는 그의 반대자들, 가디너 같은 사람들(Gardiners)과 보너 같은 사람들(Bonners)이 있었습니다. 근대 개혁기에는 휘트필드와 웨슬리가 하나님의 목소리로서 천둥소리를 내었다면, 그들을 훼방하고 그들을 거부하고 조롱하기 위해 정해진 자들 역시 똑같이 활동을 했습니다.

선이 악을 깨닫게 된 첫 시간부터 사탄은 우리를 훼방하는 것을 한 순간도 멈추지 않았습니다. 모든 면에서, 전쟁의 모든 전선을 따라, 전후방 모두에서, 새벽부터 한밤까지 사탄은 우리를 훼방했습니다. 만일 우리가 밭에서 일하고 있다면, 그는 보습을 파괴시키기 위해 찾아옵니다. 우리가 담을 쌓고 있다면, 그는 돌들이 허물어지도록 역사합니다. 우리가 고난과 갈등 속에서 하나님을 섬기고 있다면, 사탄은 모든 것을 동원해서 우리를 방해합니다.

사탄의 방해 전술

그 다음 두 번째로 우리는 사탄이 우리를 훼방하기 위해 가지고 있는 다양한 방법들을 살펴볼 차례입니다.

악의 임금은 예수 그리스도에게 방금 나아온 사람들을 훼방하는데 아주 분주합니다. 여기서 그는 그의 궤계의 핵심적인 방법을 사용합니다. 구주를 알고 있는 우리들 가운데 어떤 이들은 신앙생활을 처음 시작하면서 십자가를 바라볼 때, 사탄으로 말미암아 갖고 있던 심각한 갈등들을 기억할 것입니다.

우리들 가운데 또 어떤 사람들은 현재 시험 기간 중에 있을 것입니다. 저는 여러분에게 다음과 같이 권면하고 싶습니다. 사랑하는 형제들이여, 여러분은 누구나 구원받기를 소원할 것입니다. 그러나 영원한 일들에 대해 관심을 둔 이후로 여러분의 마음은 깊은 고뇌로 큰 괴로움을 겪었을 것입니다. 그러나 이것 때문에 놀라지 마십시오. 이것은 흔히 일어나는 일로서, 그리스도인이라면 누구에게나 거의 보편적으로 일어나는 일입니다.

저는 여러분이 선택 교리에 대해 혼란이 없기를 바랍니다. 그것은 여러분이 예수님을 믿기 전에는 이런저런 사실을 알지도 못하고 또는 알 수도 없기 때문에, 비록 상식이 여러분에게 어떤 사실을 가르쳐 준다고 할지라도, 여러분이 하나님의 택함 받은 자가 아니라고 생각하게 만들 수도 있습니다. 여러분의 현재 관심사는 감추어져 있는 선택에 관한 개념이 아니라 이미 드러나 있는 개념입니다. 여러분의 관심사는 "주 예수를 믿으라 그리하면 너와 네 집이 구원을 받으리라"(행 16:31)는 권면에 있습니다.

예정과 자유의지 사이에서 일어나는 모순적인 갈등으로 인해 여러분의 영혼은 삭막한 광야에서 방황할 수도 있습니다. 그때 여러분은 거기서 어떤 안락도 누리지 못할 것입니다. 가장 지혜로운 사람이라도 그 두 가지 문제의 모순을 해결하는 데에는 절망했고, 여러분이 그것에 대해 염려하고 있는 동안에는 절대로 평안함이 없습니다. 그러나 여러분의 관심은 형이상학적 난제가 아니라 극히 단순하고 아주 간단한 주 예수 그리스도의 속죄를 믿는 믿음에 있습니다.

여러분이 지은 죄에 대한 기억이 지금 마음속에 있다면, 여러분에게 용서받기에는 그 죄가 너무 크다고 속삭이는 사탄의 음성을 듣는 역사는 얼마든지 가능합니다. 저는 사탄이 여러분에게 "사람에 대한 모든 죄와 모독은 사하심을 얻되"(마 12:31)라고 이 진리를 속삭일 때, 그것이 거짓임을 발견하기를 바랍니다.

그러나 그 구절은 계속해서 "성령을 모독하는 것은 사하심을 얻지 못하겠고"라는 말씀으로 이어집니다. 성령을 모독하는 죄는 여러분을 크게 고통스럽게 할 것이 자명합니다. 여러분은 "성령을 모독하는 자는 사하심을 받지 못하리라"(눅 12:10)는 말씀을 읽습니다. 여기서도 여러분은 크게 시험당할 수 있습니다. 저는 여러분이 그렇게 되지 않기를 바랍니다. 왜냐하면 이것은 가장 풀기 어려운 난제이기 때문입니다. 하지만 한 가지 사실이 여러분을 즐겁게 할 수 있습니다: 만일 죄를 회개한다면, 여러분은 용서받지 못할 죄를 저지른 것이 결코 아니라는 것입니다. 왜냐하면 죄는 항상 마음의 강퍅함의 소산이기 때문입니다. 사람이 양심의 부드러움과 영혼의 선함을 조금이라도 갖고 있다면, 그는 성령의 임재하심을 상실할 만큼 성령을 거부당하지는 않을 것입니다.

여러분은 불경스러운 생각들로 고통을 당할 수도 있습니다. 지옥의 오물들이 홍수처럼 여러분의 영혼 속에 쏟아집니다. 이때 놀라지 마십시오. 그 이유는 우리가 거룩과 마음의 순전함을 기뻐함에도 불구하고, 때때로 우리의 마음속에는 그 속에서 일어나지 않았지만 사탄이 집어넣어 스며들어온 악한 생각들로 심히 괴로워할 수 있기 때문입니다. 이런 생각들은 지옥에서 나오는 것으로 우리 영혼의 소산이 아닙니다. 그들은 그것들을 미워하고 싫어하지만, 우리를 혼란시키고 훼방하기 위해 사탄이 우리 마음속에 던져 넣은 것들입니다.

사탄은 예수님께 나아온 아이처럼 여러분을 훼방할 수 있습니다. 우리는 "올 때에 귀신이 그를 거꾸러뜨리고 심한 경련을 일으키게 했다"(눅 9:42)는 말씀을 성경에서 읽습니다. 그럼에도 불구하고 나아오십시오. 일곱 귀신들이 그 안에 있었지만, 예수님은 자기에게 나아오는 죄인을 물리치지 아니하셨습니다. 비록 여러분이 용서받을 수 없는 죄를 저지르고 타락의 운명 속에 빠졌다는 회오감이 느껴진다고 할지라도, 담대하게 예수님을 의지하십시오. 만일 여러분이 그런 죄를 범했다면, 저는 "우리를 가로막은" 사탄을 이길 수 있다고 믿을 때 기쁨과 평강이 있음을 여러분에게 보장합니다.

그러나 저는 그 많은 방법들 가운데 어느 하나만 소개하고 싶지 않습니다. 사탄은 그리스도인들이 기도에 열중할 때 그들을 훼방합니다. 사랑하는 형제들이여, 여러분은 그것을 종종 경험하지 않습니까? 여러분이 열심히 간구하고 있을 때, 그 간구를 멈추도록 이런저런 잡념들이 여러분의 마음속에 파고들지 않습니까? 그것은 우리가 나무를 흔들어도 그 나무로부터 열매가 전혀 떨어지지 않도록 획책합니다. 한 번 더 흔들어 달콤한 열매가 떨어지면, 마귀가 우리에게 어깨를 들이밀고 접근해서 이제 그만둘 때라고 말하고, 그 말에 넘어가 우리는 얻어야 할 축복을 놓쳐버립니다. 저는 여기서 우리의 기도가 아주 성공적으로 이루어질 때에도 아무 효력이 없도록 유혹을 받는다는 사실을 말하는 것입니다. 제 영혼이 때때로 주의 사자를 붙들고 씨름할 때, 그 간구를 멈추도록 시험을 당하고, 주님의 뜻을 이루는데 나는 없고 주님만 남아있는 경우를 심각하게 느끼곤 합니다. 만일 그때 시험이 오지 않았다면, 그것은 또 다른 때 오게 되는데, 그때에는 기도의 효력을 막을 수 없기 때문에 기도 자체를 못하도록 획책할 것입니다. 오, 사랑하는 형제들이여, 저는 만일 여러분이 기도를 많이 한다면, 쿠퍼(Cowper)의 찬송시처럼 노래할 수 있기를 바랍니다:

> 우리가 만나는 수많은 훼방들은
> 우리를 은혜의 보좌로 이끈다네.

그리스도인들이 하나님의 영의 인도 아래 있을 때 또는 어떤 선한 사역을 계획하고 있을 때에도 똑같은 사실이 적용됩니다. 그때 여러분은 성령의 인도로 말미암아 그것을 누군가에게 말하고 싶은 충동을 갖습니다. "어서 가서 그 젊은이에게 말해 주어라"는 것이 여러분 귀에 들리는 메시지였습니다. 그러나 여러분은 그렇게 하지 못했습니다. 사탄이 여러분을 훼방했기 때문입니다.

여러분은 어떤 기회에 ― 어떻게 알았는지 잘 모르지만, 이 내면의 속삭임에 크게 귀를 기울이도록 믿게 하는 ― 어떤 사람을 돕도록 방문하라는 말을 듣습니다. 그러나 여러분은 그렇게 하지 못했습니다. 사탄이 여러분을 방해했기 때문입니다. 여러분은 어느 날 밤 난롯가에 앉아 아프가니스탄이나 아직 진리가 들어가지 못한 어떤 지역에 대한 선교보고서를 읽고 있었습니다. 여러분은 "지금 나는 이들을 돕기 위해 쓸 수 있는 돈이 조금 있다"고 생각했습니다. 그때 여러분의 마음속에는 그 돈으로 우리 가족들을 위해 써야 한다는 다른 생각이 떠오르게 되었습니다. 그때 사탄은 여러분을 방해한 것입니다.

또 여러분은 어느 지역에 설교나 교육 또는 다른 형식의 기독교 사역이 필요하다고 생각했습니다. 여러분이 확신을 갖고 그에 관한 계획을 세우기 시작했을 때, 어떤 다른 일이 일어났습니다. 그때 사탄이 여러분을 방해한 것입니다. 만일 그가 우리를 방해하는 것이 가능하다면, 그는 하나님의 백성들이 하나님의 일에 대해 생각과 열심과 준비가 충만할 때, 그들에게 역사해서 그들의 계획을 말살시키고 성령의 인도를 그들의 마음으로부터 퇴출시킵니다.

또 사탄은 우리가 사역을 시작했을 때 얼마나 자주 그 일을 훼방할까요! 사랑하는 형제들이여, 우리는 마귀가 떠드는 소리를 들을 때까지 성공했다고 자만해서는 안됩니다. 저는 마귀가 조용할 때 별로 좋은 일을 하지 못한다는 것을 하나의 신조로 삼고 있습니다. 사람들이 여러분을 대적하고, 여러분을 중상하며, 세상이 소란 속에서 여러분의 이름을 악하게 부르기 시작할 때, 그것은 일반적으로 그리스도의 나라가 임하고 있다는 징조입니다.

오, 복된 폭풍이여! 공기가 잔잔하고 무거울 때, 무감각이 저의 영혼 위로 기어오를 때 저에게 온화한 날씨를 허락하지 마소서. 주여, 허리케인을 보내 주소서. 우리에게 조금이라도 폭풍이 부는 날씨를 주소서. 번개가 번쩍이고 천둥이 우르르 꽝 울릴 때, 하나님의 종들은 주님이 함께 하신다는 것, 그분의 오른손이 더 이상 잠잠히 계시지 않는다는 것, 영적 기압이 쾌청하리라는 것, 하나님의 나라가 임하고 그분의 뜻이 하늘에서처럼 땅에서도 이루어지리라는 것을 알고 있습니다.

"평화, 평화, 평화"는 용 곧 사탄의 날개의 퍼덕거림입니다. 선전포고하는 우렁찬 목소리가 우리의 구원의 주인의 목소리입니다. 여러분은 "이것이 어떻게 그럴 수 있습니까?"라고 물을 것입니다.

> 내가 세상에 화평을 주러 온 줄로 생각하지 말라 화평이 아니요 검을 주러 왔노라 내가 온 것은 사람이 그 아버지와, 딸이 어머니와, 며느리가 시어머니와 불화하게 하려 함이니 사람의 원수가 자기 집안 식구리라(마 10:34-36).

그리스도는 물리적 평화를 만드시는 분입니다. 주먹으로 싸움을 걸고, 검으로 일격을 가하는 전투는 없습니다. 그러나 도덕적, 영적 평화는 예수 그리스도가 계시는 한 이 세상에는 존재할 수 없습니다.

사랑하는 형제들이여, 여러분은 마귀가 여러분을 방해하는 일이 없이는 절대로 선한 일을 행할 수 없다는 것을 알아야 합니다. 그때 여러분은 어떻게 해야 합니까? 사탄을 대적하십시오. 겁먹은 표정으로 바라보고 힘없이 타협하는 것은 십자가 군사가 취할 태도가 아닙니다. 한판 전쟁을 기대하고 절대로 낙망하지 마십시오. 휘트필드는 "어떤 사역자들은 1월 첫 날부터 12월 마지막 날까지 아무 대책 없이 완전히 벗은 몸으로 산다"고 말하곤 했습니다. 마귀는 그들을 공격할 가치가 없다고 생각했습니다. 그러나 우리는 예수 그리스도의 복음을 온 힘과 영과 정성을 다하여 선포해야 하는데, 그러면 곧 사람들은 우리를 조롱하고 비웃을 것입니다. 만일 그들이 그렇게 한다면, 결과는 그만큼 더 좋아질 것입니다. 우리는 사탄이 우리를 훼방하기 때문에 결코 놀랄 필요가 없습니다.

사탄은 사역할 때에만 우리를 훼방하는 것이 아닙니다. 그는 우리가 서로 하나로 연합하려고 할 때에도 방해합니다. 우리는 런던에 있는 교회들이 서로 연합할 수 있도록 노력해야 합니다. 저는 성공의 징조들을 보는 것이 즐겁습니다. 그러나 저는 사탄이 우리를 훼방한다고 해도 놀라지 않습니다. 저는 사탄이 이 문제에서 손을 떼도록, 그래서 우리의 교회들의 연합이 이루어질 수 있도록 여러분의 기도를 부탁드립니다. 저희 교회로 말하면 우리는 오랫동안 평화를 유지했습니다. 그러나 만일 사탄이 사랑, 평화 그리고 연합을 통해 우리가 하나가 되는 것을 방해한다고 해도 놀라지 않습니다.

사탄은 우리가 예수 그리스도와 교제하는 것을 방해할 것입니다. 그분의 식탁에서 우리가 스스로 "나는 지금 이 순간 참으로 행복하다"고 생각할 때, 즉각 우리 마음속에는 허망한 생각이 들어옵니다. 아브라함처럼 여러분도 희생제물을 드리지만, 불결한 새들이 날아와 그것을 덮치고, 그러면 여러분은 그것들을 내쫓아야 합니다. "사탄이 우리를 막았도다." 사탄은 전능자는 아닙니다. 하지만 무수한 그의 종들을 통해 그는 전능자처럼 모든 곳에서 활동하고 있고, 성도들이 주님을 섬길 때 어떻게든 미혹시키기 위해 광분하고 있습니다.

사탄의 역사를 식별하는 법

세 번째로 사탄의 이러한 훼방을 식별해 낼 수 있는 방법이 우리에게는 몇 가지 있습니다.

저는 어떤 사람이 "그럼, 사탄이 나를 방해만 하지 않았더라면, 나는 지금 세상에서 출세하고, 부자가 되었을 거야"라고 말하는 것을 듣습니다. 사랑하는 형제여, 그것을 믿지 마십시오. 저는 사탄이 일반적으로 사람들이 부자가 되는 것을 막는다고 믿지는 않습니다. 그는 사람들을 가난하게 하는 것만큼 부하게 하기도 합니다. 그는 하나님의 종들이 성전 꼭대기에 서는 것을 보고 즐거워합니다. 왜냐하면 그는 그곳이 위험한 자리라는 것을 알기 때문입니다. 높은 곳에서 하나님을 찬양하기는 거의 불가능합니다. 만일 여러분이 부자가 되는 것을 방해받았다면, 오히려 시험을 받을 수 없는 곳에 여러분을 두신 하나님의 선한 섭리를 감사해야 할 것입니다.

또 다른 사람은 "예, 나는 어떤 지역에서 살면 더 잘 살 수 있다고 생각했으나 갈 수가 없었습니다. 아마 갈 수 없도록 훼방한 자는 마귀였을 것입니다"라고 말했습니다. 아마 그럴지도 모르겠습니다. 그러나 그것이 그렇지 않을지도 모릅니다. 하나님의 섭리는 우리가 있어야 할 위치를 가장 잘 아십니다. 우리가 반드시 우리 자신의 위치를 더 잘 선택하는 것은 아닙니다. 우리는 사탄의 방해를 받아 우리의 뜻이 좌절됨으로써 실망에 빠졌을 때, 거기에 종종 하나님의 선하신 섭리가 작용하고 있음을 보지 못하고 반드시 합당한 결론에 이르지 못할 때가 있습니다.

그러나 사탄이 저를 방해할 때 저는 뭐라고 말할 수 있을까요? 저는 여러분이 첫째로, 그 목적을 따라 말할 수 있다고 생각합니다. 사탄이 우리를 훼방하는 목적은 우리가 하나님께 영광 돌리는 것을 막기 위해서 입니다. 만일 여러분에게 여러분의 거룩, 유익, 겸손 그리고 성결과 같은 미덕을 방해하는 어떤 일이 일어난다면, 여러분은 그 일이 사탄으로부터 온 것이라고 생각할 수 있습니다. 만일 여러분의 인생의 일반적 흐름을 방해하는 어떤 사건이 일어나 의를 죄로 바꾸어 버렸다면, 그 사건으로부터 여러분은 그 원흉을 짐작할 수 있습니다. 그 원흉은 하나님이 아니라 바로 사탄입니다. 그러나 하나님이 때때로 그의 백성들의 길에 심지어는 은혜와 유익을 베푸는 과정에서도 분명한 방해물을 두기도 한다는 사실을 염두에 두기 바랍니다. 하지만 그분이 역사하는 방해물은 그의 성도들을 연단하는 것으로 그들을 오히려 강하게 하기 위해서라는 것을 알아야 하겠지요. 하지만 사탄의 목적은 그들이 올바른 길에서 실족하여 타락의 길로 가도록 하는 것입니다.

다시 말해 여러분은 사탄이 역사하는 방법을 통해 그의 역사들이 어떠한지 알 수 있습니다. 말하자면 하나님은 선한 동기를 사용하시지만 사탄은 악한 동기를 사용합니다. 만일 여러분의 관심을 주님으로부터 돌리도록 만든 것이 잘못된 생각, 잘못된 교리, 잘못된 가르침, 잘못된 동기라면, 그것은 절대로 하나님으로부터 온 것이 아니라 사탄으로부터 온 것이 틀림없습니다.

다시 말해 여러분은 그 본질을 살펴보면 그 역사들이 어디서 온 것인지 알 수 있다는 말입니다. 하나님의 역사를 가로막는 것이 여러분을 즐겁게 하거나 만족스럽게 할 때마다 그것이 사탄으로부터 온 것임을 기억하기 바랍니다. 사탄은 그의 새의 깃털들을 잘못된 길에서 털어내지 않습니다. 그는 일반적으로 우리의 취미나 취향에 맞추어 역사합니다. 그는 그의 물고기로 미끼를 삼습니다. 그는 각 사람을 어떻게 다루어야 하는지 그리고 육체의 본성의 욕구들을 일으키는 동기를 어떻게 사용해야 하는지 정확하게 알고 있습니다. 그런데 만일 여러분의 인생에 주어지는 어려움이 자신을 위하기보다 오히려 자신에 반대되는 결과를 가져온다면, 그것은 하나님으로부터 온 것입니다. 만일 지금 여러분에게 어떤 면에서든 이득, 쾌락, 또는 이점을 주는 방해물이 있다면 그것은 사탄으로부터 온 것이 틀림없습니다.

우리가 사탄의 역사에 대해 한 가지 더 말할 것이 있다면 그것은 그 역사의 때에 관한 것입니다. 예를 들면 만일 그것이 사탄으로부터 온 것이라면, 기도를 훼방하는 방해물은 인간적 잡념들의 자연적 과정과 관계로부터 온 것입니다. 하나의 생각이 서로 연결되어 있는 쇠사슬처럼 다른 생각을 일으키고, 그것은 또 다른 생각을 연쇄적으로 일으킨다는 것은 마음의 법칙입니다. 그러나 사탄의 시험은 규칙적인 사고의 법칙을 따라서 오지 않습니다. 그것들은 마음을 혼란스럽게 합니다. 내 영혼이 기도하고 있을 때, 불경스러운 생각이 드는 것은 부자연스러운 일입니다. 그런데 그런 생각이 든다면 그것은 내 자신의 마음으로부터 나온 것이 아니라 사탄으로부터 온 것입니다. 만일 제가 주님의 뜻을 행하려고 할 때, 부정적인 생각이 마음속에 들어온다면, 그 생각은 내 마음과 사고의 자연적 성향과는 상관이 없고, 내 속에서 연원하는 것이 아니라 마귀로부터 주어지는 것으로, 그것의 참된 아비는 사탄입니다.

이런 방법들을 통해 우리는 사탄이 훼방하는 때인지, 그 훼방이 우리 자신의 마음으로부터 나오는 때인지 아니면 하나님이 주시는 때인지 알 수 있다고 생각합니다. 우리는 우리가 잘못된 말 위에 안장을 두지 않았는지 주의 깊게 살펴보아야 합니다. 그것이 여러분 자신일 때 마귀를 비난하지 마십시오. 반대로 주님이 여러분의 길에 방벽을 두셨을 때, 이것을 사탄의 탓으로 돌리지 말고, 그래서 하나님의 섭리에 역행하지 않기를 바랍니다. 때때로 당연히 해야 할 일을 보기가 어려울 수 있지만, 만일 여러분이 기도를 통해 하나님 보좌 앞으로 나아간다면, 여러분은 곧 그것을 발견하게 될 것입니다. 다윗은 곤경에 처하자 "에봇을 이리로 가져오라"(삼상 23:9)

고 했습니다. 여러분도 똑같이 말합니까? 그 사명이 중보자이신 크신 대제사장에게 나아가십시오! 그분의 가슴 위에는 우림과 둠밈이 걸려있고, 여러분은 그분을 통해 곤경과 위기에 빠질 때마다 그 해결책을 얻을 수 있을 것입니다.

훼방에 대한 대처

우리의 인생을 가로막는 방해물들이 실제로 사탄으로부터 온 것임을 확인하게 되었다면, 그때 우리는 어떻게 해야 할까요? 제가 한 가지 권면을 여러분께 드린다면, 그것은 방해가 있거나 말거나 성령 하나님이 여러분을 인도하는 대로 그 길을 따라 곧장 달려가라는 것입니다.

만일 사탄이 여러분을 방해한다면, 저는 이 반대가 여러분을 즐겁게 할 것이라는 사실을 이미 말했습니다. 한 목회자가 다음과 같이 말했습니다: "나는 이 특별한 목회 사역이 쉬운 사역이 되리라고 기대하지 않았습니다. 그렇지 않다면 저는 여기 오지도 않았을 것입니다. 나는 언제나 내가 그의 원수라는 것을 마귀에게 보여 주는 것을 나의 의무로 삼고 있습니다. 그리고 그렇게 한다면 그는 내 밥이라는 것을 그가 나에게 보여 주리라고 확신합니다." 만일 여러분이 지금 반대하고 있는데, 그 반대가 분명히 사탄에 대한 것이라면, 그것으로 말미암아 스스로를 축하하십시오. 앉아서 초조해 하지 마십시오. 그러나 여러분과 같은 연약한 피조물이 실제로 흑암의 임금을 괴롭히고 그의 진노를 무력화시킬 수 있다는 것은 큰 사건입니다. 인간이 영계의 존재들과 갈등을 일으키고, 흑암의 왕자와 대면하여 서 있다는 것은 인간을 그만큼 우수한 존재로 격상시킵니다.

여러분이 이런 원수에 의해 훼방을 받는 것은 의심할 여지 없이 두려운 일인 것은 사실입니다. 그러나 그것은 가장 소망스러운 일입니다. 왜냐하면 만일 그가 여러분의 친구라면 여러분은 정말 두려운 상황 속에 빠졌을 것이기 때문입니다. 사탄에 대항하여 일어나십시오. 여러분은 지금 팔짱만 끼고 앉아 있을 때 할 수 있는 것보다 훨씬 더 큰일을 할 수 있는 기회를 갖고 있습니다. 여러분은 그와 갈등을 일으키지 않는 한 그를 이기는 승리를 얻을 수 없습니다. 힘이 없는 성도는 시험당하지 않는 한 그의 천국길이 영광스럽지 않습니다. 하지만 시험 속에 있을 때 그의 모든 발걸음은 영광스러운 발걸음이 될 것입니다. 오늘날 우리의 위치는 「천로역정」에서 존 번연이 묘사한 것과 같습니다. 순례 길의 그리스도인은 하늘 궁전 꼭대기에서 울려 퍼지는 다음과 같은 찬송소리를 들었습니다:

> 들어오라, 들어오라,
> 영원한 영광이 그대에게 있으리라.

그런데 하늘 궁정의 계단들을 올라가는 것은, 안전한 길이기는 해도 결코 폼 내며 걸어갈 수 있는 고상한 길은 아니었습니다. 그러나 원수들이 문 주위에 몰려 있고, 모든 계단마다 막아설 때, 그리스도인 영웅은 잉크병을 들고 문 앞에 앉아 있는 사람에게 나아가 "제 이름을 적어 주세요"라고 말했습니다. 그때 맨 아래 계단으로부터 눈부시게 반짝거리는 사람들이 찬송을 부르고 있는 꼭대기 계단에 오를 때까지 한 걸음 한 걸음이 영광으로 충만했습니다. 만일 마귀들이 땅에서 천국에 이르는 저의 길을 방해하지 않았다면, 저는 즐겁고, 평화롭고, 안전한 순례의 길이 되었겠지만, 확실히 그 길에 명예는 없었을 것입니다. 그러나 지금, 모든 계단이 우리의 길을 영광의 승리로 이끄는 전쟁이 될 때, 그 한 계단 한 계단은 불후의 명성으로 채워질 것입니다. 그러므로 그리스도인이여, 대적하십시오. 대항이 클수록 영광도 큽니다.

만일 여러분이 사탄을 대적하지 못하고 그에게 승리하지 못해서 잃는 것을 헤아려 본다면 그의 훼방들이 얼마나 우리에게 치명적인 것이 될지 생각해 보아야 합니다. 사탄이 여러분을 이기도록 한다면 여러분의 영혼에 주어지는 결과는 영원한 파멸입니다. 확실히 그것은 우리에게 주어질 모든 소망을 영원히 앗아가 버릴 것입니다. 만일 제가 전쟁의 날에 후퇴해서 백기를 들어버린다면, 하나님의 종들의 안식에 관해 무엇을 말하겠습니까?

선전포고가 얼마나 부끄러운 조롱거리가 되겠습니까? 언약의 깃발이 얼마나 비참하게 수렁 속에 던져져 버리겠습니까? 그러나 우리는 겁쟁이도 아니고 또 겁쟁이가 되어서도 안됩니다. 우리는 사탄의 교묘한 역사에 굴복해서는 안되고, 주님으로부터 등을 돌려서도 안됩니다. 왜냐하면 그렇게 되면 그 패배가 도저히 견딜 수 없는 두려움을 우리에게 가져다주기 때문입니다.

사랑하는 형제들이여, 저는 여러분이 여러분의 주님이 이기신 것을 상기함으로써 용기를 내기를 바랍니다. 여러분 앞에 계시는 그분을 바라보십시오. 가시면류관을 쓰신 그분은 원수와 싸우셨고, 그의 머리를 상하게 했습니다. 사탄은 여러분의 구원의 주인에 의해 완전히 박살이 났습니다. 그 승리는 상징으로서, 그분이 싸우고 승리하신 것은 바로 우리를 위한 것이었습니다.

여러분은 이미 패배당한 원수와 싸워야 합니다. 그는 자신의 패배를 알고 있고, 또 느끼고 있습니다. 그는 절망 속에서 싸우고 있습니다. 그는 참된 용기를 가지고 싸울 수가 없습니다. 그는 궁극적인 승리는 자기 것이 아님을 알고 있기 때문입니다. 그러므로 그를 치십시오. 그리스도께서 이미 그를 쳐서 박살냈으니까요. 그를 때려눕히십시오. 예수님이 그를 그분의 발로 짓밟았으니까요. 만물 중에 가장 연약한 자인 여러분에게 승리가 있습니다. 주님이 여러분 앞에서 승리하셨기 때문입니다.

마지막으로 여러분은 전쟁을 준비하는데 도움을 주는 약속의 말씀이 있다는 것을 기억해야 합니다. 그 말씀들은 지금도 우리에게 힘을 줍니다. "마귀를 대적하라 그리하면 너희를 피하리라"(약 4:7). 목회자들이여, 사임하지 마십시오. 교회가 분열되고 원수가 쳐들어온다고 해서 사임에 대한 생각을 가지면 안됩니다. 마귀를 대적하십시오. 도망가지 말고, 그를 도망시키십시오. 젊은 사역자들이여, 여러분이 길에서 복음을 전하거나 전도 소책자를 나누어 주거나 가가호호 방문하기 시작할 때, 사탄은 여러분을 크게 훼방할 것입니다. 그러나 그럴수록 기죽지 말고 그 수고를 가속화하기를 부탁드립니다.

사탄이 지금 여러분에게 베풀어지고 있는 축복을 박탈시키려고 획책하는 것은 여러분을 두려워하고 있기 때문입니다. 그를 대적하고 견고하게 서십시오. 기도로 간청하는 여러분은 지금 언약의 천사를 붙들고 있는 손을 놓아서는 안됩니다. 지금 사탄이 여러분을 훼방하고 있다면 그것은 축복이 여러분에게 임하고 있기 때문입니다. 그리스도를 구하십시오. 그래서 갈보리의 무성한 나무로부터 눈을 감거나 얼굴을 돌리지 마십시오. 사탄이 여러분을 훼방하는 이유는 밤이 거의 지나고 낮별이 빛을 발하기 시작하고 있기 때문입니다. 사랑하는 형제들이여, 고난 속에 있고, 슬픈 시험 속에 있고, 무거운 짐을 짊어지고 있습니까? 그러나 여러분에게는 더 밝은 소망이 있습니다. 지금 힘내십시오. 하나님을 위해, 그리스도를 위해, 여러분 자신의 영혼을 위해 투쟁하십시오. 여러분이 주님과 함께 죄, 죽음 그리고 지옥의 포로를 여러분이 타고 있는 마차의 바퀴로 내달리며, 또 주님과 더불어 어린양의 피로 승리한 승리자로서 영광의 면류관을 쓰고 새 예루살렘의 길을 승리자로 통과할 때가 곧 임할 것입니다.

사랑하는 형제들이여, 하나님이 여러분을 축복하시기를 바랍니다. 저는 이 설교가 누구에게 가장 적합한지 잘 모르겠지만, 특별히 시험 당한 성도들이 들으시면 좋겠다고 생각합니다. 주님이 이 설교를 통해 그들에게 위로를 베푸시기를 기도합니다. 아멘.

4

사탄의 정복자, 그리스도

내가 너로 여자와 원수가 되게 하고 네 후손도 여자의 후손과 원
수가 되게 하리니 여자의 후손은 네 머리를 상하게 할 것이요 너
는 그의 발꿈치를 상하게 할 것이니라 — 창세기 3:15

이것은 지금까지 이 땅에 선포된 복음에 관한 최초의 설교입니다. 그것
은 참으로 기념비적인 설교로서, 여호와 자신이 설교자이고, 전체 인류와
흑암의 왕자가 그 청중입니다. 그것은 우리의 가장 큰 관심을 끌 만한 가
치가 있습니다.

이 위대한 복음의 약속이 타락 후 곧바로 주어졌다는 것은 주목할 만한
일이 아닙니까? 하지만 두 인간 범죄자에 관한 문장에서 선언되지 않고,
뱀에 관한 문장에서 약속이 주어졌습니다. 아직 여자는 임신하는 고통으로
정죄를 받기 전이었고, 남자는 평생에 수고해야 소산을 먹는 정죄를 받기
전이었으며, 심지어는 땅도 가시덤불과 엉겅퀴를 내는 저주를 받기 전이었
습니다. 진실로 "긍휼은 심판을 이기고 자랑합니다"(약 2:13). 주님은 "너
는 흙이니 흙으로 돌아갈 것이니라"(창 3:19)고 말씀하시기 전, 여자의 후
손이 뱀의 머리를 상하게 할 것이라고 기쁘게 말씀하셨습니다. 그러기에
우리는 죄의 밤이 찾아오기 전에 우리에게 위로의 말씀을 주신 하나님의
신속한 자비에 대해 감사해야 합니다.

이 위로의 말씀은 아담과 하와에게 직접 주어진 말씀이 아니라 독특하게 뱀에게 주어진 것으로, 그가 범한 일로 말미암아 형벌로 그에게 주어진 것이었습니다. 그것은 그에게는 잔인한 승리의 날이었습니다. 그의 음흉한 마음속에 즐거움이 가득 채워질 수 있습니다. 왜냐하면 그는 그의 악의를 만족시켰고, 그의 앙심을 충족시켰기 때문입니다. 그는 가장 악질적으로 하나님의 사역의 한 부분을 파괴시켰습니다. 그는 새로운 세계 속에 죄를 소개했고, 인류에게 그 자신의 형상을 각인시키고, 반역을 촉진시키고, 불법을 가중시키는데 새로운 힘을 제공했습니다. 그러므로 인류는 마귀가 자기 속에 지옥을 끌어들인 자를 알 수 있는 것에 대해 감사의 기분을 느꼈습니다.

그러나 이제는 하나님이 오셔서 개인적으로 그 전쟁을 치르시고, 마귀가 일시적으로 승리를 구가했던 바로 그 전쟁터에서 그를 치욕적인 패배로 내몰 것입니다. 그분은 용에게 그를 처단하겠다고 말씀하십니다. 이 싸움은 뱀과 사람 사이에 벌어지는 것이 아니라 하나님과 뱀 사이에 벌어지는 것입니다. 하나님은 엄숙한 어조로 "내가 너로 여자와 원수가 되게 하고 네 후손도 여자의 후손과 원수가 되게 하리니"라고 말씀하십니다. 그분은 비록 고난은 받으실지언정 뱀의 머리를 상하게 함으로써 악의 권세의 생명력에 치명타를 가하실 왕을 때가 차면 일으키실 것을 약속하십니다. 이것이 아담과 하와에게는 은혜에 관한 참으로 큰 위로의 메시지가 되었을 것이라고 저는 생각합니다. 왜냐하면 그들은 유혹자가 형벌을 받고, 그 형벌이 그들에게는 축복을 포함하고 있기 때문에 뱀에게 주어지는 저주가 그들에게 은혜에 대한 보증이 된다고 확실히 느꼈을 것이기 때문입니다.

그러나 이 약속을 간접적으로 주심으로써, 주님은 아마 "내가 이렇게 하는 것은 타락한 너희 두 사람만 위해서도 아니고, 너희 자손들을 위해서도 아니다. 아니 그것은 오히려 내 자신의 이름과 영광을 위해서이다. 타락한 영들이 그것을 모독하고 더럽히지 않도록 하기 위해서이다. 나는 내 이름과 내 영광이 그것들을 무시하는 타락한 영들 사이에서 소멸되지 않도록 하기 위해서 유혹자로 말미암아 초래된 죄악을 해소하려고 한다"는 뜻을 의미했을 것입니다. 이 모든 것은 시시해 보이지만, 우리의 첫 조상들에게는 이것을 생각만 해도 커다란 위로가 되었을 것이고, 하나님을 위해 주어진 은혜가 항상 우리를 위해 주어진 어떤 은혜의 약속보다 훨씬 더 확실하게 우리의 불안한 마음을 비추고 있음을 보게 되었을 것입니다. 하나님의 주권과 영광은 비록 그것을 인정받을 수 있다 하더라도 우리가 하나님께 쌓은 공로보다 훨씬 더 강력한 소망의 근거가 됩니다.

이제 우리는 인류의 첫 신자들이 견고하게 서 있었던 이 최초의 복음 설교에 관해 살펴보아야 합니다. 이것이 아담이 계시를 통해 받은 전부였고, 아벨이 받았던 것의 전부였습니다. 이 독보적인 별 하나가 아벨의 하늘을 밝게 비추었습니다. 그는 그것을 올려다보고 믿었습니다. 그 빛을 따라 그는 "희생제물"을 생각해 내었고, 그래서 그는 기르는 양의 첫 소생을 취해 제단에 올렸습니다. 그는 뱀의 후손이 여자의 후손을 어떻게 상하게 하는지 자신의 인격을 통해 증거했습니다. 왜냐하면 그의 형이 그 증거를 위해 그를 돌로 쳐 죽였기 때문입니다. 비록 아담의 7대 후손인 에녹이 재림에 관해서는 예언했지만, 초림에 관해서는 새로운 것을 전혀 보여 주지 못했고, 그래서 지금도 이 독보적인 약속은 사람의 유일한 소망의 단어로서 남아 있습니다. 에덴동산의 문 안에 있는 사람 앞에서 불타올랐던 횃불은 주님이 기꺼이 그 빛을 더욱 확산시켜, 그의 종 노아에게 말씀하심으로써 그의 언약의 계시를 새롭게 하고 확대하셨을 때에 비로소 세계 속에 비추어져 모든 신자들을 인도하는 빛이 되었습니다.

홍수 이전에 살았던 백발의 조상들은 이 신비로운 본문의 말씀을 즐거워했습니다. 그것을 액면 그대로 믿은 그들은 믿음을 지니고 죽었습니다. 그러나 사랑하는 형제들이여, 여러분도 그것을 가벼운 계시로 생각해서는 안됩니다. 왜냐하면 여러분이 그것을 주의 깊게 살펴본다면, 참으로 놀라운 의미로 가득 차 있기 때문입니다. 만일 지금 제 마음판에 교리적으로 그것을 새겨 넣는다면, 저는 그것이 복음 전체를 포함하고 있음을 여러분에게 보여 줄 수 있습니다. 상수리나무가 도토리를 안에 담고 있는 것처럼, 그 안에는 그리스도의 복음을 구성하는 모든 위대한 진리들이 들어있습니다.

성육신의 위대한 신비가 이 안에 들어있음을 주목합시다. 그리스도가 여기서 말하는 여자의 후손이십니다. 본문은 성육신이 어떻게 일어날지에 대해 폭넓은 암시를 드러내고 있습니다. 예수님은 보통 사람의 아들들이 태어나는 방식으로 태어나시지 않았습니다. 마리아는 성령을 통해 잉태하게 되었고, 그녀에게서 태어난 거룩하신 분은, 그분의 인성으로 볼 때, 오직 여자의 후손이었습니다. 기록된 대로 "보라 처녀가 잉태하여 아들을 낳을 것이요 그의 이름을 임마누엘이라 하리라"(사 7:14)와 같습니다. 이 약속은 분명히 구원자가 여자로부터 태어나게 될 것이라는 점을 가르칩니다. 조심스럽게 살펴보면, 그것은 또한 구속주의 잉태와 탄생의 초자연적 방법을 예시하고 있습니다.

또한 두 후손 교리가 여기서 명백히 가르치는 것도 똑같습니다: "내가 너로 여자와 원수가 되게 하고 네 후손도 여자의 후손과 원수가 되게 하리니." 오늘날까지 세상에는 항상 뱀에게 대항하며 하나님 편에 속해 있는 여자의 후손과 악한 자의 편에 서 있는 뱀의 후손, 이 두 부류의 사람들이 명백히 존재해 왔습니다. 하나님의 교회와 사탄의 성전은 공존합니다. 우리는 아벨과 가인, 이삭과 이스마엘, 야곱과 에서, 이 두 부류의 사람을 봅니다. 육체를 따라 난 사람들은 그들의 아비 마귀의 행위를 하기 때문에 그의 자식들입니다. 그러나 거듭난 사람들 곧 그리스도의 생명의 능력을 따라 성령으로 태어난 사람들은 그리스도 예수 안에서 여자의 후손이고, 항상 용과 그의 후손을 대적합니다.

여기에는 또 그리스도의 고난에 대한 위대한 진리가 암시되고 있습니다: "너는 그의 발꿈치를 상하게 할 것이니라." 이 말씀 속에서 우리는 베들레헴으로부터 갈보리에 이르는 우리 주님의 고난에 관한 전체 이야기를 발견합니다.

"여자의 후손은 네 머리를 상하게 할 것이요." 이 말씀 속에는 사탄의 막강한 권세가 파괴될 것이라는 뜻이 담겨 있습니다. 이 속에는 죄를 깨끗이 제거하는 역사가 들어있습니다. 이 속에는 부활을 통한 죽음의 권세가 박살날 것이라는 의미가 들어있습니다. 이 속에는 승천을 통한 포로로부터의 해방의 역사가 들어있습니다. 이 속에는 성령의 강림을 통해 세상 속에서 진리가 승리한다는 소식이 들어있습니다. 이 속에는 사탄이 결박당하리라는 마지막 때의 영광이 들어있습니다. 그리고 마지막으로 이 속에는 악한 자와 그를 따르는 모든 세력들이 불못 속에 던져지는 역사가 들어있습니다. 이 짧막한 진리의 말씀 속에는 전쟁과 정복이 함께 포괄되어 있습니다.

그 말씀은 그것을 처음 들은 사람들에게는 충분히 이해되지 않을 수 있지만, 우리에게 지금 그것은 그 빛이 충분히 비추어지고 있습니다. 얼핏 보면 그 본문은 단단하고 차가운 부싯돌처럼 보이지만, 그것으로부터 섬광이 찬란하게 솟아오릅니다. 왜냐하면 무한한 사랑과 은혜의 불꽃들이 그 안에 감추어져 있기 때문입니다. 그러므로 은혜로우신 하나님의 이 약속에 대해 우리는 특별히 즐거워해야 합니다.

우리는 우리의 처음 조상들이 그 말씀으로부터 무엇을 이해했는지는 잘 모르지만, 그들이 그것을 통해 커다란 위로를 받았다는 것에 대해서는 확신할 수 있습니다. 그들은 그 자리에서 당장 진멸당하지 않으리라는 것을 이해했음이 틀림없습니다. 왜냐하면 주님은 "후손"에 관해 말씀하셨기 때문입니다. 그들은 하와로부터 태어난 후손이 있었다면 그녀 역시 살아남을 것이 확실하다고 추론할 수 있었을 것입니다. 그들은 또한 만일 그 후손이 뱀을 정복하고 그의 머리에 상처를 입히도록 되어 있다면, 그것은 그들에게도 좋은 소식이 될 것이 틀림없다고 이해했습니다. 그들은 그들의 후손이 그들의 멸망의 선동자를 정복하는 승리를 통해 그들에게 주어지는 크고도 신비로운 은혜가 어느 정도 있다는 것을 볼 수 있었습니다. 그들은 믿음으로 이것을 계속 붙잡고 있었고, 고난과 수고 속에서 위로받았습니다. 저는 아담과 그의 아내 하와가 이 믿음으로 영원한 안식에 들어갔다는 사실을 의심하지 않습니다.

저는 이 본문을 세 가지 면에서 다루고자 합니다. 첫째로 우리는 그것의 사실들을 확인해 볼 것이라는 것. 둘째로 우리는 각 신자의 마음속에 존재하는 그 사실들을 증명하는 경험을 살펴볼 것이라는 것, 그리고 셋째로 우리는 본문과 그와 관련된 전체 본문들이 우리에게 제공해 주는 위로를 찾아볼 것이라는 것입니다.

사실들

그 사실들은 4가지가 있습니다. 저는 여러분이 그것들에 대해 진지한 관심을 갖기를 바랍니다. 본문은 "내가 너로 여자와 원수가 되게 하고"라는 말씀으로 시작됩니다. 여자와 뱀은 굉장히 친했습니다. 그들은 서로 대화를 나눌 정도였습니다. 그녀는 그때 뱀이 자기의 친구라고 생각했습니다. 그녀는 하나님의 명령에도 불구하고 그의 말을 듣고, 이 사악하고 교활한 뱀이 심어 주는 위대하신 창조주에 관한 부정적인 얘기들을 의심 없이 믿을 정도로 그의 절친한 친구였습니다. 그런데 하나님이 말씀하신 순간에 여자와 뱀 사이의 친분은 이미 어느 정도 끝장이 나 있었습니다. 왜냐하면 그녀는 "뱀이 나를 꾀므로 내가 먹었나이다"(창 3:13)라고 대답함으로써 하나님께 뱀을 고소하고 있기 때문입니다. 여기까지는 좋았습니다. 죄인들 간의 친분은 오래 지속되지 못합니다. 하와와 뱀은 이미 다투기 시작했고, 그때 주님은 다가와 시작된 다툼을 이용하셨습니다. 이때 그분은 "나는 이 불화를 더 크게 할 것이다. 나는 뱀과 여자가 원수가 되게 할 것이다"라고 말씀하셨습니다.

사탄은 자기편에 속하는 인간의 후손들을 믿었지만, 하나님은 이 언약을 지옥과 함께 파기하고 사탄의 권세에 대항하여 전쟁을 할 후손을 일으키십니다. 그래서 하나님이 죄와 사탄의 폭정에 대항하는 라이벌 왕국을 세우시리라는 것, 그분이 택하신 후손들의 마음속에 악을 대적하여 싸우고, 많은 투쟁과 수고를 통해 흑암의 왕자를 물리치도록 그것에 저항하는 적의를 심으실 것이라는 것이 최초의 선언 속에 들어있습니다. 하나님의 영은 이 주님의 계획과 목적을 충분히 성취시키기 위해 영광스러운 사람을 통해 타락한 천사장과 싸우고 인간을 사탄의 원수이자 정복자로 만드셨습니다.

이 관점에 따르면, 여자는 악한 자를 미워해야 했고, 저는 그녀가 그렇게 했음을 의심하지 않습니다. 그녀가 그렇게 했다는 충분한 이유가 있었습니다. 그녀는 뱀에 관해 생각할 때마다 그의 악의적이고 기만적인 속임수에 넘어간 것에 대해 크게 후회했습니다. 저는 바울이 "곧 육신의 자녀가 하나님의 자녀가 아니요 오직 약속의 자녀가 씨로 여기심을 받느니라"(롬 9:8)고 우리에게 말하는 말씀에 나오는 육신의 자녀를 말하는 것이 아닙니다. 저는 남자와 여자의 육신의 후손을 말하는 것이 아니라 그리스도 예수와 그분을 믿는 사람들을 가리키는 영적 후손을 말하는 것입니다. 여러분이 이들을 만나는 곳은 어디서든 그들이 확고하게 미워하는 마음을 갖고 뱀을 대적합니다. 만일 우리가 우리의 영혼을 통해 사탄의 모든 역사를 파괴시킬 수 있다면, 이 신음하고 있는 세상으로부터 우리는 그가 심어 놓은 모든 악을 완전히 뿌리를 뽑을 것입니다.

그 영광스러운 여자의 후손 — 하나님이 많은 후손들이 아니라 오직 하나의 후손이라고 말씀하셨기 때문에 — 이 얼마나 마귀와 그의 모든 궤계들을 싫어하는지 여러분은 알 것입니다. 그리스도와 사탄은 원수 사이이기 때문에 그분은 마귀의 역사를 파멸시키고 그에게 붙잡혀 속박 아래 있는 사람들을 구원하기 위해 오셨습니다. 그 목적을 위해 그분은 육신을 입은 존재로 태어나셨고, 그 목적을 위해 사셨고, 그 목적을 위해 죽으셨고, 그 목적을 위해 영광에 들어가셨고, 그 목적을 위해 다시 오실 것입니다. 그리하여 모든 곳에서 그분은 그의 원수를 정복하고, 그와 그의 역사를 사람의 후손들 사이에서 완전히 근절시킬 것입니다.

두 후손이 원수가 되는 것은 은혜의 계획의 시작 곧 은혜의 계획의 첫 번째 활동이었습니다. 이후로 여자의 후손에 관해서는 "왕은 정의를 사랑하고 악을 미워하시나니 그러므로 하나님 곧 왕의 하나님이 즐거움의 기름을 왕에게 부어 왕의 동료보다 뛰어나게 하셨나이다"(시 45:7)라고 말하게 되었습니다.

역시 사실로 판명된 두 번째 예언은 왕의 오심과 관련되어 있습니다. 여자의 후손은 약속을 통해 용을 대적할 것입니다. 그 후손은 주 예수 그리스도이십니다. 선지자 미가는 다음과 같이 예언했습니다:

> 베들레헴 에브라다야 너는 유다 족속 중에 작을지라도 이스라엘을 다스릴 자가 네게서 나올 것이라 그의 근본은 상고에, 영원에 있느니라 그러므로 여인이 해산하기까지 그들을 붙여 두시겠고 그 후에는 그의 형제 가운데에 남은 자가 이스라엘 자손에게로 돌아오리니(미 5:2-3).

복 받은 처녀로부터 베들레헴에서 태어난 아기 외에 그 누구에게도 이 예언의 말씀을 적용시킬 수 없습니다. 그 아들을 잉태하고 낳은 것은 바로 그녀였습니다. 그녀의 아들에 관해 우리는 이렇게 찬송합니다: "이는 한 아기가 우리에게 났고 한 아들을 우리에게 주신 바 되었는데 그의 어깨에는 정사를 메었고 그의 이름은 기묘자라 모사라 전능하신 하나님이라 영존하시는 아버지라 평강의 왕이라 할 것임이라"(사 9:6). 천사들이 하늘에서 찬송했던 베들레헴의 그 기념비적인 날 밤에 여자의 후손은 태어났습니다. 옛 뱀 곧 마귀는 헤롯의 마음속에 예수님을 죽이려는 욕망을 심었지만, 아버지는 그분을 보호하셨고, 그분에게 아무도 손대지 못하도록 역사하셨습니다.

30년 후 예수님이 공생애 활동을 시작하시자 사탄은 그분과 서로 마주보고 만났습니다. 여러분은 광야에서 시험당하신 주님의 이야기를 잘 알지요. 거기서 여자의 후손은 처음부터 거짓말쟁이였던 자와 어떻게 싸우셨는지도 익히 알 것입니다. 마귀는 아첨, 악의, 궤계 그리고 거짓말 같은 모든 무기를 총동원하여 세 번에 걸쳐 그분을 공격했으나 비교할 수 없는 능력의 왕은 상처 하나 없이 견고했고, 광야로부터 그의 원수를 쫓아 보냈습니다. 그때 우리 주님은 자신의 나라를 세우고, 사람들을 자신에게 부르셔서 원수의 나라와 전쟁을 수행했습니다. 많은 곳에서 그분은 귀신들을 쫓아내셨습니다. 그분은 악하고 불결한 영에게 "말 못하고 못 듣는 귀신아 내가 네게 명하노니 그 아이에게서 나오고 다시 들어가지 말라"(막 9:25)고 말씀하셨고, 귀신은 축출되었습니다. 군대귀신은 그분 앞에서 도망갔고, 그것들은 그분 앞에서 벗어나기 위해 돼지 떼 속으로 들어가 자기들을 숨기고자 했습니다. "때가 이르기 전에 우리를 괴롭게 하려고 여기 오셨나이까"(마 8:29)라는 그들의 부르짖음은 이적 행사자인 그리스도께서 그들이 고통을 준 육체로부터 쫓겨날 때 주어졌습니다. 진실로 그분은 제자들에게 악한 자를 이길 수 있는 힘을 주셨습니다. 그들은 예수님이 "사탄이 하늘로부터 번개 같이 떨어지는 것을 내가 보았노라"(눅 10:18)고 말씀하실 정도로 그분의 이름으로 귀신들을 쫓아냈습니다.

그때 두 번째 인간적 투쟁이 있었습니다. 왜냐하면 우리 주님이 "이제는 너희 때요 어둠의 권세로다"(눅 22:53)라고 말씀하실 정도로, 겟세마네 동산에서 사탄의 인격적 공격으로 말미암아 깊은 고뇌에 빠졌기 때문입니다. 그분은 또 "이 세상의 임금이 오겠음이라 그러나 그는 내게 관계할 것이 없으니"(요 14:30)라고도 말씀하셨습니다. 그것이 얼마나 힘든 투쟁이었을까요!

사탄은 가능한 한 그분의 위대하신 희생이 진행되지 못하도록 획책했습니다. 거기서 우리 주님은 "힘쓰고 애써 더욱 간절히 기도하시니 땀이 땅에 떨어지는 핏방울 같이 될"(눅 22:44) 정도로 고뇌 속에 있었는데, 그것은 그분이 원수와 투쟁하기 위해 치르신 대가였습니다. 그때 우리 주님은 최후의 싸움을 시작하셨고, 뱀의 머리를 상하게 하는 승리를 거두셨습니다. 그분은 정사와 권세들을 박살내고, 그것들이 공개적으로 조롱거리가 될 때까지 멈추지 아니하셨습니다.

이제 어둠의 시간은 지나고,
그리스도께서 그 다스리는 권세를 취하셨네.
대참소자가 더 이상 군림하지 못하고
그 보좌로부터 던져지는 것을 보라.

영광의 주님이 겪으신 갈등은 그분의 후손들에게서도 나타납니다. 우리는 십자가에 달리신 그리스도를 설교하고, 모든 설교는 지옥문을 흔듭니다. 우리는 성령의 능력으로 죄인들을 예수님께 인도하고, 모든 회심자는 사탄의 막강한 성벽으로부터 떨어져나온 돌입니다. 그렇습니다. 곳곳에서 악한 자가 정복당하는 날이 도래할 것이고, 계시록에서 요한이 한 말씀들이 이루어질 것입니다:

큰 용이 내쫓기니 옛 뱀 곧 마귀라고도 하고 사탄이라고도 하며 온 천하를 꾀는 자라 그가 땅으로 내쫓기니 … 내가 또 들으니 하늘에 큰 음성이 있어 이르되 이제 우리 하나님의 구원과 능력과 나라와 또 그의 그리스도의 권세가 나타났으니 우리 형제들을 참소하던 자 곧 우리 하나님 앞에서 밤낮 참소하던 자가 쫓겨났고(계 12:9-10).

그래서 본문의 말씀을 통해 주 하나님은 여자의 후손으로 오실 왕을 약속하셨고, 그 왕과 사탄 사이에 영원토록 전쟁이 있을 것임을 말씀하셨습니다. 그 왕은 오셨습니다. 사람의 아들로 태어나셨습니다. 용은 여자에 대해 분노하고, 예수 그리스도를 증거하는 그녀의 후손의 남은 자들과 전쟁을 벌이지만, 그 전쟁은 주님의 전쟁으로, 승리는 그 이름이 "충신과 진실로서, 공의로 심판하며 싸우실"(계 19:11) 분에게 주어집니다.

본문에 나오는 세 번째 사실은, 그 순서는 정확하지 않지만, 우리 왕의 발꿈치가 상처를 입을 것이라는 것입니다. 여러분은 이것을 저에게 설명할 필요가 있습니까? 여러분은 그리스도는 전생애를 통해 얼마나 그의 발꿈치 ― 즉 그분의 낮아진 부분 곧 그분의 인성 ― 가 계속적으로 고난 속에 있었는지를 알고 있습니다. 그분은 질병과 슬픔에 매여 있었습니다. 그러나 그 상처는 육체와 정신 곧 그분의 인성이 고뇌 속에 있을 때, 그분의 영혼이 죽음 때문에 깊은 슬픔 속에 빠져 있었을 때, 그분의 원수들이 그분의 손과 발을 못 박았을 때, 그리고 그분이 십자가 사건을 통해 수치와 죽음의 고통을 당하셨을 때 주로 주어졌습니다.

피와 흙으로 완전히 얼룩진 십자가상의 우리 주님을 바라보십시오! 그분의 발꿈치는 아주 잔혹하게 상처를 입었습니다. 그분의 보배로운 몸을 거두어서 세마포로 싸고 향유를 뿌린 후 요셉의 무덤에 장사지냈을 때, 그들은 신성이 거했던 몸을 다루고 있었기 때문에 슬피 울었습니다. 그때 사탄은 다시 한 번 그분의 발꿈치를 상하게 했던 것입니다. 그것은 "여호와께서 그에게 상함을 받게 하시기를 원하셨기"(사 53:10) 때문에 하나님은 그분을 상하도록 하신 것이었습니다. 그러나 마귀는 헤롯, 빌라도, 가야바, 유대인들 그리고 로마인들 — 그들 모두 마귀의 도구들이다 — 로 하여금 그가 그리스도로 알고 있는 그분을 공격하도록 함으로써 그분은 옛 뱀에 의해 상함을 입게 되었습니다.

그러나 그것이 전부입니다! 그것은 그분의 머리가 아니라 발꿈치에 불과했습니다. 왕은 다시 살아나셨습니다. 상처는 치명적인 것도 고질적인 것도 아니었습니다. 그분은 죽으셨지만 무덤 속에서 잠자는 기간은 짧았고 그분의 거룩하신 육체는 조금도 부패되지 않았고, 그분은 안식 없는 수고를 그치고 오랫동안 신선한 수면을 취하신 것처럼 무덤으로부터 부활하심으로써 완전하고도 아름다운 인간으로 다시 나타나셨습니다! 오, 그 순간 얼마나 놀라운 승리가 있었던가! 야곱이 천사를 이겼을 때 단지 그의 환도뼈가 위골되었을 뿐인 것처럼 예수님도 그분의 발꿈치에 약간의 상처가 났을 뿐, 그분은 그분의 영광과 미덕을 천국에서처럼 그대로 간직하고 있습니다. 보좌 앞에서 그분은 죽임을 당한 어린양처럼 보이지만, 영생의 능력으로 그분은 하나님 앞에 영존하십니다.

그 다음 네 번째 사실이 나오는데, 그것은 그분의 발꿈치는 상처를 입었지만, 그분은 뱀의 머리를 상하게 하신다는 것이었습니다. 본문은 용을 왕의 발꿈치에 상처를 내는 존재로 묘사하지만, 그 순간 왕은 그 발꿈치로 뱀의 머리에 치명적인 타격을 가합니다. 자신의 고난을 통해 그리스도는 사탄을 압도했습니다. 상처를 당한 발꿈치로 그분은 자기에게 상처를 준 머리를 짓밟았습니다.

보라, 그분이 지옥의 아들들을 죽이신다.
그러나 그분은 하늘과 땅 사이에 매달려 계실 때,
그들의 임금에게 치명적인 타격을 가하고,
그 권세들을 짓밟고 승리를 취하시네.

사랑하는 형제들이여, 사탄은 완전히 죽지 않았지만, 그를 그렇게 한 것은 하나님이셨습니다. 그는 회개하지 않았고, 또 회개하지도 않을 것이고, 그의 마음의 악을 결코 포기하지도 않겠지만, 그리스도는 지금까지 그분의 머리를 박살냈고, 그래서 그는 완전히 패배자가 되었습니다. 그는 인간들을 자신의 권세의 포로로 만들고자 획책했지만, 그들은 그의 쇠사슬로부터 구원을 받습니다. 하나님은 그들 가운데 많은 사람들을 구원하셨고, 그분이 뱀의 더러운 흔적으로부터 온 땅을 깨끗하게 하실 것입니다. 그리하여 온 세계는 하나님을 찬양하는 찬송소리로 충만하게 될 것입니다.

사탄은 이 세상이 하나님과 선을 이기는 자신의 승리의 영역이라고 생각했습니다. 그러나 그곳은 이미 하나님의 지혜, 사랑, 은혜 그리고 능력의 가장 큰 무대입니다. 천국 자체는 땅에서만큼 은혜로 빛나는 곳은 아닙니다. 왜냐하면 구주께서 보혈을 흘리신 곳은 바로 이 땅이기 때문입니다.

확실히 사탄은 우리들을 미혹시켜 죽음의 길로 끌고 간다면 결과적으로 주님의 사역을 망쳐놓을 것으로 생각했습니다. 그는 우리가 죽음의 차가운 관문을 통과하고, 우리의 육신을 무덤 속에서 썩게 만들자 기뻐했습니다. 그가 그의 위대하신 주님의 사역을 손상시켰습니까? 하나님은 사람을 혈관과 신경, 힘줄과 근육 등이 서로 얽혀 있는 신묘막측한 피조물로 만드시고, 그의 코에 생기를 불어넣으셨습니다. 그러나 사탄은 "아, 나는 그에게 그가 원래 취했던 흙으로 돌아가게 만들 수 있는 독을 주입했다"고 말합니다.

하지만 이제 보십시오, 발꿈치에 상처를 입은 우리의 왕이 죽은 자로부터 다시 살아나셔서 우리에게 자기의 모든 제자들도 자기처럼 똑같이 부활하리라는 보증을 주셨습니다. 그래서 사탄은 실패했습니다. 죽음은 결코 여자의 후손에게 속해 있는 사람들 중 어느 하나라도 뼈만 남도록, 뼈 한 조각만 남도록 하지 못했습니다. 천사장의 나팔 소리가 들릴 때 우리는 땅과 바다로부터 일어날 것이고, 그리하여 "사망아 너의 승리가 어디 있느냐 사망아 네가 쏘는 것이 어디 있느냐"(고전 15:55) 이것이 우리의 외침이 될 것입니다. 이것을 알고 있는 사탄은 부활로 인해 자신의 머리가 박살났다는 것을 이미 느끼고 있습니다. 이것을 행하신 하나님의 그리스도께 영광이 임하시기를!

다양한 방법으로 마귀는 우리 주 예수님으로 말미암아 패배를 당했고, 그래서 그는 불못 속에 던져질 때가 멀지 않았습니다.

우리 경험들의 비교

우리는 이제 우리의 경험들이 이러한 사실들과 어떻게 부합하고 있는지에 대해 살펴보아야 합니다. 형제, 자매들이여, 우리가 비록 구원받았다고 할지라도 본질상으로는 다른 이들과 같이 진노의 자녀들이었습니다. 아무리 우리의 부모들이 경건했다고 하더라도 처음 출생할 때 우리는 영적 생명을 갖고 있지 못했습니다. 왜냐하면 생명에 대한 약속은 "혈통으로나 육정으로나 사람의 뜻으로 나지 아니하고 오직 하나님께로부터 난 자들"(요 1:13)에게 주어졌기 때문입니다. "육으로 난 것은 육이요"(요 3:6). 여러분은 다른 어떤 방법으로 생명을 얻을 수 없습니다. 육체 또는 육적인 마음은 죽음에 매여 있습니다. 그것은 하나님과 화해가 되지 않습니다. 참으로 그것은 그렇게 될 수 없습니다. 일단 이 세상에 태어나 거듭남에 대해 모르는 사람은 뱀의 후손 가운데 하나로 자리를 잡아야 합니다. 왜냐하면 우리는 오직 거듭남을 통해서만 참된 후손이 된다는 것을 알 수 있기 때문입니다.

하나님은 자신의 부르심을 받고 택함을 받은 우리를 어떻게 다루실까요? 그분은 우리를 구원하기로 하셨는데, 그분은 어떻게 그 목적을 이루실까요? 이를 위해 그분이 하시는 첫 번째 일은 은혜로 우리에게 나아오셔서 우리와 뱀이 서로 원수가 되도록 하시는 것입니다. 그것이 첫 번째 은혜의 역사입니다. 과거에 우리와 사탄 사이에는 평화가 있었습니다. 그가 유혹했을 때 우리는 굴복했습니다. 그가 우리를 가르치는 것은 무엇이든 우리는 믿었습니다. 우리는 자발적인 그의 종들이었습니다.

그러나 사랑하는 형제들이여, 여러분은 아마 처음에 불안과 불만을 느끼기 시작했을 때를 상기할 수 있을 것입니다. 세상이 주는 쾌락은 더 이상 여러분에게 즐거움이 아니었습니다. 사과로부터 주스는 몽땅 빠져 나가 버리고, 여러분에게는 결코 먹을 수 없는 씨 외에는 남은 것이 아무것도 없는 것처럼 보입니다. 그때 여러분은 자신이 죄 가운데 살고 있고, 그것 때문에 참으로 비참하다는 것을 갑자기 깨닫습니다. 여러분은 죄를 제거할 수 없지만, 그것을 미워하고 그것 때문에 한숨짓고, 부르짖으며 신음했습니다. 여러분의 마음의 중심은 더 이상 악의 편에 서 있지 않고, "오호라 나는 곤고한 사람이로다 이 사망의 몸에서 누가 나를 건져내랴"(롬 7:24)하고 부르짖기 시작했습니다.

원복음의 은혜 언약에 따라 여러분은 이미 여자의 후손으로 지명되었고, 지금 그 규정은 여러분에게 주어지고 여러분에게 역사하고 있는 생명 속에서 발견되기 시작했습니다. 주님은 무한한 은혜로써 여러분의 영혼 속에 신적 생명을 부여하셨습니다. 여러분은 그것을 몰랐지만, 거기서 그것은 천국의 불꽃이요, 영원히 존재하는 살아있고 결코 썩지 않는 씨였습니다. 여러분은 죄를 미워하기 시작했고, 조여드는 멍에를 멘 것처럼 그 아래서 신음했습니다. 그것은 갈수록 여러분을 압박했습니다. 여러분은 그것을 감당할 수 없었고, 그것을 생각하는 것마저 혐오했습니다.

그렇게 그것은 여러분과 함께 했습니다. 그것이 지금도 그렇습니까? 아직도 여러분과 뱀은 원수가 되어 있습니까? 참으로 여러분은 악에 대한 적대감을 더욱 크게 갖고 있고, 기꺼이 그것을 인정합니다.

그때 왕이 오셨습니다. 말하자면 "여러분 안에 계신 그리스도 곧 영광의 소망"(골 1:27)이 형성되었습니다. 여러분은 그분에 관해 들었고, 그분에 관한 진리를 이해했습니다. 그분이 여러분의 대리인이 되어 여러분의 자리를 취했다는 것, 그분이 여러분의 죄와 그 모든 저주와 형벌을 대신 담당하셨다는 것 그리고 그분이 여러분을 구원하기 위해 여러분에게 자신의 의와 자신의 자아를 내주셨다는 것은 참으로 놀라운 일이 아닐 수 없습니다. 아, 그때 여러분은 죄가 어떻게 극복될 수 있었는지 보았습니다. 그렇지 않습니까? 여러분의 마음이 그리스도를 이해하는 순간 여러분은 "율법이 육신으로 말미암아 연약하여 할 수 없는 그것을"(롬 8:3) 그리스도께서 성취하실 수 있었음을 보았습니다. 여러분은 과거에 여러분이 속박 속에 있었고, 지금은 지극히 싫어하는 죄와 사탄의 권세가 그리스도께서 그것을 정복하기 위해서 세상에 오셨기 때문에 깨어지고 파괴될 수 있었고, 또 그렇게 되었습니다.

그 다음 여러분은 그리스도의 발꿈치의 상처를 보고, 뱀의 악의가 그분에게 무엇을 역사했는가를 관찰하도록 어떻게 인도받았는지 기억합니까? 여러분은 상처 난 발꿈치가 여러분에게 느껴지기 시작하지 않았습니까? 죄가 여러분을 고통스럽게 하지 않았습니까? 그것을 생각만 해도 여러분은 곤혹스럽지 않았습니까? 여러분 자신의 마음이 여러분에게 저주가 되지 않았습니까? 사탄이 여러분을 시험하기 시작하지 않았습니까? 그가 여러분의 마음속으로 불경스러운 생각들을 집어넣고, 여러분을 절망의 길로 이끌지 않았습니까? 그가 여러분에게 하나님의 존재, 하나님의 은혜, 그리고 여러분의 구원 가능성 등과 같은 것들을 의심하도록 가르치지 않았습니까? 이것들은 사탄이 여러분의 발꿈치를 조금씩 물어뜯는 것이었습니다. 그는 그의 노련한 궤계를 아직도 꾀하고 있습니다. 시인이 다음과 같이 노래하는 것처럼 말입니다.

> 그는 악랄한 즐거움으로
> 잡아먹을 수 없는 사람들을 괴롭힌다.

여러분의 세상 친구들이 여러분을 괴롭히지 않았습니까? 그들이 그들의 취향에 따라 여러분에게서 이상하고 생소한 것들을 보았기 때문에 여러분에게 냉랭한 반응을 보인 적은 없었습니까? 그들이 광신, 교만, 완고, 편견 등과 같은 여러분의 행동을 고소하지 않았습니까? 아, 이 박해는 뱀의 후손이 여자의 후손을 발견하고 옛 전쟁을 수행하기 시작한 것입니다. 바울이 뭐라고 말했습니까? "그러나 그 때에 육체를 따라 난 자가 성령을 따라 난 자를 박해한 것 같이 이제도 그러하도다"(갈 4:29). 참된 경건은 그들에게 부자연스럽고 생소한 것이고, 그들은 그것을 제거할 수 없습니다. 그들이 우리를 끝장내는 상태는 있을 수 없고, 그들이 우리를 죽이는 기구들은 없지만, 그리스도를 향한 인간의 마음의 원수와 그분의 씨는 똑같고, 그것은 빈번하게 부드러운 마음을 가진 자는 감당키 어려운 "조롱"(히 11:36)으로 나타납니다. 그러나 이것은 영광스러운 여자의 후손의 발꿈치를 상하게 하는 상처와 동일하게 여러분의 발꿈치를 상하게 하는 것입니다.

그러나 사랑하는 형제들이여, 여러분은 다른 사실 곧 뱀의 머리가 우리 안에서 박살났기 때문에 우리가 정복자라는 사실에 관해 얼마나 알고 있습니까? 죄의 권세와 지배는 여러분 안에서 파괴되지 않았습니까? 여러분은 하나님으로부터 났기 때문에 죄를 범할 수 없다는 것을 느끼지 않습니까? 과거에 여러분을 지배했던 어떤 죄들이 지금은 여러분을 괴롭히지 못합니다. 저는 하나님을 저주하는 욕을 입에 달고 다니던 사람을 알고 있습니다. 그런데 회심한 후 그는 절대로 그 문제로 어려움을 겪지 않았습니다. 저는 술주정뱅이였던 한 사람을 알고 있습니다. 하나님의 은혜로 치유 받은 결과는 참으로 놀랍고 완벽했습니다.

저는 불결한 인생으로부터 구원받은 사람들을 압니다. 그들은 그리스도께서 옛 용이 다시는 그들에게 그 권세를 행사하지 못하도록 처치하셨기 때문에 즉각 순결하고 순전한 사람들이 되었습니다. 택함 받은 후손들은 죄를 범하고 그것을 슬퍼합니다. 그러나 그들은 이제 더 이상 죄의 종이 아닙니다. 그들의 마음은 죄를 따라 가지 않습니다. 그들은 때때로 "내가 도리어 원하지 아니하는 바 악을 행하는도다"(롬 7:19) 하고 고백해야 합니다. 하지만 그들은 비록 그런다고 할지라도 비참한 상태에 빠지지 않습니다. 그들은 마음으로 하나님의 법을 즐거워하고, 그것이 선입니다. 그들은 그 법에 순종하도록 도와달라고 탄식하고 부르짖습니다. 왜냐하면 그들은 더 이상 죄의 종으로 살 수 없기 때문입니다. 뱀의 지배하는 권세와 통치는 그들에게는 이미 파괴되었습니다.

죄책이 사라지는 것이 그 다음 파괴의 결과입니다. 뱀의 큰 권세는 용서받을 수 없는 죄 속에 있습니다. 그는 "나는 너를 죄책에 빠뜨렸다. 나는 너를 저주 아래 끌고 왔다"고 외칩니다.

그러나 우리는 "아니다. 우리는 저주로부터 구원받아 지금 축복 속에 있다. 왜냐하면 '허물의 사함을 받고 자신의 죄가 가려진 자는 복이 있도다'(시 32:1)라고 기록되어 있기 때문이다"라고 말합니다. 우리는 더 이상 죄책이 없는데, 누가 하나님의 택하신 자들을 고발할 수 있습니까? 그리스도께서 의롭게 하셨는데, 누가 우리를 정죄할 수 있습니까?(로마서 8:33-34을 참조하십시오.) 결코 회복하지 못할 용의 머리가 피를 철철 흘리고 있습니다.

때로는 주님도 우리에게 시험을 극복하고 원수의 머리를 박살내는 법을 알려 주십니다. 사탄은 다양한 덫으로 우리를 유혹합니다. 그는 우리의 상태를 정확하게 연구했습니다. 그는 육체의 연약함을 알고 있습니다. 그러나 많은 경우에 우리는 완전하게 그를 영원한 수치 속에 몰아넣었으니, 그렇게 하도록 역사하신 하나님을 찬미합니다. 마귀는 욥을 파멸시키고자 했을 때, 그를 재 가운데 두고, 그로부터 모든 것을 빼앗고, 그를 슬픔으로 탄식하게 했으나 결코 그를 항복시킬 수 없었을 때, 바로 그날 그는 자신이 얼마나 초라한 존재인가를 느꼈을 것이 틀림없습니다. 욥이 "그가 나를 죽이시리니 내가 희망이 없노라 그러나 그의 앞에서 내 행위를 아뢰리라"(욥 13:15)라고 부르짖었을 때 승리했습니다. 연약한 사람이 태풍을 일으키고, 집을 쓰러뜨리며, 그 안에서 향연을 벌이던 가족들을 파멸시킬 수 있었던 막강한 마귀를 패배시켰습니다. 그는 마귀요, 공중의 권세 잡은 임금이었지만, 살 소망이 끊어진 힘없는 족장은 여자의 후손으로서 내적 생명의 힘을 통해 그를 이기고 승리했습니다.

너희 하나님의 아들들아, 그의 분노를 자극하고,
저항하라, 그러면 그는 떠나가리라.
이때 우리 사랑하는 주님이 도우시고,
오직 그에게 승리하리라.

나아가 사랑하는 형제들이여, 우리는 우리 안에 있는 죄의 근본 뿌리가 파괴될 것이라는 소망을 갖고 있습니다. 우리가 점도 없고 티도 없고 흠도 없이 하나님 보좌 앞에 설 날이 올 것입니다. 그때 우리는 타락으로부터 그리고 사탄의 모든 궤계로부터 어떤 상처도 받지 않은 상태가 될 것입니다. 왜냐하면 "그들이 보좌 앞에서 흠이 없는 자들이더라"(계 14:5)고 말씀하고 있기 때문입니다. 그 놀라운 승리가 임할 것입니다! "평강의 하나님께서 속히 사탄을 너희 발 아래에서 상하게 하시리라"(롬 16:20). 그분이 자기 자신처럼 여러분을 모든 죄로부터 완전하게 하고 자유롭게 하실 때 여러분은 진실로 뱀의 머리를 상하게 할 것입니다. 또한 사탄이 향수탕에서 향수를 바르고 나온 사람들처럼 여러분이 무덤에서 일어나는 것을 볼 때, 또 그가 여러분이 그리스도의 형상으로 부활하는 것 — 썩은 것과 약한 것으로 심었던 똑같은 육체가 썩지 아니할 것과 강한 것으로 다시 살아나는 것(고전 15:42-43)을 볼 때, 그는 무한한 분노를 느끼고 그의 머리가 여자의 후손들에 의해 상처를 받았다는 것을 알게 될 것입니다.

구원 받은 영혼들로서 유익한 존재가 된 우리는 누구나 항상 계속해서 뱀의 머리를 상하게 한다는 사실을 저는 덧붙이고자 합니다. 사랑하는 성도들이여, 여러분이 불량한 아이들이 사탄의 밥이 되고, 사탄이 그들을 강도와 범죄자들로 만들기에 충분한 미끼들을 얼마든지 찾아내는 빈민가로가 그들을 구해낼 때, 그리고 여러분이 수고하여 하나님의 은혜로 말미암아 그 어린 심령들을 살아계신 하나님의 아들로 만들 때, 그만큼 뱀의 머리를 상하게 할 것입니다. 사탄을 그냥 놔두지 마십시오. 우리가 복음을 전파함으로써 죄인들이 흑암의 권세를 떨쳐버리고 그 잘못된 길에서 돌이킬 때, 우리는 뱀의 머리를 상하게 합니다. 어쨌든 여러분이 세상 속에서 진리와 의를 일으키는데 도움을 줄 때마다 과거에 사탄의 권세를 짓밟았던 여러분은 때때로 그가 여러분의 발꿈치를 조금씩 물어뜯는 고난을 당해야 하지만, 실제로는 여러분이 그의 머리를 짓밟고 있습니다. 모든 구원과 승리의 역사 속에서 여러분은 다음의 약속이 참되다는 것을 발견하고 입증할 것입니다.

네가 사자와 독사를 밟으며 젊은 사자와 뱀을 발로 누르리로다 하나님이 이르시되 그가 나를 사랑한즉 내가 그를 건지리라 그가 내 이름을 안즉 내가 그를 높이리라(시 91:13-14).

위로

우리는 여기서 잠깐 본문과 본문의 문맥이 우리에게 전해 주는 위로에 관해 생각해 보아야 합니다. 제가 보기에는 그것이 참으로 풍성합니다. 사랑하는 형제들이여, 저는 여러분이 본문의 약속을 확신을 갖고 적용하고, 또 그것으로 위로받기를 바랍니다.

본문은 분명히 아담에게 크나큰 위로가 되었습니다. 하나님이 아담에게 말씀하신 후 그의 행위에 얼마나 중요한 의미가 있게 되었는지 저는 생각하지 못합니다. 그가 자기의 믿음에 부여한 단순하지만 결정적인 증거를 주목해 봅시다. 때때로 어떤 행동은 아주 작고 사소하지만 지푸라기 한 올이 바람이 부는 방향을 보여 주는 것처럼, 곰곰 생각해보면 그 작은 한 행동은 즉각 인간의 마음의 전체 상태를 보여 줄 수 있습니다.

아담은 하나님이 말씀하신 것에 대해 믿음으로 반응했습니다. 왜냐하면 우리는 "아담이 그의 아내의 이름을 하와라 불렀으니 그는 모든 산 자의 어머니가 됨이더라"(창 3:20)는 말씀을 읽기 때문입니다. 하와는 아직 어머니가 아니었지만 생명이 약속의 씨를 통해 그녀로부터 나오도록 되어 있었기 때문에, 아담은 그 약속의 진리성에 대해 분명한 확신을 보여 주었습니다.

아담은 두려우신 하나님의 앞에 새롭게 서 있었습니다. 그가 뭐라고 말할 수 있었습니까? 그는 시편 기자처럼 "내 육체가 주를 두려워하므로 떨며"(시 119:120)라고 말할 수 있었습니다. 하지만 그때에도 그는 자기의 동반자인 하와 곧 그가 그녀의 이름을 모든 산 자의 어머니인 하와라고 불렀던 그녀와 함께 똑같이 거기서 떨고 서 있었습니다. 그것은 아버지 아담에 의해 당당하게 이야기되었습니다. 그것은 그를 우리의 존귀한 자로 만듭니다. 그가 자신만 생각했더라면, 그는 불평하거나 아니면 최소한 절망했겠지만, 그는 그렇지 않았고, 새 약속에 대한 그의 믿음이 그를 소망으로 이끌었습니다. 그는 황무한 땅에서 땀을 흘려 수고하도록 저주를 받은 것에 대해 한탄하지 않았고, 또 하와가 어머니로서 해산의 수고를 감당해야 하는 것에 대해서도 슬퍼하지 않았습니다. 그들은 각자 그들의 체념이 완전히 내포된 침묵으로 그 저주를 받아들였습니다. 그들의 유일한 말은 단순한 믿음으로 충만했습니다. 그들의 소망을 채워 줄 자녀도 없었고, 또한 오랜 세월 동안 참된 후손도 태어나지 않았습니다. 그러나 하와는 모든 산 자의 어머니로 지명 받았고, 아담은 그녀를 그렇게 불렀습니다.

나의 형제들이여, 하나님이 여러분에게 주신 폭넓은 계시를 따라 아담과 똑같은 믿음을 행사하십시오. 그리하여 항상 거기서 가장 큰 위로를 얻으십시오. 여러분이 하나님으로부터 약속을 받을 때마다 그것으로부터 얻을 수 있는 모든 것을 증명하십시오. 만일 여러분이 그 법대로 한다면, 그것은 여러분에게 참으로 놀라운 위로를 줄 것입니다. 어떤 사람들은 하나님의 말씀의 의미를 가능한 한 축소시켜 취하는 원칙을 갖고 있습니다. 저는 이런 원칙이 인간의 말에 대해서라면 적절하다고 생각합니다. 인간의 말은 언제나 최소한으로 의미를 축소시켜 이해해야 합니다. 왜냐하면 그 말은 사실이 그렇기 때문입니다. 그러나 하나님의 말씀은 최대한으로 의미를 확대시켜 이해되어야 합니다. 왜냐하면 그분은 여러분이 구하거나 생각하는 것 이상으로 훨씬 더 풍성하게 역사하시는 분이기 때문입니다(엡 3:20).

우리가 그리스도의 의를 받아들이는 것은 마귀를 최종적으로 결박 짓는 일의 시작으로 간주할 수 있다는 것을 또 하나의 위로로 주목하기를 원합니다. "여호와 하나님이 아담과 그의 아내를 위하여 가죽옷을 지어 입히시니라"(창 3:21). 얼마나 은혜롭고, 지혜롭고, 유익한 하나님의 사랑의 행위일까요! 하나님은 아담이 그의 아내에게 말한 것을 들으셨고, 그가 신자임을 보셨습니다. 그래서 그분은 오셔서 그에게 신자의 분깃인 완전한 의의 모범을 주셨습니다. 그분은 그에게 영원한 옷을 지어 입히셨습니다. 더 이상 모조품에 불과한 무화과나무 잎이 아니라 희생제물의 죽음을 통해 만들어진 꼭 맞는 옷이었습니다. 주님은 그것을 가져와 그에게 입히셨고, 그래서 아담은 "내가 벌거벗었다"고 말할 필요가 없었습니다. 그가 어떻게 그럴 수 있었습니까? 하나님이 그에게 옷을 입히셨기 때문입니다.

그런데 사랑하는 형제들이여, 우리는 마귀를 이기신 우리 주님의 승리에 관해 우리에게 주어지는 약속으로부터 이 한 가지 항목을 취하고, 그것을 기뻐해야 합니다. 그리스도는 우리의 눈을 밝아지게 하고, 우리가 벌거벗었다고 말한 뱀의 권세로부터 우리를 구원하셨습니다. 우리를 머리끝부터 발끝까지 장식하고 보호하는 의의 옷을 입히심으로써 그분은 우리에게 심령의 위로를 주시고, 하나님 보시기에 아름답게 하시고, 그래서 우리는 더 이상 부끄러워하지 않아도 됩니다.

마귀로부터 공격당하기 쉬운 젊은 그리스도인들이 기독교적 삶을 살아갈 때 그것으로 큰 위로가 되리라고 생각합니다. 만일 여러분이 그리스도인이라는 이유로 환난 속에 빠졌다면, 그것을 생각하고 힘을 내십시오. 그것을 전혀 두려워하거나 낙심하지 마십시오. 언약의 확실한 보증을 기억하고 그 날에 즐거워하고 뛰놀며 기뻐하십시오(누가복음 6:22-23을 참조하십시오). 여자의 후손과 뱀의 후손은 지금도 원수지간입니다. 만일 여러분이 그것을 전혀 경험하지 못했다면, 잘못된 길로 간 것에 대해 두려워해야 할 것입니다. 여러분은 조롱과 핍박 아래 고통 받을 때 즐거워하고 승리를 기대하십시오. 그 이유는 지금 여러분은 그분의 발꿈치에 상처를 당하는 데에 영광스러운 여자의 후손과 동반자가 되기 때문입니다.

이것으로부터 또 다른 위로가 계속해서 나옵니다. 그리스도인으로서 당하는 여러분의 고난은 여러분 자신을 위해 주어지는 것이 아닙니다. 여러분은 위대하신 여자의 후손의 동반자이고, 그리스도의 동지입니다. 여러분은 마귀가 여러분에 관해 크게 신경 쓰고 있다고 생각하지 마십시오. 전쟁은 여러분 안에 계시는 그리스도와 하는 것입니다. 그러나 만일 여러분이 그리스도 없이 세상 속에 있다면, 여러분은 마귀가 끄는 대로 범죄에 빠져버릴 것입니다. 여러분의 친척들과 동료들은 여러분에 대해 전혀 슬퍼하지 않을 것입니다. 그들은 오히려 여러분을 죄 속으로 끌어들일 것입니다. 그러나 이제는 뱀의 후손이 여러분 안에 계신 그리스도를 미워합니다. 이것은 보통 당하는 고통보다 훨씬 무거운 핍박의 고통을 가져올 것입니다.

튜더 왕가의 치세 때 신앙 때문에 화형을 받은 한 여인에 대해 들은 얘기가 있습니다. 화형에 처해질 시간이 되기 전 한 아이가 그녀에게서 태어났습니다. 그녀는 고통 속에서 부르짖었습니다. 그녀 곁에 서 있던 악한 대적자가 "그런 소동을 벌인다면, 당신의 신앙을 위해 어떻게 죽는 것을 감당할 수 있겠는가?"라고 말했습니다.

"아, 지금 나는 여자라는 내 인성 때문에 고통스럽습니다. 하지만 내 안에 있는 그리스도 때문에는 절대로 고통스럽지 않습니다"라고 그녀는 말했습니다. 이 말은 결코 헛된 말이 아니었습니다. 왜냐하면 그녀는 모범적인 인내심을 갖고 순교를 당했고, 거룩한 천국의 승전가와 함께 불마차가 내려와 그녀를 데리고 갔기 때문입니다. 만일 그리스도께서 여러분 안에 거하신다면, 그 어떤 것도 여러분을 당황시키지 못하고 여러분은 세상, 육체 그리고 마귀를 믿음으로 정복할 것입니다.

마지막으로 우리는 항상 마귀는 박살난 머리를 갖고 있다는 사실에 대한 믿음을 갖고 그에게 저항해야 합니다. 저는 루터가 마귀를 조롱한 방법이 아주 좋은 방법이라고 생각하고 싶습니다. 왜냐하면 마귀는 수치를 당하고 영원한 조롱거리가 될 것이기 때문입니다. 루터는 전에 마귀가 자기를 극도로 괴롭히며 유혹하자 마귀의 머리를 향해 잉크병을 냅다 던졌습니다. 행위 그 자체는 불합리한 것처럼 보이지만, 그것은 한평생 그가 얼마나 위대한 개혁가인가를 보여 주는 참된 표상이었습니다. 그가 쓴 책은 참으로 원수의 머리를 향해 잉크병을 내던진 행위였습니다.

그것이 우리가 해야 할 일입니다. 우리는 모든 수단을 통해 그를 대적해야 합니다. 우리는 담대하게 이 일을 해야 하고, 그의 얼굴에 대고 그를 절대로 두려워하지 않는다는 것을 말해 주어야 합니다. 그에게 그의 박살난 머리를 상기하라고 말해 주십시오. 비록 그가 교만의 면류관이나 불신 박사의 후드를 두르려고 하지만, 그의 머리는 피를 철철 흘리고 있습니다. 우리는 그를 알고 그가 치명적인 상처를 갖고 있음을 봅니다. 그의 권세는 사라지고, 그는 패배한 전쟁을 치르고 있습니다. 그는 전능자와 겨루고 있습니다. 그는 성부의 약속에 반대하여, 성육신하신 성자의 보혈에 대적하여, 복되신 성령의 영원하신 능력 — 전쟁의 날에 여자의 후손을 옹호하기 위한 모든 것 — 에 대항하여 서 있습니다. 그러므로 사랑하는 형제들이여, 견고하게 서서 악한 자를 대적함으로써, 믿음 안에 강건하게 되고 하나님께 영광을 돌리십시오.

불멸하시는 어린양 그분의 보혈로,
그분의 군대는 유혹자를 짓밟네.
그분의 말씀과 권세 있는 이름으로,
그들은 승리와 명성을 얻네.

하늘이여 즐거워하라.
모든 별들이여 하늘 가득 새 영광을 밝게 비추라.
성도들이여, 하늘의 전쟁을 찬양하고,
그대들의 구원자의 이름을 드높이라.

5

마귀는 떠나고, 천사들은 수종들더라

마귀가 모든 시험을 다한 후에 얼마 동안 떠나니라 — 누가복음
4:13
이에 마귀는 예수를 떠나고 천사들이 나아와서 수종드니라 — 마
태복음 4:11

사랑하는 형제들이여, 우리는 우리 주님이 당하신 시험으로부터 굉장히
많은 교훈을 받게 됩니다. 그분은 모든 면에서 우리와 똑같이(히 4:15) 시
험을 받으셨습니다. 만일 여러분이 그리스도의 시험에 관해 공부를 할 것
이라면 사탄의 궤계를 무시하지 않기 바랍니다. 만일 그분이 사탄을 어떻
게 물리치셨는가를 본다면, 여러분은 여러분의 대원수를 대적하는데 어떤
무기를 사용할 수 있는지 배우게 될 것입니다. 만일 우리 주님이 사탄과의
대전쟁을 어떻게 승리로 이끌었는지를 본다면, 여러분은, 그분께 더 가까
이 나아갈수록, "이 모든 일에 우리를 사랑하시는 이로 말미암아 우리가
넉넉히 이기는"(롬 8:37) 비결을 배우게 될 것입니다.

우리 주님이 당하신 시험을 통해 우리는 특별히 "우리를 시험에 들게
하지 마옵소서"(마 6:13)라고 기도하는 법을 배우게 됩니다. 우리는 그 간
구의 의미를 왜곡해서는 안됩니다. 우리는 시험받지 않도록 기도해야 합니
다. 우리는 연약한 육체를 갖고 있는 존재로서 유혹에 매우 약하기 때문입

니다. 그래서 우리는 하나님께 "우리를 시험에 들게 하지 마옵소서" 하고 기도하는 것입니다.

그러나 우리는 또한 우리 주님이 당하신 세 가지 시험을 면밀히 검토할 때 더 큰 교훈을 얻게 됩니다. 우리는 그분이 시험 후 평화 속에서 천사들의 수종을 받고 즐거워했음을 발견합니다. 그것은 우리에게 "그러나 시험당한다면, '다만 악에서 구하옵소서'"(13절)라고 기도하거나 또는 어떤 사람들이 그것을 아주 정확하게 지적하는 것처럼, "악한 자로부터 우리를 구원하소서"라고 기도하도록 가르칩니다.

첫째로, 우리는 절대로 시험당하지 않도록 기도합니다. 그리고 그 다음에 그 기도에 대한 보충으로서 모든 문제를 하나님의 지혜에 맡기고, "그러나 은혜 안에서 우리가 인격적으로 자라가기 위해서, 우리가 받은 은혜를 확증하기 위해서, 그리고 하나님의 영광을 위해서 시험받는 것이 필수적이라면 주여, 우리를 악으로부터 구원하시고, 특히 악의 화신인 악한 자로부터 우리를 구원해 주옵소서"라고 기도합니다.

서론으로서 짧게 여러분에게 본문에서 지적하는 바를 환기시켜드린다면, 첫 번째로, 마귀는 시험했던 분을 떠나갔다는 것입니다: "이에 마귀는 예수를 떠나고." 두 번째로, 우리는 마태복음서를 주목해야 하는데, 거기에 보면, 타락한 천사가 떠난 다음에 타락하지 않은 천사들이 시험당하신 분에게 수종들었다는 것입니다. 그 다음 세 번째로, 우리는 우리가 기대할 수 있는 안식의 한계, 곧 사탄이 떠나가 있는 시간의 한계를 정하게 될 것입니다. 누가는 그것을 이렇게 표현합니다: "마귀가 모든 시험을 다한 후에 얼마 동안 떠나니라." 어떤 사람들은 그것을 마귀가 다시 돌아올 "적당한 시간까지"로 봅니다. 그러니까 우리의 위대하신 주님은 또 다시 악한 자의 궤계로 시험당하실 것이라는 말입니다.

마귀는 떠나가다

첫째로 우리는 마귀가 시험했던 분을 떠나갔다는 통쾌한 주제를 다루게 됩니다. 마귀가 언제 우리 주님을 떠나갔습니까? 그가 시험을 다 마쳤을 때입니다. 사탄이 그분을 떠나갔을 때 우리 주님은 큰 위로를 받았습니다. 그분의 모습은 더 순전해졌고, 한숨 돌리고 쉴 수 있었습니다. 그분의 영혼은 악한 자가 떠나갔을 때 큰 위안을 느꼈습니다.

그러나 우리는 마귀가 모든 시험을 마칠 때까지는 떠나가지 않았다고 듣습니다. 그래서 누가는 이렇게 썼습니다: "마귀가 모든 시험을 다한 후에 얼마 동안 떠나니라." 사탄은 그의 화살통의 마지막 화살을 쏘기 전에는 떠나가지 않을 것입니다. 그가 시험할 수 있는 한 끝까지 시험하는 것은 그의 악의(惡意) 때문입니다. 그의 뜻은 우리를 완전히 파멸시키는 것이지만, 그의 능력은 그의 뜻을 100% 충족시키지는 못할 것입니다. 하나님은 그에게 그가 원하는 것만큼 능력을 주시지 않습니다. 그의 공격에는 항상 제약이 따릅니다. 사탄은 여러분을 철저하게 시험하고 그 시험을 다 마쳤을 때, 여러분을 떠나갈 것입니다. 그러나 여러분은 지금 그의 시험을 다 통과하지 않았기 때문에 대원수가 여러분을 절대적으로 그리고 완전하게 떠나갔을 것이라고 기대해서는 안됩니다. 여러분은 그가 손을 거두기 전에는 그의 공격을 오랫동안 받을 수도 있습니다. 왜냐하면 그는 할 수 있는 한 여러분을 죄악에 빠뜨리고 여러분 안에 있는 은혜를 파괴하고자 획책할 것이기 때문입니다.

그러나 그는 그가 원하는 것보다 더 빨리 그의 시험을 끝내야 합니다. 하나님은 성난 바다에 대해 "네가 여기까지 오고 더 넘어가지 못하리니 네 높은 파도가 여기서 그칠지니라"(욥 38:11)고 말씀하신 것처럼, 마귀에 대해서도 똑같이 말씀하십니다. 하나님은 사탄에게 욥의 은혜들을 공격하도록 허락하고, 그의 신실성을 증명하도록 하셨을 때, 그에게 여기까지만 그렇게 하셨고, 그 이상은 허락하지 않으셨습니다. 사탄이 더 강한 능력을 요구했을 때에도 한계가 있었습니다. 사탄의 능력에는 항상 한계가 있습니다. 그 한계에 도달하면 그는 더 이상 힘을 쓸 수 없기 때문에 시험을 멈춥니다.

여러분은 하나님의 손 밖으로 나가지 않는 한 절대로 사탄의 수중에 들어가지 않습니다. 여러분이 성도라면 여러분에게 피할 길이 없는 시험은 절대로 없을 것입니다. 여러분은 완전히 이해할 수는 없지만 하나님의 무한하신 지혜는 이해하고 있는 많은 이유들을 따라 하나님은 여러분이 시험당하도록 허락하십니다. 그러나 그분은 "악인의 규"가 "의인들의 땅에서는 그 권세를 누리지 못하도록"(시 125:3) 하실 것입니다. 그것은 거기에 한 번 들를 수는 있지만 계속 머물러 있지는 못할 것입니다. 주님은 여러분이 불 속으로 뛰어들도록 하실 수 있지만, 불은 여러분이 견딜 수 없을 정도의 뜨거운 열은 내지 못할 것입니다. "마귀가 모든 시험을 다한 후에 얼마 동안 떠나니라."

그러나 사탄은 모든 시험을 다 마칠 때까지는 그리스도를 떠나가지 않았습니다. 주님은 사탄을 완전히 물리치셨을 때, 성경 본문을 가지고 그의 모든 시험을 이기셨고, 자신의 굳건한 결심을 통해 자신의 신실함을 입증하고, 사탄이 틈탈 여지를 주지 않음으로써 결국엔 그가 떠나가도록 했습니다. 오, 형제, 자매들이여, 만일 여러분이 견딜 수 있다면, 만일 여러분이 이런저런 시험에 끝까지 저항할 수 있다면, 만일 여러분이 힐뜯는 말이나 아첨하는 말에 대해 강하다면, 만일 여러분이 비열한 비방이나 공공연한 공격에 강하다면, 그러면 원수는 여러분을 떠나갈 것입니다! 여러분은 주님이 보여 주신 것처럼 하나님의 은혜로 승리하게 될 것입니다.

누구든 "물론, 나는 사탄이 나를 떠나가기를 원합니다. 사탄은 나를 너무 못살게 구니까요"라고 말하겠지요. 이에 대해 저는 정말 진심으로 "아멘" 하고 말합니다.

우리는 사탄이, 하나님의 독생자에게서 그랬던 것처럼, 하나님의 자녀에게서 떠나갈 때에 관해 잠시 생각해 보아야 하겠습니다. 저는 사탄이 어떤 다른 곳에 역사할 필요성이 생기면 그곳을 떠나리라는 것을 의심하지 않습니다. 사탄은 신적 존재가 아니기 때문에 무소부재하지 않습니다. 그는 전능자가 아닙니다. 그러나 어떤 사람이 말한 것처럼, 비록 그가 모든 곳에 존재하지는 못하지만, 어디에나 그가 없다고 말하기도 어렵습니다. 왜냐하면 그는 극히 빠르게 움직이고, 여기도 있고 저기도 있는 것처럼, 아니 모든 곳에 있는 것처럼 신속하게 움직이는 영이기 때문입니다. 또한 그는 인간 속에 있지 아니하면, 자신의 통제 아래 있는 방대한 군단의 타락한 영들을 통해 역사합니다. 그리고 심지어는 그들이 없는 곳에서 자기 자신은 다른 곳에 갔을 때, 누룩이 퍼지게 하고 악의 씨를 자라게 함으로써 그는 그의 악한 궤계를 작용시킵니다.

아마 누구든 자신의 인생 속에서 사탄과 직접 전쟁 속에 빠지는 경우는 그리 많지 않을 것입니다. 그런데도 사탄은 그의 모든 시간과 온 힘을 다해 누구에게든 역사하기 때문에 지금도 그의 시험 가운데 있는 사람들이 참으로 많습니다. 그는 또 다른 곳에도 가야 합니다. 오, 저는 하나님의 은혜의 복음이 무수한 사람들 사이에 전파되어 들어가도록, 하나님의 각 자녀들에 대해 이리저리 뛰어다녀 마귀가 분주해져서 그의 포악한 관심이 분산될 수 있도록, 말씀을 선포함으로써 하나님의 백성들의 수를 배가시키는 수단들이 되기를 바랍니다.

마귀는 또한 하나님의 백성들이 충만한 은혜로 살아가는 것을 볼 때 급히 떠나갑니다. 그는 그들이 은혜의 물결이 낮아질 때 그들을 사로잡으려고 합니다. 만일 그가 그들의 믿음이 약해졌을 때, 그들의 소망의 눈이 희미해졌을 때, 사랑이 식었을 때, 그들에게 임할 수 있다면, 그는 그들을 쉽게 유혹할 수 있다고 생각합니다. 그러나 우리가 주님이 그랬던 것처럼 성령으로 충만하다면(하나님은 우리에게도 그것을 허락하신다) 마귀는 우리를 아래위로 훑어보다 급히 방향을 바꾸어 달아날 것입니다. 상선을 노략하기 위해 망을 보는 늙은 해적처럼, 마귀는 배 위에 총들이 가득 실려 있는 배를 만나고 용감한 손들이 그를 반갑게 맞이할 때, 그는 자신의 공격에 저항할 수 있는 다른 계책을 마련하기 위해 도망을 갑니다.

오, 형제, 자매들이여, 단순한 그리스도인 또는 여러분의 불완전함을 채우는데 급급한 은혜로 만족하는 힘없는 그리스도인들이 되지 마십시오. 그러나 하나님께 강력한 은혜를 달라고 구하십시오. 그리하여 "주 안에서와 그 힘의 능력으로 강건하여지십시오"(엡 6:10). 그러면 마귀가 여러분을 시험해 보고 주님이 여러분과 함께 있고, 하나님이 여러분 안에 거하심을 알고 난 후부터 여러분은 주님이 그러하셨던 것처럼 그 힘의 능력이 여러분과 함께 있을 것입니다. 그리고 그때 마귀는 여러분을 떠나갈 것입니다.

그러나 때때로 사탄은 개인에 따라 어떤 사람들에 대해서는 시험하는 것이 시험하지 않는 것보다 훨씬 위험하다는 것을 알고 있기 때문에 우리를 떠나간다고 저는 생각합니다. 여러분은 "오, 어떻게 그런 일이 있을 수 있나요?" 하고 말할 것입니다. 형제, 자매들이여. 여러분은 육체의 안전보장에 대해 모릅니까? 여러분이 은혜 안에서 자라가면 어떤 상황에서도 흔들리지 않고 고요함과 행복함과 평안함을 유지하지 않습니까? 여러분 앞에 물이 담긴 컵이 있다면, 그 컵에 담긴 물의 표면이 조금도 흔들리지 않고 잔물결조차 없는 상태를 보지 않습니까? 여러분은 "예, 나는 그런 경험이 있고, 그것에 대해 감사한 적이 있습니다"라고 말할 것입니다.

동시에 여러분은 여러분이 훌륭한 사람이 되고, 환상적인 체험을 하며, 물질적인 축복을 받는 하나님의 소중한 자녀라는 생각이 여러분을 사로잡은 적이 없었습니까? 그리고 그때 여러분은 "내가 형통할 때에 말하기를 영원히 흔들리지 아니하리로다"(시 30:6)라고 쓴 다윗과 같지 않습니까?

아마 여러분은 친구들 가운데 두려움에 떨며 겁을 잔뜩 먹고 날마다 하나님께 자기를 지켜달라고 부르짖는 사람들을 곁눈질로 바라본 적이 있을 것입니다. 그때 여러분은 전능하신 선생, 위대하신 주님이 되고, 누구든 여러분 앞에 무릎을 꿇어야 합니다. 아, 그런데 지금 여러분은 사탄에게 시험당하고 있는 사람들보다도 더 악한 상태에 빠져있지요. 열대지방의 고요함은 폭풍이 몰아칠 때보다 훨씬 더 두렵습니다. 이런 고요함 속에서 모든 것은 잠잠하고 정체되어 있습니다. 배는 거의 움직이지 않습니다. 그림에 그려진 바닷속의 배와 같습니다. 그것은 콜리지(Coleridge)가 쓴 시 "늙은 선원"(Ancient Mariner)에 묘사된 상태와 같습니다.

너무 깊이 썩었다.
아아, 이것이 그럴 수밖에 없다!
끈적끈적한 바다 위로

발 달린 끈적끈적한 것들이 스멀스멀 기어다녔다!

여러분은 "오, 그것은 얼마나 두려운 일인가!" 하고 말합니다. 예, 그것이 본질상 평강 속에 있고, "이 그릇에서 저 그릇으로 옮겨지지 않은"(렘 48:11) 영혼의 상태입니다. 저는 종종 스스로 초자연적인 경건의 능력을 갖고 있다고 믿고 있는 사람들의 모습을 보면 두렵습니다.

이 사실은 충분한 증거를 통해 증명될 수 있습니다. 즉 인간의 완전성을 자랑하는 것은 크게 역겹고 방자한 결과를 가져옵니다. 지금까지 역사의 장면들을 소멸시킨 극히 불의한 당파들은 자기들이 시험을 초월했고, 결코 죄를 범하거나 다시 죄악을 행하는 일이 없다는 생각을 갖고 있는 사람들에 의해 세워졌습니다.

사탄은 이렇게 말합니다: "아, 이 관념은 사람을 시험하는 것 이상으로 내가 훨씬 더 많이 사용하는 나의 전용 수법이다. 내가 그를 시험할 때, 그는 나를 반대하기 위해 일어선다. 그는 열린 눈을 갖고 있다. 그는 그의 검을 쥐고 투구를 쓴다. 그는 밤낮을 지키는 파수꾼처럼 하나님께 '주여, 저를 도우소서!' 하고 외친다. 그를 시험하면 할수록 그는 그만큼 강한 힘으로 하나님을 바라본다. 그러나 만일 내가 그를 홀로 두고 떠나가면, 그는 곧 잠에 빠지고, 그때 그는 무기를 놓고 방심상태에 빠진다. 만일 그가 아주 안전하다고 느끼기 시작하면, 나는 은밀히 그에게 쳐들어가 그의 무기를 훔쳐낼 수 있고, 그러면 그는 빠르게 끝장이 난다."

이것이 사탄이 어떤 사람들을 시험하지 않고 그대로 놔두는 한 가지 이유입니다. 포효하며 소리 지르는 마귀는 잠자는 마귀보다 훨씬 상대하기 편합니다. 시험을 전혀 받지 않는 것보다 더 나쁜 시험은 없습니다.

다시 말해서, 주님이 사탄에게 광야에서 "사탄아 물러가라"(마 4:10)고 말씀하신 것을 그에게 말할 때, 그가 우리를 떠난다는 것 — 그렇게 해야 할 이유가 있기 때문에 — 은 의심의 여지가 없습니다. 주님은 그의 연약한 자녀들 가운데 하나라도 질질 끌려 다니고, 고통을 당하고, 상처를 입고, 피를 흘리는 것을 보실 때 그렇게 말씀하십니다. 그분은 "'사탄아 물러

가라.' 나는 너에게 나의 길 잃은 양들에게 손을 대도록 허락하지만, 죽게 놔둘 수는 없다. '사탄아 물러가라'"고 말씀하십니다. 그러면 이 늙은 지옥의 사자는 그의 주인을 알아보고, 즉각 도망칩니다.

이 하나님의 음성은 우리가 주님을 전폭적으로 신뢰하고 우리 자신을 그분께 맡길 때 들립니다. 우리의 짐만 주님께 맡기면, 우리는 그것을 제거할 수 없을지 모릅니다. 그보다 더 나은 길은 우리 자신과 그 짐을 함께 주님께 맡겨 버리는 것입니다. 모든 길 중에 가장 좋은 길은 우리의 짐을 제거해버림으로써 짐은 맡기지 않고 우리 자신만 맡기는 것입니다.

저는 여러분에게 한 신사의 이야기를 소개하고 싶습니다. 어느 날 마차를 타고 길을 가던 그 신사는 무거운 짐을 짊어진 한 남자를 만났습니다. 그래서 그는 그 사람에게 마차에 타도록 호의를 베풀었습니다. "예, 감사합니다. 선생님." 그러나 그 남자는 마차에 올라탄 후에도 그의 등에 진 짐을 여전히 메고 서 있었습니다. 신사가 왜 짐을 내려놓고 있지 않느냐고 묻자 그는 이렇게 대답했습니다: "왜냐구요? 선생님, 당신이 저를 태워 주신 것이 너무 감사해서 더 이상 누를 끼치고 싶지 않습니다. 저는 제 짐은 제가 운반해야 된다고 생각합니다."

"그래요? 하지만 내게는 당신이 그것을 운반하든 운반하지 않든 아무런 차이가 없습니다. 왜냐하면 나는 당신과 당신의 짐 모두 운반하고 있기 때문입니다. 그러니 어서 그 가죽끈을 풀고 그것을 바닥에 내려놓으시오."

마찬가지로 형제들이여, 여러분이 여러분의 짐을 하나님께 맡겨버릴 때 그 끈을 풀어버리십시오. 하나님이 다 짊어지겠다는데, 왜 여러분은 그것을 자신이 짊어지려고 합니까? 사랑하는 형제들이여, 우리는 하나님 앞으로 나아와 그분 앞에 우리를 복종시키고, 다음과 같이 말하는 것을 잊어버릴 때가 많습니다: "주여, 여기 제가 — 시험당하고, 가난하고, 연약한 — 있나이다. 그러나 저는 당신 안에 안식합니다. 저는 당신의 손에 무엇을 의탁해야 할지 모르지만, 당신의 종은 시편 55:22에서 '네 짐을 여호와께 맡기라 그가 너를 붙드시고 의인의 요동함을 영원히 허락하지 아니하시리로다' 라고 말했나이다. 나의 주여, 저는 당신의 발 앞에 있사옵니다. 여기

제가 있나이다. 저에게 당신의 보시기에 선한 일을 행하시고, 당신의 종에게 오직 자비로운 은혜를 베풀어 주소서." 그러면 주님은 원수를 물리쳐 줄 것입니다. 바다의 파도는 잠잠하게 되고, 커다란 고요가 찾아올 것입니다.

마귀가 시험당하는 자를 떠나가는 것은 이와 같습니다. 하나님이 그렇게 명하시면, 그는 그렇게 합니다 — 그렇게 하지 않으면 안되니까요.

천사들은 수종들다

두 번째로 우리는 시험당하신 분에게 수종드는 천사들에 관해 생각해 보아야 합니다. 천사들은 사탄이 떠나간 후에 우리 주님께 나아와 수종들었습니다.

천사들은 우리 주님이 전투 중에 있는 동안에는 나아오지 않았음을 주목하십시오. 왜 그럴까요? 그것은 그분 홀로 포도즙 틀을 밟아야 하는 것이(사 63:3) 필수적이기 때문이고, 그분이 다른 존재들과 함께 하지 않는 것이 그분에게 더 영광스럽기 때문입니다. 대적자와 혈투를 벌이고 있을 때, 천사들이 옆에 있었더라면, 승리의 영광을 천사들도 같이 나누어 가졌을 것입니다. 그러나 천사들은 싸움이 끝날 때까지 멈추어 있었습니다. 원수가 떠나간 다음 천사들이 나아왔습니다.

성경은 천사들이 자주 나아와 예수님을 수종들었다고 기록하고 있지 않는다는 사실이 주목되어야 합니다. 이것 때문에 저는 천사들이 항상 주님 가까이 있었다는 것, 지켜보면서 필요하면 언제든 끼어들 채비를 하고 부르면 들리는 주변에 머물러 있었다는 것을 생각해 봅니다. 천사들은, 오늘날 주의 백성들 옆에 있으면서 그런 것처럼, 우리 주님 주변에서 보디가드로 자리를 지키고 있었습니다. "모든 천사들은 섬기는 영으로서 구원 받을 상속자들을 위하여 섬기라고 보내심이 아니냐"(히 1:14).

싸움이 끝난 순간 천사들은 나아와 그리스도께 수종들었습니다. 왜 그랬을까요? 제 생각으로는 첫째로, 인간으로서 그분은 특별히 힘이 다 소진되었기 때문이었습니다. 우리는 그분이 배고프셨다는 말씀을 보는데, 이것은 그분이 피로하셨다는 것을 보여 줍니다. 거기다 40일 동안 금식한 피로가 말할 수 없었을 것입니다. 사람들은 압박감을 잘 견디다 그것이 사라지면 쓰러집니다. 엘리야는 이적들을 많이 행했고, 바알 선지자들을 몰살시켰으며 영웅처럼 행동했습니다. 그러나 그것이 다 끝난 후 엘리야는 실패했습니다. 인간으로서 우리 주님은 무죄하시지만 육체의 모든 연약함에 예속되어 있었습니다. 그래서 그분은 겟세마네 동산에서 고뇌 속에서 피와 땀을 흘리며 기도하신 후 천사가 수종들었던 것처럼, 그들이 나아와 수종을 들 필요가 있었습니다.

그것은 또한 인간으로서 그분은 하나님이 인간에게 맡기신 사명에 참여하는 것이었기 때문이었습니다. 하나님은 그의 백성들을 돌보도록 천사들을 지명하셨습니다. 예수님은 우리의 형제로서 그리고 하나님의 자녀들은 천사들의 사역에 참여하는 자들로서, 그분 또한 똑같은 일에 참여하셨습니다. 따라서 그분은 우리의 연약함을 자신에게 어떻게 담당시키셨는지를 보여 주셨고, 그리하여 그분은 아버지께서 그의 모든 자녀들에게 약속하신 도우심이 필요했고, 또 받아들이셨습니다.

또 그것은 그분이 천사들의 극진한 사랑을 받았고, 그들은 그분에게 지극한 충성을 다했기 때문이 아니었을까요? 천사들은 주님이 육신을 입고 땅에서 태어나 인간의 연약함에 매여 사는 것을 보고 크게 놀랐을 것입니다. 원수로부터 시험당하는 주님을 보았을 때, 그들은 그 원수를 혐오했을 것입니다. 어떻게 사탄이 그 순수하고 거룩하신 주님께 가까이 나아가도록 허락받았을까요?

저는 밀턴이 이 장면에 대해 아주 탁월하게 묘사하고 있다고 생각합니다. 그는 모든 스랍들이 순결하신 주님께 감히 너무 가까이 나아가는 사악한 마귀의 심장 속에서 그의 화염검을 꽂을 칼집을 발견하기를 간절히 바라고 있는 모습을 묘사했습니다. 그러나 그들은 그렇게 할 수가 없었습니다. 하지만 그들은 허락 받은 순간 기꺼이 주님께 나아와 수종들었습니다.

그리고 그것은 또 그분의 본성이 천사들의 접근에 아주 민감했다는 것을 보여 주지 않습니까? 여러분과 저는 마음이 강퍅하고 둔감합니다. 그러나 주님은 그렇지 않았습니다.

> 무수한 천사들이 공중에 충만하다
> 그들은 지금 우리 주변에 있다.

여성들은 "천사들로 말미암아" 예배드릴 때 그 머리 위에 보자기를 써야 했습니다(고전 11:10). "천사들로 말미암아" 지켜야 하는 예배에 관한 규례들이 많이 있습니다. 천사들은 무수히 많고, 우리를 섬기도록 파송을 받았지만, 우리는 그것들을 깨닫지 못합니다 ─ 종종 우리는 그들을 의식하지 못합니다. 그러나 예수님은 굉장히 부드럽고, 무척 감수성이 예민하신 분이었습니다. 그분은 천사들이 존재한다는 것을 알고 계셨고, 그래서 그들이 나아와 그분에게 수종들기가 쉬웠습니다. 그들이 그분을 수종들며 했던 일이 무엇인지 우리는 말할 수 없습니다.

저는 그들이 그분의 육체의 본성을 보존하는 일을 했을 것이라고 한 번 생각해 봅니다. 왜냐하면 그분은 배가 무척 고프셨고, 그들은 쉽게 그분에게 음식을 갖다 드릴 수 있었기 때문입니다. 그러나 그들은 또한 그분의 정신적·영적 본성을 위해 위로의 말로 도왔을 것입니다. 그들의 견해는 그분이 그분의 아버지의 집을 생각나도록 했을 것이고, 그분이 잠시 내려놓았던 영광에 대해 상기시켰을 것입니다. 그들은 아버지가 그분을 잊지 않고 있음을 증거했을 것입니다. 왜냐하면 아버지는 아들을 돕고 지원하도록 하늘의 천군천사를 보내셨기 때문입니다. 그들의 견해는 다음과 같이 시인이 노래한 그날을 그분이 바라보도록 만들었을 것입니다:

> 그들은 하늘로부터 그분의 전차를 끌고 와
> 그분을 그 보좌로 이끌었네.
> 그들은 승리의 날개로 홰치며
> "영광의 사역을 다 이루었다"고 외쳤네.

사랑하는 형제들이여, 만일 우리가 시험을 당한다면, 우리는 어떤 천사의 도움을 받게 될까요? 물론 우리는 천사들과 동등한 반열에 오르게 될 것이 확실합니다. 때때로 시험 후 하나님은 천사들 대신 인간 사자를 보내십니다. 여러분 가운데 많은 사람이 시험이 끝난 후 하나님의 말씀을 들었을 때, 그 복음의 메시지가 굉장히 달콤한 말씀으로 들렸던 경우가 있었을 것입니다. 여러분은 회중석에 앉아 "하나님이 설교를 나를 위해 준비하셨다"고 말합니다. 아니면 여러분이 설교를 듣는 대신, 성경을 읽을 때 말씀이 페이지마다 불타오르는 것과 같아 여러분의 영혼이 그 열기로 뜨거워지는 경우가 있습니다.

여러분에게 가끔 그런 경우가 없었습니까? 이전보다 시험 받은 후 더 달콤하게 느껴지는 거룩한 일들이 없습니까? 여러분은 그런 경우를 발견하지 못했습니까? 저는 거룩한 섬김을 피하고 고뇌로 괴로워할 때 고통스러운 시험 기간을 거치고 난 후에, 그리스도께서 그처럼 보배롭게 보이고, 그 약속들이 그처럼 풍요롭고 진귀하게 보이며, 복음 교리가 그토록 제 마음속에 가깝게 느껴졌던 경우는 없었다는 것을 기꺼이 증거합니다. 오, 그때 천사들이 말씀을 선포하는 설교자들의 모습으로, 또는 기록된 하나님의 말씀의 살아있는 페이지의 형식으로 우리에게 나아와 수종듭니다.

저는 또한 하나님은 때때로 지극히 은혜로운 어떤 섭리를 행하심으로써 비온 뒤의 햇빛처럼 환하게 그의 시험 당한 백성들을 격려한다는 사실을 지적했습니다. 그들이 예측할 수 없는 어떤 일이 일어나 아주 즐겁고, 완전히 힘을 얻음으로써 한숨 대신 찬송을 터뜨리게 됩니다. 새장 문은 크게 열리고, 하나님의 새는 하늘로 날아갔습니다. 영혼은 그 승천하는 음악 속에서 거룩한 종다리로 변형되는 것처럼 보일 정도로 천국의 문을 향해 높이 솟구쳐오를 때 즐거운 노래를 불렀습니다. 여러분은 주님이 어떤 심각한 시련이나 어떤 강력한 시험을 하신 뒤 여러분에게 아주 은혜로운 역사를 펼치시는 것을 발견하지 못했습니까? 저는 이것이 체험이 많은 그리스도인들의 증거라고 또는 증거일 것이라고 믿습니다.

이런 선택적 섭리들이 있었던 것처럼, 비록 우리가 그 존재를 잘 알지는 못하지만, 우리에게 수종드는 실제 천사들도 있을 것이라는 것을 추호도 의심하지 않습니다. 그들은 우리를 위로하기 위해 우리에게 거룩한 생각을 제시할 수 있습니다. 그러나 천사들보다 우월하고, 천사의 도움보다 훨씬 더 탁월한 도움은 보혜사 성령으로부터 옵니다. 그분은 얼마나 자상하게 모든 상처를 싸매 주시는지, 그것은 나을 때 심지어 노래를 부르기도 합니다. 그분은 하나님이 부러뜨린 뼈들이 즐겁게 노래 부르도록 하시고(시 51:8), 우리가 이전에 알았던 것보다 훨씬 더 즐거운 체험들로 채우십니다.

그런데 여러분들 가운데 어떤 이들은 지금 이 상태에 있다고 저는 생각합니다. 사탄은 여러분을 떠났고, 천사들이 여러분을 수종들고 있습니다. 만일 그렇다면, 여러분은 아주 행복한 사람들입니다. 그렇게 역사하시는 하나님을 찬미합니다. 넉넉한 평온이 있습니다. 폭풍 후의 잠잠함에 대해 하나님께 감사하십시오. 나의 형제들이여, 저는 여러분이 견딘 것보다 더 강하게 되고, 갈등이 여러분을 성숙시키며, 더 나은 상태를 위해 여러분을 준비시키는 것이 되기를 소원합니다.

그러면 마귀가 그분을 떠나가고 천사들이 그분에게 나아온 후 우리 주님은 무엇을 하셨을까요? 그분은 집으로 돌아가 거기서 쉬면서 그 유쾌한 경험을 노래 부르기 시작했나요? 아닙니다. 우리는 그분이 그 직후 하나님의 영으로 충만하여 하나님의 말씀을 선포하신 것을 발견합니다. 그분은 어디든 가서 하나님 나라를 선포했습니다. 그분은 회당이나 언덕에서도 설교하셨습니다. 하나님의 영의 인도를 받아 그분은 원수를 물리칠 수 있었던 것과 비례해서, 아버지의 일을 하시는데 그 힘을 다 쏟으시는 주님을 우리는 발견합니다.

오, 시험 가운데 있는 성도들이여, 여러분은 쉬는 시간을 허락받았습니까? 그러면 그것을 주신 분을 위해 그 시간을 사용하십시오. 그것이 지금 폭풍 후의 평온입니까? 그러면 지금 바로 가십시오. 가서 여러분의 땅에 좋은 씨앗을 뿌리십시오. 여러분은 눈을 닦고, 흘린 눈물이 사라졌습니까? 그러면 가십시오. 가서 여러분의 사랑하시는 분을 위해 시편을 노래하십시오. 그분의 포도원으로 내려가십시오. 가서 여우들을 쫓아내고, 포도나뭇가지를 잘라내며, 그 땅을 파십시오. 여러분을 위해 그토록 큰일을 행하신 분을 위해 필요한 사역을 하십시오.

들으십시오. 이제 여러분은 자유합니다. 자기를 대적하여 싸우는 사탄에게 속박되어 있는 ― 여러분처럼 자유하지 못한 ― 사람들이 많습니다. 그러나 아직 그의 의지는 속박 아래 있습니다. 오, 오십시오. 나의 형제들이여, 하나님이 여러분을 자유케 하셨습니다. 그래서 그들을 따라가십시오. 부도덕한 여인과 술 취한 남자를 따라가십시오. 가서 가장 방탕한 사람들, 가장 타락한 사람들을 찾고 찾으십시오. 특별히 방탕한 여러분 자신의 가족들을 주목하십시오.

> 오, 가자, 우리가 가서 그들을 찾자!
> 죽음의 길에서 그들은 배회하고 있다.
> 인생의 마지막 날 "나는 길 잃은 자를 집으로 인도했다"고
> 즐겁게 말할 수 있도록.

그리고 만일 주님이 여러분에게 그토록 잘 해 주셨다면, 그렇게 말하는 것이 당연할 것입니다.

안식의 한계

이제 저는 여러분에게 세 번째 요점을 말씀드리고 이 설교를 마치고자 합니다. 우리가 찾는 세 번째 진리는 안식의 한계입니다.

사탄은 "얼마 동안" 또는 "적당한 때가 올 때까지" 그리스도를 떠나갔습니다. 마귀가 우리 주님을 다시 공격했습니까? 저는 그가 개인적으로 공격했다고 확신합니다. 그러나 그는 다른 사람들에 의해서도 다양하게 그렇게 했습니다.

저는 오래지 않아 그가 그분의 말씀 속에서 그분을 혼란시키려고 했음

을 지적합니다. 그가 우리에 대해 그렇게 하는 것은 아주 쉬운 일입니다. 누구든 자기가 말한 사실을 그 문맥과는 다르게 왜곡시켜 취할 수 있고, 그래서 그 본래의 취지와는 완전히 다른 소리를 할 수 있습니다. 여러분은 헤롯당, 사두개인 그리고 바리새인들이 우리 주님에 대해 어떻게 이런 일들을 행했는지 알고 있습니다. 그들은 예수님을 그분의 말을 트집 잡아 옭아매려고 했습니다. 그 모든 것 속에서 사탄은 그들의 인도자가 되었습니다. 사탄은 또한 적극적으로 그리스도의 사역을 반대했고, 그리스도는 사탄을 반대했습니다. 그러나 그 싸움에서 예수님이 승리했습니다. 왜냐하면 그분이 사탄이 하늘에서 번개처럼 떨어지는 것을 보셨기 때문입니다.

마귀의 종들 곧 사람들 속에 들어가 있던 귀신들이 예수님을 하나님의 아들로 부른 것은 더욱 교묘한 사탄의 술책 가운데 하나였습니다. 주님은 귀신들로부터 자기가 증거 되는 것을 원하지 않으셨기 때문에 그것들을 거부했습니다. 마귀는 의심 없이 구주를 찬양하는 것이 고도의 속임수라고 생각했습니다. 왜냐하면 구주가 마귀에 의해 찬양을 받는다면, 그분을 따르는 자들이 그분에 대해 의심을 갖기 시작할 것이기 때문입니다. 이것은 고도의 술책으로, 주님은 그의 입을 봉하도록 했습니다. 여러분은 그분이 언젠가 "잠잠하고 그 사람에게서 나오라"(막 1:25)고 명하신 경위를 기억할 것입니다. 그것은 마치 "더러운 개야! 꺼져라!" 하는 것과 같았습니다. 그리스도는 사탄에 대해서는 절대로 공손하신 분이 아니었습니다. 이 악의 대왕에 대해서는 단지 단호한 어조로 명령하는 몇 마디 말이 필요할 뿐이었습니다.

사탄은 베드로를 통해 우리 주님을 시험했습니다. 그것은 그가 종종 우리에게도 써먹는 시험입니다. 그는 우리의 절친한 친구를 보내 자신의 더러운 사역을 대신하도록 합니다. 주님이 자기가 버림을 받아 죽임을 당할 것이라고 말씀하시자 베드로는 그분을 붙들고 그러면 안된다고 항변했습니다. 그때 주님은 "사탄아 내 뒤로 물러가라"(막 8:33)고 꾸짖으셨습니다. 그분은 베드로가 주님을 희생적인 죽음으로부터 마음을 돌리도록 하려는 그 애틋한 마음을 마귀가 이용하는 것을 보셨습니다. 오, 얼마나 자주 사탄은 우리에게 그런 방법으로 역사할까요! 그는 우리의 말을 왜곡시켜 우리를 혼란시키고, 우리의 행동 속에서 우리를 반대하는 일을 하고, 우리를 속이려는 악한 동기들로부터 우리를 찬양하며, 그리고 급기야는 어떤 친구를 보내 거룩한 자기부인의 길에서 벗어나도록 획책합니다.

또 우리의 마음이 우리 주님의 마음을 충분히 이해할 때가 있었습니다. 그래서 우리는 요한복음 12:27에서 "지금 내 마음이 괴로우니"라는 말씀을 읽습니다. 그분은 그때 굉장히 무거운 마음의 상태에 있었습니다. 그러나 그의 영혼이 가장 힘든 상태에 있었던 순간은 겟세마네 동산에서 "내 마음이 매우 고민하여 죽게 되었으니"(마 26:38)라고 부르짖을 때였습니다. 주님이 "이 세상의 임금이 오겠음이라"(요 14:30)고 말씀하신 것을 보면, 사탄은 그 괴로운 시련 당시에도 역사했습니다. 주님은 자신을 체포하러 온 사람들에게 "이제는 너희 때요 어둠의 권세로다"(눅 22:53)라고 말씀하셨습니다. 그때는 두려운 때였습니다. 우리 주님의 사역은 사탄의 맹렬한 공격으로 시작해서 공격으로 끝났습니다. 사탄은 그분에게서 시험을 다 마친 후 떠나갔습니다. 그러나 그것은 "얼마 동안"이었습니다.

그러므로 사랑하는 형제들이여, 비록 지금 우리가 평화와 평정 속에 있고 시험 속에 있지 않다고 해도, 방심에 빠져서는 안됩니다. 마귀는 적당한 때에 다시 우리에게 올 것입니다. 그때가 언제입니까? 여러분과 저에게는 그때가 무수하게 많습니다. 그때는 우리가 아무 일도 하고 있지 않을 때입니다. 여러분은 와츠(Watt) 박사의 시구를 기억할 것입니다:

사탄은 일하지 않는 게으른 손들에게서
늘 훼방거리를 찾는다.

그는 우리가 홀로 있을 때 — 저는 이때가 우리가 혼자서 고독하게 앉아 얼굴을 찡그리며 슬픔이나 외로움 속에 빠졌을 때라고 생각합니다 — 우리에게 나아와 공격합니다.

그러나 사탄은 또 우리가 사람들과 함께 있을 때, 특히 우리들보다 학력도 좋고 지위도 더 높지만 하나님을 두려워하지 않는 사람들과 함께 있을 때 시험할 적당한 기회를 갖습니다. 우리는 그들에게 압도되어 쉽게 잘못될 수 있습니다. 바로 그때 사탄은 틈을 탈 것입니다.

저는 사탄이 병에 걸리거나 아플 때 잔뜩 겁을 먹은 하나님의 자녀들을 시험할 기회를 자주 갖는다는 사실을 알고 있습니다. 그는 우리가 건강할 때에는 자기를 두려워하지 않는다는 것을 알고 있습니다. 그러나 때때로 우리가 질병과 고통으로 나락에 떨어졌을 때, 바로 그때가 사탄이 우리를 절망으로 시험을 시작할 때입니다.

또 그는 우리가 아주 가난할 때 우리를 시험할 것입니다. 우리 사업에 부도가 나면, 사탄은 가까이 다가와 "이것이 어떻게 하나님이 그의 자녀들을 다루시는 일이 되겠는가? 하나님의 백성들은 다른 사람들보다 더 곤궁하지 않은 법이다"라는 생각을 은근히 심어 줍니다.

그런데 만일 우리가 세상에서 잘 나간다면, 사탄은 다른 방법으로 역사를 바꿉니다. 그때 그는 "'욥이 어찌 까닭 없이 하나님을 경외하리이까'(욥 1:9). 너는 너의 종교를 통해 더 잘될 것이다"라고 말합니다. 여러분은 어쨌든 마귀를 기쁘게 할 수 없고, 여러분은 그를 기쁘게 하기 원해서는 안됩니다. 그는 어떤 것을 통해서도 여러분을 시험할 수 있습니다.

저는 여러분을 놀라게 할 만한 사실을 하나 말씀드리려고 합니다. 한 가지 커다란 시험의 때는 우리가 매우 영적인 상태에 있을 때입니다. 제 자신에 관해 말한다면, 제가 거룩한 열정에 사로잡혀 그리고 하나님을 향한 기쁨에 도취되어 집회를 인도할 때만큼 커다란 위험은 없었습니다. 우리 주님이 그 산정에서 내려오셨을 때 그랬던 것처럼, 변화산 꼭대기에서 내려왔을 때 사탄을 만나기가 무척 쉽다는 것을 여러분은 알 것입니다.

또 다른 시험의 때는 우리가 이미 잘못을 저질렀을 때입니다. 사탄은 "이제 그는 미끄러질 것이다. 나는 그가 범죄하는 것을 보았다. 이제 나는 그를 완전히 파멸시킬 것이다"라고 말합니다. 오, 심각한 잘못을 저질렀을 때마다 신속하게 회개하고 그리스도에게 진지하게 매달리십시오. 또 심각한 잘못을 저지르기 전에 죄로부터 보호받기 위해 그분 앞에 나아오십시오.

사탄은 우리가 죄를 범하지 않을 때에도 우리를 시험할 좋은 기회를 찾아냅니다. 우리는 시험 받은 후 그리고 승리하여 견고하게 선 후에 그는 다가와 "이제, 참 잘했다. 너는 참 대단한 성도다"라고 속삭입니다. 여러분은 자신을 대단한 성도라고 생각하는 사람은 부끄러운 죄인 그 다음 서열에 속하는 성도라는 것을 알고 있을 것입니다. 사탄은 곧 그에 대해 주도권을 잡습니다.

만일 여러분이 사업에 성공하거나 거룩한 사역에 성공한다면, 사탄은 여러분을 시험할 것입니다. 만일 여러분이 성공하지 못하고 힘든 시간을 갖고 있다면, 사탄은 여러분을 시험할 것입니다. 여러분이 무거운 짐을 짊어지고 갈 때, 그는 여러분을 시험할 것입니다. 그리고 그 짐이 벗겨졌을 때에는 그전보다 더 악랄하게 여러분을 시험할 것입니다. 그는 여러분이 염두에 두고 있었던 어떤 축복을 받았을 때 여러분을 시험할 것입니다. 예를 들면 광야에서 이스라엘 백성들이 고기를 달라고 구하자 하나님은 그들의 마음의 욕구를 채워 주셨습니다. 그러나 그들의 영혼은 크게 메말라 있었습니다. 마찬가지로 여러분도 여러분이 구하는 것을 이루었을 때, 시험은 오게 되어 있습니다.

제가 "깨어있으라"고 말하는 것은 모든 사람들에게 입니다. 그리스도는 "깨어있으라 내가 너희에게 하는 이 말은 모든 사람에게 하는 말이니라"(막 13:37)고 말씀하셨습니다. 또 다른 곳에서 그분은 "시험에 들지 않게 깨어 기도하라"(마 26:41)고 말씀하셨습니다. 그리고 여러분은 주님의 전쟁과 승리를 생각하고 용감하게 전쟁 속으로 들어가고, 그분이 이미 승리하신 것처럼 그분을 믿는 믿음으로 승리하기를 바랍니다.

그러나 제가 사탄의 종이자 친구였던 사람들에게 무엇을 말해야 하겠습니까? 주님이 여러분에게 자비를 베푸시기를 바랍니다. 만일 여러분이 피하기를 바란다면, 한 가지 길이 있습니다. 십자가가 있고, 그리스도가 그 위에 달리셨습니다. 예수님을 바라보십시오. 그분이 여러분을 자유하게 하실 수 있습니다. 그분은 포로 된 자들에게 자유를 주시기 위해 오셨습니다.

그분을 바라보고 그분과 더불어 사십시오. 지금 그분을 바라보십시오. 지금 그분과 함께 거하십시오. 부탁하건대 그분의 사랑의 희생으로 그렇게 하십시오. 아멘.

누가복음 4:1-16 강해

예수께서 성령의 충만함을 입어 요단강에서 돌아오사 광야에서 사십 일 동안 성령에게 이끌리시며(눅 4:1).

주님은 "성령의 충만함을 입고" 난 다음에 "광야에서" 시험을 받았습니다. 여러분은 그런 일이 있으리라고 기대하지 않았을 것입니다. 그러나 성령으로 충만하지 않을 때 광야로 인도받는 것은 더 위험한 일이고, 하나님의 영이 여러분에게 임하지 않았을 때 시험받는 것도 참으로 위험한 일입니다. 우리 주님의 시험은 그분이 자신의 존재를 드러내려는데 있지 않았습니다. 그분은 "광야에서 성령에게 이끌리셨습니다." 하나님의 영은 우리가 시험을 견뎌야 하는 곳으로 우리를 인도하실 수 있습니다. 그분이 그렇게 하신다면, 우리는 안전하고, 우리 주님이 그러신 것처럼 결국 승리하게 될 것입니다.

마귀에게 40일 동안 시험을 받으시더라(눅 4:2).[1]

시험 기간은 6주간이었습니다. 우리는 아마 6분 안에 시험에 관한 기사를 다 읽을 것입니다. 그러나 그것은 거의 6주 곧 40일 동안 계속되었습니다.

---

1) 한글성경에는 '40일 동안'이라는 말이 나오지 않는다. 그러나 흠정역 성경에는 나온다.

이 모든 날에 아무것도 잡수시지 아니하시니 날 수가 다하매 주리
신지라(눅 4:2)

그러므로 예수님이 금식하시는 동안 배고프셨다는 것은 나타나 있지 않
습니다. 그분은 그 기간 동안에는 기적적으로 배고픔을 이기셨습니다. 금
식 후 사람은 더 깊은 영적 갈증을 느끼게 되고, 더욱 거룩한 즐거움을 갖
습니다. 그러나 여기서 가장 두드러진 사실은 "그분이 주리셨다"는 것입니
다. 그리고 여러분이 즉시 그것을 느끼지 못할 때, 소중한 신앙 체험의 유
익을 잃어버렸다고 생각하지 마십시오. 아마 많이 기도한 후 여러분에게
일어날 수 있는 일 중 가장 큰 일은 거룩한 갈망입니다. 저는 우리 주님이
가졌던 것처럼 자연적인 배고픔을 말하는 것이 아니라 하나님의 일에 대
한 간절한 기대를 말하는 것입니다. "의에 주리고 목마른 자는 복이 있나
니 그들이 배부를 것임이요"(마 5:6).

마귀가 이르되 네가 만일 하나님의 아들이어든 이 돌들에게 명하여
떡이 되게 하라(눅 4:3).

사탄은 배고프신 주님을 만났고, 그 순간 그분의 고통 상태, 그분의 특별
한 연약함은 시험하기에 적당했습니다: "네가 만일 하나님의 아들이어든
이 돌들에게 명하여 떡이 되게 하라." 마귀는 의심했고, 저는 그가 예수님
이 하나님의 아들이라는 것을 알았다고 생각합니다. 그러나 그는 "만일"이
라는 말로 시험을 시작했습니다. 그는 구주의 귀에 "네가 만일 하나님의
아들이어든" 하고 조롱의 소리를 집어넣었습니다.

만일 여러분이 신자로서 아들됨을 의심하고 여러분이 하나님의 자녀가
아니라는 사실을 두려워하도록 시험 받는다면, 사탄은 전쟁에서 승리하기
시작했을 것입니다. 그리하여 그는 믿음의 보루에 맹폭격을 가하기 시작했
습니다: "네가 만일 하나님의 아들이어든." 우리 주님은 하나님의 아들이
지만, 그분은 우리를 대신해서 고통을 당하셨습니다. 그 상태에서 그분은

외롭고 의지할 데 없는 사람이었습니다. 그분을 "지위가 높은 일반 병사"라고 부르면 어떨까요? 사탄은 그분에게 그분 자신을 위해 적당치 못한 이적을 행하도록 요청했습니다. 그러나 예수님은 스스로를 위해 이적을 행하지 않으셨습니다.

그런데 마귀가 지금 당장 여러분 가운데 누구에게 시험할 수 있습니다. 여러분은 아주 연약하고 또는 사업상 아주 곤란한 입장에 처해 있습니다. 그때 사탄은 여러분이 적당치 못한 방법으로 스스로를 돕도록 제안합니다. 그는 여러분에게 엄밀히 말해 옳다고 볼 수 없지만, 그렇다고 크게 잘못된 방법이 아닌 방법으로 어떤 행동을 취하면 쉽게 그 어려움을 극복할 수 있다고 말합니다. 그는 예수님께 "네가 만일 하나님의 아들이어든 이 돌들에게 명하여 떡이 되게 하라"고 말했습니다.

> 예수께서 대답하시되 기록된 바(눅 4:4).

그것은 그리스도의 칼입니다. 그분이 얼마나 빠르게 칼집에서 그것을 꺼냈는지 살펴보기 바랍니다. 날카로운 두 날을 가진 칼이 얼마나 사탄을 대적하는데 유용하게 사용되고 있을까요! 여러분 역시 신자로서 여러분의 손 안에 이 강력한 무기를 갖고 있습니다. 성경의 영감성을 믿으십시오. 지금 신명기에 대한 날카로운 공격이 있습니다. 시험당하실 때 그리스도께서 사용하신 모든 본문들이 신명기에 기록된 말씀들이라는 것이 매우 흥미로운 사실입니다. 그것은 마치 그분이 유혹자를 물리치기 위해 이 참된 예루살렘 칼을 빼내었던 병기고와 같습니다. "기록된 바,"

> 사람이 떡으로만 아니라 하나님의 모든 말씀으로 살 것이니라[2](눅 4:4).

---

2) 한글 성경에는 '하나님의 모든 말씀으로' 라는 말이 나오지 않는다. 그러나 흠정역 성경에는 나온다.

"하나님은 돌을 빵으로 만들지 않고서도 얼마든지 저를 살게 하실 수 있습니다. 하나님은 저의 말이나 행동에 아무 잘못이 없음에도 불구하고 저에게 환난을 거치도록 하실 수 있습니다. 저는 외적인 것과 가시적인 것에 좌우되지 않습니다." 만일 여러분이 그와 같이 느낄 수 있다면, 만일 여러분이 하나님의 약속을 믿고, "기록된 바"라고 말하며 사탄에게 그것을 인용하고, 그리스도께서 하신 것처럼 성경을 인용한다면, 여러분은 주님이 하신 것처럼 시험 당할 때 승리자가 될 것입니다.

마귀가 또(눅 4:5).

사탄은 또 다시 그분을 시험했습니다. 파도 위에 파도가 인자를 자신의 발밑으로 끌고 가려고 획책했습니다.

예수를 이끌고 올라가서 순식간에 천하만국을 보이며(눅 4:5).

회의적인 사람들은 그것이 어떻게 가능한지 의심을 품었습니다. 물론 그들이 그렇게 한 자에 대해 의심하는 것이 더 좋겠지요. 사탄은 그들에 대해 잘 알고 있고, 그들도 저보다 사탄에 대해 잘 알고 있습니다. 확신컨대 사탄이 그렇게 했습니다. 왜냐하면 여기에 그가 "순식간에 천하만국을 보여 주었다"고 기록되어 있기 때문입니다.

이르되 이 모든 권위와 그 영광을 내가 네게 주리라 이것은 내게 넘겨 준 것이므로 내가 원하는 자에게 주노라(눅 4:6).

사탄은 그의 주님이자 주인이신 분 앞에서 얼마나 교만하게 말하고 있습니까? 만일 그분이 원하신다면 한 번 바라보는 것으로 또는 말씀 한마디로 파멸시킬 수도 있는 능력을 가지신 분 앞에서 사탄이 악을 쓰며 짖어대는 것은 얼마나 철면피한 개와 같을까요!

그러므로 네가 만일 내게 절하면 다 네 것이 되리라 예수께서 대답하여 이르시되 사탄아 내 뒤로 물러가라[3](눅 4:7-8).

시험은 그분을 괴롭혔습니다. 그것은 그분의 거룩한 본성과는 너무나 거리가 먼 것이었습니다. 그것은 그분의 은혜로우신 영을 혼란시켰고, 그래서 그분은 분노에 찬 어조로 유혹자에게 "사탄아 내 뒤로 물러가라"고 외치셨습니다.

기록된 바(눅 4:8).

여기서 다시 한 번 칼을 번개처럼 휘두르십니다.

주 너의 하나님께 경배하고 다만 그를 섬기라(눅 4:8).

이어서 우리는 오직 하나님 외에는 숭배하고 경배할 대상이 없음을 알아야 합니다. 양심과 마음은 오직 하나님을 위해 지음 받았습니다. 그분 앞에서 우리는 무릎을 꿇어야 합니다. 그러나 비록 모든 세계가 잠시라도 사람을 숭배하는 우상숭배에 빠진다고 해도, 우리는 유혹자의 함정에 빠지지 않도록 조심해야 합니다.

또 이끌고 예루살렘으로 가서(눅 4:9).

사탄은 지금 그리스도를 데리고 거룩한 땅으로 갑니다. 시험은 일반적으로 거기서 더 심해집니다.

---

3) 한글 성경에는 '사탄아 내 뒤로 물러가라'는 말이 나오지 않는다. 흠정역 성경에는 이 말이 나온다.

성전 꼭대기에 세우고(눅 4:9).

성전 꼭대기는 지상에서 가장 높은 곳 — 땅보다 더 높은 곳입니다.

또 이끌고 예루살렘으로 가서 성전 꼭대기에 세우고 이르되 네가 만일 하나님의 아들이어든 여기서 뛰어내리라 기록되었으되 하나님이 너를 위하여 그 사자들을 명하사 너를 지키게 하시리라 하였고 또한 그들이 손으로 너를 받들어 네 발이 돌에 부딪치지 않게 하시리라 하였느니라(눅 4:9-11).

이제 사탄은 자신의 목적을 이루기 위해 성경을 인용하려고 하지만 그것을 정확하게 인용하지 못합니다. 전도하러 가는 젊은 신자들은 본문의 한 부분이나 성경을 부정확하게 인용함으로써 마귀를 모방하지 않도록 조심해야 합니다. 그러나 마귀는 우연히 또는 잊어버려서 그렇게 한 것이 아니라 의도적으로 그렇게 했습니다. 그는 아주 필수적인 "네 모든 길에서"라는 말을 고의로 뺐습니다. "그가 너를 위하여 그의 천사들을 명령하사 네 모든 길에서 너를 지키게 하심이라"(시 91:11). 사탄은 이 세 마디의 말을 생략했습니다. 그것은 성전 꼭대기에서 그 밑바닥으로 뛰어내리는 것은 하나님의 자녀가 할 일이 아니었기 때문입니다.

예수께서 대답하여 이르시되 주 너의 하나님을 시험하지 말라 하였느니라(눅 4:12).

주제넘은 짓은 하지 마십시오. 항상 옳고 선한 주님이 정하신 법을 지키는 것 외에 다른 것을 행하기 위해 주님을 조종하려고 시도하는 일은 일체 멈추십시오.

마귀가 모든 시험을 다 한 후에 얼마 동안 떠나니라 예수께서 성령의 능력으로 갈릴리에 돌아가시니 그 소문이 사방에 퍼졌고(눅 4:13-14).

그분이 시험 때문에 잃은 것은 아무것도 없었습니다. "성령의 능력"이 계속 그분 위에 머물러 있었습니다.

예수께서 성령의 능력으로 갈릴리에 돌아가시니 그 소문이 사방에 퍼졌고 친히 그 여러 회당에서 가르치시매 뭇 사람에게 칭송을 받으시더라(눅 4:14-15).

그분은 서민이 되셨습니다. 사람들은 그분을 의지했고, 그분에게 듣기를 원했습니다. 은밀한 유혹과 개인적인 갈등 속에 있었던 주님은 그 명성에 의존하지 않고 성공의 문을 여실 준비가 되어 있었습니다. 여러분은 사탄과 마주보고 서 있습니까? 여러분은 다른 사람들의 칭찬이나 공격에 귀를 기울일 필요가 거의 없습니다.

기도와 영적 싸움

초판 발행 2002년 4월 10일
중쇄 발행 2014년 6월 10일

발행처 크리스챤
발행인 박명곤
주소   경기도 고양시 일산동구 일산로 413번길 46
전화   031-911-9864, 070-7538-9864
팩스   031-911-9824
등록   제 396-1999-000038호
판권   ⓒ 크리스챤다이제스트 2002
총판   (주) 기독교출판유통
        전화 031-906-9191~4
        팩스 0505-365-9191